Verfahrenspflegschaft für Kinder und Jugendliche
Ein Handbuch für die Praxis

Verfahrenspflegschaft für Kinder und Jugendliche

Ein Handbuch für die Praxis

Herausgegeben und bearbeitet von

Prof. Dr. Ludwig Salgo, Prof. Dr. Gisela Zenz,
Prof. Dr. Jörg Fegert, Axel Bauer,
Corina Weber, Dr. Maud Zitelmann

Weitere Bearbeiter

Sabine Ehrtmann, Prof. Dr. Gerhard Fieseler,
Dr. Stefan Heilmann, Dr. Jörg Maywald,
Hildegard Niestroj, Catharina Rogalla,
Anja Schön, Katja Schweppe,
Dr. Anke Spies, Dr. Ute Ziegenhain

Bundesanzeiger Verlag

Mit Unterstützung der **Stiftung zum Wohl des Pflegekindes**

Die Deutsche Bibliothek – CIP-Einheitsaufnahme

Verfahrenspflegschaft für Kinder und Jugendliche: ein Handbuch für die Praxis / Salgo ... (Hrsg.) – Köln: Bundesanzeiger 2002
ISBN 3-89817-040-3

Zitiervorschlag:
HB-VP/*Bearbeiter* Rn ...

Stand der Bearbeitung: 1.1.2002

ISBN 3-89817-040-3
© 2002 Bundesanzeiger Verlagsges. mbH, Köln
Alle Rechte vorbehalten. Das Werk einschließlich seiner Teile ist urheberrechtlich geschützt. Jede Verwertung außerhalb der Grenzen des Urheberrechtsgesetzes bedarf der vorherigen Zustimmung des Verlages. Dies gilt auch für die fotomechanische Vervielfältigung (Fotokopie/ Mikrokopie) und die Einspeicherung und Verarbeitung in elektronischen Systemen.

Lektorat: Dorothea Venator
Herstellung: Norbert Nickel
Satz: Typographie & Computer, Krefeld
Druck und buchbinderische Verarbeitung: Druckhaus Locher GmbH, Köln
Printed in Germany

Übersicht

Vorwort der Herausgeber VII
Inhalt XI
Abkürzungen XXIII

Teil 1 Zur Entstehung und Entwicklung der Verfahrenspflegschaft ... 1

Teil 2 Gesetzliche Grundlagen
    A   Die Verfahrenspflegschaft gem. § 50 FGG 41
    B   Die Verfahrenspflegschaft gem. § 70b FGG 73

Teil 3 Beiträge aus Pädagogik, Psychologie, Kinder- und Jugendpsychiatrie und Psychotherapie
    A   Konzeptionelle Fragen 91
    B   Der „Wille des Kindes" 105
    C   Das „Wohl des Kindes" 134
    D   Spezifische Bedürfnisse, Belastungs- und Risikofaktoren 193

Teil 4 Die Rechtsstellung des Kindes im gerichtlichen und behördlichen Verfahren
    A   Das Verfahren der Familien- und Vormundschaftsgerichte 255
    B   Gerichtliche Verfahren mit Auslandsbezug 293
    C   Interessenvertretung im Jugendhilfeverfahren 310

Teil 5 Aufgaben, Rechte und Pflichten des Verfahrenspflegers
    A   Standards der BAG Verfahrenspflegschaft für Kinder und Jugendliche e.V. 339
    B   Rechte und Pflichten 358
    C   Fallkonstellationen und Vorgehensweisen 361

Teil 6 Das Verhältnis zu beteiligten Personen und Institutionen
    A   Das Verhältnis zu Eltern und anderen Bezugspersonen des Kindes/Jugendlichen 385
    B   Das Verhältnis zum Jugendamt 406
    C   Das Verhältnis zu anderen mit dem Kind befassten Fachkräften und Institutionen 414
    D   Das Verhältnis zu Gutachtern 420

Teil 7 Organisation und Vergütung
    A   Organisation 429
    B   Vergütung 444

Anhang 471
Verzeichnis der Autorinnen und Autoren 521
Sachverzeichnis 525

Herausgeber, Autoren und Verlag

danken der

Stiftung zum Wohl des Pflegekindes,

die das Erscheinen dieses Handbuchs unterstützt hat.

Vorwort der Herausgeber

Die Anhörung und die eigenständige Interessenvertretung Minderjähriger in gerichtlichen und behördlichen Verfahren sind Bestandteile einer im letzten Drittel des vergangenen Jahrhunderts in Gang gesetzten weltweiten Entwicklung: Kinder und Jugendliche sollen in alle sie berührenden Gerichts- und Verwaltungsverfahren einbezogen werden (Art. 12 UN-Konvention über die Rechte des Kindes). Während mit der Einführung der obligatorischen Kindesanhörung (1979) die alte Bundesrepublik im weltweiten Maßstab eine Vorreiterrolle einnahm – ob und wie die Kindesanhörung in der Praxis funktioniert, ist eine andere Frage –, ließ sich die erweiterte Bundesrepublik im internationalen Vergleich viel Zeit mit der Einführung einer eigenständigen und unabhängigen Interessenvertretung. Die Verfahrenspflegschaft für Kinder und Jugendliche wurde erstmals im Rahmen der Kindschaftsrechtsreform 1998 gesetzlich fixiert – gegen manche Widerstände, die große Kosten und geringen Nutzen prophezeiten. Geregelt sind lediglich die Voraussetzungen der Bestellung. Aufgaben, Rechte und Pflichten sind nicht präzisiert. So blieben viele Fragen offen, die die Verfahrenspflegschaft leicht ins Abseits hätten drängen können – zur Bestätigung aller Warnungen, als „self fulfilling prophecy".

Es ist anders gekommen: Verfahrenspfleger sind in schnell zunehmender Zahl tätig geworden und haben vielerorts auch Skeptiker in Justiz und Jugendämtern von Nutzen und Notwendigkeit der neuen Institution überzeugt. Statistiken und Rechtsprechung belegen dies, wenn auch bislang noch längst nicht in allen Fällen, die dem Gesetzgeber vorschwebten von den Gerichten Verfahrenspfleger bestellt werden. Freie Träger haben sich zwar mit zum Teil beachtlichen Programmen der hier notwendigen Qualifikation für diese herausfordernde Aufgabe eines Verfahrenspflegers für Kinder und Jugendliche angenommen. Es ist bislang jedoch keineswegs sichergestellt, dass nur geeignete Verfahrenspfleger zum Einsatz kommen. Eine über die gesetzliche Verankerung hinausgehende Stützung der Einführung dieser neuen Rechtsfigur von Seiten der Rechtspolitik unterblieb. Auch wird die Praxis der Verfahrenspfleger bislang nicht systematisch erfasst und evaluiert.

In Praxis und Wissenschaft haben sich lebhafte Diskurse zu Funktion, Zielsetzungen, Arbeitsstandards und Anforderungsprofil entwickelt. Gesetzesinterpretation wird hier notgedrungen zur aktiven – und produktiven – Rechtsfortbildung. In fast allen Beiträgen dieses Handbuchs lässt sich dieser Entwicklungsprozess verfolgen.

Dabei haben sich frühere Erfahrungen des Auslands schnell bestätigt: Um die Interessen von Kindern und Jugendlichen im Rahmen der einschlägigen Verfahren sachgerecht vertreten zu können, bedarf es umfassender Kenntnisse des materiellen und formellen Familien- und Jugendhilferechts. Darüber hinaus sollte der Verfahrenspfleger über Erfahrungen im Umgang mit Kindern in prekären Lebenslagen sowie über ein fundiertes Hintergrundwissen in Entwicklungspsychologie und Entwicklungspsychopathologie, Sozialpädagogik und Sozialarbeit verfügen. Praktisch bedeutsam sind schließlich Fragen der Arbeitsorganisation und der Honorierung.

Das vorliegende Handbuch soll einem wachsenden Bedarf an Information und Orientierung nachkommen und notwendiges Fachwissen vermitteln – ausgehend von den §§ 50 und 70b FGG und der einschlägigen Rechtsprechung und Fachliteratur aus den verschiedenen Disziplinen, die an der Diskussion von Anfang an beteiligt waren – in Deutschland nicht anders als im Ausland.

Das Autorenteam setzt sich dementsprechend aus Wissenschaftlern und Praktikern verschiedener Disziplinen zusammen – Juristen, Pädagogen und Sozialarbeitern, Kinder- und Jugendpsychiatern und -psychotherapeuten sowie Psychologen. Zwar wurde dieses Handbuch in erster Linie mit der Absicht und Erwartung geschrieben, praktizierenden Verfahrenspflegern Hilfestellungen zu geben; die Autoren standen jedoch nicht vor den spezifischen Schwierigkeiten und Herausforderungen des Falles bzw. des Kindes, mit dem es der/die Leser/in gerade zu tun hat. Handlungsanweisungen für den Einzelfall sind deshalb von einem solchen Handbuch nicht zu erwarten.

Herausgeber und Autoren haben sich bemüht, jeweils den Stand der Diskussion zu dokumentieren, konsensfähige Erkenntnisse nachvollziehbar zu belegen und Streitfragen, Diskussions- und Forschungsbedarf zu kennzeichnen. Sie haben sich entschieden, im Meinungsstreit Position zu beziehen. Zum Teil musste Neuland betreten werden: Über die in den §§ 50, 70b FGG geregelte Interessenvertretung in *gerichtlichen Verfahren* hinaus wird im Handbuch intensiv auf die Interessenvertretung in *kinder- und jugendbehördlichen Verfahren* eingegangen. Soweit es möglich war, wurde daher jedem Autor Raum gegeben, sein spezifisches Thema im Kontext der allgemeinen Diskussion zu verorten. Um dem Leser Orientierungen zu geben, haben Herausgeber und Autoren versucht, das Spektrum möglicher Positionen aufeinander abzustimmen. Dennoch: Unterschiedliche Standpunkte in verschiedenen Beiträgen des Handbuchs sind kein Zufall, sondern bei einem interdisziplinären Anforderungsprofil und einer noch derart neuen Institution unvermeidlich. Dadurch bedingte unterschiedliche Standpunkte, aber auch unvermeidliche Überschneidungen wurden gern in Kauf genommen – lassen sie doch zentrale Bezugspunkte umso deutlicher erkennen.

Trotz des Umfanges dieses Handbuchs gibt es Lücken und Auslassungen. Im Übrigen will und kann dieses Handbuch nicht die Heranziehung der jeweiligen Fachliteratur aus den einzelnen Disziplinen ersetzen. Bislang gehen jedoch die Fachdisziplinen kaum auf die spezifische Aufgabenstellung der Verfahrenspflegschaft ein. Deshalb will das Handbuch grundlegende Beiträge verschiedener Disziplinen zusammenführen, die den Bezug zur Verfahrenspflegschaft herstellen.

Kritik und Anregungen sind den Herausgebern und Autoren ebenso wie dem Verlag willkommen.

Frau Rechtsanwältin Dorothea Venator, Bundesanzeiger Verlag, war stets für Fragen und Hilfeersuchen aufgeschlossen, wofür ihr herzlich zu danken ist.

Februar 2002   Die Herausgeber/innen

Inhalt

	Seite
Übersicht	V
Vorwort der Herausgeber	VII
Abkürzungen	XXIII

Teil 1
Zur Entstehung und Entwicklung der Verfahrenspflegschaft
(Ludwig Salgo)

I.	Vorbemerkung	3
II.	Intentionen und Ambivalenzen der Gesetzgebung	4
III.	Die Folgen gesetzgeberischer Ambivalenzen	10
IV.	Richter als Garanten der Verfahrensrechte Minderjähriger	12
V.	Über die Wahrnehmung der Interessen des Kindes	14
	1. Der Gesetzgebungsprozess	14
	2. Orientierung und Ausrichtung der Verfahrenspflegschaft im KindRG	15
	3. Zum Beschwerderecht der Eltern gegen die Verfahrenspflegerbestellung	17
VI.	Auf dem Weg zu einem neuen Modell	23
VII.	„Was ist ein Kind?" – Ziele und Aufgaben der Interessenvertretung Minderjähriger	25
VIII.	Implikationen der UN-Konvention über die Rechte des Kindes von 1989 und des Europäischen Übereinkommens über die Ausübung von Kinderrechten	27
IX.	Kindeswohl und Kindeswille – die Voraussetzungen und Grenzen der Fähigkeit zur Selbstbestimmung	29
X.	Informationsbeschaffung als Aufgabe des Verfahrenspflegers	31
XI.	Verfahrenspflegschaft und Vermittlung	34
XII.	Das Kind als „Mandant" des Verfahrenspflegers?	35
XIII.	Jenseits der Dichotomie zwischen Kindeswohl und Kindeswillen	37

Teil 2
Gesetzliche Grundlagen
(Axel Bauer)

A Die Verfahrenspflegschaft gem. § 50 FGG

I.	Einführung	42
II.	Rechtsstellung des Verfahrenspflegers	43
	1. Gesetzliche Ausgestaltung der Verfahrenspflegschaft	43
	2. Abgrenzung Ergänzungspflegschaft/Vormundschaft – Verfahrenspflegschaft	44
	3. Besonderheiten der Verfahrenspflegschaft	45
	4. Unterschied zum Ergänzungspfleger bzw. Vormund	46
	5. Rechte der Verfahrenspflegschaft	47

Seite

III.	Stellung des Verfahrenspflegers gegenüber den sorgeberechtigten Eltern bzw. dem Vormund oder Ergänzungspfleger	50
IV.	Stellung des Verfahrenspflegers gegenüber dem Minderjährigen	52
	1. Verfahrenspfleger als Interessenvertreter besonderer Art	52
	2. Zugang des Verfahrenspflegers zum Kind gegen den Willen der Sorgeberechtigten?	53
	3. Verhältnis des Kindes zum Verfahrenspfleger	54
V.	Stellung des Verfahrenspflegers gegenüber dem Jugendamt	55
VI.	Stellung des Verfahrenspflegers gegenüber dem Sachverständigen	57
VII.	Stellung des Verfahrenspflegers gegenüber dem Gericht	58
	1. Aufgaben des Gerichts	58
	2. Verfahrenspfleger als unabhängiger Interessenvertreter des Kindes	59
	3. Prüfung des Bestellungsbeschlusses	60
	4. Prüfung der Fallübernahme	60
	5. Rechtsmittel gegen die Bestellung zum Verfahrenspfleger	60
	6. Handakte des Verfahrenspflegers	61
	7. Akteneinsicht	61
	8. Kosten der Akteneinsicht	63
	9. Ermittlungen zum Sachverhalt	64
	10. Allumfassende Verfahrensbeteiligung des Verfahrenspflegers	67
	11. Anwesenheit bei der Kindesanhörung	68
	12. Verfahrensrechte bei mündlichen Verhandlungen	69
	13. Instrumentalisierung durch die Justiz	70
VIII.	Datenschutz	72

B Die Verfahrenspflegschaft gem. § 70b FGG

I.	Verhältnis der Vorschrift zur Verfahrenspflegschaft nach § 50 FGG	73
II.	Verfahrenspflegschaft in Unterbringungsverfahren	74
III.	Freiheitsentziehende Unterbringung nach § 1631b BGB	75
IV.	Genehmigung des Freiheitsentzuges	76
V.	Unterbringungsverfahren	77
VI.	Pflicht zur Verfahrenspflegerbestellung	78
VII.	Sachverständige Begutachtung des Unterbringungsbedürfnisses	80
VIII.	Freiwilligkeitserklärung des Minderjährigen	81
IX.	Aufgaben des Verfahrenspflegers	82
	1. Aufklärung und Information des Minderjährigen	82
	2. Kontrolle der Einhaltung der Verfahrensgarantien durch das Gericht	83
	3. Vorbereitung des Minderjährigen auf die richterliche Anhörung	84
	4. Altersadäquate Unterbringungsform	85
	5. Prüfung, ob Rechtsmittel gegen die Gerichtsentscheidung einzulegen sind	85
X.	Ende der Verfahrenspflegschaft	87
XI.	Entschädigung des Verfahrenspflegers	87

Seite

Teil 3
Beiträge aus Pädagogik, Psychologie, Kinder- und Jugendpsychiatrie und Psychotherapie

A Konzeptionelle Fragen

I. Wohl und Wille als Elemente einer Interessenvertretung für Kinder *(Maud Zitelmann)* 92
  1. Konzeptfragen in der Fachdiskussion 92
  2. Fehlende Klarstellung des Gesetzgebers 92
  3. Problematische Konsequenzen verschiedener Vertretungskonzepte ... 93
  4. Eine erste Konsensbildung in der fachöffentlichen Diskussion 93
  5. Freiheitsentziehende Unterbringung 94
  6. Ermittlung des Kindeswillens 94
  7. Ermittlung des Kindeswohls 95

II. Theoretische Konzepte und Kriterien zur Bestimmung von Kindeswohl und Kindeswillen *(Jörg M. Fegert/Maud Zitelmann)* 96
  1. Das Kindeswohl – ein kindschaftsrechtliches Leitprinzip 96
     a) Grundfunktionen des Kindeswohls 96
     b) Chancen und Risiken der Generalklausel 97
     c) Kindeswohl-Kriterien im Kinderschutzverfahren 98
     d) Kindeswille-Kriterien und die „Beachtung" des Kindeswillens 99
  2. Die Vertretungsrolle des Verfahrenspflegers 100
     a) Zum Umgang mit widersprüchlichen bzw. unvereinbaren Anforderungen 100
     b) Kindeswohlbeförderung nur durch konkrete, überprüfbare Zielsetzungen 101
  3. Ansätze zur Definition des Kindeswohls 102
     a) Basale Entwicklungsbedürfnisse des Kindes 102
     b) Schutz- und Risikofaktoren 103
     c) Grundbedürfnisse und ihre Sicherung durch die UN-Konvention über die Rechte des Kindes 103

B Der „Wille des Kindes"

I. Emotionale und kognitive Faktoren *(Ute Ziegenhain)* 106
  1. Einleitung 106
  2. Erlebens- und Verarbeitungsweisen von Kindern auf unterschiedlichen Entwicklungsstufen – Wie zeigen Kinder, was sie verstehen und was sie wollen? 106
     a) Erstes Lebensjahr 106
     b) Kindergarten- und Vorschulalter 108
     c) Vorschul- und Schulalter 109
     d) Jugendalter 110
  3. Gemischte Gefühle 111
  4. Verbergen von Gefühlen 112
  5. Zusammenfassung 113

Inhalt

		Seite
II.	**Wünsche und Phantasien** *(Jörg M. Fegert)*	113
III.	**Loyalität und Kindeswille** *(Jörg Maywald)*	116
	1. Einleitung	116
	2. Loyalität in Familien	117
	3. Loyalitätskonflikte	118
	4. Loyalität und Kindeswille	120
IV.	**Suggestibilität, Beeinflussung und induzierte kindliche Äußerungen** *(Jörg M. Fegert)*	121
	1. „Gehirnwäsche", „Programmierung", „PAS"	121
	2. Suggestionseffekte bei kindlichen Zeugenaussagen	122
	3. Falschnegative und falschpositive Einschätzungen kindlicher Zeugenaussagen	124
	4. Wissenschaftlich fragwürdige Begriffsbestimmungen führen zu fragwürdigen Sorgerechts- und Umgangsentscheidungen	125
	5. „PAS" und Kindeswille	128
	6. Sorge- und Umgangsrechtsentscheidungen – Kriterien wissenschaftlich abgesicherten Vorgehens	128
	7. Wie können Verfahrenspfleger mit unterstellter Beeinflussung umgehen?	131

C Das „Wohl des Kindes"

I.	**Bedürfnis nach Liebe, Bindung und Welterkundung** *(Ute Ziegenhain)*	135
	1. Einleitung	135
	2. Positive Entwicklung als gelungene Integration von emotionaler Sicherheit und Selbständigkeit	136
	3. Individuelle Unterschiede in der Qualität von Bindungsbeziehungen	139
	4. Elterliche Feinfühligkeit	139
	5. Strategien sicherer und unsicherer Bindung	140
	a) Sichere Bindungsbeziehungen	141
	b) Unsicher-ambivalente oder kontrollierende Bindungsbeziehung	141
	c) Unsicher-vermeidende Bindungsbeziehung	142
	6. Entwicklungsverlauf bei sicher und unsicher gebundenen Kindern	143
	7. Kontinuität bindungscharakteristischen Verhaltens	145
	8. Geschwisterbeziehungen	147
	9. Entwicklungsrisiken hochunsicherer Bindung	148
	10. Praktische Implikationen	151
II.	**Bedürfnis nach Versorgung, Ernährung und Gesundheitsfürsorge** *(Jörg M. Fegert)*	152
	1. Einleitung	152
	2. Die Bedeutung des familialen und sozialen Umfelds	153
	3. Die kindlichen Basisbedürfnisse	154
	4. Zur Anwendung der Basisfürsorgekriterien	158
	5. Störungsbilder – Reaktive Bindungsstörungen	158
III.	**Bedürfnis nach Bildung, Erziehung und Vermittlung hinreichender Erfahrungen** *(Anke Spies/Maud Zitelmann)*	159
	1. Erziehung und Bildung: Grundbedürfnisse und Grundrechte	159
	2. Erziehung und Bildung – Bedingungen der Persönlichkeitsentfaltung	160

		Seite
	3. Erziehung und Bildung als Risiko- und Schutzfaktoren	161
	4. Die Versagung des Bedürfnisses nach Erziehung und Bildung	162
	5. Konsequenzen für die Hilfeplanung und richterliche Maßnahmenwahl	163
	6. Psychosoziale Diagnostik	164
IV.	**Bedürfnis nach Schutz vor Gewalt**	166
	1. Kindesmisshandlung und sexueller Missbrauch *(Jörg Maywald)*	166
	a) Recht auf gewaltfreie Erziehung	166
	b) Umfang der Gewalt gegen Kinder	167
	c) Definitionen von Kindesmisshandlung	167
	d) Formen von Kindesmisshandlung	168
	aa) Körperliche Misshandlung	169
	bb) Vernachlässigung	169
	cc) Sexueller Missbrauch	170
	dd) Psychische Misshandlung	170
	ee) Münchhausen-Syndrom by proxi	171
	e) Ursachen von Kindesmisshandlung	171
	f) Anlässe für Kindesmisshandlungen	172
	2. Diagnostik *(Jörg M. Fegert)*	172
	a) Allgemeine Vorbemerkungen zur Diagnostik bei Kindesmisshandlung, Vernachlässigung, sexuellem Missbrauch oder Verdacht auf Münchhausen-Syndrom by proxi	172
	b) Kindesmisshandlung	174
	c) Vernachlässigung	176
	d) Sexueller Missbrauch	177
	e) Münchhausen-Syndrom by proxi	179
	f) Zur Einschätzung von Belastungssituationen	179
	aa) Diagnoseschlüssel	179
	bb) Das multiaxiale Klassifikationsschema	180
	cc) Zur Anwendung des multiaxialen Klassifikationsschemas	184
	3. Interventionen bei Kindesmisshandlung und Vernachlässigung *(Gisela Zenz)*	184
	a) Gesichertes Wissen	184
	b) Misshandlung, Vernachlässigung und miterlebte Familiengewalt	185
	c) Sozialpädagogische, medizinische und psychologische Diagnosen	186
	d) Langzeitfolgen	187
	e) Hochrisiko: Kleinkind	188
	f) Familienstützende Maßnahmen und Fremdunterbringung	189
	g) Dauerhafte Beziehungsperspektiven für Kinder und Jugendliche	190
	h) Umgang	191

D Spezifische Bedürfnisse, Belastungs- und Risikofaktoren

I.	**Sucht und psychische Erkrankungen der Eltern – Risiken für das Kind –** *(Jörg M. Fegert)*	194
	1. Einleitung	194
	2. Psychische Erkrankungen	194

		Seite
	3. Alkohol	195
	4. Drogen	195
	5. Körperliche Erkrankungen	196
	6. Fazit	196
II.	**Psychische Störungen und Erkrankungen von Kindern und Jugendlichen** *(Jörg M. Fegert)*	197
	1. Einleitung	197
	2. Überblick über diagnostische Kategorien mit Relevanz im Kindes- und Jugendalter	198
	3. Psychische und Verhaltensstörungen durch psychotrope Substanzen (ICD-10 F1)	199
	4. Schizophrenie, schizotype und wahnhafte Störungen (F2)	200
	5. Affektive Störungen (F3)	201
	6. Neurotische Belastungs- und somatophorme Störungen (F4)	201
	7. Verhaltensauffälligkeiten mit körperlichen Störungen und Faktoren	203
	8. Verhaltens- und emotionale Störungen mit Beginn in der Kindheit und Jugend (F9)	204
III.	**Trennungs- und Verlustsituationen** *(Jörg Maywald)*	207
	1. Einleitung	207
	2. Typologie von Trennung und Verlust	208
	3. Zwischen Trauma und Chance	209
	4. Hospitalismus	213
	5. Kindlicher Trauerprozess	213
	6. Trennungsreaktionen	214
	7. Reaktionen auf die Trennung/Scheidung der Eltern	215
IV.	**Konflikte um Pflegekinder** *(Gisela Zenz)*	217
	1. Fallkonstellationen	217
	2. Die spezifische Bedeutung von Bindung und Trennung für das Kindeswohl	218
	a) Allgemeines	218
	b) Zeitpunkt und Dauer der Trennung	220
	c) Vorgeschichte	222
	d) Umgang mit der Trennung	224
	3. Bindung und Trennung aus der Perspektive von Eltern und Pflegeeltern	225
	4. Zentrale Kontroversen	226
	a) Zum Vorrang der ambulanten Hilfen vor der Vollzeitpflege	228
	b) Vollzeitpflege mit oder ohne Rückkehroption	230
	c) Kontakte zur Herkunftsfamilie bei Dauerpflege ohne Rückkehroption	233
V.	**Prognostische Entscheidungen** *(Jörg M. Fegert)*	237
VI.	**Kommunikation mit Kindern** *(Jörg M. Fegert)*	239
	1. Einleitung	239
	2. Bedingungen des Gesprächs	240
	3. Ethische Grundprinzipien für die Kommunikation	243

		Seite
	4. Analyse der Voraussetzung für die Beteiligung in der Kommunikation	244
	5. Die spezielle Bedeutung von Emotionen und des emotionalen Ausdrucks im Gespräch mit Kindern	244
VII.	Kinder in Gerichtsverfahren *(Maud Zitelmann)*	247

Teil 4
Die Rechtsstellung des Kindes im gerichtlichen und behördlichen Verfahren

A Das Verfahren der Familien- und Vormundschaftsgerichte *(Stefan Heilmann)*

I.	Einleitung	256
II.	Verfahrensgrundsätze in kindschaftsrechtlichen Verfahren	257
	1. Der Amtsermittlungsgrundsatz	258
	2. Das besondere Gebot der Verfahrensbeschleunigung	259
	a) Selbstkontrolle	261
	b) Beschleunigungsfunktion	261
	3. Weitere Verfahrensgrundsätze	261
	a) Offizialmaxime	262
	b) Rechtliches Gehör	262
III.	Zuständigkeiten	263
IV.	Besonderheiten des Verfahrensablaufs	264
	1. Hinwirken auf Einvernehmen: Früher erster Termin	264
	2. Bestellung des Verfahrenspflegers	265
	3. Anhörungen	266
V.	Ermittlung und Beweiserhebung	267
	1. Beweismittel	268
	2. Insbesondere Sachverständigengutachten	269
VI.	Entscheidung	271
	1. Zwischen- und Endentscheidung	271
	2. Eilentscheidung	271
	3. Abänderung nach § 1696 BGB	273
VII.	Rechtsmittel	273
	1. Rechtsmittel gegen erstinstanzliche Entscheidungen	273
	a) Zwischenentscheidungen	274
	b) Eilentscheidungen	274
	c) Endentscheidungen	275
	2. Vorgehensweisen gegen Untätigkeit	276
	a) Untätigkeitsbeschwerde	276
	b) Ablehnung wegen Befangenheit	277
	c) Dienstaufsichtsbeschwerde	277

		Seite
	3. Formelle Anforderungen an das Rechtsmittel	278
	a) Frist	278
	b) Beschwerdeberechtigung	278
	c) Form der Einlegung	279
	d) Beschwerdebegründung	280
	e) Beteiligung von Rechtsanwälten	280
	4. Rechtsmittel gegen die Entscheidungen der zweiten Instanz	281
VIII.	Vollziehung und Vollstreckung von Entscheidungen	282
IX.	Rechte von Kindern und Jugendlichen im gerichtlichen Verfahren	284
	1. Verfahrensfähigkeit von Kindern und Jugendlichen?	284
	2. Anhörung nach § 50b FGG	285
	a) Voraussetzungen	286
	b) Gestaltung	287
	aa) Anwesenheit von anderen Verfahrensbeteiligten	287
	bb) Ort der Anhörung	288
	cc) Vorgehensweise des Gerichts	289
	dd) Protokollierung	289
	3. Kindeswohlzentrierung des Verfahrens	290
X.	Übersicht über den Ablauf eines familiengerichtlichen Verfahrens	292

B   Gerichtliche Verfahren mit Auslandsbezug *(Katja Schweppe)*

I.	Einführung	293
II.	Zuständigkeitsregelungen des deutschen Rechts	294
III.	Internationale Abkommen zum Kindschaftsrecht	295
	1. UN-Konvention über die Rechte des Kindes	295
	2. Europäisches Übereinkommen über die Ausübung von Kinderrechten	295
	3. Haager Minderjährigenschutzabkommen	296
	4. Haager Übereinkommen zur Kindesentführung	298
	a) Der Rückführungsmechanismus	299
	b) Besonderheiten des HKÜ-Verfahrens	299
	c) Probleme in der Praxis des HKÜ	301
	d) Bestellung eines Verfahrenspflegers	304
	e) Aufgaben des Verfahrenspflegers	306
	f) Qualifikation des Verfahrenspflegers	308
IV.	Allgemeine Hinweise	308

C   Interessenvertretung im Jugendhilfeverfahren
(Gerhard Fieseler)

I.	Verfahrenspflegschaft in der Jugendhilfe unbekannt – auch unerwünscht?	310
II.	Warum es eines Verfahrenspflegers im jugendhilferechtlichen Verfahren bedarf	313
III.	Rechte von Kindern und Jugendlichen nach SGB VIII und BGB	315
IV.	Defizite in der Umsetzung von Kinderrechten und Kindesinteressen	316
V.	Rechtsgrundlagen des Verwaltungsverfahrens	318

		Seite
VI.	Die Grundsätze des Verwaltungsverfahrens	320
VII.	Einleitung und Durchführung eines Verwaltungsverfahrens	321
VIII.	Kinder und Jugendliche als Beteiligte – Handlungsfähigkeit	324
IX.	Hilfeplanverfahren und andere in Betracht kommende Jugendhilfeverfahren	326
X.	Hilfe zur Erziehung – Rechtsfragen	328
XI.	Angelegenheiten, in denen ein Verfahrenspfleger einzuschalten ist	331
XII.	Gesetzliche Verankerung des Verfahrenspflegers	332
XIII.	Stellung des Verfahrenspflegers im Jugendhilfeverfahren	332
XIV.	Wer bestellt den Verfahrenspfleger?	334
XV.	Eintreten für eine generelle Stärkung der Kinderrechte als (weitere) Aufgabe der Verfahrenspfleger	334

Teil 5
Aufgaben, Rechte und Pflichten des Verfahrenspflegers

A Standards der BAG Verfahrenspflegschaft für Kinder und Jugendliche e.V. *(BAG Verfahrenspflegschaft)*

I.	Einleitung	339
II.	Geleitwort der Autorinnen *(Corina Weber/Maud Zitelmann)*	340
III.	Standards für VerfahrenspflegerInnen	342

B Rechte und Pflichten *(Axel Bauer)*

I.	Übersicht: Rechte des Verfahrenspflegers	358
II.	Übersicht: Pflichten des Verfahrenspflegers	359

C Fallkonstellationen und Vorgehensweisen *(Catharina Rogalla)*

I.	Einleitung	361
II.	Die Bestellung durch das Gericht	362
III.	Die Erwartungshaltung des Gerichts	363
IV.	Die Akteneinsicht	366
V.	Die Kontaktaufnahme	367
	1. Die Reihenfolge der Kontaktaufnahme	368
	2. Die Kontaktverweigerung	369
VI.	Das Verhältnis von Verfahrenspfleger und Sachverständigem	370
VII.	Das Unterbringungsverfahren	371
VIII.	Findig sein – mutig sein – und manchmal leider auch Fehler machen	373
	1. Akzente setzen	373
	2. Mitgestalten	377
	3. Aus Fehlern lernen	379
IX.	Die Verabschiedung	380
X.	Alles in allem	381

Inhalt

Seite

Teil 6
Das Verhältnis zu beteiligten Personen und Institutionen

A Das Verhältnis zu Eltern und anderen Bezugspersonen des Kindes/Jugendlichen *(Hildegard Niestroj)*

I. Einleitung – Zum Selbstverständnis des Verfahrenspflegers 385
II. Die Konzentration auf das Kind als wesentliche Aufgabe 388
    1. Zur Perspektive des Kindes 388
    2. Die Situation des Kindes aus dem Blickwinkel von Eltern 392
    3. Von eltern- zu kindzentrierten Fragestellungen 397
    4. Kindzentrierung im gerichtlichen Verfahren 400
III. Der klare Rahmen als Strukturierungshilfe 403

B Das Verhältnis zum Jugendamt *(Jörg Maywald)*

I. Einleitung 406
II. Stellung des Jugendamtes gegenüber Kind und Eltern 406
III. Aufgaben des Jugendamtes im familien- und vormundschaftsgerichtlichen Verfahren 408
IV. Zusammenarbeit des Verfahrenspflegers mit dem Jugendamt 410
V. Keine Bestellung von Mitarbeitern des Jugendamtes zu Verfahrenspflegern 412

C Das Verhältnis zu anderen mit dem Kind befassten Fachkräften und Institutionen *(Anja Schön)*

I. Einleitung 414
II. Allgemeine Bedingungen der Kontaktaufnahme 414
III. Besonderheiten einzelner pädagogischer und medizinischer Institutionen 415
    1. Kliniken, Geburtshäuser und Mutter-Kind-Heime 415
    2. Sozialpädiatrische Zentren, ambulante Frühförderstellen oder Selbsthilfevereine 416
    3. Tageseinrichtungen für Kinder 417
    4. Schulen 417
    5. Notaufnahmeheime und Notbereitschaftspflegestellen 418
    6. Kinderheime und Pflegefamilien 419

D Das Verhältnis zu Gutachtern *(Jörg M. Fegert)*

I. Zur Abgrenzung der Aufgabenbereiche Verfahrenspfleger – Gutachter 420
II. Aufgabenbereiche des Gutachters 421
III. Sonderfall: Parteigutachten 423
IV. Die Rolle des Verfahrenspflegers, Kenntnisse und Interventionsmöglichkeiten 423
V. Fazit 425

Teil 7
Organisation und Vergütung

A Organisation *(Sabine Ehrtmann)*

I. Die Bundesarbeitsgemeinschaft Verfahrenspflegschaft für Kinder und Jugendliche e.V. 429
   1. Entstehung und Struktur 429
   2. Verabschiedung von Standards 431
   3. Öffentlichkeitsarbeit 433
   4. Vernetzung 434
II. Personelle und organisatorische Voraussetzungen 435
   1. Interessenkonflikte 435
   2. Selbständige Tätigkeit 436
      a) Vorüberlegungen 436
      b) Abschluss von Versicherungen 437
      c) Antrag auf Überbrückungsgeld des Arbeitsamtes 439
III. Büroorganisation 441
IV. Bestellung als VerfahrenspflegerIn 441
V. Beispiel einer Abrechnung 442

B Vergütung *(Axel Bauer)*

I. Anspruch des Verfahrenspflegers auf Entschädigung – Übersicht ... 445
II. Ehrenamtliche Verfahrenspflegschaft 447
III. Berufsmäßig geführte Verfahrenspflegschaft 448
IV. Anerkennung als Berufsverfahrenspfleger 448
   1. Pflicht zur Feststellung der Berufsmäßigkeit 448
   2. Unterlassene Feststellung der Berufsmäßigkeit 449
   3. Maßstäbe für die Feststellung der Berufsmäßigkeit 449
   4. Anwendung der Regelungen des Betreuungsrechts 450
V. Regelbeispiele der Berufsverfahrenspflegschaft 451
VI. Vergütungsfähiger Zeitaufwand 452
VII. Höhe der Vergütung 454
VIII. Abrechnung der Anwaltsentschädigung nach BRAGO 454
IX. Vergütungspauschale und Zeitlimitierung 456
X. Ersatz von Aufwendungen 458
XI. Beispiele für erstattungsfähige Aufwendungen 460
   1. Fahrt- und Reisekosten 460
   2. Verpflegungsmehraufwendungen 461
   3. Telekommunikationsleistungen 462
   4. Büromaterial, Porto, Schreibauslagen 462
   5. Fotokopierkosten 463
   6. Verdienstausfall 463
   7. Dolmetscherkosten 464
   8. Fachliteratur 464

		Seite
XII.	Erlöschensfristen des Entschädigungsanspruches	464
	1. Vergütungsanspruch	464
	2. Aufwendungsersatzanspruch	465
XIII.	Entschädigungsverfahren	466
XIV.	Rechtsmittel gegen die Festsetzung der Entschädigung	467
	1. Rechtsmittel bei unterlassener Feststellung der Berufsmäßigkeit der Verfahrenspflegschaft	467
	2. Rechtsmittel gegen den Festsetzungsbeschluss	468
	3. „Rechtsmittel" gegen die Vergütungsentscheidung im vereinfachten Verfahren	468
XV.	Kostenregress der Staatskasse	469

Anhang

A Gesetz über die Angelegenheiten der freiwilligen Gerichtsbarkeit 473
B Entwurf eines Gesetzes zur Reform des Kindschaftsrechts
   (Kindschaftsrechtsreformgesetz – KindRG) 476
C Europäisches Übereinkommen über die Ausübung
   von Kinderrechten vom 25. Januar 1996 481
D Verzeichnis der Rechtsprechung zu § 50 FGG *(Corina Weber)* 488
E Übersicht: Anzahl der Verfahrenspflegerbestellungen
   gem. § 50 FGG 500
F Literaturverzeichnis 502

Verzeichnis der Autorinnen und Autoren 521
Sachverzeichnis 525

Abkürzungen

a.A.	anderer Ansicht
a.a.O.	am angegebenen Ort
Abg.	Abgeordnete/r
Abs.	Absatz
AcP	Archiv für die civilistische Praxis
a.F.	alte Fassung
ÄndG	Änderungsgesetz
AGKJHG	Ausführungsgesetz zum KJHG
AG (AmtsG)	Amtsgericht
Anh.	Anhang
Anm.	Anmerkungen
APA	American Psychiatric Association
Art.	Artikel
ASD	Allgemeiner Sozialdienst
Aufl.	Auflage
ausf.	ausführlich
AWMF	Arbeitsgemeinschaft der Wissenschaftlichen Medizinischen Fachgesellschaften
Az.	Aktenzeichen
BAG	Bundesarbeitsgemeinschaft
BayObLG	Bayerisches Oberstes Landesgericht
BayObLGZ	Entscheidungssammlung des BayObLG
Bearb.	Bearbeiter
Bd.	Band
BdB	Bundesverband der Berufsbetreuer e.V.
BGB	Bürgerliches Gesetzbuch
BGBl.	Bundesgesetzblatt
BGH	Bundesgerichtshof
BGHZ	Entscheidungssammlung des BGH in Zivilsachen
BMFSFJ	Bundesministerium für Familie, Senioren, Frauen und Jugend
BR-Drucks.	Bundesratsdrucksache
BRAGO	Bundesrechtsanwaltsgebührenordnung
BRAK-Mitt.	Mitteilungen der Bundesrechtsanwaltskammer
BRAO	Bundesrechtsanwaltsordnung
BRD	Bundesrepublik Deutschland
BRKG	Bundesreisekostengesetz
BT-Drucks.	Bundestagsdrucksache
BtÄndG	Betreuungsrechtsänderungsgesetz
BtG	Betreuungsgesetz

Abkürzungen

BtPrax	Betreuungsrechtliche Praxis
BVerfG	Bundesverfassungsgericht
BVerfGE	Entscheidungssammlung des BVerfG
BVerfGG	Bundesverfassungsgerichtsgesetz
BVormVG	Berufsvormündervergütungsgesetz
bspw.	beispielsweise
bzw.	beziehungsweise
DAVorm	Der Amtsvormund
ders.	derselbe
DFGT	Deutscher Familiengerichtstag
d.h.	das heißt
dies.	dieselbe
Diss.	Dissertation
DIV	Deutsches Institut für Vormundschaftswesen
DriG	Deutsches Richtergesetz
Drucks.	Drucksache
DSM-IV	Diagnostisches und Statistisches Manual Psychischer Störungen, 4. Revision
DV	Deutscher Verein für öffentliche und private Fürsorge
DVKostG	Durchführungsverordnung zum Kostengesetz
ebd.	ebenda
Ed(s).	Editor(s)
EGBGB	Einführungsgesetz zum BGB
engl.	englisch
Entsch.	Entscheidung
epd	Evangelischer Pressedienst
ESÜ	Europäisches Übereinkommen vom 20.5.1980 über die Anerkennung und Vollstreckung von Entscheidungen über das Sorgerecht für Kinder und die Wiederherstellung des Sorgeverhältnisses
et al.	et altera (und andere)
etc.	etcetera
EU	Europäische Union
EuGH	Gerichtshof der Europäischen Gemeinschaften
e.V.	eingetragener Verein
ev.	evangelisch
evtl.	eventuell
EZFamR	Entscheidungssammlung zum Familienrecht
f.	folgende
FamG	Familiengericht

FamRefK	Familienrechtsreformkommentar
FamRZ	Zeitschrift für das gesamte Familienrecht
FamS	Familiensenat
ff.	fortfolgende
FF	Forum Familien- und Erbrecht
FGG	Gesetz über die Angelegenheiten der freiwilligen Gerichtsbarkeit
FGG-E	Entwurf zum FGG
Fn	Fußnote
FPR	Familie Partnerschaft Recht
FuR	Familie und Recht
gem.	gemäß
Ges. W.	Gesammelte Werke
GG	Grundgesetz
ggf.	gegebenenfalls
GK-SGB VIII	Gemeinschaftskommentar zum SGB VIII
GVG	Gerichtsverfassungsgesetz
HK-BUR	Heidelberger Kommentar zum Betreuungs- und Unterbringungsrecht
HKÜ	Haager Übereinkommen vom 25.10.1980 über die zivilrechtlichen Aspekte internationaler Kindesentführungen (Haager Kindesentführungsübereinkommen)
h.M.	herrschende Meinung
Hrsg.	Herausgeber
iaf	Verband binationaler Familien und Partnerschaften
ICD-10	Internationale Klassifikation psychischer Störungen, 10. Revision (International Classification of Diseases)
i.d.R.	in der Regel
insbes.	insbesondere
IPR	Internationales Privatrecht
IPRax	Praxis des Internationalen Privat- und Verfahrensrechts
ISD	Internationaler Sozialdienst
i.S.d.	im Sinne des
i.S.v.	im Sinne von
i.V.m.	in Verbindung mit
JAmt	Das Jugendamt
jew.	jeweils
JMBl	Justizministerialblatt

JuFöG Schleswig-Holstein	Jugendförderungsgesetz Schleswig-Holstein
JurBüro	Das juristische Büro
JURIS	Juristisches Informationssystem
JVBKR	Justizvollzugsbestimmungen für Kassenanweisungen in Rechtssachen
Kap.	Kapitel
KG	Kammergericht
KGR	KG-Report
Kind-Prax	Kindschaftsrechtliche Praxis
KindRG	Gesetz zur Reform des Kindschaftsrechts
KJHG	Kinder- und Jugendhilfegesetz
KostO	Kostenordnung
KRK	UN-Konvention über die Rechte des Kindes
KSÜ	Haager Übereinkommen vom 19.10.1996 über die Zuständigkeit, das anzuwendende Recht, die Anerkennung, Vollstreckung und Zusammenarbeit auf dem Gebiet der elterlichen Verantwortung und der Maßnahmen zum Schutz von Kindern (Haager Kindesschutzübereinkommen)
LG	Landgericht
Lit.	Litera
LJA	Landesjugendamt
LPK-SGB VIII	Lehr- und Praxiskommentar zum SGB VIII
Ls.	Leitsatz
MDR	Monatsschrift für Deutsches Recht
m.E.	meines Erachtens
Mj.	Minderjährige/r
MünchKomm	Münchener Kommentar zum BGB
MSA	Haager Übereinkommen vom 5.10.1961 über die Zuständigkeit der Behörden und das anzuwendende Recht auf dem Gebiet des Schutzes von Minderjährigen (Haager Minderjährigenschutzabkommen)
m.w.Nw.	mit weiteren Nachweisen
Nachw.	Nachweis(e)
n.F.	neuer Fassung
NJW	Neue Juristische Wochenschrift
NJWE-FER	NJW-Entscheidungsdienst Familien- und Erbrecht
NJW-RR	NJW-Rechtsprechungsreport

Nr.	Nummer
NStZ	Neue Zeitschrift für Strafrecht
NStZ-RR	NStZ-Rechtsprechungsreport
o.ä.	oder ähnliches
o.g.	oben genannt
o.J.	ohne Jahr
OLG(e)	Oberlandesgericht(e)
OLGR	OLG-Report
OLGZ	Entscheidungssammlung der OLGe in Zivilsachen
PAS	Parental Alienation Syndrome
Pkt.	Punkt
PsychKG	Psychisch-Kranken-Gesetze (der Bundesländer)
RabelsZ	Zeitschrift für ausländisches und internationales Privatrecht
RdJB	Recht der Jugend und des Bildungswesens
RegE	Regierungsentwurf
Rn	Randnummer
R & P	Recht & Psychiatrie
Rpfleger	Der deutsche Rechtspfleger
RPflG	Rechtspflegergesetz
RsDE	Recht der sozialen Dienste und Einrichtungen
Rspr.	Rechtsprechung
S.	Satz / Seite
s.	siehe
s.a.	siehe auch
SchlHA	Schleswig-Holsteinische Anzeigen
SchlHOLG	Schleswig-Holsteinisches Oberlandesgericht
SGB	Sozialgesetzbuch
sog.	sogenannt
SorgeRG	Gesetz zur Neuregelung des Rechts der elterlichen Sorge
SorgeRÜbkAG	Gesetz vom 5.4.1990 zur Ausführung von Sorgerechtsübereinkommen und zur Änderung des Gesetzes über die Angelegenheiten der freiwilligen Gerichtsbarkeit sowie anderer Gesetze
StGB	Strafgesetzbuch
StPO	Strafprozessordnung
StV	Strafverteidiger

u.	unten
u.a.	und andere/unter anderem
UN	United Nations
UN-KRK	UN-Konvention über die Rechte des Kindes
USA	United States of America
UStG	Umsatzsatzsteuergesetz
u.U.	unter Umständen
v.	vom/von
Verf.	Verfasser
vgl.	vergleiche
Vorbem.	Vorbemerkung
VwGO	Verwaltungsgerichtsordnung
WHO	Weltgesundheitsorganisation (World Health Organisation)
ZAP	Zeitschrift für Anwaltspraxis
z.B.	zum Beispiel
ZfJ	Zentralblatt für Jugendrecht
ZGB	Zivilgesetzbuch (Schweiz)
Ziff.	Ziffer
ZPO	Zivilprozessordnung
ZRP	Zeitschrift für Rechtspolitik
ZSEG	Zeugen-und-Sachverständigen-Entschädigungsgesetz
z.T.	zum Teil
zugl.	zugleich
zust.	zustimmend
ZVW	Zeitschrift für Vormundschaftswesen (Schweiz)
z.Zt.	zur Zeit

Teil 1
**Zur Entstehung und Entwicklung
der Verfahrenspflegschaft**

Teil 1

Übersicht

		Rn
I.	Vorbemerkung	1
II.	Intentionen und Ambivalenzen der Gesetzgebung	3
III.	Die Folgen gesetzgeberischer Ambivalenzen	11
IV.	Richter als Garanten der Verfahrensrechte Minderjähriger	14
V.	Über die Wahrnehmung der Interessen des Kindes	20
	1. Der Gesetzgebungsprozess	20
	2. Orientierung und Ausrichtung der Verfahrenspflegschaft im KindRG	22
	3. Zum Beschwerderecht der Eltern gegen die Verfahrenspflegerbestellung	26
VI.	Auf dem Weg zu einem neuen Modell	39
VII.	„Was ist ein Kind?" – Ziele und Aufgaben der Interessenvertretung Minderjähriger	41
VIII.	Implikationen der UN-Konvention über die Rechte des Kindes von 1989 und des Europäischen Übereinkommens über die Ausübung von Kinderrechten	46
IX.	Kindeswohl und Kindeswille – die Voraussetzungen und Grenzen der Fähigkeit zur Selbstbestimmung	52
X.	Informationsbeschaffung als Aufgabe des Verfahrenspflegers	56
XI.	Verfahrenspflegschaft und Vermittlung	62
XII.	Das Kind als „Mandant" des Verfahrenspflegers?	65
XIII.	Jenseits der Dichotomie zwischen Kindeswohl und Kindeswillen	68

I. Vorbemerkung

Nationale und internationale Entwicklungen haben dazu geführt, dass das Kindschaftsrechtsreformgesetz (KindRG) in einer verfahrensrechtlichen Regelung eine eigenständige Interessenvertretung von Kindern und Jugendlichen mittels eines Verfahrenspflegers (§ 50 FGG) eingeführt hat. Diese „Reform bildet das Ergebnis langjähriger, wissenschaftlich begleiteter Vorarbeiten im Bundesministerium der Justiz, ausgiebiger Erörterungen in der Fachöffentlichkeit

1

und eingehender parlamentarischer Beratungen"[1]. Es ging um nichts Geringeres als „die je spezifischen Interessen des Kindes nicht nur zu erkennen, sondern auch wirksam vorzubringen. Die vom Gesetzgeber wieder und wieder bestätigte Selbständigkeit der Kindesbelange legt(e) es nahe, eine eigenständige Vertretung vorzusehen"[2]. § 50 FGG bildet sicherlich nur einen Minimalkompromiss, gewissermaßen eine Zwischenetappe auf dem Wege zu einem eigenständigen kindschaftsrechtlichen Denken.[3] Die gewonnenen Erfahrungen gilt es zunächst einmal zu sichten und daraufhin auszuwerten, ob das zentrale Anliegen der Reform auch und gerade durch die neue Rechtsfigur des Verfahrenspflegers ein Stück wenigstens verwirklicht werden konnte: „Die Rechte der Kinder sollen verbessert und das Kindeswohl auf bestmögliche Art und Weise gefördert werden".[4]

2 Der nachfolgende Beitrag setzt sich kritisch mit ersten Entwicklungstendenzen der noch längst nicht abgeschlossenen Implementationsphase auseinander und möchte mit einigen Klarstellungen zur notwendigen Stabilisierung des neuen Rechtsinstituts beitragen. Dass der Weg bis zur Etablierung einer neuen Institution auf breiter Basis ein zuweilen beschwerlicher sein kann, dass hierzu auch Rückschläge und Fehlentwicklungen gehören können, alles das sind nicht unbedingt neue Erkenntnisse. Eine qualifizierte und unabhängige Interessenvertretung belasteter Minderjähriger in für sie schwierigen und kaum durchschaubaren gerichtlichen und behördlichen Verfahren[5] wird sich durchsetzen, davon profitieren werden in erster Linie die betroffenen Kinder und Jugendlichen. Aber nicht nur sie: „Gegenmacht und Gegeneinfluss sind unabdingbare Voraussetzungen für das Funktionieren des Gesamtsystems, das dann immer noch unzureichend ist, aber dann zumindest aus struktureller Sicht angemessen ausgelegt wäre".[6]

II. Intentionen und Ambivalenzen der Gesetzgebung

3 Im Jahre 2000 bestellten nach Angaben des Statistischen Bundesamtes[7] die Familiengerichte in Deutschland in 3.757 Fällen Verfahrenspfleger gem. § 50 FGG zur Wahrnehmung von Kindesinteressen in zivilgerichtlichen Kindesschutzverfahren. Durchaus realistische Schätzungen waren von einem erheblich

---

1. BT-Drucks. 14/5438, S. 24.
2. Simitis, 1994, S. 390, 447.
3. Vgl. Münder, ZfJ 1988, 10.
4. BT-Drucks. 13/4899, S. 1.
5. Vgl. hierzu Fieseler in diesem Band Rn 961ff.
6. Albrecht/Stern, StV 1988, 410, 414.
7. Statistisches Bundesamt, S. 22. Im Jahre 1999 waren es 2544 Bestellungen, vgl. die Arbeitsunterlage von 1999.

höheren Bedarf ausgegangen.[8] Würden die Familien- und Vormundschaftsgerichte die Reichweite von § 50 FGG ernst nehmen, müssten sie gewiss in einer weit höheren Anzahl von Fällen Verfahrenspfleger für Kinder und Jugendliche bestellen als sie es bisher tatsächlich tun. Die Steigerungsrate zwischen 1999 und 2000 scheint dafür zu sprechen, dass sich die Richterschaft allmählich mit dieser neuen Rechtsfigur vertraut macht. Diese ersten statistischen Angaben widersprechen Feststellungen einer im Auftrag des Bundesministeriums der Justiz durchgeführten Repräsentativerhebung (mit einem Schwerpunkt bei Trennung und Scheidung), nach der die Verfahrenspflegschaft eine fast unbekannte Größe zu sein schien.[9] In wie vielen Fällen freiheitsentziehender Unterbringung Minderjähriger gem. § 1631b BGB die bereits 1991 durch das Betreuungsgesetz (BtG) eingeführte obligatorische Verfahrenspflegerbestellung (§§ 67, 70b FGG) erfolgt, ist nicht bekannt.[10] Gemäß den Angaben des Statistischen Bundesamtes gab es im Jahre 1999 4.662 und im Jahre 2000 6.156 Verfahren auf Genehmigung bzw. Verlängerung der Unterbringung eines Kindes gem. § 1631b BGB.[11] Allerdings verfügen wir nicht über verlässliche Daten darüber, wie viele dieser Minderjährigen in Einrichtungen jeweils der Jugendhilfe oder der Kinder- und Jugendpsychiatrie freiheitsentziehend untergebracht sind.[12]

Entgegen immer wieder erhobenen Forderungen ist bislang eine wissenschaftliche Begleitforschung über die Implementation der neuen „Rechtsfigur" des Verfahrenspflegers (§ 50 FGG) nicht initiiert worden, obschon dies von einer verantwortlichen Rechtspolitik, die sich mit der Kindschaftsrechtsreform zu einer Verbesserung der Rechte des Kindes[13] verpflichtet hatte und die wissen will bzw. wissen müsste, wie ein zentrales Anliegen der Reform von der Praxis angenommen wird, zu erwarten wäre.[14] Im Zentrum einer repräsentativen Implementationsforschung[15] müsste die Frage stehen, ob sich ein Ausgleich der vom

4

---

8. Balloff, FPR 1999, 221, 222 erwartete, „dass nach § 50 FGG möglicherweise jährlich in mehr als 20 000 Fällen ein Verfahrenspfleger eingesetzt werden könnte".
9. Vgl. Proksch, S. 146: „Die Kenntnis zum Verfahrenspfleger ist sehr gering. Väter in beiden Gruppen kennen diese Regelung am wenigsten.(...) Die Praxiserfahrungen mit dieser Rechtsfigur waren für die Eltern sehr gering. Bei den Eltern mit aeS [alleinige elterliche Sorge] wurde ein Verfahrenspfleger insgesamt 38 mal, bei Eltern mit geS [gemeinsame elterliche Sorge] 41 mal, in erster Linie wegen Konflikten zwischen Eltern und Kindern (29 Fälle), in zweiter Linie wegen Kindesgefährdung (23 Fälle)" bestellt. Insgesamt wurden 7008 Fragebögen ausgewertet.
10. Die Ergebnisse einer Untersuchung zu freiheitsentziehenden Maßnahmen nach § 1631b BGB in Brandenburg vonPaetzold belegen massive Verstöße gegen Verfahrensvorschriften sowohl hinsichtlich der Verfahrenspflegerbestellung sowie der Anhörungsvorschriften, in: Fegert/Späth/Salgo (Hrsg.), S. 193 ff.
11. Vgl. Anm. 7, jew. S. 8.
12. Vgl. die Kommentierung Staudinger/Salgo, BGB, § 1631b BGB, 12. Aufl. Berlin 1997; National Coalition (Hrsg.); Fegert/Späth/Salgo (Hrsg.).
13. BT-Drucks. 13/4899, S. 1: „Die Rechte der Kinder sollen verbessert und das Kindeswohl soll auf bestmögliche Art und Weise gefördert werden".
14. Salgo, 1996, S. 570: „Begleitforschung und Evaluation der Reform sind von Anbeginn an sicherzustellen".
15. Erste nicht repräsentative Untersuchungen und Berichte mit geringen Fallzahlen und aus unterschiedlichen Phasen der Implementation liegen vor: Peters/Schimke, Kind-Prax 1999, 143; Walter, S. 116; Balloff/Stötzel, Praxis der Rechtspsychologie Heft 2/2001.

Gesetzgeber eingeräumten Defizite[16] bei der Wahrung der eigenen Interessen von Minderjährigen in familien- und vormundschaftsgerichtlichen Verfahren abzeichnet[17] – auch und gerade durch die Verfahrenspflegschaft. Hierbei wären auch die Einschätzungen und Erfahrungen der betroffenen Minderjährigen mit ihren Verfahrenspflegern zu berücksichtigen.[18] Drei Jahre seit Inkrafttreten der Kindschaftsrechtsreform sind eine relativ kurze Zeit selbst für eine erste Zwischenbilanz[19]; ob tatsächlich „sich mittlerweile eine Etablierung und Profilierung dieses Instituts" auf breiter Basis abzeichnet[20], wird sich zeigen. Derzeit verfügen wir lediglich über erste Eindrücke und widersprüchliche Bilder dieser spannenden Einführungsphase[21], die sich aus der veröffentlichten Rechtsprechung[22], aus Publikationen unterschiedlicher Aussagekraft und Reichweite, aus Tagungsberichten[23], auch aus fachpolitischen Stellungnahmen[24] sowie aus ersten veröffentlichten[25] und unveröffentlichten Erfahrungsberichten aus der Praxis speisen.

5 Soviel lässt sich aber jetzt schon sagen: Angesichts ausbleibender Stützungsstrategien zur erfolgreichen Etablierung dieser neuen Rechtsfigur von Seiten des Staates sind die Entwicklungen seit dem Inkrafttreten des KindRG beachtlich, wenn auch nicht frei von Widersprüchen. Zu den zahlreichen Fragen, die jede neue Institution zwangsläufig mit sich bringt, kommen hier zahlreiche weitere hinzu. Zu den Lösungen und Antworten, welche die Praxis mangels klarer gesetzlicher Aussagen entwickeln musste, ist zu sagen, dass hier Unsi-

---

16. BT-Drucks. 13/4899, S. 129.
17. Die unter der Leitung von Münder arbeitende Forschergruppe sieht in der „Einführung des Verfahrenspflegers für die Minderjährigen ein Zeichen dafür, dass hier ein „Vollzugs- und Kontrolldefizit" vom Gesetzgeber erkannt worden war, welches als „tendenziell nachteilig für die betroffenen Kinder und Jugendlichen" angesehen wurde, vgl. Münder/Mutke/Schone, S. 227.
18. Vgl. hierzu die unveröffentlichte Diplomarbeit von Manuela Stötzel, vgl. auch Balloff/Stötzel, Praxis der Rechtspsychologie Heft 2/2001.
19. Vgl. bereits das Schwerpunktheft 06/1999 der FPR mit zahlreichen Beiträgen und einer Rechtsprechungsübersicht zur Verfahrenspflegschaft.
20. So Gläss, JAmt 2001, 165.
21. Vgl. über erste Erfahrung und Tendenzen der Praxis Zitelmann, S. 39ff.
22. Vgl. im Anhang dieses Werkes das Verzeichnis der Rechtsprechung zu § 50 FGG; die veröffentlichte Spruchpraxis der Gerichte – fast ausschließlich der OLGe – kann nicht als repräsentativ gelten; dasselbe gilt für die im juristischen Informationssystem JURIS zu § 50 FGG erfassten Fälle (58 Fälle, Stand Dezember 2001) – mit drei Fällen aus der Zeit vor dem KindRG. Vgl. die Übersicht von Engelhardt, Offene Fragen zum Verfahrenspfleger für das Kind (§ 50 FGG), FamRZ 2001, 525 mit umfangreichen weiteren Nachweisen und Motzer, FamRZ 2001, 1034, 1043f.; ders., FamRZ 1999, 1101, 1105.
23. Vgl. 13. DFTG, Arbeitskreis 17, Bielefeld 2000, S.118f. sowie die Tagungsdokumentationen der Ev. Akademie Bad Boll.
24. Weber, Kind-Prax 2001, 66.
25. Vgl. Antwort der Hess. Landesregierung auf die Große Anfrage der Abg. Fuhrmann u.a., Hess. Landtag, Drucks. 15/1449, Frage 7: „Die gerichtliche Praxis berichtet überwiegend von positiven Erfahrungen mit Verfahrenspflegerinnen und Verfahrenspflegern. Durch sie könne es gelingen, die Interessen der betroffenen Kinder besser herauszuarbeiten und zu berücksichtigen; auch sähen die Kinder in ihnen nicht selten einen Verbündeten und begriffen dies als Chance, sich selbst besser in das Verfahren einzubringen". Ähnlich die Antwort des Bremischen Bürgermeisters, Bremische Bürgerschaft, Drucks. 15/280, Pkt. 1.4: „Die Amtsgerichte haben mit dem Einsatz von Verfahrenspflegern nach § 50 FGG bisher hauptsächlich positive Erfahrungen gemacht. Erwähnt werden insbesondere Fälle, in denen der Verfahrenspfleger einvernehmliche Regelungen zwischen den Verfahrensbeteiligten erreicht oder zusätzliche Entscheidungsalternativen in das Verfahren eingebracht hat". Aus jugendamtlicher Sicht vgl. Adler/Gräbner/Götz, JAmt 2001, 399; Landesjugendamt Sachsen, JAmt 2001, 404; Erfahrungen aus Sicht der Landesjugendämter, ZfJ 2001, 314f. im Internet abrufbar unter www.bagljae.de.

cherheit, Uneinigkeit und Skepsis[26] bis hin zur „offenen Ablehnung"[27] dieser neuen Rechtsfigur einerseits und Phantasie, Wohlwollen[28], und ein Umdenken andererseits als treffende Zustandsbeschreibungen gelten müssen.[29]

6 Trotz beachtlicher Aktivitäten einzelner Verfahrenspfleger, trotz des differenzierten Angebots freier Träger zur Qualifizierung[30] der Verfahrenspflegschaft und trotz der Verabschiedung von Standards[31] für die Interessenvertretung für Kinder und Jugendliche in Verfahren der Familien- und Vormundschaftsgerichte gemäß § 50 FGG[32] durch die BAG Verfahrenspflegschaft im Februar 2001, ist die Umsetzung dieses Reformprojekts noch nicht aus der Gefährdungszone, zumal weiterhin staatlicherseits keinerlei Hilfs- und Unterstützungsstrukturen bereitgestellt werden. Im Gegensatz hierzu werden in anderen Bereichen der Kindschaftsrechtsreform – etwa für den „begleiteten Umgang" gem. § 1684 Abs. 4 Satz 3 BGB – von der Bundespolitik Mittel in Millionenhöhe für Unterstützungsaktivitäten (wissenschaftliche Begleitforschung, Erarbeitung und Verbreitung von Standards und Leitfäden, Broschüren, Handbücher, CD-ROMs, Internet-Seiten, bundesweite Fachtagungen) mit mehrjähriger Laufzeit bereitgestellt, damit dieses Reformanliegen tatsächlich auch umgesetzt wird.[33] Dies mögen wichtige und unterstützungswürdige Anliegen sein, Gleiches wäre für die Implementationsphase der Verfahrenspflegschaft ebenso dringlich.[34]

7 Auf dem internationalen völkerrechtlichen Parkett hingegen wird von der Bundesregierung nur allzu gerne auf die Einführung der Verfahrenspflegschaft Bezug genommen: Im Entwurf eines Gesetzes zu dem Europäischen Übereinkommen vom 25. Januar 1996 über die Ausübung von Kinderrechten[35] weist die Bundesregierung darauf hin, dass der „hohe Mindeststandard" dieses Übereinkommens in den meisten Verfahren vor dem Familien- und Vormund-

---

26. Vgl. Seidenstücker, ZfJ 2001, 88, 96.
27. So auch die Einschätzung von Hohmann-Dennhardt, ZfJ 2001, 77, 79. Ein Vorsitzender Richter eines Familiensenats fragt sich „was ich in den letzten zwanzig Jahren meiner familienrichterlichen Tätigkeit wohl alles übersehen haben mag" und was ein Anwalt des Kindes aufgrund welcher Erkenntnisse auch immer als Verfahrenspfleger beschaffen solle, so Weychardt, ZfJ 1999, 326, 331.
28. „Unverzichtbare Funktion im gerichtlichen Verfahren", so Meysen, JAmt 2001, 381.
29. Zu Recht bemerkt die für das Familienrecht beim Bundesverfassungsgericht zuständige Verfassungsrichterin Hohmann-Dennhardt, ZfJ 2001, 77, 79, dass unter den kritischen Stellungnahmen zum Verfahrenspfleger eine Kategorie anzutreffen ist, „die über den Brillenrand ihrer eigenen Profession nicht hinwegblicken" will.
30. Vgl. hierzu Salgo, FPR 1999, 313, 314.
31. In diesem Band, Rn 1051 ff.
32. Vgl. http://www.verfahrenspflegschaft-bag.de sowie die vom Votum Verlag, Münster (2001) publizierte Fassung dieser Standards.
33. Vgl. das BMFSFJ-Projekt „Entwicklung von Interventionen im Scheidungsgeschehen: Beaufsichtigter und begleiteter Umgang".
34. Salgo, 1996, S. 570; ders., FPR 1999, 313, 314.
35. Vgl. den Text dieses Übereinkommens im Anhang C; BT-Drucks, 14/5438, S. 1; hierzu bereits Salgo, 1996, S. 575ff.; Gerstein, Kind-Prax 1998, 106, 109f.

schaftsgericht Anwendung finden[36] soll. Bemerkenswert an diesem Gesetzentwurf der Bundesregierung[37] ist, welch' hoher Stellenwert der Einführung der Verfahrenspflegschaft durch die Kindschaftsrechtsreform und der Kindesanhörung[38] in der Außendarstellung beigemessen wird. Immerhin ist „Ziel dieses Übereinkommens ..., zum Wohl von Kindern deren Rechte zu fördern, ihnen prozessuale Rechte zu gewährleisten und die Ausübung der Rechte zu erleichtern" (Art. 1 Abs. 2). Allerdings darf die Ratifizierung dieses Gesetzes – ebenso wie bereits das KindRG – Bund, Länder und Gemeinden nicht mit Kosten belasten.[39]

8 In der Erklärung zu Art. 1 Abs. 4 dieses Übereinkommens[40], die bei der Hinterlegung der Ratifikationsurkunde abgegeben werden soll, sind zentrale Verfahren vor den Familien- und Vormundschaftsgerichten, soweit diese Verfahren die Sorge für die Person des Kindes betreffen, aufgezählt[41], auf welche die Bundesrepublik Deutschland das Europäische Übereinkommen über die Ausübung von Kinderrechten anwenden will. Dieser Katalog geht weit über den expliziten Fallkatalog[42] des § 50 Abs. 2 Nr. 2 und 3 FGG hinaus, steht aber in völliger Übereinstimmung mit den Generalklauseln in § 50 Abs. 1 und § 50 Abs. 2 Nr. 1 FGG. Diese Aufzählung der Bundesregierung sollte in der Praxis zur Bestimmung der Fallkonstellationen aus dem BGB, in denen ein Verfahrenspfleger zu bestellen ist, herangezogen werden:

9 1. Übertragung des Rechts zur Bestimmung des Kindesnamens (§ 1617 Abs. 2 und 3);

2. Ersetzung der Einwilligung des anderen Elternteils zur Namenserteilung (§ 1618 Satz 4);

3. Übertragung der Entscheidung bei Meinungsverschiedenheiten der Eltern über die Ausübung der elterlichen Sorge (§ 1628);

---

36. BT-Drucks. 14/5438, S. 1.
37. BT-Drucks. 14/5438.
38. Bereits eingeführt durch das SorgeRG von 1979.
39. BT-Drucks. 14/5438, S. 2. Hier setzt sich in der Rechtspolitik der Bundesrepublik eine ungute Tradition der Unehrlichkeit fort, weil bekanntermaßen in vielen Fällen die von der Staatskasse an den Verfahrenspfleger gem. § 67 Abs. 3 FGG gezahlte Entschädigung (Aufwendungsersatz und Vergütung) nur zu einem Teil, wenn überhaupt, als Gerichtskosten gegenüber den Eltern als Verfahrensbeteiligten nach Maßgabe der Kostenvorschriften erhoben und beigetrieben werden können - das Kind scheidet generell als Kostenschuldner aus, weil es keinen formellen Beteiligtenstatus in diesem Verfahren hat. Eine qualifizierte Interessenvertretung für Minderjährige in einer für diese belastenden Situation eines Gerichtsverfahrens ist für den Staat nicht umsonst zu haben. Letztendlich bleibt der Staat aufgrund seiner Schutzpflichten Minderjährigen gegenüber für die Etablierung als auch für die Qualität der Verfahrenspflegschaft in der Verantwortung. Dass hier freie Träger der Wohlfahrtspflege und andere gesellschaftliche Kräfte initiativ werden, spricht für das Funktionieren des bundesrepublikanischen Sozialsystems, entlässt aber den Staat nicht aus seiner Verantwortung in einem so sensiblen Bereich.
40. BT-Drucks. 14/5438, S. 18.
41. BT-Drucks, 14/5438, S. 18.
42. Fallkataloge finden sich bereits bei Salgo, 1996, S. 476ff. sowie bei Keidel/Engelhardt[14], § 50 Rn 6.

4. Entziehung der Vertretungsmacht eines Elternteils, eines Vormundes oder Pflegers (§ 1629 Abs. 2 Satz 3, §§ 1796, 1915);
5. Entscheidung über Meinungsverschiedenheiten zwischen den Eltern und einem Pfleger (§ 1630 Abs. 2);
6. Übertragung von Angelegenheiten der elterlichen Sorge auf die Pflegeperson (§ 1630 Abs. 3);
7. Unterstützung der Eltern bei der Ausübung der Personensorge (§ 1631 Abs. 3);
8. Unterbringung, die mit Freiheitsentziehung verbunden ist (§§ 1631b, 1800, 1915);
9. Herausgabe des Kindes, Bestimmung seines Umgangs mit Dritten, Wegnahme von der Pflegeperson (§ 1632) oder von dem Ehegatten oder Umgangsberechtigten (§ 1682);
10. Gefährdung des Kindeswohls (§§ 1666, 1666a);
11. elterliche Sorge bei Getrenntleben der Eltern (§§ 1671, 1672);
12. Ruhen der elterlichen Sorge (§§ 1674, 1678 Abs. 2);
13. elterliche Sorge nach dem Tode eines Elternteils (§ 1680 Abs. 2, § 1681);
14. elterliche Sorge nach Entziehung (§ 1680 Abs. 3);
15. Umgang mit dem Kind (§§ 1684, 1685);
16. Einschränkung oder Ausschließung der Befugnis zur Entscheidung in Angelegenheiten des täglichen Lebens oder der tatsächlichen Betreuung (§ 1687 Abs. 2, §§ 1687a, 1688 Abs. 3 Satz 2, Abs. 4);
17. Maßregeln bei Verhinderung der Eltern (§ 1693);
18. Bestellung eines Vormundes, Gegenvormundes oder Pflegers (§§ 1773 bis 1792, 1915, 1916);
19. Entscheidung über Meinungsverschiedenheiten oder über die Geschäftsverteilung zwischen mehreren Vormündern oder Pflegern (§§ 1797, 1798, 1915);
20. Entziehung der Sorge eines Vormundes oder Pflegers für die religiöse Erziehung des Mündels oder Pflegebefohlenen (§ 1801 Abs. 1, § 1915);
21. Maßregeln vor Bestellung oder bei Verhinderung eines Vormundes oder Pflegers (§§ 1846, 1915);
22. Entlassung des Vormundes, Gegenvormundes oder Pflegers (§§ 1886 bis 1889, 1895, 1915);
23. Änderung und Überprüfung gerichtlicher Anordnungen (§ 1696).

10 Die Bundesregierung geht davon aus, dass mit den §§ 50 und 50b FGG über die Bestellung eines Verfahrenspflegers und über die persönliche Anhörung des Kindes „weitreichende Schutzvorkehrungen, die den Anforderungen des Übereinkommens gerecht werden"[43] getroffen worden sind, „denen damit für die Erfüllung der Anforderungen des Übereinkommens ... zentrale Bedeutung zukommt". Ausdrücklich verweist die Bundesregierung auf die Entstehungsgeschichte des § 50 FGG: „ Die Reform bildet das Ergebnis langjähriger, wissenschaftlicher Vorarbeiten im Bundesministerium der Justiz, ausgiebiger Erörterungen in der Fachöffentlichkeit und eingehender parlamentarischer Beratungen".[44] Insgesamt wird in dieser Denkschrift immer wieder betont, dass mit § 50 FGG und mit § 50b FGG im deutschen Recht alle Anforderungen dieses Übereinkommens erfüllt werden. Über die tatsächliche Umsetzung dieser Vorschriften im bundesrepublikanischen Rechtsalltag schweigt sich die Denkschrift aus und vermittelt damit den Eindruck, die Bestellung des Verfahrenspflegers wie auch die Kindesanhörung seien Selbstverständlichkeiten der hiesigen Rechtsanwendung – ein Eindruck, der bei weitem nicht den Tatsachen entspricht. Auch im 2. Staatenbericht[45] zur Umsetzung der UN- Kinderrechtskonvention entsteht derselbe Eindruck; auch dort wird verschwiegen, welchen erheblichen Schwierigkeiten die Implementation der Verfahrenspflegschaft wie auch die Kindesanhörung in der gerichtlichen Praxis begegnet.

III. Die Folgen gesetzgeberischer Ambivalenzen

11 Der Gesetzgeber hat mit der Minimallösung des § 50 FGG eine unvollständige Regelung getroffen, die der Rechtsprechung essentielle Weichenstellungen überlässt. Die Klugheit einer solchen Vorgehensweise, die man in der familienrechtlichen Gesetzgebung der letzten Jahrzehnte[46] häufig antreffen konnte, wurde bereits in den 70er Jahren von Gernhuber in Frage gestellt: „Hinter der Häufung unbestimmter Rechtsbegriffe ... verbirgt sich nicht nur der Respekt vor dem für die Legislative nicht verfügbaren Einzelfall, sondern auch ein gerüttelt Maß an Entschlusslosigkeit, die ihren Ausweg in einer Fülle von Unbestimmtheiten suchte und fand ...".[47] Auf dem Hintergrund ausländischer Erfahrungen war deutlich davor gewarnt worden, das „Ob" der Bestellung allzu sehr der Rechtsprechung zu überlassen. „Da es sich bei dieser Frage um

---

43. BT-Drucks. 14/5438, S. 20 f.
44. BT-Drucks. 14/5438, S. 24.
45. Bericht der Bundesrepublik Deutschland an die Vereinten Nationen gemäß Artikel 44 Abs. 1 Buchstabe b des Übereinkommens über die Rechte des Kindes, Bundesministerium für Familie, Senioren, Frauen und Jugend (Hrsg.), BR-Drucks. 373/01 (Zitierweise: 2. Staatenbericht), Ziff. 438.
46. Vgl. hierzu bereits grundlegend Gernhuber, 1977.
47. So Gernhuber, 1977, S. 93 zur Häufung von unbestimmten Rechtsbegriffen in § 1748 BGB – seine Einschätzung kann auf § 50 FGG übertragen werden.

eine politische und wertungsbehaftete Entscheidung handelt, die erhebliche verfassungsrechtliche Implikationen hat, sollte der Gesetzgeber diese Entscheidung so eindeutig wie nur möglich selbst treffen, das heißt die Fallkonstellationen, in denen seiner Ansicht nach eine eigenständige Rechts- und Interessenvertretung notwendig ist, von vornherein bestimmen. Solche Fallkataloge entlasten den Richter. Grundsätzlich sollte diese Entscheidung nicht von einer richterlichen Ermessensentscheidung abhängig sein. In- und ausländische Erfahrungen belegen, dass Ermessensspielräume oder unbestimmte Rechtsbegriffe in diesem Bereich dazu führen können, dass die gesetzgeberischen Absichten konterkariert werden".[48]

12 Im Falle der Interessenvertretung von Kindern in gerichtlichen Verfahren hat der Gesetzgeber auf die notwendigen Vorkehrungen zur Standardsicherung verzichtet und läuft damit Gefahr, das intendierte Ziel einer Grundrechtssicherung durch Verfahren[49] zugunsten Minderjähriger als strukturell Schwacher zu verfehlen. Die Häufung zahlreicher unbestimmter Rechtsbegriffe im Wortlaut von § 50 FGG kann und wird tatsächlich bereits von manchen Gerichten geradezu als Einladung zur Nichteinhaltung der an sich strikten Vorgaben zur Errichtung einer Verfahrenspflegschaft genutzt. So sieht sich Coester veranlasst, einer „schon jetzt erkennbaren Tendenz, die Bestellung eines Verfahrenspflegers ... restriktiv zu handhaben, ... nachdrücklich entgegenzutreten".[50] Kommt es zur Bestellung, so fühlen sich manche OLGe durch ein restriktives Aufgabenverständnis der Verfahrenspflegschaft, welches sich weder aus dem Wortlaut noch aus den Gesetzgebungsmaterialen begründen lässt, legitimiert, die Vergütung von Verfahrenspflegern derart zusammenzustreichen[51], dass sich Verfahrenspfleger fragen müssen, ob sie es sich überhaupt noch leisten können, Verfahrenspflegschaften zu übernehmen, geschweige denn sich für diese anspruchsvolle Aufgabe zusätzlich[52] zu qualifizieren.[53]

13 Eine bereits bei In-Kraft-Treten des KindRG erschienene Kommentierung zu § 50 FGG bewegte sich am Rande des „Aufrufs zum Gesetzesungehorsam", hielt sie doch dieses Institut für „völlig überflüssig".[54] Inzwischen scheint sich der Verfasser von dieser Auffassung zu distanzieren. So drängt sich denn auch bei manchen Entscheidungsbegründungen, etwa zur Nichtbestellung, zum Beschwerderecht von Eltern gegen die Bestellung, aber auch zu Vergütungsfra-

---

48. Salgo, 1996, S. 558.
49. BVerfGE 55, 171, 182; vgl. hierzu Salgo, 1996, S. 405 ff.
50. Staudinger/Coester[13] BGB, § 1666 Rn 210.
51. Vgl. hierzu Willutzki, Kind-Prax 2001, 107, 108 ff.
52. Musielak/Borth[2], § 621, Rn 53 fordert eine besondere Sachkunde im jugendpsychologischen Bereich als auch besondere Kenntnisse des materiellen und formellen Rechts.
53. Zum notwendigen Anforderungsprofil vgl. Salgo, FPR 1998, 91, 92f.; Zitelmann, Kind-Prax 1998, 131ff.
54. FamRefK-Maurer, § 50 FGG Rn 3.

gen der Eindruck auf, dass hier alte Vorbehalte gegen die gesetzgeberische Entscheidung ein passendes Ventil suchen und bei der Vielzahl von Schlupflöchern in § 50 FGG auch finden. Unter den Senaten der OLGe gibt es zu zentralen Fragen der Verfahrenspflegschaft keine Übereinstimmung[55] und sogar die einzelnen Senate ein und desselben OLG vertreten z.T. konträre Auffassungen, so z.B. beim Kammergericht und beim OLG Frankfurt am Main.

IV. Richter als Garanten der Verfahrensrechte Minderjähriger

14 Gleichzeitig lässt sich beobachten, dass bei manchen Gerichten – wie auch in Jugendämtern – im Laufe der Zeit, nach positiven Erfahrungen[56], ein Meinungsumschwung eintritt. Der Vorsitzende Richter eines OLG-Senats[57] begrüßt die Einführung der Verfahrenspflegschaft ausdrücklich als ein Gebot der Stärkung der Subjektstellung des Kindes im Verfahren.[58] Er berichtet über positive Erfahrungen des Senats mit Verfahrenspflegern und fordert explizit von den Familienrichtern die Achtung vor der gesetzgeberischen Entscheidung und weist seine Richterkollegen darauf hin, dass es an ihnen liegt, diese neue Funktion mit Leben zu füllen und dem Verfahrenspfleger „diejenige Rolle im Verfahren zuzubilligen, wie sie aus der Gesetzesbegründung deutlich wird"[59]. Es mutet schon etwas merkwürdig an, dass ein Richter bei seinen Richterkollegen die Achtung vor der gesetzgeberischen Entscheidung einfordern muss, ist doch in der Verfassungsordnung der Bundesrepublik Deutschland festgelegt, dass „die Rechtsprechung an Gesetz und Recht gebunden" ist (Art. 20 Abs. 3 GG).

15 Der Gesetzgeber hätte allerdings gewarnt sein müssen: Dass ein beachtlicher Teil bundesrepublikanischer Richter die zur Stützung Minderjähriger in Gerichtsverfahren geschaffenen Verfahrensregeln zur Kindesanhörung (§ 50b FGG) in zahlreichen Fällen seit langem missachtet[60], hat die Rechtstatsachenforschung wiederholt belegt: „Durch den Verzicht auf die Anhörungen von Kindern und Jugendlichen werden gesetzliche Vorgaben (§ 50b FGG) z.T. gravierend unterschritten bzw. nicht eingelöst".[61] Erst jüngst musste das Bundesverfassungsgericht eine Entscheidung wegen Unterbleibens der Kindesanhörung (§ 55c i.V.m. § 50b FGG) aufheben, alle drei zuvor mit dem Fall befassten

---

55. Vgl. die Übersicht von Engelhardt, FamRZ 2001, 525.
56. Vgl. Fußnote 25.
57. Hatte doch ein anderer Richter desselben OLG den Verfahrenspfleger für „völlig überflüssig" gehalten, vgl. FamRefK-Maurer, § 50 FGG Rn 3.
58. Borth, Kind-Prax 2000, 48, 51.
59. Ebenda.
60. Vgl. Lempp u.a.
61. Münder/Mutke/Schone, S. 130: „Die Kinder und Jugendlichen selbst schließlich wurden nur in knapp der Hälfte der Fälle (gem. §§ 1666, 1666a BGB) persönlich angehört", und ebenda S. 364.

fachgerichtlichen Instanzen hielten die Kindesanhörung für nicht erforderlich.[62] „Mehrfach gaben RichterInnen an, dass sie sich überfordert sehen, mit jüngeren Kindern Anhörungen durchzuführen, da ihnen die Grundlagen einer kindzentrierten Gesprächsführung fehlten".[63]

Auf dem Hintergrund dieser Erfahrungen hätten die gesetzlichen Vorgaben für die Verfahrenspflegschaft umso präziser ausfallen müssen, um den Erfolg der Reform nicht allzu sehr von der jeweiligen richterlichen Einstellung abhängig zu machen. Mit der verabschiedeten Fassung des § 50 FGG gefährdet der Gesetzgeber die intendierten Ziele der Reform. Allerdings ist eine Verbesserung der verfahrensrechtlichen Stellung Minderjähriger nur mit der Richterschaft möglich und nicht gegen sie. Anders als etwa in Großbritannien oder Australien waren die Familien- und Vormundschaftsrichter indes überhaupt nicht auf den Umgang mit der neuen Institution „Verfahrenspflegschaft" vorbereitet worden. Sie mussten sehen, wie sie ab In-Kraft-Treten des KindRG damit zurecht kamen. So mussten sie insbesondere sich selbst auf die Suche begeben, um geeignete Verfahrenspfleger finden, weil keine organisatorischen Strukturen zur Gewinnung und Vermittlung von geeigneten Verfahrenspflegern bestanden. **16**

Somit stellt sich das Problem, dass der Gesetzgeber Abhilfe durch simple Installierung einer neuen Institution schaffen zu können meinte, ohne sich auch um die Ursachen der erkannten Defizite zu kümmern und ohne Bereitstellung notwendiger Strukturen, zumal auch nicht die begleitende Forschung und Fortbildung zur Auseinandersetzung mit den Grundgedanken der Reform auf den Weg gebracht worden war. Es wäre in diesem Zusammenhang z.B. naheliegend zu untersuchen, ob etwa Verstöße gegen die Anhörungsvorschriften und eine restriktive Bestellpraxis mancher Gerichte bei der Verfahrenspflegerbestellung korrelieren. Standardformulierungen[64] zur Begründung der Nichtbestellung sind unzulässig, vielmehr müssen solche die Verfahrenspflegerbestellung ablehnenden Entscheidungen differenziert auf den Einzelfall bezogen als Ausnahme von der Regel präzise untermauert werden, weil bei einer pauschalen oder gar fehlenden Begründung die Rechtsmittelinstanz die Vorgehensweise der Unterinstanz nicht überprüfen kann. Bei einem solchen wesentlichen Verfahrensverstoß, d.h. im Falle der Nichtbegründung bzw. der unzureichenden Begründung der Nichtbestellung, wird die Entscheidung aufgehoben und zur erneuten Entscheidung zurückverwiesen werden müssen.[65] **17**

---

62. BVerfG, JAmt 2001, 503.
63. Münder/Mutke/Schone, S. 227.
64. Keidel/Kayser[14], § 70 b Rn 6: „ Die Begründung muss nachvollziehbar und auf den Einzelfall zugeschnitten sein"; OLG Köln, FamRZ 1999, 314, 315.
65. FamRefK/Maurer, § 50 FGG, Rn 25; Keidel/Engelhardt[14], § 50 Rn 18; OLG Köln, FamRZ 1999, 314, 315.

18 Es drängt sich angesichts der (Nicht-)Bestellpraxis mancher Gerichte der Eindruck auf, dass ein Teil der Richterschaft von der Verfahrenspflegschaft nichts hält. Zudem wird hier dem Gericht eine schwierige Entscheidung abverlangt: „Es soll jemanden bestellen, der ihn sinnvoll kontrolliert. Der Richter muss also in seiner Entscheidung zugunsten des Verfahrenspflegers gegen seine rollenspezifischen Interessen agieren, nämlich an der Infragestellung seiner Entscheidung mitwirken".[66] In den anonymisierten Richterstatements in der Untersuchung von Münder u.a. brachten die befragten Richter/innen deutlich ihr Unbehagen gegenüber einer eigenständigen Vertretung der Kinder durch Verfahrenspfleger zum Ausdruck.[67]

19 Dem kann nur die gegenteilige Erfahrung vieler Richter im In-[68] und Ausland[69] entgegengehalten werden; im Übrigen ist die Verfahrenspflegschaft nicht zur Unterstützung des Gerichts, sondern vor allem zur Interessenvertretung für das Kind installiert worden. Dass sie auch die richterliche Entscheidung qualifiziert, weil der Standpunkt des Kindes authentisch in das Verfahren eingebracht wird sowie eine Einschätzung zu dessen Wohl aus einer unabhängigen Position heraus erfolgt, ist ein willkommener Nebeneffekt, den mehr und mehr Richter wie auch zunehmend Jugendamtsmitarbeiter in der Bundesrepublik zu schätzen wissen.

V. Über die Wahrnehmung der Interessen des Kindes

1. Der Gesetzgebungsprozess

20 Ambivalenzen gegenüber einer eigenständigen Vertretung Minderjähriger begleiten freilich die Reformdiskussion wie auch den Gesetzgebungsprozess, wie ein Blick auf den Wortlaut des § 50 FGG und in die regierungsamtliche Begründung[70] zeigt. Der Umfang und die Explizierung der regierungsamtlichen Begründung zu § 50 FGG dokumentieren eine gesteigerte Begründungsnotwendigkeit, weil Neuland betreten wird, aber auch die rechtspolitische

---

66. Knieper, 1999, S. 169.
67. Münder/Mutke/Schone, S. 237 f.; hier scheint sich bei den Einstellungen der Richter kaum etwas geändert zu haben, vgl. Simitis u.a., S. 336: „Die Frage, ob das Kind generell eine eigene Interessenvertretung im Verfahren haben müsse, wurde veneint, da der Richter von Amts wegen im Sinne des Kindeswohls ermittle. Zugleich bemerkten die Richter freilich, dass die Amtsermittlungspflicht faktisch nicht einzuhalten sei".
68. Vgl. Fußnote 25.
69. Vgl. insoweit den Erfahrungsbericht des Oberrichters Steck, ZVW1-2/2001, Sonderausgabe, S. 102., der über die ersten praktischen (durchweg positiven) Erfahrungen mit der Vertretung des Kindes (Art. 146f. ZGB) in der Schweiz berichtet und die Kindesvertretung als eine „wertvolle Entscheidungshilfe" darstellt. Zur Richterschaft in den USA vgl. Salgo, 1996, S. 151 ff.
70. Vgl. Anhang B dieses Werkes; BT-Drucks. 13/4899, S. 129–132; dieser Regierungsentwurf war bereits gegenüber dem Referentenentwurf „entschärft" worden: Dort hatte noch § 50 Abs. 1 FGG-E den Wortlaut: „Das Gericht bestellt dem minderjährigen Kind ... einen Pfleger ...".

Gewichtung und die intensive rechtspolitische Auseinandersetzung mit der Regelungsnotwendigkeit.[71] Immerhin findet die Verfahrenspflegschaft bereits auf dem Deckblatt des Gesetzentwurfs der Bundesregierung zum KindRG, unter den zentralen Reformzielen, Erwähnung.[72] Zur Vorbereitung der Reform des Kindschaftsrechts wurde vom Bundesministerium der Justiz u. a. auch ein rechtsvergleichendes Gutachten[73] zur Frage eingeholt, wie die Interessen der Kinder in Verfahren, die sie besonders berühren, wahrgenommen werden könnten[74], und eine Anhörung hierzu durchgeführt. Auf diese Weise waren auch die ausländischen Erfahrungen umfassend aufbereitet und zugänglich gemacht worden, damit sie bei der Formulierung der entsprechenden Verfahrensregelung berücksichtigt werden.

Diese Erfahrungen haben auch gezeigt, mit welchen Mitteln die Akzeptanz so grundlegender Reformen gesteigert werden kann. Im Unterschied zu manch' anderer Gesetzgebung lässt sich also in diesem Fall kaum der Vorwurf machen, es habe im Vorfeld der Reform keine intensive Vorbereitung gegeben[75]. Ausländische Erfahrungen haben auch gezeigt, dass ohne eine entsprechende Infrastruktur die Gefahr des Misslingens einer so grundlegenden Neuerung beträchtlich ist. Wenn gleichwohl im Ergebnis nicht mehr als § 50 FGG in seiner geltenden Fassung Gesetz wurde, so bleibt festzustellen, dass offenbar hier rechtspolitische Vernunft von gegenläufigen rechts- und haushaltspolitischen Interessen überlagert wurde.[76]

2. Orientierung und Ausrichtung der Verfahrenspflegschaft im KindRG

Rechtsdogmatisch spiegeln sich diese Ambivalenzkonflikte bzw. ambivalenten Kompromisse darin, dass mit der gesetzlichen Regelung einerseits bewusst Neuland betreten wurde, andererseits aber eine gezielte und explizite Ausrichtung (der neuen Norm) an bereits im Verfahrensrecht verankerten Vorbildern[77], nämlich an der Rechtsfigur des Verfahrenspflegers im Betreuungs- und Unterbringungsverfahren (§§ 67, 70b FGG) ohne genauere Prüfung der Angemes-

---

71. BT-Drucks. 14/5438, S. 24.
72. BT-Drucks. 13/4899, S. 2.
73. Salgo, 1996.
74. BT-Drucks. 13/4899, S. 51.
75. Vgl. BT-Drucks. 14/5438, S. 24.
76. Vgl. zur rechtspolitischen Auseinandersetzung, die von den Bundesländern einzig und allein aus haushaltspolitischen Erwägungen geführt wurde, Plenarprotokoll der 717. Sitzung des Bundesrates vom 17.7.1997, S. 453 ff. sowie zu den Positionierungen des Bundesministeriums der Justiz in der 12. und 13. Legislaturperiode Salgo, 1996, S. 31 ff; vgl. auch die Einschätzung von Willutzki, Kind-Prax 2001, 107, 109.
77. BT-Drucks. 13/4899, S. 130; Kleine, FPR 1996, 236, 238.

senheit erfolgte.[78] In § 50 FGG finden sich zahlreiche wortwörtliche Übernahmen aus den §§ 67, 70b FGG. Solche „Anleihen" sind in der Gesetzgebung durchaus üblich, manchmal auch angebracht, zuweilen aber nicht unproblematisch, weil der neue „Regelungsgegenstand" eben anders, oder sogar sehr anders sein kann als der alte. Was sich hier bewährt hat, muss dort nicht passen. Der neu zu regelnde Lebenszusammenhang fordert stets eine Berücksichtigung seiner Spezifika, und in der Tat sind diese bei Kindern und Jugendlichen, die in zivilgerichtlichen Kindesschutzverfahren auf eine eigenständige Interessenwahrnehmung angewiesen sind, doch sehr anders als im betreuungs- und unterbringungsrechtlichen Regelungszusammenhang, wenngleich es durchaus auch Gemeinsamkeiten gibt.

23 Gemeinsamer Ausgangspunkt für die Verfahrenspflegschaft im BtG und im KindRG ist die tatsächlich bzw. rechtlich eingeschränkte Möglichkeit zur Wahrung eigener Rechte in einem Gerichtsverfahren. Beide Verfahrensregelungen (§ 67 FGG wie § 50 FGG) sollen den Schutz des Betroffenen und die Wahrung seiner Belange im gerichtlichen Verfahren sicherstellen. Dies hat den Gesetzgeber des KindRG zur weitreichenden Anlehnung an das Betreuungsrecht bewogen. Die Wendung „soweit dies zur Wahrnehmung seiner Interessen erforderlich ist" in § 50 Abs. 1 FGG wurde wortwörtlich aus § 67 Abs. 1 Satz 1 FGG übernommen. Die regierungsamtliche Begründung zu dieser Bestimmung beschreibt unmissverständlich, welche Rolle für den „Pfleger für das Verfahren" dem Gesetzgeber[79] des BtG vorschwebte:

24 – „Es handelt sich dabei um einen Pfleger eigener Art".
 – „ein besonderer Bestellungsakt für den Pfleger ist nicht vorgesehen. Es reicht die Bekanntmachung nach § 16 Abs. 1".
 – „Der Pfleger unterliegt nicht der Aufsicht[80] des Gerichts, was aus der Natur seiner Aufgabe ohne weiteres folgt".
 – „Er hat nicht den Willensvorgang des Betroffenen zu beachten, ist an seine Weisungen nicht gebunden, sondern hat nur die objektiven Interessen des

---

78. BT-Drucks. 13/4899, S. 130: „Bei der Rechtsfigur des Pflegers für das Verfahren wird nicht nur auf § 56f Abs. 2, sondern auch auf ähnliche Regelungen für das Betreuungs- und das Unterbringungsverfahren (§§ 67, 70b) zurückgegriffen".
79. BT-Drucks. 11/4528, S. 171.
80. So wichtig die Unabhängigkeit des Verfahrenspflegers gegenüber dem Gericht ist, dem Gericht kommt hinsichtlich fachlicher und persönlicher Eignung des Verfahrenspflegers (§ 50 FGG) dennoch eine gewisse Verantwortung zu, handelt es sich doch um Minderjährige mit eingeschränkten Rechten und Kontrollmöglichkeiten. Vgl. hierzu Salgo, FPR 1999, 313, 316 f. sowie zu den notwendigen organisatorischen Konsequenzen zur Sicherung qualifizierter und unabhängiger Kindesvertretung Salgo, 1996, S. 565 ff.; Musielak/Borth, § 621, Rn 53 sieht das Gericht ebenfalls in der Verantwortung, falls sich der Verfahrenspfleger als ungeeignet erweist, allerdings muss eine Abbestellung gerichtlich überprüfbar sein, sonst besteht die Gefahr, dass das Gericht nur ihm genehme Verfahrenspfleger bestellt bzw. dass der Verfahrenspfleger „nach des Richters Pfeife tanzt".

Betroffenen wahrzunehmen. Er hat jedoch ihm erkennbare Anliegen des Betroffenen, soweit sie mit seinen Interessen vereinbar sind, vorzubringen, damit diese vom Gericht berücksichtigt werden können".

Problematisch wird dieser Gesetzgebungskontext hier vor allem dadurch, dass er von Teilen der Rechtsprechung zu § 50 FGG wie ein Steinbruch benutzt wird: nützt es der eigenen Auffassung, so wird explizit auf den historischen Gesetzgeber unter Verweis auf die regierungsamtliche Begründung zu § 50 FGG Bezug genommen, ansonsten wird so getan, als ob der Gesetzgeber des KindRG sich nicht bewusst für einen bestimmten Regelungskontext entschieden hätte: Einerseits wird die Verfahrenspflegschaft gem. § 50 FGG so gehandhabt wie eine Ergänzungspflegschaft (§§ 1909, 1915 BGB)[81], andererseits werden die Aufgaben des Verfahrenspflegers auf die Vertretung des „Kindeswillens" begrenzt[82], was im klaren Kontrast zur Herleitung von § 50 FGG aus dem Betreuungsrecht steht; auf diese „Pflegschaft eigener Art" sind die Vorschriften des BGB grundsätzlich nicht anwendbar.[83]

3. Zum Beschwerderecht der Eltern gegen die Verfahrenspflegerbestellung

Die Rechtsprechung zu § 50 FGG hat sich wiederholt mit der Frage befassen müssen[84], ob allein durch eine Verfahrenspflegerbestellung das Elternrecht tangiert ist und deshalb die Bestellung des Verfahrenspflegers isoliert[85] – und nicht erst mit der Entscheidung in der Hauptsache[86] – angefochten werden kann.[87] Der Gesetzgeber hat dieses Problem gesehen, orientierte sich aber bei Einführung des § 50 FGG bewusst an der Verfahrenspflegerbestellung im Betreuungs- und Unterbringungsrecht[88], wo allerdings für die i.d.R. Volljährigen[89] eine Berücksichtigung von Elternrechten entfällt. In ihrer Gegenäußerung zur Stellungnahme des Bundesrates vertrat die Bundesregierung den gesetzessystematisch zutreffenden Standpunkt, dass die Bestellung des Verfahrenspflegers gem. § 50 FGG nicht gesondert anfechtbar ist.[90] Der Regierungs-

---
81. Vgl. dagegen BT-Drucks. 13/4899, S. 130: „Wie bei der Bestellung von Verfahrenspflegern gem. §§ 67, 70b FGG ist für die vorgesehenen Pflegerbestellungen (gem. § 50 FGG) ein besonderer Bestellungsakt nicht vorgesehen".
82. Vgl. OLG Brandenburg, MDR 2001, 573 sowie JAmt 2001, 143; OLG München, OLGR 2000, 304.
83. Keidel/Kayser[14], § 67 Rn 7.
84. Vgl. die Übersicht von Engelhardt, FamRZ 2001, 525, 528.
85. So das KG, FamRZ 2000, 1299.
86. So überzeugend Keidel/Engelhardt[14], § 50 Rn 26.
87. So die nach wie vor überwiegende Auffassung der Rspr. und Lit., vgl. Engelhardt, FamRZ 2001, 525, 528, Fn 44 m. umfangreichen Nachw.
88. Wo eine Entscheidung über die Bestellung des Verfahrenspflegers nicht angefochten werden kann, vgl. Keidel/Kayser[14], § 67 Rn 14.
89. Anders bei Unterbringungen gem. § 1631b BGB.
90. BT-Drucks. 13/4899, S. 172.

entwurf des KindRG wollte sicherstellen, dass „ohne ausdrückliche Entziehung der Vertretungsmacht ... dem Kind unmittelbar ein Pfleger bestellt" werden kann.[91] Ein hochstreitiges und mit Rechtsmitteln angreifbares Verfahren gegen den Vertretungsberechtigten auf Entziehung der Vertretung sollte gerade vermieden werden.[92] Gerade um hier kaum hinnehmbare Verfahrensverzögerungen[93] zu vermeiden[94], glaubte der Regierungsentwurf mit der Übernahme des Modells aus dem Betreuungsrecht die Nachteile einer isolierten Anfechtbarkeit der Verfahrenspflegerbestellung vermeiden zu können.

27 Es war nicht überraschend, dass sich dieser Auffassung ein Teil der Rechtsprechung entgegenstellte und die unbefristete Beschwerde schon gegen die Bestellung eines Verfahrenspflegers zuließ: „Durch die Bestellung eines Verfahrenspflegers wird das Elternrecht, das grundsätzlich die Wahrung sämtlicher Belange und Interessen des Kindes umfasst, berührt. Dem kann nicht entgegengehalten werden, dass es der Age. [Antragsgegnerin] unbenommen ist, als Verfahrensbeteiligte neben ihren eigenen Interessen auch die Kindesinteressen weiterhin zu verfolgen. Die Beeinträchtigung des Elternrechts ist ebenso wie bei der Bestellung eines Ergänzungspflegers nach § 1909 BGB darin zu sehen, dass ein Teilbereich der elterlichen Sorge nicht mehr von dem alleinvertretungsberechtigten Elternteil bzw. den alleinvertretungsberechtigten Eltern allein wahrgenommen werden kann." [95]

28 Diese Argumentation vermag indes nicht zu überzeugen, weil es sich bei der Ergänzungspflegerbestellung gem. § 1909 BGB um eine Hauptsachenentscheidung mit allen daraus folgenden verfahrensrechtlichen Konsequenzen, hingegen bei der Verfahrenspflegerbestellung gem. § 50 FGG um eine Zwischenentscheidung handelt, die nach dem ausdrücklichen Willen des Gesetzgebers aus guten Gründen erst mit einem Rechtsmittel gegen die Entscheidung in der Hauptsache gerügt werden kann.[96] Das Elternrecht ist durch die Verfahrenspflegerbestellung zweifelsfrei tangiert.[97] Diese Beschwer ist aber vergleichbar mit dem Umstand, dass sich Eltern überhaupt einem gerichtlichen Verfahren stellen oder auch hinnehmen müssen, dass das Gericht eine Kindesanhörung gem. § 50b FGG durchführt und dabei i.d.R. das Kind alleine bzw. in Anwe-

---

91. BT-Drucks. 13/4899, S. 129 und 172.
92. BT-Drucks. 13/4899, S. 172 in der Gegenäußerung der Bundesregierung.
93. Hierzu grundlegend Heilmann (1998).
94. Vgl. Art. 7 des Europäischen Übereinkommens vom 25. Januar 1996 über die Ausübung von Kinderrechten (Anhang C dieses Werkes) zur Verpflichtung zu zügigem Handeln.
95. So OLG Hamm, FamRZ 1999, 41; OLG Rostock, ZfJ 1999, 307; OLG Frankfurt, FamRZ 1999, 1293; KG, FamRZ 2000, 1298 u.a., vgl. Engelhardt, FamRZ 2001, 525, 528, Fn 47 m. umfangreichen weiteren Nachweisen.
96. Vgl. BT-Drucks. 13/4899, S. 129, 172 sowie Keidel/Kahl[14], § 19 Rn 5: „... die Bestellung eines Verfahrenspflegers für Minderjährige (§ 50), die keinen besonderen Bestellungsakt, keine Entziehung der gesetzlichen Vertretung erfordert, stellt keine mit Rechtsmitteln anfechtbare Entscheidung dar".
97. Ebenso Engelhardt, FamRZ 2001, 525, 528.

senheit des Verfahrenspflegers, aber ohne Beisein der Eltern anhört.[98] Auch diese Verfahrensschritte des Gerichts sind nicht isoliert durch die Eltern angreifbar[99], obschon sie zweifelsohne das Elternrecht berühren.

Die entscheidende Frage ist, wie intensiv die Auswirkungen solcher verfahrensleitender Entscheidungen des Gerichts ins Elternrecht sind.[100] Welche Rechte sind den Eltern durch die Verfahrenspflegerbestellung genommen? Den Eltern bleibt es weiterhin unbenommen, alle aus ihrer Sicht notwendigen Verfahrenshandlungen im eigenen Namen und als gesetzlicher Vertreter des Kindes vorzunehmen; keines ihrer Rechte im Verfahren ist ihnen durch die Verfahrenspflegerbestellung genommen.[101] Sie können „für das Kind vortragen, was sie für erforderlich halten. Ihnen ist insoweit nicht die Vertretungsmacht nach den §§ 1629 Abs. 2, 1796 BGB entzogen und diese ist nicht auf einen Ergänzungspfleger nach § 1909 BGB übertragen worden".[102] Widersprüchlich und irreführend ist insoweit die Formulierung in der Begründung zu § 50 FGG im Regierungsentwurf: „Für die Durchführung des gerichtlichen Verfahrens tritt der Verfahrenspfleger an die Stelle des gesetzlichen Vertreters und hat an dessen Stelle die Kindesinteressen in das Verfahren einzubringen".[103]

29

Hier mag die Ursache für rechtlich kaum haltbare Auffassungen einzelner Gerichte liegen. Der daraufolgende Satz in der regierungsamtlichen Begründung schränkt diese Aussage jedoch bereits selbst ein: „Wie einen gesetzlicher Vertreter hat das Gericht den Verfahrenspfleger an den Verfahrenshandlungen des Gerichts zu beteiligen".[104] Wäre der Verfahrenspfleger „an die Stelle" der gesetzlichen Vertreter getreten, so würde der Verfahrenspfleger „als gesetzlicher Vertreter" und nicht „wie ein gesetzlicher Vertreter" handeln. Der Verfahrenspfleger ist ein „gesetzlicher Interessenvertreter" in bestimmten Gerichtsverfahren unter besonderen Voraussetzungen, nicht jedoch „gesetzlicher Vertreter" i.S.v. § 1629 BGB. Inzwischen vertritt auch die Bundesregierung mit aller Deutlichkeit diese Auffassung: In der Denkschrift zum Entwurf eines Gesetzes zu dem Europäischen Übereinkommen vom 25. Januar 1996 über die Ausübung von Kinderrechten wird klargestellt, dass „die Bestellung eines Verfahrenspflegers nicht davon abhängig (ist), dass die Vertretungsmacht der gesetzlichen Vertreter des Kindes bereits vor der Bestellung des Verfahrenspflegers ausgeschlossen sein müsste".[105]

30

---

98. Vgl. Keidel/Engelhardt[14], § 50b Rn 18.
99. Vgl. Keidel/Engelhardt[14], § 50b Rn 28.
100. Zu Recht völlig anders der von der StPO in § 52 Abs. 2, Satz 2 gewählte Weg der notwendigen Pflegerbestellung, soweit der gesetzliche Vertreter selbst Beschuldigter ist.
101. OLG Brandenburg, FamRZ 2000, 1295.
102. Johannsen/Henrich/Brudermüller[3], § 50, Rn 14.
103. BT-Drucks. 13/4899, S. 130.
104. BT-Drucks. 13/4899, S. 130.
105. Vgl. den Text dieses Übereinkommens im Anhang C dieses Werkes; BT-Drucks. 14/5438, S. 24.

31 Damit geht § 50 FGG über die Vorgaben der Art. 4 und 10 des Europäischen Übereinkommens über die Ausübung von Kinderrechten hinaus.[106] Der Verfahrenspfleger ist eben kein Ergänzungspfleger und damit auch kein „gesetzlicher Vertreter" i.S.v. § 1629 BGB. Reichen nach Auffassung des Gerichts die bewusst zeitlich und sachlich beschränkten Kompetenzen eines Verfahrenspflegers gem. § 50 FGG nicht aus, dann muss das Gericht die Voraussetzungen zur Errichtung einer Ergänzungspflegschaft überprüfen.[107] Denn im System des Kindschaftsrechts der Bundesrepublik gibt es ohne förmliches Verfahren keine Sorgerechtsbeschränkungen, es sei denn, dass das Gesetz wie etwa im Bereich der Vermögenssorge Kontrollen und Genehmigungen von vornherein vorsieht; die Verfahrenspflegerbestellung aufgrund von § 50 FGG ist indes keine Sorgerechtsbeschränkung.[108] Statt „tritt an dessen Stelle" (vgl. Rn 103) beschreibt etwa die Formulierung „tritt neben die elterliche Sorge" zutreffender die Rechtslage nach Bestellung einer Verfahrenspflegschaft.

32 Ein solches „Nebeneinander von Kompetenzen"[109] wie bei der Beistandschaft[110], der Betreuung oder der rechtsgeschäftlichen Bevollmächtigung ist neueren familienrechtlichen Regelungen nicht fremd; weil bewusst nicht oder möglichst wenig eine „Entrechtung" bzw. eine solche noch nicht stattfinden soll, nimmt die Rechtsordnung gewisse Unsicherheiten, die durch ein solches „Nebeneinander" eintreten, in Kauf. Ob eine „Entrechtung" von Eltern notwendig sein wird, ist gerade Gegenstand dieses Verfahrens, in welchem aber mit und durch den Verfahrenspfleger bereits sichergestellt sein soll, dass die Interessen des Kindes auf jeden Fall ins Verfahren eingebracht werden, weil eine Interessenkollision zwischen Eltern und Kind nahe liegt bzw. erwiesen ist.

33 Folglich stehen dem Verfahrenspfleger Mitwirkungs- und Beteiligungsrechte wie einem gesetzlichen Vertreter – aber nicht als solchem zu: Er hat die Stellung eines Verfahrensbeteiligten.[111] Er kann – und ist, falls es die Interessen des Kindes erfordern, verpflichtet – im eigenen und im Namen[112] des Kindes Rechtsmittel einlegen, sofern er durch die Entscheidung die Belange des Kindes nicht gewahrt sieht[113], und das Rechtsmittelverfahren auch durchführen.[114]

---

106. BT-Drucks. 14/5438, S. 24.
107. Vgl. hierzu in diesem Band Bauer, Rn 91 f.
108. Vgl. BT-Drucks. 13/4899, S. 129: Die Neuregelung erlaubt es künftig „ohne ausdrückliche Entziehung der Vertretungsmacht ... dem Kind unmittelbar einen Pfleger für das gerichtliche Verfahren" zu bestellen.
109. Vgl. 13. DFTG, Arbeitskreis 17, Pkt. 2.2, S.118.
110. Staudinger/Rauscher[13], BGB, § 1716 Rn 6.
111. Vgl. Keidel/Engelhardt[14], § 50b Rn 22; er ist an allen verfahrensleitenden Maßnahmen des Gerichts zu beteiligen, ihm sind Antragsschrift und sämtliche Stellungnahmen der Beteiligten und des Jugendamtes, die Anhörungsprotokolle und evtl. eingeholte Sachverständigengutachten zugänglich zu machen und sämtliche Entscheidungen des Gerichts zuzustellen, vgl. Musielak/Borth[2], § 621, S.118.
112. Vgl. FamRefK-Maurer, § 50 FGG Rn 10; Musielak/Borth[2], § 621, Rn 53.
113. Musielak/Borth[2], § 621, Rn 53.
114. Vgl. Keidel/Engelhardt[14], § 50 Rn 25.

Er hat Anwesenheitsrechte bei allen mündlichen Verhandlungen[115], er hat selbstverständlich ein Akteneinsichtsrecht hinsichtlich der Gerichtsakten[116], er hat das Recht, das Kind bei der richterlichen Kindesanhörung zu begleiten[117] und er hat das Recht, mit dem Kind alleine zusammenzutreffen, so oft und so lange das erforderlich ist.

➢ *Zu den Rechten und Pflichten des Verfahrenspflegers vgl. Rn 1060 ff.*

Dieses Recht muss gegebenenfalls gerichtlich durchsetzbar sein. Selbstverständlich kann er jederzeit mit Anregungen[118] prozessualer oder materiellrechtlicher Art an das Gericht herantreten, hierzu zählt auch sein Recht und seine Pflicht, eine abschließende Stellungnahme an das Gericht abzugeben. Selbstverständlich sollte der Verfahrenspfleger nach Abschluss des familiengerichtlichen Verfahrens dem Kind das Ergebnis ausführlich erläutern, erforderlichenfalls auch über die Möglichkeiten zur Einlegung von Rechtsmitteln.[119] Der Verfahrenspfleger kann und muss nach eingehender Prüfung und Beratung sogar unter bestimmten Voraussetzungen Verfassungsbeschwerde einlegen.[120]

34

Die Verfahrenspflegeraufgabe ist immer eine zeitlich und materiell begrenzte, weshalb die damit verbundenen Unsicherheiten und Beeinträchtigungen von vorübergehender Dauer auch für die Eltern hinnehmbar sind. Psychologisch liegt darin, dass ein Fremder, nämlich der Verfahrenspfleger (wie auch der Richter und der Jugendamtsmitarbeiter), das Kind trifft, mit dem Kind alleine und (auch) für es spricht, zweifelsohne eine Belastung für die Eltern. Aber FGG-Verfahren führen zu unterschiedlichen, stets die Beteiligten tangierenden Verfahrenshandlungen des Gerichts: Damit das Jugendamt seinen Pflichten aus den §§ 49, 49a FGG i.V.m. § 50 Abs. 1 SGB VIII nachkommen oder das Gericht die Kindesanhörung gem. § 50b FGG durchführen kann, wird nicht jeweils vorab das Einverständnis der Eltern eingeholt. Erst Verweigerungshaltungen der Eltern können sorgerechtsbeschränkende Maßnahmen zur Folge haben, falls das Gericht die jugendamtliche Stellungnahme unter persönlicher

35

---

115. FamRefK-Maurer, § 50 Rn 9.
116. FamRefK-Maurer, § 50 FGG Rn 9.
117. OLG Bremen, FamRZ 2000, 1298.
118. Da es sich bei zivilrechtlichen Kindesschutzverfahren um klassische Rechtsfürsorge im öffentlichen Interesse handelt, erfolgt die Einleitung des Verfahrens „von Amts wegen" (12 FGG), d.h. das Gericht muss tätig werden, sobald es Kenntnis vom Vorliegen der Voraussetzungen für ein Tätigwerden (z.B. „Kindeswohlgefährdung") erlangt. Dem „Antrag", ein Verfahren einzuleiten, kommt lediglich die Bedeutung einer Anregung zu, entsprechende Tätigkeiten von Amts wegen zu beginnen. Auf die Anregung hin muss das Gericht prüfen, welche Ermittlungen vorzunehmen sind und welche entsprechenden Verfügungen zu treffen sind; vgl. Keidel/Kayser[14], § 12 Rn 4 f.; vgl. auch Art. 8 des Europäischen Übereinkommens vom 25. Januar 1996 über die Ausübung von Kinderrechten (Anhang C dieses Werkes) zum Handeln von Amts wegen.
119. Entgegen OLG Hamburg, Kind-Prax 2000, 162 ist diese Tätigkeit zu vergüten, weil erst die Nichteinlegung von Rechtsmitteln das Verfahren zum Abschluss bringt; zur Notwendigkeit eines ausführlichen Abschlussgesprächs mit dem Kind vgl. Niestroj, in: Salgo, 1996, S. 503, 525 f.
120. Hierzu Walter, FamRZ 2001, 1, 5.

Einbeziehung des Kindes bzw. die gerichtliche Kindesanhörung sowie auch die persönliche Begegnung des Verfahrenspflegers mit dem Kind gegen den Willen der Eltern durchsetzen will.[121]

36 Den Eltern sind solche Belastungen aufgrund von verfahrensleitenden Handlungen des Gerichts zumutbar, ihre Beschwer ist geringfügig und vorübergehender Natur. Nach Entscheidung in der Hauptsache sind solche verfahrensleitenden Verfügungen des Gerichts wie etwa die Verfahrenspflegerbestellung selbstverständlich im Beschwerdeverfahren überprüfbar. Es ging dem Gesetzgeber des KindRG explizit darum, dass mit seinem am BtG orientierten Regelungsmodell des § 50 FGG – im Gegensatz zur Ergänzungspflegerbestellung gem. § 1796 Abs. 2, 1629 Abs. 2 Satz 3, § 1909 Abs. 1 Satz 1 BGB – die Fälle „praxisgerecht bewältigt werden" können[122] und darum, dass „kaum hinnehmbare Verfahrensverzögerungen" vermieden werden.[123] Die Zuerkennung eines Beschwerderechts der Eltern gegen die Verfahrenspflegerbestellung gem. § 50 FGG durch einzelne Gerichte verlässt den gesetzgebungssystematischen Regelungskontext, ist verfassungsrechtlich nicht gerechtfertigt, führt zu kaum hinnehmbaren Verfahrensverzögerungen und schwächt die Stellung des Kindes im Verfahren.[124]

37 Das Kind sollte als systematisch schwächster (nicht formell)[125] Verfahrensbeteiligter in Verfahren, in denen das Gericht immerhin nach summarischer Prüfung und Anfangsermittlungen einen Interessengegensatz als in Betracht kommend angenommen hat, auch nach Ansicht des BVerfG nicht alleine auf den Vortrag der unter einem Rechtfertigungszwang stehenden oder in einem Streit verfangenen Eltern angewiesen sein: „Ohne Verfahrenspfleger wäre das betroffene Kind auf den Vortrag der Eltern und die Ermittlungen des Gerichts angewiesen, während beide Eltern ihre Interessen eigenständig wahrnehmen und vertreten können. Eine solche Verfahrensgestaltung würde nicht hinreichend sicherstellen, dass das Kindeswohl beachtet wird, wenn die Eltern das Verfahren zur Wahrung ihrer eigenen Interessen führen".[126]

38 Das Gericht sollte den Verfahrenspfleger rechtzeitig bestellen, nicht erst, wenn alle Ermittlungen im Wesentlichen abgeschlossen sind.[127] Eine eigenständige Wahr-

---

121. Die Bestellung gem. § 50 FGG ermöglicht noch keine persönliche Kontaktaufnahme gegen den Willen der Eltern (vgl. OLG Brandenburg, FamRZ 2000, 1295, 1296); hier kommen insbesondere gerichtliche Maßnahmen nach § 1666 Abs. 3 BGB in Betracht, die notwendige Erklärungen der Eltern ohne Umweg über eine Pflegerbestellung zum Zwecke der Erklärungsabgabe ersetzen, vgl. hierzu Staudinger/Coester[13] BGB, § 1666, Rn 192. Die vom OLG Brandenburg (a.a.O.) vorgeschlagene Möglichkeit der Teilnahme an der gerichtlichen Anhörung dürfte in aller Regel keine ausreichende Informationsbasis für den Verfahrenspfleger bieten.
122. BT-Drucks. 13/4899, S. 172.
123. Vgl. hier Heilmann Rn 782 ff.
124. Vgl. überzeugend OLG Celle, FamRZ 1999, 1589; ebenso OLG Brandenburg, FamRZ 2000, 1295.
125. Keidel/Engelhardt[14], § 50 Rn 1.
126. BVerfG, FamRZ 1999, 85, 87.
127. Vgl. hierzu nicht überzeugend BT-Drucks. 13/4899, S. 131.

nehmung der Kindesbelange „wird jedoch nur gewährleistet, wenn die zur Interessenvertretung für das Kind bestellte Person auch die Möglichkeit hat, Einfluss auf die Gestaltung und den Ausgang des Verfahrens zu nehmen. Ein Verfahrenspfleger muss daher – auch von Verfassungs wegen – zu einem Zeitpunkt bestellt werden, zu dem dies gewährleistet ist".[128] Hierauf hatte bereits das OLG München[129] hingewiesen. Das gesetzgeberische Versäumnis, den Zeitpunkt der Verfahrenspflegerbestellung gesetzlich zu regeln, zeigt sich an dieser Stelle überdeutlich; die fach- und verfassungsgerichtliche Rechtsprechung muss hier, wie auch an anderen Stellen, Unterlassungen des Gesetzgebers immer wieder ausgleichen; ein mühevolles, eigentlich vermeidbares Verfahren. Eine zu hohe Anforderung an die Voraussetzungen einer Verfahrenspflegerbestellung würde den gesetzgeberischen Intentionen zuwiderlaufen und das Kind ohne Unterstützung ins Verfahren „stolpern" lassen.[130] Für das BVerfG jedenfalls ist die Etablierung des Verfahrenspflegers willkommen; dieser soll eine am Kindeswohl orientierte Verfahrensgestaltung sicherstellen. Dies ist sicherlich eine hohe Erwartung an Verfahrenspfleger.

VI. Auf dem Weg zu einem neuen Modell

Auch bei den Auseinandersetzungen um die Aufgabe und Rolle des Verfahrenspflegers verwundert es, wie weit sich manche Stimmen in der Rechtsprechung und Literatur, die sich stark an einem anwaltlichen Regelungsmodell orientieren, von der gesetzgeberischen Intention entfernen. Hätte der Gesetzgeber sich für ein Modell rechtsanwaltlicher Interessenvertretung entscheiden wollen – z.B. für eine „Willensvertretung", so hätte er auf zahlreiche Modelle einer Rechtsanwaltsbeiordnung im geltenden Recht zurückgreifen können. Der Gesetzgeber hat sich nicht für ein Modell rechtsanwaltlicher Interessenvertretung entschieden, weil es eben um die Interessenvertretung Minderjähriger geht. Zu Recht weist die Verfassungsrichterin Hohmann-Dennhardt darauf hin, dass exakte Trennlinien zur Präzisierung der Rolle des Verfahrenspflegers zwar in der Theorie gezogen werden können, dass diese aber in der Praxis oft keinen Bestand haben können.[131]

39

---

128. Unveröffentlichter Beschluss des BVerfG vom 26.8.1999 (1 BvR 1403/99).
129. FamRZ 1999, 667 unter Bezugnahme auf FamRefK/Maurer, § 50, Rn 18: „Denn um eine effektive Vertretung des Kindes zu gewährleisten, genügt es nicht, einen Verfahrenspfleger erst zu bestellen, wenn der Interessengegensatz bereits definitiv feststeht".
130. Zum Problem bereits Stone, S. 95: „First the bruises or emaciation must be exhibited, and then who caused them in the privacy of the home proved, before the child´s viewpoint could be separately represented".
131. Hohmann-Dennhardt, ZfJ 2001, 77, 80.

40 Bei diesem „Pfleger eigener Art" im kindschaftsrechtlichen Kontext wird sich eine gewisse konzeptionelle Ambiguität[132] zwischen advokatorischer und vormundschaftlicher Interessenvertretung[133] nicht vermeiden lassen.[134] Wenn diese offen gelegt ist und kontrolliert wird, kann sie positive Wirkungen haben. Diese Position hat die grundlegende Arbeit von Zitelmann[135] untermauert; die BAG Verfahrenspflegschaft hat sich mit der Verabschiedung von Standards[136] diesem Standpunkt angeschlossen. Sosehr das Modell anwaltlicher Interessenvertretung wichtige Orientierungen für das neu zu entwickelnde Rollenbild eines Verfahrenspflegers abzugeben vermag[137], sowenig dürfen doch entscheidende Unterschiede zum typischen Rechtsanwalts-Mandanten-Modell übersehen werden: Es geht um die „Interessenvertretung" oft erheblich belasteter oder zumindest in schweren Loyalitätskonflikten stehender Kinder und Jugendlicher. Diese haben sich „ihren" Verfahrenspfleger zudem nicht ausgesucht, ebenso wenig können sie ihn ohne weiteres „loswerden".[138] Nur wenn ein über 14 Jahre altes Kind einen Verfahrensbevollmächtigten bestellt, dann kann im Einzelfall § 50 Abs. 3 FGG zur Aufhebung einer bereits erfolgten Verfahrenspflegerbestellung führen[139]; allerdings muss das Gericht zuvor prüfen, ob auch die Interessen des Kindes nach wie vor angemessen ins Verfahren eingebracht werden.

> *Die Standards für VerfahrenspflegerInnen der Bundesarbeitsgemeinschaft Verfahrenspflegschaft finden sich in Rn 1053 ff.*

---

132. Vgl. Murch u.a., S. 18 sprechen von einer konzeptionellen Ambiguität der Guardian ad Litem-Rolle – diese ist mit den Aufgaben des Verfahrenspflegers (§ 50 FGG) vergleichbar. Sie kritisieren diese jedoch keineswegs, sondern sehen eben gerade hierin das Geheimnis des Erfolges dieses Konzepts: „Vielleicht ist es gerade diese Ambiguität und der Facettenreichtum dieser Rolle, welche den guardian ad litem zu einem unersetzlichen und von allen geschätzten Beteiligten gemacht haben, auch wenn nach der Logik vieles dafür spricht, die unterschiedlichen Funktionen nicht zu vermischen".
133. Vgl. hierzu Fricke, ZfJ 1999, 51, 55: „Was spricht dagegen, diese verschiedenen Ansätze zu verknüpfen und sich mit einer solchen „multifunktionalen", im Einzelnen durchaus widersprüchlichen und pragmatischen Funktionsbeschreibung zu begnügen?"
134. Dieses „Dazwischen" der Verfahrenspflegerrolle bringt auch die Überschrift des Editorials von Meysen, JAmt 2001, 381 zum Ausdruck: „Verfahrenspfleger zwischen Mediator und Anwalt des Kindes".
135. Zitelmann, 2001.
136. Vgl. Rn 1053 ff.
137. Vgl. etwa Steindorff-Classen, S. 295 ff. sowie Bauer/Schimke/Dohmel, S. 211 ff.
138. Vgl. OLG Stuttgart, OLGR 2001, 305.
139. OLG Düsseldorf, FPR 1999, 355: Wird dem über 14 Jahre alten Kind „ein Verfahrenspfleger aufgezwungen, so sieht der Senat darin einen so massiven Eingriff in die Persönlichkeitsrechte, dass zumindest unter solchen begrenzten Voraussetzungen eine Anfechtbarkeit der Bestellung eines Verfahrenspflegers zugelassen werden muss".

VII. „Was ist ein Kind?" – Ziele und Aufgaben der Interessenvertretung Minderjähriger

In der alles andere als nur akademischen Debatte um „Kindeswohl" und „Kindeswillen" wird nur allzu gerne abstrakt, apodiktisch, prinzipiell und ideologisch diskutiert. Ebenso werden zu wenig die sehr unterschiedlichen Fallkonstellationen und die Entwicklungs- und Altersstufen der betroffenen Minderjährigen berücksichtigt. Dass ein Verfahrenspfleger so authentisch wie nur möglich den Willen des Kindes ins Verfahren einzubringen hat[140], darüber besteht Einigkeit. Ebenso sollte aber Einigkeit darüber bestehen, dass „die Durchsetzung selbstgefährdender Wünsche des Kindes"[141] unter keinen Umständen zu den Aufgaben eines Verfahrenspflegers zählen kann. Werden dem Verfahrenspfleger im Rahmen seiner Tätigkeit das Wohl des Kindes erheblich beeinträchtigende Umstände, die bis dahin nicht Gegenstand des Verfahrens waren, bekannt, so darf er hierüber nicht hinweggehen.

41

Ein Blick auf die verfassungsgerichtliche Herleitung[142] eigenständiger Interessenwahrnehmung könnte hilfreich für die Entwicklung des notwendigen Rollenbildes eigenständiger Interessenvertretung für Minderjährige sein: „Aus der verfassungsrechtlichen Verankerung des Kindeswohls in Art. 6 Abs. 2 und Art. 2 Abs. 1 GG i.V. mit dem Anspruch auf rechtliches Gehör (Art. 103 Abs. 1 GG) ergibt sich die Pflicht, das Kindeswohl verfahrensrechtlich dadurch zu sichern, dass den Kindern bereits im familienrechtlichen Verfahren ein Pfleger zur Wahrung ihrer Interessen zur Seite gestellt wird, wenn zu besorgen ist, dass die Interessen der Eltern in einem Konflikt zu denen ihrer Kinder geraten."[143]

42

Einerseits geht es um die Sicherung des Anspruchs auch Minderjähriger auf „rechtliches Gehör", andererseits geht es um die verfahrensrechtliche Sicherung des „Kindeswohls", wobei die Verpflichtung des Staates zur Wahrung der Kindesbelange in Gerichtsverfahren sich auch aus dem „staatlichen Wächteramt" ergibt. An dieser Herleitung des BVerfG wird die Besonderheit der Interessenwahrung Minderjähriger deutlich, eines Hinweises auf Art. 6 Abs. 2 GG hätte es, wenn es „lediglich" um das rechtliche Gehör wie bei einem Erwachsenen ginge, nicht bedurft; im Übrigen lässt das BVerfG keinen Zweifel über das Ziel und die Aufgabe der Verfahrenspflegschaft aufkommen: Es geht um die verfahrensrechtliche Sicherung des „Kindeswohls" – ein Ausgangspunkt, der Rolle und Aufgabe auch des Verfahrenspflegers prägt.

43

---
140. Salgo, S. 564 f.
141. Zitelmann, S. 393.
142. Salgo, 1996, S. 405ff.; Walter, FamRZ 2001, 1.
143. BVerfG, FamRZ 1999, 85.

44 Es wird allzu oft übersehen, dass ein Kind kein Erwachsener ist, und dass gerade die Notwendigkeit zur Durchführung eines Kindesschutzverfahrens noch nicht „mündig" macht[144] – eher eine beeinträchtigte Entwicklung zu vermuten sein wird. Dass Kinder und Jugendliche nicht ohne ihren Lebenszusammenhang gedacht, also nur im Kontext zu verstehen sind, dass Kindesrecht, Kindeswohl und Kindeswille ineinander verflochtene, untrennbare Kategorien sind, all das wird nur zu oft bei der Rollen- und Aufgabenbestimmung der Verfahrenspflegschaft übersehen oder je nach ideologischer Ausrichtung nur selektiv wahrgenommen. „Damit das Kind nicht zu einem bloßen Verfahrensobjekt wird, muss sichergestellt sein, dass die eigenständigen Interessen des Kindes in das Verfahren eingebracht werden, insbesondere in denen das Kind besonders schutzbedürftig ist".[145] Die Lebensumstände und die persönlichen Erfahrungen der Minderjährigen, die auf eine eigenständige Vertretung ihrer Interessen angewiesen sind, stellen in jedem Einzelfall eine enorme Herausforderung dar; ihre Rechte und Interessen sind regelmäßig bereits verletzt, wenn Jugendhilfe und Justiz „zum Einsatz" kommen.

45 Die Suche nach dem „richtigen" Rollenverständnis eigenständiger Interessenvertretung Minderjähriger sollte nicht auf das Niveau der Kinderrechte-Diskussion der 60er Jahre des 20. Jahrhunderts zurückfallen. Die Gleichbehandlung von Kindern mit Erwachsenen in zahlreichen Rechtsgebieten, man denke nur an das Straf- oder Arbeitsrecht, war bereits im Zuge der Aufklärung allmählich überwunden worden – was nicht bedeutet, dass die strafrechtliche Verantwortung Minderjähriger oder die Kinderarbeit kein rechtspolitisch relevantes Thema mehr wären. Die Herausbildung der eigenständigen Kategorien von Kindheit und Jugend ist eine Errungenschaft der Neuzeit[146], und jede Gleichsetzung von Kindern und Jugendlichen mit Erwachsenen wäre eine Rückfall, auch wenn sie auf den ersten Blick manche Vorteile verspricht. Bei der Entwicklung und Bestimmung von Kinderrechten führt die Orientierung an der Erwachsenen-Kind-Dichotomie nicht weiter, vielmehr ist nichts Geringeres gefordert als ein „eigenständiges kindschaftsrechtliches Denken"[147] jenseits dieser alten Kategorienbildung, eine Sichtweise, die der Subjektstellung des Kindes ebenso Rechnung trägt wie seiner Schutzbedürftigkeit. Die 1989 von der Generalversammlung der Vereinten Nationen verabschiedete Konvention über die Rechte des Kindes schlägt eben diesen Weg eines „sowohl-als-auch" ein, den die Bundesrepublik mit der Ratifizierung als verbindlich akzeptiert hat.

---

144. Zitelmann, S. 56.
145. BT-Drucks. 13/8511, S. 68.
146. Hierzu grundlegend Schwab, AcP 172 (1972), 266.
147. Vgl. Münder, ZfJ 1988, 10.

VIII. Implikationen der UN-Konvention über die Rechte des Kindes von 1989 und des Europäischen Übereinkommens über die Ausübung von Kinderrechten

Mit der Einführung der Verfahrenspflegschaft kommt die Bundesrepublik Deutschland nicht nur dem Verfassungsgebot des Grundrechtschutzes durch Verfahrensrecht[148], sondern als Vertragsstaat der UN-Konvention über die Rechte des Kindes auch den Verpflichtungen aus Art. 12 dieser Konvention nach:

46

Art. 12 UN-Übereinkommen über die Rechte des Kindes

(1) Die Vertragsstaaten sichern dem Kind, das fähig ist, sich eine eigene Meinung zu bilden, das Recht zu, diese Meinung in allen das Kind berührenden Angelegenheiten frei zu äußern, und berücksichtigen die Meinung des Kindes angemessen und entsprechend seinem Alter und seiner Reife.

(2) Zu diesem Zweck wird dem Kind insbesondere Gelegenheit gegeben, in allen das Kind berührenden Gerichts- und Verwaltungsverfahren entweder unmittelbar oder durch einen Vertreter oder eine geeignete Stelle im Einklang mit den innerstaatlichen Verfahrensvorschriften gehört zu werden.

Das Kind wird somit ein aktives Subjekt von Mitwirkungs- und Beteiligungsrechten; der Status des Kindes als Individuum mit Menschenrechten, mit eigenen Sichtweisen und eigenen Gefühlen wird hervorgehoben. Damit räumt Art. 12 dem Kind aber nicht das Recht zur Selbstbestimmung ein, postuliert vielmehr das Recht des Kindes, in Entscheidungsprozesse unbedingt einbezogen zu werden. Die UN-Konvention stellt somit klar, dass der Sichtweise des Kindes eine zentrale Bedeutung zukommt. Dieser Grundsatz hebelt jedoch nicht den in Art. 3 Abs. 1 dieser Konvention festgelegten Grundsatz aus: „Bei allen Maßnahmen, die Kinder betreffen ... ist das Wohl des Kindes ein Gesichtspunkt, der vorrangig zu berücksichtigen ist". Nach der UN-Konvention kommt folglich sowohl dem „Wohl des Kindes" wie auch seiner Meinung, also seinem „Willen", seinen „Willensäußerungen" jeweils eine zentrale Bedeutung zu.

47

Auch das Europäische Übereinkommen vom 25. Januar 1996 über die Ausübung von Kinderrechten,[149] dessen Ratifizierung sich derzeit im Gesetzgebungsverfahren befindet, teilt diesen Standpunkt in aller Deutlichkeit in seinem Art. 10:

48

(1) In einem ein Kind berührenden Verfahren vor einer Justizbehörde hat der Vertreter, sofern dies nicht dem Wohl des Kindes widersprechen würde,

    a) dem Kind, wenn es nach innerstaatlichem Recht als hinreichend verständig angesehen wird, alle sachdienlichen Auskünfte zu erteilen;

---

148. Vgl. hierzu m.w.N. Salgo, 1996, S. 405 ff.
149. Vgl. Entwurf eines Gesetzes zu dem Europäischen Übereinkommen vom 25. Januar 1996 über die Ausübung von Kinderrechten, BT-Drucks. 14/5438 (Anhang C dieses Handbuchs).

b) dem Kind, wenn es nach innerstaatlichem Recht als hinreichend verständig angesehen wird, Erläuterungen zu den möglichen Folgen einer Berücksichtigung seiner Meinung und zu den möglichen Folgen einer Handlung des Vertreters zu geben;

c) die Meinung des Kindes festzustellen und der Justizbehörde diese Meinung vorzutragen.

49 Der Wortlaut des Art. 10 Abs. 1 dieses Übereinkommen wie der erläuternde amtliche Bericht lassen keinen Zweifel darüber aufkommen, „dass dieser Verpflichtung (...) nachzukommen ist, soweit dies nicht mit dem Kindeswohl offensichtlich unvereinbar ist".[150]

➢ *Das Europäische Übereinkommen vom 25. Januar 1996 über die Ausübung von Kinderrechten findet sich im Anhang C*

50 Das Wohl des Kindes ist aber auch im innerstaatlichen Recht Schutzgegenstand der zentralen kindschaftsrechtlichen Generalklauseln (z.B. in § 1666 BGB), weil das Kind zu einer Selbstbestimmung seiner Interessen häufig faktisch und rechtlich noch nicht in der Lage ist, und deshalb sein objektiv zu bestimmendes „wohlverstandenes Interesse" in den Vordergrund tritt.[151] Kindesschutz und damit auch zivilrechtliche Kindesschutzverfahren dienen letztlich der Wahrung der Grundrechte des Kindes und seiner Entwicklung zu einer selbständigen, eigenverantwortlichen Persönlichkeit. Nur wenn und weil dieser Entwicklungsprozess des Kindes schwerwiegend beeinträchtigt ist, kommen zivilrechtliche Kindesschutzverfahren in Gang, die auch eine eigenständige Interessenwahrnehmung notwendig werden lassen. Der subjektive „Wille" des Kindes kann jedoch bei der Konkretisierung seines Wohls nicht unberücksichtigt bleiben.[152]

51 Kindern muss die Möglichkeit geschaffen werden, anstehende Entscheidungen zu verstehen und u.U. Alternativen mit zu entwickeln – dies gilt auch und gerade dann, wenn Entscheidungen anders ausfallen, als sie es sich gewünscht hätten. Nur so werden Kinder und Jugendliche zu aktiven Partnern, mit entsprechend sich entwickelnden Fähigkeiten zur Beteiligung. Die UN-Konvention geht in den Art. 5 und 14 – wie auch § 1 Abs. 1 SGB VIII – vom Recht des Kindes auf Entwicklung aus und respektiert damit die wachsende Fähigkeit des Kindes zur Selbstbestimmung und Eigenentscheidung. Hierbei handelt es sich um einen bereits seit dem 1. Januar 1980 in § 1626 Abs. 2 BGB[153] verankerten, und wenn auch längst nicht überall, so doch zunehmend berücksichtigten Grundsatz auch des deutschen Familienrechts:

---

150. BT-Drucks. 14/5438, S. 32.
151. Staudinger/Coester[13], BGB, § 1666, Rn 63-77; § 1671 Rn 233 - 249. Vgl. insbes. zu dieser Frage grundlegend mit zahlreichen Nachweisen und überzeugend Zitelmann, S. 97ff.
152. Staudinger/Coester[13], BGB, § 1666 Rn 71.
153. Vgl. hierzu grundlegend Staudinger/Peschel-Gutzeit[12], § 1626 Rn 11 ff., 110 ff.

> **§ 1626 Abs. 2 BGB**
> Bei der Pflege und Erziehung berücksichtigen die Eltern die wachsende Fähigkeit und das wachsende Bedürfnis des Kindes zu selbständigem verantwortungsbewußtem Handeln. Sie besprechen mit dem Kind, soweit es nach dessen Entwicklungsstand angezeigt ist, Fragen der elterlichen Sorge und streben Einvernehmen an.

IX. Kindeswohl und Kindeswille – die Voraussetzungen und Grenzen der Fähigkeit zur Selbstbestimmung

Selbstbestimmung und damit einhergehend die „allmähliche Verflüchtigung"[154] des elterlichen Bestimmungsrechts ist das Ziel von Erziehung und Sozialisation; diese Fähigkeit zur Selbstbestimmung kann gerade bei Kindern, die zur Wahrung ihrer Entwicklungschancen und Grundrechte auf zivilrechtliche Kindesschutzverfahren angewiesen sind, nicht vorausgesetzt werden, geht es doch erst um die Sicherung einer „normalen" Entwicklung. Auch und gerade Verfahrenspfleger sind mit solchen Umständen in einer Vielzahl von Fällen konfrontiert. Was für die „Hilfen zur Erziehung" gem. §§ 27 ff. SGB VIII treffend festgestellt wurde, gilt erst recht für Minderjährige in Gerichtsverfahren, wo es um ihr künftiges „Schicksal"[155] geht: „Für die Adressaten der Hilfen zur Erziehung ist nun aber gerade charakteristisch, dass sie die für das Aushandeln notwendigen Kompetenzen noch nicht oder nicht mehr haben – sie ringen um ihre Selbstbestimmtheit und Einsichtsfähigkeit. Würden sie das nicht tun, wären Hilfen zur Erziehung nicht nötig"[156]. Verfahrenspfleger würden nicht bestellt, wären die betroffenen Minderjährigen selbstbestimmte Subjekte, die auf der Grundlage von Einsicht und in Kenntnis der Alternativen[157] ihre Angelegenheit selbst zu regeln im Stande wären.

52

So kommt dem Verfahrenspfleger in jedem Einzelfall die Aufgabe zu, explizite Wünsche und den Willen des Minderjährigen zunächst zu eruieren, um diese so authentisch wie nur möglich dem Gericht zu übermitteln – keinem der anderen am Verfahren Beteiligten kommt diese Aufgabe in dieser Eindeutigkeit zu[158] – und im Konfliktfall zwischen Kindeswillen und Kindeswohl dafür Sorge zu tragen, dass beides aus einer unabhängigen Position[159] ins Verfahren eingebracht wird[160]: „Dies bedeutet nicht, dass er sich nur zum Sprachrohr des

53

---
154. Gernhuber, 1980, § 49 VI 6, S. 726.
155. BVerfGE 72, 122, 134.
156. Klatetzki (Hrsg.), S. 16.
157. Vgl. hierzu insbes. Art. 10 Abs. 1b des Europäischen Übereinkommens über die Ausübung von Kinderrechten (Anhang C dieses Werkes).
158. Vgl. BT-Drucks. 13/4899, S. 129, 129 f.: „Es fehlt bislang im Verfahren (...) an einer Person, die allein die Interessen des Kindes wahrnimmt".
159. Zum Jugendamt vgl. Salgo, 1996, S. 39 ff. und 496 ff.
160. Salgo, 1996, S. 564 f. und Zitelmann, S. 393; so auch Punkt 2.6 der Standards für die Interessenvertretung für Kinder und Jugendliche in Verfahren der Familien- und Vormundschaftsgerichte gemäß § 50 FGG der BAG Verfahrenspflegschaft (vgl. Rn 1053 ff.).

– häufig wandelbaren und beeinflussten – Kindeswillens machen sollte. Bei richtigem Verständnis seiner Aufgabe hat der Verfahrenspfleger auch die objektiven Kriterien des Kindeswohls ins Blickfeld zu nehmen".[161]

54 Einzelne Gerichte formulieren die Aufgabenstellung sehr deutlich: Der Verfahrenspfleger hat sowohl „den tatsächlichen Kindeswillen den Beteiligten kundzutun als auch eine objektive Einschätzung der bestehenden Situation" zu geben, die „von den Eltern und anderen Beteiligten unabhängig ist"[162]. In fataler Weise erinnert die Kontroverse um Kindeswohl und Kindeswillen im Kontext der Verfahrenspflegschaft auch an die inzwischen als „kontraproduktiv"[163] eingeschätzte Diskussion um „Aushandlungsprozess kontra Diagnose" in der Jugendhilfe. In der jugendhilferechtlichen Diskussion sind inzwischen die „Grenzen der Aushandlung" erkannt[164], dennoch war und ist es nach wie vor enorm wichtig, dass die Subjektstellung der Kinder und Jugendlichen in den §§ 8, 17 Abs. 3 Satz 1, 36, 41 Abs. 2 Satz 1 SGB VIII gesetzliche Anerkennung gefunden hat. So sind die subjektiven Wünsche des Kindes oder Jugendlichen in jedem Fall der Ausgangspunkt einer Interessenwahrnehmung auch durch den Verfahrenspfleger.

55 Jedoch: „Für den Interessenvertreter des Kindes im Verfahren reicht es nicht aus, einfach nur das Kind danach zu fragen, was es will oder mit wem es leben will, ohne zunächst ein Verständnis für die psychologischen Prinzipien zu haben, welche die Entscheidung des Kindes beeinflussen".[165] „Um ein Kind in seinem Lebenszusammenhang zu verstehen, bedarf es eines längeren Prozesses, welcher weit mehr Zeit in Anspruch nimmt als ein Zweiminutengespräch, in welchem der Anwalt das Kind danach befragt, was es will (...). Der Anwalt muss sich sobald wie möglich die Zeit nehmen, um sich vollkommen in die Welt des Kindes hineinzuversetzen. Hierfür reichen ein oder zwei kurze Begegnungen während der Mittagspause des Anwalts nicht. (...) Anwälte, die sich wirklich für die Eigenständigkeit ihrer Klienten einsetzen wollen, sollten ihre Interessenvertretung nicht auf isolierte direkte Äußerungen des Kindes aufbauen. (...) Vielmehr müssen die Wünsche des Kindes aus seinem gesamten Lebenszusammenhang verstanden werden; so erst werden sie für den Anwalt nachvollziehbar ".[166]

---

161. Motzer, FamRZ 1999, 1101, 1105.
162. OLG Naumburg, NJWRR 2000, 1532–1533.
163. So der Zehnte Kinder- und Jugendbericht, BT-Drucks. 13/11368, S. 262; zu den Grenzen der Aushandlung m.w.Nw. Wiesner[2], SGB VIII § 36, Rn 22 ff.
164. Vgl. hierzu insbes. Zehnter Kinder- und Jugendbericht, BT-Drucks. 13/11368, S. 178 und S. 185 sowie Wiesner[2], SGB VIII § 36, Rn 26 f.
165. Keough, S. 62.
166. Koh Peters, S. 15.

X. Informationsbeschaffung als Aufgabe des Verfahrenspflegers

Manche OLGe scheinen die Komplexität dieser Aufgabe zu verkennen, indem sie etwa meinen, Verfahrenspfleger als „reine" „Parteivertreter"[167] dürften mit niemand anderem als mit dem Kind kommunizieren. Tun sie dies dennoch, so wird das damit „abgestraft", dass der vom Verfahrenspfleger geltend gemachte Aufwendungsersatz und die geforderte Vergütung zusammengestrichen werden, weil angeblich die Zeiten für eine solche Tätigkeit nicht „die vom Gesetz dem Verfahrenspfleger zugewiesenen Tätigkeiten betreffen".[168] Solche Auffassungen verkennen nicht nur den Gesetzesauftrag in § 50 FGG, sondern sie scheinen auch die Besonderheiten des anwaltlichen Mandats im Familienrecht als eines „reinen" Parteivertreters zu verkennen.

56

In einem vergütungsrechtlichen Zusammenhang sah sich das BVerfG veranlasst, deutlich auf die übereinstimmende gesetzgeberische Konzeption der Verfahrenspflegschaft nach dem BtG wie dem KindRG hinzuweisen[169]: „Der Verfahrenspfleger ist – nach der gesetzlichen Ausformung dieses Instituts – ein besonderer Pfleger, der für seine Aufgaben anwaltliche Qualifikationen mitbringen kann, aber nicht notwendig mitbringen muss. Da das geltende Recht keine Klassifizierung von Verfahrenspflegern kennt, erscheint es naheliegend, auch für die Vergütung von Verfahrenspflegern einheitliches Recht zur Anwendung zu bringen.[170] (...) Nach dieser Konzeption des Gesetzgebers ist die Verfahrenspflegschaft keine anwaltsspezifische oder dem Anwaltsberuf vorbehaltene Tätigkeit. Der Verfahrenspfleger ist ein Vertreter eigener Art, für den der Gesetzgeber keine besondere berufliche Qualifikation oder Ausbildung fordert und kein eigenes Berufsbild geschaffen hat. Er überlässt es vielmehr den Gerichten, geeignete Personen auszuwählen. (...) Es geht dem Gesetzgeber in erster Linie nicht darum, dem Betroffenen einen Rechtsberater für das konkrete Verfahren zu schaffen, sondern ihm – mit Hilfe einer geschäftsfähigen und in der Organisation der alltäglichen Geschäfte erfahrenen Person – einen gesetzlichen Vertreter zur Durchsetzung von tatsächlich formulierten oder auch nur zu ermittelnden Interessen und Wünschen im Verfahren zur Seite zu stellen. Die dem Verfahrenspfleger obliegenden Pflichten gegenüber dem Betroffenen sind andere als die Aufgaben des Rechtsanwalts nach § 3 Abs. 1 BRAO.[171] (...) Es gibt keine durch-

57

---

167. OLG Frankfurt am Main, FamRZ 1999, 1293, 1294; OLG Hamburg, FamRZ 2001, 34; OLG Brandenburg, FamRZ 2001, 692; OLG Braunschweig, FamRZ 2001, 776; KG, FamRZ 2000, 1300.
168. OLG Brandenburg, MDR 2001, 573; KG, FamRZ 2000, 1300.
169. BVerfG, FamRZ 2000, 1280, 1281 = Kind-Prax 2000, 190, 192.
170. Wörtliche Wiedergabe aus dem Regierungsentwurf zum BtÄndG, BT-Drucks. 13/7158, S. 17.
171. § 3 Abs. 1 BRAO: „Der Rechtsanwalt ist der berufene unabhängige Berater und Vertreter in allen Rechtsangelegenheiten".

setzbare Verpflichtung zur Übernahme von Verfahrenspflegschaften, und es gibt auch kein Überangebot an Personen, die wegen einer Spezialausbildung darauf angewiesen wären, gerade als Verfahrenspfleger zu arbeiten".[172]

58 Der geschilderten verengenden Sicht[173] mancher OLGe hinsichtlich der Aufgaben des Verfahrenspflegers („reiner Parteivertreter")[174] wird endlich von einem Teil der fachgerichtlichen Rechtsprechung deutlich widersprochen: Zu den Aufgaben des Verfahrenspflegers „gehört auch eine außergerichtliche Vorbereitung und Ermittlung der Interessen des Kindes, wozu auch ausführliche Unterhaltungen mit diesem und die Auseinandersetzung mit ihm und seinen Wünschen und Vorstellungen notwendig sind. Ferner müssen in die Ermittlungen die Darstellungen der Eltern, vorliegend der leiblichen Mutter und der Pflegefamilie sowie hier die Haltung von Herrn M., bei dem M. unbedingt wohnen wollte, aufgenommen werden. (...) Mit dem Jugendamt sind erzieherische und soziale Gesichtspunkte zur Entwicklung des Kindes und ggf. weitere Hilfemöglichkeiten gem. § 50 Abs. 2 SGB VIII zu erörtern, (...) hier geschehen im Hilfeplangespräch mit dem Jugendamt. Nur durch diese umfangreichen Ermittlungen wird die Verfahrenspflegerin in die Lage versetzt, eine eigenständige, ganz auf die Interessen des Kindes abgestellte, ggf. von den Vorstellungen des Jugendamtes abweichende Lösung zu finden".[175]

59 Das „Kindeswohl" beeinflusst in vielfältiger Weise stets auch die Interessenvertretung von Eltern bzw. Elternteilen durch einen Rechtsanwalt in einem familiengerichtlichen Verfahren. Kein Interessenvertreter von Eltern würde es sich nehmen lassen, soweit er dies für erforderlich hält, eigenständige Ermittlungen anzustellen[176], weil eigene Informationsbeschaffung im ureigensten Interesse seines Mandanten liegen kann. Ebenso wenig würde es sich ein Rechtsanwalt verbieten lassen, etwa in einem Strafverfahren oder in einem Verwaltungsverfahren sich umfassend zu informieren oder erforderlichenfalls Erkundungen bei der zuständigen Behörde einzuholen. Allerdings wird i.d.R. ein Rechtsanwalt zunächst bei der von ihm vertretenen Partei die notwendigen Informationen anfordern können: „Es ist dann Sache der Partei, auf eigene Kosten die hierfür nötigen Ermittlungen anzustellen. Diese Möglichkeit hat das minderjährige Kind nicht. Vielmehr müsste auch ein für das Kind bestellter Rechtsanwalt den Sachverhalt in eigener Verantwortung aufklären.(...) Der

---

172. BVerfG, Kind-Prax 2000, 190, 192 = FamRZ 2000, 1280, 1281. Zum notwendigen Anforderungsprofil des Verfahrenspflegers vgl. Salgo, FPR 1998, 91, 92f.
173. KG, FamRZ 2000, 1300: „Seine Aufgabenstellung in dem Verfahren ist vergleichbar der eines Rechtsanwalts (RA) als Verfahrensbevollmächtigter".
174. OLG Brandenburg, MDR 2001, 573; OLG Frankfurt, FamRZ 1999, 1293, 1294.
175. OLG Karlsruhe, FamRZ 2001, 1166 mit Anm. Bienwald und Luthin.
176. So auch Musielak/Borth[2] § 621, Rn 53.

Verfahrenspfleger kann daher auch nach Auffassung des Senats seiner Aufgabe nur gerecht werden, wenn er auch im Umfeld des von ihm betreuten Kindes Erkundigungen einzieht, um sie auf ihre sorgerechtliche Relevanz hin zu überprüfen und gegebenenfalls in das Verfahren einzubringen".[177]

Auch die von einzelnen OLGe vertretene Auffassung, dass sich alles für den Verfahrenspfleger relevante aus den Akten[178] ergibt oder dass die Anhörungen[179] gem. §§ 50a, 50b, 50c FGG alles zu Tage bringen[180], so dass weitere Informationsbeschaffungen durch den Verfahrenspfleger obsolet und deshalb auch nicht zu vergüten sind[181] – dies soll auch für Kontakte mit dem Jugendamt gelten[182], verkennen die spezifische Situation der Interessenvertretung[183] für einen Minderjährigen, der ja nicht nur strukturell unterliegt, sondern auch hinsichtlich der Informationsbeschaffung und der Artikulationsfähigkeit tatsächlichen und rechtlichen Beschränkungen unterworfen ist. Darüber hinaus übersehen sie die vielfältigen Grenzen richterlicher Informationsbeschaffung zum äußerst sensiblen Thema des Kindeswohls. Der örtliche und zeitliche Rahmen, die persönlichen Fähigkeiten, die entwicklungspsychologischen Kenntnisse des Richters und seine Kommunikationsfähigkeiten können den Erkenntnisgewinn richterlicher Ermittlungen und Kindesanhörungen erheblich einschränken. Geradezu absurd erscheint demgegenüber die Ansicht, „es sei nicht Sache des Verfahrenspflegers (...), durch eigene Ermittlungen im familiären Umfeld des Kindes den wirklichen Kindeswillen zu ermitteln".[184] Immer wieder berichten Stimmen aus der Richterschaft, dass durch den Einsatz des Verfahrenspflegers neue bislang nicht ins Verfahren eingebrachte Gesichtspunkte von erheblicher Relevanz, aber auch bis dahin nicht bedachte Lösungsmöglichkeiten eingebracht worden waren.[185]

60

Die mit der „neuen Rechtsfigur" des Verfahrenspflegers verknüpfte Rolle ist also nicht so einfach zu rubrizieren; die Orientierung an bestehenden Rollenmodellen stößt bei der Bestimmung dieser neuen Aufgabe auf deutliche Gren-

61

---

177. OLG Frankfurt am Main vom 23.2.2000 – 2 WF 32/00.
178. Nach dem Motto: Quod non est in actis, non est in mundo: was nicht in den Akten steht, ist nicht in der Welt. Vgl. hierzu Vismann, S. 89 f. zu den Quellen dieses Sprichwortes: „Ob es in Rom bereits kursierte, ist nicht nachzuweisen; die Wortwahl deutet eher auf eine Entstehung im Mittelalter ... [seit dem] 4. nachchristlichen Jahrhundert [und steht] für die Herrschaft des Bürokratischen überhaupt (...). Die zitierte Sentenz ohne Referenz gleicht einem Gerücht. An ihr selbst hat sich ereignet, wovon sie handelt. Das Sprichwort ist in der Welt und niemand vermag zu sagen, wie es dort hingekommen ist außer durch beständiges Wiederholen".
179. An denen die Verfahrenspfleger zweifelsohne i.d.R. teilnehmen müssen und dürfen; vgl. OLG Bremen, FamRZ 2000, 1298 bezüglich der Teilnahmeberechtigung des Verfahrenspflegers an der Kindesanhörung gem. § 50b FGG.
180. OLG Brandenburg, FamRZ 2000, 1295, 1296.
181. KG, FamRZ 2000, 1300f.
182. SchlHOLG, Kind-Prax 2001, 31.
183. Vgl. hierzu Willutzki, Kind-Prax 2001, 107, 110: „Dem Verfahrenspfleger (müssen) eigene Ermittlungen zugestanden werden. (...) zur sachgerechten Wahrnehmung seiner Aufgabe, um diese Abhängigkeit von den Ermittlungen des Gerichts, zu denen es nach § 12 FGG verpflichtet ist, aufzuheben"; ebenso Musielak/Borth[2], § 621, Rn 53.
184. SchlHOLG, Kind-Prax 2001, 31.
185. Vgl. Fußnote 25.

zen. „Mit seiner Einführung ist das gesamte Gefüge der am Verfahren Beteiligten in Bewegung geraten und verlangt nach Neufindung".[186] Ermittlungen in einem zivilgerichtlichen Kindesschutzverfahren sind zuallererst grundsätzlich Aufgaben des Gerichts gem. § 12 FGG. Dem Gericht stehen hierfür eine Vielzahl von Instrumenten zur Verfügung. Kommt das Gericht dieser ureigenen Verpflichtung nicht oder nur ungenügend nach – das gilt auch für die Unterstützungs- und Unterrichtungspflichten des Jugendamtes dem Gericht gegenüber gem. § 50 Abs. 1 und 2 KJHG, wird der Verfahrenspfleger zunächst das Gericht auf diese Verpflichtungen mit Nachdruck hinzuweisen haben. Je weniger das Gericht seiner Ermittlungsfunktion nachkommt, umso mehr kann dem Verfahrenspfleger eine solche zuwachsen, immerhin beruht seine Bestellung verfassungsrechtlich auch auf Art. 6 Abs. 2 Satz 2 GG.[187] Hierin liegt letztendlich seine Befugnis begründet, grundsätzlich im Umfeld des von ihm betreuten Kindes Erkundigungen einzuziehen.[188]

XI. Verfahrenspflegschaft und Vermittlung

62 Für seine Rolle als Verfahrenspfleger kann es zudem für die Aufgabenwahrnehmung, zu der auch die Informationsbeschaffung gehören kann, von Vorteil sein, auch über Vermittlungskompetenzen[189] zu verfügen, eine Fähigkeit, die inzwischen allen mit familienrechtlichen Verfahren professionell Befassten abverlangt wird: Rechtsanwälten, Richtern, gerichtlich bestellten Gutachtern und Jugendamtsmitarbeitern. Dies deshalb, weil sich alle an einer einvernehmlichen Konfliktlösung zu orientieren haben[190], soweit dies möglich und realistisch ist und vor allem nicht zu Lasten des Kindes – des strukturell Schwächsten im Verfahren – geht.

63 Eine Vielzahl moderner Gesetze[191] akzentuiert nicht nur diesen Vermittlungsaspekt, sondern zieht Konsequenzen hieraus bis hin zum Verfahrens- und Gebührenrecht. Bereits die regierungsamtliche Begründung zu § 50 FGG weist darauf hin, dass der Verfahrenspfleger darauf zu achten habe, das Konfliktpotenzial nicht weiter zu erhöhen: „Hier wird sich eine Verfahrenspflegschaft oftmals an dem Interesse des Kindes an einer schnellen und einverständlichen

---

186. Editorial, JAmt 2001, 157.
187. BVerfG, FamRZ 1999, 85.
188. OLG Frankfurt am Main vom 23.02.2000 – 2 WF 32/00.
189. Willutzki, Kind-Prax 2001, 107, 110; Köckeritz, Kind-Prax 2001, 16, 23; Salgo, FPR 1998, 91, 93; OLG München, FamRZ 1999, 667: Der Verfahrenspfleger „hat auch auf die kindgerechte Verfahrensgestaltung hinzuwirken, wozu auch das Bemühen um eine schnelle und einverständliche Konfliktlösung gehört".
190. Nach Auffassung des OLG Frankfurt, FamRZ 1999, 1293, 1294 gehört es unter keinem Umstand zu den Aufgaben des Verfahrenspflegers, zu vermitteln.
191. Vgl. hierzu insbes. zu Vermittlung oder anderen Verfahren zur Beilegung von Streitigkeiten Art. 13 des Europäischen Übereinkommens über die Ausübung von Kinderrechten (Anhang C dieses Handbuchs).

Konfliktlösung zu orientieren haben".[192] Gerade hinsichtlich der Auswirkungen möglicher „einvernehmlicher Lösungen" auf das Kind kann dem Verfahrenspfleger auch eine kontrollierende Funktion[193] zukommen, weil immer wieder Kompromisse unter Erwachsenen die kindliche Position zu wenig berücksichtigen.[194]

Deshalb räumt die Rechtsprechung in Großbritannien den dortigen Verfahrenspflegern ausdrücklich das Recht ein, Rechtsmittel gegen die Rücknahme des behördlichen Interventionsantrages einzulegen und auf einer gerichtlichen Weiterbehandlung des Falles zu bestehen, sofern weiterhin eine Kindeswohlgefährdung vorliegt[195]- der Amtsermittlungsgrundsatz in § 12 FGG verpflichtet den Richter im deutschen Recht hierzu ohnehin. Allerdings müssen sich Verfahrenspfleger vor Rollen- und Aufgabenüberschreitungen penibel in Acht nehmen, so sind sie etwa keine Gutachter[196], mögen sie in anderen Verfahren als Psychologen Gutachten erstattet[197] haben, und auch nicht Mediatoren.[198]

64

XII. Das Kind als „Mandant" des Verfahrenspflegers?

Zuweilen bestehen auch undifferenzierte Vorstellungen insbesondere unter den Befürwortern eines „reinen" Anwaltsmodells bezüglich der Besonderheiten eines familienrechtlichen Mandats für Elternteile in Fällen, in denen Minderjährige von den Zielperspektiven der volljährigen Mandanten betroffen sind. Wenn ein erwachsener Mandant eine Anwaltskanzlei betritt und den Anwalt auffordert, dies oder jenes zu tun, dann muss jeder Rechtsanwalt zunächst einmal überprüfen, ob der Mandant sich genau darüber im Klaren ist, welche Optionen bestehen und welche Folgen sie jeweils haben könnten. Hier können Fragen des Kindeswohls im Mittelpunkt der Beratung stehen. Auch wenn diese Beratung hierüber kurz ausfallen mag, muss sie in jedem Falle stattfinden.[199] Der „autonome Erwachsene" kann und muss dann selbständig entscheiden, aber auch die Folgen seiner Entscheidung tragen. Und hierin liegt letzten Endes der Unterschied zwischen Minderjährigen und Erwachsenen: die letzteren dürfen, solange sie mit dem Recht nicht in Konflikt geraten, auch schwerwiegende Fehlentscheidungen treffen, Minderjährigen steht dieses nicht zu. Jedenfalls sind „zuvörderst" die Eltern,

65

---

192. BT-Drucks. 13/4899, S. 130.
193. Zutreffend Musielak/Borth[2], § 621, Rn 53: Verfahrenspfleger kann Vereinbarungen zwischen den Eltern zustimmen oder solche ablehnen.
194. Musielak/Borth[2], § 621, Rn 53.
195. Salgo, 1996, S. 201 m. w. Nw.
196. Er ist nicht zur Erstellung eines Gutachtens eingesetzt worden, vgl. Musielak/Borth[2], § 621, Rn 53.
197. Salzgeber/Stadler, JAmt 2001, 382.
198. Vgl. den zutreffenden Titel des Editorials von Meysen, JAmt 2001, 381.
199. Koh Peters, S. 16; ebenso Margulies, Fordham Law Review 64 (1966), 1473, 1503: „Mechanically following the child´s preference, regardless of the child´s age, is an abdication of the lawyers obligation to counsel her clients".

bei deren „Versagen" dann aber auch der Staat, verpflichtet, Minderjährige vor Fehlentscheidungen mit schwerwiegenden Folgen möglichst zu bewahren. Will etwa eine erwachsene Person in einem von Gewalt bestimmten Lebenszusammenhang mit einem Gewalt ausübenden Partner leben, so hat der Staat diese Entscheidung zu respektieren, außer Schutz- und Hilfsangeboten stehen ihm keinerlei Befugnisse gegen den Willen des auch unter diesen Umständen lebenden Erwachsenen zu[200]: Erwachsene Menschen haben das Recht, ihre eigenen Fehler zu machen und aus diesen zu lernen oder auch nicht.

66 Aufgrund seiner sich aus der Verfassung ergebenden besonderen Schutzpflichten Minderjährigen gegenüber darf und muss der Staat Kinder und Jugendliche anders als Erwachsene behandeln (Art. 6 Abs. 2 Satz 2 GG). Die Entscheidungsfreiheit eines Kindes, gegen welches Gewalt ausgeübt wird[201] oder welches Gewaltanwendungen gegen andere Familienmitglieder miterleben muss, erfährt Einschränkungen: Einem gewaltsamen Milieu während der Kindheit ausgesetzt zu sein, beeinträchtigt in vielfältiger Weise die Entwicklungschancen: die Wahrscheinlichkeit langfristiger Beschädigung, der Obdachlosigkeit, der Verarmung, der weiteren Viktimisierung ist sehr groß. Dies gilt auch für die Wahrscheinlichkeit, dass später andere Opfer eines solchen Opfers werden könnten.[202] So kann ein Verfahrenspfleger in einer solchen Situation nicht nur einfach dem Gericht mitteilen, dass das Kind nichts anderes sich wünscht, als nach Hause zurückzukehren[203] bzw. in diesem Milieu bleiben zu wollen.[204] Um das „Richtige" herauszufinden, müssen Kinder Fehler machen dürfen; dies ist ein zentrales Element von Sozialisation: Kinder erlangen ihre Entscheidungsfähigkeit auch und gerade durch Fehler, die sie machen. Das Recht der Moderne respektiert dies und rechnet solche Fehler Minderjährigen in unterschiedlicher Weise, jedenfalls aber nicht mit denselben weitreichenden rechtlichen Konsequenzen wie Erwachsenen zu. Dieses Privilegs sollten Minderjährige nicht beraubt werden.

67 Dieses nach wie vor geltende Grundmodell von Minderjährigkeit hat auch Auswirkungen auf die Interessenwahrnehmung in gerichtlichen Verfahren: Hätte der Gesetzgeber eine rechtsanwaltliche Interessenvertretung Minderjähriger – wie eines erwachsenen unbeschränkt geschäftsfähigen Mandanten – gewollt, hätte er dies aus Gründen der Rechtssicherheit explizit zum Ausdruck bringen müssen, wäre dies doch eine partielle Mündigkeit mit einer erheblichen Abweichung vom Grundmodell der Minderjährigkeit. Eltern wie Verfahrenspfleger – aber auch die

---

200. Der Schutzmechanismus des geplanten Gewaltschutzgesetztes kommt in der Regel auch nur auf Antrag in Gang, vgl. BT-Drucks. 14/5429 und hierzu Schuhmacher, FamRZ 2001, 953 mit umfangreichen Nachweisen.
201. Vgl. Salgo, RdJB 2001, 55, 60.
202. Zu diesem fatalen Kreislauf und zu den Folgekosten vgl. Gravenhorst, Einleitung der Tagungsdokumentation, Gewaltfreies Erziehen in Familien – Schritte zur Veränderung; in: Materialien zur Familienpolitik Nr. 8, BMFSFJ (Hrsg.), Berlin 2000, S. 8.
203. Margulies, Fordham Law Review 64 (1966), 1473, 1479; so auch Söpper, FPR 2001, 269, 272.
204. Margulies, Fordham Law Review 64 (1966), 1473.

Kinder- und Jugendhilfe – werden stets zum Ausgangspunkt ihrer Überlegungen „den Kindeswillen" nehmen müssen, weil dieser ein essentielles Element seines Wohls[205] ist. In manchen Fällen erfordern indes die Grundbedürfnisse eines Kindes[206], dass Eltern (wie auch ein Verfahrenspfleger) intervenieren, um das Kind davor zu bewahren, dass es Fehler mit irreversiblen Folgen schwerwiegender Art macht[207]: „Einige Fehler sind irreversibel; sie machen eine weitere Entwicklung und Erziehung des Kindes unmöglich. Ein Anwalt, der ein Kind vertritt, muss diese Art von Fehlern zu verhindern suchen und dabei sie von solchen Fehlern zu unterscheiden wissen, aus denen das Kind lernen kann".[208]

XIII. Jenseits der Dichotomie zwischen Kindeswohl und Kindeswillen

Zu Recht wurde angezweifelt, ob die vor allem in den USA, in jüngster Zeit aber auch zunehmend in Deutschland, geführte Kontroverse um „Wille" versus „Wohl" die Debatte überhaupt vorangebracht hat.[209] Auffallend ist, dass nur zu gerne dieser Streit abstrakt bzw. grundsätzlich geführt wird, die Opponenten hingegen hinsichtlich der Vorgehensweise in konkreten Fällen gar nicht soweit auseinander liegen. Fast alle, die nicht müde werden zu betonen, dass sich der Verfahrenspfleger strikt auf das „Wohl des Kindes" konzentrieren müsse, sind darum bemüht, das Kind in den Mittelpunkt zu stellen und die Bedeutung seiner Wünsche zu betonen. Fast alle, die sich auf die Wünsche oder den „Willen" des Kindes konzentrieren, anerkennen, dass Kinder unter einem bestimmten Alter bzw. ohne bestimmte Kompetenzen, in einer Art und Weise vertreten werden müssen, die sich von der herkömmlichen anwaltlichen Vertretung eines Erwachsenen unterscheidet. Man wird kaum jemand aus den „Lagern" finden, der sich je auf ein „reines" Kindeswohl-Modell bezogen hätte oder auf ein „reines" Kindeswillen-Modell bezieht.[210] Sofern die Kontrahenten bereit sind anzuerkennen, dass ein Kind nicht ohne sein Alter, sein Geschlecht, seine Lebensgeschichte, seine Entwicklung, also niemals ohne Kontext gedacht werden kann, wird sich diese Kontroverse als eine von gestern[211] und vorgestern erweisen. Diesen Ausgangspunkt in der deutschen Kontroverse untermauert zu haben, ist nicht zuletzt das Verdienst der Arbeit von Maud Zitelmann.[212]

68

bleiben frei **69–75**

---

205. Staudinger/Coester[13] BGB, § 1666 Rn 71ff.
206. Vgl. zu den sog. basic needs Fegert/Zitelmann Rn 264 bis 271.
207. Margulies, Fordham Law Review 64 (1966), 1473, 1478.
208. Ebenda 1481.
209. Koh Peters, S.40.
210. Ebenda.
211. Ebenda S. 41.
212. Zitelmann, 2001.

Teil 2
Gesetzliche Grundlagen

A Die Verfahrenspflegschaft gem. § 50 FGG

Übersicht

		Rn
I.	Einführung	76
II.	Rechtsstellung des Verfahrenspflegers	81
	1. Gesetzliche Ausgestaltung der Verfahrenspflegschaft	81
	2. Abgrenzung Ergänzungspflegschaft/Vormundschaft – Verfahrenspflegschaft	85
	3. Besonderheiten der Verfahrenspflegschaft	89
	4. Unterschied zum Ergänzungspfleger bzw. Vormund	91
	5. Rechte der Verfahrenspflegschaft	94
III.	Stellung des Verfahrenspflegers gegenüber den sorgeberechtigten Eltern bzw. dem Vormund oder Ergänzungspfleger	102
IV.	Stellung des Verfahrenspflegers gegenüber dem Minderjährigen	107
	1. Verfahrenspfleger als Interessenvertreter besonderer Art	107
	2. Zugang des Verfahrenspflegers zum Kind gegen den Willen der Sorgeberechtigten?	111
	3. Verhältnis des Kindes zum Verfahrenspfleger	116
V.	Stellung des Verfahrenspflegers gegenüber dem Jugendamt	119
VI.	Stellung des Verfahrenspflegers gegenüber dem Sachverständigen	124
VII.	Stellung des Verfahrenspflegers gegenüber dem Gericht	129
	1. Aufgaben des Gerichts	129
	2. Verfahrenspfleger als unabhängiger Interessenvertreter des Kindes	131
	3. Prüfung des Bestellungsbeschlusses	133
	4. Prüfung der Fallübernahme	134
	5. Rechtsmittel gegen die Bestellung zum Verfahrenspfleger	135
	6. Handakte des Verfahrenspflegers	137
	7. Akteneinsicht	138
	8. Kosten der Akteneinsicht	144
	9. Ermittlungen zum Sachverhalt	147
	10. Allumfassende Verfahrensbeteiligung des Verfahrenspflegers	155
	11. Anwesenheit bei der Kindesanhörung	157
	12. Verfahrensrechte bei mündlichen Verhandlungen	160
	13. Instrumentalisierung durch die Justiz	165
VIII.	Datenschutz	169

I. Einführung

76 Ein wesentliches Ziel des Entwurfes eines neuen Kindschaftsrechts war es, die Rechtsposition des Kindes im Verfahren vor den Familien- und Vormundschaftsgerichten mit Hilfe des Verfahrenspflegers zu stärken. „Zusammen mit der nach geltendem Recht unter den Voraussetzungen der §§ 50b, 55c FGG vorzunehmenden Anhörung des Kindes soll die vorgeschlagene Neuregelung über den Pfleger für das Verfahren (§ 50 FGG-E) sicherstellen, dass die eigenständigen Interessen des Kindes in das Verfahren eingebracht werden und das Kind damit nicht zu einem bloßen Verfahrensobjekt wird. In einigen im Gesetz ausdrücklich bestimmten Fällen, in denen das Kind besonders schutzbedürftig ist, so etwa im Fall seiner Trennung von der Familie bei Kindeswohlgefährdung, ist in der Regel künftig die Bestellung eines Verfahrenspflegers vorgesehen. Auch in allen anderen Fällen, in denen es zur Wahrnehmung der Interessen des Kindes erforderlich ist, ist diesem in Zukunft ein Verfahrenspfleger zur Seite zu stellen."[1]

77 Vom Verfahrensobjekt zum Subjekt des seine Interessen betreffenden Gerichtsverfahrens soll das Kind also mit Unterstützung durch den Verfahrenspfleger erhoben werden. Aufgabe des Verfahrenspflegers ist es demnach, die Subjektstellung des vom Verfahren betroffenen Kindes zu stärken, indem der Verfahrenspfleger zum Schutz des betroffenen Kindes für ein „kindzentriertes Verfahren" vor Gericht eintritt.

Die Bestellung eines nur den Interessen (d.h. Wohl und Wille) des Kindes verpflichteten Verfahrenspflegers ist allein schon nach Art. 1 und 2 GG geboten, wenn anders das „Gebot der Waffengleichheit" gegenüber den regelmäßig anwaltlich vertretenen Erwachsenen verletzt würde und die persönlichen Belange des Kindes im Verfahren weitgehend unberücksichtigt blieben.[2] Die Waffengleichheit herzustellen und dem Kind ein in diesem Sinne „faires Verfahren" zu gewähren, ist also Aufgabe der Verfahrenspflegschaft. Ebenso wie es Aufgabe des Verfahrenspflegers ist, die Belange des Kindes in das Verfahren einzubringen, wenn und soweit es nicht selbst dazu in der Lage ist.

78 Eine kompetent und engagiert für die Interessen der Kinder eintretende Verfahrenspflegschaft erscheint umso wichtiger, als das Verfahrensrecht des FGG dem vom gerichtlichen Verfahren betroffenen Kind gleich welchen Alters – bis auf das Beschwerderecht nach § 59 FGG für Jugendliche ab dem vollendeten 14. Lebensjahr – nach wie vor jegliche formelle und materielle Beteiligtenstellung verwehrt und aktive Beteiligungsmöglichkeiten (z.B. durch Stellung eigener Anträge) vorenthält. Der Bedeutung des Rechtsinstitutes der Verfahrenspflegschaft für die von

---

1. RegE BT-Drucks. 13/4899, S. 76.
2. Vgl. BVerfG, FamRZ 1999, 85.

Verfahren der Familien- und Vormundschaftsgerichtsbarkeit betroffenen Minderjährigen wäre es angemessen gewesen, hätte der Gesetzgeber die Rechtsstellung des Verfahrenspflegers nach § 50 FGG einschließlich seiner Rechte und Pflichten genauer beschrieben, ein Anforderungsprofil für Verfahrenspfleger festgelegt und das neue Rechtsinstitut der Verfahrenspflegschaft für Kinder deutlich gegenüber der Ergänzungspflegschaft nach §§ 1909 ff. BGB abgegrenzt. Die spartanische Gesetzesfassung der Verfahrenspflegschaft für Kinder und Jugendliche birgt andererseits aber die Chance insbesondere für die Verfahrenspfleger selbst, der Verfahrenspflegschaft zum Wohle der betroffenen Kinder durch fachlich überzeugende Arbeit, Engagement und Kreativität zum Erfolg zu verhelfen, ohne durch gesetzliche Vorgaben allzu stark reglementiert zu sein. Dazu will dieser Abschnitt des Handbuches beitragen.

Die an dem zum 1.1.1999 in Kraft getretenen Gesetz zur Änderung des Betreuungsrechts sowie weiterer Vorschriften (BtÄndG vom 25.6.1998: § 67 Absatz 3 FGG n.F.) ausgerichteten Vorschriften über die Entschädigung der Verfahrenspfleger (§ 50 Absatz 5 FGG n.F.: Aufwendungsersatz und Vergütung) zeigen, dass der Gesetzgeber die Fehlentwicklungen billigend in Kauf genommen hat, die bereits im Rahmen der gesetzlichen Regelung und der praktischen Umsetzung des betreuungsrechtlichen Verfahrenspflegers nach § 67 FGG zu beklagen waren.[3] Das mit dem BtÄndG vorrangig verfolgte Ziel der Kostendämpfung und der Entlastung der Justiz darf die Aufgabenstellung der Verfahrenspflegschaft für Kinder nicht aus den Augen verlieren. Dem wird vorliegend – soweit der Gesetzgeber dazu Spielraum belassen hat – bei der Beschreibung und Erläuterung der Entschädigungsregelungen Rechnung getragen. **79**

Die nachfolgende Darstellung soll die Rechtsstellung der Verfahrenspflegschaft und ihre Aufgaben, d.h. die Rechte und Pflichten des Verfahrenspflegers, beschreiben. Auch soll der Versuch unternommen werden, praxisnahe Anregungen für eine rechtlich fundierte und erfolgreiche Tätigkeit des Verfahrenspflegers zu geben. **80**

II. Rechtsstellung des Verfahrenspflegers

1. Gesetzliche Ausgestaltung der Verfahrenspflegschaft

Das Gesetz regelt die Rechte und Pflichten des Pflegers für das Verfahren (§ 50 FGG) nur äußerst bruchstückhaft. Die unmittelbar auf Sorgerechts-, Herausnahme- und Umgangsrechtsverfahren Anwendung findenden materiell-rechtlichen Vorschriften des BGB (§§ 1666, 1666a, 1671, 1632 Abs. 4, 1682, 1684, **81**

---

3. Vgl. dazu ausführlich Bauer/Schaus, Betrifft Justiz 1997, 162, 169.

1685, 1626 Abs. 3) und die Verfahrensvorschriften des FGG (§§ 49a, 50a, 50b, 50c, 52 und 52a) erwähnen den Verfahrenspfleger nicht mit einem Wort.

82 § 50 FGG selbst regelt die Voraussetzungen seiner Bestellung in den Absätzen 1 bis 3 und lässt dadurch zumindest erkennen, dass es Aufgabe, d.h. Recht und Pflicht, des Verfahrenspflegers ist, die Interessen des Kindes in einem seine Person betreffenden gerichtlichen Verfahren wahrzunehmen („... soweit dies zur Wahrnehmung seiner Interessen erforderlich ist.", § 50 Absatz 1 FGG). Die Bestellung des Verfahrenspflegers durch den Richter der ersten Instanz (Amtsgericht-Familiengericht/Vormundschaftsgericht) bleibt dabei regelmäßig bis zur Rechtskraft der das Verfahren abschließenden Entscheidung wirksam (§ 50 Absatz 4 Nr. 1 FGG).

83 Der Verfahrenspfleger vertritt die Interessen des Kindes also – je nach Ausgestaltung des Rechtszuges im familien- oder vormundschaftsgerichtlichen Verfahren – auch im Rechtsbeschwerdeverfahren vor dem Oberlandesgericht (familiengerichtlicher Verfahrensrechtszug, vgl. § 119 Absatz 1 Nr. 1 und 2 GVG) bzw. im Beschwerdeverfahren beim Landgericht (§ 19 FGG) und auf weitere Beschwerde (§§ 27, 28 FGG) im Rechtsbeschwerdeverfahren beim Oberlandesgericht (vormundschaftsgerichtliches Verfahren, vgl. § 72 GVG).

84 § 50 Absatz 5 FGG regelt die Ansprüche des Verfahrenspflegers auf Entschädigung seiner Tätigkeit (Aufwendungsersatz und Vergütung) und nimmt dabei Bezug auf § 67 Absatz 3 FGG über die Entschädigung des Verfahrenspflegers im Betreuungsrecht in der Fassung des Gesetzes zur Änderung des Betreuungsrechts sowie weiterer Vorschriften (BtÄndG) vom 25.6.1998 (BGBl. I S. 1580).

➤ *Ausführlich zur Vergütung des Verfahrenspflegers siehe Rn 1251 ff.*

2. Abgrenzung Ergänzungspflegschaft/Vormundschaft – Verfahrenspflegschaft

85 Neben der Neuregelung der Verfahrenspflegschaft in § 50 FGG hält das BGB – wie schon nach altem Recht – die Möglichkeit bereit, dem gesetzlichen Vertreter des Kindes, d.h. den sorgeberechtigten Eltern bzw. Adoptiveltern, dem Vormund oder dem Pfleger des Kindes, unter gewissen Umständen die gesetzliche Vertretungsmacht für das gerichtliche Verfahren ganz oder teilweise zu entziehen, §§ 1629 Absatz 2 Satz 3, 1796 Absatz 2 BGB. Voraussetzung dafür ist, dass das Interesse des Minderjährigen zum Interesse der Sorgeberechtigten „in erheblichem Gegensatz steht." Der erhebliche Interessengegensatz muss darüber hinaus konkret festgestellt werden, die bloße Möglichkeit eines solchen reicht nicht aus.[4] Das kommt zum Beispiel hinsichtlich beider Elternteile in

---

4. Palandt-Diederichsen, § 1626 BGB Rn 21, unter Hinweis auf OLG Stuttgart, FamRZ 1983, 831.

Betracht, wenn im Falle des sexuellen Missbrauches der Tochter durch den Vater die Mutter des Kindes unter Umständen die Anwaltsbevollmächtigung widerrufen würde.[5]

Die Entziehung der Vertretungsmacht kann bei einer entsprechenden, nicht anders abwendbaren Gefährdung des Kindeswohles auch nach § 1666 BGB erfolgen oder bereits in einem gesonderten Verfahren nach dieser Vorschrift erfolgt sein. Dem betroffenen Kind ist dann regelmäßig ein Ergänzungspfleger – Wirkungskreis: Vertretung des Kindes im jeweiligen familien- oder vormundschaftsgerichtlichen Verfahren – zu bestellen, § 1909 BGB. Ist den Sorgeberechtigten die elterliche Sorge ausnahmsweise in vollem Umfang sowohl für die Person als auch für das Vermögen des Kindes entzogen worden, ist ein Vormund statt eines Ergänzungspflegers zu bestellen, § 1773 Absatz 1 BGB. **86**

Für beide Bestellungen (zum Ergänzungspfleger oder zum Vormund) bedarf es eines förmlichen Bestellungsaktes mit Übersendung eines entsprechenden Anordnungsbeschlusses und der Aushändigung einer Bestallungsurkunde bei der förmlichen Verpflichtung des Pflegers zur treuen und gewissenhaften Führung der Vormundschaft bzw. Pflegschaft, §§ 1789, 1791, 1915 BGB. Damit wird die zum Vormund bzw. Pfleger bestellte Person Inhaber eines öffentlichen Amtes. Als solcher unterliegt er bei der Ausübung seines Amtes der Aufsicht und Kontrolle des Vormundschaftsgerichtes und ist diesem gegenüber zur Auskunft, zur jährlichen Berichterstattung, zur Rechnungslegung etc. verpflichtet, vgl. §§ 1837 ff., 1915 BGB. **87**

Der Ergänzungspfleger bzw. Vormund tritt in diesem Falle für die gesetzliche Vertretung des Kindes im gerichtlichen Verfahren an die Stelle der sonst sorgeberechtigten Eltern bzw. Adoptiveltern, des Vormundes oder des Pflegers. **88**

Sachlich zuständig für eine solche Entscheidung ist nach der Neufassung des § 1629 Absatz 2 Satz 3 BGB nunmehr – anstelle des Vormundschaftsgerichtes – das Familiengericht. Das Vormundschaftsgericht hingegen bleibt auch nach dem Kindschaftsrechtsreformgesetz für die Aufsicht und Kontrolle des Vormundes bzw. Pflegers zuständig, § 1837 BGB.

3. Besonderheiten der Verfahrenspflegschaft

Mit der Bestellung eines Verfahrenspflegers nach § 50 FGG wollte der Gesetzgeber gerade die Möglichkeit schaffen, dass das mit dem familien- oder vormundschaftsgerichtlichen Verfahren befasste Gericht „ohne ausdrückliche Entziehung der Vertretungsmacht" des gesetzlichen Vertreters des Kindes dem Kind ohne förmlichen Bestellungsakt unmittelbar einen Pfleger für das gericht- **89**

---

5. OLG Frankfurt/Main, FamRZ 1980, 927.

liche Verfahren bestellt. „Bei der Rechtsfigur des Pflegers für das Verfahren wird nicht nur auf § 56f Abs. 2, sondern auch auf ähnliche Regelungen für das Betreuungs- und das Unterbringungsverfahren (§§ 67, 70b FGG) zurückgegriffen. Wie bei diesen bisher im FGG vorgesehenen Pflegerbestellungen für das Verfahren ist ein besonderer Bestellungsakt nicht vorgesehen."[6]

90 Nach h.M. zum Verfahrenspfleger im Betreuungsrecht (§ 67 FGG), dem der Verfahrenspfleger nach Kindschaftsrechtsreformgesetz nachgebildet ist, sind die für den Ergänzungspfleger bestimmten Vorschriften des BGB auf den Verfahrenspfleger als „Pfleger eigener Art"[7] grundsätzlich nicht anwendbar.[8] Die Aufgabe der Verfahrenspflegschaft als besondere Interessenvertretung im gerichtlichen Verfahren wird nicht vom Gericht festgelegt, ergibt sich vielmehr kraft Gesetzes. Der Verfahrenspfleger hat die Interessen des vom Verfahren Betroffenen gegenüber dem Gericht und den Verfahrensbeteiligten wahrzunehmen (vgl. den Wortlaut der §§ 67 Abs.1 Satz 1, 50 Abs.1 Satz 1 FGG).

4. Unterschied zum Ergänzungspfleger bzw. Vormund

91 Der Ergänzungspfleger nach §§ 1909 ff. BGB und der Vormund nach § 1773 BGB sind gesetzliche Vertreter des Kindes und damit Amtsinhaber (Amt des Ergänzungspflegers bzw. Vormundes). Der Verfahrenspfleger nach §§ 50, 70b FGG hingegen ist als „Pfleger eigener Art" bloßer Verfahrensbeistand, auf den die Vorschriften des BGB nicht anwendbar sind. Die Unterscheidung ist nicht nur akademischer Natur: Als gesetzlicher Vertreter des Kindes ist der Ergänzungspfleger bzw. Vormund entweder für den auf den Wirkungskreis der Pflegschaft beschränkten Vertretungsumfang (Ergänzungspfleger) oder für sämtliche personen- und vermögenssorgerechtlichen Angelegenheiten des Mündels (Vormund) im Rahmen der ihm übertragenen (gesetzlichen) Vertretungsmacht ermächtigt,

– mit bindender Wirkung für und gegen den Pflegling bzw. das Mündel rechtsgeschäftliche Willenserklärungen gegenüber Dritten abzugeben und von diesen entgegenzunehmen,

– rechtsgeschäftsähnliche Erklärungen für den Minderjährigen abzugeben (Aufenthaltsbestimmung, Einwilligung in ärztliche Maßnahmen, Befreiung von der Schweigepflicht etc.),

– die Zustimmung zu genehmigungsbedürftigen Rechtsgeschäften des Minderjährigen zu erteilen oder zu versagen, §§ 104, 106 ff. BGB.

---

6. RegE BT-Drucks. 13/4899, S. 129 ff.
7. RegE zum Betreuungsgesetz, BTDrucks. 11/4528, S. 171.
8. Vgl. zu Einzelheiten HKBUR-Bauer, vor § 67 Rn 9–15; § 67 FGG Rz. 64 ff.; a.A. Pohl BtPrax 1992, 19, 20, der über §§ 1915, 1793 Satz 2 BGB z. B. § 1626 Abs. 2 BGB entsprechend anwenden will.

Der Vormund oder Ergänzungspfleger des Kindes für die Vertretung im gerichtlichen Verfahren ist demnach – anstelle der leiblichen Eltern oder sonst Sorgeberechtigter – berechtigt (je nach Wirkungskreis des Ergänzungspflegers), z.B. in eine ärztlich-psychologische Begutachtung, eine medizinische Untersuchung des Kindes einzuwilligen oder die entsprechende Einwilligung zu versagen, einer Aussage des Kindes vor dem Familien- und/oder Strafrichter zuzustimmen oder die Aussage für das Kind zu verweigern, einer Akteneinsicht Dritter (z.B. der Staatsanwaltschaft, des Strafgerichtes) in die familiengerichtlichen Akten für das Kind zuzustimmen oder die Zustimmung dazu zu versagen, Strafanzeige für den Minderjährigen zu stellen, eine Entbindung von der Schweigepflicht des das Kind behandelnden Arztes zu erklären oder zu verweigern etc. Der Vormund und der Ergänzungspfleger stehen unter der Aufsicht und Kontrolle des Gerichtes (§§ 1837 Abs. 2–4, 1915 BGB), dem gegenüber sie nach §§ 1839 ff. BGB zur Auskunft, zur Berichterstattung und zur Rechnungslegung verpflichtet sind. Zudem unterliegen sie den gerichtlichen Genehmigungsvorbehalten der §§ 1631b, 1800, 1810 ff., 1915 BGB. 92

Als Verfahrensbeistand stehen dem Verfahrenspfleger die o.g. Rechte eines gesetzlichen Vertreters hingegen nicht zu. Andererseits unterliegt er aber auch nicht der Kontrolle und der Aufsicht des Gerichts, dem er auch nicht zur Auskunft oder zur Rechenschaft verpflichtet ist. Auch kann ihm ein Aufgaben- oder Wirkungskreis vom Gericht nicht zugewiesen werden. Seine Aufgabe heißt „Wahrnehmung der Interessen des Minderjährigen im gerichtlichen Verfahren" und ergibt sich aus dem Gesetzeswortlaut des § 50 Abs. 1 Satz 1 FGG. 93

5. Rechte der Verfahrenspflegschaft

Die rechtlichen Befugnisse eines gesetzlichen Vertreters stehen dem Verfahrenspfleger als bloßem Verfahrensbeistand bzw. Interessenvertreter nicht zur Verfügung. Seine Aufgabe ist es vielmehr, Defizite bei der Wahrung der Interessen Minderjähriger in gerichtlichen Verfahren und die strukturelle Unterlegenheit des Minderjährigen gegenüber den formell am Verfahren beteiligten Erwachsenen und deren Prozessbevollmächtigten (regelmäßig Rechtsanwälte) auszugleichen (vgl. zu Einzelheiten oben Rn 78). Es soll mit Hilfe des Verfahrenspflegers „Waffengleichheit" und ein faires Verfahren für das Kind gewährleistet werden. Seine Interessen sollen mit Unterstützung durch den Verfahrenspfleger in einer Weise in das am Kindeswohl zu orientierende Verfahren eingebracht werden, die seiner grundrechtlichen Position hinreichend Rechnung trägt. Und zwar insbesondere dann, wenn die gesetzlichen Vertreter 94 des Kindes wegen erheblichen Interessengegensatzes an einer effektiven Wahrnehmung der Interessen des Kindes im Verfahren gehindert sind.[9]

95 Für die Durchführung des gerichtlichen Verfahrens tritt der Verfahrenspfleger dabei nach Vorstellung des Gesetzgebers „an die Stelle des gesetzlichen Vertreters und hat an dessen Stelle Kindesinteressen in das Verfahren einzubringen. Wie einen gesetzlichen Vertreter hat das Gericht den Verfahrenspfleger an den Verfahrenshandlungen des Gerichts zu beteiligen."[10] Dabei geht der Gesetzgeber trotz der zweideutigen Formulierung offenkundig nicht davon aus, dass der Verfahrenspfleger über gesetzliche Vertretungsbefugnisse verfügt (vgl. oben Rn 31) und den gesetzlichen Vertreter des Kindes insoweit aus dessen Befugnissen, das Kind im Verfahren zu vertreten, verdrängt. Vielmehr soll er „wie ein gesetzlicher Vertreter" am Verfahren beteiligt werden, damit er die Interessen des Minderjährigen nicht nur bei dessen gerichtlicher Anhörung, sondern bei allen Verfahrensschritten zur Geltung bringt. Insofern tritt er an die Stelle solcher gesetzlichen Vertreter des Kindes, die auf Grund eines Interessenkonfliktes daran gehindert sind, ihrer originären Aufgabe nachzukommen, Kindesinteressen vor Gericht wahrzunehmen und in das Verfahren adäquat einzubringen.

96 Aufgrund dieser Beschreibung der Funktion des Verfahrenspflegers ist streitig geworden, ob schon darin (auch ohne Entziehung der gesetzlichen Vertretungsbefugnisse) ein rechtsmittelfähiger Eingriff in das Elternrecht zu sehen ist[11] (zu Einzelheiten vgl. oben Rn 26 ff.). Auch wenn der Verfahrenspfleger das Kind im und außerhalb des Verfahrens nicht mit bindender Wirkung durch eigene Willenserklärungen vertreten kann, nimmt er gegenüber Sorgeberechtigten, Jugendamt, (Amts-)Vormund bzw. Ergänzungspfleger und Gutachter eine starke Position ein.

97 Allein den Interessen des verfahrensbetroffenen Kindes verpflichtet, nicht aber dessen Weisungen unterworfen (vgl. oben Rn 52 ff.), hat der Verfahrenspfleger eine den Sorgeberechtigten, dem Jugendamt und auch dem Gericht gegenüber unabhängige Stellung im Verfahren, die er für das betroffene Kind voll zur Geltung bringen kann und soll. Er kann die Sorgeberechtigten und deren Prozessbevollmächtigten ebenso an ihre gesetzliche Verpflichtung erinnern, die Belange des Kindes zu berücksichtigen, wie er das Jugendamt dazu auffordern kann, ihm selbst oder zumindest dem Gericht gegenüber darzulegen, welche

---

9. RegE, BT-Drucks. 13/4899, S. 129 ff., unter Hinweis auf BVerfGE 55, 171, 179.
10. RegE, a.a.O.
11. Bestellung des Verfahrenspflegers als verfahrensleitende Verfügung und bloße Zwischenentscheidung nicht selbstständig anfechtbar, OLG Celle, OLG-Report 1999, 254; OLG Brandenburg, FamRZ 2000, 1295; OLG Naumburg, MDR 2000, 1322; Keidel/Kuntze-Engelhardt, FGG, Teil A, § 50 FGG Rn 26; a.A.: OLG Dresden, FamRZ 2000, 1296; OLG Karlsruhe, FamRZ 2000, 1296 (nur Ls.); KG Berlin – 13. Zivilsenat – FamRZ 2000, 1298, vgl. differenzierend aber auch KG Berlin – 19. Zivilsenat – FamRZ 2000, 1299; OLG Düsseldorf, FamRZ 2000, 1298; OLG Hamm, FamRZ 1999, 41; OLG Frankfurt/Main, FamRZ 1999, 1293; OLG München, FamRZ 1999, 667; OLG Rostock, ZfJ 1999, 307.

Hilfen nach dem KJHG es angeboten hat oder aus welchen Gründen auf ein solches Angebot gegenüber den Sorgeberechtigten verzichtet worden ist.

Das von ihm vertretene Kind hat der Verfahrenspfleger auch im Rahmen persönlicher Kontakte über den jeweiligen Verfahrensstand zu informieren, es zu beraten und zu Terminen bei Gericht, beim Sachverständigen, beim Jugendamt etc. zu begleiten, wenn und soweit es das Kind wünscht (vgl. Standards der BAG Verfahrenspflegschaft für Kinder und Jugendliche e.V., abgedruckt in Rn 1053 ff.). Als stets am Verfahren zu beteiligender Verfahrensbeistand hat der Verfahrenspfleger das Recht und die Pflicht, die Probleme, Wünsche und Vorstellungen des Kindes möglichst wortgetreu in das Verfahren einzubringen. Eine abweichende Vorgehensweise mag etwa dann angemessen sein, wenn das Kind den Verfahrenspfleger z.B. aus Gründen der Loyalität einem nahen Angehörigen oder einer sonstigen engen Bezugsperson (Pflegemutter) gegenüber ausdrücklich um eine andere Verfahrensweise bittet. Gegebenenfalls ist die Auffassung des Kindes dann in eigenen Worten des Verfahrenspflegers darzustellen. **98**

Soweit der vom Kind geäußerte Wille vom Verfahrenspfleger als mit dem Wohl des Kindes – zumindest teilweise – nicht vereinbar angesehen werden muss, hat der Verfahrenspfleger dem Gericht im Anschluss an die Darstellung des Willens des Kindes in klar und deutlich davon abgegrenzter Form mitzuteilen, wie er diesen bewertet. Auf Zweifel an der Authentizität der Willensäußerungen des Minderjährigen hat der Verfahrenspfleger das Gericht dabei hinzuweisen.[12] Auch insofern wird es regelmäßig erforderlich sein, die Lebensgeschichte des Kindes unter Benennung der wichtigsten Bezugspersonen, zu denen das Kind im Laufe seines Lebens Bindungen entwickelt hat, mit Blick auf die geäußerten Wünsche und die objektiven Interessen des Kindes darzustellen. **99**

Den Ablauf des gerichtlichen Verfahrens kann der Verfahrenspfleger durch eigene Anträge und Anregungen sowie durch Einlegung von Rechtsmitteln maßgeblich mit beeinflussen und so für ein kindzentriertes Verfahren sorgen. Dabei hat er ein Hauptaugenmerk darauf zu richten, dass das Gericht den für eine am Kindeswohl ausgerichtete Entscheidung erheblichen Sachverhalt von Amts wegen (§ 12 FGG) erschöpfend ermittelt. Er wird es regelmäßig als seine besondere Pflicht verstehen, alle Verfahrensbeteiligten und insbesondere das Gericht auf die Bedeutung eines zügigen kindzentrierten Verfahrens für das Wohl des Kindes hinzuweisen und das kindliche Zeitempfinden in das Verfahren einfließen zu lassen, indem er Alternativen zu verzögernden Verfahrens- **100**

---

12. SchlHOLG, Kind-Prax 2001, 31.

schritten aufzeigt.[13] So wird der Hinweis des Verfahrenspflegers auf die Notwendigkeit einer zügigen persönlichen richterlichen Anhörung des Kindes (§ 50b FGG) und seiner unmittelbaren Bezugspersonen (Eltern, Pflegepersonen, §§ 50a, 50c FGG) die Entscheidungsfindung des Gerichts erfahrungsgemäß nicht selten wesentlich beschleunigen.

➢ *Zur möglichst frühzeitigen Bestellung des Verfahrenspflegers und zur Verfahrensbeschleunigung vgl. Rn 38 sowie Rn 782 ff.*

101 In Umgangsrechtsverfahren ist es generell nicht unproblematisch, wenn der Verfahrenspfleger auf einem Umgangskontakt zwischen der das Umgangsrecht begehrenden Person und dem Kind besteht, um sich von der Interaktion der Beteiligten einen unmittelbaren Eindruck zu verschaffen. So erkenntnisreich eine solche Interaktionsbeobachtung auch sein mag, solche Kontakte sind ja gerade Gegenstand des Verfahrens, und ihre Herbeiführung durch den Verfahrenspfleger würde die Hauptsacheentscheidung des Gerichtes vorwegnehmen. Die solche Kontakte ablehnende Partei wird sich regelmäßig in ihren Bedenken übergangen fühlen, die dem Verfahren zugrunde liegende Konfliktlage wird sich nicht selten zu Lasten des beteiligten Kindes massiv verschärfen.

III. Stellung des Verfahrenspflegers gegenüber den sorgeberechtigten Eltern bzw. dem Vormund oder Ergänzungspfleger

102 Der Verfahrenspfleger ist als reiner Beistand des Kindes im Verfahren nicht dessen gesetzlicher Vertreter (vgl. zu Einzelheiten unten Rn 107 ff., 111 ff.). Er verdrängt also nicht – auch nicht für die Vertretung im gerichtlichen Verfahren – die leiblichen Eltern, die Adoptiveltern oder andere gesetzliche Vertreter (Ergänzungspfleger, Vormund) aus der Position als gesetzliche Vertreter des Kindes. Jedenfalls so lange nicht, als nicht das Gericht den Eltern oder sonstigen Sorgeberechtigten das Sorgerecht ganz oder teilweise (z.B. für die Vertretung im Verfahren oder für die Entscheidung über die Entbindung von der ärztlichen Schweigepflicht) entzogen und auf den Verfahrenspfleger als Ergänzungspfleger nach § 1909 BGB übertragen hat.

103 Folglich hat der Verfahrenspfleger regelmäßig keine weiter gehenden Befugnisse den Sorgeberechtigten oder Dritten gegenüber (z.B. auch dem Jugendamt oder dem behandelnden Arzt gegenüber) als nicht vertretungsberechtigte Dritte auch: So kann der Verfahrenspfleger nicht etwa an Stelle der Eltern für das Kind Leistungen nach dem KJHG beim Jugendamt beantragen. Er kann

---

13. Vgl. zu Einzelheiten Heilmann, Kindliches Zeitempfinden und Verfahrensrecht, 1998.

auch nicht an Stelle der Sorgeberechtigten die Zustimmung erteilen, dass das Kind vom gerichtlich bestellten Sachverständigen untersucht und befragt wird. Ebenso wenig kann der Verfahrenspfleger den behandelnden Arzt des Kindes an dessen Stelle oder an Stelle der Sorgeberechtigten von der Schweigepflicht entbinden, eine ärztliche Untersuchung des Kindes veranlassen oder mit bindender Wirkung für und gegen das Kind auf dessen Kosten eine ärztliche Stellungnahme anfordern. Er kann auch nicht wie die Sorgeberechtigten den Umgang des Kindes mit Dritten oder den Sorgeberechtigten regeln oder verbieten, selbst wenn dies im Einzelfalle für den Schutz des Kindes in einem laufenden Gerichtsverfahren dringend angezeigt wäre.

Der Verfahrenspfleger ist allerdings berechtigt und gegebenenfalls auch verpflichtet, das Gericht zum Zwecke gerichtlicher Intervention über entsprechende Gefährdungen zu unterrichten. Sollte der Verfahrenspfleger Bedenken gegen die Entscheidungen der gesetzlichen Vertreter haben, sollte er hierzu Stellung nehmen und gegebenenfalls die Einrichtung einer Ergänzungspflegschaft anregen. In einem solchen Falle kann die nach § 50 FGG vorgenommene Beiordnung als Verfahrenspfleger unter den strengen Voraussetzungen des § 1666 BGB (Gefährdung des Kindeswohles) bzw. der §§ 1629 Abs. 2 Satz 3, 1796 Abs. 2 BGB (erheblicher Interessengegensatz) gegebenenfalls in eine Ergänzungspflegschaft nach § 1909 BGB überführt werden mit dem Wirkungskreis „Vertretung des Kindes im gerichtlichen Verfahren" und z.B. dem Zusatz „... einschließlich Entscheidung über die Zustimmung des Kindes zur Teilnahme an der gerichtlich angeordneten Begutachtung".[14]

104

Es liegt in solchen Fällen nahe, dass sich der Verfahrenspfleger dem Gericht auch zur Übernahme der Ergänzungspflegschaft anbietet. In gewissen Fallkonstellationen mag es aber auch gute Gründe geben, für die Übernahme der Ergänzungspflegschaft eine andere Person vorzuschlagen oder die Pflegerauswahl dem Gericht zu überlassen. So z.B., wenn es einer Person mit besonderen professionellen Kenntnissen bedarf oder es aus Sicht des Kindeswohles angezeigt erscheint, dass der Verfahrenspfleger seine Person aus dem Streit über bestimmte Fragestellungen heraushält.

105

Ist den (Adoptiv-)Eltern das Sorgerecht entzogen und ein Amtsvormund des Jugendamtes bzw. ein Einzelvormund oder ein Ergänzungspfleger bestellt worden, so ist der Verfahrenspfleger diesen mit gesetzlichen Vertretungsbefugnissen ausgestatteten Personen gegenüber ebenfalls nicht befugt, das Kind an deren Stelle zu vertreten.

106

---

14. Vgl. OLG München, FamRZ 1984, 76; OLG Karlsruhe, FamRZ 1993, 1479.

IV. Stellung des Verfahrenspflegers gegenüber dem Minderjährigen

1. Verfahrenspfleger als Interessenvertreter besonderer Art

107 Der Verfahrenspfleger ist als Interessenvertreter des Kindes vor Gericht nach der gesetzlichen Konzeption des § 50 FGG nicht dessen gesetzlicher Vertreter.[15] Der Verfahrenspfleger ist an Weisungen und Wünsche des Kindes nicht gebunden, dazu fehlt es an einer Beauftragung des ja vom Gericht bestellten Verfahrenspflegers durch das Kind (fehlendes Mandatsverhältnis: vgl. oben Rn 65 ff.). Der Verfahrenspfleger hat vielmehr die objektiven Interessen des Kindes, d.h. dessen objektiv verstandenes Wohl, wahrzunehmen (vgl. § 50 Abs.1 Satz 1 FGG: „Interessenwahrnehmung").

108 Das zeigt sich am deutlichsten daran, dass er zur Einlegung eines Rechtsmittels von dem von ihm vertretenen Kind nicht gezwungen werden kann, wenn er die ergangene Entscheidung für mit dem Kindeswohl vereinbar ansieht. Dem steht nicht entgegen, dass das Kind, das das 14. Lebensjahr vollendet hat, nach § 59 FGG ein eigenständiges Beschwerderecht ausüben kann. Der Verfahrenspfleger hat jedoch ihm erkennbare Anliegen des Kindes in jedem Falle vorzubringen, damit diese vom Gericht berücksichtigt werden können.[16] Falls das Interesse des Kindes es erfordert, ist er auch zur Einlegung von Rechtsmitteln verpflichtet.

109 Dem Kind gegenüber hat er keine Erziehungs- oder Weisungsbefugnisse. Bei der Erfassung der Wünsche und Vorstellungen des Kindes ist der Verfahrenspfleger also weitgehend auf die Kooperationsbereitschaft des Kindes angewiesen, ohne dessen Bereitschaft zur Mitwirkung und Willensbekundung erzwingen zu können. Als auch dem Kind gegenüber weisungsunabhängiger Interessenvertreter soll der Verfahrenspfleger das Selbstbestimmungsrecht von Kindern im gerichtlichen Verfahren schützen.[17] Es wäre widersinnig, diese Aufgabe mit Zwang gegenüber dem Kind erfüllen zu wollen. Eine Rechtsgrundlage dafür existiert folgerichtig auch nicht. Der Verfahrenspfleger hat also zu akzeptieren, wenn das Kind die Mitarbeit verweigert oder zu keiner Willensbekundung bereit ist.

110 Ansonsten ist der vom Kind geäußerte Wille dem Gericht möglichst wortgetreu mitzuteilen. Bei der Anhörung durch das Gericht hat der Verfahrenspfle-

---

15. OLG Frankfurt/Main, Beschluss des 2. Familiensenates in Kassel vom 23. 2. 2000, Az. 2 WF 32/00, bislang unveröffentlicht: „Interessenvertreter besonderer Art".
16. Vgl. RegE zum Betreuungsgesetz, BT-Drucks. 11/4528, S. 171, zur insoweit gleichlautenden Vorschrift des § 67 Abs. 1 Satz 1 FGG.
17. Vgl. Stadler/Salzgeber FPR 1999, 329, 336.

ger sicherzustellen, dass das Kind auch Gelegenheit hat, seine Sicht der Dinge, seine Wünsche, Ängste und Zukunftsvorstellungen dem Gericht mit seinen eigenen Worten und Gesten vorzutragen. Nur so erfährt das Gericht möglichst unverfälscht von den für die Beurteilung der Persönlichkeit und der Person des beteiligten Kindes wesentlichen Umständen.

2. Zugang des Verfahrenspflegers zum Kind gegen den Willen der Sorgeberechtigten?

Der Verfahrenspfleger kann folglich auch nicht an Stelle der Sorgeberechtigten anordnen, dass er Zugang zu dem verfahrensbetroffenen Kind bekommt, damit er es sehen, sich einen unmittelbaren Eindruck von ihm verschaffen und es befragen kann.[18] Soweit dem Verfahrenspfleger der Zugang zum Kind von den Sorgeberechtigten verweigert wird, kann – mangels Rechtsgrundlage – auch das Gericht keine verfahrensleitende Verfügung erlassen, die die Sorgeberechtigten dazu anhält, das Kind dem Verfahrenspfleger zuzuführen bzw. die Kontaktaufnahme des Verfahrenspflegers zum Kind zu dulden. 111

In aller Regel genügt es nach den langjährigen Erfahrungen des Autors mit solchen Fallgestaltungen bereits, dass das Gericht die Notwendigkeit eines Kontaktes zwischen Verfahrenspfleger und Kind schon vor bzw. bei der Bestellung des Verfahrenspflegers oder nochmals im laufenden Verfahren mit den Sorgeberechtigten des Kindes bzw. deren Prozessbevollmächtigten erörtert. Gegebenenfalls reicht es dem Verfahrenspfleger auch aus, mit dem Kind im Rahmen einer – erforderlichenfalls vom Verfahrenspfleger angeregten – (erneuten) richterlichen Anhörung nach § 50b FGG Kontakt aufnehmen und mit ihm sprechen zu können. Die Anwesenheit des Verfahrenspflegers bei einer solchen richterlichen Anhörung können die Sorgeberechtigten jedenfalls nicht verhindern (vgl. zu Einzelheiten unten Rn 157, 158). 112

Im Falle einer völligen Verweigerung könnte den Sorgeberechtigten zwar das Recht zur Vertretung des Kindes im Verfahren entzogen und auf den Verfahrenspfleger oder eine andere Person als Ergänzungspfleger übertragen werden, §§ 1796 Abs. 2, 1629 Abs. 2 Satz 3, 1909 BGB. Voraussetzung dafür aber ist, dass das Interesse des Minderjährigen zum Interesse der Sorgeberechtigten „in erheblichem Gegensatz steht." Dass dies grundsätzlich der Fall sein mag, wenn Sorgeberechtigte den Kontakt des Verfahrenspflegers zum Kind verweigern, rechtfertigt einen Sorgerechtsentzug nicht. Der erhebliche Interessengegensatz muss vielmehr konkret festgestellt werden, die bloße Möglichkeit eines solchen reicht nicht aus.[19] 113

---

18. OLG Brandenburg, FamRZ 2000, 1295, 1296; Söpper FPR 2001, 269, 271.
19. Palandt-Diederichsen, § 1626 BGB Rn 21, unter Hinweis auf OLG Stuttgart, FamRZ 1983, 831.

114 Im Regelfall wird der (teilweise, auf die Vertretung des Kindes im Verfahren oder gegenüber dem Gutachter gerichtete) Entzug des Sorgerechtes allerdings auch aus anderen Gründen nicht geeignet sein, den Verfahrenspfleger zum Ziel gelangen zu lassen, das Kind sehen zu können oder die Einwilligung des Kindes zur Teilnahme an der Begutachtung oder zur Aussage im Rahmen der persönlichen richterlichen Anhörung nach § 50b FGG herbeizuführen: Wegen des Eingriffes in das nach Art. 6 Abs. 2 GG geschützte Sorgerecht stehen den Sorgerechtsinhabern sämtliche Rechtsmittel und letztendlich die Beschwerde vor dem Bundesverfassungsgericht gegen den Teilsorgerechtsentzug zur Verfügung. Die endgültige Entscheidung über den vom Verfahrenspfleger ausgelösten Zwischenstreit wäre also regelmäßig auf lange Zeit vertagt und würde eine zeitnahe Entscheidung im Ausgangsverfahren, in dem der Verfahrenspfleger bestellt wurde, unmöglich machen.

115 Der Verfahrenspfleger muss sich bewusst sein, dass das Gericht zu solchen konfliktverschärfenden Interventionen den Sorgeberechtigten gegenüber nur in Ausnahmefällen bereit sein wird. Vielleicht will sich das Gericht ja auch mit der Verweigerungshaltung der Sorgeberechtigten abfinden und dieses Verhalten der Sorgeberechtigten inzident bei der Endentscheidung über den Ausgang des Verfahrens berücksichtigen und würdigen. Vielleicht aber sieht das Gericht bei einem bestimmten Verfahrensstand eine Intervention im Sinne des Verfahrenspflegers auch nicht mehr als entscheidungserheblich an und will darauf verzichten. Im Einzelfall mag es aber auch erfolgversprechende Interventionsmöglichkeiten Dritter (z.B. von Verwandten der Sorgeberechtigten) oder z.B. des Jugendamtes, von Mitarbeitern von Beratungsstellen etc. geben, die eine gerichtliche Intervention entbehrlich machen.

3. Verhältnis des Kindes zum Verfahrenspfleger

116 Die Auswahl eines kompetenten Verfahrenspflegers obliegt dem pflichtgemäßen Ermessen des den Verfahrenspfleger bestellenden Gerichts. Ein Recht auf Auswahl des Verfahrenspflegers steht dem Kind nach § 50 FGG nicht zu, auch wenn ihm – unabhängig von den Sorgeberechtigten – zumindest ab Schulkindalter rechtliches Gehör (Art. 103 Abs. 1 GG) vor dessen Bestellung zu gewähren sein wird.[20]

117 Eine angemessene Interessenvertretung vor Gericht setzt den Aufbau eines tragfähigen Verhältnisses des Verfahrenspflegers zu dem von ihm vertretenen Kind voraus. Die dazu erforderliche Vorgehensweise hat allein der Verfahrenspfleger zu bestimmen. Er sollte allerdings darauf achten, dem Kind gegenüber keine

---

20. Marquardt, MDR 2000, 1323, 1324, unter Hinweis auf OLG Köln, FamRZ 2001, 845.

uneinlösbaren Versprechungen im Hinblick auf mögliche Entscheidungen des Gerichts, des Jugendamtes, der Sorgeberechtigten etc. zu machen oder beim Kind unangemessene Beziehungserwartungen aufkommen zu lassen (vgl. BAG Verfahrenspflegschaft: Standards für VerfahrenspflegerInnen – abgedruckt in Rn 1053 ff., 1056 – Pkt. 2.1). Auch sollte er sich nicht als Konfliktlöser der Familie präsentieren.[21] Je nach Alter und Einsichtsfähigkeit des Kindes hat der Verfahrenspfleger dessen Vertretung vor Gericht mit ihm abzustimmen.

Wird dem Verfahrenspfleger zu Beginn oder während der Vertretung klar, dass ein Kind eine Abneigung gegen ihn hat, „wegen der es sich nicht anvertrauen kann, und dass diese trotz aller Bemühungen bestehen bleibt, sollte eine vorzeitige Aufhebung der Bestellung in Betracht gezogen werden. Bezieht sich die Ablehnung des Kindes nicht primär auf die eigene Person, lassen sich aus ihr hingegen Hinweise zum Verständnis seiner Beziehungserfahrungen folgern. Ein Abbruch der Vertretung erscheint dann kaum angebracht."[22]   118

V. Stellung des Verfahrenspflegers gegenüber dem Jugendamt

Als allein den Interessen des verfahrensbetroffenen Kindes verpflichtet, hat der Verfahrenspfleger eine dem Jugendamt gegenüber unabhängige Stellung im Verfahren, die er für das betroffene Kind voll zur Geltung bringen kann und soll. Ebenso hat das Jugendamt eine vom Verfahrenspfleger unabhängige Funktion im Verfahren, nämlich die, als eigenständiger Verfahrensbeteiligter Gesichtspunkte des Kindeswohles in das jeweilige Verfahren einzubringen und bei Entscheidungen, die dem Wohle des Kindes nicht gerecht werden, die ihm als Amt – unabhängig von der Verfahrenspflegschaft – zur Verfügung stehenden Rechtsmittel zu ergreifen. Beide Verfahrensbeteiligten handeln also frei von Weisungen der jeweils anderen Seite.[23]   119

Der Verfahrenspfleger soll – wenn nötig – auch darauf hinwirken, dass das Jugendamt das Kind mit allen zu Gebote stehenden Mitteln unterstützt.[24] Es ist aber nicht Aufgabe des Verfahrenspflegers oder des Jugendamtes, anstelle des jeweils anderen Verfahrensbeteiligten zu agieren, wenn dieser seiner Aufgabe nicht in vollem Umfange nachkommt. Zu verschieden sind die den Verfahrensbeteiligten vom Gesetz jeweils zugewiesenen Aufgaben und Funktionen. Jede Rollenvermischung kann nicht nur zur Konfusion auf Seiten des Kindes und der Sorgeberechtigten führen und unnötige Konflikte zwischen Verfahrenspfle-   120

---

21. Stadler/Salzgeber, FPR 1999, 329, 332.
22. BAG Verfahrenspflegschaft: Standards für VerfahrenspflegerInnen, Pkt. 1.3.
23. OLG Frankfurt/Main, Beschluss vom 23. 2. 2000, zu Az. 2 WF 32/00, bislang unveröffentlicht.
24. OLG Frankfurt/Main, a.a.O.

ger und Jugendamt erzeugen, sondern verwischt auch die eigenständige Rolle und Aufgabenstellung der Verfahrenspflegschaft. Bitten der Gerichte an den Verfahrenspfleger, anstelle des Jugendamtes dessen Aufgaben oder die freier Träger der Jugendhilfe mit wahrzunehmen (z. B. Umgangskontakte zu begleiten, Erziehungsberatung zu leisten etc.), sollte der Verfahrenspfleger aus den genannten Gründen entgegentreten.

121 Gesetzlicher Vertreter des Kindes ist der Verfahrenspfleger nicht. Er ist vom Gericht vielmehr nur wie ein gesetzlicher Vertreter am Verfahren zu beteiligen. Deshalb kann der Verfahrenspfleger nicht etwa an Stelle der Eltern für das Kind Leistungen nach dem KJHG beim Jugendamt beantragen oder Auskünfte verlangen. Er kann und soll das Jugendamt – soweit aus Sicht des beteiligten Kindes entscheidungserheblich – aber z. B. dazu auffordern, ihm alle Informationen, die auf eine Gefährdung des Kindes hinweisen, zur Verfügung zu stellen und mitzuteilen, welche Hilfen nach dem KJHG es erbracht oder angeboten hat oder aus welchen Gründen auf ein solches Angebot verzichtet worden ist. Falls erforderlich, soll der Verfahrenspfleger auf das Gericht einwirken, damit es das Jugendamt dazu veranlasst, seine Stellungnahme im jeweiligen Verfahren fachlich näher zu begründen.

122 An Hilfeplangesprächen des Jugendamtes kann er jedenfalls nicht an Stelle der Sorgeberechtigten als gesetzlicher Vertreter des Kindes teilnehmen. Ob ihm als Verfahrensbeistand des betroffenen Kindes ein Recht zur Teilnahme daran zusteht, ist nicht ausdrücklich geregelt. Die Teilnahme an Hilfeplangesprächen während eines laufenden Verfahrens, in dem er bestellt ist, sollte selbstverständlich möglich sein. Wenn sein Teilnahmerecht ernstlich in Zweifel gezogen wird, empfiehlt es sich, dazu eine klarstellende Entscheidung des Gerichtes einzuholen.

123 Einsicht in Akten des Jugendamtes wird der Verfahrenspfleger – wenn überhaupt – im Streitfall nur auf Umwegen erzwingen können.[25] Die Zivilgerichte einschließlich der Familien- und Vormundschaftsgerichte wären für eine Klage auf Akteneinsicht sachlich nicht zuständig. Vielmehr ist der Rechtsweg zu den Verwaltungsgerichten gegeben, die sich bislang allerdings mit dieser in der Literatur hochumstrittenen Frage noch nicht unter dem spezifischen Aspekt der Kindeswohlgefährdung im Kontext der Wahrnehmung des staatlichen Wächteramtes befasst haben.[26]

---

25. Vgl. § 25 SGB X, §§ 61, 63, 67 KJHG i.V.m. § 83 SGB X; vgl., auch BVerwG NJW 1989, 2960 (für Krankenakten und Psychiatrie).
26. Wiesner/Mörsberger, Anhang § 61 SGB VIII, § 83 SGB X Rn 1 f.; zur Problematik vgl. auch Münder u.a., 2000, S. 220 ff.; Fischer in Schellhorn, SGB VIII / KJHG, §§ 61-68; Kunkel, LPK–SGB VIII, § 61 Rn 106 ff., 229 ff., § 68 Rn 10 ff.

Werden Auskünfte aus Akten des Jugendamtes verweigert, sollte sich der Verfahrenspfleger an das Prozessgericht mit dem Antrag wenden, die gewünschten Auskünfte beim Jugendamt anzufordern bzw. Mitarbeiter des Jugendamtes dazu zu hören oder förmlich als Zeugen zu vernehmen.

➤ *Zum Verhältnis des Verfahrenspflegers zum Jugendamt vgl. auch Rn 1131 ff.*

VI. Stellung des Verfahrenspflegers gegenüber dem Sachverständigen

Alternativen zur Einholung eines Sachverständigengutachtens muss der Verfahrenspfleger kritisch auch wegen der Belastungen des Kindes durch die Begutachtung und des Zeitaufwandes für die Erstellung des Gutachtens prüfen. Ob unter Berücksichtigung des kindlichen Zeitempfindens und der besonderen Lebenssituation des Kindes die Einholung eines Gutachtens angemessen ist, um den Belangen des Kindeswohles gerecht zu werden, hat der Verfahrenspfleger zu prüfen. Welcher Sachverständige zum Gutachter bestellt wird, ist regelmäßig von großer Bedeutung für das weitere Verfahren. Der Verfahrenspfleger sollte personelle Gegenvorschläge machen, wenn der vom Gericht als Sachverständiger in Aussicht genommenen Person Bedenken begegnen (vgl. zu Einzelheiten in §§ 404 ZPO, 15 Abs. 1 FGG). Besteht die Besorgnis der Befangenheit des Sachverständigen, ist der Ablehnungsantrag umgehend vor der Vernehmung des Sachverständigen zu seinem Gutachten, spätestens jedoch binnen zwei Wochen nach Verkündung oder Zustellung des Beschlusses bzw. der Verfügung über die Ernennung des Sachverständigen bei Gericht zu stellen (vgl. zu Einzelheiten in § 406 ZPO). **124**

Die vom Sachverständigen zu begutachtende Fragestellung wird vom Gericht festgelegt (§ 404a ZPO). Es ist die Pflicht des Verfahrenspflegers, den Inhalt des Begutachtungsauftrages zu prüfen und gegebenenfalls bei Gericht auf eine Abänderung und Ergänzung hin zu wirken, wenn und soweit dies im Interesse des Kindes erforderlich ist. **125**

Die psychologische Begutachtung bedarf als Eingriff in das Persönlichkeitsrecht des Kindes dessen Einwilligung und der seines Sorgeberechtigten. Die Einwilligung des Kindes kann nicht ersetzt werden.[27] Der Verfahrenspfleger hat daher das von ihm im Verfahren vertretene Kind darüber kindgemäß aufzuklären. Falls das Kind die Begutachtung tatsächlich verweigert, sollte dies dem Gericht umgehend mitgeteilt werden. **126**

---

27. OLG Stuttgart, OLGZ 1975, 132; OLG München, FamRZ 1984, 75; OLG Karlsruhe, FamRZ 1993, 1479, 1480; vgl. auch Marquardt in der Anm. zu OLG Naumburg, MDR 2000, 1322, 1323, 1324.

127 Das Sachverständigengutachten hat der Verfahrenspfleger einer kritischen Beurteilung zu unterziehen im Hinblick auf die Vollständigkeit des entscheidungserheblichen Sachverhaltes, Verstöße gegen die Denkgesetze, die Nachvollziehbarkeit und das zur Beurteilung des erhobenen Datenmaterials angewandte Verfahren etc. Gegen- oder Obergutachter ist der Verfahrenspfleger damit aber keinesfalls, selbst dann nicht, wenn und soweit er im Einzelfall tatsächlich über die dafür erforderliche Sachkunde und berufliche Erfahrung verfügen sollte. Eine entsprechende Position sollte der Verfahrenspfleger nicht ansatzweise einnehmen, einen dementsprechenden Eindruck bei den anderen Verfahrensbeteiligten erst gar nicht aufkommen lassen. Zu verschieden ist die Funktion des Gutachters als „Gehilfe des Richters" gegenüber der Aufgabe des Verfahrenspflegers als Interessenvertreter des Kindes.

128 Sollte im Einzelfall ein ergänzendes Gutachten oder ein Obergutachten nach Auffassung des Verfahrenspflegers erforderlich sein, ist ein entsprechender Antrag mit den maßgebenden gutachtlichen Fragestellungen an das Gericht zu stellen. Auch hierbei wird der Verfahrenspfleger die dadurch eintretenden Belastungen für das Kind berücksichtigen und sorgfältig Alternativen zu einem weiteren Gutachten prüfen müssen. So kann es ausreichend sein, dass der Erstgutachter sein Gutachten im Verhandlungstermin mündlich erläutert und ergänzt oder zusätzlich sachverständige Zeugnispersonen zu ihren besondere Sachkunde voraussetzenden Feststellungen vernommen werden (§ 414 ZPO: Erzieher, Krankenpfleger, Therapeuten, Ärzte etc.). Die entscheidungserheblichen Fragen sollte der Verfahrenspfleger dem Gericht schriftlich vorab mitteilen mit dem förmlichen Antrag, den Gutachter zur Erläuterung und Ergänzung seines Gutachtens oder den Zeugen zur Einvernahme zur mündlichen Verhandlung zu laden.

➤ *Zum Verhältnis des Verfahrenspflegers zum Gutachter siehe auch Rn 1181 ff.*

VII. Stellung des Verfahrenspflegers gegenüber dem Gericht

1. Aufgaben des Gerichts

129 Das Gericht ist von Amts wegen verpflichtet, die Interessen aller Beteiligten in einem Konfliktfall zu berücksichtigen, also neben den Kindesinteressen insbesondere auch diejenigen der Eltern (Art. 6 GG). Zwar ist der Richter zur Wahrung des Kindeswohles und damit zu einer vorrangigen Berücksichtigung der Interessen des Kindes verpflichtet; eine Interessenwahrnehmung kann hierdurch aber nicht ersetzt werden, weil der Richter Neutralität wahren muss.[28] In

---

28. RegE BT-Drucks. 13/4899, S. 130; BVerfG, FamRZ 1999, 85, 87; Salgo (1996), S. 41 f.; Bauer/Schaus, epd-Dokumentation 19/1998, 24, 25.

Fällen eines erheblichen Interessengegensatzes zwischen dem Kind und seinen gesetzlichen Vertretern wird der Verfahrenspfleger somit bestellt, um allein die Interessen des Kindes in das Verfahren einzubringen.[29]

Das Gericht ist in allen durch § 50 FGG berührten Verfahren nach § 12 FGG zur Ermittlung des entscheidungserheblichen Sachverhaltes von Amts wegen verpflichtet. Aus vielerlei Gründen kommen Gerichte ihrer sog. Amtsermittlungspflicht nicht selten nur in begrenztem Umfang nach. In diesen Fällen ist es die Aufgabe des Verfahrenspflegers, das Gericht auf die Erfüllung seiner Pflichten hinzuweisen, indem er auf die noch ermittlungsbedürftigen Tatbestände aufmerksam macht. Dass dies nicht ohne eigene Recherchen möglich ist, versteht sich von selbst. Autoritätsgläubigkeit gegenüber niemandem, auch nicht dem Gericht gegenüber, ist also das richtige Motto, wenn es darum geht, mit Durchsetzungs- und Beharrungsvermögen die Interessen des Kindes vor Gericht effektiv wahrzunehmen.[30]   **130**

2. Verfahrenspfleger als unabhängiger Interessenvertreter des Kindes

In Fällen eines erheblichen Interessengegensatzes zwischen dem Kind und seinen gesetzlichen Vertretern wird der Verfahrenspfleger somit bestellt, um allein die Interessen des Kindes in das Verfahren einzubringen.[31] Der Verfahrenspfleger unterliegt nicht der gleichen Aufsicht und Kontrolle des Gerichtes wie ein Ergänzungspfleger. An Weisungen ist er nicht gebunden. Gleichwohl bleibt dem Gericht die Verantwortung dafür, dass dem Kind aus Untätigkeit, mangelnder Eignung oder einem offenkundigen Fehlverhalten seiner Vertretung kein Nachteil erwächst.   **131**

Der vom Gesetzgeber gewollten unabhängigen Stellung des Verfahrenspflegers gerade auch dem Gericht gegenüber[32] widerspricht es, wenn dem Verfahrenspfleger vom bestellenden Gericht ein Wirkungskreis im Sinne eines Arbeitsauftrages erteilt wird.[33] Der Wirkungskreis der Verfahrenspflegschaft ergibt sich unmittelbar aus dem Gesetz. Dem Kind wird ein Pfleger für das Verfahren bestellt, weil dies „zur Wahrnehmung seiner Interessen" (vgl. den Wortlaut des § 50 Abs. 1 FGG!) erforderlich ist. Damit lautet sein Wirkungskreis: „Wahrnehmung der Interessen des Kindes im anhängigen Verfahren".   **132**

---

29. Vgl. RegE BT-Drucks. 13/4899, S. 129 ff.; BVerfG, a.a.O.
30. Vgl. auch Bauer, Was macht den guten Anwalt des Kindes aus?, Protokolldienst Nr. 4/2000 der Evangelischen Akademie Bad Boll.
31. Vgl. RegE BT-Drucks. 13/4899, S. 129 ff.; BVerfG, FamRZ 1999, 85, 87.
32. RegE BT-Drucks. 13/4899; vgl. 13. DFGT, Arbeitskreis 17: Anwalt des Kindes: Verfahrenspfleger – Aufgaben, Befugnisse, Qualifikation, S. 118 f.
33. Vgl. den der Entscheidung des OLG Naumburg, MDR 2000, 1322, zugrunde liegenden Sachverhalt mit kritischer Anm. von Marquardt auf S. 1323, 1324.

3. Prüfung des Bestellungsbeschlusses

133 Zur Vorbereitung der eigenen Vorgehensweise sollte der Verfahrenspfleger die Entscheidung zur Bestellung des Verfahrenspflegers samt der übersandten Anfangsinformationen auf Bedenken prüfen, die sich z.B. beziehen auf

- die eigene persönliche oder fachliche Eignung bzw. Nichteignung als Verfahrenspfleger im spezifischen Fall,
- die eigene (zeitliche, emotionale) Belastbarkeit, insbesondere im Hinblick auf die Eilbedürftigkeit des Falles,
- die Vertretung mehrerer Kinder.
- die fehlende Feststellung der berufsmäßigen Führung der Verfahrenspflegschaft, wenn die Tätigkeit als Verfahrenspfleger nur gegen Vergütung ausgeübt werden soll (zu Einzelheiten vgl. Rn 1263 ff.)

➤ *Siehe im Einzelnen BAG Verfahrenspflegschaft: Standards für VerfahrenspflegerInnen, Rn 1055 ff., 1058, Pkt. 1.1–1.3 und Pkt. 4.1.*

4. Prüfung der Fallübernahme

134 Fehlen Anfangsinformationen, die eine Prüfung ermöglichen, ob der „Fall" übernommen werden kann, so ist auf Übersendung weiterer Informationen aus der Akte zu drängen. Dabei sollten telefonische Rückfragen beim zuständigen Richter auf ein Mindestmaß beschränkt werden, da sie regelmäßig nur dann erfolgversprechend sind, wenn gewährleistet ist, dass dem Richter die einschlägige Akte zufällig gerade vorliegt oder vom Personal der Geschäftsstelle eigens zum Telefonat vorgelegt wird. Telefax-Anfragen unter Angabe der eigenen Rückrufnummer (Telefon/Fax) sind aus den genannten Gründen regelmäßig wesentlich sinnvoller.

5. Rechtsmittel gegen die Bestellung zum Verfahrenspfleger

135 Gegen die ohne oder gegen seinen Willen erfolgte Bestellung zum Verfahrenspfleger kann dieser (einfache, unbefristete) Beschwerde einlegen, §§ 19 Abs. 1, 20 Abs. 1 FGG. Die Beschwerde kann sich zulässigerweise nur gegen die Auswahl seiner Person als Pfleger, nicht gegen die Anordnung der Verfahrenspflegschaft als solche richten. Denn der bestellte Verfahrenspfleger wird durch die Pflegerbestellung auch nur insoweit beschwert, als sie sich auf seine Person bezieht.

136 Hilft das den Verfahrenspfleger bestellende (erstinstanzliche) Gericht der Beschwerde nicht ab, so hat das im Instanzenzug übergeordnete Oberlandesgericht (im familiengerichtlichen Verfahren) bzw. das Landgericht (im vormundschaftsgerichtlichen Verfahren) zu entscheiden. Die Beschwerde sollte daher zunächst bei dem Gericht eingelegt werden, das den Verfahrenspfleger bestellt

hat. Dadurch wird dem Eingangsgericht die Zeit sparende Möglichkeit gegeben, die Auswahl der Person des Verfahrenspflegers zu überprüfen und gegebenenfalls einen anderen Verfahrenspfleger zu bestellen. Das erstinstanzliche Gericht muss die Beschwerde bei Nichtabhilfe von Amts wegen an das übergeordnete Gericht zur Entscheidung weiterleiten.

➤ *Zu den Rechtsmitteln im Verfahren der Familien- und Vormundschaftsgerichte vgl. Rn 289 ff.*

6. Handakte des Verfahrenspflegers

Zur Anlegung und Vervollständigung seiner eigenen Handakten sollte der Verfahrenspfleger gegenüber dem Gericht auf Übersendung der wichtigsten Aktenbestandteile in Fotokopie bestehen (z.B. Ablichtung des verfahrenseinleitenden Schriftsatzes samt Erwiderung; Stellungnahme des Jugendamtes; Protokollabschrift der mündlichen Verhandlung). Grundsätzlich sollte Einsicht in die gesamten Gerichtsakten genommen werden. Bei längeren Verfahren ist dies zu wiederholen. Dies kann in den Räumen der Geschäftsstelle erfolgen, wozu sich der Verfahrenspfleger regelmäßig durch Vorlegung der Beiordnungsentscheidung legitimieren muss (Personalausweis zur Sicherheit mitnehmen). **137**

7. Akteneinsicht

Das Recht auf (volle) Akteneinsicht ergibt sich aus § 34 FGG. Die Glaubhaftmachung eines berechtigten Interesses an der Einsicht in die Gerichtsakten ist bei Verfahrensbeteiligten wie dem Verfahrenspfleger regelmäßig entbehrlich. Über den Umfang und die Form der Akteneinsicht (durch Mitnahme oder Übersendung der Akten in das Büro des Verfahrenspflegers, das Fertigen von Ablichtungen etc.) hat der zuständige Richter nach pflichtgemäßem Ermessen zu entscheiden. Auf Versendung der Akten nach Hause oder in das Büro des Verfahrenspflegers haben auch zu Verfahrenspflegern bestellte Rechtsanwälte grundsätzlich keinen Anspruch, auch nicht unter dem Gesichtspunkt der Gewährung rechtlichen Gehörs.[34] **138**

Ausnahmsweise kann eine Versendungspflicht Anwälten gegenüber bestehen, wenn die Akten voraussichtlich vom Gericht nicht ständig zur Bearbeitung benötigt werden, datenschutzrechtliche Gesichtspunkte nicht entgegenstehen und besondere Gründe für eine Einsichtnahme in der Kanzlei des Anwaltes sprechen.[35] Es ist abzuwarten, ob diese bislang nur auf Rechtsanwälte als **139**

---

[34]. BGH, NJW 1961, 559; OLG Frankfurt/Main, Rpfleger 1991, 460: „Ermessensentscheidung"; vgl. zu Einzelheiten HKBUR (Bauer), § 34 FGG Rn 11, 52, 58.
[35]. OLG Frankfurt/Main, a.a.O.

"Organe der Rechtspflege" bezogene Rechtsprechung in Zukunft auch auf Verfahrenspfleger anderer beruflicher Herkunft ausgedehnt werden wird. Ein kooperatives Verhalten der Justiz wäre insoweit wünschenswert, um den Verfahrenspflegern ihre verantwortungsvolle Aufgabe im Interesse der von ihnen vertretenen Kinder nicht unnötig zu erschweren.

140 Gegenstand der Akteneinsicht und der Erteilung von Abschriften/Ablichtungen sind die vollständigen Gerichtsakten mit allen darin befindlichen Urkunden, unabhängig davon, ob sie dauernd oder nur vorübergehend (als Beweismittel) Aktenbestandteile oder Beiakten sind. Kein Einsichtsrecht besteht in Entscheidungsentwürfe des Gerichtes (vgl. auch § 299 Abs. 3 ZPO). Die Einsicht in beigezogene Akten aus anderen Verfahren kann nicht ohne weiteres gewährt werden. Darüber hat vielmehr die aktenführende Stelle (Gericht, Verwaltungsbehörde) nach den für sie maßgeblichen Vorschriften (z.B. § 299 ZPO, § 99 VwGO) zu entscheiden. Das um Einsicht angegangene Gericht hat die Genehmigung zur Akteneinsicht bei der aktenführenden Stelle einzuholen. Beigezogene Ehescheidungsakten dürfen grundsätzlich nicht ohne Einverständnis beider Parteien des Scheidungsverfahrens zur Einsicht überlassen werden.[36] Bei Verweigerung der Partei(en) entscheidet das Gericht.

141 Die Erteilung von Abschriften bzw. Ablichtungen aus der Akte kann nur insoweit verweigert werden, als der Verfahrenspfleger sie offensichtlich für seine Rechtsverfolgung ganz oder teilweise nicht benötigt. Dies kann der Fall sein, wenn die begehrten Schriftstücke sich bereits im Besitz des Verfahrenspflegers befinden müssen, z.B. weil ihm bereits Abschriften von Anlagen, Protokollen und Entscheidungen übersandt worden sind oder weil er über Kopien eigener Anträge verfügen muss. Eine kleinliche Handhabung ist jedenfalls zu vermeiden.

142 Ein berechtigtes Interesse an Abschriften von innerdienstlichen Verfügungen, Terminbestimmungen, Zustellungsurkunden etc. kann aber nicht ohne weiteres bejaht werden.[37] Die noch in der 8. Ergänzungslieferung (Juni 1997) des HK-BUR zu § 34 FGG vom Autor auch dieser Abhandlung vertretene engere Auffassung[38], wonach der Einsichtsberechtigte weitgehend auf die Einsichtnahme der Akten anstelle der Erteilung von Abschriften verwiesen werden konnte, wird in Übereinstimmung mit OLG Düsseldorf[39] ausdrücklich aufgegeben. Sie habe – so OLG Düsseldorf – „offenbar auf der damaligen unzureichenden Ausstattung der Gerichte beruht." Ob die heutigen Verhältnisse der Gerichte angesichts des nicht unerheblichen Personalabbaus im nichtrichterli-

---

36. Kreidel-Kahl, § 34 Rn 11, unter Hinweis auf BVerfGE 27, 352.
37. OLG Düsseldorf, R & P 1997, 40, 42.
38. Kahl, a.a.O., unter Hinweis auf OLG Düsseldorf, NJWJMBI, 1958, 177.
39. R & P 1997, 40, 42.

chen Bereich bei gleichzeitig gestiegener Belastung der Vormundschafts- und Familiengerichte besser als in den 50er Jahren sind, mag dahingestellt sein.[40] Jedenfalls ist die Ausstattung mit Fotokopiergeräten (die allerdings bedient sein wollen!) mit Sicherheit besser als damals. Ausstattungsprobleme der Gerichte dürfen jedenfalls nicht länger als Begründung für eine restriktive Handhabung bei der Erteilung von Ablichtungen dienen.

Bleiben auch nach erfolgter Akteneinsicht Fragen offen, so sollten diese durch Rücksprache mit dem Gericht geklärt werden. Da Gerichtsverfahren aktenmäßig geführte Verfahren sind, in denen wegen des Grundrechtes der Verfahrensbeteiligten auf rechtliches Gehör (Art. 103 GG) Transparenz und Nachvollziehbarkeit der Fakten herrschen muss, auf die das Gericht seine Entscheidungen stützt, sollten die Rückfragen grundsätzlich schriftlich erfolgen. **143**

8. Kosten der Akteneinsicht

Für die Kosten für Abschriften/Ablichtungen bzw. das Versenden der Akten gilt: Nach § 1 KostO bestehen die Gerichtskosten aus Gerichtsgebühren und gerichtlichen Auslagen. Zu den gerichtlichen Auslagen zählen nach § 136 Abs. 1 KostO auch Abschriften/Ablichtungen und nach § 137 KostO „sonstige Auslagen" wie z.B. das Versenden der Akte auf Antrag (§ 137 Nr. 4 KostO: pauschal für jede Versendung). **144**

Zu beachten ist die gesetzlich bestimmte Kostenfreiheit bestimmter Schreibauslagen für Verfahrensbeteiligte wie den Verfahrenspfleger nach § 136 Abs. 2 Nr. 2 KostO, z.B. für das Protokoll der gerichtlichen Verhandlung und die Abschrift der gerichtlichen Entscheidung oder eines gerichtlichen Vergleiches. Kostenfreiheit gilt nach § 131 Abs. 5 KostO, der auch im Falle des § 131 Abs. 3 KostO Anwendung findet, auch im Beschwerdeverfahren gegen Entscheidungen des Familien- oder Vormundschaftsgerichts[41]: Die durch eine für begründet erachtete Beschwerde entstandenen Auslagen werden nicht erhoben, wenn die Beschwerde durch den Minderjährigen oder in dessen Interesse vom Verfahrenspfleger eingelegt worden ist. **145**

Regelmäßig wird das Gericht dem Verfahrenspfleger gegenüber aber ganz auf die Erhebung von Kosten der Akteneinsicht verzichten. Denn die vom Verfahrenspfleger insoweit verauslagten Beträge bekommt dieser auf Antrag ohnehin alsbald im Rahmen des Aufwendungsersatzes aus der Staatskasse zurück erstattet, §§ 1835 Abs. 1, 1908i Abs. 1 BGB, 67 Abs. 3, 50 Abs. 5 FGG. Etwas anderes mag bei den Gerichten gelten, die bereits die Budgetierung eingeführt **146**

---

40. Vgl. dazu nur Bauer in BtPrax 1994, 56, für das Betreuungsrecht.
41. OLG Düsseldorf, R & P 1997, 40, 41, 42, unter Hinweis auf Korintenberg/Lappe, KostO, 13. Aufl., § 131 Rn 45.

haben und die Einnahmen aus der Auslagenerhebung zunächst auf der Habenseite gebucht sehen wollen.

9. Ermittlungen zum Sachverhalt

147 Ob der Verfahrenspfleger berechtigt und verpflichtet ist, zur effektiven Wahrnehmung der Interessen des Kindes eigene Ermittlungen bei Dritten (Angehörigen, Nachbarn, Vermieter, Polizeibehörden, Arzt etc.) anzustellen, ist gesetzlich ebenso wenig geregelt wie die Frage, ob die genannten Personen und Stellen berechtigt und verpflichtet sind, dem Verfahrenspfleger die entsprechenden Auskünfte zu erteilen. Die damit angesprochenen Probleme des Datenschutzes, des informationellen Selbstbestimmungsrechtes des betroffenen Kindes (Art. 1, 2 GG)[42] und der (ärztlichen) Schweigepflicht werden durch das Gesetz weder für den Verfahrenspfleger des Betreuungsrechts noch für den des Kindschaftsrechts gelöst.[43]

148 Der Verfahrenspfleger nach § 50 FGG hat den Verfahrenspfleger des Betreuungsrechts nach § 67 FGG als Vorläufer im Blick gehabt. Der Verfahrenspfleger ist nach dem Willen des Gesetzgebers des Betreuungsgesetzes nicht „Betreuer für das Verfahren" mit der Folge einer gesetzlichen Vertretungsmacht im Verfahren (§ 1902 BGB). Er soll vielmehr „Helfer des Betroffenen im Verfahren, ein Pfleger eigener Art" sein, der entgegen den sonst im BGB geregelten Pflegschaften gerade nicht der Kontrolle des Gerichtes unterliegt.[44] Dieselbe Ausgangslage gilt für den Verfahrenspfleger des Kindes nach § 50 FGG.[45] Gerade weil der Verfahrenspfleger aber weder der Kontrolle noch der Aufsicht des Gerichtes unterliegt, obliegt es seinem pflichtgemäßen Ermessen, ob er über den aus der Akte ersichtlichen Informationsstand hinaus eigene Ermittlungen im Sinne einer sachgerechten Interessenvertretung des betroffenen Kindes für notwendig erachtet. Eine einschränkende Festlegung der dem Verfahrenspfleger kraft Gesetzes übertragenen Aufgabe einer umfassenden Interessenwahrnehmung (§ 50 Abs. 1 Satz 1 FGG) im Rahmen des allein durch den Verfahrensgegenstand begrenzten Auftrages ist unzulässig.

149 Eigener Ermittlungen des Verfahrenspflegers wird es insbesondere dann bedürfen, wenn das Gericht seiner Pflicht zur Ermittlung des kindeswohlerheblichen

---

42. Vgl. das „Volkszählungsurteil" des BVerfG in NJW 1984, 419, 422.
43. Ebenso Pohl BtPrax 1992, 25, 26, für das BtG; zur ärztlichen Schweigepflicht und ihren Durchbrechungen vgl. Dickmeis, Keine Schweigepflicht der Ärzteschaft bei Gewalttaten an Frauen und Kindern, ZfJ 1995, 474; zum Datenschutz hier Rn 169 ff.
44. Zu Einzelheiten vgl. HK-BUR (Bauer) vor § 67 Rn 9–15.
45. OLG Frankfurt/Main, Beschluss vom 23.2.2000, Az. 2 WF 32/00, bislang unveröffentlicht: „Interessenvertreter besonderer Art.

Sachverhaltes (§ 12 FGG) nicht in ausreichendem Umfang nachkommt.[46] Zur Vorbereitung der gerichtlichen Vertretung des Kindes muss der Verfahrenspfleger ohnehin bereits außergerichtlich tätig werden und die Interessen des Kindes an Hand von dessen Lebensgeschichte ermitteln.[47] Dies setzt den persönlichen Kontakt mit dem Kind voraus, und zwar möglichst nicht unter der „Aufsicht" eines Elternteils. Der Verfahrenspfleger wird in seine Ermittlungen auch die Darstellungen der Eltern einbeziehen müssen, die er durch Gespräche mit ihnen oder, wenn sie solche verweigern, durch deren Sachdarstellung im Verfahren aus den Akten oder im Gespräch mit deren Prozessbevollmächtigten erfährt.[48]

150 Wenn ein Teil der obergerichtlichen Rechtsprechung[49] dem Verfahrenspfleger das Recht auf eigene Ermittlungen prinzipiell abspricht, wird dies dem gesetzgeberischen Auftrag und der Unabhängigkeit der Verfahrenspflegschaft auch und gerade gegenüber dem Gericht nicht gerecht.[50] Soweit diese Rechtsprechung dabei auf einen Vergleich mit der Aufgabe der Verfahrensbevollmächtigten der Eltern des Kindes als „reine Parteivertreter" abstellt, geht dies fehl: Prozessbevollmächtigten der Eltern ist es doch von Gesetzes wegen gerade nicht verwehrt, im Interesse und im Auftrage ihrer erwachsenen Mandanten eigene Ermittlungen zur Sachverhaltsaufklärung anzustellen (vgl. Rn 56 ff.).

151 Die Tätigkeit eines Verfahrenspflegers unterscheidet sich von der eines von den Eltern beauftragten Rechtsanwaltes nach der Entscheidung des 2. Familiensenates in Kassel des OLG Frankfurt/Main vom 23.2.2000 zu Az. 2 WF 32/00 (bislang unveröffentlicht) „schon deshalb grundlegend, weil der Verfahrensbevollmächtigte der Parteien die für die Entscheidung des Familiengerichts erforderliche Sachaufklärung nicht selbst vornehmen muss, sondern von der von ihm vertretenen Partei nähere Informationen anfordern kann. Es ist dann Sache der Partei, auf eigene Kosten die hierfür nötigen Ermittlungen anzustellen. Diese Möglichkeit hat das minderjährige Kind nicht. Vielmehr müsste auch ein für das Kind bestellter Rechtsanwalt den Sachverhalt in eigener Verantwortung aufklären." Der Verfahrenspfleger kann nach der zitierten Entscheidung seiner Aufgabe nur gerecht werden, „wenn er auch im Umfeld des von ihm betreuten Kindes Erkundigungen einzieht, um sie auf ihre sorgerechtliche Relevanz hin zu überprüfen und gegebenenfalls in das Verfahren einzubringen. Hierzu gehört auch, dass der Verfahrenspfleger sich durch Gespräche mit dem Kind einen

---

46. Ebenso OLG Frankfurt/Main, a.a.O.; vgl. auch BVerfG, FamRZ 1999, 85 ff.
47. Vgl. dazu auch Balloff, DAVorm 1995, 813, 818.
48. Ebenso FamRefK-Maurer, § 50 FGG Rn 8.
49. 6. Zivilsenat in Darmstadt des OLG Frankfurt/Main in seiner Entscheidung vom 24.6.1999, FamRZ 1999, 1293, 1294; KG Berlin, FamRZ 2000, 1300; SchlHOLG, OLGR 2000, 177 ff.
50. Ebenso Söpper, FPR 2001, 269, 271 f.; Willutzki, Kind-Prax 2001, 107, 108 ff., 110, unter Hinweis auf BVerfG, Fam RZ 1999, 85 ff., und Borth, Kind Prax 2000, 48 ff.

Eindruck über dessen Lage und Umfeld verschafft. Dem Verfahrenspfleger als dem Kind zunächst fremde Person wird es daher vielfach auch zuzugestehen sein zu versuchen, in unbefangener Atmosphäre, – notfalls auch bei gemeinsamen Unternehmungen – das Vertrauen des Kindes zu erwerben."

151a Noch klarer und deutlicher sagt es das Oberlandesgericht Karlsruhe in der Entscheidung vom 27.12.2000[51]: „Die Verfahrenspflegerin hat die Aufgabe, die Interessen des Kindes wahrzunehmen, sie gegenüber den Interessen der Eltern sowie der weiteren Beteiligten unabhängig von diesen zu vertreten und in das Verfahren einzuführen. Sie hat im gerichtlichen Verfahren insbesondere die Vorstellungen und Wünsche des Kindes vorzutragen, wenn und soweit dies ein Kind aufgrund seiner Interessen- und Loyalitätskonflikte und ggf. des Alters nicht selbst möglich ist, und auf deren Berücksichtigung zu achten (Maurer, FamRefK, § 50 FGG, Rn 6; Schwab/Maurer, Handbuch des Scheidungsrechts, 4. Aufl., I, Rn 418). Hierzu gehört auch eine außergerichtliche Vorbereitung und Ermittlung der Interessen des Kindes, wozu ausführliche Unterhaltungen mit diesem und die Auseinandersetzung mit ihm und seinen Wünschen und Vorstellungen notwendig sind. Ferner müssen in die Ermittlungen die Darstellungen der Eltern, vorliegend der leiblichen Mutter, und der Pflegefamilie sowie hier die Haltung von Herrn M., bei dem M. unbedingt wohnen wollte, aufgenommen werden. Insoweit ist – im Hinblick auf die vom Pflegevater geäußerte Art der Begrüßung und Verabschiedung von Herrn M. und M. – auch die Beobachtung der Interaktion zwischen M. und der Person, bei der er ggf. wohnen soll, erforderlich. Mit dem Jugendamt sind erzieherische und soziale Gesichtspunkte zur Entwicklung des Kindes und ggf. weitere Hilfemöglichkeiten gem. § 50 Abs. 2 SGB VIII zu erörtern[52], hier geschehen im Hilfeplangespräch mit dem Jugendamt. Nur durch diese umfangreichen Ermittlungen wird die Verfahrenspflegerin in die Lage versetzt, eine eigenständige, ganz auf die Interessen des Kindes abgestellte, ggf. von den Vorstellungen des Jugendamtes abweichende Lösung zu finden".

152 Hält beispielsweise der Verfahrenspfleger eine über den Sachstand der Gerichtsakten hinausgehende Sachverhaltsermittlung für erforderlich, das von Amts wegen dazu berufene Gericht (§ 12 FGG) kommt einer entsprechenden Anregung aber nicht in einem angemessenen Zeitraum oder in erforderlichem Umfang nach, so kann der Verfahrenspfleger dazu verpflichtet sein, die Endentscheidung abzuwarten und anzufechten, um auf diese zeitraubende Art und Weise dem Interesse des betroffenen Kindes zum Durchbruch zu verhelfen. So würde der Verfahrenspfleger in einem solchen Falle seinerseits das kindliche

---

51. FamRZ 2001, 1166.
52. Vgl. dazu Schwab/Maurer, a.a.O. Rn 418; Dickmeis, DAVorm 1996, 553, 566.

Zeitempfinden missachten und schlimmstenfalls zu einer weiteren Gefährdung des Kindeswohles beitragen.

Mit einer effektiven und eigenständigen Interessenvertretung für Kinder vor Gericht, d.h. einem fairen Verfahren, lässt sich die restriktive Auffassung des 6. Senates des OLG Frankfurt/Main, des KG Berlin und des SchlHOLG zur Aufgabe der Verfahrenspflegschaft jedenfalls nicht in Einklang bringen.[53] Vielmehr befördert sie die Befürchtung, die Verfahrenspflegschaft nach § 50 FGG könne zum allein kostenverursachenden „zahnlosen Papiertiger" werden, der nur gut genug dazu ist, die Verfahrensführung des Gerichtes „abzunicken", um sich neue Beiordnungen als Verfahrenspfleger zu sichern. 153

Das Recht und die Pflicht des Verfahrenspflegers, im Zweifel auch eigene Ermittlungen aufzunehmen, wenn anders Erkenntnisse nicht zu gewinnen sind, die für die sachgerechte Wahrnehmung der Interessen des Kindes im Verfahren unverzichtbar sind, folgt zwar nicht unmittelbar aus dem Text des Gesetzes. Aufgabe des Verfahrenspflegers ist es aber nach § 50 Abs. 1 FGG, die Interessen des Kindes im Verfahren effektiv wahrzunehmen. Dabei handelt es sich um mehr als die bloße Geltendmachung von Verfahrensrechten. Es geht vielmehr um die Wahrnehmung der subjektiven, aber auch der objektiven Gesamtinteressen der Kinder in dem Umfang, wie sie durch den Gegenstand des gerichtlichen Verfahrens (Sorgerecht, Umgang, etc.) in ihrer Person betroffen sind.[54] 154

➤ *Zum Verhältnis des Verfahrenspflegers zu Eltern und anderen Bezugspersonen des Kindes siehe auch Rn 1078 ff.*

10. Allumfassende Verfahrensbeteiligung des Verfahrenspflegers

Es entspricht allgemeiner Auffassung, dass der Verfahrenspfleger vom Gericht über den Verlauf des Verfahrens zu unterrichten und an allen Verfahrenshandlungen (z.B. mündlichen Anhörungs- und Erörterungs-, förmlichen Terminen zur Beweisaufnahme) zu beteiligen ist. Dabei kann er unabhängig vom Willen des Kindes in dessen (wohlverstandenen, objektiven) Interesse gegen verfahrensleitende Zwischenverfügungen des Gerichtes Gegenvorstellungen erheben und gegen Entscheidungen Rechtsmittel einlegen. 155

Dem entspricht die Rechtsstellung des Verfahrenspflegers für das Kind nach § 50 FGG, wie im Regierungsentwurf zum Kindschaftsrechtsreformgesetz 156

---

53. Ebenso BVerfG, FamRZ 1999, 85 ff., OLG Karlsruhe, Entscheidung vom 27.12.2000, 2WF 126/00; Söpper, FPR 2001, 269, 271 f.; Willutzki, Kind-Prax 2001, 107, 110 ff.
54. Vgl. Bienwald, Betreuungsrecht, zu § 67 FGG Rn 6 und 42, für das Betreuungsrecht; in dem hier vertretenen Sinne vgl. auch OLG Frankfurt/Main, 2. Familiensenat Kassel, Beschluss vom 23.2.2000 zu Az. 2 WF 32/2000; Bauer/Schaus, Betrifft Justiz 1997, 162, 165.

ausgeführt ist: „Wie einen gesetzlichen Vertreter hat das Gericht den Verfahrenspfleger an den Verfahrenshandlungen des Gerichts zu beteiligen."[55] Der Verfahrenspfleger ist also in die einzelnen Verfahrensschritte einzubeziehen. Dabei hat er volles Akteneinsichtsrecht (vgl. zu Einzelheiten oben Rn 138 ff.) und Anspruch auf rechtliches Gehör (Art. 103 Abs. 1 GG). Ihm ist das Sachverständigengutachten rechtzeitig vor dem abschließenden Verhandlungstermin zugänglich zu machen.[56]

11. Anwesenheit bei der Kindesanhörung

157 Die Rechtsstellung als Verfahrenspfleger schließt grundsätzlich das Recht auf Anwesenheit bei der richterlichen Anhörung des Kindes, der Verfahrensbeteiligten (§§ 50a ff. FGG) und der Anhörung bzw. Vernehmung anderer Auskunftspersonen ein.[57] Anders als den Parteien und ihren Prozessbevollmächtigten kann dem Verfahrenspfleger nicht entgegengehalten werden, das Gericht könne von dem Kind nur in Abwesenheit der beteiligten Erwachsenen einen unbefangenen Eindruck erhalten.[58] Denn als Interessenvertreter des Kindes im Verfahren ist es ja gerade Aufgabe und Funktion des Verfahrenspflegers, dem Kind bei der Überwindung der Schwellenangst gegenüber dem Gericht zu helfen, damit das Gericht einen möglichst authentischen Eindruck von der Persönlichkeit des Kindes erhalten kann.

158 Soweit die Bestellung eines Verfahrenspflegers zur Wahrnehmung der Interessen eines minderjährigen Kindes geboten ist, darf das Familiengericht den Verfahrenspfleger also von der Anwesenheit bei der (z.B. im Beisein des Sachverständigen) durchgeführten persönlichen Anhörung des Kindes grundsätzlich nicht ausschließen, weil andernfalls die Wahrnehmung der Kindesinteressen, insbesondere bei Kleinkindern, durch den Verfahrenspfleger insoweit nicht mehr gewährleistet ist.[59] Allerdings kann es geboten sein, auf die Anwesenheit bei der Anhörung des Kindes zu verzichten, wenn das Kind dies wünscht. Eine Anwesenheit des Verfahrenspflegers gegen den ausdrücklichen Willen des von ihm vertretenen Kindes sollte gut reflektiert und dem Gericht mit nachvollziehbarer Begründung mitgeteilt werden, damit das Gericht diese

---

55. Vgl. KG Berlin, FamRZ 2000, 1300: „Das Gericht hat den Verfahrenspfleger .. an den Verfahrenshandlungen zu beteiligen, es hat ihm insbesondere Gelegenheit zur Stellungnahme zu geben und ihn zu den Anhörungsterminen (§ 50b FGG) zu laden."
56. Vgl. auch RegE zum Betreuungsrecht, BTDrucks. 11/4528, S. 171; Bienwald § 67 Rn 14; Damrau/Zimmermann § 67 Rn 18; Pohl BtPrax 1992, 19, 24; BayObLG, FamRZ 1993, 1489, 1490; LG München I, BtPrax 1995, 110, 111.
57. KG Berlin, FamRZ 2000, 1300; Keidel/Kuntze-Engelhardt, FGG, Teil A, § 50 FGG Rn 22; FamRefK-Maurer, § 50 FGG Rn 9.
58. Vgl. BGH, FamRZ 1986, 895, 896 und BVerfG, FamRZ 1981, 124, 126, für den Ausschluss der Sorgeberechtigten und deren Bevollmächtigten von der Kindesanhörung; a.A. FamRefK-Maurer a.a.O., für den Ausschluss des Verfahrenspflegers.
59. OLG Bremen, FamRZ 2000, 1298=nur Ls.

Überlegungen bei seiner verfahrensleitenden Verfügung über die Form der Kindesanhörung berücksichtigen kann.

Es ist darüber hinaus Aufgabe des Verfahrenspflegers, dem Gericht „fachliche Empfehlungen hinsichtlich des Zeitpunktes, des Ortes und der Dauer der Kindesanhörung"[60] zu geben. **159**

➤ *Zur Anhörung des Kindes siehe auch Rn 804 ff.*

12. Verfahrensrechte bei mündlichen Verhandlungen

Zu mündlichen Verhandlungsterminen ist der Verfahrenspfleger – analog der Verfahrensweise bei den Prozessbevollmächtigten der Parteien – (förmlich mit Zustellungsurkunde, soweit vorgeschrieben) zu laden.[61] Ebenso wie den anderen Verfahrensbeteiligten steht dem Verfahrenspfleger das Recht zu, um eine Terminsverlegung bei Gericht nachzusuchen, wenn er an der Wahrnehmung des anberaumten Termins aus erheblichen Gründen (ohne Verschulden) verhindert ist. Ob seinem Verlegungsantrag stattgegeben wird, hat das Gericht durch unanfechtbare verfahrensleitende Anordnung zu entscheiden, § 227 ZPO.[62] **160**

Die mündliche Verhandlung wird erstinstanzlich von dem Familien- oder Vormundschaftsrichter am Amtsgericht (§ 23b Abs. 3 GVG) geleitet, der auch die sitzungspolizeilichen Befugnisse ausübt, §§ 136 ZPO, 176 GVG, 8 FGG. Die Verhandlungen in Familien- und Kindschaftssachen sind nicht öffentlich (§ 170 GVG), d.h. nur den Parteien und ihren Bevollmächtigten und Beiständen sowie dem Verfahrenspfleger und dem Jugendamt ist die Teilnahme an der Sitzung kraft Gesetzes erlaubt. Weiteren Personen, z.B. wichtigen Vertrauenspersonen, Therapeuten, Ärzten, Psychologen, die das Kind neben dem Verfahrenspfleger zur Kindesanhörung begleiten, kann das Gericht die Teilnahme gestatten, § 175 Abs. 2 Satz 1 GVG. Der Verfahrenspfleger sollte das Gericht schon rechtzeitig vor dem Termin auf den Umstand hinweisen, dass das Kind eine zusätzliche Begleitung wünscht oder benötigt. **161**

Bei den mündlichen Verhandlungen steht dem Verfahrenspfleger selbstverständlich das Recht zu, sich zu Wort zu melden und zur Sache Stellung zu nehmen (Rederecht des Verfahrenspflegers). Üblicherweise wird das Rederecht vom Vorsitzenden zunächst der antragstellenden Partei und dem Antragsgegner (vgl. § 137 Abs. 1 ZPO), dem Vertreter des Jugendamtes (soweit es nicht Antragsteller ist) und dann dem Verfahrenspfleger gewährt. **162**

---

60. BAG Verfahrenspflegschaft: Standards für VerfahrenspflegerInnen Pkt. 2.7 (hier abgedruckt in Rn 1051 ff.); vgl. dazu ausführlich Zitelmann, 2001, S. 172–200.
61. KG Berlin, FamRZ 2000, 1300.
62. OLG Hamm, Rpfleger 1995, 161.

163 Über jede mündliche Verhandlung, auch in FGG-Sachen, die nicht Familiensachen im Sinne des § 621 Abs. 1 Nr. 1 bis 3, 6, 7 und 9 ZPO betreffen, wird üblicherweise ein Protokoll aufgenommen (meistens per Diktat auf Tonband), §§ 159 ff. ZPO. Ein Zwang zur Protokollierung besteht in den zuvor genannten Familiensachen, vgl. § 621a Abs. 1 Satz 2 i.V.m. § 159 ZPO. In das Protokoll sind die wesentlichen Vorgänge der Verhandlung aufzunehmen, insbesondere die Anträge der Parteien und des Verfahrenspflegers, § 160 Abs. 2, 3 ZPO. Über Anträge der Beteiligten einschließlich des Verfahrenspflegers, bestimmte Vorgänge in das Protokoll aufzunehmen, entscheidet das Gericht durch unanfechtbaren Beschluss, der aber wieder zu protokollieren ist, § 160 Abs. 4 ZPO.

164 Wird dem Verfahrenspfleger das Rederecht vom Gericht beschnitten oder ganz verwehrt, so empfiehlt es sich, den förmlichen Antrag zu stellen, diesen Vorgang als wesentlich für den Verhandlungsgang in das Protokoll aufzunehmen. Das gilt auch für den Fall, dass das Gericht sich weigern sollte, den Antrag des Verfahrenspflegers zur verhandelten Sache selbst in das Protokoll aufzunehmen. Dann ist der möglicherweise vom Rechtsmittelgericht als wesentlich einzustufende Verfahrensfehler wenigstens dokumentiert, § 165 ZPO. Weigert sich das Gericht, die Protokollierung vorzunehmen, kann jederzeit nach Schluss der mündlichen Verhandlung ein Antrag auf Berichtigung des Protokolls gestellt werden, § 164 ZPO. Wird das Rederecht des Verfahrenspflegers durch die Parteien bzw. Parteivertreter oder durch andere Beteiligte des Verfahrens beschnitten, so kann das Gericht vom Verfahrenspfleger jederzeit zu einer sitzungs- und prozessleitenden Verfügung aufgefordert werden, die dem Rederecht des Verfahrenspflegers Geltung verschafft, §§ 136, 176 ff. ZPO.

13. Instrumentalisierung durch die Justiz

165 Die Aufgabenstellung des Verfahrenspflegers ist mit gelegentlich zu beobachtenden Instrumentalisierungstendenzen durch die Justiz unvereinbar.[63] Anders als von Spangenberg und Dormann in der Anmerkung zum Beschluss vom 24.6.1999 des OLG Frankfurt/Main[64] ausgeführt, entspricht es gerade nicht der Rechtsstellung und den Aufgaben des Verfahrenspflegers,
– wie der Gerichtsgutachter bzw. Sachverständige als „Gehilfe des Richters" zu fungieren
– den Richter bei dessen Bemühungen um eine gütliche Einigung zu unterstützen und, falls diese scheitert, „seinen Beitrag zur gerichtlichen Entscheidung zu leisten"

---

63. Salgo, 1996, S. 566; Zitelmann, 2001, S. 364 ff.
64. 6. Familiensenat in Darmstadt; vgl. FamRZ 1999, 1293, 1295.

– selbst in eigener Person Umgangskontakte zwischen dem vom Verfahrenspfleger vertretenen Kind und dem Umgang begehrenden Erwachsenen durchzuführen.[65]

Im Interesse des von ihm vertretenen Kindes sollte der Verfahrenspfleger darauf achten, Rollenkonflikte zu vermeiden, die unweigerlich drohen, wenn der Verfahrenspfleger auch gutachterliche oder Umgang begleitende Funktionen übernimmt. Das gilt insbesondere dann, wenn der Verfahrenspfleger die vom Gericht beabsichtigte oder getroffene Regelung aus Sicht des von ihm vertretenen Kindes nicht unterstützen kann. **166**

In dem von den Autoren der Anmerkung beschriebenen Falle wurde die Gutachterin zur Verfahrenspflegerin bestellt (!), um – so die Autoren – „das Vertrauen und die Autorität, die die spätere Verfahrenspflegerin als Gutachterin gewonnen hatte, zu nutzen". Dabei ist es doch gerade Aufgabe des Verfahrenspflegers, auch das Sachverständigengutachten einer kritischen Würdigung zu unterziehen (vgl. zu Einzelheiten oben Rn 127). Im anschließenden Beschwerdeverfahren hat das OLG Frankfurt/Main die Verfahrenspflegerbestellung aufgehoben, weil es auf Grund des Beschwerdevorbringens angezeigt war, dieselbe Gutachterin mit der Ergänzung ihres erstinstanzlichen Gutachtens zu beauftragen! Ein erneuter Rollentausch der ehemaligen Gutachterin, späteren Verfahrenspflegerin und erneuten Gutachterin mit weitreichenden prozessualen Konsequenzen (Befangenheit als Sachverständige, kostenträchtige Beauftragung eines anderen Sachverständigen) wäre sonst die Folge gewesen.[66] Die von den Autoren der Anmerkung als „dienende" beschriebene Tätigkeit des Verfahrenspflegers entspringt einer naheliegenden Vereinnahmungshaltung der Justiz, ist aber durch § 50 FGG und den Gesetzeszweck nicht legitimiert. **167**

Als „rechte Hand des Richters" zu fungieren, widerspricht seiner allein der Wahrnehmung der Interessen des betroffenen Kindes verpflichteten Aufgabe, die die Kontrolle und kritische Begleitung des vom Richter zu leitenden gerichtlichen Verfahrens beinhaltet. Deshalb hat der Verfahrenspfleger auch nicht die Verpflichtung, „seinen Beitrag zur gerichtlichen Entscheidung zu leisten", wenn und soweit er davon ausgehen muss, dass die vom Gericht beabsichtigte Entscheidung den für ihn allein maßgeblichen Interessen des Kindes nicht entspricht.[67] **168**

---

65. Ablehnend auch OLG Frankfurt/Main, FamRZ 1999, 1293; kritisch dazu auch Marquardt, MDR 2000, 1323, in ihrer Anm. zu OLG Naumburg, a.a.O., S. 1322, und Weychardt in seiner Anm. zu OLG Frankfurt/Main=Ls, FamRZ 2000, 844.
66. Weychardt, FamRZ 2000, 844.
67. Vgl. zu Einzelheiten Bauer in „Was macht den guten Anwalt des Kindes aus?", Protokolldienst Nr. 4/2000 der Evangelischen Akademie Bad Boll.

VIII. Datenschutz

169 Weder der Betroffene eines Betreuungsverfahrens noch das betroffene Kind und dessen Sorgeberechtigte in Kindschaftsrechtsverfahren werden für den Verfahrenspfleger zum „gläsernen Menschen", dessen Daten ihm beliebig verfügbar sind. Das würde auch dem durch das „Volkszählungsurteil" des BVerfG[68] bestätigten „informationellen Selbstbestimmungsrecht" der Betroffenen widersprechen. Hinzu kommt, dass dem Verfahrenspfleger als Interessenvertreter des Kindes vor Gericht die Stellung eines gesetzlichen Vertreters des Kindes fehlt. Gegen den Willen der Sorgeberechtigten und/oder des Kindes kann der Verfahrenspfleger also dem Datenschutz unterliegende Informationen (z.B. Auskünfte von Ärzten und Therapeuten des Kindes und der Eltern) nicht erlangen.

170 Werden dem Verfahrenspfleger von Dritten Informationen vorenthalten, die er nach seiner Auffassung zur effektiven Wahrnehmung der Interessen des Kindes unbedingt benötigt, so muss er sich an das zur Amtsermittlung (§ 12 FGG) verpflichtete Familiengericht bzw. Vormundschaftsgericht mit dem Antrag wenden, die über die Informationen verfügenden Personen und Stellen um Mitteilung zu bitten bzw. förmlich als Zeugen zu vernehmen. Damit sind die um Informationsübermittlung angegangenen Personen und Stellen aber nicht automatisch zur Auskunft berechtigt oder sogar verpflichtet. Ob das der Fall ist, bestimmt sich vielmehr nach den für deren Aufgaben- und Kompetenzbereich geltenden Datenschutzvorschriften und gesetzlich geregelten Schweigepflichten unter Beachtung berechtigter Interessen des Betroffenen, Dritter oder der Allgemeinheit (vgl. § 7 Abs. 1, 3 BetreuungsbehördenG für das Betreuungsrecht).

171 So ist der behandelnde Arzt an die ärztliche Schweigepflicht nach § 203 Abs. 1 Nr. 1 StGB auch dem Gericht gegenüber gebunden, selbst wenn das Gericht ihm einen Gutachtenauftrag erteilt hat oder ihn als sachverständigen Zeugen vernehmen will. Denn nur die Sorgeberechtigten des betroffenen Kindes oder – bei entsprechender Verstandesreife – dieses selbst können den Arzt wirksam von der Schweigepflicht entbinden. Ob er der Schweigepflicht unterliegende Informationen dennoch an das Gericht weitergibt, hat der Arzt nach den allgemeinen strafrechtlichen Vorschriften des rechtfertigenden Notstandes (§ 34 StGB) zu entscheiden.[69] Ist in diesem Fall von einem erheblichen Interessenkonflikt zwischen dem Kind und seinem gesetzlichen Vertreter auszugehen, so sollte der Verfahrenspfleger die Anordnung einer Ergänzungspflegschaft nach §§ 1629 Abs. 2 Satz 3, 1796 Abs. 2 BGB anregen (vgl. zu Einzelheiten oben Rn 85 ff.).

172–180 *bleiben frei*

---

68. NJW 1984, 419, 422.
69. Vgl. Dickmeis, Keine Schweigepflicht der Ärzteschaft bei Gewalttaten an Frauen und Kindern, ZfJ 1995, 474.

B Die Verfahrenspflegschaft gem. § 70b FGG

Übersicht

		Rn
I.	Verhältnis der Vorschrift zur Verfahrenspflegschaft nach § 50 FGG	181
II.	Verfahrenspflegschaft in Unterbringungsverfahren	183
III.	Freiheitsentziehende Unterbringung nach § 1631b BGB	188
IV.	Genehmigung des Freiheitsentzuges	190
V.	Unterbringungsverfahren	193
VI.	Pflicht zur Verfahrenspflegerbestellung	198
VII.	Sachverständige Begutachtung des Unterbringungsbedürfnisses	204
VIII.	Freiwilligkeitserklärung des Minderjährigen	206
IX.	Aufgaben des Verfahrenspflegers	210
	1. Aufklärung und Information des Minderjährigen	210
	2. Kontrolle der Einhaltung der Verfahrensgarantien durch das Gericht	212
	3. Vorbereitung des Minderjährigen auf die richterliche Anhörung	215
	4. Altersadäquate Unterbringungsform	217
	5. Prüfung, ob Rechtsmittel gegen die Gerichtsentscheidung einzulegen sind	219
X.	Ende der Verfahrenspflegschaft	225
XI.	Entschädigung des Verfahrenspflegers	226

I. Verhältnis der Vorschrift zur Verfahrenspflegschaft nach § 50 FGG

Die Vorschrift des § 70b FGG wurde mit dem Gesetz zur Betreuung Volljähriger vom 12.9.1990 (BGBl. I S. 2002) zum 1.1.1992 in das FGG eingefügt. Durch das BtÄndG vom 25.6.1998 (BGBl. I S. 1580) erhielt die Vorschrift als Folgeänderung des § 67 Abs. 1 FGG n.F. über den Verfahrenspfleger in Betreuungssachen ihre ab 1.1.1999 geltende Fassung. § 70b FGG ist eine dem § 50 FGG gegenüber vorrangige Spezialvorschrift zur Bestellung eines Verfahrenspflegers in Verfahren der freiheitsentziehenden Unterbringung Minderjähriger nach § 1631b BGB. Die Norm findet sich systematisch im Anschluss an die Vorschrift des § 70 FGG über „Unterbringungsmaßnahmen". Als solche sind

181

in § 70 Abs. 1 Satz 2 Nr. 1 u. a. definiert „die Genehmigung einer Unterbringung, die mit Freiheitsentziehung verbunden ist a.) eines Kindes (§§ 1631b, 1800, 1915 des Bürgerlichen Gesetzbuchs)".

182 Anwendung findet die Vorschrift daher selbstverständlich auch auf die zahlenmäßig wichtigsten Fallgestaltungen der vorläufigen Unterbringung durch einstweilige Anordnung nach § 70h FGG i.V.m. § 1631b BGB. Auch in diesen Fällen besteht – wie in Hauptsacheverfahren – die Pflicht des Gerichts, die Nichtbestellung eines Verfahrenspflegers für das Unterbringungsverfahren zu begründen, wenn das Gericht eine freiheitsentziehende Unterbringung des Kindes anordnet oder genehmigt, § 70b Abs. 2 FGG („Begründungspflicht bei Nichtbestellung eines Verfahrenspflegers").

II. Verfahrenspflegschaft in Unterbringungsverfahren

183 Die Stellung des Verfahrenspflegers im Unterbringungsverfahren nach § 1631b BGB (vgl. §§ 70 Abs. 1 Satz 2 Nr. 1a., 70b FGG) ist im Gesetz deutlich stärker als in § 50 FGG ausdifferenziert: Die Anhörung des Verfahrenspflegers muss bei Erlass einer (eiligen) vorläufigen Unterbringungsentscheidung (bei einer Entscheidung zur Abwehr einer Gefahr im Verzuge für den Minderjährigen) unverzüglich nachgeholt werden, §§ 70h Absatz 1 Satz 2, 69f Absatz 1 Satz 4, 2. Halbsatz FGG. Daraus folgt, dass der Verfahrenspfleger in allen anderen, weniger eiligen Unterbringungssituationen und erst recht im Hauptsacheverfahren zur endgültigen Entscheidung über die freiheitsentziehende Unterbringung regelmäßig **vor** Erlass der Unterbringungsentscheidung zu hören ist.

184 Die Bekanntmachung der Unterbringungsentscheidung (Genehmigung der Unterbringung durch den Sorgeberechtigten nach § 1631b BGB) und der Anordnung der sofortigen Wirksamkeit der Entscheidung kann dem Pfleger für das Verfahren gegenüber erfolgen, so dass die Entscheidung im Zeitpunkt der Bekanntmachung wirksam wird, § 70g Absatz 3 Satz 2 und 3 FGG. Diese Regelung gilt auch für einstweilige Unterbringungsanordnungen nach § 70h FGG und vorläufige Maßregeln der Unterbringung nach § 1846 BGB, § 70h Abs. 1 und 3.[70]

185 Soweit Unterbringungsentscheidungen anderen Gerichten, Behörden oder sonstigen öffentlichen Stellen (z.B. Straßenverkehrsbehörde, Polizei) mitgeteilt werden müssen, weil dies unter Beachtung berechtigter Interessen des betroffenen Minderjährigen erforderlich ist, um eine erhebliche Gefahr für das Wohl des Betroffenen, für Dritte oder für die öffentliche Sicherheit abzuwenden (§ 69k

---

70. Zu Einzelheiten vgl. HK-BUR (Rink) §§ 1631b, 1846 BGB.

Absatz 1 und 2 FGG), ist davon der Verfahrenspfleger für das Unterbringungsverfahren unter Angabe des Inhaltes und des Empfängers der Mitteilung zu unterrichten. Die Unterrichtung des Verfahrenspflegers ist aktenkundig zu machen, §§ 69k Absatz 3 und 4, 70n Satz 1 FGG. Diese Regelungen gelten auch für Mitteilungen des Gerichtes aus dem Unterbringungsverfahren zum Zwecke der Verfolgung von Straftaten oder Ordnungswidrigkeiten, §§ 69n, 70n FGG.

Die Bestellung des Verfahrenspflegers durch den Richter der ersten Instanz (Amtsgericht) bleibt dabei nach § 70b Absatz 4 Nr. 1 FGG bis zur Rechtskraft der das Verfahren abschließenden Entscheidung wirksam. Der Verfahrenspfleger vertritt die Interessen des Kindes also auch im hier allein zulässigen (familiengerichtlichen) Rechtsbeschwerdeverfahren beim Oberlandesgericht (vgl. §§ 1631b BGB, 70m, 70g Abs. 3, 22 FGG, 119 Abs. 1 Nr. 2 GVG). **186**

Für die Entschädigungsansprüche des Verfahrenspflegers in Unterbringungssachen (Ansprüche auf Aufwendungsersatz und Vergütung) nimmt § 70b Absatz 1 Satz 3 FGG Bezug auf § 67 Abs. 3 FGG über die Entschädigung des Verfahrenspflegers im Betreuungsrecht in der Fassung des Gesetzes zur Änderung des Betreuungsrechts sowie weiterer Vorschriften (BtÄndG) vom 25.6.1998 (BGBl. I S. 1580). **187**

III. Freiheitsentziehende Unterbringung nach § 1631b BGB

Die Definition der freiheitsentziehenden Unterbringung in § 1631b BGB umfasst geschlossene Formen der Unterbringung als auch altersinadäquate Ausgangsbeschränkungen wie überwachter Ausgang in offenen Einrichtungen. Der Begriff der Unterbringung setzt eine Fremdplatzierung, und sei es in einer fremden Familie, voraus.[71] In der eigenen Familie des Kindes kann eine freiheitsentziehende Unterbringung schon begrifflich nicht stattfinden. Die Unterbringung in einer dauernd geschlossenen Einrichtung stellt selbst dann einen Freiheitsentzug dar, wenn überwachter Ausgang, Telefonkontakte, Besuchskontakte, etc. gewährt werden. **188**

Auch altersinadäquate Ausgangsbeschränkungen (wie etwa Ausgang nur in überwachten Gruppen bei 14-jährigen Jugendlichen) in ansonsten offenen Stationen, Heimen oder Pflegefamilien fallen darunter, nicht aber altersadäquate Schutzmaßnahmen (wie z.B. die abgeschlossene Stationstür ab 20.00 Uhr bei 10-jährigen Kindern; kurzes Time-out bei einem 12-jährigen – anders aber bei Wiederholungen). Freiheitsentziehende Maßnahmen i.S.d. § 1906 Abs. 4 BGB in offenen Einrichtungen (Fixierungen aller Art, medikamentöse Sedierungen) **189**

---

71. Vgl. HK-BUR (Rink) § 1631b BGB Rn 19 und 20.

fallen unter den Anwendungsbereich des § 1631b BGB.[72] Folglich sind in Verfahren zur Genehmigung solcher Maßnahmen ebenfalls Verfahrenspfleger nach § 70b FGG zu bestellen. Auch wenn eine nach § 42 Abs. 3 Satz 2 KJHG (SGB VIII) vorgenommene Freiheitsentziehung fortgesetzt werden soll, ist ebenfalls ein Verfahren nach § 1631b BGB einzuleiten und dementsprechend ein Verfahrenspfleger nach § 70b FGG zu bestellen.[73]

IV. Genehmigung des Freiheitsentzuges

190 Nach § 1631b BGB erteilt das Familiengericht eine „Genehmigung" einer freiheitsentziehenden Unterbringung, die vom Sorgeberechtigten beabsichtigt oder – im Falle des Satzes 2 bei Gefahr des Aufschubes – bereits von ihm angeordnet und veranlasst wurde. Eine gerichtliche Anordnung zur freiheitsentziehenden Unterbringung im Sinne eines Unterbringungsbefehles oder -auftrages ist mit der Genehmigung also nicht verbunden. Die Entscheidung, ob von der einmal erteilten Genehmigung tatsächlich auch Gebrauch gemacht wird, liegt vielmehr allein beim Sorgeberechtigten. Soweit dieser bei Ausübung seiner Entscheidungsbefugnisse das Kindeswohl gefährdet, muss gegebenenfalls unter Einschaltung des Jugendamtes ein Sorgerechtsverfahren nach § 1666 BGB eingeleitet werden.

191 Da das Gericht mit der Unterbringungsgenehmigung keine eigene Anordnung zur Unterbringung erlässt, kann die Einrichtung mit Zustimmung des Sorgeberechtigten und unter Einbeziehung des an der Hilfeplanung beteiligten Jugendamtes – gegebenenfalls auch unter Mitwirkung des Verfahrenspflegers – den Vollzug der Genehmigung (gegebenenfalls unter Auflagen an den Minderjährigen) aussetzen, um die Über- bzw. Rückführung des Minderjährigen in das ohne Freiheitsentzug arbeitende Setting auszuprobieren.[74] Jede auch nur kurzzeitige Aussetzung des Vollzuges der Unterbringungsgenehmigung ist dem Gericht mitzuteilen, damit es zur Prüfung in der Lage ist, ob die Unterbringungsgenehmigung wegen Wegfall der Unterbringungsvoraussetzungen zurückzunehmen ist, §§ 1631b Satz 3 BGB, 70i Abs. 1 Satz 1 FGG. Die die Unterbringung vollziehende Einrichtung hat – schon aus Gründen der eigenen Haftung – dafür Sorge zu tragen, dass der Sorgeberechtigte der Mitteilungsverpflichtung dem Gericht gegenüber auch tatsächlich nachkommt.

---

72. HK- BUR (Rink) § 1631b BGB Rn 19; Staudinger-Salgo, § 1631 b BGB, Rn 11 ff.; Wille, Freiheitsentziehung bei Kindern und Jugendlichen nach § 1631b BGB in der familiengerichtlichen Praxis, Der Amtsvormund 2000, 449, 453.
73. Vgl. zu Einzelheiten HK- BUR (Rink) § 42 SGB VIII Rn 5, 6, 10.
74. Vgl. Bauer, Neue Gesichtspunkte zum Thema Freiheitsentzug und geschlossene Unterbringung in der Jugendhilfe, Evangelische Jugendhilfe Heft 2/2001, 80, 83.

192 Anderes gilt nur für solche freiheitsentziehenden Unterbringungen Minderjähriger, die im Rahmen vorläufiger Maßregeln nach § 1846 BGB angeordnet werden müssen, § 70 Abs. 2 Satz 3 FGG: Betroffen sind Minderjährige, für die ein Vormund noch nicht bestellt oder nach seiner Bestellung an der Erfüllung seiner Pflichten gehindert ist. In diesem Falle wird die Unterbringung vom Gericht selbst angeordnet, vollzogen und der Vollzug bei Bedarf ausgesetzt. Es bleibt trotz des Wortlautes des § 1846 BGB – „das Vormundschaftsgericht" – bei der funktionellen Zuständigkeit des FamG für die Anordnung von Freiheitsentzug; es gibt keinen Anhaltspunkt dafür, in solchen Fällen solle § 70 Abs. 1 Satz 3 FGG (funktionelle Zuständigkeit des FamG) nicht gelten.

V. Unterbringungsverfahren

193 Für die Kinder betreffende Unterbringungsmaßnahmen sind – anders als für Erwachsene – nicht die Vormundschafts-, sondern die Familiengerichte sachlich zuständig, § 70 Abs. 1 Satz 3 FGG. Funktionell zuständig ist wegen Art. 104 Abs. 2 GG der Familienrichter, nicht jedoch der Rechtspfleger.[75]

194 **Örtlich zuständig** ist vorrangig das Familiengericht, bei dessen (Vormundschafts-)Gericht eine Vormundschaft oder (Ergänzungs-)Pflegschaft (§ 1909 BGB) für das betroffene Kind anhängig ist, § 70b Abs. 2 FGG. Ist das – wie regelmäßig – nicht der Fall, finden für die örtliche Zuständigkeit des Familiengerichts die allgemeinen Zuständigkeitsregeln des Betreuungsrechts, d.h. die §§ 65 Abs. 1 bis 3 und 65a Abs. 1 Satz 1, Abs. 2 Satz 1 FGG, entsprechende Anwendung: Örtlich zuständig ist also das Familiengericht, in dessen Bezirk der betroffene Minderjährige zur Zeit des Befasstwerdens des Gerichtes „seinen gewöhnlichen Aufenthalt hat", § 65 Abs. 1 FGG.[76] Hat das Kind im Inland keinen gewöhnlichen Aufenthalt oder ist ein solcher nicht feststellbar, so ist das Gericht zuständig, in dessen Bezirk das Bedürfnis für eine freiheitsentziehende Unterbringung auftritt, § 65 Abs. 2 FGG.[77] Für Minderjährige deutscher Staatsangehörigkeit, für die eine örtliche Zuständigkeit nach o.g. Vorschriften nicht begründet ist (z.B.: **Kind lebt im Ausland**, wo auch das Bedürfnis für eine Unterbringung auftritt), ist das Familiengericht Schöneberg in Berlin-Schöneberg zuständig, § 65 Abs. 3 FGG (Auffangzuständigkeit).

195 Das Familiengericht des Ortes des Unterbringungsbedürfnisses ist – neben den Familiengerichten, die ansonsten örtlich zuständig sind – auch für solche frei-

---

75. HK-BUR (Rink) § 1631 b BGB Rn 3, mit näherer Begründung unter Hinweis auf die in § 3 Nr. 2a RPflG nicht auf den Rechtspfleger übertragenen Unterbringungssachen.
76. Vgl. zu den Voraussetzungen des gewöhnlichen Aufenthaltes HK-BUR (Bauer) § 65 FGG Rn 13, 12: entscheidend ist der tatsächliche Lebensmittelpunkt des Kindes, nicht die ordnungsbehördliche Meldung.
77. Gerichtsort des Unterbringungsbedürfnisses, vgl. HK-BUR (Bauer) § 65 FGG Rn 15: der auch nur zeitweilige Aufenthaltsort des Kindes.

heitsentziehenden Unterbringungen Minderjähriger zuständig, die im Rahmen vorläufiger Maßregeln nach § 1846 BGB angeordnet werden müssen, § 70 Abs. 2 Satz 3 FGG: Betroffen sind Minderjährige, für die ein Vormund noch nicht bestellt oder nach seiner Bestellung an der Erfüllung seiner Pflichten gehindert ist. Es bleibt trotz des Wortlautes des § 1846 BGB – „das Vormundschaftsgericht" – bei der funktionellen Zuständigkeit des Familiengerichts bei Anordnung von Freiheitsentzug; es gibt keinen Anhaltspunkt dafür, in solchen Fällen solle § 70 Abs. 1 Satz 3 FGG – funktionelle Zuständigkeit des Familiengerichts – nicht gelten.

196 Das örtlich zuständige Familiengericht kann das Verfahren mit Zustimmung des Vormundes oder sonstigen gesetzlichen Vertreters (Sorgeberechtigten) mit bindender Wirkung an ein anderes Familiengericht abgeben, wenn dafür wichtige Gründe bestehen, vgl. §§ 70 Abs. 2 Satz 2, 70 Abs. 3, 65a Abs. 1 Satz 1, 46 Abs. 1 Satz 1, 36 Abs. 2 Satz 2 FGG („Abgabe aus wichtigem Grund").

197 Wesentliche Verfahrensgarantien des Unterbringungsverfahrens sind die Einholung eines Sachverständigengutachtens zur Unterbringungsnotwendigkeit (§ 70e FGG), die persönliche richterliche Anhörung des betroffenen Minderjährigen (§ 70c FGG), die persönliche richterliche Anhörung seiner Eltern bzw. seiner Sorgeberechtigten (§ 70d Abs. 2 FGG) und die Anhörung des Jugendamtes (§§ 70d Abs. 1 Nr. 6, 49a Abs. 1 Ziffer 5 FGG) sowie die Bestellung eines Verfahrenspflegers, § 70b FGG. Die Einholung eines Gutachtens, die persönliche richterliche Anhörung des Minderjährigen und die Bestellung und Anhörung des Verfahrenspflegers sind regelmäßig zwingend auch bei vorläufigen Unterbringungen (§ 70h FGG), die im Wege einstweiliger Anordnungen ergehen.[78]

VI. Pflicht zur Verfahrenspflegerbestellung

198 Ein Verfahrenspfleger für das Unterbringungsverfahren (§ 70b FGG) ist nach dem Sinn und Zweck der Vorschrift wegen des drastischen Eingriffes von Freiheitsentzug in die Grundrechte des Minderjährigen (Art. 1 und 2 GG) regelmäßig zu bestellen; die Nichtbestellung soll die besonders zu begründende Ausnahme bleiben. Das gilt insbesondere dann, wenn die Bestellung eines Verfahrenspflegers deshalb regelhaft erfolgen muss, weil nach § 68 Abs. 2 FGG von der persönlichen richterlichen Anhörung des Minderjährigen abgesehen werden soll (weil nach ärztlichem Gutachten von der Anhörung „erhebliche

---

78. Vgl. zu Einzelheiten HK-BUR (Rink) § 1631b BGB Rn 4–8; Wille, Freiheitsentziehung bei Kindern und Jugendlichen nach § 1631b BGB in der familiengerichtlichen Praxis, Der Amtsvormund 2000, 449, dort auch zur Abgrenzung des Freiheitsentzuges nach § 1631b BGB zur öffentlich-rechtlichen Unterbringung nach den Landesunterbringungsgesetzen, PsychKGs; Bauer, Fn. 74, a.a.O., S. 80, 84 ff.

B Die Verfahrenspflegschaft gem. § 70b FGG

Nachteile" für die Gesundheit des Minderjährigen zu besorgen sind oder der Minderjährige nach dem unmittelbaren Eindruck des Gerichts offensichtlich nicht in der Lage ist, seinen Willen kundzutun, z.B. bei schwerer geistiger Behinderung).

Der Verfahrenspfleger ist generell so zeitig zu bestellen, dass der mit seiner Bestellung verbundene Rechtsschutz für den Minderjährigen in effektiver Form wahrgenommen werden kann.[79] Die Bestellung hat daher regelmäßig bereits mit dem Eingang des Unterbringungsantrages des gesetzlichen Vertreters zu erfolgen, spätestens aber vor der persönlichen richterlichen (Erst-) Anhörung des Minderjährigen durch das Familiengericht. Ist der Minderjährige bereits mit Sofortanordnung seines gesetzlichen Vertreters oder der Polizei (nach PsychKG) in die Klinik oder in eine sonstige Einrichtung in freiheitsentziehender Weise aufgenommen worden (§ 1631b Satz 2 BGB), ist die sofortige Beiordnung eines Verfahrenspflegers geboten, sobald dem Gericht der Unterbringungsantrag vorliegt oder das Gericht an eine einstweilige Maßregel nach § 1846 BGB denken muss. **199**

Die Auswahl des Verfahrenspflegers obliegt wie bei der Bestellung nach § 50 FGG dem Familiengericht. Zum Verfahrenspfleger sollte im Interesse des von der freiheitsentziehenden Unterbringung besonders schwer betroffenen Minderjährigen nur bestellt werden, wer für das Gebiet des Freiheitsentzuges von Minderjährigen einschlägige juristische, kinder- und jugendpsychiatrische und/oder pädagogisch-psychologische Kenntnisse und Erfahrungen mitbringt. **200**

Die Bestellung eines Verfahrenspflegers soll unterbleiben oder aufgehoben werden, wenn der Minderjährige durch einen (eigenen) Rechtsanwalt oder einen anderen geeigneten (!) Verfahrensbevollmächtigten vertreten wird, § 70b Abs. 3 FGG. Einen eigenen Prozessbevollmächtigten kann jeder betroffene Minderjährige wirksam beauftragen, der das 14. Lebensjahr vollendet hat. Das folgt aus § 70a FGG, wonach der Betroffene ohne Rücksicht auf seine Geschäftsfähigkeit als voll verfahrensfähig gilt, der das genannte Alter vollendet hat.[80] Es wird allerdings im Einzelfall zu prüfen sein, ob die Ablösung einer am Kindeswohl orientierten Verfahrenspflegschaft durch eine am Mandatsverhältnis orientierte Prozessbevollmächtigung im Interesse des Minderjährigen liegt (vgl. BAG Verfahrenspflegschaft: Standards für VerfahrenspflegerInnen Pkt. 5.5 – abgedruckt in Rn 1059). **201**

Die Vertretung durch einen Prozessbevollmächtigten der Eltern oder des Vormundes, der die Unterbringung des Minderjährigen betreibt, reicht nicht zur **202**

---

79. BVerfG 1 BvR 1403/99, Beschluss vom 26. 08. 1999, bisher noch unveröffentlicht.
80. Vgl. nur in Keidel/Kuntze/Winkler § 70a Rn 4; Bassenge/Herbst, § 70a Rn 2.

Unterlassung oder Aufhebung einer allein dem Interesse des Minderjährigen verpflichteten Verfahrenspflegschaft. Das gleiche gilt wegen der Abhängigkeit vom erwachsenen Auftraggeber auch für solche Prozessbevollmächtigten, die von den die Unterbringung betreibenden Eltern bzw. Vormündern entschädigt werden.

203 Angehörige, die die Verfahrenspflegschaft nur laienhaft betreiben können, sind angesichts ihrer mangelnden Kenntnis der juristischen, pädagogischen, psychiatrischen und psychologischen Bedeutung des Unterbringungsverfahrens als Verfahrenspfleger regelmäßig ungeeignet. Gänzlich scheiden wegen des in ihrer Person angelegten Interessenkonfliktes als Verfahrenspfleger die Mitarbeiter der Einrichtung oder des Trägers der Einrichtung aus, in der der Minderjährige wohnt oder in der er untergebracht werden soll.

VII. Sachverständige Begutachtung des Unterbringungsbedürfnisses

204 Anders als § 1906 BGB für die Erwachsenen stellt § 1631b BGB für das Bedürfnis des Freiheitsentzugs nicht auf eine Erkrankung bzw. Behinderung ab, sondern auf das „Wohl des Kindes." Der Sachverständige wird sich daher in der Mehrzahl der Fälle mit Entwicklungsstörungen bzw. Erziehungsdefiziten beschäftigen müssen, die nicht notwendigerweise Krankheitscharakter haben. Wegen des eindeutigen Wortlautes des § 70e FGG muss zwar jedenfalls ein Gutachten mindestens eines (jugend-)psychiatrieerfahrenen Mediziners eingeholt werden. Zusätzlich wird aber regelmäßig auch die sachverständige Stellungnahme eines Pädagogen und/oder Psychologen erforderlich sein. Dieser soll die Erforderlichkeit und Geeignetheit der freiheitsentziehenden Unterbringung als letztes Mittel der ärztlichen und/oder pädagogisch-erzieherischen Einflussnahme auf den Minderjährigen erörtern und die evtl. noch verbleibenden Alternativen der Beseitigung der Kindeswohlgefährdung durch Maßnahmen der offenen Jugendhilfe darlegen.[81]

205 Falls sich erfolgversprechende Alternativen zum Freiheitsentzug anbieten, ist es auch Aufgabe des Verfahrenspflegers, diese aufzuzeigen. Mit einem (einfach-) ärztlichen Zeugnis zur Notwendigkeit des Freiheitsentzuges, wie es §§ 70h Abs. 1 Satz 2, 69f Abs. 1 FGG, 1846 BGB, 70h Abs. 3 FGG für Maßnahmen der vorläufigen Unterbringung bzw. für einstweilige freiheitsentziehende Maßregeln ausreichen lassen (Freiheitsentzug für die Dauer von 6 Wochen bzw. höchstens 3 Monaten, § 70h Abs. 2 FGG), sollte sich der Verfahrenspfleger im

---

81. Freiheitsentzug als ultima ratio der Kinder- und Jugendhilfe; vgl. zu Einzelheiten der materiellen Unterbringungsgründe des § 1631b BGB in HK-BUR (Rink) § 1631b BGB Rn 17 und 18; MK-Hinz, § 1631b BGB Rn 5; OLG Frankfurt/Main, OLGZ 66, 102

Interesse des von ihm vertretenen Minderjährigen auf keinen Fall abfinden und auf der umgehenden Einholung weiterer fachkundiger Stellungnahmen durch das Gericht bestehen.

VIII. Freiwilligkeitserklärung des Minderjährigen

Ob ein betroffener Minderjähriger im Ausnahmefall das nötige Urteilsvermögen und die erforderliche Einsichtsfähigkeit in die Konsequenzen seiner Erklärung besitzt, um wirksam in seinen Freiheitsentzug einwilligen zu können, hat der Verfahrenspfleger besonders kritisch zu überprüfen.[82] **206**

Die Frage, ob die richterliche Kontrolle überhaupt zurückgenommen werden kann, wird im Hinblick auf die Grundrechtsgarantie bei Freiheitsentzug nach Art. 104 Abs. 2 GG wegen der besonderen Schutzbedürftigkeit von Minderjährigen in der Literatur äußerst kontrovers diskutiert. Es wird die Auffassung vertreten, dass es immer einer richterlichen Entscheidung bedürfe, da nur der Richter über die Zulässigkeit und Fortdauer eines Freiheitsentzuges entscheiden könne.[83] In diesem Sinne auch Salgo: „Auch bei älteren Minderjährigen ist die familiengerichtliche (vormals: vormundschaftsgerichtliche) Genehmigung in aller Regel erforderlich, da gemeinsames Merkmal für freiheitsentziehende Unterbringungen Minderjähriger zumeist – in Anbetracht des engen Anwendungsbereiches des § 1631b – eine wesentliche Gefährdung, Erkrankung oder Störung und damit einhergehend eine Beeinträchtigung oder Einschränkung der Steuerungs-, Einsichts- und Entscheidungsfähigkeit ist, so dass eine so schwerwiegende Entscheidung, bei der zudem auch Eltern dem richterlichen Genehmigungserfordernis unterworfen sind, kaum je allein von der Einwilligung des Minderjährigen abhängig sein kann (vgl. insb. Gollwitzer-Rüth, a.a.O.). Das Persönlichkeitsprofil der hier in Betracht zu ziehenden Minderjährigen spricht in aller Regel eben nicht für das Vorhandensein einer entsprechenden Einsichtsfähigkeit in eine so folgenreiche Entscheidung."[84] **207**

Ob das jeweils betroffene Kind – unabhängig von seinem Alter – in seiner konkreten Situation tatsächlich in der Lage ist, die Konsequenzen einer Freiwilligkeitserklärung zu überblicken, davon hat sich der Verfahrenspfleger vor Ort im Rahmen eines persönlichen Kontaktes zum Kind selbst zu überzeugen. Auch das Gericht muss vom Verfahrenspfleger dazu veranlasst werden, von einer tragfähigen Freiwilligkeitserklärung erst dann auszugehen, wenn es sich **208**

---

82. „Freiwilligkeitserklärung" mit der Folge, dass eine gerichtliche Genehmigung mangels Freiheitsentzuges nicht erfolgen kann, vgl. HK-BUR (Rink) § 1631b BGB Rn 20; Saage/Göppinger, Freiheitsentziehung und Unterbringung, § 1631b BGB Anm. 4; BayObLGZ 1994, 302; vgl. auch Gollwitzer/Rüth, Die geschlossene Unterbringung Minderjähriger aus kinder- und jugendpsychiatrischer Sicht, FamRZ 1996, 1388.
83. Schwab, FamRZ 1990, 687.
84. Staudinger-Salgo § 1631b BGB, Rn 8.

von dem betroffenen Kind vor Ort in der Einrichtung einen persönlichen Eindruck verschafft und ein Gespräch mit dem Kind geführt hat.[85]

> Zur Anhörung des Kindes in Unterbringungssachen vgl. auch unten Rn 212 f., 215

209 Verfahrenspfleger wie Gericht werden bei dieser Einschätzung alle fallspezifischen Umstände, insbesondere aber die Ausführungen des Sachverständigengutachtens zur Einwilligungsfähigkeit zu berücksichtigen haben. Wegen des (Erwartungs-)Druckes der Sorgeberechtigten bzw. der Einrichtung, des Krankheitsbildes, des Einflusses von Medikamenten oder auf Grund anderer Umstände werden regelmäßig Zweifel an der Freiheit der natürlichen Willensbildung oder der Einsichtsfähigkeit des psychisch gestörten oder sich jedenfalls in einer Ausnahmesituation befindlichen Minderjährigen verbleiben.[86]

IX. Aufgaben des Verfahrenspflegers

1. Aufklärung und Information des Minderjährigen

210 „Der Verfahrenspfleger im Unterbringungsverfahren ... muss ... ‚das Wohl des Kindes' vertreten, was ihn nicht der Aufgabe enthebt, explizite Wünsche und den Willen des Minderjährigen so authentisch wie nur möglich dem Gericht zu übermitteln, und im Konfliktfall zwischen Kindeswohl und Kindeswillen dafür Sorge zu tragen, dass beides ins Verfahren eingebracht wird."[87] Aufgabe des Verfahrenspflegers in Unterbringungsverfahren ist insbesondere die Aufklärung des Minderjährigen über den Ablauf des Verfahrens und die gesetzlichen Verfahrensrechte des Kindes. Dazu gehört es auch, den Minderjährigen über die Rolle der übrigen Verfahrensbeteiligten (Jugendamt, Sachverständiger, Verfahrenspfleger) in Kenntnis zu setzen.

211 Dadurch soll der Minderjährige in die Lage versetzt werden, seine Partizipationsrechte und Mitwirkungsmöglichkeiten im Verfahren offensiv wahrzunehmen. Jugendliche ab dem vollendeten 14. Lebensjahr sind über die ihnen nach § 70a FGG zugestandene volle Verfahrensfähigkeit für das Unterbringungsverfahren und damit über ihr Recht zu informieren,

– selbständig, ohne Beistand und ohne Vertretung durch einen Erwachsenen auf das Verfahren bezogene Anträge jeglicher Art zu stellen,

---

85. Vgl. Wille, a.a.O.
86. So auch Wille, a.a.O., mit der Forderung, dass der Richter sich „in jedem Fall" durch persönliche Anhörung des Kindes von der Wirksamkeit der Freiwilligkeitserklärung zu überzeugen hat; vgl. aus kinder- und jugendpsychiatrischer Sicht Gollwitzer/Rüth, FamRZ 1996, 1388, 1389
87. Staudinger-Salgo, § 1631b BGB, Rn 38., zu den Aufgaben des Verfahrenspflegers in Unterbringungsverfahren vgl. auch Bauer, Fn. 74, a.a.O., S. 88–90.

- trotz erfolgter Verfahrenspflegerbestellung einen eigenen Bevollmächtigten für das Verfahren selbständig zu beauftragen und dafür Prozesskostenhilfe zu beantragen (zu den Folgen für die Verfahrenspflegerbestellung vgl. Rn 201),
- selbständig und unabhängig von der Entscheidung des Verfahrenspflegers eigene Rechtsmittel gegen Entscheidungen des Gerichts einzulegen (§ 59 FGG).

2. Kontrolle der Einhaltung der Verfahrensgarantien durch das Gericht

Aufgabe des Verfahrenspflegers im Unterbringungsverfahren ist es insbesondere, auf die Einhaltung der dem Schutze des betroffenen Minderjährigen dienenden gesetzlichen Verfahrensgarantien durch das Gericht zu achten. Dazu gehört die Pflicht des Gerichtes, das Jugendamt zu hören (§ 49a Abs. 1 Nr. 5 FGG), das betroffene Kind zeitnah persönlich richterlich anzuhören und sich dabei einen unmittelbaren Eindruck von ihm zu verschaffen (§ 70c Satz 1 FGG). 212

Die **Pflicht zur persönlichen richterlichen Anhörung des Minderjährigen** besteht regelmäßig auch bei vorläufigen Unterbringungen nach § 70h FGG, über die wegen Eilbedürftigkeit im Wege einstweiliger Anordnungen entschieden wird. Eine verfassungsrechtlich bedenkliche Ausnahme[88] ist nur bei Gefahr im Verzuge vorgesehen (§§ 70h Abs. 1, 69f Abs. 1 Satz 4 FGG). Dann ist die persönliche Anhörung des Minderjährigen aber unverzüglich, d.h. ohne schuldhaftes Zögern des Gerichts (vgl. die Definition in § 121 Abs. 1 Satz 1 BGB) nachzuholen, § 69f Abs. 1 Satz 4, 2. Halbsatz FGG.[89] Auf einer **zügigen persönlichen richterlichen Anhörung** des Kindes sollte der Verfahrenspfleger dem Gericht gegenüber immer und auch dann bestehen, wenn sich das Kind nach Darstellung der die freiheitsentziehende Maßnahme durchführenden Einrichtung angeblich freiwillig dort aufhält, so dass es einer gerichtlichen Genehmigung nach § 1631b BGB mangels eines Freiheitsentzuges nicht (mehr) bedürfe. (vgl. zu Einzelheiten Rn 206 ff.) Die **Anhörung des Kindes im Wege der Rechtshilfe** durch einen ersuchten Richter soll dabei möglichst unterbleiben (§ 70c Satz 4 FGG): Der anhörende Richter soll auf der Grundlage seines unmittelbaren persönlichen Eindrucks von dem Minderjährigen über dessen Freiheitsentziehung entscheiden. 213

---

88. Vgl. BVerfGE 58, 208, 222.
89. Vgl. BayObLG, FamRZ 2000, 566, 567, zur betreuungsrechtlichen Unterbringung.

214 Das Gericht hat ein für die Entscheidung nach § 1631b BGB relevantes **Gutachten** einzuholen, § 70e FGG. Regelmäßig reicht ein Gutachten eines Arztes für Psychiatrie bzw. eines psychiatrieerfahrenen Arztes zur Sachverhaltsaufklärung nach § 12 FGG bei Minderjährigen nicht aus, sofern der Arzt nicht auch besondere Kenntnisse im Bereich der Kinder- und Jugendpsychiatrie, der Jugendpsychologie und der Pädagogik aufweist.[90] Es ist die Aufgabe des Verfahrenspflegers, dem Gericht gegenüber auf die Bestellung eines unabhängigen und für Fragestellungen der Kinder- und Jugendpsychiatrie qualifizierten Gutachters zu dringen. Auch muss der Verfahrenspfleger das Gericht auf die Notwendigkeit einer angemessenen pädagogisch-psychologischen Begutachtung der bei der Mehrzahl der Minderjährigen vorliegenden Entwicklungsstörungen bzw. Erziehungsdefizite hinweisen.

3. Vorbereitung des Minderjährigen auf die richterliche Anhörung

215 Dem Minderjährigen bei der Vorbereitung auf die richterliche Anhörung zu helfen, dabei Ängste vor der Anhörung abzubauen und die Voraussetzungen zu schaffen, dass der Minderjährige seine Interessen und Vorstellungen in das Gespräch mit dem Gericht einbringen kann, ist eine wichtige Aufgabe des Verfahrenspflegers. Dabei hat der Verfahrenspfleger dem Minderjährigen den Inhalt und die Bedeutung des Sachverständigengutachtens und der Stellungnahme des Jugendamtes in einer seiner Situation und seinem Entwicklungsstand angemessenen Weise zu erläutern. Das gilt auch für das Ergebnis der Anhörung der Sorgeberechtigten und anderer Personen und Institutionen (Schule, Polizei etc.).

216 Ehe das Gericht eine freiheitsentziehende Maßnahme genehmigt oder anordnet, muss es sorgfältig prüfen, ob alternativ dazu andere, weniger einschneidende Maßnahmen möglich sind, die die Gefährdung des Minderjährigen zu beseitigen in der Lage sind. Aufgabe des Verfahrenspflegers (und selbstverständlich auch die des Jugendamtes und des Sachverständigen) ist es, dem Gericht ggf. geeignete Jugendhilfeangebote darzulegen, die im Einzelfall – alternativ zum Freiheitsentzug – eine positive Einwirkung auf den Minderjährigen erwarten lassen.[91]

---

90. HK-BUR (Rink) § 1631b BGB Rn 7; Bauer, Fn. 74, a.a.O., S. 86–90.
91. Ebenso Späth in Fegert / Späth / Salgo, S. 59 ff.; Bauer, a.a.O.

4. Altersadäquate Unterbringungsform

Nicht selten werden Minderjährige (sei es durch die Sorgeberechtigten, sei es im ersten Zugriff durch polizeiliche Sofortanordnung nach den PsychKGs) in einer Einrichtung der Erwachsenenpsychiatrie untergebracht. Das begegnet erheblichen fachlichen Bedenken. Der Verfahrenspfleger hat darauf zu drängen, dass der Minderjährige umgehend in eine auf Minderjährige spezialisierte Einrichtung – je nach Diagnose und Hilfebedarf – der Jugendhilfe oder der Kinder- und Jugendpsychiatrie überführt wird. 217

Besonderes Augenmerk ist darauf zu richten, dass eine bloße Verwahrung des Minderjährigen vermieden wird. Es bedarf in der Unterbringungseinrichtung vielmehr einer intensiven pädagogisch-erzieherischen Einflussnahme auf die Minderjährigen und einer konstanten Beziehungsarbeit mit den Kindern und Jugendlichen. Ideal wäre, dass der Bezugsbetreuer/-pädagoge bei dem Minderjährigen verbleibt, wenn ein Wechsel des Minderjährigen von der freiheitsentziehenden in die offene Unterbringung und andersherum erfolgt. Die dafür erforderlichen baulichen, konzeptionellen, personellen und sächlichen Voraussetzungen sollte die Unterbringungseinrichtung erfüllen. 218

5. Prüfung, ob Rechtsmittel gegen die Gerichtsentscheidung einzulegen sind

Ob eine freiheitsentziehende Unterbringung materiellrechtlich genehmigt werden kann, bedarf einer strikt am Wohl des einzelnen Minderjährigen orientierten gerichtlichen Einzelfallprüfung, die den Vorrang ohne Freiheitsentzug arbeitender kinder- und jugendhilferechtlicher Hilfen anerkennt und feststellt, dass die im Einzelfall nötigen und möglichen Hilfen der „offenen" Jugendhilfe bis hin zur intensiven sozialpädagogischen Einzelbetreuung nach § 35 KJHG erfolglos geblieben sind oder nicht erfolgversprechend erscheinen. 219

Gegen eine die freiheitsentziehende Unterbringung ablehnende Entscheidung des Familiengerichts steht dem Verfahrenspfleger – mangels eigener Beschwer des Minderjährigen und damit seines Verfahrenspflegers – kein Beschwerderecht zu.[92]

Steht die vom Gericht entschiedene Anordnung bzw. Genehmigung einer freiheitsentziehenden Maßnahme aus Sicht des Verfahrenspflegers mit dem Wohl des von ihm vertretenen Minderjährigen nicht in Einklang, so muss der Verfahrenspfleger die Einlegung von Rechtsmitteln prüfen, die er – unabhängig davon, wie sich der Minderjährige zu der Entscheidung verhält – selbständig 220

---

92. Vgl. OLG Frankfurt/Main, OLG-Report 2000, 14, zur freiheitsentziehenden Unterbringung Volljähriger nach § 1906 BGB.

einlegen kann. Das gilt auch dann, wenn das Gericht die freiheitsentziehende Maßnahme für eine längere Dauer als für das Wohl des Kindes unbedingt erforderlich anordnet oder genehmigt.

221 Jeder Genehmigungsbeschluss nach § 1631b BGB ist mit einer zeitlichen Befristung zu versehen (§ 70f Abs. 1 Nr. 3 FGG: 1 oder höchstens 2 Jahre; § 70h Abs. 2 FGG: 6 Wochen bei einstweiliger Anordnung). Ohne eine solche Befristung ist der Beschluss rechtswidrig. Der dem Kind bestellte Verfahrenspfleger hat dafür Sorge zu tragen, dass der Beschluss eine Befristung enthält oder nachträglich entsprechend berichtigt, d.h. ergänzt wird. Lehnt das Gericht eine Befristung endgültig ab, ist im wohlverstandenen Interesse des Minderjährigen immer Rechtsmittel einzulegen, damit in der Rechtsmittelinstanz rechtsstaatliche Zustände hergestellt werden können.

222 Besteht der noch nicht verfahrensfähige Minderjährige (vgl. § 59 Abs. 3 FGG) darauf, die Entscheidung des Gerichtes nicht akzeptieren zu wollen, die der Verfahrenspfleger aber aus Sicht des objektiven Kindeswohles für richtig hält, so hat der Verfahrenspfleger gleichwohl das Rechtsmittel für den Minderjährigen abzufassen und an das Gericht fristgerecht zu übermitteln. Der Verfahrenspfleger kann seine von der Auffassung des Kindes abweichende Meinung dem Gericht mitteilen, muss dabei aber deutlich machen, dass das von ihm vertretene Kind mit der vom Verfahrenspfleger für das Kind eingelegten Beschwerde die Aufhebung der angefochtenen Maßnahme begehrt.

223 Dem verfahrensfähigen Jugendlichen muss der Verfahrenspfleger bei der Formulierung und Übermittlung seiner eigenständig zulässigen Beschwerde (§§ 70a, 59 FGG) behilflich sein. Bei von der Haltung des Jugendlichen abweichender Auffassung des Verfahrenspflegers zu der vom Gericht getroffenen Entscheidung gilt das bereits Gesagte. Der Verfahrenspfleger hat den Jugendlichen bei der Auswahl und Beauftragung eines Rechtsanwaltes zu unterstützen, der ihn im Rechtsmittelverfahren unabhängig vom Verfahrenspfleger vertritt.

224 Das allein statthafte Rechtsmittel ist das der sofortigen Beschwerde (§§ 70m Abs. 1, 70g Abs. 3 Satz 1 FGG), die binnen zwei Wochen ab Bekanntmachung der Entscheidung (§ 22 FGG) bei dem die Entscheidung erlassenden Gericht oder beim übergeordneten Oberlandesgericht (§ 119 Abs. 1 Nr. 3 GVG; Bayern: BayObLG) einzulegen ist. Die Beschwerde kann auch bei dem Amtsgericht eingelegt werden, in dessen Bezirk der Minderjährige untergebracht ist, §§ 70m Abs. 3, 69g Abs. 3 FGG.

> *Zu den Rechtsmitteln in Verfahren der Familien- und Vormundschaftsgerichte siehe auch Rn 830 ff.*

X. Ende der Verfahrenspflegschaft

Die Verfahrenspflegschaft endet – soweit sie nicht z.B. nach Abs. 3 vorher aufgehoben wird – mit der Rechtskraft der das Verfahren abschließenden Entscheidung oder mit dem sonstigen Abschluss des Verfahrens, § 70 Abs. 4 FGG (z.B. mit Rücknahme des Unterbringungsantrages). Der Verfahrenspfleger ist daher – ohne erneute Beiordnung durch das Beschwerdegericht selbst – berechtigt, ein Rechtsmittel gegen die Unterbringungsentscheidung einzulegen und zu begründen und den Minderjährigen im Beschwerdeverfahren zu vertreten.

225

XI. Entschädigung des Verfahrenspflegers

Wegen der Entschädigung des Verfahrenspflegers verweist § 70b Abs. 1 Satz 3 FGG – ebenso wie § 50 Abs. 5 FGG – auf § 67 Abs. 3 FGG über die Entschädigung des Verfahrenspflegers in Betreuungssachen. Insoweit kann also auf die Ausführungen zu § 50 FGG verwiesen werden (siehe oben Rn 187).

226

➤ *Ausführlich zur Vergütung des Verfahrenspflegers siehe Rn 1251 ff.*

bleiben frei **227–230**

Teil 3
Beiträge aus Pädagogik, Psychologie, Kinder- und Jugendpsychiatrie und Psychotherapie

A Konzeptionelle Fragen

Übersicht

		Rn
I.	Wohl und Wille als Elemente einer Interessenvertretung für Kinder	231
	1. Konzeptfragen in der Fachdiskussion	231
	2. Fehlende Klarstellung des Gesetzgebers	233
	3. Problematische Konsequenzen verschiedener Vertretungskonzepte	234
	4. Eine erste Konsensbildung in der fachöffentlichen Diskussion	236
	5. Freiheitsentziehende Unterbringung	238
	6. Ermittlung des Kindeswillens	239
	7. Ermittlung des Kindeswohls	242
II.	Theoretische Konzepte und Kriterien zur Bestimmung von Kindeswohl und Kindeswillen	244
	1. Das Kindeswohl – ein kindschaftsrechtliches Leitprinzip	244
	a) Grundfunktionen des Kindeswohls	244
	b) Chancen und Risiken der Generalklausel	246
	c) Kindeswohl-Kriterien im Kinderschutzverfahren	250
	d) Kindeswille-Kriterien und die „Beachtung" des Kindeswillens	254
	2. Die Vertretungsrolle des Verfahrenspflegers	257
	a) Zum Umgang mit widersprüchlichen bzw. unvereinbaren Anforderungen	257
	b) Kindeswohlbeförderung nur durch konkrete, überprüfbare Zielsetzungen	261
	3. Ansätze zur Definition des Kindeswohls	264
	a) Basale Entwicklungsbedürfnisse des Kindes	264
	b) Schutz- und Risikofaktoren	266
	c) Grundbedürfnisse und ihre Sicherung durch die UN-Konvention über die Rechte des Kindes	268

I. Wohl und Wille als Elemente einer Interessenvertretung für Kinder

1. Konzeptfragen in der Fachdiskussion

231 Über Konzepte der Interessenvertretung für Kinder und Jugendliche ist in den letzten Jahren lebhaft diskutiert worden. Unstrittig ist das Recht des Kindes, von seiner Interessenvertretung durch das Verfahren hindurch begleitet, beraten und informiert zu werden. Auch hat sich der Verfahrenspfleger dafür einzusetzen, dass die persönliche Sicht und die Wünsche des Kindes während des gesamten Verfahrens präsent bleiben und Resonanz erhalten.

232 Jenseits dieser minimalen Übereinkünfte aber beginnen die Differenzen über die Zielsetzung und Aufgaben des Verfahrenspflegers. Eine Ansicht geht dahin, die Tätigkeit des Verfahrenspflegers stets auf die Beratung und die anwaltliche Durchsetzung des vom Kind geäußerten Willens zu beschränken. Andere fordern, die Verfahrenspflegschaft auch am Wohl, insbesondere am Schutz des Kindes zu orientieren. Eine Entscheidung in dieser Frage hat offenkundig Konsequenzen für das Verhältnis zwischen den Kindern und den Erwachsenen, die sie vertreten. Gleiches gilt für die Ermittlungs- und Vertretungsaufgaben, Befugnisse und Pflichten des Verfahrenspflegers und damit auch für sein fachliches Anforderungsprofil.

2. Fehlende Klarstellung des Gesetzgebers

233 Der Wortlaut des § 50 FGG lässt die erforderliche Klarstellung vermissen. Da hier jedoch, anders als zum Beispiel in § 50b FGG, nicht vom Willen und im Unterschied zum Beispiel zu § 52 FGG nicht vom Wohl des Kindes die Rede ist, liegt die Annahme nahe, dass eine solche Festlegung gerade nicht beabsichtigt wurde. (so auch *Hohmann-Dennhardt*, ZfJ 2001, 77 ff.). Auch die regierungsamtliche Begründung zeigt, dass der Verfahrenspfleger „nicht etwa nur Sprachrohr des Kindes sein soll, sondern ein weiterer Garant des Kindeswohls" (*Steindorff-Classen* 1998, S. 39). So soll sichergestellt werden, dass das Kind seine persönlichen Vorstellungen und Wünsche nicht nur bei der richterlichen Anhörung geltend machen kann und dass durch die Verfahrenspflegschaft eine unabhängige „Parteinahme für das Wohl des Kindes" bzw. der „Schutz des von diesen Verfahren betroffenen Kindes" erfolgt (vgl. BT-Drucks. 13/4899, S. 76, 129 ff., hier abgedruckt im Anhang B). Weiter heißt es dort, der Verfahrenspfleger habe die Kindesinteressen an Stelle des gesetzlichen Vertreters in das Verfahren einzubringen, welcher einerseits durch § 1627 BGB dem Kindeswohl und andererseits im Sinne des § 1626 Abs. 2 BGB auch dem Kindeswillen verpflichtet ist.

3. Problematische Konsequenzen verschiedener Vertretungskonzepte

In der Tat, eine ganz am Willen der Minderjährigen ausgerichtete anwaltliche Vertretung vermag den Ausfall der gesetzlichen Vertreter offenkundig nicht auszugleichen. Bei der Vertretung sehr junger Kinder wäre ein solches Konzept gar nicht praktikabel, d.h. ihre Interessen blieben unvertreten, älteren Kindern und Jugendlichen würde es die Rolle eines erwachsenen Mandanten zumuten, die das gesetzgeberische Bemühen um eine möglichst sensible Verfahrensgestaltung erschweren, wenn nicht verhindern kann. Besonders problematisch sind jene Situationen, in denen der Wille des Kindes nicht mit seinen wohlverstandenen Interessen übereinstimmt. Hiermit ist besonders bei Kindern zu rechnen, denen es an emotionaler Zuwendung und Versorgung mangelte oder die in gewaltförmigen Familienbeziehungen aufgewachsen sind. In diesen Situationen wäre die anwaltliche Durchsetzung solcher Positionen nicht nur vom Ergebnis her riskant, sondern sie ist auch pädagogisch nicht vertretbar. 234

Nach allgemeinem Verständnis enthält andererseits aber auch die Ergänzungspflegschaft (§ 1909 BGB) keine ausdrückliche Verpflichtung, den Willen des Kindes in das Verfahren einzubringen. Ein entsprechendes Konzept kann also nicht sicherstellen, dass die persönlichen Wünsche und Meinungen der Kinder stets in das Verfahren eingebracht und präsent gehalten werden. Vielmehr bestünde das Risiko, den persönlichen Wünschen und Vorstellungen des Kindes, das mit dem Verfahrensablauf, vor allem aber mit der gerichtlichen Entscheidung zu leben hat, nicht hinreichend Rechnung zu tragen. 235

4. Eine erste Konsensbildung in der fachöffentlichen Diskussion

Nach vielen Kontroversen über Konzepte der Interessenvertretung zeichnet sich inzwischen in der Fachöffentlichkeit ein einheitlicheres Verständnis der Aufgabenstellung des Verfahrenspflegers ab, das diesen Problemen Rechnung zu tragen vermag. Bereits der 13. Deutsche Familiengerichtstag konstatierte: Um „die Interessen des Kindes im Verfahren zu wahren, bedarf es der Einbringung des Willens und des Wohls des Kindes." Wo immer sich Hinweise auf eine Kindeswohlgefährdung ergeben, sollten „Einflüsse aus dem Umfeld und das Kindeswohl Berücksichtigung finden". Je besser sich ein Kind aufgrund seines Alters und seiner sozialen Kompetenz äußern könne, desto gewichtiger sei sein Wille; bei konkretem Anlass sei der Willensbildungsprozess darzustellen. Der Kindeswille sei „so authentisch wie möglich in das Verfahren einzubringen" und in „der Stellungnahme gesondert darzustellen" (*Deutscher Familiengerichtstag* 2000, S. 118). 236

237 In diesem Sinne verpflichteten sich auch die in der „Bundesarbeitsgemeinschaft Verfahrenspflegschaft für Kinder und Jugendliche e.V. vereinigten Personen ... die eigenständigen und wohlverstandenen Interessen von Kindern und Jugendlichen" zu respektieren und „diese in gerichtlichen Verfahren parteilich und unabhängig zu vertreten." Dabei soll das „konkrete Erleben des Kindes bzw. Jugendlichen" ebenso berücksichtigt werden, „wie die zur Verfügung stehenden und relevanten wissenschaftlichen Erkenntnisse aus Psychologie, Pädagogik, Soziologie und Recht" (*Präambel der Satzung* 2000, S. 1). Nach intensiven Konzept-Diskussionen haben sich die Mitglieder der Bundesarbeitsgemeinschaft im Jahr 2001 auf fachliche Standards der Verfahrenspflegschaft geeinigt (siehe Rn 1051 ff.). Diese sehen eine am persönlichen Wohl des Kindes orientierte Interessenvertretung vor, bei der der Kindeswille nicht nur berücksichtigt, sondern auch so authentisch wie möglich an das Gericht vermittelt und im Verfahren präsent gehalten werden soll.

5. Freiheitsentziehende Unterbringung

238 Ähnliches gilt im Übrigen auch für den Verfahrenspfleger, der gem. § 70b Abs. 1 Satz 1 FGG im Verfahren wegen freiheitsentziehender Unterbringung (z.B. im geschlossenen Heim oder einer Klinik für Kinder- und Jugendpsychiatrie) zu bestellen ist, denn auch „dieser (muss) ‚das Wohl des Kindes' vertreten, was ihn nicht der Aufgabe enthebt, explizite Wünsche und den Willen des Minderjährigen so authentisch wie nur möglich dem Gericht zu übermitteln und im Konfliktfall zwischen Kindeswohl und Kindeswillen dafür Sorge zu tragen, dass beides in das Verfahren eingebracht wird" (*Staudinger-Salgo* § 1631b, Rn 38).

6. Ermittlung des Kindeswillens

239 Die Ermittlung ist schon deshalb eine schwierige Anforderung, weil nicht wenige der Kinder und Jugendlichen aufgrund ihrer Beziehungserfahrungen ängstlich bemüht sind, sich anzupassen und die Wünsche der Erwachsenen zu erraten und zu erfüllen. Nicht selten geht dabei ein ausgeprägtes und geschärftes Sensorium für die Bedürfnisse und Erwartungen des Gegenübers mit einer kaum entwickelten Fähigkeit zur Wahrnehmung der eigenen Gefühle, Wünsche und Bedürfnisse und mit erheblichen Schwierigkeiten einher, sie auszudrücken oder gar in Worte zu fassen.

240 Die Erwartung, *den* Willen des Kindes in Erfahrung zu bringen, stellt aber auch deshalb hohe Anforderungen, weil er für ein relativ undurchsichtiges und eigen-sinniges Zusammenspiel vielfältiger, teils unvereinbarer, unterschiedlich dringlicher und veränderlicher Präferenzen steht, die das Kind in bestimmten Situationen äußert – oder eben nicht. Vielfach wird die Position des Jungen

oder Mädchens erst dann klarer, wenn man weiß, welche Fragen, Wünsche und Probleme ihn oder sie im Alltag, etwa im Kindergarten, dem Hort oder auch im Heim beschäftigen. Manche Kinder schwanken, wissen nicht, wollen gar nicht sprechen. Manchmal ist ihnen „alles egal", manchmal wollen sie Unvereinbares oder nicht Realisierbares. Manche haben das Vertrauen verloren oder nie entwickeln können, dass die Mitteilung ihrer Wünsche und ihres Willens (positive) Resonanz findet, und zahlreiche Versuche erlebt, ihren Willen zu brechen oder den Bedürfnissen der Erwachsenen entsprechend zuzurichten. Einige Kinder und Jugendliche stehen unter solchem Druck, haben solche Angst, dass es ihnen nicht möglich ist, ihren durchaus vorhandenen, eigenen Willen zu äußern. Andere treten die Flucht nach vorne an und favorisieren die von ihnen am meisten gefürchtete Alternative, um Subjekt des Geschehens zu bleiben.

So sehr die Kinder und Jugendlichen von ihrer Vertretung erwarten können, informiert zu werden und ihre Haltung sowie ihre Erwartungen, Befürchtungen etc. in persönlichen Begegnungen deutlich zu machen, so sehr ist dementsprechend auch ihr Wunsch, „in Ruhe" gelassen zu werden oder sich nicht zu äußern, strikt zu respektieren. Gleichen Respekt verlangt der vom Kind geäußerte Wille inhaltlich, also ganz egal, worauf er sich richtet. Es kann insbesondere nicht Aufgabe des Verfahrenspflegers sein, Kinder und Jugendliche mit problematischen Standpunkten so lange zu „beraten", bis sie beispielsweise selbstgefährdende Positionen („Ich will nach Hause") oder nicht vertretbare Ziele („Mama und Papa sollen zusammenbleiben") aufgeben und sich scheinbar (!) auf Alternativen einlassen. Die Begleitung des Kindes bei der Realisierung seiner oft schmerzlichen Situation und insbesondere bei der langwierigen Loslösung aus schädigenden Beziehungen kann nicht Sache seines Vertreters sein, wohl aber mit dessen Hilfe eingeleitet und auf den Weg gebracht werden. 241

7. Ermittlung des Kindeswohls

Wie das Vorgehen und die Empfehlungen des Verfahrenspflegers ansonsten an den persönlichen Vorstellungen des Kindes bzw. an seinem Wohl orientiert sein sollten, lässt sich nicht allgemein gültig klären. Insbesondere, wenn für das Kind aufgrund seiner Vorerfahrungen oder seines Entwicklungsstandes noch nicht überschaubare Entscheidungen zu treffen sind, aber auch, wenn es zu Konflikten zwischen den Selbstbestimmungswünschen des Kindes und seinem Schutz vor weiteren seelischen, körperlichen oder sexuellen Verletzungen kommt, wird jedoch in der Regel eine flexible, am Willen und am Wohl des Kindes orientierte Abwägung erforderlich sein. 242

Bei diesem schwierigen Unterfangen, eine möglichst zuverlässige Einschätzung der Sicht, des Befindens und der weniger schädigenden Alternativen für 243 das jeweilige Kind zu treffen und sie in das Zentrum des Verfahrens zu rücken, sollen die folgenden Beiträge dieses Teils des Handbuchs zumindest einige Reflexions- und Argumentationshilfen geben und zum Weiterlesen anregen.

II. Theoretische Konzepte und Kriterien zur Bestimmung von Kindeswohl und Kindeswillen

1. Das Kindeswohl – ein kindschaftsrechtliches Leitprinzip

a) Grundfunktionen des Kindeswohls

244 In vormundschafts- und familiengerichtlichen Verfahren dient das Wohl des Kindes als staatliche Eingriffslegitimation, als verfahrensleitendes Prinzip und als Entscheidungsmaßstab der Gerichte. Der unbestimmte, d.h. konkretisierungsbedürftige Rechtsbegriff des Kindeswohls zielt auf eine dem Einzelfall angepasste Gerechtigkeit, wobei den Interessen des jeweiligen Kindes Vorrang vor denen anderer Beteiligter eingeräumt wird. Dementsprechend ist eine kindzentrierte Sicht und Bewertung der Gesamtsituation erforderlich. Neben dieser Leitfunktion beinhaltet dieses juristische Konstrukt zugleich eine „Sperrfunktion" gegenüber kindeswohlfremden oder -widrigen Gesichtspunkten, gleich, ob es sich etwa um familiale, institutionelle oder staatliche Interessen handelt (*Coester* 1983, S. 155, vgl. auch S. 240 ff., 252 ff., *Staudinger-Coester* § 1666, Rn 63 f.).

245 Das Wohl des Kindes – und mit ihm auch sein Wille – bilden also die Richtschnur zur Klärung einer Vielzahl von Fragen, die sich in jedem Verfahren stets neu und anders stellen. Besteht die Legitimation für einen staatlichen Eingriff, d.h. hat das Kind ein objektives bzw. subjektives Interesse an der Durchführung, Aussetzung oder Einstellung eines Verfahrens, das von Amts wegen eingeleitet wird? Wie kann das Verfahren gestaltet werden, damit die Entscheidung nicht über den Kopf des Kindes hinweg erfolgt und seine Belastungen in dieser prekären, ungewissen Lebenssituation gering gehalten werden? Und nicht zuletzt: welche Ermittlungen sind nötig und welche Regelungen versprechen dem Entscheidungsmaßstab des Kindeswohls nahe zu kommen, oder doch zumindest möglichst wenig Schaden anzurichten? Erfolgen sie mit Rücksicht auf die Bedürfnisse und eigenen Vorstellungen des Kindes? Abhängig vom Verfahrensanlass, der Situation des Kindes und seiner Persönlichkeit werden diese oder ähnliche Fragen freilich ganz unterschiedlich zu beantworten sein.

b) Chancen und Risiken der Generalklausel

So dient die generell akzeptable und konsensstiftende Kindeswohl-Norm (wer würde schon dem Ziel „Kindeswohl" widersprechen) also allein zur „Normierung des generellen Rahmens und der grundsätzlichen Interessenbewertung für die Entscheidungsfindung im Einzelfall" (*Coester* 1983, S. 155). Durch diese allgemeine Handlungsorientierung muss in den Gesetzestexten nicht im Einzelnen auf Erkenntnisse der empirischen Wissenschaften verwiesen werden, Gesetzestexte bleiben so für die einzelfallorientierte Anwendung aktueller Fachkenntnisse offen und sind weniger von sozialen Entwicklungen und Einstellungsänderungen abhängig. 246

Wird doch bei einer historischen Betrachtung einzelner Erziehungsmaximen oder gar einzelner Entscheidungskriterien schnell deutlich, dass die Vorstellung von einer dem Kindeswohl entsprechenden Erziehung sich im zeitlichen Ablauf verändert und stark vom gesellschaftlichen Kontext und ideologischen Strömungen abhängt. Wenn z.B. heutzutage intensiv über einen rechtlichen Rahmen für gleichgeschlechtliche Lebensgemeinschaften diskutiert wird, so hat sich auch die Bewertung von Pflege- oder Adoptivfamilien mit einem gleichgeschlechtlichen „Elternpaar" im Vergleich zu den 50er Jahren radikal gewandelt (vgl. die Übersicht von *Herbert* und *Panarites* [1997]). Galten bis weit in die 80er Jahre Mütter in Bezug auf kleine Kinder als die primär geeigneten Erziehungspersonen und häufiger als primäre Bindungsperson, haben sich auch die psychologischen Konzepte über die Beziehungen in der Familie deutlich über die Diaden hinaus entwickelt. 247

Doch trotz veränderter Konzepte, die ohne Zweifel zeit-, schicht- und ideologieabhängig waren, bleibt ein genereller Faktor konstitutiv für das Kindeswohl als Entscheidungsmaßstab und Eingriffslegitimation: Die Entwicklungsdimension. Kindliche Bedürfnisse und die erzieherischen Herausforderungen sind je nach Alter und Entwicklungsstand unterschiedlich bzw. unterschiedlich zu gewichten. Was heute noch hinreicht, muss morgen nicht mehr genügen, was heute noch zu gefährlich erscheint, kann morgen angesichts der gewachsenen Autonomie des Kindes ein vertretbares Risiko sein. 248

Mit dem Vorteil der „prinzipiellen Umfassendheit" des Kindeswohlbegriffs (*Coester* 1983, S. 163) verbindet sich denn auch der unvermeidbare Nachteil, dass die Orientierung am Kindeswohl in jeder einzelnen fachlichen Fragestellung einer praktischen Konkretisierung bedarf. Entsprechend der „Regel, dass gesteigerte Unbestimmtheit des Normtatbestandes gesteigerte Ermittlungspflichten nach sich zieht" erfolgt die Konkretion des Kindeswohls durch ein problemergründendes und problemanalysierendes Verfahren, um zu einer in die Zukunft gerichteten Entscheidung zu kommen (*MünchKomm-Hinz* § 1666, Rn 24; *Münder* 1999, S. 160). 249

c) Kindeswohl-Kriterien im Kinderschutzverfahren

250 Bei dieser komplexen Aufgabe können auch die von der Gesetzgebung, Rechtsprechung und Fachöffentlichkeit entwickelten Kriterien zur Bestimmung des Kindeswohls in der Regel nur konkretions-, ergänzungs- und überprüfungsbedürftige Anhaltspunkte zur Ermittlung und Einschätzung eines mehrdeutigen und zudem veränderlichen Sachverhaltes sein. Hierzu zählen beispielsweise die emotionalen Bindungen des Kindes, die Beachtung seines Willens, die Bedeutung von Kontinuität und Stabilität, der Schutz seiner körperlichen, seelischen und geistigen Integrität und Entwicklung sowie das kindliche Zeiterleben. Zu beachten ist, dass sich viele dieser in der Fachliteratur genannten Kriterien im Lauf der letzten Jahrzehnte relativ unsystematisch und vor allem bezüglich des Scheidungsverfahrens herausbildeten. Anders steht es um die in der gerichtlichen Praxis zahlenmäßig selteneren Verfahren, in denen zu prüfen ist, ob der Schutz der Kinder eine Trennung von den leiblichen Eltern oder den Verbleib bei ihren Pflegepersonen erfordert. Hier helfen die „gängigen" Kindeswohl-Kriterien wenig weiter, dafür rücken andere Fragen ins Zentrum.

251 Fast immer erscheinen die entsprechenden sozialpädagogischen oder juristischen Interventionen als „zu früh, zu spät, zu viel oder zu wenig" (*Goldstein/Freud/Solnit* 1982, S. 115). Der Tendenz, die Problemlagen des Kindes zu verleugnen und seine Geschichte abzuspalten, können mit intensiven Rettungsphantasien verbundene dramatische Eingriffe gegenüberstehen (*Maywald* 1997, S. 28 f.). Der Versuch, jedes Risiko bzw. die aufwendige sekundäre Kontrolle kalkulierter Risiken zu vermeiden, bewirkt unter Umständen auch eine mangelnde Aufklärung des Kindes bzw. Jugendlichen über mögliche Alternativen und verleitet zum Votum für verfrühte und massive Eingriffe. Andererseits kommt es immer wieder vor, dass das Zuwarten auf die erhofften Effekte angebotener Hilfen sowie das Vertrauen in die Problemlösungsmöglichkeiten der Beteiligten die Gefährdungslagen so chronifizieren oder eskalieren lässt, dass das betroffene Kind (irreversible) körperliche oder seelische Schäden, vielleicht sogar den Tod erleidet.

252 Während so auf der einen Seite die „Gefahr forscher Eingriffe in die Familie" besteht, droht das Kind auf der anderen Seite zum „Versuchsobjekt staatlicher Familienrehabilitierung" zu werden. Die Folge ist nicht selten die Vermeidung jeglicher Entscheidung, also „die Tendenz, die endgültige Unterbringung eines Kindes, das aus der Familie genommen werden musste, über Jahre hinaus offen zu lassen, um den Eltern die Chance der Konsolidierung der Verhältnisse und der Rückgewinnung des Kindes offen zu halten" (*Staudinger-Coester* § 1666a, Rn 4). So sind in diesen Verfahren die Vorgeschichte des Kindes, insbesondere die Gründe für das Scheitern der oft langjährigen Hilfebemühungen

von großer Bedeutung. Gleiches gilt für bereits erlittene Gewalt- und Mangelerfahrungen des Kindes und den hieraus resultierenden erzieherischen bzw. therapeutischen Bedarf, welcher den Maßstab zur Einschätzung der Familiensituation sowie der Erforderlichkeit ambulanter oder stationärer Hilfen bildet.

Werden Eingriffe in die elterliche Sorge nötig, geht es primär um eine ziel- und zeitgerichtete Maßnahmenwahl, die dem Kind einen überschaubaren stabilen Rahmen bietet, in dem es seine Erlebnisse verarbeiten und verlässliche Beziehungen aufbauen kann, die ihm das Gefühl geben, angenommen, wertgeschätzt und geschützt zu sein. 253

d) Kindeswille-Kriterien und die „Beachtung" des Kindeswillens

Ähnlich wie die Kindeswohl-Kriterien sind insbesondere auch die Kategorien, die derzeit über die sog. „Beachtlichkeit" des Kindeswillens entscheiden, nicht unkritisch zu sehen. Dies gilt sowohl für die Kategorien eines „rationalen" und „emotionalen" Kindeswillens, erst recht aber für pauschale Hinweise etwa auf das geringe Alter des Kindes, seine Beeinflussbarkeit, mangelnde verbale Begründungen etc. In das Zentrum sollte stattdessen die (selbst-)kritische Frage rücken, ob die fachlichen Gründe der Erwachsenen tatsächlich so gewichtig sind, dass den Vorstellungen des Kindes nicht oder nur teilweise entsprochen werden kann (*Zitelmann* 2001, S. 166, 206 ff.). 254

Betrachtet man den Kindeswillen jedoch als ein zentrales Element des Kindeswohls gerade im gerichtlichen und behördlichen Verfahren, bedarf diese Dimension in der Zukunft viel stärkerer Beachtung. In einer Untersuchung von *Fegert u. a.* (1999, 2001) beklagten fast alle Kinder, dass die Helfer für sie zwar Gutes wollten, sie aber wenig über ihre Ziele und Maßnahmen informierten oder in Entscheidungen einbezogen. Hier fühlten sich die Helfer als Advokaten des Kindeswohls, als Verwirklicher der kindlichen Selbstverwirklichung, und übersahen nur allzu leicht, dass eine advokatorische Autonomieverwirklichung ein Widerspruch per se bleibt. 255

Es ist sicher kein Zufall, dass im Gesamtkontext möglicher Kriterien für das Kindeswohl den Rahmenbedingungen, die die besten Interessen des Kindes widerspiegeln, mehr Aufmerksamkeit gewidmet wurde als der Interessenvertretung des Kindes und der Wahrnehmung seines Willens. 256

2. Die Vertretungsrolle des Verfahrenspflegers

a) Zum Umgang mit widersprüchlichen bzw. unvereinbaren Anforderungen

257 Neben vielen anderen Professionen, die sich bislang um die Auslegung drohender Kindeswohlgefährdung, aber auch um konkrete Hilfen für Kinder bemüht haben, um eine dem Kindeswohl entsprechende Erziehung zu ermöglichen, tritt nun auch der Verfahrenspfleger. Er soll eingesetzt werden, wenn es zur Wahrnehmung der Interessen des Kindes notwendig ist. Der Gesetzgeber sieht hierzu vor allem dann Anlass, wenn es sich um eine massive Gefährdung des Kindeswohls handelt und wenn es z.B. um die Herausnahme des Kindes aus der Familie geht. „Zentrale Fragen wie Zeitpunkt der Bestellung, Aufgaben des Verfahrenspflegers, seine Qualifikation (...), die Organisation der erforderlichen Strukturen u.v.a.m. lässt die neue Bestimmung zum Verfahrenspfleger im § 50 FGG trotz entgegenstehender deutlicher Warnungen völlig offen." (*Salgo* [1999, S. 58], *Salgo* [1998, S. 91]).

258 Unumstritten aber ist es die vorrangige Aufgabe dieser Vertretung, sich ganz auf die Interessen des einzelnen Kindes oder Jugendlichen zu konzentrieren und sie wirksam im Verfahren durchzusetzen. Je offener dabei die fachliche Aufgabenstellung des Verfahrenspflegers ist und je anspruchsvoller sie sich gestaltet, umso notwendiger ist es vielleicht, statt technischer Hinweise zunächst den Umgang mit dem „Erwartungsdilemma an die Helfer" (*Fegert* [1999] mit Bezug auf *Thurn* und *Wills* [1998]) anzusprechen. Verfahrenspflegern ist in solchen Konfliktfällen schnell klar, dass sie ja eine ganz besondere Leistung erbringen müssen, dass sie insbesondere Verantwortung für das Kind tragen und gleichzeitig auf Verfahrensfragen und schützenswerte familiäre Interessen achten sollen.

259 Unklare Kostenfragen und der Sparzwang der Jugendhilfe machen die Aufgabe nicht leichter. Die ganze Ausgangssituation führt häufig zu einem stark wahrgenommenen inneren Druck, welcher wieder zu Allmachts- und Rettungsphantasien führt. Diese werden noch dadurch gespeist, dass wahrgenommen wird, dass das Kind in den vorliegenden Verhältnissen besonders leidet, dass positive Bezugspersonen weit gehend fehlen etc., während andererseits starke Ängste vor dem Scheitern und Gefühle von Versagen, Schuld, Lähmung und Ohnmacht sich schnell breit machen. Die lastende Unsicherheit, es allen recht machen zu müssen, dabei keinem recht machen zu können, bringt im Arbeitskontext einen hohen Rechtfertigungsdruck mit sich, der gleichzeitig dazu führen kann, dass vor lauter eigenem Engagement eigene Parteilichkeit, eigene Involviertheit und Psychodynamik übersehen wird.

Gerade weil vom Verfahrenspfleger so viel erwartet wird, ist die Gefahr so 260
groß, dass er beim vermeintlichen Einsatz um das Kindeswohl Schlachten
schlägt, die eher seinen eigenen intrapsychischen Bedürfnissen oder ideologischen Überzeugungen entsprechen. Insofern erscheint es dringend geboten, fachliche Kategorien und einen Orientierungsrahmen in Bezug auf erfassbare Größen mit Einfluss auf das Kindeswohl zu beschreiben, auch wenn es generell unmöglich sein wird, den Kindeswohlbegriff umfassend und allgemeinverbindlich zu konkretisieren.

b) Kindeswohlbeförderung nur durch konkrete, überprüfbare Zielsetzungen

Es geht vielmehr darum, dem Verfahrenspfleger für den Einzelfall Kategorien 261
an die Hand zu geben, wie er Situationen einschätzen kann und wie er Befunde
bzw. Arbeitsziele und Arbeitsergebnisse anderer Professionen neben der Wiedergabe des Kindeswillens in verfahrensrelevanter Weise verwerten kann.

Die beschriebenen Dilemmata in Bezug auf die „blinden Flecken", wenn es um das Kindeswohl geht, sind selbstverständlich nicht ein Spezifikum der Verfahrenspfleger. Sozialrechtlich (§ 27 SGB VIII) haben Sorgeberechtigte Rechtsansprüche auf eine ganze Reihe nicht zuletzt von Sozialpädagogen, Psychologen und Psychotherapeuten erbrachter Leistungen, „wenn eine dem Wohl des Kindes oder des Jugendlichen entsprechende Erziehung nicht gewährleistet ist und die Hilfe für seine Entwicklung geeignet und notwendig ist", d.h. der Auftrag an Praktiker ist, das Kindeswohl in einer spezifischen ungenügenden Ausgangssituation zu verbessern (vgl. *Süss* und *Fegert* [1999]). Dies unterstellt, dass die Tätigkeit dieser „Helfer" generell das Kindeswohl befördert.

Dieses kurze Beispiel mag verdeutlichen, warum auf der Ebene von Tatsachen- 262
wissenschaften oder praktischen therapeutischen bzw. pädagogischen Interventionen Kindeswohlbeförderung kein geeignetes Ziel sein kann, sondern
dass es konkreter überprüfbarer Ziele (vgl. Hilfeplanung, § 36 SGB VIII)
bedarf. So stellt sich in den einschlägigen Verfahren insbesondere die prognostische Frage, „ob eine Maßnahme für das Kind und seine geistig-seelische und körperliche Entwicklung ein Risiko bedeutet und wie weit dieses Risiko durch besondere Maßnahmen im Einzelfall verringert werden kann. Ob im Einzelfall es dann wirklich zur Schädigung kommt, hängt von einer Unzahl an unüberschaubaren Variablen und konvergierenden Faktoren ab, die sich einer Beurteilung in aller Regel entziehen." (*Lempp,* 54. DJT 1982, S. 48, 50).

In einer von der VW-Stiftung geförderten Untersuchung zum institutionellen 263
Umgang mit sexuell missbrauchten Kindern stellten *Fegert* et al. (1999, 2001)
sehr verkürzt zusammenfassend im Vergleich zwischen Juristen und Helfern

fest, dass insbesondere die Akteure im Bereich der Strafjustiz durchaus ein starkes Bewusstsein dafür entwickelt hatten, dass ihre Interventionen mit Belastungen für die betroffenen Kinder verbunden sind. Die Helfer zeigten sich generell fast blind für „Risiken und Nebenwirkungen" ihres Tuns, Kindeswohlbeförderung schien aus der Sicht der Handelnden eins mit ihrer Praxis zu sein.

3. Ansätze zur Definition des Kindeswohls

a) Basale Entwicklungsbedürfnisse des Kindes

264 Einige Ansätze zur positiven Definition des Kindeswohls liegen bereits aus dem anglo-amerikanischenen Raum vor. Einschlägig ist die interdisziplinär erarbeitete Kindeswohl-Triologie von *Goldstein*, *Freud* und *Solnit*. Orientiert an den basalen Entwicklungsbedürfnissen des (jüngeren) Kindes erarbeiteten sie Kriterien für die Bestimmung der „am wenigsten schädlichen Alternative zum Schutz von Wachstum und Entwicklung des Kindes", die in der juristischen Fachdiskussion eine große Resonanz erzeugten. Zu den grundlegenden Bedürfnissen des Kindes rechneten sie u.a. körperliche Nahrung, Schutz und Pflege, intellektuelle Anregungen und Hilfe beim Verstehen der Innen- und Außenwelt. Das Kind brauche Menschen, die seine positiven Gefühle empfangen und erwidern und sich seine negativen Äußerungen und Hassregungen gefallen lassen. Es braucht die aktive Stütze und Beteiligung der Erwachsenen, um seine Sexualität und Aggression in Schach zu halten und in sozial anerkannte Bahnen zu lenken. Sein Selbstgefühl und seine Selbstsicherheit im späteren Leben bleibe abhängig von seiner Stellung innerhalb der Familie, d.h. von dem Gefühl, geschätzt, anerkannt und als vollwertiges Familienmitglied betrachtet zu werden (1991, S. 19 f.).

265 Auch der britische CHILDREN ACT von 1989 enthält eine sog. „Welfare Checklist", die von den Gerichten, aber auch bei der Vertretung Minderjähriger zu beachten ist. Gemäß Sec. 1(3) zählen zu dieser Prüfung insbesondere die persönlichen Wünsche und Gefühle des Kindes; seine physischen, emotionalen und erzieherischen Bedürfnisse; voraussichtliche Auswirkungen jeglicher Veränderung seiner Umstände; Alter, Geschlecht und Herkunft und jedes andere vom Gericht für relevant erachtete Charakteristikum des Kindes; jede Schädigung, die es erlitten hat oder durch die es gefährdet ist; wie fähig jeder Elternteil und jede andere vom Gericht für bedeutsam gehaltene Bezugsperson ist, seine Bedürfnisse zu befriedigen (vgl. bei *Salgo* 1996, S. 268). Neuere praxisbezogene Vorschläge für eine systematisierte Diagnostik, die sich auf die Basisbedürfnisse von Kindern bezieht, liegen in Form eines britischen „Diagnostikpaketes" (*Department of Health*) sowie einer Handreichung des *Bayerischen Landesjugendamtes* (2001) vor.

b) Schutz- und Risikofaktoren

Mit Hilfe der Ergebnisse der Risikoforschung, insbesondere mit dem Erklärungsmodell der sogenannten Resilience, können Schutz- und Risikofaktoren benannt werden, die in Bezug auf das einzelne Kind und seine ganz konkrete Situation bedacht werden sollten. Unter „Resilience" – auf Deutsch „Imprägnierung" – wird auch die Tatsache verstanden, dass offensichtlich die gleichen Belastungen nicht jeden Menschen, nicht jedes Kind gleich stark treffen. Alle Studien zu psychischen Langzeitfolgen von schweren psychischen Risiken zeigen, dass es eine Gruppe von Kindern, Jugendlichen und Heranwachsenden gibt, welche trotz schwerster Milieubelastungen eine positive Entwicklung nimmt, weil sie sich z.B. auf andere Ressourcen im Freundeskreis, in der Schule, im Verein etc. stützen kann.

266

Die Kenntnis solcher theoretischer Konzepte ist für die Alltagspraxis vor Gericht deshalb wichtig, weil einzelne Komponenten zu den Be- und Entlastungsfaktoren für die Kinder im Rahmen gerichtlicher Verfahren beitragen. Gerade im familiengerichtlichen Verfahren wird ganz essentiell auf die Auseinandersetzung zwischen den Personensorgeberechtigten fokussiert, viel zu selten wird in die Überlegung der stützende Charakter des Umfeldes mit einbezogen. Dabei ist empirisch gut erwiesen, dass z.B. die Konstanz eines Freundeskreises, der Verbleib in der bisher besuchten Schule, im vertrauten Hort, bei der gemochten Geigenlehrerin oder im Turnverein für ein in seinen Beziehungen labilisiertes oder gar erschüttertes Kind eine haltende, stützende, wenn nicht gar lindernde Funktion haben kann.

267

c) Grundbedürfnisse und ihre Sicherung durch die UN-Konvention über die Rechte des Kindes

Da sich der Kindeswohlbegriff letztendlich von der Menschenwürde des Kindes und seiner besonderen Schutzbedürftigkeit ableiten lässt, liegt es nahe, sich bei der Suche nach allgemeinen Maßstäben an der UN-Kinderrechtskonvention zu orientieren. Die Präambel und die Artikel der UN-Kinderrechtskonvention können als die zeitgemäße international anerkannte Ausformulierung zentraler Bereiche und Dimensionen des Kindeswohls verstanden werden. Die dort genannten Grundbedürfnisse des Kindes erscheinen uns dabei als ein geeigneter Maßstab, der für die Praxis in „Basisfürsorgekriterien" überführt werden kann, wie dies *Schone* et al. (1997) zeigten, die entsprechende „Prüfkriterien der Selbstreflexion und der kollegialen Beratung in den Arbeitsfeldern der Sozialarbeit und der angrenzenden Disziplinen" (S. 26) für den Bereich der Kindesvernachlässigung entwickelten.

268

Der Kindeswohlbegriff wird generell in der Kinderrechtskonvention der UN in Artikel 1, 2, 3 und Artikel 18 in Bezug auf die Elternverantwortung für das

269

Kindeswohl konkretisiert. Für die Ermittlung durch einen Sachverständigen sind sechs große Bedürfnisbereiche (Basic needs of children, vgl. *Fegert* [1997 bzw. 1999]) definiert worden: Das Bedürfnis nach Liebe, Akzeptanz und Zuwendung; die Möglichkeit, stabile Bindungen einzugehen; das Bedürfnis nach Ernährung und Versorgung; das Bedürfnis nach Gesundheit; der Schutz vor Gefahren von materieller und sexueller Ausbeutung; und das Bedürfnis nach Wissen, Bildung und Vermittlung hinreichender Erfahrung. Basisbedürfnisse stehen nicht gleichwertig nebeneinander, sondern werden unter dem Blickwinkel der Optimalität von Aufwachsensbedingungen durch das Bild einer Bedürfnispyramide (*Maslow* [1978]) beschrieben. Dies bedeutet, dass bestimmte qualitative Merkmale, z. B. die Fähigkeit, intellektuell zur Bildung eines Kindes beitragen zu können, nur eine Rolle spielen, wenn Grundbedürfnisse der Versorgung, Ernährung etc. gewährleistet sind.

270 Die Vorstellung von der Pyramide erleichtert des Weiteren das Verständnis dafür, dass basale Bedürfnisse vor allem in den ersten Lebensjahren die zentralen Voraussetzungen und Weichenstellungen für die Entwicklungschancen eines Kindes bilden und dass spätere Verfeinerungen und Veränderungen daran gemessen eher relativ zu bewerten sind. Dies zu betonen ist wichtig, weil amtlichen und juristischen Reaktionen häufig eine Trägheit innewohnt, die im oberen Drittel der Pyramide besser zu vertreten ist, als wenn es um elementare Bedürfnisse von Kindern geht. Das heißt, alle Faktoren, auch Fragen des Zugangs zu Medien, Fragen der religiösen Erziehung, sind prinzipiell Teil des Kindeswohls. Schnell wird am Bild der Pyramide deutlich, dass das Fehlen wichtiger Bausteine im unteren Drittel für die Stabilität des Ganzen gefährlicher sind, als die einzelnen kleinen Bausteine, die in der Spitze den krönenden Abschluss bilden. Doch die Metapher von der Pyramide hinkt insofern, als das Bauwerk Zeit seines Lebens abhängig von seinen Erbauern und Pflegern bleibt, während das Kind durch seine eigene Entwicklung, wenn nur gewisse Grundlagen gelegt sind, im Erwerb ständig wachsender Autonomie selbst zu seiner Pflege und Fürsorge beitragen kann.

271 Dieser Entwicklungsaspekt betrifft nicht zuletzt auch die Beteiligung von Kindern an Verfahren. Es gibt bislang nur wenig systematisches Wissen über die Wahrnehmung familiengerichtlicher Entscheidungen aus der Kindperspektive und die subjektive Wahrnehmung der Eigenbeteiligung der Kinder. Zwar gibt es Literatur zur Kindesanhörung, auch darüber, ob diese mehr eine Belastung für das Kind oder die Befragenden darstelle, doch gibt es keinen empirisch fundierten wissenschaftlichen Erkenntnisstand über die Entwicklung des Kindeswillens bei alltäglichen und weiter gehenden Entscheidungen und über die reale Partizipation von Kindern am Verfahren.

B Der „Wille des Kindes"

Übersicht

		Rn
I.	Emotionale und kognitive Faktoren	272
	1. Einleitung	272
	2. Erlebens- und Verarbeitungsweisen von Kindern auf unterschiedlichen Entwicklungsstufen	273
	a) Erstes Lebensjahr	273
	b) Kindergarten- und Vorschulalter	278
	c) Vorschul- und Schulalter	284
	d) Jugendalter	287
	3. Gemischte Gefühle	290
	4. Verbergen von Gefühlen	293
	5. Zusammenfassung	296
II.	Wünsche und Phantasien	297
III.	Loyalität und Kindeswille	308
	1. Einleitung	308
	2. Loyalität in Familien	310
	3. Loyalitätskonflikte	315
	4. Loyalität und Kindeswille	321
IV.	Suggestibilität, Beeinflussung und induzierte kindliche Äußerungen	324
	1. „Gehirnwäsche", „Programmierung", „PAS"	324
	2. Suggestionseffekte bei kindlichen Zeugenaussagen	328
	3. Falschnegative und falschpositive Einschätzungen kindlicher Zeugenaussagen	332
	4. Wissenschaftlich fragwürdige Begriffsbestimmungen führen zu fragwürdigen Sorgerechts- und Umgangsentscheidungen	336
	5. „PAS" und Kindeswille	343
	6. Sorge- und Umgangsrechtsentscheidungen – Kriterien wissenschaftlich abgesicherten Vorgehens	345
	7. Wie können Verfahrenspfleger mit unterstellter Beeinflussung umgehen?	353

I. Emotionale und kognitive Faktoren

1. Einleitung

272 Bereits Babys haben Bedürfnisse und durchaus feste Vorstellungen und Überzeugungen darüber, was sie wollen. Dies lässt sich beispielsweise an ihrem Ärger ablesen, wenn ihnen etwas nicht gelingt oder wenn sie etwas nicht bekommen, das sie haben möchten. Dies lässt sich auch aus ihrer Überraschung erschließen, wenn etwas Unerwartetes geschieht. Der Ausdruck von solchen Vorstellungen und „Willensbekundungen" ist allerdings vom Verständnis des Kindes über die Situation zu unterscheiden. Das Verständnis einer Situation umfasst Bedürfnisse und Gefühle, Absichten oder Vorstellungen eines Kindes ebenso wie die Fähigkeit, die Bedürfnisse, Gefühle, Absichten und Vorstellungen anderer Menschen zu verstehen. All das aber wirkt sich auf sein Verhalten aus. Dabei ist dieses Verständnis der Situation entwicklungsabhängig, d.h. es unterscheidet sich in Abhängigkeit vom Alter des Kindes.

2. Erlebens- und Verarbeitungsweisen von Kindern auf unterschiedlichen Entwicklungsstufen – Wie zeigen Kinder, was sie verstehen und was sie wollen?

a) Erstes Lebensjahr[1]

273 Bereits Neugeborene haben eine Präferenz für Vertrautes gegenüber Unvertrautem. Sie kommen mit dieser Disposition auf die Welt. Sie ziehen außerdem Personen beziehungsweise das menschliche Gesicht und die Stimme Gegenständen vor. Allerdings lässt sich daraus nicht schließen, dass sie zwei Personen (begrifflich) voneinander unterscheiden können. Vielmehr scheinen sie eher zwischen Eigenschaften von Menschen zu unterscheiden. Ihre emotionalen Ausdrucksverhaltensweisen sind noch eher reflexhafte Reaktionen auf das Ausmaß an Stimulation, dem sie ausgesetzt sind. Ihre Reaktionen sind zudem eher global und diffus. Negative emotionale Reaktionen lassen sich beispielsweise in diesem frühen Alter noch nicht als Furcht oder Ärger differenzieren, sondern als Verstörung. Emotionales Verhalten im Neugeborenenalter ist weder kontextuell noch wird es mit einer subjektiven Bedeutung verknüpft.

274 Jenseits der Neugeborenenperiode ist emotionales Verhalten in Aspekten von Vergnügen, Vorsicht oder Frustration mit dem Inhalt der jeweiligen Situation und mit Bedeutungselementen verknüpft. Vorläufer des Verständnisses über

---

1. Die folgenden Altersangaben dienen nur als grobe Orientierung. Sie entstammen unterschiedlichen Untersuchungen, die hier nach Alter geordnet wurden. Im Übrigen sind immer auch individuelle Unterschiede von Kindern zu berücksichtigen.

Gefühle und Befindlichkeiten anderer Menschen zeigen sich früh. Vermutlich dürften bereits drei Monate alte Säuglinge einen fröhlichen Gesichtsausdruck von anderem emotionalem Ausdrucksverhalten unterscheiden. Fünf Monate alte Säuglinge sind in der Lage, zwischen verschiedenen Gefühlsäußerungen (Lächeln, Stirnrunzeln) zu unterscheiden. Zu diesem Zeitpunkt lässt sich allerdings noch nicht klar erschließen, inwieweit damit auch eine emotionale Reaktionsfähigkeit verbunden ist. Bei sechs Monate alten Säuglingen lassen sich differenzierte Emotionen wie Ärger oder Überraschung deutlich ablesen. Dabei drücken die Kinder nicht nur mit Gesichtsausdruck, sondern ihrem gesamten Verhalten den jeweiligen Gefühlsausdruck stimmig aus. Ihr Verhalten lässt sich damit zumindest für freudige, interessierte, traurige oder ärgerliche Reaktionen bereits als spezifisch und bedeutungsvoll interpretieren (*Rauh*, 1995).

275 Allerdings dürften sich solche Emotionen systematisch erst im letzten Drittel des ersten Lebensjahres als präzise, unmittelbare und mit spezifischer Bedeutung versehene Reaktionen beobachten lassen. Neben Freude, Ärger oder Traurigkeit taucht auch Furcht erst zu diesem Zeitpunkt als deutliche Reaktion auf. Zudem lassen sich auf dieser Entwicklungsstufe erstmals auch negative Emotionen wie Furcht und Ärger als deutlich voneinander abgegrenzte Verhaltensreaktionen unterscheiden. Die Fähigkeit, am Ende des ersten Lebensjahres emotionale Reaktionen mit spezifischer Bedeutung und Inhalt zu verknüpfen geht auch mit neuen kognitiven Kompetenzen einher. Dazu gehören die Objekt- beziehungsweise Personpermanenz. Das ist die Fähigkeit, sich Dinge und Menschen auch dann vorstellen zu können, wenn sie nicht anwesend sind. Dazu gehört außerdem, dass das Langzeitgedächtnis funktionsfähig wird. Der damit verbundene zunehmende Zugriff auf vorangegangene Erfahrungen steuert die Aufmerksamkeit des Kindes. Schließlich ist das Kind gegen Ende des ersten Lebensjahres in der Lage, sich selbst vom Erwachsenen zu unterscheiden, ebenso wie es sein Verhalten von dem des Erwachsenen unterscheiden kann.

276 Dieses rudimentäre Bewusstsein spiegelt sich beispielsweise darin, dass es zunehmend nonverbal kommuniziert und die Bezugsperson mit Zeigegesten beispielsweise auf interessante Gegenstände aufmerksam macht (joint attention). Rudimentäres Verständnis einer Selbst-Anderen-Unterscheidung zeigt sich zudem in sozial rückversichernden Blicken des Kindes, wenn es sich der Aufmerksamkeit der Bezugsperson versichert oder aber bei Verunsicherung. Emotionale Signale der Bezugsperson wie Freude oder Gefahr beziehungsweise Ängstlichkeit werden adäquat erfasst und beeinflussen die Verhaltensreaktionen des Kindes. Das Kind orientiert sich besonders in unvertrauten Situationen systematisch am Verhalten und Ausdruck der Bezugsperson. Ist der Gesichtsausdruck der Mutter angesichts eines nahenden Hundes ängstlich, wird auch das Kind ängstlich und krabbelt nicht weiter beziehungsweise zur Mutter zurück.

277 Diese rudimentäre Unterscheidungsfähigkeit zwischen dem Selbst und der Umwelt lässt sich als Voraussetzung interpretieren, überhaupt eine Beziehung zwischen eigener Erfahrung und Umwelt herzustellen. Damit wird letztlich eine Form sozialen Lernens ermöglicht. Das Kind lernt, individuell unterschiedlich, angemessene emotionale Reaktionsweisen, die vermutlich auch die Ausbildung eigener emotionaler Reaktionen fördern. Die Bedeutung eigener Erfahrung und das Verhalten anderer Menschen wird miteinander verknüpft.

b) Kindergarten- und Vorschulalter

278 Mit etwa zwei bis drei Jahren erkennen Kinder dann die Selbstwertrelevanz von Handlungen und deren Ergebnissen. Sie fühlen sich betroffen, wenn sie etwas falsch gemacht haben oder schämen sich, wenn sie bei etwas Verbotenem ertappt werden. Sie beginnen, sich an sozialen Standards zu orientieren. Kognitiv setzt dies voraus, dass sie sich intuitiv der Wirkung ihres eigenen Verhaltens auf andere Menschen bewusst sind. Außerdem reagieren Kinder dieses Alters nicht einfach mehr nur auf die emotionalen Befindlichkeiten anderer Menschen. Sie sind vielmehr aktiv in der Lage, andere Menschen sowohl zu trösten, aber auch zu verletzen.

279 Bereits hier aber zeigen sich große individuelle Unterschiede zwischen Kindern darin, wie sie auf die Gefühle und Befindlichkeiten anderer Menschen reagieren. Dies hängt wesentlich mit ihren bisherigen Vorerfahrungen zusammen und dabei insbesondere ihren Beziehungsvorerfahrungen mit den Eltern. Dabei zeigte sich in Untersuchungen, dass Kinder insbesondere dann andere Kinder bei Kummer trösteten, wenn die Eltern klare Verhaltensregeln zeigten und diese auch unter Berücksichtigung der Perspektive des anderen Kindes begründeten. Wenn Eltern kindliche Signale ignorieren, emotionale Befindlichkeiten falsch oder unangemessen benennen oder nicht ernst nehmen, werden bestimmte positive Gefühlsäußerungen bei Kindern unterdrückt, ihre Selbstwahrnehmung wird verzerrt und ihre emotionale Beteiligung wird flacher.

280 Wenn Eltern demgegenüber schwer vorhersagbar reagieren, entwickeln Kinder emotional heftige Reaktionen und fordern anhaltende Aufmerksamkeit. Werden Kinder misshandelt, sind sie anderen Kindern gegenüber aggressiver als nicht misshandelte Kinder. Misshandelte Kinder reagieren zudem auf den Kummer eines anderen Kindes nicht beziehungsweise negativ, nämlich ängstlich oder aggressiv. Schließlich fällt es Kindern aus ungünstigen Familienverhältnissen schwer, insbesondere positive Gefühle adäquat den passenden Ereignissen zuzuordnen.

Unabhängig von individuellen Unterschieden aber entwickeln Kinder zuneh- **281**
mend mehr psychologisches Verständnis. Diese Fähigkeiten aber setzen gleichermaßen neue emotionale und auch kognitive Kompetenzen voraus. Dazu gehört die Fähigkeit, auch über nicht vorhandene und hypothetische Situationen nachzudenken. Die Kinder stellen sich Wünsche oder Überzeugungen vor oder handeln „als ob". Sie können diese vorgestellten Wünsche oder Überzeugungen klar von der Realität unterscheiden und sie können sie auf „andere" übertragen. Beispielsweise zeigt sich dies im Spiel, wenn die Puppe bestimmte Ziele verfolgt oder Wünsche hat. Kinder dieses Alters können sich auf einer psychologischen Verständnisebene aber ebenso vorstellen, was ein anderer Mensch wahrnimmt und was er wünscht. Sie können sich in die Gefühle des anderen hineinversetzen, und zwar wahrscheinlich dadurch, dass sie die tatsächliche Situation mit den vermutlichen Wünschen des anderen vergleichen.

Die emotionale Gefühlsqualität dieser Teilhabe an den Gefühlen oder Intentio- **282**
nen eines anderen Menschen ist Empathie. Dabei ist wesentlich, dass das Gefühl des anderen Menschen als dessen Gefühl erkannt wird. Das Kind erfasst das Gefühl eines anderen Menschen, auch wenn dieses Gefühl nicht seinem eigenen entspricht. Damit geht wiederum die kognitive Kompetenz einher, sich selbst vom anderen unterscheiden zu können. Diese wird durch die Entwicklung eines Selbstkonzeptes ermöglicht, wie es sich in der neu erworbenen Fähigkeit des Selbst-Erkennens im Spiegel zeigt. Solcherart psychologisches Verständnis unterscheidet sich von bloßer Gefühlsansteckung, die sich bereits beim Neugeborenen beobachten lässt.

Mit vier und fünf Jahren sind Kinder dann zunehmend in der Lage, einfache **283**
Gefühle, wie Fröhlichkeit oder Traurigkeit als Konsequenz der Überzeugungen und Wünsche zu erfassen, die diese Gefühle verursachen. Sie verstehen andere Menschen überwiegend als Handelnde, die ihre Ziele verfolgen. Nach diesem Verständnis sind Menschen fröhlich oder traurig in Abhängigkeit davon, ob sie ihre Ziele erreichen oder nicht.

c) Vorschul- und Schulalter

Zwischen etwa vier und zehn Jahren erschließt sich ihnen außerdem zuneh- **284**
mend auch ein psychologisches Verständnis für komplexere Gefühlsqualitäten. Dazu gehören selbstwertrelevante Gefühle wie Stolz, Scham oder Schuldgefühle. Dies setzt erneut erweiterte kognitive Kompetenzen voraus. Danach wird das Erleben von Menschen nicht mehr nur in Abhängigkeit von erfolgreichem beziehungsweise nicht erfolgreichem Handeln aufgefasst. Vielmehr verstehen Kinder nun zunehmend auch, dass die Einschätzung und Bewertung von Verhalten und Handeln das Erleben und die Gefühle in einer Situation

beeinflussen. Dabei scheint es zunächst, dass die Einschätzung und Bewertung anderer ihr eigenes Erleben beeinflusst. Kinder sind stolz, wenn die Eltern sie loben, weil sie sich beispielsweise um das jüngere Geschwisterkind gekümmert haben. Sie schämen sich, wenn die Eltern verärgert und enttäuscht sind, weil sie gelogen haben. Zunehmend verstehen sie dann, dass auch sie selber ihr eigenes Verhalten nach sozialen Normen oder Verhaltensstandards einschätzen. Auch ohne elterliche Intervention verspüren sie Schuldgefühle, wenn sie jemanden gekränkt haben.

285 Untersuchungen legen nahe, dass das Verständnis von Kindern dieser Altersstufe für soziale Normen und Standards individuell unterschiedlich ist und von der Art der elterlichen Vermittlung dieser Normen abhängt. Dabei scheinen Erklärungen und Appelle an kindliche Einsicht beispielsweise das psychologische Verständnis für Verantwortlichkeit und Schuldgefühle zu fördern. Allerdings ist solches Verständnis nicht ausschließlich „sozial konstruiert". Vielmehr fließen gleichermaßen die eigenen Erfahrungen von Kindern mit solchen selbstwertrelevanten Gefühlen in ihr Verständnis einer Situation ein.

286 Dabei ist der Umgang mit **Schuldgefühlen** bei sexuell missbrauchten Kindern insbesondere im Schulalter klinisch von besonderer Bedeutung. Schuldgefühle sind hier in engem Zusammenhang mit Selbstentwertung zu sehen, die zu erheblichen Selbstzweifeln bis hin zu Störungen der Identität führen können. *Fegert* (1999) verweist darauf, dass Täter Kindern häufig eine aktive Beteiligung suggerieren und ihnen angebliche oder tatsächliche Lust unterstellen. Eine solche vermeintliche Verantwortung löst bei den betroffenen Kindern dann Schuldgefühle aus. Ebenso empfinden Kinder Schuldgefühle, wenn der Täter ihnen die Folgen für sich oder die Familie androht, wenn der Missbrauch aufgedeckt wird. Die letztere Vorstellung einer Veröffentlichung des Missbrauchs führt bei den Kindern außerdem zu Gefühlen von Peinlichkeit, und damit zum Erleben einer Entwertung und Verspottung durch andere Menschen.

d) Jugendalter

287 Mit Erreichen des Jugendalters schließlich entspricht das kognitive Verständnis der Jugendlichen zunehmend dem von Erwachsenen. Nach Piagets Entwicklungsmodell sind Jugendliche mit Beginn der formal-operatorischen Phase in der Lage, theoretische Vorstellungen über hypothetische Sachverhalte nach formallogischen Regeln zu entwickeln. Dazu gehört auch, miteinander unvereinbare Standpunkte oder Befindlichkeiten zu erfassen und gegeneinander abzuwägen.

288 Mit diesen neuen Kompetenzen ist außerdem eine verbesserte Fähigkeit verbunden, über sich selbst nachzudenken und eigene Gefühle und eigenes Verhalten zu bewerten. Dies geschieht allerdings häufig in einer stark auf die

eigene Person und die eigene Perspektive (ego-)zentrierten Weise (*Elkind*, 1967). Die Folge sind häufig unausgewogene Einschätzungen, die die Perspektive anderer nicht oder nur unzureichend berücksichtigen sowie wechselnde Gefühle von eigener Unzulänglichkeit oder besonderer Einzigartigkeit. Häufige emotionale Unausgeglichenheit und Verunsicherung wird verstärkt durch nicht unerhebliche körperliche Veränderungen und Anpassungsleistungen sowie durch Entwicklungsanforderungen wie die Aufgabe, sich in verschiedenen sozialen Rollen zu bewähren oder die, ihre Identität und Persönlichkeit zu stabilisieren (vgl. *Erikson*, 1961; *Oerter & Dreher*, 1995). Diese Stabilisierung lässt sich als emotionale Autonomie in der Beziehung mit den Eltern beschreiben, als Widerstandsfähigkeit gegenüber Konformitätsdruck aus der Gleichaltrigengruppe und als ein subjektives Gefühl von Autonomie gegenüber Abhängigkeit beziehungsweise dem Gefühl aktive Kontrolle über das eigene Leben zu haben (*Steinberg & Silverberg*, 1986).

Die Fähigkeiten von Jugendlichen mit solcherart unterschiedlichen Entwicklungsanforderungen zurechtzukommen sind individuell unterschiedlich und u. a. abhängig von der Qualität der Bindungsbeziehung mit den Eltern. Eine angespannte und belastete Beziehung mit den Eltern dürfte aber charakteristisch für die Situationen sein, in denen Verfahrenspfleger hinzugezogen werden. Daher bedürfen auch Jugendliche trotz fortgeschrittener kognitiver und emotionaler Kompetenzen besondere Unterstützung in belastenden Lebenssituationen. **289**

3. Gemischte Gefühle

Kinder, die die Unterstützung eines Verfahrenspflegers benötigen, befinden sich in einer Lebenssituation, in der sie insbesondere gemischten und sich widersprechenden Gefühlen ausgesetzt sind. Der Entwicklungspsychologe Paul Harris hat zusammengefasst, wie Kinder zunehmend ein Verständnis darüber entwickeln, dass sie gemischte Gefühle erleben (*Harris*, 1989). Dieses Verständnis entwickelt sich relativ langsam, obwohl Kinder gemischte Gefühle durchaus schon früh auszudrücken vermögen. **290**

Bereits Kinder im **Kindergarten- und Vorschulalter** drücken gemischte Gefühle aus. Häufig lässt sich dies in Interaktionen von Geschwistern beobachten. Dabei pendeln ältere Geschwister beispielsweise zwischen liebevollen und feindseligen Gefühlen hin und her. Zärtliche Gefühle gegenüber dem jüngeren Geschwister werden nicht selten von negativen Gefühlen abgelöst und auch ausgedrückt. Kindern im Kindergarten- und Vorschulalter ist es aber kognitiv noch nicht möglich, zwei Gefühlsqualitäten zu erfassen, die sie entweder gleichzeitig oder nacheinander erleben. Sie können Situationen beschreiben, in denen bestimmte einfache Gefühle hervorgerufen werden. Sie **291**

„leugnen" aber, dass es möglich ist, zwei Gefühle gleichzeitig zu fühlen. Für ihr psychologisches Verständnis beispielsweise der Trennung der Eltern bedeutete das, dass sie ihre verständlicherweise ambivalenten Gefühle diesen gegenüber jeweils nur getrennt voneinander erfassen können.

292 **Zwischen sechs und acht Jahren** beginnen Kinder Situationen zu beschreiben, die zwei verschiedene Gefühle hervorrufen können. Dabei folgt allerdings ein Gefühl auf das andere: „Ich habe mich gefreut, dass Papa gekommen ist, und dann war ich sauer, weil er nicht immer da ist". Auch Kinder dieses Alters bezweifeln also noch, dass man gleichzeitig mehrere Gefühle haben kann. Erst mit etwa sieben oder acht Jahren beginnen Kinder dann auch Situationen zu beschreiben, in denen sie zwei Gefühle gleicher Qualität erleben, und zwar zwei positive oder zwei negative Gefühle: „Wenn Dein Bruder Dich schlägt, bist Du sauer und auch traurig". **Ab zehn Jahren** können Kinder dann zwei Gefühle unterschiedlicher Qualität miteinander integrieren: „Ich habe mich schlecht gefühlt wegen all der Verantwortung, aber ich war glücklich, dass ich so gut war". Mit etwa elf Jahren gelingt es ihnen schließlich kognitiv zu erfassen, dass eine Situation unterschiedliche Gefühle hervorrufen kann: „Ich war glücklich, meinen Vater zu sehen, aber sauer, dass er uns verlassen hat".

4. Verbergen von Gefühlen

293 Kinder sind häufig Situationen ausgesetzt, in denen der spontane Ausdruck ihrer Gefühle nachteilig für sie ist beziehungsweise ihnen von den beteiligten Erwachsenen – direkt oder indirekt – untersagt wird. Für den Umgang mit Kindern insbesondere in für sie konflikthaften Situationen und bei psychischer Belastung bedeutet dies, dass ihr Verhalten oder ihr Gesichtsausdruck nicht immer einfache Rückschlüsse auf ihre Befindlichkeit zulässt. Dabei unterliegt die Fähigkeit von Kindern, ihre Gefühle zu verbergen, gleichermaßen einem Entwicklungsverlauf als auch jeweils individuellen Unterschieden.

294 Bereits bei **einjährigen Kindern**, die zurückweisende oder feindselige Beziehungsvorerfahrungen gemacht haben, entspricht ihr neutrales und vordergründig unbekümmertes Verhalten in einer belastenden Situation nicht ihrer – physiologisch gemessenen – inneren Erregung. Mit etwa **drei bis vier Jahren** gelingt es dann allen Kindern unter bestimmten Umständen ihre wahren Gefühle zu verbergen. Allerdings geschieht dies eher hölzern und es ist gewöhnlich für einen Beobachter sichtbar, dass das gezeigte Gefühl nicht dem tatsächlich empfundenen Gefühl entspricht. Die Kinder scheinen noch eher den Forderungen und Wünschen der Eltern nachzugeben. Mit **etwa sechs Jahren** aber scheinen sie allmählich zu verstehen, dass das Verbergen von Gefühlen auch einer Funktion dient, nämlich der, sich entweder selber zu schützen, wie beispielsweise davor

ausgelacht zu werden, oder der, andere Menschen zu schützen. Beispielsweise verbergen Kinder ihren Kummer bei der Trennung von einem Elternteil, um diesem wiederum Kummer oder Schuldgefühle zu ersparen.

Mit der **weiteren Entwicklung** wird die Fähigkeit von Kindern, ihre sponta- 295
nen Gefühle mit einem „sozial adäquateren" Gefühl zu überdecken, dann zunehmend verfeinert. Kinder im Alter von sieben, neun und elf Jahren unterschieden sich in einer experimentellen Situation in ihrer Reaktion auf ein enttäuschendes und nicht altersentsprechendes Geschenk, das sie als Belohnung für eine zuvor gelöste Aufgabe erhielten. Dabei reagierten die älteren Kinder positiver als die jüngeren und die Mädchen positiver als die Jungen. Demgegenüber ließ sich aber auch in der Mimik älterer Kinder Enttäuschung ablesen, wenn sie sich unbeobachtet glaubten (vgl. *Fegert*, 1999). Aber auch älteren Kindern ebenso wie Erwachsenen gelingt es nicht immer, ihren spontanen Gefühlsausdruck mit einem anderen zu überdecken. Vielmehr kommt es bisweilen zu so genannten Überblendungen von Gefühlen, wenn spontanes und „sozial adäquates" Gefühl gleichzeitig ausgedrückt werden.

5. Zusammenfassung

Zusammenfassend unterliegt das psychologische Verständnis von Kindern und 296
Jugendlichen für ihr eigenes Verhalten, für ihre Bedürfnisse und Gefühle oder Absichten einem Entwicklungsprozess ebenso wie auch ihr Verständnis für das Verhalten anderer und deren Gefühle und Absichten. Nach moderner entwicklungspsychologischer Auffassung ist dieser Entwicklungsprozess das Ergebnis einer Koordinationsleistung kognitiver und emotionaler Aspekte. Diese wird wiederum sowohl von neuronalen Entwicklungsfortschritten beeinflusst als auch sozial und kulturell.

II. Wünsche und Phantasien

Wie bei Erwachsenen ist auch bei Kindern und Jugendlichen die Willensbil- 297
dung und Entscheidungsfindung nicht nur abhängig von rationalen Überlegungen, sondern ist wesentlich beeinflusst von emotional begründeten Wünschen, Phantasien und Vorstellungen der Kinder. Dabei muss zunächst schon einmal primär hinterfragt werden, ob eine Altersgruppe der sozusagen vernünftigen, reifen Erwachsenen, Kindern, Jugendlichen oder jungen Erwachsenen ihre Überlegungen und Güterabwägungen als Norm vorsetzen können.

Entwicklungspsychologisch ist z. B. das Jugendalter und junge Erwachsenenal- 298
ter durch eine sehr viel höhere Risikobereitschaft als andere Entwicklungsphasen charakterisiert. Diese große Bereitschaft, Risiken in Kauf zu nehmen, führt bisweilen zu schnellen Wechseln in Orientierungen oder Beziehungsverhält-

nissen und ist auch für die beobachtete höchste Ausprägung dissozialer krimineller Aktivitäten im Jugendalter und jungen Erwachsenenalter sicher mit verursachend. Andererseits werden viele weitreichende Entdeckungen, Veränderungen etc. von jungen Menschen gemacht, die noch bereit sind, Risiken auf sich zu nehmen und Bestehendes in Frage zu stellen. Der Versuch, also so genannte vernünftige Willensäußerung von scheinbar irrationalen Wünschen von Kindern und Jugendlichen zu trennen, ist deshalb oft eher Ausdruck einer gewissen Erwachsenenperspektive.

299 Ebenso wie das Jugendalter sich durch eine relative Veränderungsbereitschaft und Experimentierfreude auszeichnet, sind viele Kinder bis zur Vorpubertät eher „konservativ" und veränderungsängstlich. Ihre Wünsche in Trennungssituationen beziehen sich häufig auf traditionelle Rollenmodelle und die Wiederherstellung früher, heiler oder wenigstens als heil wahrgenommener Elternbeziehungen. Das Anhören solcher Phantasiegeschichten, welche nicht selten auch beim Einsatz projektiver Verfahren, wie z.B. im TAT oder TGT, bei Wunschproben oder in Story-stem-Techniken deutlich wird, löst bei vielen Helfern massive Gegenübertragungsgefühle aus.

300 Angesichts der häufig krassen Realität zerstrittener Elternpaare halten es die involvierten Helfer kaum aus, wenn Kinder ihre Wunschbilder und reparativen Phantasien ausbreiten. Vielmehr fühlen sich viele Helfer zu schnell aufgerufen, hier das Realitätsprinzip einzuführen und solchen Vorstellungen nicht weiter Raum zu geben, um die Kinder davor zu bewahren, unrealistischen Hoffnungen nachzuhängen. Doch ähnlich wie bei anderen in verschiedenen Entwicklungsphasen typischerweise auftauchenden Phantasien, wie z.B. die Vorstellung der Abstammung von anderen Eltern z.B. als verheimlichte Abstammung aus einem Königshaus etc., symbolisieren solche Phantasien emotionale Bedürfnisse nach Achtung und geben Auskunft über Ideal- und Realselbst von Kindern. Gerade große Diskrepanzen zwischen Idealvorstellungen und Realitäten müssen wahrgenommen werden und eventuell auch als Ursache für manifeste Abwehrvorgänge oder geglückte Copingleistungen im Umgang mit Konflikten berücksichtig werden.

301 Wie sehr solche Happy-End-Phantasien aus Angst vor der nötigen Trauer und Enttäuschung bei Erkennen der Realitäten auch für erfahrene Berater beängstigend sind, zeigte sich bei einer Expertentagung der Bundeskonferenz Erziehungsberatung zu spezifischen Interventionen in der Scheidungsberatung Anfang 2000. Während sich die Teilnehmer über viele Aspekte des Vorgehens und auch über den Einsatz von Medien relativ einig waren, provozierte die Frage, ob denn auch Kästners „doppeltes Lottchen" ein geeignetes Arbeitsmittel, z.B. als Film, darstellen könne, eine höchst emotionale und kontroverse Diskussion.

Die scheinbare emotionale Unengagiertheit, mit der sich Kinder teilweise mit ihrem Schicksal arrangieren oder sich in bestehende Verhältnisse fügen oder sich wegen eines Loyalitätskonfliktes (vgl. unten Rn 315 ff.) überhaupt nicht äußern wollen, resultiert nicht selten aus der starken emotionalen Besetzung jener Wunsch- und Phantasiewelten, die zuweilen aber auch von den betroffenen Kindern als unrealistisch erkannt werden. Nur wenn es helfenden Erwachsenen gelingt, auch zu dieser emotionalen Welt einen Zugang zu finden, kann eine realistische Willensbildung unter Einbezug von Trauer und emotionaler Verarbeitung gelingen. 302

Ein Charakteristikum solcher Phantasien ist es, dass sich Kinder über deren Irrealität weitgehend bewusst sind. Andere Phänomene, die bisweilen als Phantasiegeschichten bezeichnet werden, haben eine andere psychopathologische Natur und müssen deshalb auch in Entscheidungsprozessen deutlich anders bewertet werden. Dies gilt insbesondere für die Extremform der so genannten Pseudologia phantastica, einem Phänomen, bei welchem Kinder in einer besonderen emotionalen Problematik bei diagnostizierbar niedrigem Selbstwert gerade in Situationen sozialer Beachtung ständig neue z.T. auch widersprüchliche Geschichten erzählen, die sie in einem besonderen Lichte erscheinen lassen sollen. Eine solche Pseudologie weckt in der Gleichaltrigengruppe und auch bei Erwachsenen zunächst vielleicht starkes Interesse und auch Anteilnahme und Mitleid, je mehr dann aber Widersprüche auftreten und ständig immer weiter besondere Ereignisse sich auftun, desto mehr distanzieren sich die Adressaten von den betroffenen Kindern. Dies führt nur zu einer neuen Welle noch absurderer Phantasiegeschichten. 303

Eine solche Problematik tritt nicht selten bei schwer im Selbstwert gekränkten traumatisierten Kindern auf, die von ihren Peinigern häufig über längere Zeit auch aktiv zum Lügen angehalten wurden. Dies führt dazu, dass solchen Kindern, die ständig irgendwelche so genannten „Phantasiegeschichten" erzählen, auch nicht geglaubt wird, wenn sie einmal die Wahrheit sagen. Das Phänomen der phantastischen Pseudologie ist kein Alltagsphänomen, sondern Ausdruck deutlich behandlungsbedürftiger Psychopathologie. 304

Bisweilen wird auch geschildert, dass die Phantasien eines Kindes immer wieder um traumatische Ereignisse kreisen und dass sich solche Gedanken kaum eindämmen oder abschütteln ließen. Hierbei handelt es sich häufig um so genannte **„Flashback"-Erinnerungen**, die für posttraumatische Belastungsreaktionen typisch sind. Es sind nicht Phantasien, sondern die immer gleichen Erinnerungen an massive Auseinandersetzungen oder andere traumatische Ereignisse, die solche Kinder belasten. Die Kinder erleben solche Erinnerungen als Kontrollver- 305 lust, da sie ihr emotional überflutendes Auftreten nicht oder nicht hinreichend steuern können und sich damit diesen Eindrücken ausgeliefert sehen.

306 Insgesamt ist es also bei der Ermittlung des Kindeswillens wichtig, auf Phantasien von Kindern einzugehen und übliche alters- und situationsadäquate Phantasien und Tagträume von expliziten psychopathologischen Phänomenen zu unterscheiden. Gerade die Beschreibung einer entsprechenden Phantasiewelt mag manches Verhalten in der Gerichtsverhandlung für alle Verfahrensbeteiligten verstehbarer machen. Gerade weil die einzelnen Phantasiegeschichten uns direkt emotional anrühren, haben sie ihren Platz auch in der scheinbar sachlichen, gerichtlichen Erörterung, weil sie dazu führen können, dass der Persönlichkeit des Kindes deutlich Rechnung getragen wird.

307 Wunschproben und Satzergänzungstests gehören mit zu den ältesten und weitverbreitetsten projektiven Verfahren, die häufig auch ohne psychodynamischen Hintergrund als Explorationsergänzung eingesetzt werden. Im tiefenpsychologisch-psychotherapeutischen Kontext geben sie nicht nur Aufschluss über Phantasien und Herangehensweisen an Problemsituationen, sondern sie geben Einblick in spezifische Persönlichkeitsbereiche. Züge wie z.B. Gier oder die Unfähigkeit zuzugreifen, wenn man doch wünschen kann, zeigen sich ebenso wie der Wunsch, Optionen festzuhalten etc. *Klosinski* (1997) hat darauf hingewiesen, dass die klassische Form der Wunschprobe (drei Wünsche) für viele Kinder in Entscheidungsdilemmata eine Belastung darstellt. Er empfiehlt deshalb eine ausführlichere Form mit 10 Wünschen, die sich gerade in belastenden Entscheidungssituationen bei der projektiven Explorationsergänzung in der Praxis sehr bewährt hat.

III. Loyalität und Kindeswille

1. Einleitung

308 Der Begriff Loyalität leitet sich vom französischen Wort „loi" (Gesetz) ab und bezeichnet im engen Sinne Gesetzestreue. Die Bedeutung von Loyalität geht jedoch weit über das bloße Einhalten oder Respektieren von Gesetzen hinaus. Die Besonderheit liegt in der ethischen Komponente, in der inneren Verpflichtung gegenüber denen, die diese Gesetze oder Regeln verkörpern. Loyalität beschreibt damit ein verpflichtendes Band, ein verinnerlichtes Treuegebot zwischen zwei Menschen, aber auch von Einzelpersonen gegenüber Gruppen wie z.B. Familien, Parteien oder dem Staat.

309 Loyalitäten führen zu erwartbaren Handlungen. Sie erhöhen die Vorhersagbarkeit und Zuverlässigkeit von Geschehensabläufen, schaffen Sicherheit und stehen im Dienste einer inneren Ordnung der menschlichen Welt. Loyalität

appelliert an das Pflichtbewusstsein und an den Sinn für Fairness und Gerechtigkeit. Loyales Verhalten wird mit Anerkennung und Bestätigung der Zugehörigkeit belohnt. Die Nichterfüllung von Verpflichtungen – Illoyalität – führt zu Unwohlsein und Schuldgefühlen. Weitere Folgen sind Sanktionen bis hin zur Ausstoßung aus dem loyal miteinander verbundenen Gruppenverband.

2. Loyalität in Familien

Unter dem Stichwort der „unsichtbaren Bindungen" (Invisible Loyalties) hat *Boszormenyi-Nagy* das generationenübergreifende Loyalitätsprinzip in Familien und anderen sozialen Gruppen herausgearbeitet: „Das Loyalitätsprinzip ist eine grundlegende Voraussetzung für das Verständnis der Moral, das heißt der tieferliegenden Beziehungsstruktur von Familien und anderen sozialen Gruppen. (...) Loyalitätsbindungen gleichen unsichtbaren, aber starken Fasern, welche die komplizierten Teilchen des Beziehungs-‚Verhaltens' in Familien wie auch in der Gesellschaft zusammenhalten. Um die Funktionen einer Gruppe zu verstehen, muss man vor allem wissen, wer mit wem durch Loyalität verbunden ist und was Loyalität für die so Verbundenen bedeutet" (*Boszormenyi-Nagy/Spark* 1981, S. 66). 310

Ein großer Teil der in den Familien herrschenden ungeschriebenen Gesetze – alles das, was in einer Situation gesagt oder verschwiegen, getan oder unterlassen werden soll – wird unbewusst vermittelt und ist für den Außenstehenden nur schwer einsichtig. Familiale Regeln werden häufig über Generationen weitergegeben. Neu hinzukommende Mitglieder können durch Modifikationen des Regelwerks in den Loyalitätsverband integriert werden. Selbst dort, wo sich ein Familienmitglied typischerweise weigert, bestehende Regeln einzuhalten, kann diese Haltung zu einer regelhaften Erwartung führen. Ein Beispiel hierfür ist die Rolle eines Familienmitglieds als Sündenbock, dessen Loyalität sich in der regelmäßigen Missachtung von Verhaltensstandards zeigt. 311

Aufgrund ihres angeborenen Bedürfnisses nach Bindung und Zugehörigkeit (vgl. oben Rn 273 f.) sind Kinder gerne bereit, bestehende Familienregeln wahrzunehmen, diese zu internalisieren und sich loyal gegenüber den ihnen nahestehenden Personen zu verhalten. Sie lernen früh zu erkennen, was von ihnen erwartet wird und richten ihr Verhalten darauf aus. Das im Alltag immer wieder geübte loyale Verhalten wird durch ein System wechselseitiger Bestätigung in Gang gehalten und verstärkt. Als Lohn winken Anerkennung, Schutz und Trost. Der Preis für illoyales Verhalten ist Missbilligung, Ausgrenzung und Strafe. 312

Individuelle Unterschiede ergeben sich durch die unterschiedliche Qualität von Loyalitätsbeziehungen zwischen Eltern und Kindern. An dem einen Ende ei- 313 nes Kontinuums stehen **rigide elterliche Verhaltenserwartungen**, die dem loyal sich verhaltenden Kind keinen Raum für eigene Gestaltung offen lassen. Von dem Kind wird das Ausfüllen einer Rolle verlangt, die durch starre Vorgaben und undurchlässige Grenzen bestimmt ist. Eltern haben in diesem Fall unverrückbare Vorstellungen davon, wie ihr Kind sein soll und versuchen, es ganz nach ihrem Bilde zu formen und zu beeinflussen. Am anderen Ende des Kontinuums stehen Eltern, die an das Verhalten ihres Kindes unklare, **wechselnde und unvorhersehbare Erwartungen** knüpfen. Rollendiffusität, unklare Grenzziehung und starke Ambivalenzen kennzeichnen diese Haltung. Sich den Eltern gegenüber loyal zu verhalten, bedeutet hier für das Kind, stets auf der Hut zu sein und sich den je nach Stimmung wechselnden Erwartungen der Eltern anzupassen.

314 In einem Mittelbereich zwischen diesen beiden Extremen bewegen sich elterliche Erwartungen, bei denen **Klarheit mit situationsangemessener Flexibilität** verbunden ist. In diesen Familien gibt es Regeln, die aber veränderbar sind, wenn die Umstände es erfordern. Den Kindern wird die Botschaft vermittelt, sich auf bewährte Verhaltensweisen verlassen zu können und zugleich einen ausreichenden Spielraum für die Ausgestaltung eines eigenen Verantwortungsbereichs zu besitzen. Loyalität kombiniert in diesem Fall eine Sicherheit gebende Zuverlässigkeit mit der für die Bewältigung neuer Situationen notwendigen Offenheit. Erziehungsziele in diesem für Kinder förderlichen Mittelbereich sind Rollenklarheit, Balancierung unterschiedlicher Erwartungen, Konfliktfähigkeit, Toleranz und Respekt vor den Unterschieden zwischen Menschen.

3. Loyalitätskonflikte

315 Aus Sicht des Kindes bestehen in der Familie gleichzeitig mehrere Loyalitäten: zur leiblichen Mutter und zum leiblichen Vater, zu eventuell existierenden Geschwistern, zu den Großeltern, eventuell zu Stief-, Pflege- bzw. Adoptiveltern oder -geschwistern, zu anderen in der Familie bedeutsamen Personen, zu familialen Subgruppen (z. B. zur mütterlichen und väterlichen Herkunftsfamilie) und zu der Familie als Ganzes. Jede Loyalitätsbeziehung ist für das Kind mit eigenen Regeln und Rollenerwartungen verbunden, die sich mehr oder weniger von den anderen unterscheiden. Feine Unterschiede, offene und verdeckte Differenzen, konkurrierende Erwartungen und Konflikte sind hier selbstverständlich.

316 Loyalitätskonflikte – also das Nebeneinander unterschiedlicher Loyalitäten – sind für Kinder nicht per se schädigend. Solange diese ein bestimmtes Ausmaß nicht überschreiten, gehören sie zu den normalen Lebenserfahrungen, die sogar reifungsfördernd sind. Wenn beispielsweise Mutter und Vater in ähnlichen Situationen unterschiedliche Erwartungen haben, lernt das Kind zu diffe-

renzieren und Alternativen zu akzeptieren, aus denen es auf je eigene Weise Gewinn ziehen kann. Eine kritische Schwelle wird dann erreicht, wenn die Parallelität unterschiedlicher Regelanforderungen im Sinne eines „Sowohl-als auch" in ein „Entweder-oder" umschlägt. Sobald Konkurrenz zur Rivalität wird, in der kein Platz mehr für die Regeln des anderen bleibt (der andere frontal bekämpft wird), können Loyalitätskonflikte für Kinder mit schädigenden Folgen verbunden sein.

317 Klassische Konstellationen für Loyalitätskonflikte mit möglichem negativen Ausgang sind der Scheidungskampf auf dem Rücken des Kindes und die Rivalität zwischen leiblichem Elternteil und Stiefelternteil bzw. zwischen leiblicher Familie und Pflege- oder Adoptivfamilie. Gemeinsam ist diesen Konflikten, dass sich ein Kind mehreren Erwachsenen loyal verbunden fühlt, diese Erwachsenen in Konflikt miteinander geraten und versuchen, die Loyalität des Kindes im Kampf gegen den oder die anderen Erwachsenen auszunutzen.

318 Die Folgen für das Kind, das dadurch regelmäßig in Konflikt mit einem Teil seiner Gefühlswelt gebracht wird, können gravierend sein. Viele Kinder neigen dazu – manchmal bis zur Selbstverleugnung – sich den jeweils wechselnden Erwartungen anzupassen, um es auf diese Weise soweit wie möglich „allen recht zu machen". Der Preis, den sie dafür bezahlen, zeigt sich in Zurückgezogenheit und depressiver Gereiztheit, in starken Selbstzweifeln oder psychosomatischen Beschwerden. Andere Kinder tendieren dazu, den inneren Konflikt zu externalisieren und durch erhöhte Aggressivität, Schulverweigerung u.ä. sozial auffällig zu werden.

319 Da Loyalität ein interaktionelles Geschehen darstellt und im Zusammenspiel zwischen zwei und mehr Partnern entsteht, hängt die subjektiv empfundene Intensität einer Verpflichtung ebenfalls von mindestens zwei Personen – Sender und Empfänger – ab. In Bezug auf Kinder ist dies insofern von Bedeutung, als diese eine starke loyale Verbundenheit zu einer Person empfinden können, auch ohne dass eine entsprechende Verhaltenserwartung immer wieder erneuert wird. Dies ist häufig der Fall bei einem abwesenden (z.B. verstorbenen) Elternteil, dem sich das Kind besonders verbunden fühlt. Das Loyalitätsempfinden verhindert dann, dass sich das Kind unbefangen auf neue Beziehungen einlassen kann.

320 Ein spezieller Fall des Loyalitätskonflikts liegt bei der so genannten **Double-bind-Situation** vor. Hier werden dem Kind widersprüchliche, sich gegenseitig ausschließende Botschaften von einer (Eltern-)Person vermittelt. Viele hochambivalente Beziehungen sind durch Double-Bind-Situationen geprägt, die auch als Beziehungsfallen bezeichnet werden. Beispiel für eine solche doppelte Botschaft ist, wenn ein Elternteil einerseits durch starke Ablehnung und Missbilligung des Verhaltens dem Kind signalisiert, nicht erwünscht zu sein, andererseits aber das Kind an sich klammert durch Vermittlung der Botschaft, schwer zu leiden oder sogar krank zu werden, sobald es sich anderen Men-

schen zuwendet. Da das Kind nicht zugleich beide Verhaltenserwartungen (den Elternteil zu verlassen und ihm zugleich als Stütze zu dienen) erfüllen kann, handelt es sich hier um eine schwerwiegende Beziehungsstörung, die das Kind in seiner seelischen Entwicklung massiv gefährdet (*Watzlawik* 1969, S. 195).

4. Loyalität und Kindeswille

321 Loyales Verhalten von Kindern gegenüber ihnen nahe stehenden Personen aus Vergangenheit und Gegenwart gehört zu den normalen Verhaltensweisen, die es zu respektieren und zu schützen gilt. Das Erkennen von Loyalitätsbeziehungen gibt wichtige Hinweise auf die Position des Kindes in der Familie und auf seine Beziehung (Nähe und Distanz, Intensität und Qualität) zu den einzelnen Familienmitgliedern bzw. Teilfamilien. Rigide oder widersprüchliche Verhaltenserwartungen sowie die Instrumentalisierung loyalen Verhaltens gegen andere für das Kind wichtige Personen dagegen bergen erhebliche Entwicklungsrisiken und gefährden das Kindeswohl. Im Einzelfall gilt es zu unterscheiden – unter Umständen mit Unterstützung von psychologisch geschulten Fachkräften –, wo es sich um Loyalitätsbeziehungen handelt, die für das Kind eine wichtige Ressource darstellen, und wo andererseits ein Kind unter dem Druck von Loyalitätskonflikten leidet und Entlastung benötigt.

322 Entlastung gelingt am einfachsten durch Wertschätzung aller Personen, denen sich das Kind loyal verbunden fühlt. In einem zweiten Schritt kann dann versucht werden, das Kind aus einer übergroßen Loyalitätsverpflichtung (z. B. zu seiner Herkunftsfamilie) zu entbinden und ihm dadurch die Chance zu geben, sich an dem neuen Ort (z. B. in einer Pflegefamilie) einzuleben und Fuß zu fassen. In manchen Fällen – besonders wenn es sich um unverarbeitete Verlusterfahrungen oder um widersprüchliche, das Kind verwirrende Verhaltenserwartungen handelt – kann eine therapeutische Unterstützung notwendig sein.

323 Loyalitäten haben Einfluss auf die kindliche Willensbildung. Das, was Kinder wollen, wird beeinflusst durch ihre Verbundenheit zu anderen Personen und durch Gefühle von Verpflichtung diesen für sie bedeutsamen Menschen gegenüber. Hier zeigt sich die generelle Kontextabhängigkeit des menschlichen Willens (was im Übrigen für Kinder und für Erwachsene gilt). Im Umkehrschluss bedeutet dies, dass wir uns von der Vorstellung eines vollständig unabhängigen (autonomen) Willens verabschieden müssen. Was „freier Wille" genannt wird, entpuppt sich bei näherem Hinsehen als mehrschichtige Konstruktion des Individuums auf der Basis seiner bisher gemachten Erfahrungen. Dies bedeutet nun nicht, dass wir den Begriff des freien Willens gänzlich aufgeben müssen. Entscheidend ist, dass Willensäußerungen immer eine aktive Leistung des Subjekts voraussetzen und daher keineswegs aus den kontextuellen Einflüssen allein erklärbar sind.

IV. Suggestibilität, Beeinflussung und induzierte kindliche Äußerungen

1. „Gehirnwäsche", „Programmierung", „PAS"

Angebliche und reale Beeinflussung und Fragen der Beeinflussbarkeit von 324
Kindern spielen in vielen zugespitzten Sorgerechtsauseinandersetzungen und vor allem in Umgangsfragen eine Rolle. Allerdings bestehen Zweifel, ob Kinder à la longue tatsächlich die negative Meinung eines Elternteils über den anderen übernehmen. *Wallerstein* (FamRZ 2001, 65 ff.) bzw. *Wallerstein* und *Lewis* (1998) berichten aus ihrer 25-Jahre-Katamnese über Scheidungskinder, dass Kinder, vor allem im jüngeren Alter, zuweilen Partei für eine Seite ergriffen, und zwar meistens für die, um die sie sich am meisten Sorgen machten bzw. die sie am meisten bemitleideten. Keine dieser Allianzen hätte die mittlere Adoleszenz überdauert. Die meisten Kinder hätten ihre Urteile über die Eltern auf der Grundlage eigener Beobachtungen revidiert. „Es gibt keinen Beleg in unserer Studie, dass eine elterliche Stimme das Denken des Kindes auf Dauer völlig dominieren könnte" (*Wallerstein* 2000, S. 10).

Neuerdings haben im Gegensatz dazu vor allem in das juristische Schrifttum 325
empirisch psychologisch wenig untermauerte Begrifflichkeiten wie die „Gehirnwäsche" (brainwashing) oder „Programmierung" Eingang gefunden. Sie sollen als Teil elterlichen Suggestionsverhaltens mit Ursache für ein so genanntes **„Parental Alienation Syndrome"** („PAS") sein (vgl. *Gardner* 1992, *Kodjoe* und *Koeppel* 1998). *Klenner* (1995) spricht beschreibender von „Umgangsvereitelung", wobei diese neutralere Begriffswahl meines Erachtens den Vorteil hat, dass sie nicht ein psychopathologisches Störungsbild unterstellt, welches quasi mit psychotherapeutischen Kompetenzen diagnostiziert werden müsse oder könne. Andererseits birgt sich in der Formulierung die Gefahr, dass die unbewusste Natur vieler Loyalitätsprobleme und Ambivalenzen auch der Kindeseltern unter einer solch klar finalen Formulierung, die ein bewusstes Handeln unterstellt, plakativ zugedeckt werden.

Es war sicher kein Zufall, dass sich R. A. Gardner und Kathleen Coulborn Faller, 326
die schon vor Jahren sehr wesentliche empirische Forschungsbeiträge zum sexuellen Missbrauchsvorwurf im Scheidungsverfahren vorgelegt hat, 1998 in der Zeitschrift *Child-Maltreatment* eine heftige Debatte lieferten. Frau Faller versuchte Forschungsergebnisse zu einzelnen Teilkonstrukten, die sie in Gardners Beschreibung zu erkennen glaubte, darzustellen, um dann den Nutzen der Verwendung des PA-Syndrom-Begriffs im medizinischen und juristischen Kontext kritisch zu evaluieren. Gardner warf ihr vor, ihn weitgehend missverstanden zu haben. Sie habe sich mit Begrifflichkeiten auseinandergesetzt, die

in seinem Werk nur marginal oder überhaupt keine Rolle spielten (*Gardner* 1998, *Faller* 1998 a und b [The Parental Alienation Syndrome: What is it and what data support it?]).

327 Offensichtlich haben Experten, die sich wissenschaftlich mit sexuellen Missbrauchsvorwürfen in Sorgerechtsstreitigkeit und Umgangsfragen befasst haben, auch etwas zur Debatte um das sogenannte „PAS" beizutragen (vgl. die schon Mitte der 90er-Jahre über 100 Seiten umfassende kommentierte Bibliographie zu dieser Thematik von *Deaton* et al. 1995). Gleichzeitig steht zu befürchten, dass ähnlich wie diese Debatte in den USA wie auch in Europa ideologisch entgleist und zu vielen nicht mehr überwindbaren Polarisierungen führt und auch der „PAS"-Begriff wieder eine Einteilung in „Lager" mit sich bringen wird. Solche Lagerbildungen sind letztendlich nicht nur der Wissenschaft sondern auch der Klärungs- und Befriedungsfunktion von Gutachten abträglich. Denkt man zurück an Debatten wie um den „Missbrauch mit dem Missbrauch" oder den Einsatz des Polygraphen in Missbrauchsfällen, so war jeweils eine Rückbesinnung auf Grundprinzipien der Epidemiologie und der Begutachtungsmethodik klärend und hilfreich. Insofern liegt es nahe, sich im Kontext des „PAS" hier einmal näher mit Fragen der Suggestibilität, Beeinflussung und Induktion im klinisch-psychopathologischen Sinne auseinander zu setzen.

2. Suggestionseffekte bei kindlichen Zeugenaussagen

328 Die Debatte um den sexuellen Missbrauch an Kindern und der Verwertbarkeit von Kinderaussagen im forensischen Bereich hat in den letzten zwanzig Jahren zu einer gründlicheren Erforschung von Suggestionseffekten geführt, doch schon *Stern* (1904) unterschied zwischen aktiver Suggestion als Handlung der einflussnehmenden Personen und passiver Suggestion als einem psychischen Zustand bei der beeinflussten Person. *Volbert* (1997) beschreibt diesen Zustand passiver Suggestion als „Empfänglichkeit für Suggestionen", die in gewisser Weise auf Bedürfnisbefriedigung ausgerichtet sei und von aktiv suggestiven Einflüssen unabhängig sein könne. Mit Bezug auf ältere Literatur, z.B. *Gheorghiu* (1989), nennt sie drei Arten von unerfüllten Bedürfnissen als Grundlage passiver Suggestion:

– **Affektive Bedürfnisse** (Mangel an Liebe, Vertrauen, Sicherheit, Selbstwertgefühl)

– **Kognitive Bedürfnisse** (Mangel an Erinnerung, Wissen, logischem Denken und Verständnis)

– **Strukturelle Bedürfnisse** (ungenügende Klarheit der Situation)

In Bezug auf kindliche Zeugenaussagen stellte die in dem von *Doris* 1991 herausgegebenen Buch geführte Debatte über Beeinträchtigungen von Gedächtnisleistungen einen wichtigen Meilenstein dar. Umstritten blieb allerdings, ob Kinder und hier insbesondere Vorschulkinder besonders stark durch suggestiv eingebrachte falsche Informationen zu falschen Erinnerungen und Falschaussagen verleitet werden können. Die Widersprüche zwischen den experimentellen Ergebnissen von *Ceci* et al. (1987) und *Zaragoza* (1987) blieben umstritten. *Zaragoza* (1991) blieb auf der Basis der Untersuchung von über 260 Vorschulkindern der Meinung, dass sie keine spezifischen Faktoren herausfinden konnte, welche Erinnerungsfehler prädizierten. *Steller* (1991) schlug im selben Band vor, sich eher von der Frage der Suggestibilität als Persönlichkeitszug zu entfernen und sich mehr mit der deutschen Tradition der Aussagepsychologie zu beschäftigen, d.h. eben nicht individuelle Unterschiede zwischen Kindern zu suchen, die erhöhte Suggestibilität vermuten lassen, sondern relevante motivationale- und Kontextvariablen im Interview und in der Entstehung von Aussagen stärker in den Blick zu nehmen.

329

In vielen experimentellen Untersuchungen spielten spezifische und unspezifische Fehlinformationen, welche Kindern gegeben wurden, eine Rolle. *Volbert* (1997) resümiert diese Experimente folgendermaßen: „Zusammengefasst kann festgestellt werden, dass Fehlinformationen häufig ohne Effekt bleiben, wenn sie wirksam werden, können sie Aussagen aber erheblich verändern. Von daher können auf der Basis derselben Daten zwei gegensätzliche Argumentationen erfolgen: Man kann sowohl belegen, dass Suggestionen in Kinderaussagen ein sehr ernst zu nehmendes Problem sind (da sie sich auch auf Aussagen über Sachbehalte beziehen, die im tatsächlichen Leben möglicherweise Aktivitäten von Ermittlungsbehörden, Jugendämtern oder Familiengerichten ausgelöst hätten); es lässt sich aber auch argumentieren, dass Aussageveränderungen durch suggestive Einflussnahmen seltenere Ereignisse sind, da sie nur bei sehr wenigen kindlichen Versuchspersonen zu beobachten waren. Aussageveränderungen durch suggestive Einflussnahmen finden sich sowohl für Teilaspekte eines tatsächlich erlebten Ereignisses sowie für überhaupt nicht erlebte Geschehnisse." (*Volbert* 1997, S. 153).

330

Ceci (1993) bestätigte Stellers Annahme, indem er zeigen konnte, dass auch die suggestive Beeinflussung von Interviewern, ohne dass direkt im Experiment suggestiv auf die Kinder eingewirkt wurde, zur Aussageveränderung führen konnte. *Fegert* (1995) hat eine phänomenologische Beschreibung von Verfälschungsgründen in der Gutachtensituation vorgelegt. Ausgehend von den üblichen Kriterien in hypothesenüberprüfenden Verfahren werden Möglichkeiten der Übereinstimmung bzw. Nichtübereinstimmung von Aussage und Wirklichkeit diskutiert.

331

3. Falschnegative und falschpositive Einschätzungen kindlicher Zeugenaussagen

332 **Richtige Befunde:** Die Äußerungen des Kindes werden vom Gutachter als wahrheitsgemäß angesehen und decken sich tatsächlich mit der Wirklichkeit. Diese Übereinstimmung kann sowohl Ergebnis gründlicher Untersuchungsmethodik wie auch ein Zufallstreffer sein. Als **Falschnegative** bezeichnet man Befunde, bei denen man zu dem Schluss kommt, es sei nichts vorgefallen, tatsächlich ist aber etwas vorgefallen. **Falschpositiv** wären z.B. die dargelegten Suggestionsbefunde, d.h. real ist nichts vorgefallen, aber Suggestionseffekte oder andere Effekte führen dazu, dass bei der Bewertung von Kinderaussagen von realen Vorfällen ausgegangen wird.

333 *Fegert* (1997) nennt **gezieltes Schweigen**, häufig bedingt durch große Angst der Kinder, sich mitzuteilen, häufig bedingt durch vorangegangene negative Erfahrungen oder Enttäuschung bei Mitteilungsversuchen, als Ursache für falschnegative Ergebnisse bei der Wahrnehmung kindlicher Traumatisierung. Auch unbewusste Phänomene wie Verdrängung, Bagatellisieren etc. können psychopathologisch zu falschnegativen Beurteilungen führen. Kinder- und jugendpsychiatrische Störungsbilder wie der Mutismus oder andere Formen der Kommunikationsstörungen können ebenfalls die Folge haben, dass die tatsächlichen Verhältnisse nicht erhoben werden können.

334 Ursachen bei Kindern für falschpositive Bewertungen durch Erwachsene liegen in **gezielten Falschaussagen oder Lügen**, wobei festgestellt werden muss, dass bei gesteigertem Befragungsdruck durch Erwachsene die Konfabulationsneigung von Kindern steigen kann. *Bernett* (1993) beschreibt verschiedene Phänomene, die zu sogenannten Falschaussagen führen. Er nennt Phantasietätigkeit, Täuschungsphänomene, Trugwahrnehmungen, Konfabulation und Pseudologia phantastica (siehe oben Rn 303), wahnhafte Phänomene etc. Psychopathologisch wichtig erscheint mir dabei, zu differenzieren, dass Phantasietätigkeit und wahnhafte Phänomene bei explizit psychopathologischen Problemen, z.B. im Zusammenhang mit einer Schizophrenie, nicht interaktiv sind, sondern in der Person des betroffenen Kindes oder Jugendlichen anzusiedeln sind, während das Konfabulieren oder gar die Pseudologie die Interaktion und Kommunikation mit anderen bedingt. Hierin liegt offensichtlich eine wesentliche Unterscheidung zwischen interaktionell induzierten Phänomenen und intrapsychischen Vorgängen.

335 Allerdings reicht es nicht allein, Kinder und Jugendliche im Hinblick auf Verfälschungsgründe zu betrachten, vielmehr sind solche Möglichkeiten der Nichtwahrnehmung bzw. der Überbewertung auch bei Eltern, erwachsenen Bezugspersonen und Professionellen wie Lehrern, Sozialarbeitern, Ärzten,

Psychologen, Verfahrenspflegern, Anwälten etc. zu beobachten. Manipulative Tendenzen wie Übertreiben oder Abwiegeln können hier genauso eine Rolle spielen wie die Fehlinterpretation eigentlich verständlichen kindlichen Verhaltens und insbesondere die unzulässige kausale Zuordnung für bestimmte Verhaltensfolgen auf die Umgangssituation.

4. Wissenschaftlich fragwürdige Begriffsbestimmungen führen zu fragwürdigen Sorgerechts- und Umgangsentscheidungen

Schon 1988 behauptete *Hechler* für die amerikanischen Verhältnisse ein „Sexual Abuse Syndrome" habe sich in ein „Sexual Accuse Syndrome" vor allem in Sorgerechts- und Umgangsfragen verwandelt. Der Missbrauchsvorwurf sei zur taktischen Waffe geworden. *Fegert* (1997) stellt in Bezug auf eine eigene Stichprobe und auf die Stichprobe von *Deberding* und *Klosinski* (1995) allerdings kritisch fest, dass diese pointierte Formulierung von einem „Sexual Accuse Syndrome" als generalisierte Unterstellung sicher zu weit gehe. Allerdings war schon sehr früh (vgl. *Fegert* 1987) die damals in USA verbreitete Annahme eines so genannten Verhaltenssyndroms des sexuellen Missbrauchs oder „Sexual Abuse Syndrome" auf nachhaltige Kritik gestoßen, weil es keine empirischen Befunde dafür gab, dass es sich wirklich um einen stabilen Symptomkomplex handle, welcher die regelmäßige interraterreliable zuverlässige Diagnostik sexuell missbrauchter Kinder aus der Analyse von Verhaltenssymptomen ermögliche. **336**

Neuerdings ist nun quasi eine Generalisierung des „Sexual Accuse" Syndroms das so genannte „Parental Alienation Syndrome" („PAS") zu einem neuen Schlagwort in der Umgangsrechtsdebatte geworden. Ähnlich wie die Debatte um Suggestibilität und Kinderaussagen führt nun die Debatte um das so genannte PAS oder die gezielte „Umgangsvereitelung" nicht zuletzt vor dem Hintergrund der prinzipiell richtigen neuen Akzentsetzung nach der Kindschaftsrechtsreform zugunsten des Erhalts von Bindungen zu einer häufig nur noch ideologisch geprägten Debatte, die wenig zur differenzierten Behandlung des Einzelfalls beiträgt, aber zu Polarisierungen in der Fachwelt führt. Diese Polarisierungen führen dann wieder zu häufig erzieherisch oder didaktisch gemeinten gerichtlichen Entscheidungen, welche der Debatte eine neue Schärfe geben und häufig an den Interessen und Bedürfnissen von Kindern vorbeigehen. **337**

Der in der klinisch-psychiatrischen Literatur – überhaupt in der Medizin – klar umschriebene Syndrombegriff trifft wohl auch wenig auf den hier gemeinten Gegenstand zu. Deshalb haben manche erfahrenen psychologische Gutachter, z. B. *Salzgeber* und *Stadler* (1998) oder *Gerth* (1998), „PAS" und das entsprechende Vokabular „Programmierender Elternteil", „Gehirnwäsche" etc. als **338** unzulässige Vereinfachung und unbewiesene Unterstellung, ja gar als „Allheilmittel" oder „psychologisch verbrämte Keule" (*Salzgeber* und *Stadler* 1998, S. 168) oder „Superkriterium" (S. 170) bezeichnet. Offensichtlich soll der Syndrombegriff der eher trocken deskriptiven Kategorie der „Umgangsvereitelung" nun eine klinische Relevanz und wissenschaftliche Aura geben.

339 Auffallend ist aber, dass in der entsprechenden Literatur, abgesehen von der Studie von *Clawar* und *Riflin* (1991), die einen retrospektiven und einen Interventionsanteil enthielt und mit ihren breiten Streuungen zu wenigen Aussagen führen kann, und der Untersuchung von *Dunne* und *Hedrick* (1994), in der 16 Einzelfälle nach übergreifenden Beschreibungskategorien analysiert wurden, wenig empirisches Datenmaterial zu finden ist. Vielmehr wird an bestimmten Einzelfällen das so genannte „PAS" dargestellt und quasi als Therapie der Wechsel des Kindes in eine nicht „gehirnwaschende" Beziehung bzw. in eine nicht induzierende Umgebung, d.h. meist zum anderen Elternteil, vorgeschlagen. Eine empirische Evaluation dieses Lösungsansatzes wird ebenfalls nicht vorgelegt. Dagegen wird nicht selten unter der Formulierung „Leuchtturmentscheidungen" auf den einschlägigen Homepages von Organisationen der so genannten Väterbewegung auf entsprechende OLG-Entscheidungen hingewiesen, wobei Einzelentscheidungen, in denen ein so genanntes „PAS" in der Begründung direkt angeführt wurde, meist wörtlich zitiert werden. So ist es offensichtlich gelungen, im juristischen Schrifttum in der familienrechtlichen Debatte eine rhetorische Figur einzuführen, die alle unangenehmen Affekte heftig geführter Umgangsauseinandersetzungen oder Sorgerechtsauseinandersetzungen aufgreift, sie zum Wesen einer meist mütterlichen Pathologie macht und die generelle Lösung in einer Entfernung aus der „Gehirnwäschesituation" sieht, d.h. weitgehende Entscheidungen bis hin zum Sorgerechtsentzug vorschlägt.

340 Wegen dieser weitreichenden Konsequenzen einer solchen rhetorischen Floskel und nicht wegen der vorgelegten Befunde lohnt es sich im Kontext eines solchen Buches, sich näher mit der Frage „PAS" auseinander zu setzen. Selbstverständlich bedeutet die Aufnahme dieses Schlagwortes in ein Handbuch gleichzeitig die Gefahr, einer nur scheinbar wissenschaftlichen Kategorisierung weitere akademische Anerkennung und Weihen zu geben. Deshalb sei aus kinder- und jugendpsychiatrischer und psychotherapeutischer Sicht hier noch einmal gesagt, dass im Gegensatz zu den in der internationalen Klassifikation der Erkrankungen (ICD-10) beschriebenen Störungsbildern und Syndromen das „PAS" keine reliable evidence base hat, wie sie z.B. von den Fachgesellschaften und Fachverbänden gefordert wird. Wäre das „PAS" wirklich ein diagnostizierbares personenbezogenes Phänomen, könnte ja leicht die Aufnahme in eines der diagnostischen Manuale – sei es DSM oder ICD – verlangt werden und könnte dann

die notwendige vorausgehende empirische Überprüfung erfolgen. Doch dies ist sicher auch von denen, die diese Begrifflichkeit benutzen, nicht intendiert.

Der Begriff „PAS" wurde von dem Psychoanalytiker *Gardner* im Zusammenhang mit beschreibenden Darstellungen der Psychodynamik von Umgangsvereitelungen quasi als theoretisches Modell eingeführt. *Gardner* verwendet diesen Begriff seit ca. Mitte der 80er Jahre, er wurde aber erst mit Erscheinen des Buches populär („The Parental Alienation Syndrome – A Guide for Mental Health and Legal Professionals" [1992, 2. Auflage 1998]). *Jopt* (1999) hat auf die z.T. unfruchtbare Empirie-Theorie-Debatte hingewiesen und unterstreicht die theoretische Bedeutung des „PAS"-Modells mit der zutreffenden Formulierung „Empirie ersetzt keine Theorie" (Vortrag vor der Katholischen Akademie Trier auf der Homepage der Väterinitiative). Demgegenüber verweist Gardner klar auf die Begrifflichkeiten der empirisch fundierten Klassifikation der Weltgesundheitsorganisation oder der amerikanischen psychiatrischen Assoziation, indem er sein theoretisches Konstrukt „Parental Alienation Syndrome" „a disorder", also ein Störungsbild nennt (*Gardner* 1992). Diese Anspielung auf ein bei Psychoanalytikern eher unbeliebtes Kategoriensystem kann nur den Zweck haben, hier eine empirische Fundierung suggerieren zu wollen. Er definiert: „The parental alienation syndrome („PAS") is a disorder that arises primarily in the context of child-custody disputes. Its primary manifestation is the child's campaign of denigration against a parent, a campaign that has no justification. It results from the combination of a programming (brainwashing) parent's indoctrinations and the child's own contributions to the vilification of the target parent. When true parental abuse and/or neglect is present the child's animosity may be justified, and so the parental alienation syndrome explanation for the child's hostility is not applicable."

Das heißt, selbst der Urheber der Begrifflichkeit legt zunächst einmal nahe, zu prüfen, ob es sich wirklich um suggerierte oder induzierte Vorwürfe handelt oder ob tatsächlich massive Belastungsfaktoren wie Vernachlässigung, Misshandlung oder Missbrauch die Beziehung geprägt haben. Für die letzteren Fälle verneint er eine mögliche Anwendung seines Terminus. Dies scheint mir eine entscheidende Feststellung zu sein, da in der deutschen Rechtsprechung und in manchen Literaturstellen der so genannte Missbrauchsvorwurf im Umgangsrechtsverfahren als Extremform des so genannten „PAS" und quasi als Taktik der Umgangsvereitelung dargestellt wird. Syndrome werden in der klinischen Literatur „Symptomkomplexe" genannt, die gerade durch das gesetzmäßige gemeinsame Auftreten mehrerer Symptome diagnostiziert werden können. Deshalb ist es wichtig, aus Gardners Texten die Beschreibung einzelner Hinweissymptome, die den Symptomkomplex darstellen sollen, zu diskutieren. Als Symptome beschreibt er Verunglimpfung, vage absurde Erklärungen oder Rationalisierungen für die

Herabsetzung des anderen Elternteils, Fehlen der sonst in solchen Konflikten typischen Ambivalenz der Kinder, reflexartige Unterstützungen des entfremdenden Elternteils im elterlichen Konflikt, Abwesenheit von Schuldgefühlen wegen Grausamkeiten und/oder Ausbeutung des entfremdeten Elternteils, Ausbreitung der Feindseligkeit und Ablehnung auf Freunde oder die erweiterte Familie des entfremdeten Elternteils und der Rekurs auf entlehnte Szenarien.

5. „PAS" und Kindeswille

343 Deutlich wird, dass die Annahme eines „PAS" in einem solchen Sinne quasi die völlige Außerkraftsetzung des vom Kind dargelegten Kindeswillen bedeutet. Kinder werden als Opfer eines Programmierungsprozesses, als Opfer einer Hirnwäsche dargestellt, so dass es nur logisch erscheint, dass auf ihre Äußerungen in diesem Kontext keine Rücksicht genommen werden kann. Welche Gefahr in solchen Konzepten für tatsächlich stark betroffene und geängstigte Kinder lauert, kann jeder ermessen, der mit traumatisierten Kindern arbeitet. Auch verwundert, dass nicht die in Extremfällen durchaus praktikable diagnostische Lösung, nämlich die Verbringung des Kindes in ein relativ beeinflussungsarmes neutrales Umfeld zur Exploration der Beziehung zu beiden Elternteilen in einer stützenden entlastenden Umgebung diskutiert wird, sondern als Lösung dieser hochstrittigen Konflikte die Umplatzierung zum anderen Elternteil entgegen den Äußerungen der Kinder scheinbar das Allheilmittel darstellt.

344 Sicher müssen manche Entscheidungen orientiert am Kindeswohl auch über den artikulierten Kindeswillen in begründeter Form hinweggehen können. Doch bleibt der geäußerte Kindeswille ein konstitutiver Anteil des Kindeswohlbegriffs (vgl. *Fegert* 2000; siehe auch oben Rn 254 ff.). Es ist fragwürdig, ob aus Inhalten wie Ablehnung etc. monokausal auf „Gehirnwäsche" oder „Programmierung" zurückgeschlossen werden darf. Selbst die Annahme sozialer Erwünschtheit ist keine alles erklärende Generalhypothese. Vielmehr muss im Einzelfall die subjektive Befindlichkeit und die innere Logik von Kindesäußerungen beachtet und respektiert werden. Deshalb führt die letztendlich von der Heftigkeit der Auseinandersetzung abgeleitete eher interaktionelle „PAS"-Hypothese in Begutachtungsfragen nicht weiter.

6. Sorge- und Umgangsrechtsentscheidungen – Kriterien wissenschaftlich abgesicherten Vorgehens

345 Für eine differenzierte und seriöse Entscheidungsgrundlage gilt es daher, die Willensäußerungen des Kindes ausführlich als Freitext zu erfassen. Dabei ist es durchaus möglich, auch kleinere Kinder schon zu befragen, wie die Elternteile

und andere Erwachsene über diese Frage denken und was diese ihnen zu dieser Frage gesagt haben. Eine Textanalyse ergibt dann Anhaltspunkte, ob bestimmte Argumente stereotyp wiederholt werden oder ob sich differenzierte emotional nachvollziehbare Gefühle und Argumentationsketten auffinden lassen. Zusammen mit der Interpretation von Familienbeziehungsverfahren oder Skulpturverfahren oder zur Explorationsergänzung auch projektive Verfahren, wie dem TAT oder TGT, ergibt sich dann eine gutachterliche Basis zur Einschätzung der Willensäußerungen des Kindes.

346 Ohne die detaillierte Formulierung und Überprüfung von Einzelhypothesen kann eine intendierte Umgangsvereitelung nicht angenommen werden. Wird in einem Gerichtsverfahren vielleicht auch von einem psychologischen Sachverständigen oder vom Verfahrenspfleger oder von einem Anwalt allein aufgrund der Heftigkeit der Auseinandersetzung, aufgrund der Äußerung des Kindes dahinterliegende „Gehirnwäsche" vermutet und ein sogenanntes „PAS" scheinbar „diagnostiziert", ist damit ein hohes Risiko fachlichen Fehlverhaltens verbunden. 1999 hat der BGH in Strafsachen in Bezug auf die Glaubhaftigkeitsbegutachtung eine viel beachtete Entscheidung, die zum ersten Mal aus höchstrichterlicher Sicht zur Begutachtungsmethodik Stellung nimmt, getroffen. Generell ist selbstverständlich der Sachverständige in der Wahl seiner Mittel frei. Erhebliche Mängel in strafrechtlichen Glaubwürdigkeitsgutachten haben den BGH aber nach der Anhörung von zwei Sachverständigen dazu veranlasst, sich prinzipiell zur wissenschaftlichen Bearbeitung solcher Fragestellungen zu äußern. Der erste Senat des BGH in Strafsachen folgte dabei der Darstellung beider Gutachter und stellte klar, dass mit Hinblick auf das im Strafverfahren zentrale Prinzip der Unschuldsvermutung die wissenschaftlichen Prüffragen so formuliert werden müssen, dass entsprechende entlastende Hypothesen (vom BGH etwas missverständlich als Nullhypothese bezeichnet) durch eine Fülle von Realkennzeichen und Befunden widerlegt werden. Dies setzt allerdings voraus, dass Grund für die Vergabe des Gutachtens nicht eine generelle Erledigungsstrategie der Gerichte war, sondern konkrete Zweifel an einer Aussage.

347 Übertragen auf unseren Kontext, in dem der zentrale Wert, um dessen Schutz es in dem Verfahren geht, das Kindeswohl darstellt, müsste also analog geschlossen werden, dass zunächst einmal der Verdacht einer Kindeswohlgefährdung durch – nennen wir es einmal – „Gehirnwäsche", d.h. eine massive Beeinflussung durch ein Elternteil, z.B. durch Leugnung der Existenz des anderen Elternteils, Wegschneiden des anderen Elternteils aus gemeinsamen Erinnerungsfotos etc., besteht. In einem solchen begründeten Zweifel wären dann einzelne Hypothesen zu überprüfen, wobei durch eine gründliche Überprüfung die falsch positive Annahme eines so genannten „Parental Alienation"-Zusammenhangs ausgeschlossen werden sollte. Ebenso wie im Strafrecht muss hier im familienrechtlichen Zusammenhang zunächst einmal das Fehlerrisiko benannt und abgewogen werden. Während im Strafrecht falsch positive Ergebnisse, d.h. das bejahende Ergebnis einer Glaubhaftigkeitsbegutachtung, obwohl der Angeschuldigte keine Tat begangen hat, damit die Verurteilung Unschuldiger das maximal zu fürchtende Ergebnis darstellt, sind in Verfahren, wo es um das Kindeswohl geht, primär falsch negative Ausgänge zu besorgen. Das heißt, das Strafverfahren hebt in der Glaubhaftigkeitsbegutachtung auf die Spezifität ab und nimmt damit Mängel in der Sensitivität in Kauf.

348 Geht es um Kindeswohlgefährdung im familienrechtlichen Verfahren, muss eine völlig andere Akzentsetzung erfolgen. Hier ist größtmögliche Sensitivität, d.h. die Frage „Handelt es sich um eine Kindeswohlgefährdung?" vorrangiger als der spezifische Nachweis eines Täter-Opfer-Zusammenhangs. Bei einer unterstellten Umgangsvereitelung sind deshalb folgende Fragestellungen zu überprüfen: Gibt es Hinweise auf Induktion oder so genannte „Gehirnwäsche"? Diese Hinweise dürfen nicht aus dem Verhalten von Kindern geschlossen werden, wie dies die Autoren des „PAS" unterstellen, sondern sie müssen sich ähnlich wie die in der aussagepsychologischen Glaubhaftigkeitsbegutachtung aus dem Text, d.h. aus den Aussagen der Kinder, herleiten lassen, da die angegebenen Verhaltenssymptome unspezifisch sind und sich eben bei realen Ängsten, begründeten Ablehnungen bei Misshandlungserfahrungen etc. genauso zeigen. Die Verhaltensbeobachtung des Kindes mit der Beschreibung von Ablehnung, Zurückweisung etc. kann alleine keine Argumentationsbasis darstellen.

349 – Gibt es in den Explorationen beider Elternteile Hinweise auf eine gegenseitige Dämonisierung und eine Verstärkung der Loyalitätskonflikte des Kindes?
 – Lassen sich in empirisch abgesicherten und in projektiven Verfahren Hinweise auf Beeinflussung oder Loyalitätskonflikte ergeben?
 – Wie stark ist das Kind in der Untersuchungssituation beeinflussbar und suggestibel?
 – Welche Verhaltensbeobachtungen lassen sich in einem geschützten Kontext in der Interaktion des Kindes mit dem einen und anderen Elternteil machen?
 – Welcher Realgehalt steht hinter den Äußerungen des Kindes?
 – Wie verhalten sich die angenommenen Beeinflussungseffekte zum Entwicklungsstand des Kindes und zu seinen intellektuell kognitiven Fähigkeiten?
 – Wie stark zeigt das Kind in verschiedenen Situationen, wie z.B. der Untersuchungssituation oder in testpsychologischen Untersuchungen Antworttendenzen im Sinne sozialer Erwünschtheit?

Sind Kriterien für explizite psychopathologische Phänomene wie „Folie à deux" induzierte Psychose nach ICD-10 erfüllt, dann ist eine Krankenbehandlung des Kindes, die in der Regel eine Trennung von der ebenfalls erkrankten induzierenden Person voraussetzt, unbedingt erforderlich. Häufig kann erst in einem solchen stationären veränderten Kontext gesehen werden, ob induzierte wahnhafte Phänomene weiter bestehen und somit eine eigene behandlungsbedürftige Erkrankung besteht oder ob die „Folie à deux"-Symptomatik schon durch den Milieuwechsel nachlässt. 350

Nicht zuletzt muss grundsätzlich überprüft werden, inwieweit das Kind zu einer eigenen Willens- und Meinungsbildung in der Lage ist, ob es die einschlägigen Fragestellungen verstanden hat etc. 351

Zwar zeigt die referierte Literatur nachweisbare z.T. massive Suggestionseffekte in Aussagen von vor allem kleineren Kindern, dennoch muss festgestellt werden, dass solche Effekte nicht häufig sind und schon gar nicht die Regel sind, sondern als eher seltene Ereignisse wegen ihrer Tragweite im forensischen Kontext eine besondere Bedeutung haben. Der Umkehrschluss, kleine Kinder seien völlig willenlos und suggestibel, „Gehirnwäsche" sei deshalb ein generell häufiges Phänomen, trifft gerade auf Kinder, die bislang in sehr positiven und fördernden Umweltbedingungen aufgewachsen sind, nicht zu. Deshalb ist zu prüfen, ob aufgrund von vorausgegangenen schweren Bindungsenttäuschungen, anderen Traumata sowie Vernachlässigungsfolgen etc. besondere Beeinträchtigungen bei den Möglichkeiten zur kindlichen Willensäußerung bestehen. Allein der Bezug auf das junge Alter des Kindes reicht nicht, um eine erhöhte Suggestibilität anzunehmen und schon gar nicht, um die Empfänglichkeit für „Gehirnwäsche" zu postulieren. 352

7. Wie können Verfahrenspfleger mit unterstellter Beeinflussung umgehen?

Die angegebene nicht abgeschlossene Liste von Einzelfragen verdeutlicht, dass die phänomenologische Beschreibung von Verhaltensweisen, wie sie von Gardner als „Symptome" des „PAS" dargestellt wurden, nicht zur Klärung entsprechender Fragestellungen beiträgt. Gerade Verfahrenspfleger haben in ihrer Möglichkeit zum Beziehungsaufbau zu dem Kind eine große Chance, einen wichtigen Beitrag im Einzelfall dadurch zu leisten, dass das Kind gegenüber ihnen Loyalitätskonflikte und Ambivalenzen offenbart. Betont ein Kind auch im Umgang mit der Verfahrenspflegerin oder dem Verfahrenspfleger immer wieder Ängste und negative Erlebnisse oder Traumata, die durch einen anderen Elternteil ausgelöst wurden, und zwar insbesondere als eigene Erfahrung und nicht als 353

Wahrnehmung der Mutter, so muss diesen Hinweisen nachgegangen werden und muss im Zweifel eine weitere Beunruhigung des Kindes vermieden werden.

354 Zwar wird häufig im **begleiteten Umgang** durch den somit installierten physischen Schutz ein probates Lösungsmittel für diese Konfliktsituationen gesehen, doch muss kritisch eingewandt werden, dass hier die emotionalen Kosten und die starke psychische Belastung des Kindes in entsprechenden Entscheidungen bislang wenig Berücksichtigung finden. Meines Erachtens hat begleiteter Umgang als Übergangsphase oder Lösungsstrategie durchaus seinen Platz, als Dauerbelastung ist er abzulehnen.

355 Allerdings sind die nach der Kindschaftsrechtsreform gestärkten Rechte des Kindes auf Beziehungen nur ein Teil seiner Menschenwürde und des Kindeswohls, welches substanziell ja auch immer den Kindeswillen mit einschließt. Widersprechen sich Willensäußerungen von Kindern und Umgangswünsche Erwachsener, so scheint es problematisch, generell davon auszugehen, dass mit Bezug auf die Menschenwürde des Kindes sein Willen zugunsten von Beziehungserhalt bzw. Beziehungswünschen der Erwachsenen zu brechen sei. Der Erhalt von Beziehungen und auch die Ermöglichung des Erhalts von Beziehungen durch Elternteile sind wichtige Kriterien mit Bezug auf das Kindeswohl, und jeder wohlmeinende Verfahrenspfleger wird darauf hinwirken, dieser Beziehungsebene Chancen zu eröffnen. Teilweise werden in manchen Verfahren Beziehungsdebatten aber sehr theoretisch geführt – auch in Situationen, wo quasi keine Bindungen vorhanden sind. Hier kommen dann eher alte abstammungsrechtliche Fragen der Blutsverwandtschaft etc. zum Tragen als Fragestellungen der sozialen Elternschaft, die für Beziehungsfragen und Bindungsfragen bei weitem relevanter sind.

356 Hier kann festgestellt werden, dass in jeder Eltern-Kind-Beziehung Beeinflussung und in jedem Elternkonflikt Loyalitätskonflikte bei den Kindern regelhaft anzutreffen sind. Induktionsphänomene oder die hier häufig erwähnte „Gehirnwäsche" sind sowohl aus Gründen, die in den Elternpersönlichkeiten liegen, wie auch aufgrund von Kindvariablen relativ selten. Der Aufbau eines massiv induzierenden Umfelds setzt quasi eine psychische Störung beim induzierenden Elternteil voraus, z. B. eine wahnhafte Störung, eine Psychose oder eigene unbearbeitete posttraumatische Belastungsreaktionen. Solche psychiatrischen Krankheitsbilder lassen sich bei Elternteilen nach den gängigen Diagnosemanualen absichern.

357 Psychotische Störungen, schwere Persönlichkeitsstörungen, massive depressive Erkrankungen und Suizidalität bei Elternteilen stellen auch eine Entwicklungsbelastung für Kinder dar und können zur Kindeswohlgefährdung werden. Die Untersuchung solcher Phänomene wie auch komorbid auftretender oder

allein auftretender Suchterkrankungen spielt eine weit größere Rolle bei der Abklärung und kann in klare von einem psychiatrischen Gutachter beantwortbare Fragestellungen übergeführt werden. So kann eine solche Frage z.B. lauten, ob eine psychiatrische Erkrankung vorliegt, wenn ja welche und ob im Fall des Vorliegens einer solchen Erkrankung eine Beeinflussung und Induktion des Kindes oder eine Gefährdung des Kindes bzw. eine Einschränkung der Fähigkeiten, für das Kind zu sorgen, resultiert. Für tatsächliche induzierte wahnhafte Prozesse existiert sowohl im DSM-IV wie in der ICD-10 eine Diagnosekategorie, demgegenüber ist das so genannte „PAS" ein beziehungsdynamisches Erklärungsmodell und keine operationalisierbare Diagnosestellung.

bleiben frei

C Das „Wohl des Kindes"

Übersicht

		Rn
I.	Bedürfnis nach Liebe, Bindung und Welterkundung	371
	1. Einleitung	371
	2. Positive Entwicklung als gelungene Integration von emotionaler Sicherheit und Selbständigkeit	374
	3. Individuelle Unterschiede in der Qualität von Bindungsbeziehungen	381
	4. Elterliche Feinfühligkeit	382
	5. Strategien sicherer und unsicherer Bindung	336
	a) Sichere Bindungsbeziehungen	387
	b) Unsicher-ambivalente oder kontrollierende Bindungsbeziehung	390
	c) Unsicher-vermeidende Bindungsbeziehung	392
	6. Entwicklungsverlauf bei sicher und unsicher gebundenen Kindern	395
	7. Kontinuität bindungscharakteristischen Verhaltens	402
	8. Geschwisterbeziehungen	409
	9. Entwicklungsrisiken hochunsicherer Bindung	413
	10. Praktische Implikationen	422
II.	Bedürfnis nach Versorgung, Ernährung und Gesundheitsfürsorge	424
	1. Einleitung	424
	2. Die Bedeutung des familialen und sozialen Umfelds	426
	3. Die kindlichen Basisbedürfnisse	431
	4. Zur Anwendung der Basisfürsorgekriterien	442
	5. Störungsbilder – Reaktive Bindungsstörungen	444
III.	Bedürfnis nach Bildung, Erziehung und Vermittlung hinreichender Erfahrungen	448
	1. Erziehung und Bildung: Grundbedürfnisse und Grundrechte	448
	2. Erziehung und Bildung – Bedingungen der Persönlichkeitsentfaltung	449
	3. Erziehung und Bildung als Risiko- und Schutzfaktoren	452
	4. Die Versagung des Bedürfnisses nach Erziehung und Bildung	453
	5. Konsequenzen für die Hilfeplanung und richterliche Maßnahmenwahl	455
	6. Psychosoziale Diagnostik	459
IV.	Bedürfnis nach Schutz vor Gewalt	462
	1. Kindesmisshandlung und sexueller Missbrauch	462
	a) Recht auf gewaltfreie Erziehung	462
	b) Umfang der Gewalt gegen Kinder	465
	c) Definitionen von Kindesmisshandlung	467
	d) Formen von Kindesmisshandlung	470
	aa) Körperliche Misshandlung	472
	bb) Vernachlässigung	473
	cc) Sexueller Missbrauch	474

dd) Psychische Misshandlung 476
ee) Münchhausen-Syndrom by proxi 478
e) Ursachen von Kindesmisshandlung 479
f) Anlässe für Kindesmisshandlungen 485
2. Diagnostik 486
a) Allgemeine Vorbemerkungen zur Diagnostik bei Kindesmisshandlung, Vernachlässigung, sexuellem Missbrauch oder Verdacht auf Münchhausen-Syndrom by proxi 486
b) Kindesmisshandlung 494
c) Vernachlässigung 502
d) Sexueller Missbrauch 503
e) Münchhausen-Syndrom by proxi 510
f) Zur Einschätzung von Belastungssituationen 512
aa) Diagnoseschlüssel 512
bb) Das multiaxiale Klassifikationsschema 513
cc) Zur Anwendung des multiaxialen Klassifikationsschemas 529
3. Interventionen bei Kindesmisshandlung und Vernachlässigung 530
a) Gesichertes Wissen 530
b) Misshandlung, Vernachlässigung und miterlebte Familiengewalt .. 533
c) Sozialpädagogische, medizinische und psychologische Diagnosen 535
d) Langzeitfolgen 539
e) Hochrisiko: Kleinkind 542
f) Familienstützende Maßnahmen und Fremdunterbringung 545
g) Dauerhafte Beziehungsperspektiven für Kinder und Jugendliche .. 551
h) Umgang 554

I. Bedürfnis nach Liebe, Bindung und Welterkundung

1. Einleitung

Die Kindschaftsrechtsreform hatte das Ziel, das „Wohl des Kindes" bestmöglich zu fördern. Die Einführung der Verfahrenspflegschaft diente in diesem Zusammenhang der Wahrnehmung der individuellen Interessen des Kindes in Fällen, in denen Interessengegensätze zwischen dem Kind und Eltern oder anderen gesetzlichen Vertretern zu befürchten sind. Gewöhnlich handelt es sich um Trennung beziehungsweise Scheidung der Eltern und damit verbun- **371** dene Sorgerechtsaspekte, oder aber um Trennung des Kindes von den Eltern wegen weiterhin drohender Misshandlung und/oder Vernachlässigung.

372 Die Trennung von engen Bezugspersonen aber ist in jedem Fall eine gravierende Beeinträchtigung des Wohls des Kindes. Sie widerspricht dem biologisch verankerten Bedürfnis von Kindern nach einer stabilen und persönlichen Bindungsbeziehung zu engen Bezugspersonen. Dies ist die Auffassung der **ethologischen Bindungstheorie**. Sie gilt derzeit als das differenzierteste Modell sozial-emotionaler Entwicklung über den Lebenslauf. Zentrales Thema der Bindungstheorie ist die Bedeutung von Trennung für das Erleben und die Verarbeitungsweisen von Kindern. Dabei bezieht sich die Trennung nicht nur auf die Erfahrung „körperlicher" Abwesenheit der Bindungsperson, sondern im übertragenen Sinne auch auf die Erfahrung „psychologischer" Abwesenheit, nämlich dann, wenn Bindungspersonen die Bedürfnisse von Kindern nach emotionaler Sicherheit und Zuverlässigkeit nicht oder nur unzureichend erfüllen.

373 Trennungen finden jedoch statt, und in der Praxis der Jugendhilfe häufig dann, wenn andernfalls das Wohl des Kindes massiv gefährdet wäre. In diesen Fällen ist die Trennung gewöhnlich die Folge der beschriebenen unzureichenden Versorgung beziehungsweise Gefährdung des Kinde durch die Eltern. Nach bindungstheoretischer Auffassung ist hierbei das Kind sowohl durch die faktische Trennung von den Eltern belastet als auch durch deren vernachlässigendes oder misshandelndes Verhalten. Bindung ist danach also unabhängig von der Qualität der Beziehung. Diese Auffassung unterscheidet sich von dem im Gesetz gebräuchlichen Bindungsbegriff, der nur die positiven emotionalen gegenwärtigen Beziehungen des Kindes umfasst.

2. Positive Entwicklung als gelungene Integration von emotionaler Sicherheit und Selbständigkeit

374 Positive Entwicklung wird in modernen Selbst- und Persönlichkeitstheorien als eine gelungene Integration von emotionaler Verbundenheit und Autonomie aufgefasst. Diese Auffassung lässt sich aus der bindungstheoretischen Annahme eines **Gleichgewichts zwischen Bindungs- und Erkundungsbedürfnissen** herleiten. Danach wird eine positive sozial-emotionale Entwicklung entscheidend davon beeinflusst, dass Sicherheits- oder Bindungsbedürfnisse und Erkundungs- oder Autonomiebestrebungen gleichermaßen und ausgewogen befriedigt werden (*Ziegenhain* 2000). Sowohl Erkundungs- als auch Bindungsbedürfnisse gelten als biologische Grundbedürfnisse, die in einer komplementären Beziehung miteinander stehen. Dabei repräsentiert das Erkundungssystem das Interesse und die Erkundung von Neuem. Dieses Interesse geht mit dem Gefühl einer, Verhalten oder Ereignisse selber verursachen und kontrollieren zu können, also dem Gefühl, unabhängig und autonom zu

sein. Freude an der eigenen Handlung lässt sich bereits bei vier Monate alten Säuglingen beobachten, wenn sie beispielsweise in einem psychologischen Experiment erleben, dass sie sich mit Hilfe eines Schnullers Bilder oder Töne herbeisaugen können. Nachdem sie den Zusammenhang erfasst haben, wiederholen sie diese „Nuckelhandlung" begeistert.

Das Bindungssystem gilt demgegenüber als ein **Schutzsystem**, das sich stammesgeschichtlich entwickelt hat, um das Überleben des menschlichen Säuglings zu sichern. Das Bindungssystem wird insbesondere in Situationen von Verunsicherung oder Angst ausgelöst, wie beispielsweise in einer unvertrauten Umgebung oder bei Abwesenheit der Bezugsperson. Damit sind Situationen umschrieben, in denen das motorisch und sprachlich noch hilflose Kind den Schutz der Bindungsperson braucht. Über Bindungsverhaltensweisen zeigen Kleinkinder dann ihr Bemühen, Nähe zu und Kontakt mit der Bindungsperson herzustellen: sie weinen, folgen ihr oder strecken die Arme nach ihr aus, kuscheln sich bei ihr ein oder klammern sich an. Die Aktivierung des Bindungssystems ist mit starker innerer Erregung verbunden, wie sie sich im Anstieg der Herzfrequenz oder auch im Anstieg von so genannten Stresshormonen zeigt. Diese innere Erregung dauert solange an, bis der Kontakt zur Bindungsperson wieder hergestellt ist.   375

Beide Systeme, das der Bindung und das der Erkundung, regulieren und balancieren sich wechselseitig. In vertrauten Situationen und ausgeglichener Befindlichkeit geben Kinder eher dem Interesse nach Neuem nach. In unvertrauten Situationen überwiegt hingegen ihr Bedürfnis nach emotionaler Sicherheit. Sie suchen die Nähe und den Kontakt zur Bindungsperson, sei es nun körperliche Nähe, wie bei Kleinkindern oder psychologische Nähe beziehungsweise Intimität, wie sie sich bei älteren Kindern symbolisch durch Sprache oder Verhalten ausdrückt. *Mary Ainsworth*, neben *John Bowlby* sicher die bekannteste Protagonistin bindungstheoretischer Forschung, prägte den Begriff der sicheren Basis. Danach dient die Bindungsperson als personifizierte emotionale Sicherheitsquelle, von der aus das Kind, je nach Situation und Kontext, regelmäßig erkundet beziehungsweise zurückkehrt, um emotional „aufzutanken", wie Mahler es bezeichnet.   376

Alle Kinder entwickeln im Verlauf des ersten Lebensjahres eine oder mehrere enge Bindungen zu nahestehenden Bezugspersonen. Gewöhnlich sind dies die Mutter beziehungsweise der Vater, aber auch andere nahe stehende Menschen, wie etwa Pflegeeltern. Davon ausgenommen sind lediglich Kinder, die in ihrer geistigen Entwicklung so schwer beeinträchtigt sind, dass sie das Niveau eines Entwicklungsstandes von sechs Monaten nicht überschreiten, oder Kinder mit extremen psychischen Schädigungen. Bindungsbedürfnis und Bindungsbeziehungen sind unabhängig von der Qualität der jeweiligen Beziehung des Kindes mit einer Bezugsperson. Selbst Kinder, die von ihren Eltern misshandelt werden, bauen eine tief greifende Bindung zu diesen Eltern auf.   377

378 Was folgt daraus für die Erlebens- und Verarbeitungsweisen von Kindern? Trennungen führen beim Kind zu starken psychologischen Reaktionen. Insbesondere dann, wenn die Trennung von einer Bindungsperson unvermittelt erfolgt und von anderen, zusätzlichen negativen (Vor-)Erfahrungen begleitet wird, können diese Reaktionen sich sogar nachteilig auf die weitere Entwicklung des Kindes auswirken. Kinder mit schwierigen und traumatischen Beziehungsvorerfahrungen, wie beispielsweise **Misshandlung oder Vernachlässigung**, sind dabei besonders und konflikthaft belastet. Sie leiden nicht nur unter der Trennung von den Eltern, sondern fürchten sich gleichermaßen vor ihnen. Unkontrollierbare, nicht angekündigte und überraschende **Trennungen** ängstigen das Kind. Es versucht zu protestieren und die Nähe zu seiner Bindungsperson wiederherzustellen. Längere Trennungen oder ein Verlust der Bindungsperson lösen beim Kind starke Trauer aus.

379 Dabei sind **insbesondere jüngere Kinder** auch deswegen besonders belastet, weil sie aufgrund ihrer noch wenig entwickelten Kompetenzen, die Zeit objektiv einzuschätzen, eine Trennung als übermäßig lang oder sogar als endgültigen Verlust erleben. Bevor das Langzeitgedächtnis funktionsfähig wird und vor der Entwicklung der kognitiven Fähigkeit, einen Gegenstand oder eine Person auch dann im Gedächtnis zu halten, wenn sie nicht anwesend oder sichtbar ist (Objekt-/Personpermanenz, ca. 8.–10. Lebensmonat), finden die Erlebens- und Verarbeitungsweisen von Säuglingen in der Gegenwart statt. Aber auch Kleinkinder gegen Ende des zweiten Lebensjahres verfügen nur über begrenzte und globale Alltagsvorstellungen über das, was in der nahen Zukunft sein wird (die Vorstellung von „morgen" kann sich auf einen Zeitraum von Tagen oder Wochen erstrecken) ebenso wie auch die zeitlichen Vorstellungen von Kindergarten- und Vorschulkindern noch nicht präzisen Zeitschätzungen entsprechen. Vielmehr orientieren sie sich verstärkt an wiederkehrenden Routinen und Abläufen. Hinzu kommt, dass auch ältere Kinder, die aufgrund ihrer kognitiven Voraussetzungen Zeitspannen objektiv einschätzen könnten, im Falle einer Trennung emotional stark belastet sind und daher eine Trennungsphase subjektiv außerordentlich langdauernd erleben dürften.

380 Die Belastetheit der Kinder aber wird von den beteiligten Erwachsenen oft nicht wahrgenommen beziehungsweise fehlinterpretiert. Eine typische Abfolge von Verhaltensreaktionen bei Kindern nach einer Trennung ist nämlich zunehmende Resignation nach erstem Protest. Diese aber lässt sich leicht mit Anpassung verwechseln. Das (scheinbar) ruhige und unauffällige Verhalten des Kindes täuscht über seine starke innere Belastetheit und seinen Kummer hinweg. Umgekehrt aber vermag die Anwesenheit einer Bindungsperson dem Kind den Umgang mit neuen und damit häufig auch verunsichernden Situationen erleichtern.

3. Individuelle Unterschiede in der Qualität von Bindungsbeziehungen

Kinder sind also mit einem starken Bedürfnis ausgestattet, Bindungen einzugehen. Bindungsbeziehungen sichern aus biologischer Sicht das physische Überleben des Kindes und vermitteln aus einer psychologischen Perspektive emotionale Sicherheit und Selbstvertrauen. Allerdings sind nicht alle Bindungsbeziehungen in dieser Weise idealtypisch. Dazu bedarf es zweier Personen: das Kind mit seinem Bindungsbedürfnis und die Bezugsperson, die darauf entsprechend antwortet. Es gibt Kinder, die aufgrund schwieriger Interaktionserfahrungen mit ihrer Bezugsperson nur unzureichende emotionale Sicherheit erfahren, schlimmstenfalls sogar auch nur unzureichende körperliche Fürsorge. Diese Kinder lernen im Verlauf des ersten Lebensjahres mit diesen unzureichenden Reaktionen ihrer Bezugsperson so weit umzugehen, dass sie sich ihrer wenigstens eingeschränkt versichern können. Sie entwickeln eine unsichere Bindungsbeziehung. 381

4. Elterliche Feinfühligkeit

Die Qualität von Bindungsbeziehungen ist also eng mit der Qualität elterlichen Verhaltens verknüpft, so das Ergebnis einer Vielzahl von Untersuchungen. *Ainsworth* prägte für angemessenes elterliches Verhalten den Begriff der Feinfühligkeit oder Sensitivität. Danach setzt sich feinfühliges Verhalten aus den Verhaltensdimensionen „Wahrnehmen" der Signale und Bedürfnisse des Kindes, „angemessenes Interpretieren" der Signale, „angemessenes" Reagieren und „promptes" Reagieren zusammen. 382

Feinfühliges Verhalten bedeutet also, Zeichen beginnender Belastetheit beispielsweise bei einem Säugling überhaupt wahrzunehmen, und zwar dann, wenn das Baby noch nicht unüberhörbar schreit, sondern dann, wenn es unruhig wird, das Gesicht verzieht oder sich körperlich anspannt. Feinfühliges Verhalten bedeutet aber auch, die beobachtete Belastetheit eines Säuglings angemessen zu interpretieren und darauf angemessen zu reagieren. In diesem Falle wäre es angemessen, dem Baby Ruhe zu verschaffen. Unangemessen wäre es, ihm mehr Angebote zu machen, nach mehr Abwechslung zu suchen. Ein solches Verhalten wäre dann wahrscheinlich, wenn die Bezugsperson die körperliche Überforderung und Überstimulation des Babys als mangelnde Abwechslung missversteht. Schließlich bedeutet feinfühliges Verhalten auch, so rechtzeitig zu reagieren, dass die Hilfe für das Kind auch erkennbar und spürbar ist. 383

Bei einem älteren Kind wiederum wäre es feinfühlig, zunehmende Verschlossenheit oder Gereiztheit als Zeichen einer Verhaltensänderung zu bemerken. Angemessen wäre es dann, sein Verhalten, beispielsweise im Zusammenhang mit aktuellen Partnerproblemen der Eltern, als Hinweis auf Verunsicherung oder 384

Ängste vor einer Trennung der Eltern zu deuten. Eine feinfühlige Reaktion bestünde darin, mit dem Kind in einer einigermaßen entspannten Situation über seine Befürchtungen offen zu reden, und ihm Verständnis für seine Gefühle zu signalisieren, ohne aber die Realität, also die Situation der elterlichen Beziehung oder aber mögliche Trennungsüberlegungen, zu beschönigen. Dabei ist es sicher auch Ausdruck feinfühligen Verhaltens, in welchem Ausmaß ein Elternteil das Kind über den Partnerkonflikt informiert. In Abhängigkeit von dessen Entwicklungsalter kann eine mehr oder weniger umfassende Information grenzüberschreitend sein beziehungsweise die Rollen von Eltern und Kind umkehren und damit emotional genauso überfordernd für das Kind sein wie umgekehrt mangelnde Beteiligung und die damit einhergehende emotionale Verunsicherung.

385 Feinfühliges Verhalten ist also komplex. Es bezieht jeweils die unterschiedlichen Kompetenzen von Kindern auf unterschiedlichen Entwicklungsstufen mit ein, berücksichtigt die individuellen Bedürfnisse und Kompetenzen des individuellen Kindes sowie die Situation und den Kontext seines Verhaltens. Für das Verständnis diese Konzeptes ist es außerdem wesentlich, dass feinfühliges Verhalten nicht perfektes Verhalten bedeutet. Vielmehr ist ein über die Zeit hinweg hinlänglich feinfühliges Verhalten, das aber zuverlässig und erwartbar ist, für eine positive emotionale Befindlichkeit von Kindern entscheidender.

5. Strategien sicherer und unsicherer Bindung

386 Natürlich haben nicht alle Kinder in diesem Sinne feinfühlige Beziehungserfahrungen, die ihnen hinreichend emotionale Sicherheit vermitteln. Vielmehr erleben Kinder in der Beziehung mit den Eltern häufig, dass die Balance zwischen genügender emotionaler Unterstützung auf der einen Seite und der Möglichkeit, zu erkunden und Selbständigkeit zu erproben, unausgewogen ist. Dies zeigt sich in der Erfahrung von zu viel beziehungsweise unangemessener Unterstützung und damit fehlenden Möglichkeiten, eigenständig zu erkunden und sich als selbständig zu erleben. Dies zeigt sich aber umgekehrt auch in mangelnder emotionaler Unterstützung, die mit zu früher und überfordernder „Selbständigkeit" verbunden ist. Diese Beziehungserfahrungen lassen sich als unterschiedliche Muster sicherer und unsicherer Bindung beschreiben.[2]

---

2. Die folgenden Beschreibungen der Bindungsstile sind eine Zusammenfassung bestehender Forschungsergebnisse über individuelle Unterschiede zwischen sicher gebundenen Kindern und Kindern mit unterschiedlichen Stilen unsicherer Bindung. Entsprechend dem Umfang beziehungsweise der Eindeutigkeit der Ergebnisse der vorliegenden Forschungsliteratur lassen sich die Stile im Kleinkindalter als Vignetten zusammenfassen. Für das Kindergarten-, Schul- und Jugendalter sind die Befunde weniger zahlreich beziehungsweise lassen nur systematische Aussagen über sichere Stile im Unterschied zu unsicheren Stilen zu, nicht aber über die unterschiedlichen Stile unsicherer Bindung.

a) Sichere Bindungsbeziehungen

Danach entwickeln Kinder, deren Bindungsperson überwiegend voraussagbar und zuverlässig ist, und die insbesondere in Notsituationen bereit ist, sie zu trösten und emotional aufzufangen, gewöhnlich eine sichere Bindungsbeziehung. Der **Säugling** lernt mit der Zeit und zunächst über seine Sinne und seine Motorik, dass er verlässlich beruhigt und getröstet wird, wenn er Unruhe und Kummer signalisiert. Gleichzeitig lernt er seine Befindlichkeit und seine Gefühle klar auszudrücken und sie voneinander zu unterscheiden. 387

Gegen Ende des ersten Lebensjahres hat das **Kleinkind** gelernt, seine Gefühle auf eine Person zu beziehen und erlebt seine Bindungsperson als sichere Basis, von der aus es interessiert seine Umgebung erkundet, und auf die er sich in den alltäglichen kleinen und größeren Notsituationen verlässlich und verfügbar stützen kann. Es kann moduliert und flexibel zwischen dem Bedürfnis nach Sicherheit und Erkundung balancieren. Mit Beginn des zweiten Lebensjahres verfügt das Kleinkind über eine größere Gedächtniskapazität. Es beginnt, sich an vergangene Ereignisse zu erinnern und es verfügt über, wenn auch noch begrenzte, Alltagsvorstellungen über das, was in der näheren Zukunft sein wird. Es kann sich zunehmend über Sprache oder Verhalten ausdrücken und es hat nun ein intuitives Bewusstsein über die eigene Wirkung auf andere Menschen. 388

Das sicher gebundene **Kindergartenkind** äußert seine Gefühle und Wünsche klar und direkt gegenüber der Bindungsperson. Im Falle unterschiedlicher Ziele ist es bereit, Kompromisse mit ihr auszuhandeln. Es hat nun bereits genügend „innere Sicherheit" erworben, um auch mit kleinen Belastungen selbständig und selbstbewusst umzugehen. Dazu gehört auch die Fähigkeit, sich aktiv Hilfe und Unterstützung bei der Bindungsperson zu holen, wenn es verunsichert ist. 389

b) Unsicher-ambivalente oder kontrollierende Bindungsbeziehung

Kinder, deren Bindungsperson sich in alltäglichen emotionalen Notsituationen in einer für das Kind wechselhaften und wenig nachvollziehbaren Weise verhalten, entwickeln eine unsicher-ambivalente oder kontrollierende Bindung. Die Bindungsperson vermag den **Säugling** zeitweilig durchaus zu trösten und ihm bei der Regulation negativer Gefühle und Spannungen zu helfen, sie verzögert aber zu anderen Zeiten ihre Hilfe oder ist sogar ärgerlich. Ihr Verhalten lässt gleichermaßen auf Zuwendung, aber auch auf Hilflosigkeit und Ärger schließen. Solche wechselhaften Erfahrungen aber erschweren es dem Kind, verlässliche Erwartungen zu entwickeln, die sein Verhalten und seine Gefühle im Umgang mit der Bindungsperson leiten könnten. Es versucht, mit verstärkten und übertriebenen Gefühlsäußerungen zu reagieren, um sicher zu gehen, 390 dass Mutter oder Vater sich ihm beständig und erwartbar zuwendet („viel hilft viel"). Gleichzeitig aber wirkt es auch ängstlich und ärgerlich.

391 Erst mit den neuen kognitiven Kompetenzen und dem Auftauchen von Schüchternheit als neuer Gefühlsqualität um das **zweite Lebensjahr**, gelingt es ihm zunehmend, seine gemischten Gefühle in einer Strategie auf die Bindungsperson zu beziehen. Es wechselt zwischen drohendem und charmant-entwaffnendem Verhalten, das ihm die Kontrolle über die Bindungsperson und deren fortwährende Aufmerksamkeit sichert. Allerdings ist es von diesem absichernden Bemühen um die Zuwendung und Aufmerksamkeit der Bindungsperson offenbar stark in Anspruch genommen und wirkt emotional abhängig. Es zeigt wenig Bereitschaft und Toleranz, auch selbst-verantwortlich mit kleinen Schwierigkeiten oder Belastungen umzugehen, Kompromisse auszuhandeln oder zu akzeptieren.

c) Unsicher-vermeidende Bindungsbeziehung

392 Kinder, die ihre Bindungsperson als emotional zurückweisend, ignorierend oder gar feindselig erleben, entwickeln gewöhnlich eine unsicher-vermeidende Bindungsbeziehung mit ihr. Bereits der **Säugling** dürfte mit der Anforderung zu früher und überfordernder Selbstregulation und Selbständigkeit konfrontiert sein. Insbesondere in Belastungssituationen, wenn er auf Hilfe bei der Regulation negativer Gefühle angewiesen ist, fühlt er sich nicht oder nur unzureichend emotional aufgefangen und unterstützt. Er erfährt außerdem, dass sich seine Gefühle von Spannung oder Belastetheit noch verstärken, wenn er sie äußert. Hinzu kommt, dass Bindungspersonen die Überforderungszeichen des Kindes vielfach als Ausdruck von Zurückweisung interpretieren. Sie reagieren daher gekränkt, häufig auch ärgerlich oder sogar misshandelnd. Insofern befindet sich das Kind bindungstheoretisch betrachtet in einem Dilemma: Die Person, an die es sich insbesondere bei Verunsicherung wendet, ist gleichzeitig auch diejenige, von der es erwarten muss, ignoriert, zurückgestoßen oder auf seine „Selbständigkeit" verwiesen zu werden.

393 Gegen Ende des ersten Lebensjahres ist das **Kleinkind** auf einer zunächst sensorischen und motorischen Ebene in der Lage, Eindrücke, die starke Gefühle auslösen können, zu vermeiden. Es weint nicht oder selten, wenn es belastet oder verunsichert ist, und drosselt oder unterdrückt sein Bedürfnis, die Nähe der Bindungsperson und Körperkontakt mit ihr zu suchen. Als Ausweg aus dem Konflikt zwischen Bindungsbestreben und erwarteter Zurückweisung hat es einen Verhaltenskompromiss entwickelt, indem es die größtmögliche körperliche Nähe zur Mutter sucht, bei der es (noch) nicht zurückgestoßen wird: „Nah, aber nicht zu nah". Wenn es bei Belastung seine durchaus angemessenen

Gefühle von Kummer oder auch Ärger gegenüber der Bindungsperson unterdrückt, so verhindert es, dass seine Kummeräußerungen von ihr mit Zurückweisung und seine Ärgeräußerungen gleichermaßen mit Ärger oder Aggression beantwortet werden. Dennoch sind aber vermeidend gebundene Kinder in solchen belastenden Situationen innerlich stark erregt, wie physiologische Messungen belegen.

Das **Kindergartenkind** wirkt zunehmend bemüht, mit Kummer oder Gefühlen 394
von Verunsicherung ebenso wie mit belastenden Situationen alleine zurechtzukommen. Mit dem Auftauchen von Schüchternheit in seinem Gefühlsrepertoire aber vermag es nun mit charmant-entwaffnendem Verhalten Fürsorglichkeit bei einer zurückweisenden Bezugsperson auszulösen oder auch feindseliges Verhalten aufzulösen. Dies ermöglicht nun auf einer psychologischen Ebene einen Grad an Nähe zu erreichen, der Schutz ermöglicht, ohne aber die Gefahr von Zurückweisung einzugehen, die mit psychologischer Intimität verbunden wäre.

6. Entwicklungsverlauf bei sicher und unsicher gebundenen Kindern

Bindungssicherheit ist also durch eine kooperative und harmonische Eltern- 395
Kind-Beziehung charakterisiert, während Bindungsunsicherheit mit mehr oder minder emotional unzureichenden Beziehungserfahrungen im Zusammenhang steht. Bindungssicherheit lässt sich darüber hinaus auch als Vorläufer einer positiven Persönlichkeitsentwicklung auffassen. Untersuchungen belegen die Entwicklungsvorteile sicher gebundener Kinder in unterschiedlichen Bereichen sozial-emotionaler und auch kognitiver Entwicklung gegenüber unsicher gebundenen Kindern. Diese zeigen sich mit zunehmender Entwicklung auch in sozialen Beziehungen jenseits der Eltern-Kind-Beziehung. Sicher gebundene Kinder gelten als unabhängiger und sozial kompetenter als unsicher gebundene Kinder.

Im **Kindergartenalter** wirken sie selbstbewusst und selbständig. Sie sind ko- 396
operativ und gewöhnlich gut in der Lage, auftauchende Konflikte mit anderen Kindern zu lösen. Sie sind in der Gruppe Gleichaltriger beliebt. Dies dürfte auch damit zusammenhängen, dass sie sich gut in andere Kinder hineinfühlen und hineinversetzen können. Sie neigen beispielsweise dazu, in uneindeutigen Konfliktsituationen einem anderen Kind keine „bösen" Absichten zu unterstellen. Demgegenüber unterstellen unsicher gebundene Kinder in solchen Situationen absichtsvoll aggressives Verhalten. Sicher gebundene Kinder vernachlässigen allerdings ihre eigenen Bedürfnisse nicht. Sie sind im Kindergartenalter außerdem emotional flexibler als unsicher gebundene Kinder und kommen auch mit kleineren Frustrationen gut zurecht. Erste Befunde legen

nahe, dass diese positiven Kompetenzen im Umgang mit mäßigen Anforderungssituationen sich auch in besseren Ergebnissen in Entwicklungstests niederschlagen.

397 Sicher gebundenen Kindern im **Vorschulalter** gelingt es besser als unsicher gebundenen Kindern, ihre Fähigkeiten und Unzulänglichkeiten realistisch einzuschätzen. Dabei dürfte ein realistischer Umgang mit eigenen Fehlern und Schwächen auch von einem sicheren Selbstwertgefühl abhängen. Neben einer positiven Einschätzung des eigenen Selbst verfügen sicher gebundene Kinder im Vorschulalter und frühen Schulalter über aktive Handlungskompetenzen. Wenn sie aber mit einer Situation nicht zurechtkommen, äußern sie deutlich ihr Bedürfnis nach Hilfe oder Trost von Bindungspersonen.

398 **In der mittleren Kindheit** sind die Anforderungen an sozial kompetentes Verhalten von Kindern natürlich komplexer. Ein Kind muss nicht nur mit anderen Kindern interagieren, sondern auch stabile Freundschaften mit Gleichaltrigen aufbauen und sich einen Platz in einer Gruppe erobern. Diese unterschiedlichen Anforderungen an die Gestaltung von Freundschaften und der Befriedigung sozialer Anerkennung müssen überdies miteinander koordiniert werden. Sicher gebundene Kinder haben im Vergleich mit unsicher gebundenen Kindern wenige, aber gute Freunde. Unter den unsicher gebundenen Kindern sind es die ambivalent gebundenen Kinder, die viele Probleme mit Freunden haben. Vermeidend gebundene Kinder wiederum sprechen nicht beziehungsweise wenig über negative Gefühle, wie Kummer oder Traurigkeit, sei es im Zusammenhang mit Problemen mit Freunden oder mit den Eltern. In diesem Alter zeigt sich nach neueren Untersuchungen außerdem, dass sicher gebundene Kinder besser in der Schule abschneiden als unsicher gebundene Kinder.

399 Erfolg in der Schule haben auch sicher gebundene **Jugendliche**. Sie unterscheiden sich darin von unsicher gebundenen Jugendlichen. Wie auf den früheren Altersstufen unterscheiden sich sicher gebundene Jugendliche zudem auch in größerer Autonomie und höherer sozialer Kompetenz von unsicher gebundenen Jugendlichen. Dabei bedeutet zunehmende Autonomie und Unabhängigkeit von den Eltern aber nicht, dass die Zuneigung der Jugendlichen zu ihnen nachlässt. Vielmehr wird nach bindungstheoretischer Auffassung Autonomie im Kontext von engen und dauerhaften Beziehungen entwickelt. Auch Jugendliche wenden sich unter Stress an ihre Eltern, allerdings natürlich nicht mehr so häufig wie im Kleinkindalter. Dennoch bleiben auch bei ihnen unter diesen veränderten Entwicklungsbedingungen und -anforderungen ihre Bindungs- und Sicherheitsbedürfnisse aktiv.

400 Dabei sind sicher gebundene Jugendliche dadurch charakterisiert, dass sie moduliert und flexibel zwischen Sicherheitsbedürfnissen und der Berücksichti-

gung der Bedürfnisse anderer auf der einen Seite und den eigenen Autonomiebestrebungen auf der anderen Seite balancieren können. Bei Meinungsverschiedenheiten mit den Eltern argumentieren sie engagiert und konstruktiv, berücksichtigen aber die Perspektive der Eltern. Unsicher gebundene Jugendliche hingegen neigen dazu, Meinungsverschiedenheiten nicht auszutragen und Konflikte zu vermeiden oder manipulativ beziehungsweise nötigend vorzugehen. Bei Gleichaltrigen sind sicher gebundene Jugendliche sozial akzeptiert und anerkannt. Unsicher gebundene Jugendliche gelten dagegen häufig als feindselig und sozial wenig kompetent.

Bindungssicherheit lässt sich also auf unterschiedlichen Entwicklungsaltersstufen unterschiedlich beschreiben. Dabei wird die Balance zwischen Sicherheitsbedürfnissen und Autonomiebestrebungen jeweils vor dem Hintergrund neuer und zunehmend differenzierter Entwicklungskompetenzen und -anforderungen neu gestaltet und ausgedrückt. Die individuell unterschiedlichen Beziehungserfahrungen, die Säuglinge und Kleinkinder mit ihren Bindungspersonen machen, beeinflussen also offenbar auch ihr Verhalten gegenüber der übrigen sozialen und gegenständlichen Welt. Wie kommt es zu solchen bindungscharakteristischen Verhaltensweisen, die sich von der Kleinkind- über die Kindergarten- und Schulzeit bis ins Jugendalter verfolgen lassen? Solche Befunde legen auf den ersten Blick ja ein „deterministisches" Modell nahe: „Einmal sicher gebunden, immer sicher gebunden". Der Vorwurf eines solcherart statischen theoretischen Modells wird auch häufig gegenüber der Bindungstheorie erhoben. **401**

7. Kontinuität bindungscharakteristischen Verhaltens

Demgegenüber begründen Bindungstheoretiker die beobachtete Kontinuität bindungscharakteristischen Verhaltens über die Zeit hinweg mit der Annahme so genannter „innerer Arbeitsmodelle" (*Grossmann* & *Grossmann*, 2000). Diese gelten zwar als hartnäckig gegenüber Veränderungen, aber als prinzipiell veränderbar. Dabei wird die Übertragung früher Beziehungserfahrungen auf andere Beziehungen mit der Verinnerlichung oder Repräsentation dieser Erfahrungen begründet. Danach leiten interne Erwartungsmuster über sich selbst, die Bindungspersonen und die Beziehung mit ihnen die Gefühle, die Einschätzung über das vermutete Verhalten der anderen beziehungsweise das eigene Verhalten an. **402**

Sobald das Kind gegen Ende des ersten Lebensjahres über zunehmend differenzierte kognitive Kompetenzen, wie die erweiterter Gedächtnisstrukturen oder die einer rudimentären Selbst-Anderen-Unterscheidung verfügt, werden die frühen Interaktionserfahrungen in internen Erwartungsmustern (zunächst auf einer sensomotorischen, nicht reflektierten Ebene) repräsentiert. Es macht Erfahrungen mit engen Bezugspersonen und entwickelt daraus wiederum Erwartungen über das Verhalten von Vater oder Mutter und auch über seine eigenen Verhaltensmuster **403** und die damit einhergehenden Gefühle. Aus alltäglichen Erfahrungen heraus entwickelt es „innere Arbeitsmodelle" über seine Beziehung („scripts", „generalisierte Schemata" in der Terminologie anderer kognitionspsychologischer Ansätze). Es organisiert seine Interaktionserfahrungen mit engen Bindungspersonen in inneren Repräsentationen. Dabei internalisiert es keine konkreten Erlebnisse, sondern schematisierte Handlungsvorlagen: also nicht: „wenn ich weine, nimmt Mama mich auf den Arm", sondern „wenn ich unglücklich bin, werde ich getröstet" oder aber „wenn ich unglücklich bin, muss ich alleine zurechtkommen".

404 In folgenden Entwicklungsschritten werden auf einer Symbolisierungsebene auch Sprache sowie neue kognitive und sozial-emotionale Entwicklungskompetenzen in die bestehenden internen Arbeitsmodelle integriert und differenziert. Das Kleinkind auf der sensomotorischen Stufe vermag diese Arbeitsmodelle nur relativ „starr" umzusetzen, und ist nur sehr rudimentär in der Lage, das Verhalten der Bindungspersonen zu interpretieren und nur aktuell seine Reaktion darauf zu beziehen. Das zwei- bis dreijährige Kind verfügt auf der symbolischen Repräsentationsebene vermutlich bereits über anschauliche innere „Arbeitsmodelle" über das eigene Selbst und seine Beziehungen, und ab etwa vier Jahren verarbeitet es diese zu strukturellen Begriffen und Konzepten; auch beginnen die Kinder auf dieser Entwicklungsstufe damit, Erfahrungen reflektierend miteinander zu verknüpfen und erste Verallgemeinerungen über ihre Beziehungen zu konstruieren.

405 Individuell unterschiedlich werden dabei die Repräsentationen von den Beziehungserfahrungen mit relevanten Erwachsenen beeinflusst. Beispielsweise wird ein Kind, das seine Bezugsperson als überwiegend zurückweisend erfährt und diese insofern auch intern als zurückweisend repräsentiert, auch von sich selbst eher eine Vorstellung als eines wenig liebenswerten und von anderen nicht akzeptierten Menschen entwickeln. Demgegenüber wird ein Kind, das seine Bindungspersonen als emotional verfügbar und unterstützend erlebt, ein Selbstmodell konstruieren, nach dem es kompetent und liebenswert ist. Die Entwicklung des eigenen Selbstwertgefühls ist danach also mit der Art der Beziehungserfahrungen verknüpft. Solche inneren Vorstellungen wirken nicht nur auf die Haltung zu den Bindungspersonen und den Umgang mit ihnen zurück, sondern beeinflussen auch zunehmend den Umgang mit anderen Menschen. Das Kind sucht und erlebt neue Beziehungen im Kindergarten oder in der Schule auf der Grundlage seiner bisherigen Beziehungserwartungen und -erfahrungen mit sich selbst und anderen. Es verhält sich entsprechend seinen Erwartungen und die anderen reagieren entsprechend darauf.

406 Vor dem Hintergrund der bisherigen empirischen Befunde aber lässt sich nicht zwangsläufig auf einen kontinuierlichen Entwicklungsverlauf von Bindungssi-

cherheit von der frühen Kindheit ins Jugend- und Erwachsenenalter schließen. Die wenigen, bisher vorliegenden Längsschnittuntersuchungen zeichnen auf den ersten Blick ein uneinheitliches Bild. Danach werden kontinuierliche Zusammenhänge zwischen der Bindungsqualität in der frühen Kindheit und der weiteren Entwicklung bis ins Jugend- und frühe Erwachsenenalter in einigen Untersuchungen bestätigt, während ein solcher Zusammenhang in anderen Untersuchungen nicht bestand. Allerdings fanden sich Hinweise auf den Einfluss von Lebenserfahrungen wie Scheidung, Krankheit oder Tod der Eltern beziehungsweise Misshandlungserfahrungen, die die Veränderungen in der Bindungsqualität (in vermehrte Unsicherheit) plausibel erklären dürften.

Diese Befunde entsprechen modernen entwicklungspsychologischen Annahmen, nach denen Bindungssicherheit oder Bindungsunsicherheit nicht allein von frühen Beziehungserfahrungen abhängt. Neben Einflussfaktoren wie den oben erwähnten Stressbelastungen kann auch die Qualität außerfamiliärer Tagesbetreuung oder die Qualität des sozialen Netzwerkes der Familie die spätere Bindungsrepräsentation zu unterschiedlichen Zeitpunkten im Entwicklungsverlauf positiv oder negativ verändern. **407**

Ebenso werden Veränderungen in der Bindungsqualität auch als normativ auftretende Veränderungen im Entwicklungsverlauf diskutiert. Dazu gehören Übergänge, die mit qualitativ bedeutsamen sozialen, emotionalen und kognitiven Veränderungen verbunden sind, wie die des Übergangs von der sensomotorischen in die symbolische (präoperative) Phase im Kleinkindalter oder die des Übergangs ins Jugendalter (formal-operative Phase). Schließlich können auch spätere Beziehungserfahrungen mit anderen nahe stehenden Personen als den Eltern die Bindungssicherheit beeinflussen. In klinischen Interviews mit bindungssicheren Erwachsenen über negative Bindungsvorerfahrungen mit ihren Eltern finden sich häufig Hinweise auf positive Erfahrungen mit anderen nahe stehenden Menschen. Dies waren häufig Großeltern oder andere Verwandte, und in späterem Alter auch Freunde, Liebespartner und nicht selten Therapeuten. Demgegenüber scheint die Qualität der Bindungsbeziehungen zwischen Geschwistern überwiegend durch die Qualität ihrer Beziehung mit den Eltern beeinflusst zu werden. Dieser Einfluss scheint sich über zwei Wege zu manifestieren: **408**

8. Geschwisterbeziehungen

Eltern sind unterschiedlich kompetent, ihren Kindern Einfühlungsvermögen und Verständnis für die Perspektive und die Gefühle des jeweils anderen Geschwisterkindes zu vermitteln. Banale Situationen, wie beispielsweise die Auseinandersetzung von Geschwistern um ein Spielzeug, werden von Eltern **409** durchaus unterschiedlich „geschlichtet". Kommentare, die den Kindern die Perspektive und die Gefühle des jeweils anderen Kindes vermitteln, helfen ihnen, sich in die Perspektive des anderen Kindes einzufühlen, ohne aber befürchten zu müssen, dass ihre eigene Perspektive unberücksichtigt bleibt: „Schau mal, das gehört eigentlich Deinem Bruder, und Du müsstest ihn vorher fragen, wenn Du damit spielen willst" und zum anderen Kind gewandt: „Das ist nicht in Ordnung, wenn Du Deinen Bruder schlägst, das tut ihm ganz schön weh, er weint jetzt".

410 Demgegenüber werden Empathie und Perspektivenübernahme nicht gefördert, wenn Verhalten und Gefühle der Kinder nicht verdeutlicht werden: „Hört sofort mit diesem Krach auf". Noch schwieriger sind Parteinahmen der Eltern für ein Geschwisterkind, ohne die Position des anderen Kindes zu berücksichtigen. Solches Verhalten fördert Rivalität und Eifersucht unter Geschwistern und erhöht die Wahrscheinlichkeit einer unsicheren Geschwisterbeziehung.

411 Die internen Vorstellungen, die Kinder in ihrer ersten engen Bindungserfahrung über sich selbst, über die Eltern und die damit einhergehenden Gefühle und Erwartungen gemacht haben, beeinflussen offenbar auch ihr Verhalten im Umgang mit Geschwistern. Untersuchungen belegen, dass ältere Geschwister, die eine sichere Bindung mit der Mutter hatten, weniger eifersüchtig waren und ihre jüngeren Geschwister häufiger trösteten als ältere Geschwister, die mit der Mutter unsicher gebunden waren. Sicher gebundene ältere Geschwister wurden auch von ihren kleinen Geschwistern häufiger aktiv aufgesucht, wenn diese bekümmert waren und Tost brauchten. Und die jüngeren Geschwister, die mit der Mutter sicher gebunden waren, akzeptierten im Unterschied zu unsicher gebundenen jüngeren Geschwistern die älteren Geschwister problemlos als „Trostersatz", wenn die Mutter nicht da war.

412 Für die Praxis lässt sich daraus folgern, dass auch Geschwisterbindungen enge Bindungen sind, und zwar unabhängig von ihrer Qualität. Kinder leiden daher nicht nur unter der Trennung von den Eltern, sondern auch unter der Trennung von den Geschwistern. Insbesondere dann, wenn solche Trennungen abrupt stattfinden, können sie sich, ebenso wie Trennungen von den Eltern, traumatisch auf die weitere sozial-emotionale Entwicklung des Kindes auswirken.

9. Entwicklungsrisiken hochunsicherer Bindung

413 Die bisher beschriebenen Stile sicherer, unsicher-ambivalenter und unsichervermeidender Bindung stehen im Zusammenhang mit unterschiedlichen Persönlichkeitsstilen und unterschiedlichem Selbstwertverhalten im Verlauf der Entwicklung. Sie charakterisieren außerdem die Vielfalt der Beziehungserfahrungen von Kindern. Diese Erfahrungen lassen sich auf einem Spektrum von

überwiegend positiven Erfahrungen über Erfahrungen unzureichender Zuwendung und Zuverlässigkeit bis hin zu traumatischen Erfahrungen, Misshandlung und/oder Vernachlässigung ansiedeln. Erst Beziehungserfahrungen beziehungsweise Bindungsunsicherheit auf diesem letztgenannten Extrem des Spektrums lassen sich im Zusammenhang mit der Gefahr von Entwicklungsstörungen oder Verhaltensauffälligkeiten diskutieren.

Kinder mit so beschriebenen ausgeprägt negativen Interaktionserfahrungen entwickeln gewöhnlich eine **hochunsichere** Bindung. Diese Kinder können ihre Beziehungssituation mit ihrer jeweiligen Bindungsstrategie offenbar nicht mehr oder nur unter hohen emotionalen Kosten bewältigen. Hochunsichere Bindungsmuster zeigen sich entweder in bindungsbezogenem Konfliktverhalten oder in extremem und dysreguliertem Verhalten. Dieses Verhalten lässt sich dann nicht mehr als eine zumindest aktuell sinnvolle Anpassungsreaktion an eine schwierige Beziehungssituation auffassen. Vielmehr kann es diese sogar noch verschlimmern. **414**

Dabei lässt sich Desorganisation als Form hochunsicherer Bindung und als Zusammenbruch strategischen Bindungsverhaltens interpretieren. Desorganisation beschreibt bizarr anmutendes Verhalten, wie beispielsweise starke Gehemmtheit in der Situation, körperliches Erstarren über mehrere Sekunden oder Furchtreaktionen. Solcherart desorganisierte Verhaltensreaktionen finden sich häufiger bei jüngeren als bei älteren Kindern, möglicherweise deshalb, weil sie mit den ihnen jeweils zur Verfügung stehenden Entwicklungskompetenzen nicht strategisch auf inkohärentes und/oder furchterregendes elterliches Verhalten reagieren können. *Mary Main* beschreibt die Beziehungserfahrungen dieser Kinder als furchterregend und ängstigend in zweierlei Hinsicht: Zum einen fürchten sich die Kinder vor der Bindungsperson, zum anderen scheint die Bindungsperson selbst unter unbewältigten Ängsten zu leiden. Jenseits des Kleinkindalters zeigt sich hochunsicheres Bindungsverhalten dann in Strategien kontrollierenden oder unangemessen fürsorglichen Verhaltens. **415**

Entsprechend einer Auffassung ist **hochunsicher-kontrollierendes Verhalten** eine extreme und rigide Form der ambivalenten Strategie. Danach lassen sich solcherart dysregulierte Strategien im Zusammenhang mit einer Interaktionssituation beobachten, in der die Kinder wenig beziehungsweise kognitiv schwer nachvollziehbare und beliebige Rahmenbedingungen und Grenzen erleben und/oder starke Überbehütung. Die Kinder verhalten sich entweder einseitig drohend und aggressiv gegenüber der Bindungsperson oder hilflos und passiv. Damit aber verliert ihre Strategie, eine schwer einschätzbare Bindungsperson zu kontrollieren und sich ihrer Aufmerksamkeit zu versichern, an Wirkung beziehungsweise wirkt sich nachteilig auf das Kind aus. Ein aggressives Kind **416** fordert dann zunehmend Aggressivität und vielleicht auch Gewalttätigkeit seitens der Bindungsperson heraus. Ein hilflos/passives Kind hingegen erfährt verstärkt Einschränkungen in der Entwicklung seiner Selbständigkeit und kognitiven Kompetenzen.

417 **Hochunsicher-fürsorgliches Verhalten** wird demgegenüber mit vermeidenden Beziehungsvorerfahrungen in Zusammenhang gebracht. Danach erweitern die Kinder mit zunehmenden Entwicklungskompetenzen ihre Strategie, bindungsbezogene und negative Gefühle zu unterdrücken. Sie beginnen, sich um die Bindungsperson zu bemühen, indem sie mit kleinen Albernheiten ihre Aufmerksamkeit suchen oder sich fürsorglich und liebevoll um sie kümmern. In besonders ausgeprägten Fällen kann dieses Verhalten in eine Übernahme der elterlichen Rolle münden. Die Kinder reagieren mit dieser Strategie auf eine Beziehungssituation, in der die Gefahr, von einer emotional sehr zurückgezogenen Mutter nicht beachtet zu werden, größer ist als die Gefahr zurückgewiesen zu werden, wenn sie ihr zu nahe kommen beziehungsweise wenn sie ihr Bedürfnis nach Nähe und Trost äußern. Diese Kinder scheinen vornehmlich zu lernen, das zu tun, was andere von ihnen wollen, jedoch nicht, wie sie selbst oder andere fühlen. Sie sind Selbstzweifeln gegenüber sehr empfindlich und dürften gefährdet sein, Zugang zu den eigenen Gefühlen zu entwickeln.

418 Eine andere hochunsichere Strategie des vermeidenden Typs äußert sich in stark **bemühtem und angepasstem Verhalten** gegenüber der Bindungsperson und lässt sich als Reaktion auf ein aggressives oder feindseliges Beziehungsmilieu interpretieren. Nach bindungstheoretischer Auffassung sind auch vernachlässigte Kinder überwiegend hochunsicher-vermeidend gebunden. Denn sie haben in der Regel Eltern, die in besonders geringem Maße auf sie reagieren und emotional sehr zurückgezogen sind. Sie reagieren zu selten auf die Bedürfnisäußerungen ihres Kindes und initiieren auch von sich aus kaum Spiele oder Aktivitäten mit ihm. Vielmehr kümmern sie sich um seine körperlichen Bedürfnisse und seine Pflege nur dann, wenn es ihnen selbst gerade passt, und nicht wenn das Kind signalisiert, dass es hungrig ist oder nasse Windeln hat. Sie sind mit sich selber beschäftigt und für die Bedürfnisse des Kindes nicht zugänglich oder aber sie orientieren sich zu sehr an externen Vorschriften, ohne die individuellen Bedürfnisse ihres Kindes zu berücksichtigen.

419 Die Kinder entwickeln in dieser Beziehungssituation eine vermeidende Strategie, in der sie nicht nur ihre beziehungsbezogenen Gefühle unterdrücken, sondern oft ihre gesamte kommunikative Aktivität. Ein vernachlässigtes Kind erfährt nur in eingeschränktem Maße, dass die Bezugsperson verlässlich und verfügbar ist. Sie hilft ihm gewöhnlich weder, seine Bedürfnisse und Gefühle zu erkennen und voneinander zu unterscheiden, noch seine gegenständliche

Umwelt zu erfahren und zu erkunden. Es ist daher nicht nur in der Regulation seiner beziehungsbezogenen Gefühle und Bedürfnisse auf sich alleine gestellt, sondern darüber hinausgehend in seiner gesamten sozialen und kognitiven Entwicklung. Untersuchungen zeigen, dass vernachlässigte Kinder bereits um das erste Lebensjahr sowohl sehr passiv als auch in ihrer kognitiven Entwicklung verzögert waren.

Alternativ zu diesen Einteilungen hochunsicherer Bindung lässt sich nach kinderpsychiatrischer Klassifikation (ICD-10) eine „reaktive Bindungsstörung im Kindesalter" von einer „Bindungsstörung des Kindesalters mit Enthemmung" unterscheiden. Diese Störungen umfassen zum einen Kinder, die entweder ihren Bindungspersonen gegenüber ambivalent oder furchtsam reagieren (F94.1) oder enthemmt und distanzlos gegenüber verschiedensten Bezugspersonen (F94.2). Vor dem Hintergrund der zunehmenden Befunde erscheinen diese Diagnosekriterien zu wenig differenziert (*Brisch* 1999). **420**

Die Risiken hochunsicher gebundener Kinder liegen in der Entwicklung aggressiver Verhaltensauffälligkeiten im Kindergarten, depressiver Symptomatik, aber auch Verzögerungen in der kognitiven Entwicklung von der frühen Kindheit bis ins Jugendalter. Gewöhnlich führt aber hochunsichere Bindung dann nicht für sich alleine genommen, sondern in Kombination mit anderen Risikofaktoren zu späteren Entwicklungs- und Verhaltensauffälligkeiten. Zu solchen Risiken gehören beispielsweise Armut, Arbeitslosigkeit, familiale und psychosoziale Belastungen wie Trennung beziehungsweise Scheidung der Eltern oder die des Alleinerziehens, und zwar besonders dann, wenn die Familien materiell wenig abgesichert und sozial wenig unterstützt werden. Weitere Risikofaktoren sind psychische Belastungen und Störungen oder Alkohol-, Drogen- und Medikamentenmissbrauch der Eltern (vgl. Rn 571 ff.). Auch negative Kindheitserfahrungen der Eltern können sich auf die Beziehung mit ihrem Kind auswirken, wie beispielsweise aus der Misshandlungsforschung bekannt ist (vgl. Rn 462 ff., 486 ff., 530 ff.). Als Entwicklungsrisiken gelten aber auch kindliche Temperamentsmerkmale, wie hohe Irritierbarkeit, organische Störungen oder Behinderung des Kindes oder negative Kindheitserfahrungen der Eltern. **421**

10. Praktische Implikationen

Allein aus der Definition ihrer Tätigkeit heraus betreuen Verfahrenspflegerinnen und Verfahrenspfleger Kinder, die emotional belastet und verunsichert sind. Gewöhnlich leiden die Kinder unter der Trennung von zumindest einem Elternteil. Dabei sind unkontrollierbare und abrupte Trennungen besonders belastend für Kinder. In diesem Zusammenhang sind außerdem die oben beschriebenen **422**

Konfliktsituationen zu berücksichtigen, nach denen Kinder gleichermaßen unter der Trennung von einer Bindungsperson leiden und sich vor derselben Person fürchten können. Dies gilt auch für Kinder, die – zumindest vordergründig – ruhig und gelassen wirken. Das Verhalten oder der Gesichtsausdruck von Kindern lässt nicht immer direkte Rückschlüsse auf ihre Befindlichkeit zu. Das Fehlen von Kummerreaktionen kann vielmehr Ergebnis unsicherer Beziehungsvorerfahrungen sein beziehungsweise Ergebnis dessen, dass die Kinder gelernt haben, Kummeräußerungen eher zu unterdrücken.

423 Eine angemessene Unterstützung für das Kind setzt dessen Vertrauen in den Verfahrenspfleger oder die Verfahrenspflegerin voraus. Um Vertrauen aufzubauen, braucht das Kind hinreichend Zeit, um die Verfahrenspflegerin oder den Verfahrenspfleger überhaupt kennenzulernen. Vertrauen wird außerdem über klare, nachvollziehbare und verbindliche Absprachen aufgebaut. Neben der zunehmenden emotionalen Sicherheit in der neuen Beziehung mit der Verfahrenspflegerin verbindet sich für das Kind damit auch kognitiv eine zunehmende Transparenz und Beteiligung. Für die Verfahrenspflegerin verbindet sich damit die Einstellung, das Kind in seiner Autonomie zu respektieren, unabhängig davon, ob sie im Einzelnen den Wünschen oder Vorstellungen des Kindes folgen kann beziehungsweise unabhängig davon, wie realistisch sie diese einschätzt.

II. Bedürfnis nach Versorgung, Ernährung und Gesundheitsfürsorge

1. Einleitung

424 **Vernachlässigung** ist eine wiederholte, länger dauernde oder andauernde Unterlassung fürsorglichen Handelns Erwachsener, welche sich in direkter Betreuungsverantwortung für ein Kind befinden. Die Unterlassung in Sicherstellung physischer und psychischer Bedürfnisse des Kindes kann aktiv oder unbewusst oder aufgrund mangelnden Wissens bzw. mangelnder Verständnismöglichkeiten erfolgen. Unter **körperlicher Vernachlässigung** ist die nicht hinreichende Versorgung und Gesundheitsfürsorge, die zu massiven Gedeih- und Entwicklungsstörungen führen kann (bis hin zum psychosozialen Minderwuchs) zu verstehen. **Emotionale Vernachlässigung** (Deprivation) stellt ein nicht hinreichendes oder ständig wechselndes und dadurch nicht ausreichendes emotionales Beziehungsangebot dar und ist von der emotionalen Misshandlung, die sich durch intrusive Methoden auszeichnet, wie Terrorisierung, Herabsetzung etc., zu unterscheiden.

425 Die schwersten Folgen hat Vernachlässigung bei Säuglingen und Kleinkindern, da diese am elementarsten auf eine allumfassende Gruppenversorgung angewiesen sind. Ihre chronische Unterversorgung kann zu einer Schädigung der

körperlichen, geistigen und seelischen Entwicklung führen, sie kann darüber hinaus akut auch zu lebensbedrohlichen Situationen führen.

2. Die Bedeutung des familialen und sozialen Umfelds

Polansky (1981) beschreibt mit Blick auf die Persönlichkeitsstruktur vernachlässigender Eltern das Phänomen des so genannten „Apathienutzlosigkeitssyndroms". Eltern, die häufig in schweren sozialen Problemen stecken oder selbst an einer Depression erkrankt sind, sind wenig in der Lage, die notwendige Empathie für die Bedürfnisse eines Säuglings zu entwickeln. *Schone* (1997) spricht von unterschiedlichen Risikofaktoren, die er als Hypothesen zu Gründen und Ursachen der Vernachlässigung anführt. Auf der Basis einer Literaturübersicht nennt er die finanzielle und materielle Situation der Familie, insbesondere Armut, geringes oder gar kein Einkommen, Sozialhilfebezug, Schulden, Arbeitslosigkeit, beengte oder schlechte Wohnverhältnisse, Obdachlosigkeit (siehe auch *Münder* u. a. 2000). **426**

In eigenen Untersuchungen (*Fegert* 1997) zeigten wir in einer kinder- und jugendpsychiatrischen Inanspruchnahmepopulation, dass die Kombination von Mangel an Aufsicht und dem eher ablehnungstypischen Risiko Mangel an Wärme nach den Kriterien der Achse 5 der WHO gerade bei Eltern aus der untersten sozioökonomischen Schicht kumulieren. Eine logistische Regressionsgleichung, die diese beiden Variablen als abhängige Variablen und die übrigen Variablen der 5. Achse der WHO sowie Schicht und Alter als unabhängige Variablen annahm, machte deutlich, dass massive Not, d. h. nach den WHO-Kriterien Lebensbedingungen mit direkter psychosozialer Gefährdung, hochsignifikant mit einer odds ratio von 3,1 ein relativ höheres Vernachlässigungsrisiko mit sich bringt. Deutlich wurde dabei auch, dass, je besser die materiellen Ressourcen sind, desto mehr eventuelle Mängel an Basisbedürfnissen offensichtlich durch Einsatz fremder Hilfe kompensiert werden können. Dennoch behalten psychische und Suchterkrankungen eines Elternteils auch bei höherer Schicht ein erhöhtes Gefährdungsrisiko für Vernachlässigung der Kinder. **427**

➢ *Zum multiaxialen Klassifikationsschema vgl. unten Rn 513 ff.*

Schone (1997) verweist auch auf die Bedeutung der „sozialen Situation" und spricht insbesondere Integrationsprobleme, Isolation gegenüber der Nachbarschaft, schwierige Wohnmilieus, in denen Vernachlässigung akzeptiert oder toleriert wird, sowie fehlende Hilfe von außen, d. h. auch schlechte soziale Infrastruktur als Indikatoren. Zur familialen Situation nennt er Isolation in der eigenen Familie und von der Verwandtschaft, Familienkonflikte, Trennung, Scheidung und gewalttätige Umgangsformen. **428**

429 In Bezug auf das dort noch genannte **Risiko des Alleinerziehens** konnten wir in einer Literaturübersicht und Datenanalyse in unserer Rostocker Inanspruchnahmepopulation (*Fegert* 2000) aufzeigen, dass ganz unterschiedliche Familienformen prinzipiell mit einem psychisch gesunden Aufwachsen von Kindern verbunden sein können. Während Alleinerziehen bis in die 70er Jahre durch die Stigmatisierung der betroffenen so genannten illegitimen Kinder noch tatsächlich ein psychosoziales Vernachlässigungsrisiko darstellte, hat die veränderte Realität familialer Lebenswelten hier einige korrigierende Einschränkungen dringend erforderlich gemacht. Als Risiko für Vernachlässigung ist Alleinerziehen vor allem bei sehr jungen unerfahrenen Teenagermüttern anzusehen. Überall da, wo die alleinerziehende Mutter durch eine psychische Erkrankung und/oder eine Suchterkrankung an der Empathie und Wahrnehmung kindlicher Bedürfnisse gehindert ist, stellt das Alleinerziehen auch ein erhöhtes Risiko dar.

430 Die meisten Studien, die generell von einem leicht erhöhten Risiko für Verhaltensauffälligkeiten durch Alleinerziehen ausgehen, lassen diesen Effekt auf sozioökonomische und Schichtvariablen zurückführen. Zentraler Prädiktor ist also die psychosoziale Situation, die Not und nicht die Beziehungsform Ehe, eheähnliche Beziehung, Alleinerziehen, gleichgeschlechtliche Partnerschaft etc. Umso mehr sind Elternvariablen und Kindvariablen zu betrachten. Unerwünschte Schwangerschaft, sehr frühe Elternschaft, geringes Bildungsniveau der Eltern, fehlende Perspektive der Erziehungsperson, mangelnde Leistungsfähigkeit aufgrund Krankheit und Behinderung der Eltern oder des Geschwisterteils, Suchtprobleme und nicht zuletzt eigene Deprivationserfahrungen der Eltern werden hier genannt (vgl. *Schone* 1997).

3. Die kindlichen Basisbedürfnisse

431 Für Verfahrenspfleger ist es deshalb wichtig, zur Abschätzung einer Gefährdungssituation eines Kindes, Kenntnisse über kindliche Basisbedürfnisse und deren Altersabhängigkeit zu haben. Die Beschreibung solcher „basic needs" als Einschätzungskriterien (vgl. *Fegert* 1997) kann hier hilfreich sein. Auch die Metapher der Bedürfnispyramide (vgl. *Maslow* 1978) macht deutlich, dass Kinder, je kleiner sie sind, umso stärker von der direkten Bedürfnisbefriedigung in den Bereichen Versorgung, Ernährung, Gesundheitsfürsorge abhängen, wenngleich natürlich Liebe und Zuwendung, d.h. die emotionale Seite, in der Interaktion mit dem Kind der Beurteilung von Gedeihstörungen sowie körperlichen und psychischen Deprivationsfolgen nie zu vernachlässigen ist.

432 Häufig sind die Versorgungsdefizite nicht von einem Empathiedefizit zu trennen. *Steele* (1997) spricht davon, dass dieses Empathiedefizit verhindert, dass die Pflegeperson tatsächlich die Hungerschreie der Kinder „hören". Es fehlen

innere Maßstäbe und das Empathiedefizit verhindert, dass sie „sehen", dass Kinder nicht zunehmen etc. *Cantwell* (1997) beschreibt wie andere (vgl. Übersicht in *Schone* 1997) Grundbedürfnisse, deren Befriedigung ein kleines Kind von den es umgebenden Versorgungspersonen erwarten darf.

Ernährung

Essen und Flüssigkeit muss in hinreichendem Ausmaß zur Verfügung stehen. Konsistenz und Nährwert der Nahrung muss altersangemessen sein. Frühkindliche Gedeihstörungen sind häufig hinweisend auf unzureichende Ernährung oder Schwierigkeiten in der Eltern-Kind-Interaktion. Mit *Cantwell* (1997) kann die Wachstum- und Gewichtskurve des Kindes als Zollstock für die richtige Versorgung genommen werden. Das Untersuchungsheft für Kinder verzeichnet Perzentilenkurven. Werden regelmäßige ärztliche Untersuchungen wahrgenommen, lässt sich der Gewichtsverlauf gut dokumentieren. Liegt das Gewicht des Säuglings bzw. Kleinkindes unter der dritten Perzentile und steigt nach Aufnahme angemessener Ernährung und unter positiven emotionalen Anregungsverhältnissen an, liegt der Verdacht nahe, dass vorher keine ausreichende Ernährung stattfand. Solche Situationen sind häufig nach der Aufnahme in eine Kinderklinik zu beobachten und sind in der Regel auch in Arztbriefen und Entlassungsberichten dokumentiert. Gleichzeitig werden in der Kinderklinik häufig unspezifische Entwicklungsverzögerungen festgestellt, die schon im stationären Milieu durch die dort vorhandene Anregung, z. B. durch das Pflegepersonal und durch spezifische Maßnahmen durch Ergotherapie, Logopädie etc. sich rasch zurückbilden. Differentialdiagnostisch müssen organisch begründete Krankheiten ausgeschlossen werden.

433

Eine Extremform solcher Gedeihstörungen ist der **psychosoziale Minderwuchs**, welcher im Gegensatz zu den relativ häufigen Gedeihstörungen (zwischen ein und fünf Prozent der Aufnahmen in Kinderkliniken) ein relativ seltenes aber in diesem Kontext relevantes Phänomen darstellt (vgl. *Steinhausen* 1981, 1985). Kriterien sind ausgeprägte Wachstumsverzögerungen mit einer Körpergröße unterhalb der dritten Perzentile und verzögerte Epiphysenreifung, schwere psychische Störungen mit hochgradig abnormem Essverhalten, Störungen des Schlaf-Wach-Rhythmus, herabgesetzte Schmerzempfindlichkeit und ausgeprägte Entwicklungsverzögerung. Die beschriebenen Symptome sind in der Regel durch Aufhebung der deprivierenden Bedingungen reversibel. Endokrine Funktionen, Serumbefunde, radiologische Zeichen können auffällig sein. In der stationären Beobachtung fällt auf, dass diese Kinder, obwohl normale Nahrung zugänglich ist, große Mengen Wasser, z. T. auch aus dem Waschbecken oder Toilettenbecken etc., zu sich nehmen (Polydipsie; andere Ursachen derselben müssen ausgeschlossen werden, z. B. Diabetes insipidus). Auch wird bisweilen ein ungesteuertes Essverhalten, Sammeln von Essensresten etc. wahrgenommen.

434

435 Schlaf

Die Sicherstellung eines hinreichenden Schlaf-Wach-Rhythmus ist für die Entwicklung eines Kindes unbedingt erforderlich.

436 Kleidung und Hygiene

Kinder brauchen eine adäquate Begleitung, die sie weder zu starker Wärme noch Kälte aussetzt und sie somit vor Witterungsbedingungen schützt. Die Kleidung muss hinreichend sauber sein, Hygiene und Körperpflege sind wichtige Kriterien für die Einschätzung eines Pflegezustandes eines Säuglings und können z.B. beim Wickeln gut beobachtet werden. Regelmäßiges Wickeln eines Säuglings verhindert Infektionen im Windelbereich. Solche Infektionen sind aber nicht selten. Ein zentrales Kriterium ist eher der Umgang mit diesen Infektionen (also z.B.: Was wird gegen einen Windelsoor getan?, Wird hier dann auf besondere Hygiene geachtet?, Wird der Kinderarzt aufgesucht? etc.). Lebt eine Mutter mit ihrem Kind auf der Straße oder in anderen extremen Notverhältnissen, dann kann auch ausreichende Kleidung nicht einen hinreichenden **Wärmeschutz**, z.B. in einem strengen Winter oder bei starker Nässe, bieten. Auch lebensnotwendige Wärme gehört zu den Grundbedürfnissen.

437 Generelle Schutzbedürfnisse

Schutz vor Gefahren, z.B. Kampfhunde in der Wohnung, offenes Feuer, ungesicherte Treppen, Schutz vor Witterungsbedingungen (vgl. Kleidung), Schutz vor Reizüberflutung, d.h. z.B. die Bereitstellung eines Schlafplatzes, in dem das Kind in Ruhe einschlafen kann ohne z.B. gleichzeitig dem Fernsehprogramm und Zigarettenrauch ausgesetzt zu sein. Das Schutzbedürfnis geht aber noch dahingehend weiter, dass von den erwachsenen Bezugspersonen auch beschützende, in Schutz nehmende Handlungen verlangt werden, die Gefahren für das Kind antizipieren. Gerade wenn Kinder durch Krabbeln oder Laufen einen größeren Bewegungsradius entwickelt haben, benötigen sie eine Fülle von elterlichen Hinweisen, um selbst ein Verhalten zu entwickeln, was einerseits ihre Neugier befriedigt und andererseits ihrer persönlichen Sicherheit Rechnung trägt. Immer wieder müssen Kinder darauf hingewiesen werden, dass Herdplatten heiß sind. Begrifflichkeiten, wie heiß, kalt etc., müssen eingeübt und auch emotional verstanden werden.

438 Empathiefähigkeit und „nurturance"

„Nurturance" bezeichnet im Englischen aufmerksames und reaktionsbereites Verhalten, welches Eltern ihren Kindern gegenüber zeigen, um damit eine gedeihliche Entwicklung und den Aufbau positiver Bindungen zu den primären Beziehungspersonen zu unterstützen. Die Befriedigung solcher Bedürfnisse nach Verständnis ist zentral für den Aufbau von Selbstwertgefühl, Interesse und damit auch für die kognitive Entwicklung.

Anregung zur Entwicklung von Kindern 439

Es ist auch unbedingt eine Anregung durch **Interaktion** und durch **Spielmaterialien** erforderlich. Von Eltern wird dabei die Meisterung der Aufgabe von **Grenzziehungen** gefordert. Solche Grenzziehungen müssen einerseits hinreichend flexibel sein, so dass sie nicht durch ihre Starrheit nicht nachfühlbar sind, andererseits müssen sie hinreichend zuverlässig sein, so dass sie eine Orientierung im Leben für das Kind ermöglichen. Die ersten zentralen Aufgaben in der Erziehung und Grenzsetzung sind die Fütterssituation, die Schlafsituation sowie später die Sauberkeitserziehung. Um diese zentralen Interaktionen kann sich eine Fülle von Konflikten ranken; deshalb ist es sehr hilfreich sowohl während der Säuglingsphase als auch später retrospektiv, diese ersten Entwicklungsaufgaben zwischen Eltern und Kindern und ihre Bewältigung näher unter die Lupe zu nehmen.

Selbstverständlich ist **Kommunikation** eine zentrale Voraussetzung für die 440 sprachliche Entwicklung. Eine reziproke Kommunikation, ein sprachliches Vorbild gehört zur Anregung von Kindern. Dasselbe gilt für die Gewährleistung **motorischer Bedürfnisse**. Hier sind grobmotorische und feinmotorische Bedürfnisse zu unterscheiden, die beide adäquat gefördert werden müssen. Kinder müssen sich austoben können und ihre Kraft spüren und dosieren lernen können. Sie müssen Erschöpfung lernen und dabei auch lernen, wie sie sich erholen und zur Ruhe kommen können. Die Feinmotorik wird vor allem durch Spielzeug, durch das Malen etc. angeregt. Auch hier sind vor allem durch die primären Bezugspersonen zentrale Entwicklungsanreize zu geben.

Gesundheitsfürsorge 441

Gesundheitsfürsorge ist eine der zentralen Aufgaben einer guten Versorgung von Kindern. Hierzu gehört die regelmäßige Wahrnehmung der entwicklungsdiagnostischen **Routineuntersuchungen** ebenso wie der zuverlässige Aufbau eines **Impfschutzes** für das Kind. Wichtig ist, dass die entsprechenden Unterlagen, Untersuchungsheft und Impfpass aufbewahrt werden und im Zweifelsfall zur Verfügung stehen. Der Gesundheitszustand des Kindes muss aufmerksam erfasst werden. Infektionskrankheiten, Fieber etc. müssen wahrgenommen, entsprechende Pflegemaßnahmen ergriffen werden bzw. bei Ausbleiben von entsprechendem Erfolg muss ein Arztbesuch erfolgen. Verschleppte Vorstellungen führen zu besonders schweren Verläufen und teilweise vermeidbaren Folgeerkrankungen, z.T. mit Defektheilungen. Eine notwendige Medikamenteneinnahme muss sichergestellt werden, Verbände müssen hygienisch hinreichend vorgenommen bzw. gewechselt werden.

4. Zur Anwendung der Basisfürsorgekriterien

442 Zentral für die Anwendung der Basisfürsorgekriterien ist ihre **Entwicklungsabhängigkeit**. Das heißt, je älter und fortgeschrittener Kinder in ihrer Entwicklung sind, desto eher werden sie in der Lage sein, sich Grundbedürfnisse selbst zu sichern bzw. einige Tage ohne elterliche Aufsicht und Versorgung zu überleben. Bei einem zehnjährigen Kind ist also, z.B. wenn die Mutter durch Alkoholexzesse für mehrere Tage als Versorgerin ausfällt, in der Regel nicht zu befürchten, dass eine Lebensgefahr durch Unterernährung oder Verdursten besteht. Vielmehr wird wahrscheinlich das Kind quasi parentifiziert, sich um den suchtkranken Elternteil kümmern und emotional stark notleiden und auch in seinen intellektuellen Bedürfnissen sowie seinen Autonomiebedürfnissen keine hinreichende Förderung erhalten.

443 Die Planung der Hilfe und die Notwendigkeit schnellen Einschreitens ist also je nach Entwicklungsstand und in Abhängigkeit von der Gefährdung im elementaren Bedürfnisbereich bei kleinen Kindern und Schulkindern völlig unterschiedlich, denn die gleiche eben skizzierte Situation könnte für einen Säugling schon lebensbedrohlich werden. Deshalb können auch für Maßnahmen des Kinderschutzes und für Interventionen durch Erwachsene in Garantenpositionen keine für alle Altersstufen gleichermaßen verbindlichen generellen Regeln oder Schwellen des Einschreitens definiert werden. Grundkenntnisse über die absolute Hilfsbedürftigkeit von Säuglingen sollten aber von allen Personen, die in diesem Bereich Verantwortung tragen, erwartet werden (vgl. *Fieseler* 2000).

5. Störungsbilder – Reaktive Bindungsstörungen

444 Die psychischen Folgen schwerer Vernachlässigung und/oder anderer Traumatisierungen im frühen Kindesalter werden häufig noch durch ungenügende und ebenfalls belastende institutionelle Reaktionen (vgl. *Fegert* 1998) verstärkt. Gerade der rasche Wechsel zwischen vernachlässigender Herkunftsfamilie, Kurzpflegestellen, institutioneller Versorgung, Dauerpflege etc. kann den Schaden vertiefen, den Vernachlässigung und Misshandlung gesetzt haben.

445 Insofern sind die Krankheitsbilder der reaktiven Bindungsstörung des Kindesalters und der Bindungsstörung des Kindesalters mit Enthemmung (ICD F94.1 und F94.2) nicht selten die psychischen Folgezustände, die im jungen Kindesalter kinderpsychiatrisch dann nach den Kriterien der Weltgesundheitsorganisation bei schwer betroffenen Kindern festgestellt werden müssen. Die reaktive Bindungsstörung ist durch eine anhaltende Auffälligkeit im Muster der sozialen Beziehungen des Kindes charakterisiert und wird von einer emotionalen Störung begleitet. Sie zeichnet sich durch eine besondere Reaktion auf Milieuwech-

sel aus, häufig sind auch Furchtsamkeit und gegen sich selbst sowie andere gerichtete Aggressionen. Die Bindungsstörungen des Kindesalters mit Enthemmung entspricht in der neueren Terminologie der Weltgesundheitsorganisation dem früheren Hospitalismusbegriff mit charakteristischem Anklammerungsverhalten, wahllosen, distanzlosen und aufmerksamkeitsuchenden Beziehungsaufnahmen, der Unmöglichkeit, selektive Bindungen aufzubauen und massiven emotionalen und Verhaltensstörungen.

Wichtig ist, dass diese in ihrer klinischen Bedeutung anerkannten Krankheitsbilder nicht mit bindungstheoretischen Klassifikationen verwechselt werden. Die dort eingeführten Begrifflichkeiten beziehen sich auf Ausprägungsformen, die auch in der Entwicklungspsychologie normaler Eltern-Kind-Beziehungen gefunden werden können. Die hier referierten Krankheitsbegriffe bezeichnen Störungsbilder mit einer eher ungünstigen Prognose, mit einem hohen Risiko der Entwicklung späterer Persönlichkeitsstörungen und mit einem häufig hohen individuellen Förder- und Hilfebedarf. **446**

Da neben dem auffälligen Beziehungsverhalten die meist gravierende Vorgeschichte mit häufigen Betreuungswechseln, Deprivation etc. eine wesentliche Rolle bei der Diagnosestellung spielt, ist es wichtig, diese Vorgeschichte exakt zu recherchieren. Häufig werden Pflege- und Adoptivfamilien nicht hinreichend über die Existenz solcher Störungsbilder bei den ihnen anvertrauten Kindern informiert. Eine rechtzeitige fachärztliche Diagnosestellung, eine vernünftige Pflegeeltern-, Eltern- oder Institutionsberatung sind unabdingbar, um den Kindern in stabilen Betreuungsverhältnissen bessere Aufwachsensbedingungen zu sichern (vgl. *Fegert* 1998, S. 28). **447**

III. Bedürfnis nach Bildung, Erziehung und Vermittlung hinreichender Erfahrungen

1. Erziehung und Bildung: Grundbedürfnisse und Grundrechte

Das Bedürfnis nach Erziehung, Bildung und Vermittlung hinreichender Erfahrungen zählt zu den entwicklungsrelevanten Elementarbedürfnissen des Menschen und ist in der Bedürfnispyramide der Basisfürsorgekriterien einer gesunden seelisch-körperlichen Entwicklung auf den Ebenen „Bedürfnis nach Verständnis und sozialer Bindung", „Bedürfnis nach seelischer und körperlicher Wertschätzung", besonders aber in den Grundbedürfnissen nach „Anregung, Spiel und Leistung" und „Selbstverwirklichung" (vgl. *Schmidtchen* 1989, 111 ff.) enthalten, ohne jeweils explizit benannt zu sein. **448**

Die UN-Konvention über die Rechte des Kindes entspricht diesen Bedürfnissen sinngemäß durch die Selbstverpflichtung der Vertragsstaaten, den „Schutz und die Fürsorge zu gewährleisten", die zum „Wohlergehen" des Kindes notwendig sind (Art. 3). In Art. 28 wird insbesondere das Recht auf Bildung und gleiche Bildungschancen garantiert. Es hat zum Ziel, „die Persönlichkeit, die Begabung und die geistigen und körperlichen Fähigkeiten des Kindes voll zur Entfaltung zu bringen". Die soziokulturelle und religiöse Sozialisation von Kindern ethnischer, sprachlicher und religiöser Minderheiten sind dabei besonders zu schützen (Art. 29, 30). Zugleich hat das Kind aber auch ein „Recht auf Ruhe und Freizeit", „auf Spiel und altersgemäße aktive Erholung sowie auf freie Teilnahme am kulturellen und künstlerischen Leben" (Art. 31).

2. Erziehung und Bildung – Bedingungen der Persönlichkeitsentfaltung

449 Erziehung als Einheit von Pflege und Bildung kann in erziehungswissenschaftlicher Sicht als unvermeidliche und unentbehrliche soziale Reaktion auf die menschliche Entwicklungstatsache gelten. Sie hat in unserem Kulturkeis den Abbau des Kompetenzgefälles zwischen der jüngeren und den älteren Generationen und die Ermöglichung von Mündigkeit zum Ziel. Praktisch sollen „die Pflege des Menschen, also die Förderung seines körperlichen Wohls, und die Bildung des Menschen, also die Konstruktion seiner Moral und die Ausbildung seiner geistigen Kräfte und Fähigkeiten, soweit vorangetrieben werden, dass der Mensch selbst gesellschaftlich handlungsfähig wird. In der westlichen Tradition seit der Aufklärung bedeutet dieser Ziel- und Endpunkt der Erziehung, dass der Mensch ein autonomes, selbstbestimmtes Subjekt geworden ist." (*Tenorth* 1992, 14). Erziehung beinhaltet immer auch die Möglichkeit des Misslingens, wenn Unterstützung ausbleibt oder fehlgeht (vgl. *Mollenhauer* 1996, 171). Sie ist im günstigsten wie im ungünstigsten Fall „die Summe der Wirkungen, die verschiedenste Erfahrungen bei einem Menschen hinterlassen" wenn eine intentionale Tätigkeit von Erwachsenen gegenüber Kindern und Jugendlichen stattfindet, „die auf die Inszenierung von Erfahrungen und deren Wirkung abzielt" (*Girmes* 1997, 12) und die durchaus auch über die Intention hinaus wirken kann.

450 Bildung und Erziehung bedingen sich und ergänzen einander. Bildung gilt zwar meist als „Inbegriff gesellschaftlicher Zielvorstellungen für institutionalisiertes Lehren und Lernen" (*Schwenk* 1989, 209) und wird mit einer Wissensaneignung auf kognitiver Ebene bzw. dem Bildungskanon der Schule assoziiert. Das Bedürfnis nach Bildung meint aber nicht nur den erfolgreichen Schul- oder Ausbildungsabschluss, der freilich eine wichtige Voraussetzung für die gesellschaftliche Teilhabe ist. Im pädagogischen Gebrauchskontext geht es vielmehr um einen lebenslangen, selbsttätigen Prozess, der auf der Eigenintentionalität des Kindes/Jugendlichen basiert, aber gezielte Anregungen durch die Umwelt (z. B.

Unterstützung bei der Exploration der sozialen und räumlichen Welt und systematische Vermittlung von Wissen und Fertigkeiten) erfordert.

Übergeordnetes Ziel solcher Anregungen ist die dauerhafte, selbstinitiierte Suche nach sich selbst und nach einem Zugang zur Welt. Der Mensch soll durch seine „tätige Auseinandersetzung mit der erfahrenen Welt" fähig werden, „sich auf die Welt und ihre Erfahrbarkeit einlassen und verstehen (können), was einem dabei widerfährt" (*Girmes* 1997, 12). Bildung als ein Ziel von Erziehung beinhaltet demnach die Entwicklung bzw. Selbstformung sämtlicher Aspekte menschlicher Existenz und befriedigt das „Bedürfnis nach Selbstverwirklichung und Bewältigung existentieller Lebensängste" (*Schmidtchen* 1989, 112).

Dieser auf die Entfaltung der eigenen Persönlichkeit gerichtete Prozess beginnt freilich schon lange vor der Einschulung. Damit das Kind sich selbst und die Welt begreifen und einschätzen lernt, ist es z.B. in den ersten Jahren noch ganz auf Menschen angewiesen, die ihm altersangemessene Handlungsräume gewähren, sich stellvertretend um das Verständnis und die Zuordnung seiner psychischen Vorgänge (*Mertens* 1998, 106 f.) und die zutreffende Bewertung seiner Aktivitäten (*Oerter* 1995, 796) bemühen, und ihm die Möglichkeit zur positiven Identifikation mit seinen Mitmenschen eröffnen (*Lempp* 1973, 12). Die Notwendigkeit der Vermittlung hinreichender Erfahrungen legt parallel zur Erziehung die Grundlagen für jeden individuellen Bildungsprozess und ergänzt die Eigenintentionalität des „Sich-Bildens". Dafür müssen sowohl „Bedürfnisse nach einfühlendem Verständnis und sozialer Bindung" als auch nach „Anregung, Spiel und Leistung" (vgl. *Schmidtchen* 1989, 111) befriedigt werden. 451

3. Erziehung und Bildung als Risiko- und Schutzfaktoren

Kinder entwickeln sich, darin stimmt die Forschung verschiedenster psychologischer „Schulen" überein, dann am ehesten zu selbstbewussten, emotional stabilen, sozial kompetenten, selbstverantwortlichen und leistungsfähigen Personen, wenn ihnen die Eltern mit Zuneigung, Wärme und klaren Regeln begegnen und entwicklungsangemessene Anregungsbedingungen und Handlungsspielräume bieten (Vgl. *Schneewind* 1995, 156; *Schneewind* u.a. 1999, 357, 383 ff.). Viele Studien betonen insbesondere die zentrale Bedeutung der dauerhaften Verfügbarkeit zumindest einer emotional zugewandten Bezugsperson, die als einer der gesicherten biographischen Schutzfaktoren gilt, also schädigende Folgen extremer Belastungen mildern kann. Auch positive Schulerfahrungen und andere soziale Förderungsangebote (z.B. Jugendgruppen, Kirche), bzw. die Erfahrung eigener Kompetenz und Selbstwirksamkeit in mindestens einem z.B. sportlichen, künstlerischen oder handwerklichen Interessenbereich können eine schützende Wir- 452 kung entfalten. Wechselseitig hängen hiermit vermutlich eine ganze Reihe weiterer Schutzfaktoren zusammen, so z.B. (überdurchschnittliche) Intelligenz, Lernfähigkeit und Leistungsmotivation, prosoziales Verhalten, kommunikative Fähigkeiten, soziale Problemlösemöglichkeiten, internale Kontrollüberzeugungen u.a.m. (Vgl. *Dornes* 2000, 99 ff.; *Egle* u.a. 1997, 10, 18 f.; auch *Bender* und *Lösel* 1997, 52; *Tress* 1986, 41 ff., 150 f.).

4. Die Versagung des Bedürfnisses nach Erziehung und Bildung

453 Kinder und Jugendliche, die in ihren Familien Gewalt- und Mangelerfahrungen ausgesetzt waren, stehen begreiflicherweise oft vor immensen Schwierigkeiten, die o.g. intellektuellen, emotionalen und sozialen Fähigkeiten auszubilden, was sie wiederum verletzlicher für die Folgen ihrer Erlebnisse macht. Die von Jugendämtern meistgenannte Folge der „Kindeswohlgefährdung", berichten z.B. *Münder u.a.* in ihrer Studie zum Verfahren nach § 1666 BGB, waren „Verhaltensauffälligkeiten", die zwei von drei Kindern der Gesamtgruppe (unabhängig vom Hauptgefährdungsmerkmal wie z.B. Vernachlässigung, körperliche, sexuelle, seelische Misshandlung) zeigten. Fast jedem zweiten der 319 Kinder und Jugendlichen wurde „mangelndes Sozialverhalten" zugeschrieben, aber auch Distanzlosigkeit, Aggressivität und Delinquenz sowie Zurückgezogenheit, Weglaufen, Schulverweigerung, Suizidgefährdung u.a.m. spielten eine Rolle. Jedes dritte Kind hatte Sprachprobleme und mehr als 45 % der Kinder und Jugendlichen wies eine „verzögerte intellektuelle Entwicklung" auf. Angesichts dieser Problemlagen ist es bemerkenswert, dass zu Beginn des Verfahrens nur 4 der 37 unter Dreijährigen und knapp die Hälfte der Kinder unter sechs Jahren in familienergänzenden Tageseinrichtungen oder durch Tagespflege gefördert wurden. Von den Kindern und Jugendlichen, die weiterführende Schulen besuchten, ging im Übrigen die überwiegende Mehrheit zur Haupt- oder Sonderschule (*Münder* u.a. 2000, S. 97, 105 ff.).

454 Werden die Bedürfnisse des Kindes nach Erfahrungen verbaler und nonverbaler Empathie, dialogischer Kommunikation und sicherem Zugehörigkeitswissen zu einer Gemeinschaft, nach bedingungsloser Wertschätzung als seelisch und körperlich wertvoller Mensch, nach körperlicher wie seelischer Zärtlichkeit, nach Unterstützung und Anerkennung als autonomes Wesen, nach Unterstützung des Neugierverhaltens, nach Anregung, Spiel und Leistung (vgl. *Schmidtchen* 1989, 111) nicht hinreichend befriedigt, wird Erziehung verweigert und das Bedürfnis nach Bildung erheblich missachtet. In solchen Fällen ist das Individuum auf seine Selbstbildungskompetenz verwiesen, die jedoch gerade wegen dieser Erfahrungen nicht optimal ausgebildet sein kann. Bildungstheoretisch lässt sich zwar zeigen, dass und wie Menschen, die sexualisierter Gewalt, Misshandlungen

bzw. Vernachlässigungen ausgesetzt waren, die verschiedenen Kompetenzen, derer sie für ein gelungenes Verhältnis zu sich selbst, zu anderen und zur Welt im Sinne gesellschaftlicher Teilhabe bedürfen, auch weitgehend selbsttätig erwerben können. Sind sie dabei aber auf sich selbst gestellt, geschieht dieser Bildungsprozess (gerade in Hinblick auf die Verarbeitung biographischer Mangel- und Gewalterfahrungen) zuweilen unter größter Gefährdung, etwa durch selbstschädigende Strategien (z. B. Essstörungen, kompulsiver Drogengebrauch, Suizidneigungen etc.), unter unvergleichlich hohem Aufwand mit – zudem – ungewissem Ausgang (vgl. *Spies* 2000).

5. Konsequenzen für die Hilfeplanung und richterliche Maßnahmenwahl

Entsprechend ist bei Kindern und Jugendlichen, die etwa Vernachlässigung, Misshandlungen oder sexuellen Übergriffen ausgesetzt waren, auch in Bezug auf ihre Bildungs- und Erziehungsrechte darauf zu achten, ob sie im Alltag hinreichend bei der biographischen Verarbeitung ihrer Erfahrungen unterstützt werden. Dies dürfte allerdings gerade jenen Erwachsenen, die in der Erziehung des Kindes versagt oder die es absichtlich verletzt haben, oft nicht – oder nur mit längerfristiger therapeutischer Unterstützung (*Steele* und *Pollock* 1978; *Dornes* 1997, 235 ff.) – möglich sein und wird entsprechend bei allen – u. a. mit Rücksicht auf das kindliche Zeiterleben und seine Bindungsbedürfnisse – zu treffenden Maßnahmen zu bedenken sein. **455**

Positive Schulerfahrungen sowie Förderungsangebote (§§ 22 ff. KJHG) und erzieherische Hilfen (§§ 27 ff. KJHG) können zwar ausgleichend zu einer ungünstigen Familiensituation wirken. Werden bei der Auswahl jedoch die Möglichkeiten und Grenzen der jeweiligen Angebote in Bezug auf die Wünsche, biographischen Erfahrungen, Bedürfnisse und Fähigkeiten des einzelnen Kindes unzureichend beachtet, bergen sie ebenso ein Risiko, seine Problemlagen zu vervielfältigen und zu verschärfen. Gerade schwer geschädigte Kinder sind nämlich oft kaum in der Lage, außerhalb ihrer Familie befriedigende soziale Beziehungen aufzubauen bzw. Kindergarten, Schule, Hort, Vereine u. ä. als einen kompensatorischen, den eigenen Selbstwert stärkenden und bestätigenden Raum zu nutzen. Vielmehr kann sich mit der Erweiterung ihres Lebensraumes die Erfahrung des eigenen Nicht-Genügens, Versagens und der Ausgrenzung verbinden (*Zitelmann* 2001, 267 ff.). **456**

Gegenüber Erwachsenen setzen sich die problematischen Bindungsmuster der frühen Kindheit dabei erfahrungsgemäß in Form von Rollenmustern fort, in denen die Kontrollbedürfnisse des Kindes dominieren. Diese werden auch nach der Herausnahme aus traumatisierenden Beziehungen und der Unterbrin- **457** gung in Pflegefamilien beibehalten (*Scheuerer-Englisch* 1998, 77). Auch gilt es als einer der empirisch am besten gesicherten entwicklungspsychologischen Befunde, dass die sozialen Beziehungen misshandelter und vernachlässigter Kinder zu Gleichaltrigen außerordentlich beeinträchtigt sind, so *Dornes*: „Die älteren misshandelten Kinder waren, ebenso wie die jüngeren, bei ihren Kameraden unbeliebter, sehr viel aggressiver, und wurden von den Lehrern als am schwersten gestört eingeschätzt. Im Unterschied zu misshandelten Kindern sind vernachlässigte weniger aggressiv als vielmehr passiv und zurückgezogen." (1997, 231) Ebenso können die in der Fachliteratur immer wieder berichteten Lern- und Leistungsprobleme, die verzögerte Sprachentwicklung und das geringe Vertrauen in die eigene Wirkmächtigkeit dazu beitragen, dem Kind den Gruppenalltag im Kindergarten oder Unterrichts- und Klassensituationen in der Schule schwer zu machen. Kommt es in der Schule zum Versagen, wird dies ebenfalls als kritisches Lebensereignis erlebt (*Hildeschmidt* 1995, 998), das den bestehenden Risikofaktoren einen weiteren hinzufügt.

458 Schulversagen und gestörte Bildungsprozesse können jedoch nicht nur aus mangelnder Anregung und Förderung des Kindes resultieren, sondern beispielsweise auch aus unrealistischen Leistungserwartungen, die an das Kind ohne Rücksicht auf seine Eignung und Neigung gerichtet werden. Zu denken ist zum Beispiel an Fälle, in denen das „Interessenberücksichtigungsgebot" des § 1631a BGB verletzt wird, weil eigene unerfüllte Aufstiegswünsche und Lebensentwürfe der Eltern auf Kosten des Kindes verwirklicht werden sollen (hierzu *Staudinger-Salgo* § 1631a, Rn 9). Wird das Kind vor allem aufgrund seiner Leistungen, nicht aber wirklich als ganze Person wertgeschätzt, wirkt sich dieses Erziehungsverhalten bildungserschwerend und lernhemmend aus. „Die Angst vor dem Verlust der Elternliebe verhindert die Entfaltung vorhandener intellektueller Potenzen und vermindert zugleich die Leistungsfähigkeit, wodurch sich rasch ein circulus vitiosus entwickelt, der zumindest in eine Ablehnung der Schule, schlimmstenfalls in eine echte Schulangst mündet" (*Lempp* 1973, 32). Ebenso können die massiven Selbstwertdefizite traumatisierter Kinder zu einer allgemeinen Leistungsängstlichkeit führen, die sich nicht nur bei Kindern in akuten Gefährdungslagen zeigt, sondern auch bei Pflegekindern eine Rolle spielt, die mit den an sie gerichteten Erwartungen entsprechend überfordert sein können (vgl. *Fegert* 1998, 23 f.).

6. Psychosoziale Diagnostik

459 Es wird deutlich, wie wichtig eine sorgfältige fachliche Abklärung der individuellen Erziehungs- und Bildungsbedürfnisse des Kindes sowie ggf. der erforderlichen und geeigneten Maßnahmen zur Abwendung weiterer Entwick-

lungsbeeinträchtigungen ist. Erste Anhaltspunkte können dem pädagogisch und psychologisch geschulten Verfahrenspfleger direkte Begegnungen mit dem Kind und seiner Familie, insbesondere aber auch mit Erzieherinnen, Lehrern oder anderen Fachkräften geben. Dies gilt insbesondere für Fälle des § 1631a i.V.m. § 1666 BGB, in denen die Besorgnis besteht, dass die Eltern in Angelegenheiten der (auch schulischen) Ausbildung und des Berufes keine Rücksicht auf die Eignung und Neigung ihres Kindes nehmen, so dass das Gericht unter Umständen ihre Fehleinschätzungen korrigieren muss.

460 Aber auch in anderen Konstellationen können die Einschätzungen der Personen, die das Kind alltäglich erziehen und unterrichten, wichtige Beiträge leisten. Sie kennen das Kind meist gut und erleben es im Zusammensein mit Gleichaltrigen. Schon aufgrund dieser Vergleichsmöglichkeiten können sie oftmals beurteilen, ob Schritte eingeleitet werden müssen, um den individuellen Förderbedarf des Kindes weiter abzuklären bzw. um eine seiner Eignung und seinen Neigungen entsprechende Bildung, durch die es sich als Persönlichkeit entfalten kann, zu gewährleisten. Steht dem Verfahrenspfleger kein solcher Ansprechpartner zu Verfügung bzw. scheint das Kind z.B. im motorischen oder sprachlichen Bereich nicht altersentsprechend entwickelt oder zeigt ausgeprägte Schulängste bis hin zur Phobie, besteht vielleicht die Möglichkeit, diese Fragen in Rücksprache mit dem Gericht, mit Hilfe einer Erziehungsberatungsstelle oder dem schulpsychologischen Dienst abzuklären. Auch Frühförderstellen sind gem. §§ 39 f. BSHG u.a. für Fragen des Förderbedarfs im Bildungsbereich (auch seelisch) behinderter Kinder zuständig. Selbstverständlich kann es in manchen anderen Fällen auch ganz offenkundig geboten sein, das Gericht anzuregen, ein Gutachten von einem Pädiater, Kinderpsychologen oder -psychiater usw. erstellen zu lassen.

461 Wird ein solcher Erziehungs- und Förderbedarf festgestellt, ist insbesondere vor dem Hintergrund konfligierender Eltern- und Kindesinteressen zu prüfen, ob die Sorgeberechtigten bereit und fähig sind, sich ggf. um die Beantragung und Durchführung der notwendigen (heil-)pädagogischen oder therapeutischen Hilfen zu kümmern. Ansonsten sollte im Interesse des Kindes eine Ergänzungspflegschaft angeregt und dem Gericht möglichst in Absprache mit dem Minderjährigen eine geeignete Person vorgeschlagen werden, die sich persönlich um diese Angelegenheiten kümmert. Die – noch immer – allzu häufige Praxis, die richterliche Maßnahmenwahl auf den Entzug des Aufenthaltsbestimmungsrechtes zu beschränken, reicht in einem solchen Fall jedenfalls nicht aus. An ihrer Stelle muss eine differenziertere, auf die eigenen Wünsche sowie die Erziehungs- und Bildungsbedürfnisse des individuellen Kindes oder Jugendlichen abgestimmte Maßnahmenwahl treten.

IV. Bedürfnis nach Schutz vor Gewalt

1. Kindesmisshandlung und sexueller Missbrauch

a) Recht auf gewaltfreie Erziehung

462 Die Auffassung, dass Kinder ein Recht auf Schutz vor Gewalt in der Erziehung haben, ist historisch jung und auch heutzutage im Bewusstsein vieler Menschen nicht fest verankert. Nach der Aufnahme eines Rechts von Kindern auf gewaltfreie Erziehung in das Bürgerliche Gesetzbuch am 8.11.2000, ist nunmehr zumindest auf der gesetzlichen Ebene klargestellt, dass Gewalt kein akzeptables Mittel der Erziehung sein darf. Die Neufassung des § 1631 Abs. 2 BGB lautet jetzt: „Kinder haben ein Recht auf gewaltfreie Erziehung. Körperliche Bestrafungen, seelische Verletzungen und andere entwürdigende Maßnahmen sind unzulässig." In der Begründung für das Gesetz heißt es ausdrücklich, dass damit keine Kriminalisierung der Familie beabsichtigt ist. Nicht die Strafverfolgung oder der Entzug der elterlichen Sorge sollen in Konfliktlagen im Vordergrund stehen, sondern Hilfen für die betroffenen Kinder, Jugendlichen und Eltern. Ergänzend wurde daher in § 16 Abs. 1 des Kinder- und Jugendhilfegesetzes (KJHG/SGB VIII) die Pflicht der Jugendbehörden angefügt, „Wege aufzuzeigen, wie Konfliktsituationen in der Familie gewaltfrei gelöst werden können" (vgl. *Salgo* in *Kohl/Landau,* 55, 63 ff.).

463 Mit der Verabschiedung eines Rechts von Kindern auf Erziehung ohne Gewalt genügt Deutschland nun auch den in der UN-Kinderrechtskonvention formulierten internationalen Ansprüchen. In Artikel 19 Abs. 1 der von Deutschland 1992 ratifizierten Konvention heißt es: „Die Vertragsstaaten treffen alle geeigneten Gesetzgebungs-, Verwaltungs-, Sozial- und Bildungsmaßnahmen, um das Kind vor jeder Form körperlicher oder geistiger Gewaltanwendung, Schadenszufügung oder Misshandlung, vor Verwahrlosung oder Vernachlässigung, vor schlechter Behandlung oder Ausbeutung einschließlich des sexuellen Missbrauchs zu schützen, solange es sich in der Obhut der Eltern oder eines Elternteils, eines Vormunds oder anderen gesetzlichen Vertreters oder einer anderen Person befindet, die das Kind betreut."

464 Die ausdrückliche Benennung des Leitbildes einer Erziehung ohne Gewalt bezeichnet einen Wendepunkt im Verhältnis zwischen Eltern und Kindern. Das Recht des Kindes auf gewaltfreie Erziehung bedeutet, dass das Kind als Person mit eigener Würde anerkannt wird und als Träger eigener Rechte die Achtung seiner Persönlichkeit auch von den Eltern erwarten kann. Nachdem die körperliche Züchtigung des Gesindes durch die Herrschaft, der Lehrlinge durch die Lehrherren, der Schüler durch die Lehrer und der Ehefrau durch den Ehemann

verboten worden war, beseitigte das Recht auf gewaltfreie Erziehung das letzte Refugium gesetzlich legitimierter körperlicher Gewaltanwendung. Ein so genanntes elterliches Züchtigungsrecht ist jetzt nicht mehr vom Gesetz gedeckt.

b) Umfang der Gewalt gegen Kinder

Der gesetzlichen Ächtung steht die tatsächlich gegen Kinder ausgeübte Gewalt gegenüber. Aufgrund des Dunkelfeldes und der Schwierigkeit einer einheitlichen Definition lässt sich das gesamte Ausmaß nur schwer ermitteln. Allerdings gibt es deutliche Belege dafür, dass körperliche Züchtigung in der Familie auch heute noch weit verbreitet ist. In einer Untersuchung von *Bussmann* (1996) unter 2.400 Jugendlichen aus Ost und West gaben 81,5 % der befragten Jugendlichen an, geohrfeigt worden zu sein. 43,5 % berichteten über deftige Ohrfeigen und 30,6 % über eine Tracht Prügel. In einer ergänzenden Umfrage unter 3.000 Erwachsenen äußerten 61,2 %, ihren Kindern gegenüber leichte und deftige Ohrfeigen einzusetzen. 20,6 % berichteten, schon einmal eine Tracht Prügel verabreicht zu haben. **465**

Die Schwelle zur Kindesmisshandlung wird ebenfalls in einem Umfang überschritten, das beunruhigen muss. Die Sachverständigenkommission des 10. Kinder- und Jugendberichts geht aufgrund einer Studie von *Wetzels* (1997) davon aus, dass jährlich rund 150.000 Kinder von ihren Eltern körperlich misshandelt werden. Entsprechende Untersuchungen zur psychischen Misshandlung und Kindesvernachlässigung liegen nicht vor. Nach vorsichtigen Schätzungen (*Johns* 1999) ist davon auszugehen, dass insgesamt etwa 20 % aller Erwachsenen in ihrer Kindheit mit schwer wiegenden bzw. häufigen Formen der körperlichen oder sexuellen Gewalt konfrontiert waren. Die entsprechenden Zahlen bei Vernachlässigung werden auf 5 % bis 10 % geschätzt. **466**

c) Definitionen von Kindesmisshandlung

Bei allen epidemiologischen Untersuchungen, die auf das Ausmaß von Kindesmisshandlung zielen, hängen die Ergebnisse stark von den definitorischen Vorgaben ab. Darüber, wann auf einem Kontinuum aller möglichen Verhaltensweisen im Verhältnis zu Kindern die Schwelle zur Misshandlung überschritten wird, gehen die Meinungen auseinander. Zu beachten ist, dass bei Definitionsversuchen neben den rechtlichen und sozialwissenschaftlichen Aspekten immer auch kulturelle Werturteile eine Rolle spielen, die ihrerseits historischen Veränderungen unterliegen. Eine von solchen sozial-kulturellen Sinnkonstruktionen losgelöste Definition von Kindesmisshandlung ist nicht möglich. In der Praxis sind vor allem zwei Definitionen von Bedeutung: einerseits ein an straf- **467** rechtliche Bestimmungen angelehnter (eng gefasster) Begriff von Kindesmisshandlung, andererseits eine an sozialwissenschaftlichen Kriterien orientierte (weit gefasste) Definition.

468 **Strafrechtlich** wird die „Misshandlung von Schutzbefohlenen" in § 225 des Strafgesetzbuches (StGB) erfasst. Sexueller Missbrauch wird strafrechtlich in § 174 (Sexueller Missbrauch von Schutzbefohlenen), § 176 (Sexueller Missbrauch von Kindern), § 179 (Sexueller Missbrauch Widerstandsunfähiger) und § 182 (Sexueller Missbrauch von Jugendlichen) behandelt. Die dort benutzten Definitionen von Misshandlung und sexuellem Missbrauch orientieren sich sämtlich an dem strafrechtlichen Rechtsgüterschutz mit dem Ziel der Ermittlung und Verfolgung des Täters.

469 In **sozialwissenschaftlicher Perspektive** hat das Kinderschutz-Zentrum Berlin die folgende Definition entwickelt: „Kindesmisshandlung ist ein das Wohl und die Rechte eines Kindes (nach Maßgabe gesellschaftlich geltender Normen und begründeter professioneller Einschätzung) beeinträchtigendes Verhalten oder Handeln bzw. ein Unterlassen einer angemessenen Sorge durch Eltern oder andere Personen in Familien oder Institutionen (wie z.B. Kindertagesstätten, Schulen, Heime oder Kliniken), das zu nicht-zufälligen, erheblichen Verletzungen, zu körperlichen und seelischen Schädigungen und/oder Entwicklungsgefährdungen eines Kindes führt, die die Hilfe und eventuell das Eingreifen von öffentlicher Jugendhilfe und Gerichten in die Rechte der Inhaber der elterlichen Sorge im Interesse der Sicherung der Bedürfnisse und des Wohls eines Kindes notwendig machen." (*Kinderschutz-Zentrum Berlin*, Berlin 2000, S. 26). Diese Definition knüpft mit der Schwelle zur Kindesmisshandlung an gesellschaftliche Normsetzungen an. Sie orientiert sich an den Folgen für das Kind (erhebliche Verletzungen, Schädigungen, Entwicklungsgefährdungen) und unterstreicht dessen Hilfe- und Schutzbedürfnis.

d) Formen von Kindesmisshandlung

470 Die Misshandlung eines Kindes besteht nur selten in einer einmaligen gewaltsamen Handlung, auch wenn ein einzelner Vorgang (z.B. das Schütteln eines Säuglings mit der Folge eines Hirntraumas) mit erheblichen Verletzungen für das Kind verbunden sein kann. Typischerweise ist Kindesmisshandlung ein aus mehreren Elementen zusammengesetztes Syndrom negativer Einwirkungen (Handlungen und Unterlassungen) auf ein Kind.

471 Auch wenn es für eine diagnostische Fokussierung sinnvoll ist, verschiedene Formen der Misshandlung zu unterscheiden, kommen diese in der Praxis selten isoliert vor. Besonders in schweren Misshandlungsfällen sind häufig komplexe Mischformen zu beobachten, die sich gegenseitig überlappen und verstärken.

Körperliche Misshandlungen haben immer auch in seelischer Hinsicht schädigende Folgen für das Kind. Vernachlässigungen und sexuelle Misshandlungen sind sowohl mit körperlichen als auch mit psychischen und psychosomatischen Konsequenzen verbunden. Gerade die Verschränkung der verschiedenen Aspekte macht ihre pathogene Wirkung aus. Es können vier Hauptformen von Kindesmisshandlung unterschieden werden: körperliche Misshandlung, Vernachlässigung, sexueller Missbrauch, psychische (emotionale) Misshandlung. Hinzu kommt das sogenannte Münchhausen-Syndrom by proxi, das eine Kombination aus körperlicher und seelischer Misshandlung darstellt.[3]

aa) Körperliche Misshandlung

Körperliche Misshandlung umfasst alle Handlungen, vom einzelnen Schlag mit der Hand, über Prügeln, Festhalten und Würgen bis hin zum gewaltsamen Angriff mit Riemen, Stöcken, anderen Gegenständen und Waffen, die zu einer nicht zufälligen körperlichen Verletzung eines Kindes führen, wobei es vor allem zu Blutergüssen, Prellungen, Schädel- und Knochenbrüchen, aber auch zu inneren Verletzungen und zu Verbrennungen kommt. Sie sind einerseits die Folge gezielter Gewaltausübung, z. B. bei exzessiven Kontrollmaßnahmen. Andererseits stellen körperliche Misshandlungen eine Form impulsiver sowie reaktiver Gewalttätigkeit dar. Dies ist vor allem in zugespitzten Stress-Situationen der Fall.

472

bb) Vernachlässigung

Kindesvernachlässigung ist die andauernde oder wiederholte Unterlassung fürsorglichen Handelns durch sorgeverantwortliche Personen (Eltern oder andere von ihnen autorisierte Betreuungspersonen), welches zur Sicherstellung der seelischen und körperlichen Versorgung des Kindes notwendig wäre. Diese Unterlassung kann bewusst oder unbewusst, aufgrund unzureichender Einsicht oder unzureichenden Wissens erfolgen. Die durch Vernachlässigung bewirkte chronische Unterversorgung des Kindes hemmt, beeinträchtigt oder schädigt seine körperliche, geistige und seelische Entwicklung und kann besonders bei Säuglingen und Kleinkindern zu gravierenden bleibenden Schäden oder gar zum Tode des Kindes führen. Vernachlässigung weist auf eine schwer wiegende Beziehungsstörung zwischen Eltern und Kind hin, in der es in zugespitzten Krisensituationen häufig parallel zu körperlichen Misshandlungen kommt.

473

---

3. Für die Beschreibung der Misshandlungsformen siehe auch die Broschüre „Kindesmisshandlung. Erkennen und Helfen" (*Kinderschutz-Zentrum Berlin*, Berlin 2000); für die Darstellung der Vernachlässigung siehe die Broschüre „Kindesvernachlässigung. Erkennen, Beurteilen, Handeln" (*Deutscher Kinderschutzbund LV NRW e.V. / Institut für Soziale Arbeit e.V.*, Münster 2000).

cc) Sexueller Missbrauch

474 Sexueller Missbrauch (sexuelle Misshandlung) ist eine geltende Generationsschranken (unter Ausnutzung einer Macht- und Autoritätsposition) überschreitende sexuelle Aktivität eines Erwachsenen mit Minderjährigen in der Form der Belästigung, der Masturbation, des oralen, analen oder genitalen Verkehrs oder der sexuellen Nötigung bzw. der Vergewaltigung sowie der sexuellen Ausbeutung durch Nötigen von Minderjährigen zu pornographischen Aktivitäten und Prostitution, wodurch die körperliche und seelische Entwicklung, die Unversehrtheit und Autonomie, die sexuelle Selbstbestimmung der Minderjährigen gefährdet und beeinträchtigt werden und die Gesamtpersönlichkeit nachhaltig gestört wird. Sexueller Missbrauch ist oft mit emotionalen Misshandlungen und in schweren Fällen häufig mit Vernachlässigungen verknüpft.

475 Die Schwere des Traumas sexueller Misshandlungen ist abhängig vom Alter der Betroffenen bei Misshandlungsbeginn und von der Dauer, Häufigkeit und Intensität der sexuellen Aktivität und der emotionalen Beziehung zwischen den Beteiligten. Generell gilt, dass chronische gewaltsame Missbrauchserfahrungen zu schwereren Schädigungen führen, als dies bei verbalen Entgleisungen (sexueller „Anmache") oder bei exhibitionistischen und voyeuristischen Vorgängen der Fall ist. Doch auch das letztgenannte Verhalten kann im Einzelfall nachhaltige Schäden bewirken (*Hirsch* 1987, 174 ff.) und ein Eingreifen erfordern.

dd) Psychische Misshandlung

476 Psychische (emotionale) Misshandlung bezeichnet qualitativ und quantitativ ungeeignete und unzureichende, altersinadäquate Handlungen, Haltungen und Beziehungsformen von Sorgeberechtigten zu Kindern in der Form der Ablehnung, des Überforderns, des Herabsetzens und Geringschätzens, des Ängstigens und Terrorisierens, des Isolierens, des Korrumpierens, der Ausbeutung und der Verweigerung von emotionaler Zuwendung und Unterstützung, wodurch das Bestreben eines Kindes, seine affektiven, kognitiven und moralischen Entwicklungsbedürfnisse zu befriedigen, in einem Maße eingeschränkt und frustriert wird, dass die Persönlichkeitsentwicklung eines Kindes beeinträchtigt und geschädigt wird.

477 Chronische psychische Misshandlungen führen, soweit kompensatorische Erfahrungen nicht gemacht werden, in der Regel zu erheblichen Verhaltens-, Persönlichkeits- und Entwicklungsstörungen, vor allem zu einem schwachen Selbst, zu unsicher-ambivalenten oder desorientierten Bindungsmustern, zu irritierter Selbst- und Fremdwahrnehmung und zu einer Einschränkung sozialer und kognitiver Kompetenzen und Potentiale.

ee) Münchhausen-Syndrom by proxi

Das Münchhausen-Syndrom by proxi (Münchhausen-Stellvertreter-Syndrom) ist eine selten vorkommende, für das betroffene Kind mit schweren Folgen verbundene Kombination von physischer und psychischer Misshandlung. Hier simulieren die Eltern bei ihrem (oft sehr kleinen) Kind eine Krankheit. Manchmal handelt es sich nur um erfundene, berichtete Krankheitssymptome, manchmal werden jedoch auch körperliche Symptome oder schwerwiegende Verletzungen herbeigeführt, um eine Krankheit vorzutäuschen. Häufig werden die Kinder zahlreichen und schmerzhaften medizinischen Eingriffen unterzogen, die alle ohne krankhaften Befund bleiben. Ohne dies zu beabsichtigen, wirkt das medizinische Personal dadurch an der Misshandlung des Kindes mit.

e) Ursachen von Kindesmisshandlung

Kindesmisshandlung ist nicht monokausal erklärbar. Vielmehr handelt es sich um ein vieldimensionales, prozesshaftes Geschehen, an dem mehrere Personen beteiligt sind und das in einen familialen, institutionellen und gesellschaftlich-kulturellen Kontext eingebettet ist. Misshandlungen entstehen multifaktoriell. Ihr Auftreten wird durch das Aufeinandertreffen verschiedener Risikofaktoren begünstigt. Kindesmisshandlung ist nicht allein ein Unterschichtsproblem. Sie kommt aber in sozial benachteiligten Milieus aufgrund der größeren psychosozialen Belastung gehäuft vor. Soziale Not verringert die Chance, für ein Kind gut sorgen zu können. Trotz vielfältiger und im Einzelfall sehr unterschiedlicher Faktoren, die für die Entstehung von Kindesmisshandlung ursächlich sind, gibt es typische Muster, soziale Bedingungen, Beziehungskonstellationen und Krisensituationen, die sich wechselseitig verstärken und als Risikofaktoren an der Entstehung von Misshandlungen beteiligt sind.

Zu den **psychosozialen Risikofaktoren** gehören Arbeitslosigkeit, finanzielle und materielle Notlagen (sozialer Abstieg), Leistungsdruck bzw. berufliche Probleme, soziale Isolation und sehr enge Wohnverhältnisse. Kulturelle Anpassungsschwierigkeiten erhöhen das Risiko einer Misshandlung besonders dann, wenn eine mangelnde Verwurzelung in der Herkunftskultur begleitet wird von geringen Chancen der Integration in die Aufnahmekultur.

Elterliche Risikofaktoren sind akute und chronische Belastungen wie Krankheit oder Sucht, Gewalterfahrungen in der eigenen Kindheit und mangelnde Bewältigungsstrategien sowie gravierende Beziehungs- und Partnerkonflikte. Gefährdungen entstehen auch, wenn Eltern einen rigiden (z.B. bei vehementer Befürwortung eines elterlichen Züchtigungsrechts) oder inkonsistenten Erziehungsstil verfolgen und wenn sie überhöhte oder unrealistische Erwartungen an das Kind stellen.

482 Faktoren, die mit der Geschichte und Konstitution des Kindes zusammenhängen, erhöhen oder verringern ebenso das Risiko einer Misshandlung und führen häufig dazu, dass gerade ein Kind unter mehreren in einer Familie besonders gefährdet ist (Aschenputtel-Syndrom).

483 Zu den **pränatalen Risikofaktoren** gehören unerwünschte Schwangerschaft, unklare Vaterschaft, geplanter, aber nicht realisierter Schwangerschaftsabbruch, kurz aufeinander folgende Schwangerschaft, Risiko-Schwangerschaft, Schwangerschafts-Depression, psychosoziale Krisen während der Schwangerschaft und sehr junge Elternschaft.

484 **Perinatale Risiken** sind Frühgeburtlichkeit, Missbildung oder Behinderung des Kindes sowie die Trennung von Mutter und Kind nach der Geburt. **Postnatale Faktoren**, die das Risiko einer Misshandlung erhöhen, sind kränkelnde Säuglinge, körperlich oder geistig behinderte Kinder, Kinder mit Gedeih- oder Regulationsstörungen (Schrei-, Ess- oder Schlafstörungen) sowie Kinder, die gegenüber der ursprünglichen Erwartung das „falsche" Geschlecht haben.

f) Anlässe für Kindesmisshandlungen

485 Anlässe für Kindesmisshandlungen sind zumeist Krisensituationen, die in psychischen Überforderungen gipfeln. Geringfügige Anlässe im Zusammenspiel mit chronischen Belastungen führen zum Zusammenbruch des psychischen Gleichgewichts. In einem Krisenzyklus werden typischerweise wie in einem Teufelskreis die äußere Realität überschätzt, die eigenen Handlungsmöglichkeiten dagegen unterschätzt. Ein Gefühl der Hilflosigkeit stellt sich ein, das sich in Aggression wandelt, die sich dann auf dem Rücken des Kindes als Misshandlung entlädt.

2. Diagnostik

a) Allgemeine Vorbemerkungen zur Diagnostik bei Kindesmisshandlung, Vernachlässigung, sexuellem Missbrauch oder Verdacht auf Münchhausen-Syndrom by proxi

486 Die medizinische Diagnostik und Differentialdiagnostik setzt z. T. hoch spezialisierte Fachkenntnisse über Verletzungsmuster und weiter gehende apparative Diagnostik voraus. In einem Handbuch für Verfahrenspflegerinnen und Verfahrenspfleger ist es sicher nicht sinnvoll, hier quasi in einem Schnellkurs wie für „Barfußärzte" scheinbare diagnostische Kompetenz ausbilden zu wollen. Vielmehr geht es darum, Sensibilität dafür zu wecken, welche Fragen vom Arzt mit welchen Mitteln beantwortet werden können, so dass es nicht dazu kommt,

dass wesentliche Erkenntnisse zum Schutz von Kindern nicht erhoben oder in Entscheidungen mit einbezogen werden.

Um die in medizinisch-psychiatrischen Gutachten häufig verwendeten Fachbegriffe zu verstehen, empfiehlt es sich, ein Fachwörterbuch wie z.B. den Pschyrembel zu Rate zu ziehen. Gerade vor dem Einsatz apparativer Diagnostik, z.B. Röntgen, Szintigraphie, Computertomographie, Magnetresonanztomographie, bestehen teilweise irrationale kritische Einstellungen bei Helfern, die die verständlichen Ängste misshandelter Kinder vor apparativer Diagnostik noch verstärken können. Es ist deshalb nicht nur historisch wichtig zu wissen, dass einer der Väter der modernen Kinderschutzbewegung, Henry Kempe, pädiatrischer Radiologe war. 487

Gerade in einem Feld, wo häufig große Unsicherheit besteht, weil im intimen Nahbereich der Familie keine Zeugenaussagen außer den Schilderungen der Kinder zur Verfügung stehen, bekommen medizinische Befunde von stark hinweisendem oder beweisendem Charakter eine besondere Bedeutung. Ohne bildgebende Verfahren sind manche Misshandlungsformen, die schwerste Entwicklungsbeeinträchtigungen nach sich ziehen können wie z.B. Schütteltraumen bei Babys, kaum nachzuweisen. Indizierte apparative Diagnostik stellt also keine weitere unnötige Belastung ohnehin schwer geschädigter Kinder dar, sondern ist Befunderhebung, Befundsicherung und Ausgangspunkt für therapeutische Interventionen. 488

Neben dem Spezialwissen des Facharztes gehört zur Diagnostik bei Kindesmisshandlungen aber auch die einfache Wahrnehmung von Verletzungen und Veränderungen am Körper bzw. am körperlichen Zustand des Kindes und die Beschreibung der Vorgeschichte. Hierfür bedarf es keiner spezifischen medizinischen Ausbildung. *Feldman* (1997) nennt fünf einfache Fragen, die hier zu stellen sind: 489

– **Was** ist vorgefallen (Verletzungsart, Schädigungsvorgang etc.)?
– **Wie** (Misshandlung, Schädigungsmechanismus, d.h. welche Typen von Verletzungen treten auf? Wie stark ist das Ausmaß, wie stark ist die Gefährdung etc.)?
– **Wann**?
– **Wer**? und
– **Warum**?

Ganz typisch ist der Widerspruch zwischen unerklärten Befunden und den zur Erklärung von den Eltern dargestellten Geschichten. Immer wieder muss deshalb die Frage überprüft werden, ob die zu einer Verletzung oder zu einem bestimmten Zustand eines Kindes angebotenen Erklärungsansätze plausibel 490 sind. Charakteristischerweise werden viele Verletzungen, die Folge von Misshandlungen sind, verzögert wahrgenommen oder einer Behandlung zugeführt. Insofern ist die Frage nach dem Zeitpunkt des Auftretens ebenfalls von großer Bedeutung.

491 Ärztliche Untersuchungen sind gerade für misshandelte oder stark vernachlässigte Kinder häufig angstbesetzte Situationen. Ist es dem Verfahrenspfleger gelungen, eine vertrauensvolle Beziehung zum Kind aufzubauen, kann er die notwendige Diagnostik dadurch unterstützen, dass er das Kind zur Untersuchung begleitet bzw. die Begleitung des Kindes durch eine Vertrauensperson sicherstellt. Diese Vertrauensperson kann dafür sorgen, dass gerade bei solchen irritablen und meist stark geängstigten Kindern Grundprinzipien des ärztlichen Umgangs eingehalten werden. So sollte z.B. vor einer Untersuchung dem angezogenen Kind der bevorstehende Untersuchungsgang erläutert werden und auch die eingesetzten Instrumente bzw. Apparate gezeigt werden.

492 Selbstverständlich ist es im Kontext von Misshandlungsfragen notwendig, das Kind am ganzen Körper zu untersuchen, da Misshandlungsspuren, wie z.B. Brandnarben von Zigaretten, nicht selten im Bereich des Höschens zu finden sind, da sie dann nicht andernorts, z.B. beim Sportunterricht oder im Kindergarten, auffallen. Massiv geängstigte Kinder werden in dieser Situation steuernde, hilfreiche, als sichere Unterstützung erlebte Erwachsene brauchen, um Untersuchungen nicht als zusätzliches Trauma zu erleben. Bisweilen kann es nötig werden, Wunden auch fotografisch zu dokumentieren. Auch dies sollte Kindern erklärt werden, nicht zuletzt, weil nicht auszuschließen ist, dass manche Kinder auch Opfer von Video- oder fotografischen Aufnahmen im Rahmen pädophiler sexueller Ausbeutung geworden sind.

493 Berichtet der Arzt nicht unaufgefordert über die Ergebnisse seiner Untersuchung, so sollte die Begleitperson die Frage stellen, ob nun alles in Ordnung sei oder was zur Heilung unternommen werden müsse. Wichtig ist es, in solchen Untersuchungen entsetzte Bemerkungen und große Betroffenheit zu vermeiden, weil sie den Kindern wiederum häufig noch mehr Scham zumutet und sie in starke Loyalitätskonflikte stürzen kann. Es ist schädlich, sich vor den Kindern ausfallend oder negativ über die Handlung missbrauchender oder misshandelnder Eltern auszulassen. Solche emotionalen Bewertungen müssen den Kindern überlassen bleiben, da sie meist auch eine positive Beziehung oder wenigstens Beziehungshoffnung mit den misshandelnden Elternteilen verbinden.

b) Kindesmisshandlung

494 Kinder mit Misshandlungserfahrungen haben meist Angst vor der Untersuchung und zeigen in der Untersuchungssituation deutliche Stresssymptome.

Wichtig ist es, z. B. ein ängstliches Zusammenzucken bei der Untersuchung der Reflexe mit dem Reflexhammer oder bei anderem einfachen Instrumenteneinsatz zu beobachten und zu dokumentieren.

Zentral ist die gründliche Inspektion der Haut. **Hämatome und Hautwunden** 495 sind generell die häufigsten Befunde, die bei Misshandlungen beobachtet werden können. Striemen, insbesondere Doppelstriemen, z. B. bei Stockschlägen oder Gürtelschlägen, lassen häufig Rückschlüsse auf das Misshandlungswerkzeug zu. Auch Hämatome können eindeutig geformt sein, so dass z. B. Schlagringe, Gürtelschnallen etc. im Hämatom zu erkennen sind. Generell ist die Lokalisation von Hämatomen, Striemen und Narben zu beachten, da Misshandlungsspuren häufig an nicht exponierten Körperstellen zu finden sind. So sind z. B. Hämatome an den Schienbeinen gerade bei Jungen im Vorschul- und Grundschulalter eher ein Normalbefund, für den Stürze, Keilereien, Fouls beim Fußball etc. auch hinreichende Erklärungen bieten. Hämatome in verschiedenen an unterschiedlicher Verfärbung erkennbaren Stadien im Gesicht, am Rükken, am Gesäß, an den Innenseiten der Oberarme, im Brustbereich oder auf dem Bauch deuten eher auf Misshandlung hin. Bei der Abwehr von Schlägen finden sich Hämatome an den Streckseiten der Unterarme, sogenannte „Parierverletzungen".

Differentialdiagnostisch muss natürlich bei Hämatomen unterschiedlichen 496 Alters auch an **Blutgerinnungsstörungen** etc. gedacht werden. Insofern muss eine ärztliche Untersuchung wenigstens bei einem scheinbaren Missverhältnis von Gewalteinwirkung und wahrnehmbaren Hämatomen auch Blutuntersuchungen, insbesondere Gerinnungsuntersuchungen mit einbeziehen (vgl. Leitlinie der AWMF zur Diagnostik und Behandlung von Misshandlung, Vernachlässigung und sexuellem Missbrauch oder den Leitfaden für Kinderarztpraxen des Berufsverbandes der Ärzte für Kinderheilkunde und Jugendmedizin Landesverband Bayern 1998).

Auch **Verbrennungen und Verbrühungen** betreffen üblicherweise typische 497 Lokalisationen wie Hals, Brust, Schultern und Gesicht, wenn z. B. ein kleines Kind sich einen Topf vom Herd oder vom Tisch herabzieht und die heiße Flüssigkeit über sich gießt. Beim Baden in einem viel zu heißen Bad verletzt sich ein Kind, was alleine in die Badewanne steigt, höchstens an der Hand oder an einem Fuß. Befinden sich die Verbrühungsspuren am ganzen Körper oder an ausgedehnten Körperflächen, ist das Kind absichtlich in ein zu heißes Bad gedrückt worden. Charakteristisch sind große runde Verbrennungsmuster am Gesäß, die dadurch entstehen, dass Kinder auf die heiße Herdplatte gesetzt werden. Über Jahre und Jahrzehnte hinaus noch sichtbar sind kreisförmige Verbrennungsspuren, die durch das Ausdrücken von Zigaretten auf der Haut von Kindern verursacht werden, welche an allen denkbaren und undenkbaren Körperstellen, wie z.B. Innenseiten der Oberschenkel etc., gefunden werden können.

498 Im Gegensatz zu den USA und z.B. der Schweiz wurde in Deutschland bislang recht wenig zur Information der Allgemeinbevölkerung über **Schütteltraumata** unternommen. Schütteltraumata bei kleinen Kindern führen durch das Hin und Herschwingen des Kopfes zu einem Abriss der Blutgefäße unter der harten Hirnhaut (Dura mater). Man spricht in der Folge von einem subduralen Hämatom. Akut können die Kinder nach dem Schütteln schläfrig sein, sie wirken benommen oder werden bewusstlos, z.T. kommt es zum Erbrechen oder es treten Krampfanfälle auf. Äußerlich ist häufig am Kopf überhaupt nichts zu sehen. Bisweilen sind am ehesten Griffmarken an der Brustwand zu beobachten. Hinweisend sind bei der Untersuchung der Augen Retinablutungen. Die entwicklungsneurologischen Folgen sind häufig fatal. Viele Kinder leiden ihr Leben lang unter einer deutlichen Intelligenzminderung, starken Störungen der motorischen Entwicklung, der Sprachentwicklung etc. Häufig entwickeln sich Anfallsleiden.

499 Unterschiedliche **Frakturen** verschiedenen Alters deuten, abgesehen von differentialdiagnostisch in Betracht zu ziehenden seltenen Erkrankungen der Knochendichte, fast immer auf Misshandlung hin. Auf dieser quasi beweisenden radiologischen Befundlage beruhte die Beschreibung des „Battered-Child-Syndrome". Jedes Auftreten von Knochenbrüchen ohne klare Erklärungsansätze bei Säuglingen und Kleinkindern ist hoch verdächtig und muss die Untersuchung nach weiteren anderen alten Frakturen unbedingt nach sich ziehen.

500 Zum Ausschluss **innerer Blutungen** sollte wenigstens eine Sonographie durchgeführt werden. Gerade in unklaren Fällen wird man nicht um ausgedehnte Laboruntersuchungen und im Zweifelsfall eine radiologische Abklärung des Skeletts sowie eine bildgebende Darstellung des Schädels und Gehirns herumkommen.

501 Laboruntersuchungen sind auch zum Ausschluss von **Intoxikationen** unabdingbar. Während der Nachweis mancher Substanzen im Urin oder im Blut nur relativ kurzzeitig möglich ist, können bestimmte rechtsmedizinische Institute aus Haaren bestimmte Substanzen, insbesondere auch Drogen, noch lange später nachweisen.

c) Vernachlässigung

502 Bei der Schilderung der Basisbedürfnisse (siehe oben Rn 431 ff.) sind schon die hinweisenden Symptome bei Vernachlässigung ausführlich erwähnt worden. Bei der körperlichen Untersuchung ist vor allem die Erfassung des

Gewichts und des Längenwachstums wesentlich. Bei der Differentialdiagnose von Gedeihstörungen müssen Stoffwechselerkrankungen, neuromuskuläre Erkrankungen usw. differentialdiagnostisch ausgeschlossen werden. Deshalb ist auch im Kontext von scheinbaren Vernachlässigungsfragen eine ärztliche Abklärung und ein pädiatrisch begleiteter Kostaufbau, eine vernünftige Immunisierung durch ein Impfprogramm etc. unabdingbar.

d) Sexueller Missbrauch

503 Häufig wird in Zusammenhang mit dem Verdacht des sexuellen Missbrauchs viel zu schnell an eine gynäkologische Untersuchung der Kinder gedacht. Dabei wird von falschen Voraussetzungen ausgegangen, wie z.B. der Annahme, dass sich eine Penetration eindeutig nachweisen ließe. Die Variabilität des Hymens ist aber groß, und auch andere, früher als scheinbar sichere Hinweiszeichen angesehene Befunde, wie z.B. der sogenannte anale Dilatationsreflex, sind zwar zu beachten, aber haben sicher keinen Beweischarakter. Jede Infektion mit Geschlechtserkrankungen bei Säuglingen, Kleinkindern oder vorpubertären Kindern oder das Auftreten von Kondylomen im Genitalbereich bei diesen Kindern bedarf einer gründlichen Abklärung.

504 In den meisten Fällen kann das Kind aber ohne Eile auf die körperliche Untersuchung vorbereitet werden. Es muss nicht in einer Nacht-und-Nebel-Aktion z.B. in der Begleitung der Polizei gynäkologisch „überrumpelt" werden. Eile ist nur geboten, wenn sich direkt nach einer Tat möglicherweise noch Sperma asservieren lässt innerhalb von 48, maximal 72 Stunden nach der Tat (auch auf das Höschen oder andere eventuell beschmutzte Kleidungsstücke achten!). Durch moderne genetische Methoden wie den so genannten genetischen Fingerabdruck ist im Gegensatz zu allen anderen Untersuchungsbefunden nicht nur eine Erörterung der Tat, sondern eine Identifizierung des Täters mit hoher Sicherheit möglich. Dies erspart dem Kind unnötige lange Verhöre und eine unklare Beweissituation. Deshalb sollte immer dann, wenn ein sexueller Missbrauch unmittelbar vorausgegangen ist oder wenn akute Verletzungen zu versorgen sind, selbstverständlich eine sofortige Untersuchung mit hinreichender Befunddokumentation und Asservierung von Abstrichen in forensisch hinreichender Qualität erfolgen.

505 In jedem anderen Fall sollte das Kind auf die Untersuchung vorbereitet werden, in größeren Städten gibt es spezielle Kindergynäkologinnen, die sich auch in ihrer Untersuchungsmethodik auf Bedürfnisse und Ängste von Kindern eingestellt haben und z.B. zur Inspektion des Genitales häufig auf den Untersuchungsstuhl verzichten und die Kinder in einer Seitenlage von hinten inspizieren. Auch der Einsatz von Spekula kann teilweise durch andere Instrumente vermieden werden. Bei der Inspektion des Genitales müssen Verletzungen im Bereich von

Klitoris, großen und kleinen Labien, Vulvarändern, Urethralbereich, Hymenalbereich, Leisten- und Analbereich beschrieben und beurteilt werden.

506 In vielen Fällen werden sich aber keine eindeutigen ärztlichen Befunde erheben lassen, so dass der „Königsweg" in der Diagnostik des sexuellen Missbrauchs das Zuhören bleibt. Manche Verfahrenspfleger fürchten aus Angst vor Vorwürfen, z.B. die Kinder suggestiv befragt zu haben, überhaupt die Unterhaltung über diese Thematik. Beachtet man einige wichtige Grundregeln, kann gar nicht so viel falsch gemacht werden, und grundsätzlich ist sehr viel größerer Schaden für das Kind zu befürchten, wenn wichtige Mitteilungen nicht respektiert und in Entscheidungen einbezogen werden.

507 Ganz wichtig ist es, Kinder frei erzählen zu lassen und diesen Bericht möglichst wörtlich, gleichzeitig oder gleich im Anschluss an das Gespräch aus der Erinnerung zu dokumentieren. *Rebernig* (unveröffentlichte Dissertation) konnte in ihrer experimentellen Arbeit zeigen, dass schon drei- und vierjährige Kinder mit gut ausgeprägtem Wortschatz detailreich über Ereignisse berichten können. Die Kinder berichteten in dieser Untersuchung mehr als bei geschlossenen Fragestellungen. Spielrequisiten wurden von drei- und vierjährigen Kindern zur Vervollständigung ihrer Berichte kaum herangezogen. Gleichzeitig verfälschten aber auch Spielrequisiten kaum die Berichte der Kinder.

508 Besonders kritisch in Bezug auf Suggestionseffekte sind Ja-Nein-Antworten zu bewerten. Solche Vorhaltfragen beeindrucken vor allem Kleinkinder und Kinder im Grundschulalter, die von der Autorität des Befragers auf die scheinbare Richtigkeit seiner Vorhalte schließen. Insofern sollte, wenn eine Vertiefung oder Nachfragen notwendig sind, eher das vom Kind Gesagte kurz resümiert und eine Verständnisfrage gestellt werden. Müssen Nachfragen nach Personen gestellt werden, sollte nie die primär in Verdacht stehende Person als erste genannt werden. Die Frageformulierung sollte nicht als Ja-Nein-Frage, sondern eher wie in der Form der Multiple-choice-Fragen gewählt werden.

509 Wichtig ist, dass auch die Entstehungsgeschichte der Aussage hinreichend dokumentiert wird, so dass deutlich wird, in welcher Situation sich das Kind dem Verfahrenspfleger anvertraut hat und ob das Kind dies spontan oder auf Nachfrage getan hat. Bei der Protokollierung der Aussage eines Kindes sollte auf keinen Fall interpretiert oder in Erwachsenensprache übersetzt werden. Gerade die bildhaften Darstellungen von Kindern und die Beschreibungen, die zeigen, dass sie die Bedeutung mancher Vorgänge noch gar nicht verstanden haben etc., sind wichtige diagnostische Kriterien zur Bewertung der Kinderaussage (vgl. *Köhnken* 1982; 2001; *Fegert* 1993).

e) Münchhausen-Syndrom by proxi

Die Kinder, bei denen ein Münchhausen-Syndrom by proxi (zur Definition siehe oben Rn 478) vermutet werden muss, befinden sich meistens schon in ärztlicher, häufig in stationärer Behandlung. Regelhaft werden bei ihnen schwere Krankheitsbilder vermutet. Verschiedenste medizinische Experten sind schon involviert. Eine Unzahl von differentialdiagnostischen und apparativen Untersuchungen war auch schon Teil der Belastungen und Schädigungen, die dieses Krankheitsbild kennzeichnen. Da sich der Zustand dieser Kinder teilweise so zuspitzt, dass eine direkte lebensbedrohliche Situation eintreten kann, muss bisweilen massiv für ihren Schutz gesorgt werden, z. B. durch kontinuierliche Videoüberwachung (auch zur Überführung des Täters, durch Eingipsen und Beschriften intravenöser Zugänge, so dass nicht an ihnen unkontrolliert manipuliert werden kann, etc.).

510

Ganz zentral ist der klinische und toxikologische Nachweis von Vergiftungen. Da die scheinbar zum Wohle des Kindes entfaltete diagnostische Aktivität der Ärzte kausaler Faktor bei der Misshandlung ist, löst allein die Unterstellung des Verdachts des Münchhausen-Syndroms by proxi auch bei den behandelnden Ärzten häufig massive emotionale Reaktionen aus. Deshalb ist es diagnostisch sehr wichtig, die Vorgeschichte minutiös zu dokumentieren und den häufigen Arztwechsel sowie das Immer-wieder-Auftreten neuer seltener unbekannter Erkrankungen und Komplikationen zu beschreiben. Erst dann wird plausibel, dass diese „Expertenkiller" keine narzistische Herausforderung an die speziellen Leistungen des nächsten Experten darstellen und dass nicht nach noch selteneren Krankheitsbildern, sondern nach einfachen Außeneinwirkungen gesucht werden muss.

511

f) Zur Einschätzung von Belastungssituationen

aa) Diagnoseschlüssel

Für die Beschreibung der Belastungssituation haben sich in der Medizin international anerkannte Diagnoseschlüssel eingebürgert. Das in Europa verbreitetste Diagnoseschema ist die internationale Klassifikation von Krankheiten der Weltgesundheitsorganisation (International classification of diseases) – derzeit in der 10. Überarbeitung als ICD-10. Die in Deutschland im Sozialgesetzbuch V abgesicherten Ansprüche auf Krankenbehandlung setzen eine fachgerechte Diagnostik nach den Kriterien der Weltgesundheitsorganisation voraus. Im psychiatrischen Bereich findet neben dieser Klassifikation der Weltgesundheitsorganisation häufig auch das Klassifikationsschema der ameri-

512

kanischen psychiatrischen Gesellschaft (APA American psychiatric association) DSM IV. Anwendung.

bb) Das multiaxiale Klassifikationsschema

513 In der Kinder- und Jugendpsychiatrie und Psychotherapie hat sich seit Jahren die multiaxiale Klassifikation der Störungsbilder, die bei Kindern und Jugendlichen angetroffen werden, eingebürgert (WHO [1996], *Remschmidt, Schmidt* und *Poustka* [2001]).

514 – **Achse 1: die psychosozialen Störungsbilder**

Die erste Achse erfasst die psychiatrischen Störungsbilder nach den Definitionen der Weltgesundheitsorganisation. Die drei deutschen Fachgesellschaften der Kinder- und Jugendpsychiatrie und Psychotherapie haben bezogen auf diese Diagnosen im Kapitel F der ICD-10 Leitlinien zur Diagnostik und Therapie verfasst. In diesen Leitlinien werden die einzelnen Krankheitsbilder definiert, ihre Leitsymptome dargestellt, Schweregradeinteilungen vorgenommen, Untergruppen diskutiert und Verwechslungsmöglichkeiten im Sinne von Ausschlussdiagnosen dargelegt. Wichtig ist auch die Erläuterung von häufigen so genannten Komorbiditäten, d. h. Störungsbildern, die statistisch gehäuft gemeinsam auftreten. Die übliche und fachlich anerkannte störungsspezifische Diagnostik zur Erfassung der Symptomatik der Entwicklungsgeschichte des Problems, der problemaufrechterhaltenden störungsrelevanten Rahmenbedingungen werden ebenso dargelegt wie möglicherweise apparative Labor- und testdiagnostische Verfahren.

515 Zur Vermeidung von unnötigen Belastungen von Kindern wird auch jeweils auf entbehrliche diagnostische Maßnahmen eingegangen. Entscheidungsbäume erleichtern das diagnostische Vorgehen und die Planung von Interventionen. Die Auswahl des Interventionssettings, die Hierarchie von Behandlungsentscheidungen und -beratungen sowie die Besonderheiten bei ambulanter, teilstationärer und stationärer Behandlung, die notwendigen Schnittstellen mit der Jugendhilfe für rehabilitative Maßnahmen und Hilfen zur Erziehung sowie Eingliederungshilfen werden ebenfalls für jedes Krankheitsbild ausführlich dargestellt. Abschließend wird auf überholte und entbehrliche Therapiemaßnahmen eingegangen.

516 Derzeit liegen Leitlinien zu 34 Störungsbildern oder Problembereichen vor (*Deutsche Gesellschaft für Kinder- und Jugendpsychiatrie und Psychotherapie* et al. [2000]). Ständig aktualisiert werden diese Leitlinien auch auf der Homepage der Arbeitsgemeinschaft der Wissenschaftlichen Medizinischen Fachgesellschaften (AWMF) im Internet kostenlos zur Verfügung gestellt.

– **Achsen 2 bis 4** 517

Die zweite Achse ermöglicht die Einschätzung von spezifischen Entwicklungsrückständen, z.B. der Motorik, der Sprache, oder von Teilleistungsstörungen wie der Lese-Rechtschreib-Störung (Achse 2 des multiaxialen Klassifikationsschemas). Die dritte Achse stellt die Beschreibung des Intelligenzniveaus der Kinder dar, da ihre Reflexions- und Entscheidungsmöglichkeiten vom Entwicklungsstand und den intellektuellen Fähigkeiten abhängig sind. Die vierte Achse beschreibt körperliche Grund- und Begleiterkrankungen, welche eine spezifische belastende Situation noch in einem völlig anderen Licht erscheinen lassen können.

– **Achse 5: psychosoziale Belastungsfaktoren** 518

Ganz zentral für Verfahrenspfleger ist eine gute Kenntnis der fünften Achse, welche die psychosozialen Belastungsfaktoren systematisch zusammenfasst (*van Goor-Lambo* et al. [1990], *van Goor-Lambo* et al. [1994], *Poustka* [1990], *Poustka* [1991], *Poustka* [1994] sowie *Poustka* und *van Goor-Lambo* [2000]). Der große Vorteil solcher Glossare besteht in der Konkretisierung einzelner Unterscheidungsmerkmale bei der Beschreibung psychosozialer Belastungen in der Lebensumwelt von Kindern.

Problematische innerfamiliäre Beziehungen 519

Der erste Abschnitt dieser Achse beschreibt problematische innerfamiliäre Beziehungen. Zunächst wird ein Mangel an Wärme in der Eltern-Kind-Beziehung festgestellt, wenn mehrere Punkte, wie z.B. abweisender Elternteil, uneinfühlsamer Elternteil, Mangel an Interesse am Kind, kein Mitgefühl für Schwierigkeiten des Kindes, selten Lob und Ermutigung, gereizte Reaktion auf Ängste des Kindes, kaum körperliche Nähe bei Nöten des Kindes etc., zutreffen. Ebenso operationalisiert sind Faktoren wie Disharmonie in der Familie, zwischen Erwachsenen oder Geschwistern über 16, feindliche Ablehnung oder Sündenbockzuweisung gegenüber dem Kind durch einen oder beide Elternteile, körperliche Misshandlung und sexueller Missbrauch innerhalb der engeren Familie. So wird z.B. Disharmonie in der Familie im Extremfall beschrieben, wenn Auseinandersetzungen mit gravierenden Kontrollverlusten enden oder persistierend eine Atmosphäre gravierender Gewalttätigkeit in der Familie herrscht, wenn Partner das Haus in Wut verlassen oder sich gegenseitig aussperren. Eine Generalisierung ablehnender und kritischer Gefühle zwischen den Erwachsenen liegt vor, wenn eine Beleidigung der anderen Familie, der Freunde des Partners, seiner Herkunft etc. vorgenommen wird, wenn irrelevante vergangene Geschehnisse zur Herabsetzung verwendet werden, wenn als Reaktion auf Streitigkeiten getrennt geschlafen wird, länger in der Familie nach Streitigkeiten nicht miteinander gesprochen wird etc.

520 Unter **körperlicher Kindesmisshandlung** werden Handlungen mit Verletzungsfolgen, Schläge mit harten, scharfen Gegenständen, Bestrafungen mit schwer wiegendem Kontrollverlust und Gewalt mit anderen körperlichen Traumata, Verbrennungen, Fesselungen, Schütteltrauma etc. erfasst. **Sexueller Missbrauch** beinhaltet jeglichen Genitalkontakt zwischen Erwachsenem und Kind, Manipulation an Brüsten oder Genitalien des Kindes durch Erwachsene, Nötigen des Kindes, Genitalien des Erwachsenen zu berühren, absichtliches Entblößen der Genitalien vor dem Kind, Versuch, die Genitalien des Kindes zu entblößen sowie physischen Kontakt zwischen Erwachsenem und Kind mit sexueller Erregung.

521 Innerfamiliäre Belastungen
Die zweite zentrale Kategorie der innerfamiliären Belastung, die ein potentielles Risiko für das Kind darstellt, bilden psychische Störungen, abweichendes Verhalten oder Behinderungen in der Familie. **Während Suchterkrankungen oder schwere psychische Erkrankungen von Eltern** oder auch Sinnesbehinderungen durchaus als Beeinträchtigung für Kinder in der Familie erkannt werden, werden häufig die Belastungen durch die Anwesenheit eines behinderten Geschwisterkindes übersehen. Auch solche Einschränkungen des sozialen Lebens, z. B. die Überforderung durch altersinadäquate Verantwortung für behinderte Geschwister etc., werden hier erfasst.

522 Inadäquate/verzerrte innerfamiliäre Kommunikation
Der dritte Bereich der psychosozialen Belastungen der Achse 5 der WHO bezieht sich auf inadäquate oder verzerrte innerfamiliäre Kommunikation. Allerdings wird man feststellen müssen, dass diese Kategorie in vielen Fällen ohnehin der Anlass zum Einsatz eines Verfahrenspflegers war, so dass hier wenig Neues erfasst werden wird.

523 Abnorme Erziehungsbedingungen
Der vierte Abschnitt erfasst abnorme Erziehungsbedingungen wie elterliche Übervorsorge, unzureichende elterliche Aufsicht und Steuerung, Erziehung, die eine unzureichende Erfahrung vermittelt sowie unangemessene Forderung und Nötigung durch einen oder beide Elternteile.

524 Abweichende Elternsituationen
Im fünften Abschnitt werden belastende Ereignisse im Rahmen institutioneller Erziehung oder Erziehung in so genannten abweichenden Elternsituationen beschrieben. Allerdings mag hier kritisch eingewandt werden, dass Situationen von Alleinerziehenden, von Müttern nach künstlicher Befruchtung, von homosexuellen Paaren etc. nicht ohne weiteres in einer Kategorie zusammengefasst werden können. Die Kategorien isolierte Familie, insbe-

sondere z.B. Verbote für das Kind, andere Kinder einzuladen, Verbote, andere zu besuchen, sind ebenso bedeutend wie Lebensbedingungen mit möglicher psychosozialer Gefährdung.

Akute belastende Lebensereignisse 525

Der Abschnitt 6 erfasst akute belastende Lebensereignisse wie den Verlust einer liebevollen Beziehung, bedrohliche Umstände infolge von Fremdunterbringung, z.B. in Pflegestelle, Kinderheim oder Krankenhausaufnahme, negativ veränderte familiäre Beziehungen durch neue Familienmitglieder sowie die Erfassung von Ereignissen, die zur Herabsetzung der Selbstachtung führen, die Erfassung von sexuellem Missbrauch außerhalb der Familie und die Erfassung unmittelbar beängstigender Erlebnisse wie Entführung, Naturkatastrophen mit Lebensgefahr, direkte Anwesenheit bei schweren Unfällen, persönliche Bedrohung etc.

Gesellschaftliche Belastungsfaktoren 526

Der Abschnitt 7 beschreibt gesellschaftliche Belastungsfaktoren wie Verfolgung oder Diskriminierung, Migration und soziale Verpflanzung.

Chronisch zwischenmenschliche Belastungen 527

Im achten Abschnitt werden chronisch zwischenmenschliche Belastungen im Zusammenhang mit Schule und Arbeit erfasst. Dazu gehören abnorme Streitbeziehungen mit Mitschülern, Sündenbockzuweisung durch Lehrer oder Ausbilder etc. Abschließend werden belastende Lebensereignisse der Situation infolge von Verhaltensstörungen oder Behinderungen des Kindes wie institutionelle Erziehung, bedrohliche Umstände infolge von Fremdunterbringung und abhängige Ereignisse, die zur Herabsetzung der Selbstachtung führen, im Zusammenhang mit den beschriebenen Störungsbildern erfasst.

– **Achse 6** 528

Als sechste Achse hat sich die Beschreibung des Funktionsniveaus im Alltag eingebürgert. Das heißt, hier wird beschrieben, wie stark Kinder im Alltag auf Unterstützung, Betreuung oder ständige Supervision angewiesen sind. Eine vernünftige Evaluation der Lebensumstände eines Kindes wird selbstverständlich auch die vorhandenen Ressourcen wie z.B. eine unterstützende Großmutter, eine gute Integration in die Peergroup oder in einen Sportverein etc. erfassen. Die Vorgeschichte der Hilfeplanungen, bisher gewährte institutionelle Hilfen ebenso wie Behandlungsversuche gehören zu einer korrekten Abwägung der Umstände, denn allein eine solche umfassende Berücksichtigung positiver wie negativer Faktoren kann zu präziseren Prognoseabschätzungen führen.

cc) Zur Anwendung des multiaxialen Klassifikationsschemas

529 *Poustka* und *van Goor-Lambo* (2000) haben in einem Fallbuch anhand von 30 konkreten einzelnen Fallgeschichten die Bedeutung psychosozialer Umstände für den Verlauf und die Behandlung psychischer Störungen im Kindes- und Jugendalter dargelegt und dabei die Praxis der Anwendung dieses multiaxialen Klassifikationsschemas an jedem einzelnen Fall verdeutlicht. Ihr Buch zeigt, dass sich diese Kategorisierung, welche die Arbeitsgruppe im Auftrag der Weltgesundheitsorganisation beschrieben hat, hervorragend zur Erörterung multipler psychosozialer Belastungen eignet.

3. Interventionen bei Kindesmisshandlung und Vernachlässigung

a) Gesichertes Wissen

530 Kindesmisshandlung und Vernachlässigung sind die häufigsten Anlässe für ein Verfahren nach § 1666 BGB, in dem gemäß § 50 Abs. 2 Nr. 2 FGG regelmäßig Verfahrenspfleger/-innen einzusetzen sind. Ihre Aufgabe ist es, die Wahrnehmung der Kindesinteressen im Rahmen der Sachverhaltsermittlung sowie bei der Einschätzung der „geeigneten" und „erforderlichen" Maßnahmen – d.h. der „öffentlichen Hilfen" (§ 1666a BGB) und gegebenenfalls der Eingriffe ins elterliche Sorgerecht – zu gewährleisten. Häufig wird es dabei auch um medizinische, psychiatrische und psychologische Diagnostik gehen. Über die Möglichkeiten und Grenzen entsprechender Beiträge von Kriminalpolizei und Jugendamt sowie von medizinischen und psychologischen Sachverständigen werden Verfahrenspfleger/-innen sich möglichst genau informieren müssen. Einen qualifizierten Umgang mit der Problematik können sie aber auch von den übrigen professionell Beteiligten einfordern – zumal die Justiz in jüngster Zeit Versäumnisse der Jugendhilfe zunehmend scharf sanktioniert.[4]

531 Freilich, die Literatur zur Kindesmisshandlung ist in den letzten Jahrzehnten im In- und Ausland flutartig angewachsen. Wissenschaftliche, d.h. medizinische, psychologische, soziologische und rechtswissenschaftliche Untersuchungen stehen neben Einzelfallberichten und Ratgebern, Seriöses neben schnell Zusammengeschriebenem, Fortschritte im Verständnis neben Rückschritten und der Verdrängung unbequemer Wahrheiten. Wie immer, wenn die Literatur zu einem öffentlich interessierenden Thema boomt, verbürgt auch

---

4. Strafverfahren gegen Jugendamtsmitarbeiter/-innen wegen fahrlässiger Tötung von Kindern, die dem Jugendamt als vernachlässigt bzw. misshandlungsgefährdet bekannt waren LG Stuttgart, Entsch. v. 17. 9. 1999 (Gesch.-Nr.1 (15) KLs 114 Js 262273/96); Mörsberger/Restemeier 1997; vgl. dazu auch Salgo in: Deutscher Verein 2001 sowie Bringewat 1997; Schadensersatzansprüche gegen den Staat wurden wegen Kindesschutz-Versäumnissen der zuständigen Behörden am 10. 5. 2001 vom EuGH zuerkannt (Case of Z and Others v. The United Kingdom, Appl. no. 29392/95).

hier das neuere Erscheinungsjahr einer Veröffentlichung keineswegs immer den höheren Stand des Wissens. Gleichviel: gesichertes Erfahrungswissen zu Bedingungszusammenhängen der Kindesmisshandlung existiert – anderslautenden Behauptungen zum Trotz – durchaus, insbesondere zur medizinischen Differentialdiagnostik, zu sozialen und psychologischen Aspekten der Familiensituation in ihrer langfristigen Entwicklung, zu misshandlungsauslösenden Momenten, zur Wiederholungstypik, zu kurz- und langfristigen Folgen für misshandelte Kinder und – wenngleich in geringerem Maße – auch zur Wirksamkeit von Interventionen.[5]

Studium und Weiterbildung sollten Verfahrenspfleger/-innen insbesondere dazu befähigen, „gesichertes Wissen", d.h. Ergebnisse seriöser Forschung, die immer auch die Grenzen ihrer Aussagekraft und ihre Irrtumsrisiken erkennbar macht, von unbelegten bzw. unbelegbaren Behauptungen und pseudowissenschaftlichen „Erkenntnissen" zu unterscheiden. Diese sind häufig schon an dem Absolutheitsanspruch zu erkennen, mit dem sie ihre Geltung behaupten und alles bisherige Erfahrungswissen als falsch entlarven oder als irrelevant ignorieren zu können glauben. Das bedeutet freilich nicht, dass sich aus der gründlichen Aneignung wissenschaftlicher Erkenntnisse schlichte „Wenn-Dann-Diagnosen" oder die Bestimmung der (einzig) richtigen Hilfe für den Einzelfall – für diese Familie und dieses Kind – ableiten ließen. Wohl aber kann die Wahrnehmung geschärft, das Spektrum der Verständnis- und Erklärungsmöglichkeiten erweitert und die Wahrscheinlichkeit zutreffender Diagnosen und Prognosen erhöht werden. Wissen kann also Irrtumsrisiken in der Praxis nicht ausschließen, diese aber reduzieren und einer begründeten Abwägung zugänglich machen. Im Folgenden geht es um einige Konsequenzen aus gesichertem Wissen, die für das Verfahren und die Entscheidungen nach § 1666 BGB von besonderer Bedeutung sind. **532**

b) Misshandlung, Vernachlässigung und miterlebte Familiengewalt

In traditioneller Sichtweise wurde unter „Kindesmisshandlung" lediglich die körperliche Misshandlung verstanden. Heute werden die Grenzen zwischen körperlicher Misshandlung und Vernachlässigung als fließend angesehen. Was erfahrene Praktiker der Jugendhilfe längst wissen, wird in jüngeren wissenschaftlichen Untersuchungen immer deutlicher bestätigt: die Ursachenzusammenhänge und auch die langfristigen Folgen für die betroffenen Kinder sind durchaus vergleichbar. Die körperliche Misshandlung gilt heute lediglich als **533**

---

5. Für den ersten Einstieg: Helfer, R./Kempe, H. 1978. Die 5. Aufl. dieses Standardwerkes – Helfer/Kempe/Krugman, engl. 1997 – ersch. 2002 in deutscher Übersetzung im Suhrkamp-Verlag; Zenz 1979; Martinius/Frank 1990; Egle/Hoffmann/ Joraschky 2000.

die am leichtesten erkennbare Schädigungsform. Die lange weniger beachtete Vernachlässigung hat nicht weniger schwer wiegende Folgen und kommt wesentlich häufiger vor.[6] Körperliche Misshandlungen und Vernachlässigungen sind fast immer mit seelischer Traumatisierung verbunden. Nicht selten ergeben sich daraus die nachhaltigsten Schädigungsfolgen.[7] In jüngerer Zeit setzt sich darüber hinaus auch die Erkenntnis durch, dass mit angesehene, miterlebte Gewalttätigkeit in der Familie, also insbesondere Gewalt zwischen den Eltern, in der Auswirkung auf Kinder der Kindesmisshandlung kaum nachsteht[8].

534 **Konsequenzen für die Intervention:** Misshandlung und Vernachlässigung, aber auch miterlebte Gewalt in der Familie, etwa gegen die Mutter oder gegen Geschwister, beanspruchen gleiche Aufmerksamkeit für ihre Erkennung, gleiche Priorität bei Schutz- und Hilfeüberlegungen, die gleiche umfassende und sorgfältige Hilfeplanung, wobei den psychischen Schädigungen besondere Bedeutung zukommt. Verfahrenspfleger/-innen werden insoweit nicht selten auf Versäumnisse aus Unkenntnis stoßen.

c) Sozialpädagogische, medizinische und psychologische Diagnosen

535 Die Forschung hat Risikofaktoren und protektive Faktoren identifiziert, die eine frühe Erkennung, eine realistische Gewichtung und eine differenzierte Dokumentation von Misshandlungsrisiken erlauben.[9] Für die Praxis sind daraus verschiedentlich Risikoeinschätzungskriterien oder Leitlinien entwickelt worden, die zum Teil von Behörden verbreitet und auch von Verfahrenspflegern genutzt werden können.[10] Zu betonen ist jedoch erneut, dass solche Leitlinien die Einzelfallentscheidung auf der Grundlage der individuellen Bewertung und Gewichtung nicht ersetzen bzw. „vorschreiben" können. Wohl aber können sie helfen, die Entscheidung – gegebenenfalls unter Nutzung fachkompetenter Beratung und Diagnostik – nachvollziehbar zu fundieren und damit über rein subjektive Beliebigkeiten hinauszuführen.

---

6. Trube-Becker 1982; Engfer in: Oerter/Montada 1995, S. 960 ff.; Schone u.a. 1997, S. 14 ff.; Münder u.a. 2000, S. 101 ff.; Dornes in: Egle/Hoffmann/Joraschky 2000, S. 70 ff.
7. Hoffmann/Egle/Joraschky in: Egle/Hoffmann/Joraschky 2000, S. 516; Glaser/Prior in: „Kindesmisshandlung und -vernachlässigung", 1998, S. 42.
8. Holden/Geffner/Jouriles (Hrsg. 1998; Wallerstein/Blakeslee/Lewis 2000, S. 87 ff. (das Buch ersch. 2002 in deutscher Übersetzung im Votum-Verlag).
9. Papoušek in: Deutsche Liga für das Kind 1996, S. 26 ff.; Papoušek in: „Kindesmisshandlung und -vernachlässigung" 1999, S. 2 ff.; Schone u.a. 1997, S. 30, 31; Egle/Hoffmann, in: Egle/Hoffmann/Joraschky 2000, S. 6 ff.; Bender/Lösel in: Egle/Hoffmann/Joraschky 2000, S. 40 ff.
10. BMJFG (Hrsg) 1982, S. 45 ff.; Fegert in: Institut für soziale Arbeit e.V. 1997, S. 66 ff.; Leitlinien der Deutschen Gesellschaft für Kinder- und Jugendpsychiatrie und -psychotherapie 1999; Deutscher Kinderschutzbund, Landesverband NRW/ Institut für soziale Arbeit (Hrsg) 2000, S. 40 ff.; Allgemeiner: Bayr. LJA (Hrsg) 2001.

Konsequenzen für die Intervention: Die sozialpädagogische Einschätzung **536**
sollte nicht gegen pädiatrische, psychologische oder psychiatrische Diagnostik
ausgespielt werden. Im Einzelfall können – und in bestimmten Fällen müssen
– sie einander ergänzen.[11] Wie der Richter, so wird auch der Verfahrenspfleger
darauf zu achten haben.

Für die hier immer notwendige längerfristige Hilfeplanung sieht § 36 KJHG **537**
ausdrücklich das Zusammenwirken mehrerer Fachkräfte vor, das zu Unrecht in
der Praxis gern als bloßer Hinweis auf die – selbstverständliche – Abstimmung
zwischen ASD und Fachabteilungen der Jugendämter (miss)verstanden wird.
Ein unreflektierter Ausschluss bzw. die Missachtung einer diagnostischen
Erkenntnisquelle und des entsprechenden Fachwissens ist keinesfalls vertretbar und muss gegebenenfalls als „Kunstfehler" verantwortet werden, auch im
strafrechtlichen Sinne.[12]

Das gilt allerdings nicht nur für Sozialpädagogen und Sozialarbeiter, sondern **538**
ebenso für Psychologen, Psychiater und Kinderärzte, die im Kontext eines Verfahrens nach § 1666 BGB klinisch, beratend oder gutachterlich tätig sind. Von
ihnen muss nicht nur erwartet werden, dass sie sich mit dem spezifischen Erfahrungswissen ihres Faches zur Kindesmisshandlung vertraut machen, sondern
auch, dass sie wissen, wann und wie sie die Interventionsmöglichkeiten der
Jugendhilfebehörden und Gerichte in Anspruch nehmen können – oder auch
müssen, um ein Kind vor (weiterer) Misshandlung oder Vernachlässigung zu
bewahren.

d) Langzeitfolgen

Anhaltende Kindesmisshandlung oder Vernachlässigung führt nicht nur häufig **539**
zu dauerhaften körperlichen Schädigungen, sondern regelmäßig auch zu
schweren Beeinträchtigungen der Persönlichkeitsentwicklung und der sozialen
Anpassung von Kindern, die später auch in Gewalttätigkeit münden kann,
nicht zuletzt in die Misshandlung der eigenen Kinder.[13]

Konsequenzen für die Intervention: In jedem bekannt werdenden Fall von **540**
Vernachlässigung und Misshandlung muss die Reaktion so schnell wie
möglich und so effizient wie möglich erfolgen. Das heißt, es müssen so schnell
wie möglich die erforderlichen Informationen eingeholt und Entscheidungen
über das weitere Vorgehen getroffen werden, die alle denkbaren Hilfen zur

---

11. Köttgen in: Peters 1999, S. 253 ff.; Harnach-Beck in: Peters 1999, S. 27 ff.; Motzkau in: Egle/Hoffmann/Joraschky 2000, S. 59 ff.
12. Vgl. Bringewat a.a.O.; Mörsberger/Restemeier a.a.O.
13. Zenz 1979, S. 227 ff.; Trube-Becker 1982, S. 103; Schone u.a 1997, S. 28, 29; Fegert in: Stiftung „Zum Wohl des Pflegekindes" 1998, S. 29; speziell zur späteren Misshandlung eigener Kinder: Wetzels, 1997, S. 246 ff.

Bewältigung der Traumatisierung in Betracht ziehen. Ob und wie lange Gespräche mit den Eltern über Beratungs- und Unterstützungsmöglichkeiten und entsprechende Angebote der Jugendämter sinnvoll sind – von einem „Aushandlungsprozess" zu sprechen, ist irreführend[14] – und welche Kontroll- und Schutzmaßnahmen sofort zu ergreifen sind, muss nicht nur im Hinblick auf die akute Gefahr für Körper und Leben des Kindes, sondern auch unter Berücksichtigung der Zeitperspektive des Kindes, d.h. der bereits erlebten Traumatisierung(en) und ihrer Auswirkungen auf die psychische Entwicklung, entschieden werden.

541 Wenn in der Jugendhilfe familien- bzw. elternzentrierte Ansätze mit kindzentrierten Ansätzen konkurrieren, so ist seitens des Interessenvertreters des Kindes daran zu erinnern, dass dem Kindeswohl nach Gesetz und Rechtsprechung – nicht zuletzt des Bundesverfassungsgerichts – oberste Priorität zukommt.

e) Hochrisiko: Kleinkind

542 Je jünger das Kind ist, bei dem ein schwer wiegender Misshandlungs- oder Vernachlässigungsverdacht besteht, desto größer ist sein Risiko, innerhalb kürzester Zeit folgenschwere, auch irreversible körperliche Schäden zu erleiden oder zu sterben.[15]

543 **Konsequenzen für die Intervention:** Je jünger das Kind, umso schneller müssen Maßnahmen zu seinem Schutz ergriffen werden, auch und gerade wenn das Risiko nicht schnell geklärt werden kann. Sind die Eltern damit nicht einverstanden, so ist eine eilige Unterbringung außerhalb der Familie auf einstweilige Anordnung des Familiengerichts möglich. Falls auch diese nicht abgewartet werden kann, ist das Jugendamt berechtigt, das Kind selbständig „in Obhut" zu nehmen (§ 42 SGB VIII/KJHG).

544 Da es sich hier um gravierende Eingriffe ins Elternrecht – und in die Familienbindungen des Kindes – handelt, bedarf es dabei allerdings sorgfältiger Überlegung und Begründung, wenn nicht der Verdacht willkürlicher oder unverhältnismäßiger Eingriffsbereitschaft entstehen soll. Jedenfalls wird der Verhältnismäßigkeitsgrundsatz verletzt, wenn nach einer solchen Eilmaßnahme nicht unverzüglich alles Nötige zur Aufklärung und zur Überprüfung der Entscheidung getan wird. In jeder dieser Verfahrensphasen müssen Verfahrenspfleger/-innen daher im Interesse des Kindes auf Beschleunigung drängen.

---

14. Vgl. Zehnter Kinder- und Jugendbericht der Bundesregierung, S. 262, 276 ; Wiesner in: Wiesner u.a., SGB VIII 2000, § 27 Rn 49.
15. Leitlinien der Deutschen Gesellschaft für Kinder- und Jugendpsychiatrie und -psychotherapie, a.a.O. Pkt. 2.2; vgl. auch die aufschlussreiche Fall-Dokumentation und Kommentierung des „Osnabrücker Strafverfahrens" bei Bringewat 1997.

f) Familienstützende Maßnahmen und Fremdunterbringung

Das „Gesetz zur Ächtung der Gewalt in der Erziehung" vom 6.7.2000 hat nicht nur Kindern ein „Recht auf gewaltfreie Erziehung" zugesprochen, sondern zugleich den Jugendämtern aufgegeben, „Wege aufzuzeigen, wie Konfliktsituationen in der Familie gewaltfrei zu lösen sind" (§ 16 Abs.1 S. 3 SGB VIII/ KJHG). Die Jugendhilfe wird zur Verwirklichung dieses gesetzlichen Auftrages verstärkt „Programme mit therapeutischen und beraterischen Elementen entwickeln"[16] müssen – und Familiengerichte werden im Rahmen von Verfahren nach §§ 1666, 1666a BGB darauf – hoffentlich bald – zurückgreifen können.

Leider zeigt allerdings die Erfahrung, dass therapeutische und sozial unterstützende Hilfen keineswegs immer erfolgreich sind. Insbesondere bei Familien mit einer langen Geschichte von Misshandlungen und/oder schwer wiegender Vernachlässigung verändert sich die Familiensituation kaum jemals innerhalb einer akzeptablen Zeitspanne so weit, dass dem traumatisierten Kind ein Verbleiben in der Familie oder eine baldige Rückkehr aus dem Heim oder der Pflegefamilie ermöglicht würde.[17] Gezielte Studien zum Therapieerfolg bei Eltern misshandelter, missbrauchter oder vernachlässigter Kinder haben ergeben, dass, selbst wenn sich in der Therapie deutliche Veränderungen in der Persönlichkeit und den Lebensumständen der Eltern abzeichnen, in einer großen Zahl der Fälle Misshandlungen, Missbrauch oder Vernachlässigung der Kinder sich noch über Jahre fortsetzen.[18] Besondere Skepsis ist insoweit gegenüber solchen neuen Therapie- oder Trainingsverfahren angebracht, die sich bei Kostenträgern beliebt machen, indem sie versprechen, schwierigste Fälle innerhalb kürzester Frist, d. h. kostengünstiger als alle anderen, erfolgreich zu erledigen. Verfahrenspfleger sollten bei solchen Angeboten schlicht nach der (externen) wissenschaftlichen Überprüfung der Ergebnisse und Methoden fragen.

Das alles spricht nicht gegen therapeutische und beratende Bemühungen um die Eltern auch in diesen Fällen – sie können insbesondere auch später geborenen Kindern zugute kommen. Für ein bereits schwer traumatisiertes Kind aber sind die notwendigen Veränderungen meist eben nicht schnell genug zu erreichen, um es zu schützen oder auch um seine (psychischen) Verletzungen und Defizite auszugleichen.

Konsequenzen für die Intervention: Die schwerwiegende Traumatisierung eines Kindes bei hohem Wiederholungsrisiko in der Familie verlangt fast immer eine dauerhafte Fremdunterbringung. Der Verbleib oder auch die Rück-

---

16. Salgo in: Kohl/Landau, 2001, S. 55 ff.
17. Leitlinien der Deutschen Gesellschaft für Kinder- und Jugendpsychiatrie und -psychotherapie, a.a.O., Pkt. 4.6.
18. Dornes 1997, S. 239 ff.

führung des Kindes in seine eigene Familie kann in solchen Fällen nur unter besonders zu begründenden Umständen und mit sehr spezifischer Unterstützung und Kontrolle ins Auge gefasst werden. Aus dem KJHG ergibt sich nichts anderes, auch wenn dies immer wieder behauptet wird.

549 Verfahrenspfleger/-innen sollten daher die folgenden gesetzlichen Regelungszusammenhänge gut kennen: nach § 33 SGB VIII/KJHG[19] ist bei der Unterbringung in Vollzeitpflege die Entscheidung zwischen einer „befristeten Erziehungshilfe" und einer „auf Dauer angelegten Lebensform" jeweils nach den Umständen des Einzelfalles zu treffen, zu denen auch die „Möglichkeiten einer Verbesserung der Erziehungsbedingungen in der Herkunftsfamilie" gehören. § 37 SGB VIII/KJHG konkretisiert dies dahin gehend, dass eine „andere auf Dauer angelegte Lebensperspektive" zu erarbeiten ist, wenn in der Herkunftsfamilie eine „nachhaltige Verbesserung" „innerhalb eines im Hinblick auf die Entwicklung des Kindes oder Jugendlichen vertretbaren Zeitraums" nicht erreichbar ist. D.h. im Falle gescheiterter oder von vornherein aussichtsloser familienunterstützender Hilfen kann der Entscheidungsspielraum „auf Null schrumpfen" und die Fremdunterbringung zwingend erfordern. Zu prüfen ist in einem solchen Fall immer auch, ob eine Adoption in Betracht kommt (§ 36 Abs. 1 Satz 2 SGB VIII/KJHG).

550 Die Bindung, d.h. die auch bei schwer misshandelten oder vernachlässigten Kindern meist geäußerte Anhänglichkeit an die Familie macht die Trennung zu einer spezifischen Belastung, die jedoch oft schon wegen der schwerer wiegenden offensichtlichen Lebens- oder Gesundheitsrisiken in Kauf genommen werden muss. Sie spricht aber auch unter psychologischen Gesichtspunkten nicht ohne Weiteres gegen eine Trennungsentscheidung, weil es sich hier in der Regel um eine Angstbindung handelt, die Ausdruck hochambivalenter bzw. desorientierter Bindungsmuster ist, welche ihrerseits auf Dauer die Persönlichkeitsentwicklung des Kindes schwer schädigen.[20]

g) Dauerhafte Beziehungsperspektiven für Kinder und Jugendliche

551 Unter den „protektiven Faktoren", die die Folgen schwerer Traumatisierungen mildern können, ist als wichtigster Faktor immer wieder in großer Übereinstimmung verschiedener Forschungsrichtungen die stabile Beziehung zu einer verlässlichen und liebevoll zugewandten erwachsenen Person herausgestellt worden.[21] Bei Kindern, die eine solche Beziehung erstmals nach einer Fremd-

---

19. Vgl. dazu insbesondere jüngst Salgo, § 33 SGB VIII in: Fieseler/Schleicher GK SGB VIII, 2000.
20. Dornes 1997, S. 75/76; Scheuerer-Englisch in: Stiftung „Zum Wohl des Pflegekindes", 1998, S. 66 ff., insbes. S. 74, 75; Brisch 1999, S. 75 ff.
21. Forschungsübersicht bei Tress 1986; Bender/Lösel in: Egle/Hoffmann/Joraschky, 2000, S. 58.

unterbringung außerhalb ihrer Herkunftsfamilie finden, ist daher die Stabilisierung und Erhaltung dieser Beziehung, d.h. die „Beziehungskontinuität" von ganz entscheidender Bedeutung für ihre weitere Entwicklung. Alle einschlägigen Studien bestätigen seit langem, dass mit mehrfachem Wechsel der Unterbringung das Risiko von allgemeinen Entwicklungsschädigungen dramatisch zunimmt und die Bindungs- und Beziehungsfähigkeit schwer beeinträchtigt oder sogar zerstört wird.[22]

Konsequenzen für die Intervention: Da Beziehungskontinuität am ehesten in der Pflegefamilie gewährleistet ist, muss sie soweit wie möglich Vorrang haben vor anderen Erziehungsformen. Für Kleinkinder ist das weitgehend anerkannte Praxis. Manche älteren Kinder oder Jugendliche mit langjährigen traumatisierenden Beziehungserfahrungen halten allerdings die Intensität einer Familie nicht aus oder überfordern sie mit ihren Verhaltensschwierigkeiten, so dass sie oft im Heim oder in einer betreuten Wohngruppe besser untergebracht sind – manchmal auch nur vorübergehend.[23] Auch für sie ist aber, was oft übersehen wird, die Beziehungskontinuität von nicht geringerer Bedeutung. Im Gegenteil: Für sie ist die stabile Beziehung zu einer verlässlichen und liebevoll zugewandten Person oft die allerletzte Chance zur Entwicklung von Selbstvertrauen und Beziehungsfähigkeit. 552

Die Entscheidung über die Fremdunterbringung eines traumatisierten Kindes oder Jugendlichen muss daher in jedem Falle der Gewährleistung von Beziehungskontinuität, d.h. einer für das Kind erkennbaren sicheren Verbleibensperspektive, besondere Aufmerksamkeit widmen. Darüber hinaus schließt sie wegen der besonderen Trennungsproblematik für das Kind, aber auch wegen der besonderen Anforderungen, die ein solches Kind beim Aufbau neuer Bindungen an Pflegeeltern oder Erzieher stellt, eine sorgfältige Auswahl geeigneter Pflegefamilien, Heime oder Wohngruppen ein und verlangt eine spezifische Planung pädagogischer Unterstützung für Eltern und Erzieher sowie häufig auch psychotherapeutischer Hilfen für das Kind[24], deren Erforderlichkeit leider noch viel zu häufig übersehen wird. 553

h) Umgang

Der Umgang traumatisierter Kinder mit ihren Eltern, von denen sie misshandelt oder vernachlässigt wurden, stellt ein besonders schwieriges Problem dar 554

---

22. Vgl. die Nachweise bei Zenz 1982, S. 38; neuere Forschungsergebnisse bestätigen die älteren, vgl. Textor in Textor/Warndorf 1995, S. 55.
23. Vgl. dazu Nienstedt/Westermann 2001, S. 20.
24. Leitlinien der Deutschen Gesellschaft für Kinder- und Jugendpsychiatrie und -psychotherapie 2000, Pkt. 4.6; Nienstedt in: Stiftung „Zum Wohl des Pflegekindes" 1998, S. 52 ff.; ebenda: Ertmer S. 125 ff. und Tenhumberg/Michelbrink, S. 106 ff.

und verlangt völlig andere Überlegungen als die (oft nicht weniger problematische) Umgangsregelung für Scheidungskinder. Fachleute sehen regelmäßig hier die Gefahr einer fortdauernden Schädigung des Kindes durch ständiges Wiederaufleben traumatischer Ängste und Verunsicherung seines Vertrauens in die neue Familien-Umwelt. Wenn hochambivalente Bindungswünsche der Kinder immer wieder – ohne Rücksicht auf Signale von Angst und posttraumatischen Belastungsstörungen – durch Besuche der Eltern belebt werden, muss das zu einer fortgesetzten Verwirrung des ohnehin bereits schwer geschädigten, nämlich desorientierten Bindungsverhaltens führen[25] und damit auch die Entwicklung neuer, positiv getönter, sicherer Bindungen massiv behindern, wenn nicht sogar verhindern.[26] Praxiserfahrungen zeigen denn auch wenig positive Ergebnisse solcher Besuchskontakte für die Kinder. Erste empirische Studien scheinen diese Einschätzung zu bestätigen.[27]

555 **Konsequenzen für die Intervention:** Der Umgang eines Kindes, das aufgrund schwerer Traumatisierungen in der Herkunftsfamilie ohne Rückkehr-Option in einer Pflegefamilie oder einem Heim lebt, mit den Eltern, die es schwer misshandelt oder vernachlässigt haben, ist nur ausnahmsweise und unter besonderen Voraussetzungen anzustreben. Auch insoweit ist aus den gesetzlichen Vorschriften nichts Gegenteiliges herzuleiten. Vielmehr hat die Kindschaftsrechtsreform 1998 das Umgangsrecht als „Recht des Kindes" ausgestaltet, womit zugleich klargestellt ist, dass es niemals zu seinem Schaden durchgesetzt werden kann.

556 Falls die Eltern auf Besuchen bestehen, kann das Familiengericht nach § 1684 Abs. 2 BGB den Umgang einschränken oder ausschließen, soweit dies „zum Wohl des Kindes erforderlich" ist. Dies kann auch auf längere Zeit oder auf Dauer geschehen, wenn andernfalls „das Wohl des Kindes gefährdet" wäre. Die im Gesetz vorgesehene Möglichkeit der Anordnung „geschützten Umgangs" stellt in diesen Fällen kaum einen Ausweg dar, da die Anwesenheit einer Jugendamtsmitarbeiterin oder die Begrenzung der Kontakte auf Räume des Jugendamtes allenfalls vor äußerer, nicht aber vor psychischer Einwirkung schützen kann, was häufig nicht bedacht wird.

557–570 *bleiben frei*

---

25. Zum „desorientierten Bindungsverhalten" als Folge früher Traumatisierungen vgl. Dornes 1997, S. 229; Brisch 1999, S. 75; Scheuerer-Englisch in: Stiftung „Zum Wohl des Pflegekindes" 1998, S. 66 ff., insbesondere 74, 75.
26. Westermann in: Hamburger Pflegekinderkongreß „Mut zur Vielfalt" 1990, S. 39.
27. Kötter 1997, S. 247, registriert „mehr Loyalitätskonflikte" sowie „verstärkte Verhaltensstörungen" bei Pflegekindern mit laufenden Besuchskontakten und resümiert: „Insgesamt scheinen die Besuchskontakte insbesondere von den Pflegeeltern, aber auch von den Pflegekindern kurz- und mittelfristig eher negativ verarbeitet zu werden." Ausführlicher zur Umgangsproblematik: Zenz, Konflikte um Pflegekinder, hier Rn 695 ff.

D Spezifische Bedürfnisse, Belastungs- und Risikofaktoren

Übersicht

		Rn
I.	Sucht und psychische Erkrankungen der Eltern – Risiken für das Kind –..	571
	1. Einleitung	571
	2. Psychische Erkrankungen	572
	3. Alkohol	574
	4. Drogen	576
	5. Körperliche Erkrankungen	579
	6. Fazit	581
II.	Psychische Störungen und Erkrankungen von Kindern und Jugendlichen	582
	1. Einleitung	582
	2. Überblick über diagnostische Kategorien mit Relevanz im Kindes- und Jugendalter	585
	3. Psychische und Verhaltensstörungen durch psychotrope Substanzen (ICD-10 F1)	586
	4. Schizophrenie, schizotype und wahnhafte Störungen (F2)	591
	5. Affektive Störungen (F3)	593
	6. Neurotische Belastungs- und somatophorme Störungen (F4)	594
	7. Verhaltensauffälligkeiten mit körperlichen Störungen und Faktoren	602
	8. Verhaltens- und emotionale Störungen mit Beginn in der Kindheit und Jugend (F9)	605
III.	Trennungs- und Verlustsituationen	616
	1. Einleitung	616
	2. Typologie von Trennung und Verlust	618
	3. Zwischen Trauma und Chance	626
	4. Hospitalismus	635
	5. Kindlicher Trauerprozess	637
	6. Trennungsreaktionen	639
	7. Reaktionen auf die Trennung/Scheidung der Eltern	642
IV.	Konflikte um Pflegekinder	646
	1. Fallkonstellationen	646
	2. Die spezifische Bedeutung von Bindung und Trennung für das Kindeswohl	650
	a) Allgemeines	650
	b) Zeitpunkt und Dauer der Trennung	657
	c) Vorgeschichte	665
	d) Umgang mit der Trennung	669
	3. Bindung und Trennung aus der Perspektive von Eltern und Pflegeeltern	671

4. Zentrale Kontroversen 676
   a) Zum Vorrang der ambulanten Hilfen vor der Vollzeitpflege 681
   b) Vollzeitpflege mit oder ohne Rückkehroption 686
   c) Kontakte zur Herkunftsfamilie bei Dauerpflege ohne
      Rückkehroption 695
V. Prognostische Entscheidungen 711
VI. Kommunikation mit Kindern 719
   1. Einleitung 719
   2. Bedingungen des Gesprächs 722
   3. Ethische Grundprinzipien für die Kommunikation 732
   4. Analyse der Voraussetzung für die Beteiligung in der Kommunikation 734
   5. Die spezielle Bedeutung von Emotionen und des emotionalen
      Ausdrucks im Gespräch mit Kindern 736
VII. Kinder in Gerichtsverfahren 745

I. Sucht und psychische Erkrankungen der Eltern
– Risiken für das Kind –

1. Einleitung

571 In der kinder- und jugendpsychiatrischen Risikoforschung sind die Einflüsse elterlicher psychischer Erkrankung, körperlicher Erkrankung und Behinderung sowie von Suchterkrankungen seit den 70er Jahren nachhaltig untersucht worden (vgl. z.B. *Rutter* und *Quinton* 1984; zu rechtlichen Aspekten vgl. *Münder* 1995). Da psychiatrische Erkrankungen im Erwachsenenalter generell keinen kleinen Teil der Gesamtbevölkerung betreffen, ist deren Auswirkung auf Kinder und Jugendliche nicht zu unterschätzen (vgl. *Graham* et al. 1999). *Elpers* et al. stellten z.B. in einer kinderpsychiatrischen Inanspruchnahmepopulation fest, dass Familien, bei denen die Eltern unter einer psychiatrischen oder Suchterkrankung litten, hochsignifikant häufiger eine ambulante Behandlung oder Beratung abbrachen als die übrigen Eltern.

2. Psychische Erkrankungen

572 Die häufigsten psychischen Störungen, die Einfluss auf die Kindesentwicklung haben, sind **Depressionen und Angsterkrankungen** der Mütter. Nicht selten besteht ein Zusammenhang mit schwierigen Lebensbedingungen oder innerfamilialer Gewalt. Aber auch die etwas selteneren **Schizophrenien** oder die relativ häufigen **Persönlichkeitsstörungen** von Eltern stellen nachhaltige Entwicklungsrisiken für Kinder dar. Generell kann festgestellt werden, dass psychische Erkrankungen in der Elterngeneration mit einem erhöhten Risiko der Kinder verbunden sind, dass diese auch psychische oder Verhaltensprobleme bekommen. Hier stellt sich natürlich sofort die Frage nach der Genetik. Genetische Transmissionsfaktoren sind bei Schizophrenie und einigen anderen Störungsbildern relativ unumstritten, allerdings kann mit *Graham* et al. (1999) unterstrichen werden, dass andere Mechanismen bei der Beeinflussung der Ausprägung von Verhaltensproblemen bei den Kindern von höherer Relevanz sind.

Verschiedene Studien, z. B. *Mills* et al. (1984), zeigten, dass depressive Mütter deutlich weniger auf die Bedürfnisse ihrer Kinder reagieren, weniger Grenzen setzen und weniger bereit sind, Interaktionen zu initiieren. *Hammen* (1999) gibt eine Übersicht der Studien über Kinder depressiver Mütter aus den letzten 25 Jahren. Im Vergleich zu Kindern von chronisch körperlich kranken Eltern zeigte sich in mehreren Studien, dass die Kinder unipolar depressiver Eltern schlechter zurechtkamen. *Lyons-Ruth* (1995) wies darauf hin, dass die Schwierigkeiten der Kinder depressiver Mütter nicht selten aber auf Kontextvariablen wie massive Beziehungsstörungen, chronischer Ehestreit oder Bindungsprobleme zwischen Mutter und Kind zurückzuführen sind. 573

3. Alkohol

Steinhausen (1999) beschreibt die Risikosituation von Kindern alkoholkranker Eltern. Zunächst verweist er auf das fetale Alkoholsyndrom (FAS), welches 1973 erstmals von *Jones* und *Smith* beschrieben wurde. Das fetale Alkoholsyndrom ist mit einer hohen Rate intellektueller Beeinträchtigung und hyperkinetischer Verhaltensauffälligkeiten verbunden. Es kann durch typische körperliche Stigmata schon in der Neonatalperiode diagnostiziert werden. Alkohol in der Familie ist generell ein Risikofaktor für die Entwicklung von psychischen Problemen und Verhaltensauffälligkeiten bei den Kindern. 574

Ganz besonders viele Studien unterstreichen den starken statistischen Zusammenhang zwischen elterlichem Alkoholismus und Störungen des Sozialverhaltens (vgl. *Steinhausen* 1999; zu rechtlichen Aspekten vgl. *Zenz* 1998). Aber auch hyperkinetische Störungen, emotionale Störungen, Somatisierungsstörungen (Kopfschmerzen, Schlafstörungen, Essprobleme) und eigene Drogenkonsumprobleme der Kinder werden statistisch in Zusammenhang mit der elterlichen Suchterkrankung gebracht. 575

4. Drogen

Drogenabhängige Eltern leben meist noch in einer deutlich prekäreren Situation als Alkoholabhängige. Auch die Kinder drogenabhängiger Mütter haben 576

Teil 3 Beiträge aus Pädagogik, Psychologie und Kinderpsychiatrie

ähnlich wie die Kinder alkoholabhängiger Mütter deutlich erhöhte biologische Risiken beim Start in das Leben. Sie machen oft nach der Geburt einen Entzug durch und müssen häufig gleichzeitig mit einer weniger unterstützenden psychosozialen Umgebung zurechtkommen.

577 *Van Baar* (1999) betont, dass somatische und neuromotorische Entwicklungen nicht so stark negativ beeinflusst sind. Die Kinder, welche pränatal Kokain ausgesetzt waren, zeigten in verschiedenen Untersuchungen deutlich schlechtere Raten der kognitiven Entwicklung und auch einen Rückstand in der Sprachentwicklung. Pränatal Heroin, Methadon und Kokain exponierte Kinder zeigten ebenfalls erhebliche Entwicklungsrisiken. In der Amsterdamer Studie der Autorin hatten im Vorschulalter etwa 50 % der im Mutterleib drogenexponierten Kinder sehr niedrige Entwicklungsscores (mehr als eine Standardabweichung unterhalb der Norm).

578 Interessant sind die Ergebnisse der Studie von *Davies* und *Templer* (1988), die Kinder, die pränatal exponiert waren, mit pränatal nicht exponierten Kindern verglichen, die aber mit einem suchtkranken Vater aufwuchsen. Die Leistung dieser Kinder war in der testpsychologischen Untersuchung deutlich besser. Sie zeigten weniger Schwierigkeiten in der Wahrnehmung, in der Feinmotorik und im Bereich der Aufmerksamkeit als die Kinder, welche in utero Drogen ausgesetzt waren. Biologische und psychosoziale Faktoren sind gerade bei der Problematik der Drogenabhängigkeit kaum voneinander zu trennen.

5. Körperliche Erkrankungen

579 Körperliche Erkrankungen von Eltern sind mit einem geringen, aber über viele Untersuchungen konsistent nachweisbar erhöhten Risiko für Verhaltensauffälligkeiten und psychischen Störungen bei den Kindern verbunden (vgl. *Graham* et al. 1999). Häufig sind solche Kinder in die Versorgung der Eltern eingebunden und müssen teilweise für ihr Alter nicht angemessene verantwortungsvolle Aufgaben übernehmen.

580 Die Kommunikation innerhalb der Familie ist bisweilen sehr auf Krankheit, bevorstehenden Tod etc. eingeengt, so dass dies auch deutliche Auswirkungen auf die emotionale Entwicklung der Kinder haben kann. Alles in allem wird deutlich, dass die gesundheitliche Situation der Eltern bisweilen direkt biologisch-genetisch, aber meist vermittelt über psychosoziale und Erziehungsvariablen auf Probleme von Kindern „durchschlägt".

6. Fazit

581 Die besondere Beachtung des elterlichen Gesundheitszustands und der möglichen Auswirkungen auf die Kinder muss deshalb Teil einer verantwortungs-

vollen Einschätzung kritischer Situationen sein. Nur auf dieser Basis können fundierte prognostische Überlegungen in schwierigen Entscheidungssituationen angestellt werden.

II. Psychische Störungen und Erkrankungen von Kindern und Jugendlichen

1. Einleitung

In stark belastenden Entscheidungssituationen zeigen viele Kinder auffällige Verhaltensweisen. Dabei ist es dann oft wichtig, festzustellen, ob bestimmte Schwierigkeiten auch schon vor akuten Belastungssituationen bestanden haben oder ob bestimmte Probleme erst z.B. nach der Trennung der Eltern etc. aufgetreten sind. Eine zeitliche Chronologie der Ereignisse ist hier diagnostisch stets hilfreich. 582

Wichtig ist es auch, nicht jede – zumal in einem Belastungskontext auch verständliche – emotionale Äußerung oder trotzige Reaktion eines Kindes zu pathologisieren. In diesem Zusammenhang ist es vielleicht interessant zu erwähnen, dass in den meisten kinder- und jugendpsychiatrischen und psychotherapeutischen Ambulanzen, in denen nach klar definierten diagnostischen Kriterien, wie z.B. den Forschungskriterien nach ICD-10 gearbeitet wird, bei ca. einem Drittel der Inanspruchnahmepopulation keine psychiatrische Diagnose gestellt wird. Andererseits ist es für die Hilfeplanung, für die Entscheidungsfindung und für prognostische Aussagen unabdingbar, tatsächlich bestehende psychische Erkrankungen von Kindern mit in die Überlegungen einzubeziehen und eben nicht quasi selbstverständlich davon auszugehen, dass mit der Klärung eines Konfliktes auch das psychische Problem behoben sein wird. 583

Nun ist es nicht möglich, im Rahmen eines Handbuchs für Verfahrenspfleger quasi einen gesamten Überblick über die Klassifikation, Diagnostik und Behandlung psychischer Störungen im Kindesalter zu geben. Hier sei auf die einschlägigen Lehrbücher sowie die Leitlinien der AWMF, die diagnostischen Manuale ICD-10 und DSM-IV verwiesen. Allerdings ist es wichtig, dass Verfahrenspfleger so viel Wissen über psychische Störungen im Kindesalter haben, dass sie im Zweifelsfall an die Notwendigkeit einer kinder- und jugendpsychiatrischen und psychotherapeutischen Abklärung denken. Hierbei kann auch die Anwendung von normierten Verhaltenslisten, wie z.B. der Child-Behaviour-Checklist CBCL, dem entsprechenden Lehrerfragebogen TRF und der Selbstreportform für Jugendliche YSR hilfreich sein, denn diese standardisierten Instrumente ermöglichen es dem Experten, eine Fülle von Verhaltensproblemen zu erfassen und gleichzeitig aufgrund der empirisch abgesicherten Normwerte eine Einschätzung, ob das Verhalten in der Summe schon auffällig 584 zu nennen ist oder nicht, zu treffen. Nur bei Berücksichtigung dieser Normwerte, nur bei Kenntnis der Skalierungen ist die Interpretation solcher Verhaltensinstrumente aber legitim. Die Ausdeutung auf Einzelitemebene ohne Rückbezug auf die so genannten Syndromskalen und die Normen ist unprofessionell und kann schnell zu völligen Fehlbewertungen führen.

2. Überblick über diagnostische Kategorien mit Relevanz im Kindes- und Jugendalter

585 Mit der Einführung eines einheitlichen Behinderungsbegriffs im Sozialgesetzbuch IX hat der Gesetzgeber verschiedene Widersprüche zwischen den einzelnen Sozialgesetzbüchern zu beseitigen versucht. Zu begrüßen ist es, dass nun im Rahmen des Kinder- und Jugendhilferechts (SGB VIII/KJHG) ohne Verweis auf die primär mit Bezug auf Erwachsene entwickelten Kategorien der Eingliederungshilfeverordnung des BSHG direkt auf die üblichen Diagnosen nach ICD-10 Bezug genommen wird. Den Gesetzesmaterialien ist zu entnehmen, dass die jeweils im Krankenkassenrecht (SGB V) geltende Klassifikation der Krankheiten und psychischen Störungen Grundlage auch für die Anspruchsbegründung nach § 35a SGB VIII ist. Die Feststellung eines solchen Störungsbildes nach diesen Grundlagen ist zwar eine zwingende Voraussetzung, ist aber nicht hinreichend. Entscheidend ist die vor allem sozialpädagogisch relevante Feststellung, ob dieses beschreibbare definierte Störungsbild zu Beeinträchtigungen bei der Teilhabe am gesellschaftlichen Leben führt. Für Kinder bedeutet dies, ob das Störungsbild z.B. zu einer Reduktion des Freundeskreises, zu sozialer Isolation, Ausschluss aus altersentsprechenden Aktivitäten, Ausgrenzungen bei Klassenfahrten etc. führt. Die Beeinträchtigungen bei der Teilhabe sind also im Einzelfall konkret und im Bezug auf ihr Ausmaß zu beschreiben. Sie müssen in einem kausalen Zusammenhang mit dem Störungsbild stehen. Betrachtet man die übliche Klassifikation der ICD-10, so lassen sich psychiatrische Krankheitsbilder, die vorwiegend in Kindheit und Jugend auftreten, von Erkrankungen unterscheiden, die generell auch im Erwachsenenalter beschrieben werden können. Für diese Krankheitsbilder, die auch bzw. primär im Erwachsenenalter auftreten, erfolgt keine spezifische Definition oder Beschreibung der Symptomatik im Kindes- und Jugendalter. Dennoch unterscheiden sich Vorkommenshäufigkeiten bestimmter Anteile der Symptomatik aber auch behandlungsrelevante Details wie Ansprechbarkeit auf bestimmte pharmakotherapeutische Interventionen in verschiedenen Altersgruppen. Insofern ist entwicklungspsychopathologisches Fachwissen für die Diagnostik von psychischen Störungen im Kindes- und Jugendalter eine unabdingbare Voraussetzung. Häufig hängt die Beeinträchtigung der Teilhabe

neben der Ausprägung des Störungsbildes aber zentral auch von den psychosozialen Bedingungen ab, in denen ein Kind aufwächst. Viele Familien können mit manchen psychischen Belastungen und psychiatrischen Erkrankungen von Kindern sehr gut umgehen und bedürfen kaum weiterer Unterstützung, so dass hier insbesondere Krankenbehandlung und Psychotherapie gefragt sind. Andere Familien haben so wenig eigene Ressourcen, dass schon Krankheitsbilder, die von anderen Familien mit den eigenen Kräften bewältigt werden können, zu einem Risiko der Ausgrenzung werden. Einer solchen Ausgliederung soll die früher so genannte Eingliederungshilfe vorbeugen bzw. entgegenwirken. Deshalb sind Hilfen zur Teilhabe immer in Abhängigkeit vom Störungsbild und dessen immanenter Verlaufsdynamik, aber auch von der psychosozialen Situation zu gestalten. Im Folgenden werden einzelne wichtige Störungsbilder wie sie z.B. von niedergelassenen Kinder- und Jugendpsychiatern oder Institutsambulanzen an Versorgungskliniken (§ 118 SGB V) festgestellt werden können, dargestellt.

3. Psychische und Verhaltensstörungen durch psychotrope Substanzen (ICD-10 F1)

Substanzgebrauch und Konsum psychotroper Substanzen wird im Jugendlichenalter derzeit nach den gleichen diagnostischen Kriterien wie im Erwachsenenalter erfasst. Allerdings gibt es in den Konsummustern wesentliche Unterschiede, und glücklicherweise sind viele Verhaltensweisen noch nicht so chronifiziert als Suchtverhalten eingeschliffen, so dass therapeutische Interventionen noch leichter möglich sind. 586

In den letzten Jahren hat sich gerade bei den jugendlichen Neueinsteigern und schon bei Kindern ab 11 oder 12 Jahren der Konsum von Partydrogen oder zunehmend auch der Mischkonsum von Alkohol, Cannabinoiden und sogenannten Designerdrogen gezeigt. Da die so genannten Designerdrogen auch Schüchternheit reduzieren und gleichzeitig als Appetitzügler wirken, ist es wenig verwunderlich, dass immer mehr Mädchen ebenfalls zu den neuen Konsumenten gehören. Substanzkonsum ist gerade im Jugendalter häufig kein isoliertes Phänomen, sondern ist oft mit anderen psychischen Problemen vergesellschaftet. Aus der Kombination oder so genannten Komorbidität resultieren aber häufig auch soziale Probleme wie Schulabsentismus etc. Zu den akuten Drogenproblemen können akute Intoxikationen, Delirien, Wahrnehmungsstörungen, Krampfanfälle etc. gehören. 587

Die Weltgesundheitsorganisation unterscheidet verschiedene Stufen des Umgangs mit Substanzen: 588

- „Schädlicher Gebrauch" wird ein Konsumverhalten genannt, dass zu einer Gesundheitsschädigung führt
- „Abhängigkeitssyndrom" dagegen werden körperliche Verhaltens- und kognitive Phänomene genannt, die mit einem starken Wunsch oder einer Art Zwang, Substanzen oder Alkohol zu konsumieren, einhergehen.

589 Charakteristisch ist eine verminderte Kontrollfähigkeit bezüglich des Beginns, der Beendigung und der Menge des Substanz- und Alkoholkonsums, der Gebrauch der Substanzen mit dem Ziel, Entzugssymptome zu mildern, körperliche Entzugssyndrome oder eine Toleranz gegenüber der Substanz. Nicht selten können auch schwere psychische Störungen im Zusammenhang mit Substanzkonsum auftreten. Häufig ist dann nicht klar, ob eine Schizophrenie durch den Substanzkonsum ausgelöst wurde (Flashback-Psychose) oder ob im Substanzkonsum schon eine Art Selbstmedikation oder Selbstheilungsversuch lag. Kinder und Jugendliche, die Opfer schwerer Traumata wurden, haben ein höheres Risiko für Substanzkonsumprobleme. Auch in belastenden innerfamiliären Situationen kann es verstärkt zu Substanzkonsum oder schädlichem Gebrauch kommen. Verschiedene internationale Studien zeigten, dass früher Drogenkonsum einer der stärksten Prädiktoren für Substanzgebrauch im Erwachsenenalter ist (vgl. *Kaminer* und *Tarter* 1999).

590 Eine adäquate Wahrnehmung, Beschreibung und der Versuch einer Vermittlung in der Behandlung durch den Verfahrenspfleger ist bei solchen Problemen deshalb dringend anzuraten. Scheinbar kontrollierter Partydrogenkonsum auf Raves etc. muss nicht harmlos sein und kann teilweise massive körperliche Folgen nach sich ziehen.

4. Schizophrenie, schizotype und wahnhafte Störungen (F2)

591 Schizophrenien sind im Kindesalter extrem selten und im Jugendlichenalter immer noch eher seltene, aber schwere psychische Erkrankungen. Viele Jugendliche zeigen lange Vorlaufphasen mit Leistungseinbruch, Rückzug aus der sozialen Gruppe, teilweise läppischem inadäquaten Affektverhalten etc. bis zum Ausbruch produktiver, z.B. halluzinatorischer, Phänomene. Wahnhafte Störungen, deutliche formale Denkstörungen wie Gedankenabreißen, Neologismen sind charakteristisch für floride schizophrene Erkrankungen, die dringend einer psychiatrischen Behandlung bedürfen.

592 Neuere Untersuchungen zeigen, dass eine frühzeitige medikamentöse Intervention mit nebenwirkungsärmeren so genannten atypischen Neuroleptika (vgl. *Fegert* et al. 1999) auf längere Sicht zu günstigeren Ergebnissen auch im Hinblick auf die psychosoziale Integration führen. Durch eine frühzeitige medikamentöse Behandlung konnte auch die häufig mit der Krankheit einher-

gehende kognitive Beeinträchtigung deutlich verringert werden. Wie in vielen Bereichen der Kinder- und Jugendmedizin sind auch diese neueren Medikamente für die Behandlung an Kindern und Jugendlichen arzneimittelrechtlich nicht zugelassen, so dass die Behandlung als individueller Heilversuch erfolgen muss. In der Trennungssituation müssen also z.B. bei gemeinsamem Sorgerecht beide Elternteile aufgeklärt werden und ihre Zustimmung erteilen (vgl. *Fegert* 2000).

5. Affektive Störungen (F3)

Auch **manische, depressive** oder **bipolare affektive Erkrankungen** sind im Kindes- wie Jugendalter eher seltene Probleme, die allerdings, wenn sie auftreten oder gar mit Suizidalität verbunden sind, dringend einer fachärztlichen Behandlung bedürfen. Insgesamt haben depressive Phasen und emotionale Störungen bei Mädchen in der Vorpubertät und Pubertät eine höhere Remissionschance als z.B. Störungen des Sozialverhaltens oder Dissozialität, die überwiegend bei Jungen auftritt.

6. Neurotische Belastungs- und somatophorme Störungen (F4)

Angststörungen und gezielte **Phobien** mit oder ohne **Panikstörungen** sind auch im Kindes- und Jugendalter nicht seltene Probleme. Starke soziale Isolation bis hin zur sozialen Phobie ist nicht selten mit der **emotionalen Störung mit Trennungsangst** verbunden. Diese Kinder, früher häufiger als Schulphobiker bezeichnet, können vor dem Hintergrund einer massiven häuslichen Problematik nicht mehr am gesellschaftlichen Leben teilnehmen und auch nicht mehr die Schule besuchen. Sie schwänzen aber nicht die Schule, sondern fehlen in der Regel mit Wissen der Eltern oder eines Elternteils, um den sie sich gleichzeitig panische Sorgen machen. Sie befürchten z.B. schon bei kurzer Trennung, der Elternteil könnte versterben etc.

Auch **Zwangsstörungen** (F42) sind schwer beeinträchtigende Krankheitsbilder, die dringend einer Behandlung bedürfen. Während die Wirksamkeit von Antidepressiva gegen depressive Störungen im Kindes- und Jugendalter in vielen empirischen Studien nicht klar belegt werden konnte, ist die Wirksamkeit dieser Substanzen für die Indikation Zwangserkrankung klar erwiesen. Zwangshandlungen, wie z.B. ein Waschzwang, und Zwangsgedanken sind für die Betroffenen extrem quälende Symptome, da die Kinder und Jugendlichen, die darunter leiden, sehr wohl wissen, wie „unsinnig" ihre Handlungen sind.

Eine zentrale diagnostische Kategorie, die jeder Verfahrenspfleger erkennen können sollte, stellen die Reaktionen auf **schwere Belastungen und Anpassungsstörungen** dar (F43). Vorausgegangen ist bei Anpassungsstörungen immer ein belastendes Ereignis, eine belastende Situation oder eine Lebenskrise. Dies ist sozusagen typisch für die Situationen, in denen Verfahrenspfleger eingesetzt werden. Beobachtet werden kurze depressive Reaktionen, längere depressive Reaktionen, eine Mischung von Angst und depressiver Reaktion oder aber auch Mischbilder mit verschiedenen affektiven Qualitäten wie Angst, Depression, Sorgen, Anspannung, Ärger bis hin zur Kombination mit regressivem Verhalten wie Bettnässen, Daumenlutschen bei kleineren Kindern. Manche Kinder reagieren vorwiegend mit einer Störung im Sozialverhalten, werden aggressiv oder zeichnen sich durch einen Wechsel in ihren Gefühlen aus. Solche Reaktionen auf Familien- und Lebenskrisen sind relativ normale Anpassungsprozesse. Viele Kinder bedürfen aber in solchen Krisen der psychotherapeutischen oder beraterischen Unterstützung. Dauern solche Anpassungsreaktionen länger als sechs Monate an, sollte unbedingt fachliche Unterstützung aufgesucht werden.

597 Davon abzugrenzen sind regelrechte **posttraumatische Belastungsstörungen** und **akute Belastungsreaktionen**. Akute Belastungsreaktionen sind Krisenzustände, welche rasch remittieren, in denen die Betroffenen aber akut Hilfe und die Nähe einer wesentlichen Bezugsperson brauchen. Posttraumatische Belastungsstörungen sind schwere Erkrankungen, die in der Regel innerhalb von sechs Monaten nach schweren Traumata auftreten und charakterisiert sind durch sogenannte „flashback"-Erinnerungen, Tagträume, emotionalen Rückzug, Vermeidung von Reizen und Situationen, die an die traumatische Situation erinnern, Schlafstörungen, Panikattacken.

598 Bei den Betroffenen besteht bekanntermaßen ein deutlich erhöhtes Risiko für Alkohol- und Substanzkonsumprobleme und auch für selbstverletzendes Verhalten. Viele Kinder, die Opfer von sexuellem Missbrauch oder protrahierter Misshandlung wurden, sind von diesem Störungsbild betroffen. Man findet es auch bei Flüchtlingskindern aus Kriegs- und Krisenregionen, Entführungsopfern oder nach Naturkatastrophen. Allerdings ist die traumatische Wirkung umso größer, je mehr die Traumatisierung von einer Beziehungsperson ausging, und umso geringer, je mehr das traumatisierende Ereignis wie eine Naturkatastrophe oder z.B. ein Flugzeugabsturz als ein Schicksalsschlag angesehen werden kann.

599 Posttraumatische Belastungsstörungen sind schwere psychische Erkrankungen, die einer professionellen Behandlung bedürfen. So verständlich diese schweren Belastungsreaktionen sind, reicht einfaches Verständnis oder gar der Versuch, die belastenden Erlebnisse mit den Betroffenen immer wieder durchzusprechen, nicht aus. Vielmehr ist es für viele Betroffene wichtig, durch bestimmte trainier-

bare Techniken wieder Kontrolle über ihre Gefühlswelt zu erlangen, um nicht länger Opfer von nicht kontrollierbaren Erinnerungen etc. zu sein.

Nicht selten verstricken sich Helfer aus dem psychosozialen Feld mit diesen betroffenen Patientinnen und Patienten, was zu neuen Kränkungen und Enttäuschungen und bisweilen auch zu sehr gefährlichen Situationen führen kann. Viele Notaufnahmestellen, Krisenstellen etc. haben häufig mit solchen Patientinnen und Patienten zu tun. Gerade weil die traumatischen Erlebnisse der Betroffenen so viel Verständnis wecken, neigen Helfer und helfende Organisationen zur Selbstüberforderung oder zur zu späten Grenzsetzung, welche dann häufig zum Beziehungsabbruch und zur erneuten Selbstschädigung führen kann. In solchen Beziehungskrisen sind dann die Betroffenen nicht selten akut suizidal. Im Umgang mit solchen Kindern und Jugendlichen sollten Verfahrenspfleger eher Distanz wahren, klar auf Regeln und Absprachen achten, keine nicht erfüllbaren Beziehungsangebote machen, nicht Teile ihrer Privatheit preisgeben (Herausgabe der Privattelefonnummer, Übernachtung beim Verfahrenspfleger in Krisensituationen etc. sind Kunstfehler). Supervision oder Balintgruppenarbeit ist bei der Betreuung solcher Kinder für die Helfer dringend anzuraten. 600

Auch **dissoziative Störungen**, wie z. B. die zu Freuds Zeiten häufigen klassischen hysterischen Phänomene wie Lähmungen etc. gehören zur Gruppe der neurotischen Störungen. Konversionsstörungen oder dissoziative Störungen sind klassische Indikationen für ambulante psychotherapeutische Behandlungen, wobei immer eine klare medizinische Differentialdiagnose erfolgen muss, damit nicht z. B. Tumorleiden etc. übersehen werden. Dasselbe gilt für die so genannten Somatisierungsstörungen, für die es häufig in der Familie, z. B. bei Elternteilen, Muster oder Vorbilder gibt. 601

7. Verhaltensauffälligkeiten mit körperlichen Störungen und Faktoren

Hierzu zählen die **Essstörungen**, die nach wie vor sehr viel häufiger bei Mädchen als bei Jungen auftreten. Die **Magersucht** oder **Anorexia nervosa** ist charakterisiert durch einen signifikanten Gewichtsverlust, auffällige Verhaltensweisen, die zum Gewichtsverlust führen sollen, wie Diät, Abführmittelmissbrauch, exzessive Gymnastik und der Missbrauch von Appetitzüglern, Diurethika etc. Auffällig ist ein gestörtes Körperbild, der Body-Mass-Index (BMI – Körpergewicht in kg durch Körpergröße im Quadrat) hilft, das Ausmaß des Störungsbildes einzuordnen. Ein BMI unter 17,5 weist auf die Diagnose „Magersucht" hin. In stationärer Behandlung befinden sich Mädchen mit einem BMI häufig unter 15. 602

603 *Steinhausen* (1999) hat eine Fülle von internationalen Verlaufstudien zur Anorexie zu einer Übersicht integriert. Auf der Basis der Untersuchung von insgesamt 4.786 Patienten aus 108 Studien aus aller Welt kommt er zu einer durchschnittlichen Todesrate von 5,49 % im Verlauf. Weniger als die Hälfte der Patientinnen schafft es, später frei von klinischen Symptomen zu sein, ein Drittel zeigt eine deutliche Besserung, der Rest behält eine chronifizierte Essstörung. Während beginnende Magersuchtsverläufe noch ambulant behandelt werden können (dabei sollten objektive Einweisungskriterien abhängig von BMI-Werten vereinbart und überprüft werden), müssen schwerere Formen stationär behandelt werden. In einem verhaltenstherapeutischen Regime muss bei der stationären Behandlung zunächst einmal Gewichtszunahme und gleichzeitig eine Bearbeitung der Körperschemastörung erfolgen.

604 Immer häufiger trifft man auch im Jugendalter die **Bulimia nervosa,** die so genannte „Fress-Kotz-Sucht" an. Bei der Bulimie gibt es normalgewichtige, untergewichtige wie auch übergewichtige Verläufe. Sehr häufiges Erbrechen kann zu Verschiebungen in den Elektrolyten, insbesondere Kalium, führen und kann damit Ursache für kardiale Komplikationen bis zum Herzstillstand sein. Durch das chronische Erbrechen wird das Gebiss in der Regel stark in Mitleidenschaft gezogen. Die Effekte stationärer Behandlung sind deutlich weniger positiv als bei der Magersucht. Wegen der starken Beschämung über die Erkrankung sind viele bulimische Patientinnen bisweilen suizidgefährdet oder zeigen gleichzeitig anderes selbstschädigendes Verhalten. In vielen Städten haben sich mittlerweile Selbsthilfegruppen für Patientinnen mit Essstörungen gebildet. Die Teilnahme an solchen Gruppen kann sehr zur Stabilisierung beitragen.

8. Verhaltens- und emotionale Störungen mit Beginn in der Kindheit und Jugend (F9)

605 Zu den häufigsten Störungen gehören hier die **hyperkinetischen Störungen.** Das sogenannte hyperkinetische Syndrom oder Aufmerksamkeitsdefizitsyndrom (ADS) oder Aufmerksamkeitsdefizithyperaktivitätssyndrom (ADHS) oder Attention deficit disorder (ADD) ist eine Erkrankung, die ganz überwiegend Jungen betrifft. Bei Felduntersuchungen finden sich Geschlechtsrelationen zwischen 3:1 oder 4:1, in klinischen Populationen steigt dieses Missverhältnis bis auf 6:1 zu ungunsten der Jungen an. Noch heute werden solche Kinder häufig als „Zappelphilipp" bezeichnet. Meistens wird die Erkrankung im Grundschulalter diagnostiziert, wenn den unruhigen Jungen die ersten Anpassungsleistungen beim Schulbesuch nicht gelingen. Die Behandlungsleitlinien in Deutschland und in Amerika empfehlen eine medikamentöse Behandlung sowie gezielte verhaltenstherapeutische Interventionen und eine Eltern- und Lehrerberatung.

Wichtig ist, dass Aufmerksamkeitsstörungen und unruhiges Verhalten auch in **606** Belastungssituationen, z.B. in einem Scheidungskontext, auftreten können und dann eine eher psychosoziale Ursache haben. Deshalb ist eine genaue Anamneseerhebung, die schon das Temperament des Säuglings mit einbezieht, unabdingbar, um abzuklären, ob das Aufmerksamkeitsdefizit oder die Unruhe neuerdings unter Belastung, z.B. durch eine Trennungssituation, aufgetreten ist oder ob es sich um eine seit der frühen Kindheit bestehende hyperkinetische Störung handelt.

Störungen des Sozialverhaltens (F91) haben häufig eine ungünstige Prog- **607** nose und führen zu erheblichen Konflikten und Belastungen mit dem Lebensumfeld der Betroffenen. Auf den familiären Rahmen beschränkte Störungen des Sozialverhaltens kommen nicht selten in Scheidungskrisen oder ähnlichen familiären Konfliktsituationen vor. Diese früher so genannte „Neurotische Delinquenz", bei der sich die Kinder geradezu absichtlich beim Klauen erwischen lassen und nur in einem überschaubaren Rahmen speziell in der Familie, z.B. aus dem Portemonnaie der Mutter etc., stehlen, signalisiert deutlich ihr scheinbares Zu-kurz-Kommen in der familiären Situation und hat wenig mit einem Verstoß gegen allgemein gültige gesellschaftliche Normen zu tun.

Bei den anderen Störungen des Sozialverhaltens ist es wichtig, zu ermitteln, ob **608** es dem Betroffenen überhaupt gelungen ist, soziale Beziehungen aufrecht zu erhalten und ob er irgendwelche Normen akzeptiert. Deshalb unterscheidet man auch Störungen des Sozialverhaltens mit vorhandenen sozialen Bindungen, z.B. in einer gleichaltrigen Gang, in der zwar alle Jugendlichen dissoziales Verhalten zeigen, die sich aber an einen Gruppenkodex und damit auch an soziale Normen halten, von Störungen des Sozialverhaltens mit fehlenden sozialen Bindungen.

Die häufig schwer gestörten Jugendlichen mit fehlenden sozialen Bindungen **609** zeigen die schlechteste Prognose. Häufig sind solche Störungen auch kombiniert mit einer depressiven Störung. Je älter diese betroffenen Menschen werden, desto häufiger werden bei ihnen Persönlichkeitsstörungen diagnostiziert. Oft benötigen sie Hilfen aus dem therapeutischen wie aus dem pädagogischen Sektor, nicht selten wollen aber weder kinder- und jugendpsychiatrische noch Jugendhilfeeinrichtungen sich ihrer annehmen. Deshalb ist oft die Justiz, welche sich wohl oder übel ihrer wegen des delinquenten Verhaltens annehmen muss, das einzige System, in dem sie längere Zeit Betreuung oder Kontinuität erleben. Nicht selten sind sie aber auch in Haftanstalten wieder Opfer in Gruppensituationen, da es ihnen nicht gelingt, soziale Bindungen herzustellen. Verglichen mit der eher ungünstigen Prognose von Sozialstörungen im Kindes- und Jugendalter haben **emotionale Störungen** ein deutlich besseres Outcome und sind eine klassische Domäne der ambulanten psychotherapeutischen Maßnahmen und Hilfen, wie Eingliederungshilfe etc.

610 **Tic-Störungen** sind als monosymptomatische Tics, d.h. allein als Blinzeltic, Zwinkertic, im Grundschulalter nicht seltene und eher harmlose vorübergehende Symptome. Schwere Krankheitsbilder sind die chronische, motorische oder vokale Tic-Störung und insbesondere die kombinierte vokale und multiple motorische Tic-Störung, das sogenannte „Gilles de la Tourette"-Syndrom. Diese schwere Tic-Erkrankung, die auch so genannte distale Tics, d.h. Zuckungen der Gliedmaßen und des Schultergürtels, mit beinhaltet, führt häufig zur völligen sozialen Isolation, da die Betroffenen auch durch laute Vokalisationen oder gar durch Kopralalie (unkontrollierbarer Gebrauch von Fäkalausdrücken) auffallen. In der Schule werden diese Kinder als extrem störend erlebt und nicht selten massiv ausgeschlossen oder ungerecht bestraft. Solche Tic-Störungen bedürfen dringend einer fachärztlichen Behandlung, die Deutsche Tourette-Gesellschaft bietet auch Selbsthilfegruppen in den meisten Städten an. Tic-Erkrankungen haben häufig einen wellenartigen, unvorhersehbaren Verlauf. Unter Stress nehmen Tic-Symptome aber häufig zu.

611 Ebenfalls unter Stress kann ein sekundäres **Einnässen** bei kleineren Kindern wieder auftreten. Es ist zu unterscheiden von einem primären Einnässen, d.h., dabei handelt es sich um Kinder, die noch nie trocken waren. Hier ist die Ursache häufig eher eine allgemeine Entwicklungsverzögerung. Die probate Behandlungsmaßnahme sind unspezifische Mittel wie Kalenderführung. Sollte dies nicht helfen, müssen verhaltenstherapeutische Methoden, wie Klingelhose oder Klingelmatte, mit sehr hohen Erfolgsaussichten eingesetzt werden. Eine schwere behandlungsbedürftige Symptomatik ist das **Einkoten.** Einkoten und Kotschmieren ruft immer starke emotionale Reaktionen hervor. Nicht selten werden diese Kinder in verzweifelnden Auseinandersetzungen geschlagen.

612 Auf die reaktiven Bindungsstörungen des Kindesalters wurde schon in den Beiträgen zur Vernachlässigung ausführlich eingegangen (Rn 431, 502, 530 ff.). Erwähnenswert ist noch der (elektive) **Mutismus,** d.h. eine Erkrankung, in der die Kinder Kommunikation mit ihrer Umwelt verweigern und nur noch mit einer Person, meist der Mutter, oder überhaupt nicht mehr mit ihrem Umfeld kommunizieren. Ein solcher Mutismus ist dringend behandlungsbedürftig. Eine stationäre Aufnahme in einer Kinder- und Jugendpsychiatrie und damit die Trennung von einem Milieu, das zur Aufrechterhaltung der Symptomatik beigetragen hat, ist oft dringend zu empfehlen.

613 Kombiniert mit diesen psychiatrischen Diagnosen oder als allein stehende Problematik spielen häufig noch **Entwicklungsstörungen** eine Rolle. Bei kleineren Kindern können Artikulationsstörungen ihre Verfahrensbeteiligung massiv

beeinträchtigen. Logopädische Behandlung und eine vernünftige Diagnostik, die die Ursachen der Sprachstörung abklärt (wichtig auch Abklärung des Hörvermögens), ist hier unbedingt zu fordern.

Umschriebene Entwicklungsstörungen schulischer Fertigkeiten wie die **Lese-Rechtschreib-Störung** oder **Rechenstörung** können Kinder in ihrer Leistungsmotivation nachhaltig beeinträchtigen, führen nicht selten zu schweren Selbstwertproblemen und reaktiv zu emotionalen Störungen oder dissozialem Verhalten. 614

Alle Entwicklungsstörungen, sei es der Sprache, der Motorik oder der schulischen Fertigkeiten lassen sich durch standardisierte diagnostische Methoden relativ eindeutig abklären. Bei Verdacht auf solche Probleme sollten Verfahrenspflegerinnen und Verfahrenspfleger dafür sorgen, dass den Kindern eine kompetente Diagnostik und anschließende Förderung zuteil wird. Nur eine solche Förderung im Bereich ihrer Grundproblematik wird auch die Freiheitsgrade ihrer Beteiligungsmöglichkeiten im Verfahren steigern können. 615

III. Trennungs- und Verlustsituationen

1. Einleitung

Gegenstand der gerichtlichen Verfahren, in denen dem Kind oder Jugendlichen ein(e) Verfahrenspfleger(in) zur Seite gestellt ist, sind in der überwiegenden Zahl der Fälle Entscheidungen, die mit der Trennung des Kindes von einem oder beiden Elternteilen bzw. Pflegepersonen verbunden sind. Einigen Kindern steht damit zum ersten Mal in ihrem Leben die Trennung oder sogar der Verlust einer wichtigen Bindungsperson bevor. Andere haben bereits vor Beginn des Verfahrens gravierende Trennungs- und Verlusterfahrungen machen müssen. Die Frage, ob das Kind die möglicherweise bevorstehende Trennung von nahestehenden Personen in sein Leben integrieren und für seine Entwicklung positiv nutzen kann oder ob traumatische Folgen und eventuell länger anhaltende Störungen zu erwarten sind, ist für das Kindeswohl von zentraler Bedeutung. 616

Die Begriffe Trennung und Verlust beinhalten, dass die Bindungsfigur einer Person vorübergehend (Trennung) oder für immer (Verlust) unzugänglich ist. Von jemandem getrennt zu leben, heißt, nicht demselben Haushalt anzugehören. Ablösung schließlich steht für einen inneren Prozess, bei dem psychische Energie allmählich von der geliebten Person abgezogen und auf neue Objekte verteilt wird. Der Ablösungsprozess geht ähnlich dem Trauerprozess zeitlich weit über das unmittelbare Ereignis der Trennung bzw. des Verlustes hinaus. 617

2. Typologie von Trennung und Verlust

618 Für die Bedeutung einer Trennung sind neben Alter, Entwicklungsstand und Vorerfahrungen des Kindes Art und Dauer sowie die Begleitumstände der Trennung entscheidend. *Yarrow* (1977) unterscheidet in einer Typologie von Trennung und Verlust sechs Hauptarten der Trennung des Kindes von seinen Eltern:

619 – **Eine einzelne kurze Trennung, gefolgt von Wiedervereinigung mit den Eltern**

Hierzu gehören (a) vollständige Trennung ohne begleitende äußere Beeinträchtigung, wenn die Eltern z.B. verreisen und das Kind bei einer Pflegeperson und womöglich in der vertrauten Umgebung belassen; (b) vollständige Trennung mit begleitender äußerer Beeinträchtigung, wie zum Beispiel kurzer Unterbringung des Kindes im Krankenhaus oder ein Krankenhausaufenthalt eines Elternteils; (c) teilweise Trennung ohne begleitende Beeinträchtigung, wenn das Kind zum Beispiel in den Kindergarten geht; (d) teilweise Trennung mit begleitender äußerer Beeinträchtigung, zum Beispiel Krankenhausunterbringung, bei der Kontakt mit den Eltern beibehalten wird.

620 – **Wiederholte kurze Trennung mit Wiedervereinigung**

Hierzu zählen (a) wiederholte vollständige Trennung ohne begleitende äußere Beeinträchtigung; (b) wiederholte vollständige Trennung mit begleitender äußerer Beeinträchtigung; (c) wiederholte teilweise Trennung ohne begleitende äußere Beeinträchtigung; (d) wiederholte teilweise Trennung mit begleitender äußerer Beeinträchtigung.

621 – **Eine einzelne längerdauernde Trennung mit Wiedervereinigung**

Dieser Trennungstypus unterscheidet sich von den ersten beiden durch seine relativ lange Dauer. Er ist häufig mit gleichzeitiger äußerer Beeinträchtigung verbunden, wie zum Beispiel Krankenhausaufenthalt wegen chronischer Erkrankungen oder ernster Familienkrisen.

622 – **Wiederholte langdauernde Trennung mit Wiedervereinigung**

Diesen Typ von Trennungserfahrungen erleiden Kinder in Familien mit wiederholten Krisen. Es ist der Typus, mit dem sich häufig die sozialen Dienste zu befassen haben, von denen das Kind vorübergehend in Pflegestellen oder Heimen untergebracht wird, wo es aber einen gewissen Kontakt zu seiner Familie beibehält.

623 – **Einmalige dauernde Trennung**

Dieser Trennungstypus ergibt sich gewöhnlich beim Tod oder bei dauernder physischer oder geistiger Unfähigkeit der Eltern, oder weil die Eltern nicht in der Lage sind, adäquat für das Kind zu sorgen. Das Kind wird dann dauerhaft in einer Pflege- oder Adoptivfamilie oder in einem Heim untergebracht.

- **Wiederholte dauernde Trennung** 624

  Dies ist der extremste Typus von Trennungserfahrung. Nach dauernder Trennung wird das Kind etwa in einem Heim oder in einer Pflegefamilie untergebracht. Zumeist bleibt es dort nicht ausreichend lange, um Ersatzbeziehungen zu entwickeln, sondern erfährt eine Serie von Wechseln der Heime oder Pflegefamilien. Der Eindruck des ursprünglichen Verlustes der Eltern wird durch immer neue Trennungserfahrungen verstärkt. Die jeweils folgenden Erfahrungen führen häufig zu Deprivation und verschiedenen Arten von Traumata.

Die Gefahr traumatischer Trennungsfolgen sieht *Yarrow* besonders für diejenigen Kinder, die zusätzlich zur (wiederholten) Trennung mit einer deprivierenden Umwelt fertig werden müssen. Als wichtigstes Ergebnis einer Zusammenschau verschiedener retrospektiver Untersuchungen führt er an, dass die Trennung selbst nicht als einzige ätiologische Variable für die Entstehung von Psycho- und Soziopathien angesehen werden darf: „Ihre Auswirkungen sind zweifellos abhängig von einer Reihe von Faktoren, deren wichtigster wahrscheinlich das Alter des Kindes zur Zeit dieses Erlebnisses ist, vom Ausmaß des dabei bewirkten Traumas und vom Ausmaß, in dem die Folgeerfahrungen das ursprüngliche Trauma verstärken oder abschwächen. Eine Trennung, der die Unterbringung in einem Heim oder in einer schlechten Pflegestelle folgt oder die der Prolog einer Reihe von Wechseln oder Verlusten von Mutterfiguren ist, erhöht die Wahrscheinlichkeit von Persönlichkeitsstörungen" (*Yarrow* 1977, S. 139). 625

3. Zwischen Trauma und Chance

Auszug aus einem Referat beim 54. Deutschen Juristentag von *Reinhart Lempp* zu kinderpsychologischen und -psychiatrischen Aspekten der Rechtsstellung des Pflegekindes: 626

> „Es kann kein Zweifel sein, dass viele Kinder eine solche Trennung von der Bezugsperson in ihrer früheren oder späteren Kindheit durchmachen mussten und bis heute noch müssen, ohne dass später allgemein erkennbare psychische Schäden und Störungen, also psychische Krankheiten im weitesten Sinne nachzuweisen wären. Es kann also kein Zweifel sein, dass viele Kinder ein solch psychisches Trauma der Trennung und des Beziehungsverlustes offenbar folgenlos bewältigen. Möglicherweise trügt hier der Schein insofern, als es zwar bei diesen Menschen nicht zu psychischen Krankheiten und manifesten Störungen kommt, dass aber eine nachhaltige verletzende Erfahrung sie ihr ganzes Leben begleitet und ihre Einstellung zur Umwelt

mitbestimmt. Ich halte es für möglich, ja sogar für wahrscheinlich, dass jede solcher Erfahrung in gewisser Weise die Lebensqualität vermindert. Von dieser Feststellung bleibt unberührt, dass auch solche negativen Erfahrungen von manchen Menschen in positiver Weise verarbeitet werden können und sie zu einer reiferen Form der Lebensbewältigung und Lebensbewährung befähigt. Nur können wir nicht eine solche Fähigkeit bei jedem Kinde für die Zukunft getrost voraussetzen und uns darauf verlassen, dass das Kind schon das Beste daraus machen werde. Wir müssen vielmehr von der Vorstellung ausgehen, dass es mit solchen negativen Früherfahrungen ähnlich ist wie mit der Belastung mit Röntgenstrahlen. Der menschliche Körper ‚vergisst' keine Bestrahlung mit ionisierenden Strahlen und zählt sie gewissermaßen von Geburt bis zum Tode in jeder seiner Zellen zusammen, und eine im Alter erfolgte gering dosige Röntgenbestrahlung kann dazu führen, dass die kritische Grenze überschritten wird und die krebsige Entartung der Zellen in Gang kommt. In ähnlicher Weise müssen wir wohl davon ausgehen, dass sich auch negative Lebenserfahrungen beim einzelnen Menschen addieren, und zwar mit Sicherheit auch solche Erfahrungen, an die sich der Heranwachsende und der erwachsene Mensch dann im Einzelnen gar nicht mehr erinnern kann. Wir wissen auch, dass gerade eine Folge ähnlicher psychisch verletzender Ereignisse summativ zu einer psychisch krank machenden Belastung werden kann" (*Lempp*, 54 DJT 1982, I 48 f.).

627 Unter der Voraussetzung eines quantitativ und qualitativ ausreichenden Bindungsangebots können Kinder altersangemessene Trennungen gut für ihre Entwicklung nutzen. Insofern sind Trennungen nicht per se schädigend. Risiken und Gefahren ergeben sich erst durch das kumulative Zusammenspiel einer Reihe von im Einzelfall zu gewichtenden Variablen.

628 Neben der individuellen Empfindlichkeit des Kindes zum Zeitpunkt der Trennung sind Alter und Entwicklungsstand bedeutsam. Während bei einem Säugling bereits die kurzzeitige Nichtverfügbarkeit der Mutter/Bindungsperson zu einem Gefühl großer Hilflosigkeit und Verlassenheit führt, erweitert sich mit zunehmendem Alter das Zeitverständnis und damit die Toleranz für überschaubare Trennungen. Besonders trennungsempfindlich sind Kinder im Alter zwischen etwa sechs Monaten und drei Jahren. In dieser Zeit binden sie sich in der Regel intensiv an eine, manchmal auch zwei oder drei Hauptbindungspersonen und zugleich ist ihr Verständnis für Zeit/Dauer und die Gründe von Trennungen noch nicht sehr entwickelt.

629 Eine zweite Variable betrifft die Intensität der Bindung und damit die emotionale Nähe zu der Person, von der das Kind getrennt wird. Wenn seine Hauptbindungsperson z.B. die Großmutter ist, wird die Reaktion auf eine Trennung von Mutter oder Vater weniger schwerwiegend sein. Zum emotionalen Kontext gehören auch vertraute Gegenstände (Bett, Kleidung, Spielzeug), Gewohnhei-

ten (Essensrituale, Schlaflied) und die sozialräumliche Umgebung (Kindergarten, Schule, Freundeskreis), deren weitere Verfügbarkeit bzw. Aufrechterhaltung Trennungsreaktionen lindern können.

Weiterhin spielen die Vorgeschichte des Kindes insbesondere im Hinblick auf frühere Trennungserfahrungen oder andere Traumatisierungen sowie die Qualität der Ersatzbeziehungen eine wichtige Rolle. Ängste aufgrund zurückliegender, nicht verarbeiteter Trennungen können in der aktuellen Situation reaktiviert und verstärkt werden. Zu den Erfahrungen nach der Trennung, die eine Bewältigung erleichtern oder erschweren können, gehört, ob eine spezielle Person kontinuierlich zur Verfügung steht, wie die Rahmenbedingungen der Ersatzbetreuung sind (Qualität der Einzel- oder Gruppenbetreuung), die materielle Ausstattung und Versorgung und inwieweit Erinnerungen an die Personen, von denen das Kind getrennt ist, akzeptiert und gefördert werden (*Robertson/Robertson*, Psyche 1975). 630

Zusammenfassend hängt die Bedeutung einer Trennung auf einem Kontinuum zwischen Trauma und Chance davon ab, „wie groß der reale Verlust ist, welche Ängste dadurch reaktiviert werden, wie tragfähig die neuen Beziehungen sind und inwiefern es gelingt, für den Zusammenhang von altem und neuem Zustand einen lebensgeschichtlichen Sinn zu erschließen" (*Maywald* 1997, S. 30). Der Begriff des Traumas bezieht sich dabei auf das Zusammenspiel von objektivem Ereignis und subjektiver Verarbeitung, er bezeichnet „die objektive Gewalt, die dem Subjekt angetan wird, und zugleich die individuell höchst unterschiedliche Art, in der das Subjekt auf diese äußere Zumutung reagiert" (*Ehlert/Lorke* 1988, S. 503). 631

Das infantile Trauma (Verletzung) ist durch einen Erregungszuwachs aus inneren und ggf. auch äußeren Quellen gekennzeichnet, denen das Kind hilflos gegenübersteht, weil seine noch unzureichend entwickelten Ich-Funktionen versagen und seine psychische Handlungsfähigkeit darnieder liegt. Die traumatische Situation tritt meist plötzlich und unerwartet ein, sie setzt die Ich-Funktionen außer Kraft und es kommt zur Reizüberschwemmung. Entwicklungstraumata, so *Mertens*, sind dadurch gekennzeichnet, dass nicht allein eine einzelne Situation die integrativen Fähigkeiten des mehr oder minder entwickelten Ichs überfordert, sondern dass eine angemessene Reaktion auf die für verschiedene Lebensalter spezifischen Entwicklungsbedürfnisse ausbleibt, so dass „das Kind nicht oder nur unzureichend lernen kann, seine phasenadäquaten Bedürfnisse in der Interaktion mit seinen Bezugspersonen zu regulieren und auszuhandeln" (*Mertens* 1998, S. 246, 243 f.). 632

Bei richtiger, altersgemäßer „Dosierung" können Kinder Trennungen gut verkraften und für ihre Entwicklung positiv nutzen. Im Spiel lernen sie, ihr hilflo- 633 ses Ausgeliefertsein gegenüber Trennungen in Aktion umzusetzen und den erlittenen Schmerz erträglich zu halten, indem sie z. B. das Verschwinden und Wiederkommen von Gegenständen aktiv in Szene setzen: Sigmund Freud berichtet von einem eineinhalbjährigen Jungen, der aus seinem zugehängten Bett immer wieder eine Holzspule hinauswirft, die mit einem Bindfaden versehen ist, dessen Ende er in der Hand hält. Nach dem Verschwinden, das der Junge mit einem lauten und lang gezogenen o-o-o-o („Fort") begleitet, zieht er die Spule an dem Faden wieder in sein Bett. Das Wiedererscheinen wird dann mit einem freudigen „Da" begrüßt (*Sigmund Freud*, GW Bd. XIII, S. 11 ff.). Auf diese Weise spielt der Junge die Trennung und die erwartete Wiedervereinigung mit der Mutter immer wieder durch, gleichsam in einer Mischung aus Selbstversicherung und Bemächtigung. Bevor ein Kind vorübergehende Trennungen und das anschließende Wiederkommen der Bindungsperson verstehen und integrieren kann, spielen – wie *Winnicott* (1974) beschreibt – Übergangsobjekte eine wichtige Rolle für die emotionale Verarbeitung. Ein Kuscheltier, der Zipfel einer Decke, ein Kleidungsstück o. ä. erinnern an die abwesende Person und erleichtern so dem Kind die Trennung.

634 Wenn Trennungen unvorbereitet eintreten und über lange Zeit andauern, stellen sie besonders für kleine Kinder eine erhebliche Gefährdung dar. Anna Freud hat die Reaktionen einjähriger Kinder beschrieben, die während des Krieges evakuiert und dadurch plötzlich und für lange Zeit von ihren Familien getrennt wurden: „Das Kind fühlt sich plötzlich von allen ihm wichtigen Personen seiner Umwelt verlassen. Seine neu erworbene Liebesfähigkeit findet sich ohne die Objekte, auf die sie gerichtet waren; sein Verlangen nach Zärtlichkeit bleibt unbeantwortet. Die Sehnsucht nach der Mutter steigert sich unter diesen Umständen ins Unerträgliche und erzeugt Ausbrüche von Verzweiflung, wie wir sie bei hungrigen Säuglingen sehen können, wenn die Mahlzeit auf sich warten lässt. Dieses gesteigerte Verlangen des verlassenen Kindes, sein psychischer Hunger nach der Mutter überwiegt oft für Stunden oder Tage alle körperlichen Bedürfnisse. Manche Kinder dieses Alters verweigern nach der Trennung Nahrung und Schlaf; die Mehrzahl sträubt sich gegen die sonst lustvollen Vornahmen der Körperpflege, gegen Trost oder Zärtlichkeiten von Seiten fremder Ersatzpersonen. (...) Wie schwer der Schock der Trennung für das Kind dieser Entwicklungsstufe ist, lässt sich auch indirekt aus seinem Verhalten bei der Wiedervereinigung mit der Mutter schließen. Viele Kinder erkennen die Mutter nicht wieder, wenn sie erst nach Ablauf der Eingewöhnungsperiode zurückkehrt. Die Mütter selbst sind sich klar darüber, dass die rasche Entfremdung des Kindes nichts mit einer Schwäche des kindlichen Erinnerungsvermögens selbst zu tun hat" (*Freud/Burlingham* 1982, S. 38 und S. 40).

4. Hospitalismus

Wenn zu der Trennung von den wichtigen Bindungspersonen eine affektive Mangelversorgung hinzukommt, verschlechtert sich der Zustand der Kinder beträchtlich. *Spitz* (1976) hat dieses Bild als anaklitische Depression bzw. als Hospitalismus-Syndrom beschrieben. Bei Kindern eines Findelhauses, die zwischen dem sechsten und achten Lebensmonat von der Mutter getrennt wurden und seitdem im Durchschnitt nur ein Zehntel der affektiven Zufuhr bekamen, die sie in einer üblichen Mutter-Kind-Beziehung bekommen hätten, beobachtete er eine typische Symptomfolge von u. a. anspruchsvoller Weinerlichkeit, anhaltendem Schreien, Kontaktverweigerung, Schlaflosigkeit, Gewichtsverlust, motorischer Verlangsamung sowie nach dem dritten Monat beginnender Lethargie und dem Absinken des Entwicklungsquotienten. Da der sich bildende starre Gesichtsausdruck stark an das Erscheinungsbild erwachsener Depression erinnert, nannte er diesen Zustand anaklitische Depression.

Wenn dieser beinahe totale Entzug affektiver Zufuhr länger anhielt, stellte Spitz einen zunehmenden körperlichen und seelischen Verfall der Kinder fest, den er als Hospitalismus oder auch emotionelles Verhungern bezeichnete: „Alsbald, nach der relativ kurzen Zeit von drei Monaten, zeigte sich ein neues klinisches Bild: Die Verlangsamung der Motorik kam voll zum Ausdruck; die Kinder wurden völlig passiv; sie lagen in ihrem Bettchen auf dem Rücken. Sie erreichten nicht das Stadium motorischer Beherrschung, das notwendig ist, um sich in die Bauchlage zu drehen. Der Gesichtsausdruck wurde leer und oft schwachsinnig, die Koordination der Augen ließ nach. (...) Klinisch werden diese Säuglinge unfähig, Nahrung zu verdauen; sie leiden an Schlaflosigkeit; später können diese Kinder sich selbst aktiv angreifen, indem sie mit dem Kopf gegen die Gitterstäbe ihres Bettchens schlagen, sich mit den Fäusten auf den Kopf schlagen und sich die Haare büschelweise ausreißen. Wenn der Entzug total ist, wird der Zustand zum Hospitalismus; der Verfall schreitet unerbittlich fort und führt zu Marasmus und Tod" (*Spitz* 1976, S. 290 und S. 297).

5. Kindlicher Trauerprozess

Bowlby (1983) hat als Schlüsselkonzept zum Verständnis kindlicher Trennungsreaktionen den Begriff der Trauer vorgeschlagen. Am Beispiel eines zweijährigen, von seiner Mutter getrennten Kindes unterscheidet er drei Hauptphasen des kindlichen Trauerprozesses: Zuerst protestiert das Kind gegen die Trennung und ist energisch bestrebt, wieder mit der Mutter zusammenzukommen: „Es wird häufig laut schreien, an seinem Bett rütteln, sich hin- und herwerfen und eifrig auf jede Bewegung und auf jedes Geräusch achten, die ihm die Rückkehr der Mutter anzeigen könnten. Dieses Verhalten kann mit

Intensitätsschwankungen eine Woche oder länger andauern. Während dieser ganzen Zeit scheint das Kind durch die Hoffnung und Erwartung, dass seine Mutter zurückkehren wird, in seinen Anstrengungen angefeuert zu werden (*Bowlby* 1983, S. 20)."

638 Es folgt eine Phase der Verzweiflung, in der die Sehnsucht nach der Mutter zwar nicht geringer wird, „aber es schwindet die Hoffnung auf ihre Erfüllung. Schließlich werden die ständigen lautstarken Forderungen eingestellt; das Kind wird apathisch und zurückgezogen, es gerät in einen Zustand der Verzweiflung, der vielleicht nur durch ein zeitweiliges monotones Wimmern unterbrochen wird. Es fühlt sich unendlich elend" (a.a.O., S. 20 f.). Die dritte Phase ist gekennzeichnet durch eine Entfremdung von der bisherigen Bindungsperson und durch eine schrittweise Anpassung an die Bedingungen der neuen Situation. „Diese Phase lässt sich regelmäßig beobachten, wenn ein Kind im Alter zwischen etwa sechs Monaten und drei Jahren eine Woche oder länger nicht von seiner Mutter gepflegt worden ist und auch keine spezielle Ersatzpflege genossen hat. Sie ist gekennzeichnet durch eine fast vollständige Abwesenheit von Bindungsverhalten, wenn es seine Mutter zuerst wiedersieht" (a.a.O., S. 34).

6. Trennungsreaktionen

639 Auch wenn ältere Kinder nicht mit dieser Intensität auf Trennungen reagieren, so hinterlässt das Verlassenwerden durch die Eltern und die Unterbringung im Heim oder in einer Pflegefamilie auch bei ihnen in der Regel schwere seelische Wunden. Aufgrund ihrer Ich-Bezogenheit glauben sie häufig, dass sie selbst und ihr Verhalten die Ursache für das Verlassenwerden sind. Sie halten sich für wenig liebenswert und sehen darin den Grund, warum die Eltern weggegangen sind oder sie weggegeben haben. Häufig war dies auch tatsächlich die Botschaft von Eltern, die ihr Kind damit erziehen wollen („Du musst ins Heim, weil du so böse bist"). Für die Kinder ist es mit dieser Zuschreibung der Erwachsenen sehr schwer, ein positives Selbstwertgefühl zu entwickeln. Nach einer Fremdunterbringung ist die Angst eines Kindes vor erneutem Verlassenwerden zunächst sehr hoch, es wird neuen Personen eher misstrauisch begegnen und lange Zeit zuverlässige und positive Beziehungserfahrungen brauchen, um sich auf neue Bindungen einlassen zu können.

640 In der Folge traumatischer Trennungserlebnisse verweigern sich viele Kinder neuen Bindungsangeboten. Sie fühlen sich wertlos, suchen die Schuld für die Trennung in Eigenschaften ihrer Person und reagieren – besonders wenn sie in ihren Trauerreaktionen keine Unterstützung durch andere Menschen erhalten – mit Abstumpfung, Passivität und Depression bis hin zu Selbstverletzung und

Suizidalität und/oder kompensatorischer Hyperaktivität, verfrühtem Autonomiestreben und Selbstverwahrlosung.

Aufgrund von Überfürsorglichkeit, extremer Verwöhnung, doppelten Botschaften oder infolge starker Ambivalenzen können Schäden aber auch dadurch angerichtet werden, dass Trennungen von wichtigen Bindungspersonen nicht zugelassen und die natürliche Loslösung und Individuation nicht akzeptiert und gefördert werden. In der Folge dieser symbiotischen Verklammerungen kann es zu notorischer Unselbständigkeit und Retardierung, psychosomatischen Beschwerden, Pseudodebilität und zu schweren kindlichen Psychosen kommen. 641

7. Reaktionen auf die Trennung/Scheidung der Eltern

Im Gegensatz zur Fremdunterbringung von Kindern außerhalb des Elternhauses haben Scheidungskinder lediglich unter der (partiellen) Trennung bzw. dem Verlust eines Elternteils zu leiden. Aber auch bei ihnen zeigen sich starke Reaktionen auf die Trennung der Eltern. Insbesondere jüngere Kinder und Jugendliche fühlen sich oft schuldig für das Scheitern der Paarbeziehung, identifizieren sich stark mit den Eltern (oder einem von beiden) und geraten häufig in große Loyalitätskonflikte. 642

Wallerstein und *Kelly* (1980) gehen davon aus, dass die Scheidung der Eltern je nach dem Alter des Kindes unterschiedliche Störungsmuster verursacht. Wenn Kinder die Scheidung ihrer Eltern im **Vorschulalter** erleben, reagieren sie häufig mit starken Ängsten. Sie fürchten, auch den noch verbliebenen Elternteil zu verlieren und leiden unter angstbesetzten, teilweise verleugnenden Phantasien. In magischer Weise fühlen sie sich für die Trennung der Eltern verantwortlich. Im **Schulalter** werden sich die Kinder zunehmend der sozialen Konsequenzen der Scheidung bewusst. Sie klammern sich nicht an den verbliebenen Elternteil, sondern suchen aktiv nach einer neuen Form der Familienidentität, die beide Elternteile einschließt. In diesem Alter sind Kinder besonders anfällig für Loyalitätskonflikte. Sie wollen es beiden Eltern „recht" machen und schämen sich der Handlungsweisen ihrer Eltern. Im **Jugendalter** kann durch eine Scheidung der Eltern die Identitätsfindung und schrittweise Ablösung empfindlich beeinträchtigt werden. *Wallerstein* und *Kelly* (1980) beobachteten zwei Reaktionsweisen: Während eine Gruppe Jugendlicher Kontakt mit jüngeren Kindern suchte, Leistungseinbrüche in der Schule zeigte und die emotionale Unterstützung der Familienmitglieder einforderte, wandte sich eine andere Gruppe verstärkt Gleichaltrigen zu und bemühte sich, möglichst schnell unabhängig zu werden. 643

Bezüglich möglicher **Geschlechtsunterschiede** bei der Reaktion von Kindern auf Trennung und Scheidung der Eltern kommen die Autoren zu folgenden 644

Schlussfolgerungen: In der Akutphase der Scheidung reagieren Mädchen und Jungen gleichermaßen belastet. Nach eineinhalb Jahren sind die Mädchen im Durchschnitt emotional stabiler und zeigen im Vergleich zu den Jungen weniger Auffälligkeiten. Diese Unterschiede waren im Rahmen einer Nachuntersuchung nach fünf Jahren nicht mehr nachweisbar. Nach zehn Jahren hatte sich das Bild umgekehrt. Während die Jungen zumeist emotional stabiler waren, litten viele Mädchen unter mangelndem Selbstvertrauen und depressiven Verstimmungen.

645 *Wallerstein* und *Lewis* (2001, S. 71) zeichnen aufgrund ihres 25 Jahre langen Kontaktes zu 130 betroffenen Familien ein viel komplexeres Bild der **Langzeitwirkungen von Trennung und Scheidung,** als dies aufgrund der Momentaufnahmen der meisten bisher vorliegenden Studien möglich ist. Sie erheben auch Zweifel gegenüber vielen landläufigen Annahmen und Erwartungen der Rechtspolitik:

> „Unsere Ergebnisse erzählen jedoch eine andere Geschichte. Sie zwingen uns zu einem grundlegenden Umdenken. Im Gegensatz zu den Erfahrungen der Erwachsenen erreicht das kindliche Leiden nicht seinen Höhepunkt während der akuten Krise, um danach sukzessiv abzunehmen. Im Gegenteil, die Scheidung ist für das Kind eine kumulative Erfahrung. Ihre Auswirkungen nehmen im Laufe der Zeit zu. Auf jeder Stufe der Entwicklung werden die Folgen erneut und auf verschiedene Weise erlebt. Kinder haben uns erzählt, wie sie in den Jahren unmittelbar nach der Scheidung unter Einsamkeit und einem gravierenden Verlust an elterlicher Fürsorge litten. Sie erinnern sich an diese Jahre noch lange, nachdem die Zeit der Ehekrise und Scheidung im Gedächtnis verblasst ist. Die Auswirkungen der Scheidung gewinnen an Stärke, wenn die Kinder in die frühe Adoleszenz eintreten und oft ungenügend beaufsichtigt und beschützt werden, und wenn zusätzlich (falls dies nicht schon früher geschah) von ihnen verlangt wird, sich an neue Stiefeltern und Stiefgeschwister anzupassen. Die Auswirkungen werden in der Spätadoleszenz nochmals verstärkt, wenn finanzielle Nöte die Kinder daran hindern, eine Berufswahl zu treffen oder Bildungschancen wahrzunehmen, die dem sozioökonomischen Status der Eltern entsprechen würden. Und nochmals, wenn bei den jungen Erwachsenen die Angst wächst, die eigenen erwachsenen Beziehungen könnten wie jene der Eltern scheitern. Die Auswirkungen der elterlichen Scheidung werden in den ersten drei Jahrzehnten des Lebens dieser Kinder immer und immer wieder durchgespielt. Natürlich bedeutet das nicht, dass daraus immer unglückliche oder scheiternde Kinder bzw. Erwachsene werden. Aber eine Reihe von speziellen und schwierigen Aufgaben überlagert zusätzlich die ganz normalen Aufgaben, die in den verschiedenen Entwicklungsphasen zu bewältigen sind. Viele Kinder, die dazu fähig waren, frühere Entwicklungsstadien erfolgreich zu durchlaufen, kommen in einem späteren Entwicklungsstadium nicht zurecht, weil ihre Ressourcen erschöpft sind."

IV. Konflikte um Pflegekinder

1. Fallkonstellationen

§ 50 Abs. 2 Nr. 3 FGG nennt den Konflikt um die „Wegnahme eines Kindes von der Pflegeperson" ausdrücklich als einen der Fälle, in denen die Bestellung eines Verfahrenspflegers „in der Regel erforderlich" ist (§ 1632 Abs. 4 BGB). Dies ist die zentrale, häufigste Konstellation in Rechtsstreitigkeiten um Pflegekinder. Ein familiengerichtliches Verfahren kann aber auch in Gang gebracht werden aufgrund von Streitigkeiten um Sorgerechtsbefugnisse der Pflegeeltern (§ 1688 BGB) sowie um Umgangsrechte der leiblichen Eltern (§ 1684 BGB), der Geschwister oder der Großeltern (§ 1685 Abs. 1 BGB). Schließlich kann es nach Beendigung des Pflegeverhältnisses auch um Umgangsrechte der Pflegeeltern gehen (§ 1685 Abs. 2 BGB).

646

Umgangsstreitigkeiten haben an Bedeutung gewonnen, seit die Kindschaftsrechtsreform (1998) die Bedeutung des Umgangs für das Kindeswohl besonders hervorgehoben und insbesondere dem Kind ein eigenes Recht auf Umgang mit den Eltern eingeräumt hat, dem nunmehr auch eine Elternpflicht entspricht (§ 1684 Abs. 1 BGB). Auf den ersten Blick scheinen diese Regelungen und die damit zusammenhängenden Konfliktmöglichkeiten und Streitfragen im gerichtlichen Verfahren exakt den Konfliktkonstellationen um Sorge- und Umgangsrechte bei Scheidungskindern zu entsprechen. Dieser Eindruck täuscht jedoch.

647

Die Situation von Pflegekindern unterscheidet sich in wesentlichen Punkten von der der (meisten) Scheidungskinder. In der Regel handelt es sich um Kinder mit einer schwer belastenden Familiengeschichte, da es zur Fremdunterbringung meist erst nach langen erfolglosen Bemühungen um Unterstützung der Familien durch ambulante Hilfen kommt, so dass der Frage der spezifischen Belastung durch einen erneuten Familienwechsel (eine Rückkehr in die Herkunftsfamilie) oder durch problematische Kontakte besondere Aufmerksamkeit gebührt. Zum anderen leben Pflegekinder, um die „gestritten" wird, häufig bereits seit langem in der Pflegefamilie, so dass die Frage ins Zentrum rückt, inwieweit diese zu ihrer (Ersatz-)Familie geworden ist, die als solche nunmehr grundrechtlichen Schutz genießt – auch gegenüber Ansprüchen der leiblichen Eltern.

648

Diese Unterschiede zu kennen, sie im Auge zu behalten und erforderlichenfalls auch die übrigen Verfahrensbeteiligten darauf hinzuweisen, ist die erste Aufgabe von Verfahrenspfleger/-innen in solchen Verfahren. Sie werden sich daher mit den zentralen Erfahrungen der Pflegekinderpraxis und der Pflegekinderforschung vertraut machen müssen, um die Familiengeschichte des Kindes und die zur Diskussion stehende Gefährdung seiner weiteren Entwicklung einschätzen und zu (bisherigen und aktuellen) Hilfeplänen und psychologischen

649

Gutachten bzw. der Notwendigkeit ihrer Einholung fundiert Stellung nehmen zu können. Dies gilt im Übrigen nicht nur für die hier gemeinten Pflegekinder-Streitigkeiten im engeren Sinne, sondern auch bei der erstmaligen Unterbringung in einer Pflegefamilie im Rahmen eines Verfahrens nach § 1666 BGB. Von grundlegender Bedeutung für das Verständnis der Situation von Pflegekindern sind insbesondere die folgenden, seit langem in der Fachliteratur ganz allgemein geteilten entwicklungspsychologischen Einsichten.[28]

2. Die spezifische Bedeutung von Bindung und Trennung für das Kindeswohl

a) Allgemeines

650 Die Eltern-Kind-Bindung kommt im täglichen Zusammenleben, aus der täglichen Befriedigung der kindlichen Bedürfnisse nach Nahrung, Pflege, körperlichem und psychischem Kontakt zustande. Auf Seiten des neugeborenen Kindes besteht die Bereitschaft, die elementare Eltern-Kind-Bindung zu jedem Menschen herzustellen, der Elternfunktionen in dem hier umschriebenen Sinne übernimmt. Das Kind ist in keiner Weise auf seine leiblichen Eltern fixiert. Daran gibt es heute unter den diversen mit menschlicher Entwicklung befassten Wissenschaften keinen Zweifel mehr.

651 Eine spezifische Ausprägung erhält die Eltern-Kind-Beziehung bereits im Laufe des ersten Lebensjahres durch die allmähliche Herausbildung ganz bestimmter, von Persönlichkeit und Lebensumständen der Eltern wie auch von der Konstitution des Kindes geprägter Interaktionsmuster. Verhaltensweisen in der Alltagsroutine, Ausdrucksformen für Freude, Schmerz, Überraschung und Angst, die beiderseits verstanden werden, schaffen ein zunehmend differenziertes Raster, in das reifungsbedingte „Neuerwerbungen" des Kindes (Bewegungs-, Ausdrucks-, Verstehensweisen) eingeordnet werden können, so dass die jeweilige Entwicklung in die Persönlichkeit integrierbar ist.

652 Ein Abbruch der Eltern-Kind-Beziehung in den ersten Lebensjahren gefährdet die kindliche Entwicklung, indem sie dem Kind die Basis für seine Orientierung über die Welt und sich selbst entzieht. Ihre Auswirkungen sind umso gravierender, je mehr das Kind auf diese Orientierung noch angewiesen ist zur Aufrechterhaltung eines Grundsicherheitsgefühls oder „Urvertrauens", das Voraussetzung für die optimale Bewältigung aller weiteren Entwicklungs-

---

28. Zu den grundlegenden „Klassikern" der Bindungsforschung (Spitz, Bowlby, Yarrow u.a.) vgl. den Überblick bei Zenz, 1982, 30 ff.; Übersichten zum aktuellen Stand der Forschung u.a. bei: Brisch, 1999; Dornes, 1997; Hassenstein, 2001; mit spezifischem Bezug auf Pflegekinder: Goldstein/Freud/Solnit 1991; Maywald, 1997 sowie insbesondere Nienstedt/Westermann, 1989/2001.

schritte ist. Diese extreme Trennungsempfindlichkeit nimmt ab mit wachsender Autonomie, d.h. mit der zunehmenden Beherrschung von Fähigkeiten, die das Kind in seinem Selbstgefühl von der Mutter unabhängiger machen: Körperkontrolle, Laufen, Sprechen, Gedächtnis und Spannungstoleranz. Allgemein wird eine besondere Trennungsempfindlichkeit für Kinder zwischen etwa sechs Monaten und sieben Jahren konstatiert, mit einer hochsensiblen Phase zwischen sechs Monaten und drei Jahren.

Über die Folgen von Trennungserfahrungen während der ersten Lebensmonate gibt es weniger gesicherte Erkenntnisse. Es gibt jedoch aus der jüngeren Forschung viele Hinweise darauf, dass die Wahrnehmungen und Empfindungen von Säuglingen in der Interaktion mit den ersten Bezugspersonen bislang in verschiedener Hinsicht unterschätzt worden sind, so dass sich ein bedenkenloser (weil „noch risikoloser") Umgang mit Trennungen in jedem Fall verbietet.[29] Dass eine traumatische Trennung die kindliche Entwicklung regelmäßig nachhaltiger schädigt als die psychische Struktur von Erwachsenen, ergibt sich daraus, dass alle späteren Entwicklungsschritte des Kindes nur in dem Maße gelingen können, wie die früheren die Voraussetzungen dafür bereitgestellt haben, also selbst gelungen sind. Denn die Entwicklung läuft in Phasen ab, die zwar verzögert werden können, nicht aber umkehrbar sind. 653

Aufgrund der Interdependenz der kindlichen Entwicklung im affektiven und kognitiven Bereich, in körperlichen und psychischen Funktionen, in der Prägung von Selbstbewusstsein, sozialer Beziehungsfähigkeit und Gewissensbildung kann eine Traumatisierung vielfältige Wirkungen in zahlreichen Facetten der kindlichen Entwicklung zeigen. Neben den erwähnten – bereits von Bowlby hervorgehobenen – Störungen im Selbstwertgefühl und in der Beziehungsfähigkeit wurden immer wieder auch Lernstörungen und psychosomatische Erkrankungen als Trennungsfolgen beobachtet. Kompensatorische Entwicklungen sind in vielen Bereichen möglich, erfordern aber günstige Voraussetzungen auf Seiten des Kindes wie auch der Umwelt und bedeuten immer eine besondere Kanalisierung in der psychischen Strukturbildung, also ein „Weniger" an Offenheit für die Entwicklung, ein „Mehr" an psychischer Leistung in einem Bereich, das anderen Bereichen entzogen wird. 654

Schließlich ist allgemein anerkannt, dass die Trennung für Kinder nicht nur schwerer und nachhaltiger, sondern auch schneller wirksam wird. Kinder haben ein anderes Zeiterleben als Erwachsene, die Trennung wird schneller als dauerhaft und endgültig, also als Verlust erlebt. Ebenso geht die „schleichende Entfremdung", wie sie auch Erwachsene z.B. aus längeren Trennungen ken- 655

---

29. M. Dornes, 1997, S. 39 ff.; ders., 1998, S. 190.

nen, bei Kindern schneller vor sich, also die innere Entfremdung gegenüber Eltern, die nur noch zu Besuch kommen, auch wenn dabei immer wieder von der Rückkehr des Kindes in die Familie die Rede ist.

656 Die Trennung der Eltern-Kind-Beziehung stellt also nach übereinstimmender Auffassung aller beteiligten Disziplinen immer ein Risiko für die kindliche Entwicklung dar. Art und Ausmaß der Gefährdungen – auch darüber besteht seit langem Konsens – sind abhängig von konkreten Umständen des Einzelfalles, insbesondere aber vom Zeitpunkt im Leben des Kindes und von der Dauer der Trennung, von der Zahl der erlebten Trennungen bzw. der sonstigen Vorgeschichte der Eltern-Kind-Beziehung, von der Art der Trennung und der Hilfe bei ihrer Bewältigung.[30]

b) Zeitpunkt und Dauer der Trennung

657 In den ersten ca. 6 Lebensmonaten ist das Kind elementar auf mütterliche Funktionen angewiesen (nicht nur auf körperliche, sondern auch auf psychische „Versorgung" im unmittelbaren Kontakt). Mit zunehmender Wahrnehmungs- und Erinnerungsfähigkeit bilden sich zunächst partielle, später kohärente psychische Repräsentanzen eines vom Selbst und der sonstigen Umwelt getrennten Objekts „Mutter". Es spricht manches dafür, dass während der ersten Monate der Austausch der mütterlichen Person jedenfalls dann weniger irritierend empfunden wird, wenn eine Ersatzmutter die Funktionen in ähnlicher Weise wahrnimmt.[31]

658 Spätestens von der zweiten Hälfte des ersten Lebensjahres an stellt sich jedoch allmählich ein deutliches Bild der Mutter her, das allerdings noch so labil ist, dass es bei Abwesenheit der Mutter schnell verloren geht.[32] Unter dem Druck der Angewiesenheit auf ein Objekt wird dann relativ bald die Bindung an eine Ersatzmutter gesucht.

Je mehr in den nächsten Lebensjahren die „Objektkonstanz" wächst, desto länger kann die Beziehung zur Mutter erinnert werden. Da aber zugleich die Angewiesenheit auf die körperliche Anwesenheit der Mutter noch lange Zeit enorm groß ist, entsteht eine zunehmende Spannung zwischen der Hoffnung auf Rückkehr der Mutter und dem Bedürfnis, eine neue Bindung einzugehen, die Beziehung zur abwesenden Mutter also aufzugeben. Daraus entsteht eine starke Ambivalenz. Die heftigen Stimmungsschwankungen von Kindern, die in diesem Alter in Pflege genommen werden, sind Pflegeeltern bekannt: Aggressionsdurchbrüche, besonderes Anklammern und zeitweilige weinerliche Verlo-

---

30. Vgl. insbesondere J. u. J. Robertson in: Psyche 1975, 648 ff. sowie Nienstedt/Westermann 1989/2001, S. 137.
31. Dornes 1997, S. 190 mit weiteren Nachweisen.
32. Dornes 1993, S. 40, 168, 171.

renheit, wie sie in milden Formen auch in den eindrucksvollen Filmstudien von James und Joyce Robertson dokumentiert sind.[33]

Die Erfahrungen der Kinderpsychologie lassen auch annähernde Aussagen darüber zu, wie lange Kinder die Eltern-Kind-Bindung bei Abwesenheit der Eltern aufrecht erhalten können, also die Rückkehr in die leibliche Familie wirklich als „Heimkehr" und nicht als erneute Trennung der nunmehr zu den Pflegeeltern hergestellten Eltern-Kind-Bindung erleben. Bei Kindern im Alter von ein bis drei Jahren sind es einige Wochen bis Monate, bei Kindern zwischen drei und fünf Jahren kaum mehr als ein halbes Jahr, für ältere Kinder kann es mehr als ein Jahr sein, obwohl sich dann bald – selbst bei Schulkindern noch – gravierende Entfremdungserscheinungen zeigen und entsprechende Schwierigkeiten nach einer Rückkehr in die frühere Umgebung. Erst mit der Pubertät gleicht sich das Zeitempfinden, oder genauer: das zeitliche Beziehungserleben des Kindes dem des Erwachsenen an.[34] 659

Verständlicher wird in diesem Zusammenhang die Problematik von Besuchskontakten der leiblichen Eltern. Für eine bestimmte Zeit können sie dazu beitragen, die Erinnerung an die Eltern-Kind-Beziehung während der Trennung zu unterstützen und damit die Rückkehr zu erleichtern. Zunehmend geraten sie aber in einen Loyalitätskonflikt zwischen der alten und der neuen Bindung, dem das Kind auf die Dauer nicht gewachsen ist.[35] Beginnt es, seine Pflegeeltern als Eltern zu akzeptieren, so wächst bei den Besuchen der Eltern auch die Angst vor einer erneuten Bedrohung der mühsam neu gewonnenen Bindung, und dies umso mehr, je deutlicher die Eltern ihre Ansprüche auf das Kind zu erkennen geben. 660

Die häufig beobachteten nächtlichen Angstanfälle nach Elternbesuchen, Essensverweigerung, Wiederauftauchen des Bettnässens bis hin zu psychosomatischen Erkrankungen[36], sind aus der elementaren Bedrohung der Sicherheit des Kindes ohne weiteres verständlich. Aber auch aggressive Abwehr, z.B. von Zärtlichkeiten, das Ignorieren der Eltern bei Besuchen, finden hier eine Erklärung. Eine besondere Gefahr lange aufrechterhaltener Ambivalenzkonflikte dieser Art liegt darin, dass gute „Ersatzeltern" insbesondere vom kleineren Kind aus Angst vor der ständig präsenten neuerlichen Verlustgefahr übermäßig idealisiert werden, während sich alle Aggressionen auf die leiblichen Eltern richten. 661

---

33. Erläuterungen dazu bei Robertson, Psyche 1975, 526 ff; zur „Objektkonstanz": Goldstein/Freud/Solnit 1979, S. 41, 227.
34. Goldstein/Freud/Solnit 1991, S. 40; eine Übersicht über den Stand der Forschung bei Heilmann, 1998, S. 15 ff.
35. J. u. J. Robertson, Psyche 1975, 626 ff.; Goldstein/Freud/Solnit, 1979, S. 44; Nienstedt/Westermann 1989/2001, S. 210 ff.
36. Vgl. aus jüngster Zeit Kötter, 1997, S. 247.

662 Auch die für die weitere Entwicklung der Autonomie des Kindes ungünstige übermäßige Anklammerung an die Pflegeeltern hat hier ihren Grund. Häufig wird eine solche „Neurotisierung" des Kindes den Pflegeeltern angelastet. Selbst wenn sie aber dem Kind hier besonders entgegenkommen, hat doch die Erscheinung als solche ihre Ursache in der geschilderten Konfliktspannung. Umgekehrt kann es – insbesondere bei größeren Kindern – zu einer Idealisierung der leiblichen Eltern kommen, die den Umgang mit Erziehungsproblemen in der Pflegefamilie erheblich erschwert, was wiederum leicht den Pflegeeltern als Erziehungsversagen angelastet wird. In jedem Fall bedeutet dies eine sehr ungünstige Spaltung im Erleben von gut und böse, die die menschlichen Beziehungen des Kindes nachhaltig prägen und die Entstehung tragfähiger, realistischer Beziehungen erschweren kann.

663 Nehmen die Eltern die Signale einer beginnenden Veränderung der – bislang intakten – Eltern-Kind-Beziehung frühzeitig ernst genug und sind sie nicht nur willens, sondern auch in der Lage, das Kind sehr bald wieder zu sich zu nehmen, kann die Eltern-Kind-Beziehung wieder lebendig werden. Ist dieser Zeitpunkt verpasst, so ist jeder Versuch, einen Wechsel des Kindes in die eigene Familie zu ermöglichen, mit Gefahren für seine Entwicklung verbunden. Ohne größere Schäden gelingen kann er allenfalls dann, wenn durch freundschaftliche Zusammenarbeit der Pflegeeltern und der leiblichen Eltern dem Kind allmählich die leibliche Familie (wieder) vertraut wird, ohne dass es Angst um die Pflegeelternbindung haben muss, wenn ihm also nichts aufgezwungen wird. Eine solche Situation ergibt sich unter den heutigen Bedingungen der Vollzeitpflege eher selten und kann auch durch gesetzliche Appelle und Hilfeplanungen nicht erzwungen werden.

664 Keinesfalls aber kann in einer Kampfsituation beider Familien, die unweigerlich extreme Verlustängste des Kindes auslöst, eine „Umgewöhnung" z.B. durch Heim- oder Klinikaufenthalt gelingen. Versuche dieser Art, mögen sie noch so wohlmeinend motiviert sein, können nur als illusionäre, gefährliche und zudem grausame Experimente bezeichnet werden, die jeder wissenschaftlichen und praktischen Grundlage entbehren.[37]

c) Vorgeschichte

665 Es ist aus der skizzierten kindlichen Entwicklung und der Wirkung und Dynamik des Trennungsprozesses verstehbar, dass mehrfache Trennungserfahrungen sich zu immer gravierenderen und bald irreversiblen Schädigun-

---

[37] Goldstein/Freud/Solnit 1979, S. 44 ff.; zum Glück scheint eine solche Praxis, wie sie Pechstein in einem Gutachten 1979 noch rügt, inzwischen nicht mehr gängig zu sein.

D Spezifische Bedürfnisse, Belastungs- und Risikofaktoren

gen kumulieren, insbesondere, wenn eine dieser Trennungen bereits in der hochsensiblen Entwicklungsphase zwischen einem halben und drei Jahren stattgefunden hat. Kommen dabei Heimaufenthalte ohne ausreichende persönliche Zuwendung vor oder andere frühe traumatische Erfahrungen (z. B. Misshandlungen), so verschlechtert sich die Prognose erheblich.[38] Insbesondere wird es aufgrund des tiefen Misstrauens und der zunehmend aggressiv getönten Ambivalenz des Kindes, die bei älteren Kindern meist auch in massiven Verhaltensstörungen zum Ausdruck kommt, für die jeweils neue Pflegefamilie immer schwieriger, eine Eltern-Kind-Beziehung entstehen zu lassen, so dass für das Kind die Gefahr, wieder fallengelassen zu werden, immer größer und sein grundlegendes Misstrauen in menschliche Beziehungen immer neu bestätigt wird.

666 Die Beziehungsfähigkeit des Kindes wird auf diese Weise allmählich zerstört – und damit meist nicht nur die Aussicht auf persönliches Glück in nahen Partner- und Freundschaftsbeziehungen, sondern auch die soziale Anpassungs- und Durchsetzungsfähigkeit, die den Umgang mit Gleichaltrigen, Schul- und Ausbildungserfolge und Befriedigung oder doch materielle Sicherheit im Beruf erst ermöglichen. Pflegeeltern, denen es gelingt, einem derartig geschädigten Kind in einem auch nur annähernd befriedigenden Maß Eltern zu sein, sind die entscheidende Hoffnung für eine Milderung der schlimmsten Konsequenzen.

667 Als wichtigster „protektiver Faktor" gilt heute nach übereinstimmenden Ergebnissen der einschlägigen Forschung durchgehend die stabile Beziehung zu einer verlässlichen und liebevoll zugewandten erwachsenen Person.[39] Eine Beziehung, in der das gelungen ist, sollte unantastbar sein, auch wenn z. B. eine Adoption das Kind in eine materiell oder auch persönlich weitaus „bessere" Familie versetzen könnte, ganz zu schweigen davon, dass fiskalische Gesichtspunkte einer finanziellen Entlastung der öffentlichen Hand durch Adoptionen hier definitiv zurückzutreten haben. Die übereinstimmenden Warnungen aller Psychologen vor mehrfachen Trennungen der Eltern-Kind-Beziehung finden in der Pflegekinderstatistik ihre unerbittliche Bestätigung: Die Abbruchquote bei Pflegeverhältnissen als Ausdruck des misslungenen Versuchs, eine Eltern-Kind-Beziehung aufzubauen, steigt in unmittelbarer Relation zur Zahl der vorangegangenen Pflegeverhältnisse oder Heimaufenthalte, d.h. Trennungen.[40]

668 Selbstverständlich kann der Übergang in eine Pflegefamilie von dem Kind selbst auch hoffnungsvoll und freudig begrüßt werden. Viele Heimkinder hoffen auf eine Adoption oder auch auf die Aufnahme in eine Pflegefamilie,

---

38. Blandow/Frauenknecht, 1980, S. 51 ff.
39. Vgl. die Forschungsübersicht bei Tress, 1986; Bender/Lösel, 2000, S. 58.
40. Blandow/Frauenknecht 1980, S. 81.

Gisela Zenz

wenngleich hier z. B. auch eine gute langjährige Beziehung zu einem Heimerzieher Ambivalenzen hervorrufen, unter Umständen sogar eine Trennung ebenso gefährlich machen kann wie die Trennung von den Eltern – eine Tatsache, die allzu leicht von Außenstehenden übersehen oder bagatellisiert wird, weil „selbstverständlich eine Familie für ein Kind besser ist als ein Heim". Auch eine absolut unzureichende Eltern-Kind-Beziehung in der eigenen Familie aufgrund von häufiger Abwesenheit, Krankheit, Desinteresse oder Beziehungsunfähigkeit der Mutter/Eltern kann den Übergang in die Pflegefamilie zu einem bewusst oder unbewusst ersehnten Ereignis machen, wenngleich Ungewissheit und Fremdheit immer auch zugleich Angst auslösen. Ist das Kind durch die Vorgeschichte nicht zu sehr geschädigt, so kann es durch die neue Bindung durchaus nachhaltig gefördert werden.[41]

d) Umgang mit der Trennung

669 Seit langem schon haben Untersuchungen zur Situation des Pflegekindes oder auch des Kindes im Krankenhaus erkennen lassen, welche wichtige Rolle der Umgang mit der Trennung spielt und welche Hilfen dem Kind gegeben werden können, das unvermeidlichen Trennungserfahrungen ausgesetzt ist. Dabei muss freilich von vornherein festgehalten werden, dass keine dieser Untersuchungen darauf hinausläuft, dass es nur der richtigen Einstellung und der erforderlichen Hilfeleistung bedürfe, um jede Trennung risikolos zu machen. Hilfe bei der Bewältigung der Trennung ist für das Kind immer erforderlich. Dabei geht es zum einen um die Vorbereitung des Übergangs in eine andere Familie, also um die Gelegenheit für alle Beteiligten, sich darauf einzustellen.[42] Dass Not und Eilfälle dazu keine Zeit lassen, versteht sich. Die große Zahl der Fälle aber, in denen eine durchaus mögliche Vorbereitung nicht oder nur sehr kurzfristig stattfindet, ist angesichts der Bedeutung solcher Maßnahmen unbedingt zu reduzieren, wobei die Kapazitätsberechnungen für die Tätigkeit der Pflegekinderdienste diese Aktivitäten deutlich gewichten müssen.

670 Später geht es darum, ob Eltern und Pflegeeltern in der Lage sind, Reaktionen des Kindes auf die Trennung zu verstehen und ihm ihr Verständnis zu vermitteln, in einer dem jeweiligen Alter angemessenen Form. Ob das in einer Familie möglich ist, hängt von vielen Momenten, auch von Beratung und Unterstützung ab, bei der Pflegefamilie nicht zuletzt davon, ob bei der Vermittlung die Möglichkeiten und Grenzen der Pflegeeltern im Verhältnis zu den Problemen, die das Kind mitbringt, richtig eingeschätzt wurden.

---

41. Blandow/Frauenknecht 1980, S. 86.
42. Vgl. eingehend dazu: J. u. J. Robertson, Psyche 1975, 629 ff. sowie Nienstedt/Westermann 1989/2001, S. 33 ff.

3. Bindung und Trennung aus der Perspektive von Eltern und Pflegeeltern

671 Erwähnt wurde bereits, dass es keine Meinungsverschiedenheiten mehr darüber gibt, dass sich die spezifische Eltern-Kind-Bindung erst im Laufe eines Interaktionsprozesses herstellt (vgl. oben Rn 650 ff.). Das gilt auch für die Eltern. Als vorgegeben kann man allenfalls eine allgemeine Bindungsbereitschaft oder Bindungsfähigkeit ansehen, die Bindung selbst entsteht – wie aus der Perspektive des Kindes bereits skizziert – aus dem kontinuierlichen Umgang miteinander, der zur Ausbildung bestimmter Interaktionsmuster, zur wechselseitigen Prägung psychischer Strukturen und zu einem immer stärkeren aufeinander Bezogen- und aufeinander Angewiesensein führt. Dabei ist nicht zu übersehen, dass das Kind für die Eltern in der Regel zwar ein wichtiges, aber nicht das einzig wichtige „Liebesobjekt" ist und dass die Eltern regelmäßig aufgrund ihrer reiferen psychischen Struktur nicht in gleicher Weise wie das Kind auf diese Bindung angewiesen sind. Auch eine dauerhafte Trennung – der Verlust bzw. Verzicht – ist daher für die Eltern oder Pflegeeltern nicht mit einem vergleichbaren Risiko psychopathologischer Folgen verbunden.

672 Deshalb gibt es keinen Zweifel, dass der Verlust der Eltern-Kind-Bindung den Erwachsenen eher zuzumuten ist als dem Kind. Es besteht aber auch kein Zweifel daran, dass – wo immer eine Eltern-Kind-Bindung entstanden ist – die Trennung (vor allem während der intensiven Verbundenheit im früheren Kindesalter) auch für die Erwachsenen eine tief gehende Verletzung bedeutet, die oft an heftigen und anhaltenden Trauerreaktionen abzulesen ist. Während aber Eltern im Allgemeinen bei einem solchen Verlust mit dem Mitgefühl und dem (Rechts-)Schutz der Umwelt rechnen können, ernten Pflegeeltern nicht selten offene oder verdeckte Vorwürfe, wenn sie die Trennung von einem Kind nicht akzeptieren wollen. Der Tenor dieses Vorwurfs, die Pflegeeltern hätten das Kind zu eng an sich gebunden, obwohl sie sich über ihre Rückgabepflichten im Klaren waren, geht an den anthropologischen Gesetzmäßigkeiten der Entstehung menschlicher Eltern-Kind-Bindungen vorbei[43] und unterstellt eine rationale oder sogar rechtliche Steuerbarkeit dieses Bindungsprozesses, die reinem Wunschdenken bzw. normativen Größenphantasien entspringt.

673 Pflegeeltern, die selbst diese Einstellung teilen und „wider besseres Wissen" sich schließlich in einer intensiven Eltern-Kind-Bindung wiederfinden, machen sich häufig selbst Vorwürfe und geraten in schwer wiegende Konflikte. Andere suchen sich von Anfang an bewusst oder unbewusst gegen den Konflikt zu schützen, indem sie sich gegen die Eltern-Kind-Bindung innerlich abschirmen.

---

43. Vgl. Hassenstein, 2001, S. 155 f., 209.

Sie verweigern sich als Eltern – für das Kind eine verhängnisvolle Problemlösung. Nicht nur die Fairness gegenüber Pflegeeltern, sondern auch das Interesse des Pflegekindes gebieten es also, den wissenschaftlich längst anerkannten Einsichten in die Entstehung und Wirkung von Eltern-Kind-Beziehungen auch moralisch und rechtlich Rechnung zu tragen.

674 Wie ist die innere Situation der leiblichen Eltern zu verstehen, die nach Jahren ihr Kind zu sich holen wollen und die neu entstandene Eltern-Kind-Bindung nicht wahrhaben wollen oder können? Auch ihnen werden manchmal üble Motive, mindestens aber Gefühllosigkeit und Rücksichtslosigkeit unterstellt. Nicht zu übersehen ist tatsächlich häufig ein Mangel an Einfühlung in die Situation des Kindes, der allerdings kulturell noch immer so weit verbreitet ist, dass sich die Eltern in ihrem „Rechtsanspruch" auf ihr Kind nicht nur von manchen Behörden und Gerichten bestärkt fühlen können. Vielmehr werden sie oft auch aus ihrer Umgebung gedrängt, sich „endlich wieder auf ihre Elternpflichten zu besinnen".

675 Wenn sie sich also durch das Zurückholen des Kindes z.B. nach Ordnung ihrer schwierigen Verhältnisse von Schuldvorwürfen wegen der Weggabe des Kindes zu befreien suchen, so sind ihre Motive nachvollziehbar, oft ist auch der gute Wille unbezweifelbar. Dennoch: Wenn niemals eine Eltern-Kind-Bindung entstanden war, weil es kein (oder zu wenig) Zusammenleben gegeben hatte, oder auch wenn ein traumatisiertes Kind bei Pflegeeltern seine Ersatzfamilie gefunden hat, kann den leiblichen Eltern nicht auf Kosten des Kindes und seiner Familie geholfen werden. Hilfe für die Eltern besteht vielmehr in solchen Fällen darin, sie soweit wie möglich von Schuldgefühlen zu entlasten, die sie zum blinden Kampf um das Kind treiben können. Das wird allerdings nur dann möglich sein, wenn auch der Berater selbst einen Verzicht im Interesse des Kindes als die menschlich schwere Achtung gebietende Leistung anerkennen kann, die er tatsächlich darstellt.

4. Zentrale Kontroversen

676 Die hier kurz skizzierten grundlegenden Erkenntnisse der Entwicklungspsychologie, der Bindungsforschung und der Pflegekinderforschung haben in den vergangenen Jahren in zunehmendem Maße Eingang gefunden in neue gesetzliche Regelungen (des BGB und des SGB VIII/KJHG) und in die Praxis der Gerichte und Jugendämter. Die Bindungen des Kindes fanden ausdrückliche Berücksichtigung in gesetzlichen Vorschriften (§§ 1626 Abs. 3 BGB, 50b Abs. 1 FGG) oder sind wesentliche Grundlage ihrer Begründung (§§ 1632 Abs. 4, 1666a Abs. 1, 1682, 1685 Abs. 2 BGB). Die Berücksichtigung gewachsener Bindungen eines Kindes auch in der Pflegefamilie hat insbesondere

das Bundesverfassungsgericht in einer Serie eindrucksvoller Entscheidungen durchgesetzt.[44]

Gleichwohl gibt es nach wie vor Umsetzungsdefizite sowie in jüngerer Zeit auch theoretische und ideologische Kontroversen, die nicht selten die Suche nach einer individuell kindgerechten Entscheidung erschweren. Während es lange Zeit im Wesentlichen darum ging, den juristischen Begriff des Kindeswohls für das Pflegekinderrecht unter Berücksichtigung der zentralen Bedeutung von Bindungen, Trennungen und Traumatisierungen für die Entwicklung von Kindern zu konkretisieren[45], stehen heute heftige wissenschaftliche Debatten um das „richtige Verständnis" von Bindung, Trennung und Traumatisierung im Vordergrund. Drei kontroverse Punkte sollen im Folgenden näher beleuchtet werden: **677**

– die Frage nach dem „Vorrang" ambulanter Hilfen vor der Vollzeitpflege (unten Rn 681 ff.)

– die Diskussion um die Rückkehroption als Regel oder Ausnahme (unten Rn 686 ff.)

– die Auseinandersetzung um Umgangsrechte bei der Dauerpflege (unten Rn 695 ff.)

Um es vorwegzunehmen: Die neuen gesetzlichen Regelungen, insbesondere die des SGB VIII/KJHG, haben das Entweder/Oder dieser Kontroversen bereits weitgehend aufgelöst und ermöglichen die jeweils individuell angemessene Lösung. Auch die maßgeblichen juristischen Kommentierungen kommen heute durchweg ohne pauschale Prioritätensetzungen aus. Es gibt nur eine pauschale Priorität im gesamten Kindschafts- und Jugendhilferecht: die des Kindeswohls. D.h., wann immer es Interessenkonflikte gibt, hat das Kindeswohl letztlich Vorrang – vor Eltern- und Pflegeeltern-Interessen ebenso wie vor Jugendamts- oder anderen staatlichen, z.B. fiskalischen Interessen. **678**

Bezogen auf die angesprochenen kontroversen Punkte heißt das: **679**

– Ambulante Hilfen ohne Trennung des Kindes von der Familie sind nur dann und nur so lange zu gewähren, wie es dem Kindeswohl entspricht, genauer: wenn und soweit damit nicht eine Gefährdung des Kindeswohls in Kauf genommen wird (§§ 1666 Abs. 1, 1666a BGB).

– Die Familienpflege mit Rückkehroption in die Herkunftsfamilie kann nur dann und nur so lange geplant werden, wie dies mit dem Kindeswohl vereinbar ist (§ 37 Abs. 1 Satz 4 SGB VIII/KJHG).

---

44. Dazu eingehend Salgo in: Fieseler/Schleicher, GK SGB VIII 2000, § 33 Rn 8 ff.
45. Grundlegend: Salgo 1987.

Teil 3 Beiträge aus Pädagogik, Psychologie und Kinderpsychiatrie

– Der Umgang mit der Herkunftsfamilie darf nur dann und nur so lange aufrecht erhalten werden, wie das Kindeswohl dadurch nicht gefährdet ist (§ 1684 Abs. 4 BGB).

680 Freilich, so klar hier das Kindeswohl als entscheidendes Kriterium benannt ist, so sehr wächst damit doch die Verantwortung der Praxis bei der Bestimmung des Kindeswohls im Einzelfall. Sie kann ihr nur gerecht werden, wenn sie tradierte Verfahren ebenso wie neue Lösungsansätze immer wieder im Lichte von Forschung und praktischer Erfahrung überprüft. Im Folgenden geht es daher um Konsequenzen aus Bindungsforschung und Entwicklungspsychologie für die genannten Kontroversen im Pflegekinderwesen, die auch in den oben genannten gerichtlichen Verfahren um Pflegekinder, an denen Verfahrenspfleger/-innen zu beteiligen sind, eine zentrale Rolle spielen.

a) Zum Vorrang der ambulanten Hilfen vor der Vollzeitpflege

681 Dies ist heute eine der zentralen Fragen bei jeglicher Hilfeplanung im Jugendamt. Ambulante Hilfen sollen soweit wie möglich Vorrang haben vor einer Trennung des Kindes von seiner Familie. Die Rezeption kinderpsychologischer Erkenntnisse, insbesondere aber der Bindungsforschung, hat in den achtziger Jahren dazu geführt, dass Familientrennungen sehr viel kritischer betrachtet wurden als zuvor. Dies schlug sich auch in neuen rechtlichen Regelungen nieder. So besagt z.B. § 1666a BGB, dass die Trennung eines Kindes von der Familie nur erfolgen darf, wenn eine Gefahr für das Kindeswohl nicht auf andere Weise, auch nicht durch öffentliche Hilfen, abgewendet werden kann. Ambulante Hilfen wurden auch durch das SGB VIII/KJHG stärker gefördert und gefordert. In diesem Zusammenhang ist insbesondere die sozialpädagogische Familienhilfe als Alternative zur Herausnahme von Kindern aus funktionsfähigen Familien in Krisen entwickelt worden, die freilich nur unter bestimmten Bedingungen funktionieren kann, die auch im KJHG (§ 31) definiert sind[46].

682 Es mehren sich jedoch die Hinweise aus der (leider noch spärlichen) Forschung, vor allem aber aus individuellen Erfahrungsberichten, dass diese Hilfeform in vielen Fällen weit überdehnt[47] und in ganz unspezifischer Form auch da eingesetzt wird, wo das Kindeswohl längst eine Fremdunterbringung erfordert. Wenn man einmal die immer häufiger der Jugendhilfe aufgedrängte Berücksichtigung der Kostengünstigkeit als Grund für diese Entwicklung beiseite lässt, so geht es den unmittelbar Entscheidungsverantwortlichen meist

---

46. Dazu Wiesner in: Wiesner u.a., SGB VIII 2. Aufl. 2000, § 31, Rn 1.
47. Vgl. Zehnter Kinder- und Jugendbericht, S. 247, 248, mit weiteren Hinweisen.

D Spezifische Bedürfnisse, Belastungs- und Risikofaktoren

darum, Familienbindungen im Interesse von Eltern und Kindern zu erhalten und Trennungseingriffe um jeden Preis zu vermeiden.[48]

Auf Bindungsforschung und Entwicklungspsychologie kann sich freilich ein undifferenzierter und pauschaler Bindungsschutz nicht berufen. Vielmehr hat die Forschung längst höchst unterschiedliche Qualitäten von Bindungen nachgewiesen[49], insbesondere hat sie auch auf krank machende Bindungen hingewiesen[50], die unter Umständen die Trennung eines Kindes von seiner Familie geradezu erfordern, weil sie das geringere Übel (oder mit Goldstein/Freud/Solnit[51]: „die am wenigsten schädliche Alternative") ist. **683**

Dies ist insbesondere im Falle anhaltender Misshandlungen, sexuellen Missbrauchs und insbesondere auch bei schwer wiegender Vernachlässigung von Kindern wieder und wieder nachgewiesen worden.[52] Immer wieder weisen Fachleute darauf hin, dass die verheerenden Folgen anhaltender Traumatisierung von Kindern in hochproblematischen Familienverhältnissen rechtzeitig wahrgenommen und gegenüber den oft absolut gesetzten Trennungsschädigungen nicht unterschätzt werden dürfen.[53] Wenn also das Kindeswohl maßgeblich sein soll für die Abgrenzung zwischen sinnvollem Einsatz ambulanter Hilfen einerseits und Vollzeitpflege andererseits, dann genügt es nicht mehr, sich auf den Schutz von Bindungen und die Vermeidung von Trennungen zu berufen, dann müssen vielmehr die neueren Ergebnisse der Forschung zur unterschiedlichen Qualität von Bindungen zur Kenntnis genommen werden. **684**

Wenn also Verfahrenspfleger/-innen zur Geeignetheit von Kindesschutzmaßnahmen Stellung nehmen oder solche selbst anregen wollen, sollten sie wissen: Die Feststellung, dass ein Kind „Bindungen an seine Eltern" hat, ist kein ausreichendes Argument, um ein schwer wiegend oder anhaltend traumatisiertes Kind in der Familie zu belassen. Sozialpädagogische Familienhilfe ist dann eben keine „geeignete Maßnahme" – weder im Sinne der §§ 27, 31, 36 SGB VIII/KJHG bei der Hilfeplanung des Jugendamtes noch im Rahmen eines gerichtlichen Verfahrens nach §§ 1666, 1666a BGB. Bis die Perspektiven für das Kind geklärt werden können, bedarf es in solchen Fällen häufig einer **685**

---

48. Manchmal buchstäblich um jeden Preis: Die Todesfälle von schwer vernachlässigten bzw. misshandelten Kindern, um die in Osnabrück und in Stuttgart Strafprozesse stattfanden, weil Jugendamtsmitarbeiter über lange fortgesetzter Bemühung um Unterstützung und Erhaltung der Familie den rettenden Eingriff versäumten (vgl. dazu in diesem Handbuch Zenz, Rn 530) – diese Fälle bilden nach Aussagen von vielen Praxis-Kennern nur die traurige Spitze des Eisbergs.
49. Vgl. dazu Brisch 1999; Dornes 1997; Maywald 1997 sowie Grossmann, 1998, S. 76–89; Spangler 1996, S. 53 ff. mit Hinweisen auf neuere Ansätze im Anschluss an Ainsworth (1969) und Main (1985).
50. Herman, 1993, S. 137 ff.; Papoušek 1999 S. 2 ff. mit weiteren Nachweisen und der Forderung nach frühzeitig ansetzender Prävention in der Familie; Nienstedt/Westermann 1989/2001, S. 90 ff.
51. 1991, S. 49 ff.
52. Brisch 1999, S. 75 ff. mit weiteren Hinweisen, auch auf ausländische Studien.
53. Salgo in Fiesler/Schleicher GK SGB VIII 2000, § 33, Rn 25, 28; Fegert 1998, S. 20, 22; Schone u.a., 1997, S. 9; Stoffer, 1999, S. 17, 18.

sofortigen sicheren Unterbringung des Kindes im Eilverfahren – sei es durch Einstweilige Anordnung des Familiengerichts, sei es im Wege der Inobhutnahme durch das Jugendamt.

b) Vollzeitpflege mit oder ohne Rückkehroption

686 Ob, wann und wie eine Rückkehr des Pflegekindes in seine Herkunftsfamilie sinnvoll und rechtlich durchsetzbar sein soll, ist seit langem ein umstrittenes Thema des Pflegekinderrechts. Mit der Bindungsforschung setzte sich in den 70er und 80er Jahren die Erkenntnis durch, dass ein Kind, das nach einer gewissen Zeit in einer Pflegefamilie seine (neuen) psychologischen Eltern gefunden hat, nicht ohne gravierende Gefährdung in seine Herkunftsfamilie zurückgegeben werden kann (vgl. oben Rn 650 ff.). Bis dahin war für die Rechtsprechung klar, dass leibliche Eltern ihr Kind aus einer Pflegefamilie jederzeit zurückholen können. Eine Grenze wurde allenfalls bei sieben- oder neunjähriger Pflegedauer gezogen. Bei Kindern, die bereits eine Trennung (von der Herkunftsfamilie) überstanden haben – ganz ungeachtet sonstiger Vorbelastungen – muss aber das Risiko einer erneuten Trennung ganz besonders gewichtet werden.

687 Alle einschlägigen Studien bestätigen seit langem, dass mit mehrfachem Wechsel der Unterbringung das Risiko von allgemeinen Entwicklungsschädigungen dramatisch zunimmt und die Bindungs- und Beziehungsfähigkeit schwer beeinträchtigt oder sogar zerstört werden kann.[54] Dennoch kam und kommt es immer wieder vor, dass diese Erkenntnisse von Jugendamtsmitarbeitern und Richtern ignoriert oder übergangen werden. Dies oft auch deshalb, weil leibliche Eltern über die Folgen einer Verwurzelung des Kindes in der Pflegefamilie zunächst im Unklaren gelassen werden und später, wenn sie sich erfolgreich um die Stabilisierung ihrer Familiensituation bemüht haben, ihr vermeintlich gutes Recht auf „ihr Kind" einklagen, das längst andere psychologische Eltern hat. Ihnen dies zu verweigern, muss dann schwerfallen.[55]

688 Nach den Vorschriften des SGB VIII/KJHG (§§ 33, 37 Abs. 1, 36) muss freilich im Rahmen der Hilfeplanung bereits zu Beginn der Vollzeitpflege sorgfältig geklärt und dokumentiert werden, ob eine Rückkehrmöglichkeit für das Kind angestrebt werden kann und was zur Erreichung dieses Zieles von Seiten des Jugendamtes und auf Seiten der Eltern zu geschehen hat. Falls dem Kind angesichts der erlittenen Traumatisierungen die Rückkehr überhaupt zugemutet werden kann, soll dies nur in einem für das Kind vertretbaren Zei-

---

54. Vgl. Zenz, 1982, S. 38 mit weiteren Hinweisen; Textor 1995, S. 55.
55. Vgl. Güthoff 1996, S. 42; zu diesbezüglichen Beratungspflichten der Jugendämter: Wiesner in Wiesner u. a. 2000, § 36, Rn 30.

traum zulässig sein. Welcher Zeitraum vertretbar ist – darauf hat die Entwicklungspsychologie seit langem hingewiesen – das richtet sich weit gehend nach dem (Entwicklungs-)Alter des Kindes, d.h. nach seinem Vermögen, abwesende Eltern „als Eltern" in Erinnerung zu behalten, und nach seinem Bedürfnis, neue Bindungen einzugehen[56] (vgl. oben Rn 657 ff.). Wenn hier bei kleinen Kindern von Monaten, bei älteren von ein bis zwei Jahren gesprochen wird, so reicht eine solche Zeitspanne aus, um akute Krisen in der Herkunftsfamilie zu beheben, wie sie etwa durch Krankheit oder Scheidung oder auch durch materielle Engpässe wie Arbeitslosigkeit oder Wohnungsverlust entstehen können. Allerdings besteht, wenn es „nur" um solche Probleme geht, meist wohl eine gute Chance, die Fremdunterbringung des Kindes durch ambulante Hilfen zu vermeiden, die dann mit aller Priorität zum Zuge kommen müssen (§ 1666a BGB). Dies wird auch in der Jugendhilfe soweit wie möglich versucht. Vollzeitpflege wird deshalb zunehmend nur noch da realisiert, wo die Probleme tiefer liegen.

689 Gewalttätigkeit in der Familie, Alkohol- und Drogenprobleme, Misshandlungen, Missbrauch oder schwer wiegende Vernachlässigung über Jahre sind immer häufiger der lange hinausgeschobene Anlass für eine „Hilfe außerhalb der Familie", wie alle verfügbaren Daten und Berichte aus der Praxis anzeigen.[57] Nur ausnahmsweise, unter besonders günstigen Umständen und mit ungewöhnlichem Einsatz dürfte es aber möglich sein, in solchen Familien die Erziehungsbedingungen innerhalb eines für das Kind vertretbaren Zeitrahmens so „nachhaltig zu verbessern", dass die Voraussetzungen für eine Rückkehr gegeben sind.[58] Dies ist aus der Drogenberatung ebenso bekannt wie aus der allgemeinen Familienberatung und der Therapieforschung.

690 Aber auch gezielte Studien zum Therapieerfolg bei Eltern misshandelter, missbrauchter oder vernachlässigter Kinder haben Entsprechendes ergeben. Selbst wenn sich in der Therapie deutliche Veränderungen in der Persönlichkeit und den Lebensumständen der Eltern abzeichnen, setzen sich in einer großen Zahl der Fälle Misshandlungen, Missbrauch oder Vernachlässigung der Kinder noch über Jahre fort.[59] Hier ist auch zu berücksichtigen, dass der Umgang mit traumatisierten Kindern aufgrund ihres geschädigten, oft extrem schwierigen Beziehungsverhaltens ganz besondere Anforderungen an die Eltern stellt, wenn sich die alten Muster nicht wiederherstellen sollen.[60]

---

56. Vgl. Goldstein/Freud/Solnit 1991 sowie Heilmann 1998; vgl. auch in diesem Handbuch Rn 657 ff.
57. Vgl. nur Güthoff 1996, S. 44, 45; Textor 1995, S. 43, 46 f.; Münder u. a. 2000, S. 148 f., 281, 317 ff.
58. Vgl. Kötter 1997, S. 94.
59. Dornes 1997, S. 239 ff.
60. Vgl. dazu Scheuerer-Englisch 1998, S. 71 ff.

Teil 3 Beiträge aus Pädagogik, Psychologie und Kinderpsychiatrie

691 Das alles spricht nicht gegen intensive beratende und therapeutische Bemühungen um die Eltern, die insbesondere auch später geborenen Kindern zugute kommen können. Für das bereits schwer traumatisierte Kind aber sind die notwendigen Veränderungen meist eben nicht schnell genug zu erreichen. Eine Rückkehroption im Zusammenhang mit der Vollzeitpflege dürfte daher nur in einer eng begrenzten Zahl der Fälle unter sehr spezifischen Bedingungen und mit sehr spezifischer Unterstützung in Betracht kommen.

692 Leider ist bislang nirgends erfasst, für wie viele Kinder unter welchen Umständen eine Rückkehroption ins Auge gefasst wird und wie oft sie realisiert wird. Nach den stark variierenden Angaben aus Jugendhilfestatistik und regionalen Untersuchungen ist davon auszugehen, dass zwischen 18 und 39 % der Pflegekinder (nach ein bis fünf Jahren Aufenthalt in der Pflegefamilie) in ihre Herkunftsfamilien zurückkehren.[61] Ob dies Fälle einer geplanten Rückkehr sind, ist nicht bekannt. Vor allem aber ist der Statistik nichts darüber zu entnehmen, wie die Rückkehr dieser Kinder verläuft und was danach geschieht.[62] Fachleute vermuten jedenfalls, dass ein nicht geringer Teil dieser Kinder nicht in der Familie bleibt, sondern bald wieder in Pflegefamilien, Wohngruppen, Heime oder auch zeitweise in die Psychiatrie überwechselt, dass also die „Rückkehr" häufig nur der Beginn einer immer schwieriger werdenden Reise durch die Einrichtungen der Jugendhilfe ist.[63]

693 Verfahrenspfleger/-innen können daher davon ausgehen, dass unter Berücksichtigung all dieser Erkenntnisse und Erfahrungen eine Rückkehroption für ein Kind, das unter den heute überwiegend sehr ungünstigen Bedingungen in der Herkunftsfamilie in Vollzeitpflege vermittelt wird, in jedem Falle als gesteigert begründungspflichtig gelten muss. Unabdingbare Voraussetzung ist daher im Rahmen der Hilfeplanung (§ 36 KJHG) eine sorgfältige kinderpsychologische Diagnostik durch dafür ausgebildete Fachleute, d.h. solche, die die spezifische Situation des Kindes und seiner Familie sowie die Chancen der vorgesehenen Unterstützungsmaßnahmen auf dem Hintergrund der aus Forschung und Praxis bekannten Erfahrungen kompetent beurteilen können.

694 Darüber hinaus muss die Wahrscheinlichkeit einer erfolgreichen Rückkehr auch in Relation zu der mit einer Rückkehroption zwangsläufig verbundenen Vorläufigkeit der geplanten Pflegesituation, d.h. der Ungewissheit für alle Beteiligten gesehen und sorgfältig gewichtet werden. Die Zeitspanne, für die eine solche Ungewissheit in Kauf zu nehmen ist, wird um so kürzer sein müssen, je jünger das Kind ist und/oder je größer seine Vorbelastung ist. Besondere diagnostische

---

61. Vgl. Übersicht in KOM DAT, 1998, S. 1, 2; Martin 1990, S. 29; Nielsen 1990, S. 213; Güthoff 1996, S. 40 ff.
62. Vgl. dazu die Erfahrungen aus langjähriger Gutachterpraxis: Nienstedt/Westermann 1989/2001, S. 298 ff.
63. Mit weiteren Nachweisen: Kötter 1997, S. 94.

Sorgfalt und gesteigerte Begründungspflichten gelten aber in solchen Fällen nicht nur für die Jugendämter bei der Hilfeplanung, sondern auch für die Familiengerichte, wenn eine solche Planung gegen den Willen der Eltern mit Hilfe eines Sorgerechtsentzuges durchgesetzt werden muss (§ 1666 BGB) oder wenn später über die Aufhebung eines Sorgerechtsentzuges (§ 1696 BGB) bzw. über einen Herausgabeantrag der leiblichen Eltern (§ 1632 Abs. 1 und Abs. 4 BGB) zu entscheiden ist.

c) Kontakte zur Herkunftsfamilie bei Dauerpflege ohne Rückkehroption

695 Umgangsrechte von Eltern, die mit ihren Kindern nicht oder nicht mehr zusammenleben, gehören seit jeher zu den schwierigsten Kapiteln des Kindschaftsrechts, ganz gleich ob es sich um geschiedene Eltern, um abgebende Eltern von Adoptivkindern, um nichteheliche Väter oder schließlich um die leiblichen Eltern von Pflegekindern handelt. Die unterschiedliche Bedeutung, die die reale Präsenz eines Menschen im Bindungserleben von Erwachsenen und Kindern hat, die unterschiedliche Zeitspanne für Erinnerung und Entfremdung in Beziehungen birgt immer die Gefahr von Loyalitätskonflikten, die für alle Beteiligten, vor allem aber für Kinder schwer zu ertragen sind. Wie oben beschrieben (oben Rn 671 ff.), konstellieren sich, psychologisch gesehen, solche Konflikte in Pflegefamilien sehr leicht, ohne dass den leiblichen Eltern, den Pflegeeltern oder erst recht den Kindern irgendein „böser Wille" unterstellt werden muss. Diese Erfahrung wird von Beteiligten wieder und wieder geschildert.

696 Verschärft hat sich allerdings auch diese Problematik in jüngster Zeit durch die Zunahme von Dauerpflegekindern, die in ihrer Herkunftsfamilie schwere und zum Teil lange andauernde Traumatisierungen erfahren haben, sowie durch die starke Betonung der Umgangsrechte durch die Kindschaftsrechtsreform 1998. Diese allerdings zielte in erster Linie auf Scheidungskinder ab, Kinder also, bei denen mehr oder weniger intakte Bindungen zu beiden Eltern erhalten werden sollen. Wenn bei Dauerpflegekindern nach wie vor immer wieder um Umgangsrechte gekämpft und Umgangsansprüche von Gerichten und Jugendämtern unter Hinweis auf die tatsächlich zu beobachtenden Bindungen der Kinder auch an traumatisierende Eltern unterstützt werden, so spielt hier wiederum ein undifferenziertes und wissenschaftlich nicht haltbares Verständnis von Bindungen eine unheilvolle Rolle. Die neuere Bindungsforschung hat – wie bereits erwähnt – hinreichend belegt, wie entscheidend die jeweilige Qualität der Bindung für die Entwicklung von Kindern ist.

697 Die Bindung von Kindern etwa an misshandelnde Eltern ist ja deswegen als pathogen, also als krank machend einzustufen, weil hier in Ermangelung anderer Bindungspersonen emotionale Nähe gesucht wird, die zugleich massive Ängste bis hin zur Todesangst hervorruft.[64] Solche hochambivalenten Bindungswünsche bei den Kindern immer wieder durch Besuche der Eltern zu beleben – ohne Rücksicht auf Signale von Angst und posttraumatischen Belastungsstörungen, muss zu einer fortgesetzten Verwirrung des ohnehin meist bereits schwer geschädigten, nämlich „desorientierten" Bindungsverhaltens[65] führen und damit auch die Entwicklung neuer, positiv getönter, sicherer Bindungen in der Pflegefamilie massiv behindern, wenn nicht sogar verhindern.[66] Erste empirische Untersuchungen zu Besuchskontakten bestätigen inzwischen diese Überlegungen,[67] die freilich aus der allgemeinen Bindungsforschung längst ableitbar waren.

698 In diesem Zusammenhang stellt auch die Anordnung des „geschützten Umgangs"[68] keinen problemlosen Ausweg dar, da die Anwesenheit einer Jugendamtsmitarbeiterin oder die Begrenzung der Kontakte auf Räume des Jugendamtes allenfalls vor äußerer Einwirkung, nicht aber vor psychischen Auswirkungen schützen kann, was leider allzu häufig übersehen wird. Es bedarf im Übrigen wohl kaum eines tiefenpsychologisch oder sonstwie besonders geschulten Einfühlungsvermögens, um zu begreifen, welche Bedrohung ständige Besuche leiblicher Eltern in einer Pflegefamilie für schwer traumatisierte Kinder bedeuten müssen. Wie soll ein Kind begreifen, dass die Eltern, die es misshandelt, missbraucht, oder verlassen haben, von den Pflegeeltern freundlich empfangen werden? Wie soll es da sicher sein, dass den Eltern nicht auch erlaubt wird, es wieder mitzunehmen? Wie auch soll ein Kind seine Gefühle sortieren, Zärtlichkeit, Wünsche nach Nähe, nach freundlicher Zuwendung neben Wut, Angst, Erinnerung an Entwertungen und Demütigungen, wenn leibliche Eltern und Pflegeeltern im – pflichtgemäß – freundlichen, und das scheint doch wohl im wertschätzenden, Umgang miteinander erlebt werden?[69]

699 Auch das Argument, Kinder brauchten zur Herausbildung einer starken Identität die Auseinandersetzung mit ihrer Herkunft, zu der die leiblichen Eltern – wie auch immer sie waren – nun einmal gehören, auch dieses Argument ändert an der Problematik der Besuche nichts. Es beruht vielmehr auf einem tiefgrei-

---

64. Herman 1993, S. 142 ff.; Westermann 1998, S. 32 ff.
65. Zum „desorientierten Bindungsverhalten" als Folge früher Traumatisierungen vgl. Dornes 1997, S. 229; Brisch 1999, S. 75 ff.; Scheuerer-Englisch 1998, S. 66 ff., inbes. S. 74, 75.
66. Vgl. Westermann, 1990, S. 39.
67. Kötter 1997, S. 247, registriert „mehr Loyalitätskonflikte" sowie „verstärkte Verhaltensstörungen" bei Pflegekindern mit laufenden Besuchskontakten und resümiert: „Insgesamt scheinen die Besuchskontakte insbesondere von den Pflegeeltern, aber auch von den Pflegekindern kurz- und mittelfristig eher negativ verarbeitet zu werden."
68. Angeregt z.B. von Scheuerer-Englisch 1998, S. 80, als Alternative zur Aussetzung von Kontakten im Einzelfall unter Berücksichtigung der kindlichen Wünsche.
69. Vgl. Nienstedt/Westermann 1989/2001, S. 210 ff., insbes. S. 220 ff.

fenden Missverständnis entwicklungspsychologischer Zusammenhänge. Richtig ist, dass Menschen ihre Herkunft begreifen wollen, dass sie – wie es oft heißt – nach ihren Wurzeln suchen, und richtig ist auch, dass dieses Bedürfnis in Wissenschaft und Praxis lange Zeit wenig wahrgenommen worden ist.

Erst in jüngerer Zeit hat das Bundesverfassungsgericht damit begonnen, dem „Recht auf Kenntnis der eigenen Abstammung" einen Weg zu bahnen, freilich zu Recht unter sorgsamer Abwägung entgegen stehender anderer Interessen des Kindes und auch seiner Eltern.[70] Die Kindschaftsrechtsreform 1998 hat daraufhin die Klärung der Abstammung in verschiedenen Zusammenhängen wesentlich erleichtert. Die Auseinandersetzung mit der eigenen Geschichte ist also ein durchaus ernst zu nehmendes Thema geworden, das Rechtspolitik und Jugendhilfe wohl auch in Zukunft weiter beschäftigen wird. Zu behaupten aber, dass diese Auseinandersetzung mit der eigenen Geschichte nur in Form der realen Konfrontation mit den zu dieser Geschichte gehörenden Personen vor sich gehen könne und vor sich gehen müsse, ist eine durch nichts zu belegende Idee, die sich meist recht abstrakt auf die Erhaltung des familialen Systems beruft, ohne Rücksicht auf die destruktiven Auswirkungen auf seine schwächsten Mitglieder – Kinder nämlich, die von den Eltern in der Vergangenheit Leid durch Gewalt und Zurückweisung erfahren haben, das im fortdauernden Kontakt mit ihnen immer wieder auflebt. **700**

Keinem Traumatologen würde es einfallen, in der Arbeit mit traumatisierten Menschen das Opfer immer wieder mit seinem Peiniger zu konfrontieren, um dadurch eine Aufarbeitung dieser Erfahrungen zu ermöglichen. Im Gegenteil – die gesamte Psychotherapieforschung belegt, dass die Aufarbeitung extremer Gewalt- und Leiderfahrungen nicht möglich ist ohne eine sichere Distanz zu diesen Erlebnissen und ohne den Beistand eines Menschen, der eindeutig und verlässlich auf Seiten des Patienten steht – sei es in einer therapeutischen oder in einer real gelebten Beziehung – wie z.B. einer Pflegefamilie.[71] Kein Paar-Therapeut käme wohl auch auf die Idee, bei der oft notwendigen Aufarbeitung früherer gescheiterter Beziehungen die kontinuierliche Hinzuziehung der früheren Partner/-innen zu fordern. **701**

Die Auseinandersetzung mit der eigenen Geschichte findet eben nicht statt im fortgesetzten Umgang mit den Akteuren, im Handeln und Erleben, sondern in der Reflexion, im Gespräch über das Erlebte und in der allmählichen Wahrnehmung, Unterscheidung und Neuzuordnung positiver und negativer Gefühle. Um es entwicklungspsychologisch auszudrücken: Die Auseinandersetzung mit **702**

---

70. BVerfGE 79, 256; 90, 263.
71. Zur „vertrauensvollen, guten Beziehung" als wichtigstem Schutzfaktor in der Protektionsforschung vgl. Dornes, 1997, S. 234; Fegert 1998, S. 23.

traumatisierenden Erfahrungen setzt voraus, dass das einmal oder mehrfach überwältigte Ich sich nicht mehr real bedroht fühlt, dass es genügend Sicherheit in der Distanz und in einer haltgebenden Beziehung hat, um sich den angstauslösenden Erfahrungen in der Erinnerung – oder auch in der Übertragung – aussetzen zu können.[72]

703 Wie langwierig und schwierig solche Prozesse auch ohne störende Einflüsse sind und dass hier oft auch psychologische Beratung oder psychotherapeutische Hilfe erforderlich ist, wissen Pflegeeltern und Therapeuten nur zu gut.[73] Dass dabei quälende Erinnerungslücken auftauchen können und Fragen, die nach Antworten drängen, dass unter Umständen eine Korrektur idealisierender Phantasien notwendig wird und dass in diesem Zusammenhang auch reale Kontakte zu den Personen der Vergangenheit sinnvoll sein können, steht außer Frage. Pflegeeltern wissen, dass dies insbesondere in der Pubertät und danach eine Rolle spielen kann. Darin unterscheiden sich allerdings Pflegekinder nicht von Adoptivkindern oder so manchen Kindern aus geschiedenen Ehen. Gute Lösungen müssen auch insoweit in jedem Einzelfall – und oft zu verschiedenen Zeiten immer wieder neu – gefunden werden.

704 Von Bedeutung ist hier auch, dass bei der Diskussion um Umgangsrechte (und Rückkehroptionen) immer wieder auch eine Überforderung der Erwachsenen im Spiel ist, die unter allen Umständen zu einem „freundschaftlichen Umgang" miteinander in der Lage sein und dies auch Kindern glaubwürdig vermitteln sollen, gleichgültig, welche schlimmen Erfahrungen sie selbst oder die Kinder gemacht haben und welche Befürchtungen sie für die Zukunft hegen.[74] Außerdem: wenn von Pflegeeltern „im Interesse der Kinder" ein freundschaftlicher Umgang mit Herkunftseltern verlangt wird, die diese Kinder schwer misshandelt haben, so deutet dies zugleich auf eine groteske Unterschätzung kindlicher Gefühlswahrnehmung hin – mit der Folge, dass das Vertrauen der Kinder in die Glaubwürdigkeit ihrer Pflegeeltern untergraben wird.

705 Für Verfahrenspfleger/-innen bleibt festzuhalten, dass nach aller psychologischen Erfahrung die Folgerung unabweisbar ist, dass Kontakte zur Herkunftsfamilie jedenfalls dann einer sehr spezifischen – wiederum diagnostisch fundierten – Begründung und Begleitung bedürfen, wenn es um Kinder geht, die aufgrund von traumatisierenden Erfahrungen in eine Dauerpflegestelle ohne Rückkehroption vermittelt worden sind.

706–710 *bleiben frei*

---

72. Brisch 1999, S. 97 ff.; Fegert 1993, S. 137; Nienstedt/Westermann 1989/2001, S. 299 sowie Westermann 1990, S. 41; konträr dazu, jedoch ohne jede Auseinandersetzung mit der Therapieforschung: Gauly/Knobbe 1995, S. 195.
73. Herman 1993, S. 215 ff.; Nienstedt/Westermann 1989/2001, S. 67 ff. sowie dies. 1998, S. 52 ff.
74. Vgl. etwa Greese 1990, S. 40; ähnlich Wiesner 1996, S. 53; Andriopoulos 1995, S. 213 ff.; zu der darin liegenden Zumutung für die Pflegeeltern vgl. Textor 1995, S. 73.

V. Prognostische Entscheidungen

In schweren Konfliktsituationen werden pädagogisch-psychologische und kinder- und jugendpsychiatrische prognostische Überlegungen mit herangezogen, um bei der Wahl zwischen unterschiedlichen, nur eingeschränkt positiven oder schlechten Alternativen die am wenigsten schädliche auszuwählen. Nicht selten verbergen sich hinter prognostischen Empfehlungen aber ideologische Überzeugungen, so dass auch Prognosestellungen bisweilen nur eine Fortführung des vorangegangenen Konflikts mit anderen Mitteln und gelegentlich in einer Fachsprache darstellen. Jede vernünftige Prognose basiert auf einer Analyse der Ausgangssituation. Zunächst einmal müssen Risiken und Belastungsfaktoren, Krankheitssymptome, familiäre Risiken und Ressourcen ebenso wie außerfamiläre Ressourcen erfasst werden. 711

➢ *Zu Sucht und psychischen Erkrankungen der Eltern vgl. oben Rn 571 ff.*
➢ *Zu Psychischen Störungen und Erkrankungen von Kindern und Jugendlichen vgl. oben Rn 582 ff.*

Leider mangelt es in Bezug auf viele pädagogische Konzepte und Interventionen an methodisch gut abgesicherten Evaluationen. Insgesamt fehlen gut kontrollierte langzeitlich angelegte Prospektivstudien. Doch auch wenn wie in Bezug auf manche oben erwähnte kinder- und jugendpsychiatrische Krankheitsbilder, wie z.B. Magersucht, eine sehr gute Datenlage besteht, können statistische Verhältniszahlen im Einzelfall nur begrenzt zur Entscheidungsfindung beitragen. Denn wie will man wissen, ob im konkreten Fall die vorhandene Problematik einen günstigeren oder ungünstigeren Verlauf nehmen wird. Einfacher ist die Prognose für kurzfristigere Entwicklung. Werden dringend behandlungsbedürftige Symptome wie Selbstmordgefährdung, starker Gewichtsverlust, Drogenkonsum etc. nicht wahrgenommen, drohen massive und konkrete Folgen. In solchen Situationen bleiben häufig kaum Entscheidungsalternativen. Immer dann, wenn Entscheidungsalternativen vorhanden sind, sollten diese dargestellt werden und sollte die Haltung des Kindes übermittelt werden. 712

Sind sich unterschiedliche Helfer nicht über die Prognose und die zu ergreifenden Maßnahmen einig, sollte in der Regel zunächst das Konzept versucht werden, welches der Vorstellung des betroffenen Kindes oder Jugendlichen am nächsten kommt. Selbst wenn diese Intervention sich im Nachhinein als nicht hinreichend erweist, wird dieser Helfer, der noch Hoffnung hatte, am ehesten in der Lage sein, dem Kind zu vermitteln, dass andere weiter reichende Maßnahmen dringend erforderlich sind. 713

Zentral für eine Prognosestellung ist auch die Ausgangssituation vor der jetzigen Konfliktlage. Hatte das Kind die Chance, über Jahre in geschützten Ver- 714 hältnissen gut gefördert aufzuwachsen, oder war sein bisheriges Leben von Vernachlässigung, Misshandlung, starker Entwicklungsverzögerung etc. bestimmt? Kurzzeitige oder mittelfristige schwere Belastungssituationen z.T. mit heftigen Symptomen haben eine günstigere Prognose, wenn klare Auslöser, wie eine heftige Scheidungsauseinandersetzung etc., identifiziert werden können und vorher eine lange Zeit günstiger Aufwachsensbedingungen bestand. In sehr vielen Studien hat sich das Verbalisationsvermögen und die Intelligenz von Kindern als prognostisch günstiger Faktor erwiesen. Kinder mit Intelligenzminderung, Kinder mit spezifischen Teilleistungsstörungen etc. werden stärker von anderen belastenden Faktoren erfasst. Dies muss bei Entscheidungen in Belastungssituationen mitbedacht werden.

715 Bei manchen oben beschriebenen Störungsbildern wie z.B. den reaktiven Bindungsstörungen und den Bindungsstörungen mit Enthemmung ist die generell eher ungünstigere Prognose bekannt. Solche schweren Beeinträchtigungen müssen angesprochen werden, damit z.B. Pflegeeltern nicht zu schnell aufgeben und ihre manchmal bescheidenen Erfolge nicht gering schätzen. Gerade weil eine redliche Prognosestellung mit vielen unbekannten Variablen arbeiten muss, sollten ganz eindeutige Zukunftsvorhersagen immer eher skeptisch stimmen und auch vom Verfahrenspfleger kritisch hinterfragt werden. Die Aufgabe des Verfahrenspflegers ist es, auf der Basis der Vorgeschichte und einer detaillierten Beschreibung günstiger wie ungünstiger Faktoren eine kritische Bilanz zu ziehen. Wichtig ist es dabei, die Beschreibung von der Bewertung zu trennen, so dass z.B. das Gericht die wertvollen Elemente der Beschreibung und Analyse der Vorgeschichte verwenden kann, ohne sich vielleicht der prognostischen Bewertung anzuschließen. Soweit kontroverse Prognosen in Abhängigkeit von unterschiedlichen Theorien und „Schulen" im Raum stehen, sollten diese offen gelegt und die eigene Präferenz begründet werden.

716 Überall da, wo aus wissenschaftlichen Untersuchungen klare Daten über Risiken vorliegen, z.B. bei bekannten Risiken des Drogenkonsums etc., gehört es meines Erachtens auch zu den Pflichten des Verfahrenspflegers, die betroffenen Kinder und Jugendlichen über solche Risiken aufzuklären und sicherzustellen, dass diese prognostischen Faktoren auch vom Jugendlichen verstanden wurden. Dies ist eine notwendige Voraussetzung für eine vernünftige Einbeziehung von Kindern und Jugendlichen in die Hilfeplanung. In letzter Zeit gibt es einen immer stärkeren Trend zu Checklisten, um eine soziale Prognosestellung zu erleichtern. Die Gefahr dabei ist, dass eine Pseudowissenschaftlichkeit eine Pseudosicherheit vortäuschen kann, die überhaupt nicht realem Wissen und realen Voraussagemöglichkeiten entspricht.

Glücklicherweise birgt die Entwicklung positive wie negative Chancen und 717
Risiken, die auch nicht vorhersehbar sind, und ist vor allem die kindliche Entwicklung durch eine sehr große Plastizität und viele erfreuliche Überraschungen gekennzeichnet. Auf dieser Basis ist es durchaus legitim, dass Verfahrenspfleger auch prognostische Aussagen anderer Berufsgruppen, z.B. psychologischer oder kinder- und jugendpsychiatrischer Gutachter, kritisch hinterfragen bzw. die zugrunde liegende Datenbasis überprüfen.

Da Prognosestellung sehr viel mit Maßnahmen, Hilfeplanung und Intervention 718
zu tun hat, hängt das Eintreffen einer gewissen Prognose auch von der Umsetzung von Hilfen ab. Insofern sollten mit der Formulierung prognostischer Kriterien auch Zeitpunkte für die Überprüfung solcher Vorhersagen und damit die Überprüfung der Effizienz geplanter Maßnahmen direkt benannt werden.

VI. Kommunikation mit Kindern

1. Einleitung

Offensichtlich ist es gerade im Zusammenhang justitieller Verfahren schwierig, 719
betroffenen Kindern und Jugendlichen eine ihnen zustehende Beteiligung am Verfahren wirklich sicherzustellen und ihnen Gehör zu verleihen. Kommunikation mit Kindern – muss sie wirklich so anders sein als die Kommunikation mit Erwachsenen? Oder geht es wenigstens z.T. auch darum, elementare Selbstverständlichkeiten der Kommunikation zwischen erwachsenen Gesprächspartnern auch im Gespräch mit Kindern zu berücksichtigen? Dass in Bezug auf Kinder ein spezifisches Vorgehen erforderlich ist, zeigen Formulierungen wie z.B.: Die Unterrichtung des Kindes über den Gegenstand und möglichen Ausgang des Verfahrens bei der richterlichen Anhörung gemäß § 50b FGG habe „in geeigneter Weise" zu erfolgen. Es geht u.a. um die Relativierung eines Machtgefälles, es geht aber auch um eine situationsadäquate, altersadäquate und auf die individuelle Befindlichkeit des Kindes abgestimmte Gesprächsführung.

Die Berücksichtigung der Perspektive des Kindes, also der „Nutzerperspektive", 720
kann wertvolle Hinweise darüber liefern, welche Aspekte in der Kommunikation von den betroffenen Kindern selbst als entlastend oder belastend erlebt werden. Im Rahmen einer von der VW-Stiftung geförderten Untersuchung (*Fegert et al.* 2001; *Fegert* 1997) führten wir auch ausführliche qualitative Interviews mit Kindern durch (*Fegert* u. *Gerwert* 1993). Die Kinder wurden zu ihren persönlichen Erfahrungen bei Gesprächen und zur Bewertung der Institutionskontakte befragt. Eine qualitative Inhaltsanalyse zeigt, dass Kinder sowohl in den außergerichtlichen als auch gerichtlichen Institutionen belastende und entlastende Faktoren benannt haben, so dass berufsgruppenübergreifend in sehr anschau-

licher Weise diejenigen Aspekte herausgearbeitet werden können, die unmittelbar zur Bewältigung der konkreten Situation beitragen.

721 Deutlich wird, dass das situative Belastungserleben der Kinder im engen Zusammenhang mit dem individuellen Verhalten befragender Experten steht. Eine freundliche, zugewandte Haltung kann als Basisvariable entlastenden Expertenverhaltens herausgestrichen werden. Je stärker der Kontext des Gespräches beängstigend ist (z. B. im Rahmen einer polizeilichen Vernehmung oder einer Gerichtsverhandlung), um so deutlicher wirken Faktoren entlastend, die zu einer unmittelbaren Angstreduktion und Kontrolle der Situation beitragen. Dazu zählen z. B. die Begleitung durch eine Vertrauensperson, die Erklärung und Strukturierung der bevorstehenden Situation durch den erwachsenen Gesprächspartner und insbesondere der Verzicht auf zu schwere Fragen und situative Überforderung.

2. Bedingungen des Gesprächs

722 Es ist von zentraler Bedeutung, dass zu Beginn des Gespräches der Gesprächspartner sich **vorstellt** und über den **zeitlichen wie auch inhaltlichen Rahmen des zu führenden Gesprächs Auskunft** gibt. Dabei sollte den Kindern explizit erlaubt werden, die Beantwortung bestimmter Fragen abzulehnen. Zusätzlich muss darauf hingewiesen werden, dass manche Fragen vielleicht zu schwierig sind und dass es wichtig ist, dass Kinder im Gegensatz zu dem in der Schule üblichen Verhalten immer Rückmeldungen geben, wenn sie etwas nicht verstanden haben. Sie sollen auf jeden Fall lieber nicht antworten oder noch einmal nachfragen, als irgend etwas zu sagen, um es dem Gesprächspartner recht zu machen.

723 Da Kinder von ihren Gesprächspartnern häufig Beziehungsangebote erwarten oder bestimmte Situationen als Beziehungsangebot wahrnehmen, ist es wichtig, deutlich zu machen, wie sich die Beziehung zwischen Erwachsenem und Kind gestalten wird. Dazu gehört die **Klärung von Fragen** wie Terminvereinbarung, Erreichbarkeit, was ist erlaubt und was ist im Kontakt nicht erlaubt. Ähnlich wie zu Beginn einer Psychotherapie, wo auch die Regeln und jeweiligen Rechte und Pflichten klarifiziert werden müssen, gilt dies für jede Gesprächssituation in einem strukturellen Abhängigkeitsverhältnis.

724 Die Tatsache, dass sich in unserer Untersuchung einige Kinder über enttäuschende, unzureichende Beziehungsangebote und reglementierende Maßnahmen beschweren, legt den Verdacht nahe, dass zunächst einmal von der Vertrauensperson eine eher kumpelhafte, freundschaftliche Beziehung suggeriert wurde und dass dann erst im Verlauf der Zusammenarbeit die Regeln explizit gemacht wurden. Dies unterstreicht ganz klar, wie wichtig es ist, sich eindeutig zu verhalten und in der Kontaktaufnahme einer späteren Enttäuschung vorzu-

beugen. Gerade weil viele Kinder in dieser Situation scheinbar sehr auf die Hilfe der Erwachsenen angewiesen sind, fällt es auch erfahrenen Expertinnen und Experten häufig schwer, diese **Grenzziehungen klar zu treffen.** Dies kann wiederum zu Überlastungen, ja bis zum „burnout" der Erwachsenen führen. *Thurn* und *Wils* (1998) haben dieses Spannungsfeld von Rettungs- und Größenphantasien der Helfer einerseits und ihrem Ohnmachtserleben andererseits deutlich herausgearbeitet. Gesprächsangebote an Kinder müssen im Wissen um diese Gefahren stets das wirklich Leistbare vor Augen haben.

Zu einem verantwortlichen Gesprächskontakt mit Kindern gehört **Geduld.** Die 725
von uns befragten Kinder äußerten sich kritisch über bedrängende, „bohrende" Fragen, teilweise erlebten sie die Weitergabe von Informationen oder den Umgang der Erwachsenen mit ihren Informationen als Vertrauensmissbrauch. Auch deshalb ist es wichtig, im Gespräch sich klar zu diesen Fragestellungen zu äußern.

Eine häufige Falle für den Erwachsenen ist dabei das frühe sich Anvertrauen, 726
die **Mitteilung eines Geheimnisses.** Gerade vernachlässigte oder misshandelte Kinder bzw. Kinder in emotionalen Drucksituationen können Bindungen darüber herzustellen versuchen, dass sie sich dem erwachsenen Experten voll anzuvertrauen versuchen. Sie versuchen, eine exklusive Beziehungssituation herzustellen, indem sie anbieten, über ein Geheimnis zu sprechen, welches sie noch keinem Fremden anvertraut haben. Dies schmeichelt dem Experten und verleitet ihn zu Vertraulichkeitszusagen, welche ihn später in erhebliche Konflikte bringen können, wenn aus Kinderschutzgründen eine Information an das Gericht erfolgen muss.

Alle Erwachsenen, die mit Kindern Gespräche führen wollen, müssen sich dar- 727
über klar sein, dass sehr viele Kinder im Vorfeld der Kontaktsituation **Angst** haben. Die von uns befragten Kinder begründeten diese Ängste vor allem mit Unwissenheit, Fremdheit der Situation, Versagensängsten, Angst vor Bestrafung, Angst vor Ablehnung. Hinzu kommen noch Vorstellungen, die sich Kinder durch die Rezeption bestimmter Berufsgruppenrollen durch die Medien machen. Einige wörtliche Protokolle aus unserer Befragung mögen dies verdeutlichen: *„Ich hatte gedacht, ich werde verhaftet"* ... *"Ich dachte, da sind nur Männer, da muss man alles sagen."* ... *„Die meckern dann, kannst Du mal ein bisschen lauter reden?"* ... *„Muss man lange dastehen, wie bei der Armee."* ... *„... dass man von Zigaretten eingeräuchert wird ..."* ... *„Ich hatte Angst, dass mir nicht geglaubt wird."* ... *„Ich hatte Angst vor den Fragen und vor Hypnose und so."* ... *„Ich hatte Angst vor den Fragen des Anwalts, ich kenne so was nur aus dem Fernsehen, ich hatte Angst, dass ich verliere."* ... *„Ich wollte nicht zur Polizei."* ... *„Ich hatte Angst vor dem Gericht."* ... *„Ich habe angefangen zu*

weinen und zu zittern vor dem Haus. Hinterher war ich aber ganz froh, dass ich nur einmal hin musste." ... *"Ich bin nicht so abgehärtet, wenn er eine Träne verlieren würde und sagen würde: ‚ich habe Dich lieb', würde ich nicht ertragen."* (Zu den Vorstellungen, die sich Kinder vom Gericht und den Verfahrensbeteiligten machen, vgl. Zitelmann 2001, S. 183 ff.) Insofern erscheint es geboten, zu Beginn der Gesprächssituation die Kinder bei diesen Ängsten im Vorfeld „abzuholen", indem sie gefragt werden, wer sie über den bevorstehenden Gesprächskontakt informiert hat und welche Gedanken, Ängste, Befürchtungen, Hoffnungen sie sich vor dem Gespräch gemacht haben.

728 Darüber hinaus ist es wichtig, sich im ersten Gespräch einen Überblick darüber zu verschaffen, welche Personen mit dem Kind zu tun haben und vom Kind selbst als wesentliche Entscheidungs- oder Vertrauenspersonen angesehen werden. Häufig sind Kinder sehr gut in der Lage zu berichten, wer welche Interessen hat bzw. wer welche Lösung für das Problem bevorzugen würde. In der Regel empfiehlt es sich, zuerst über diese Punkte zu sprechen, bevor man das Kind nach seiner eigenen Meinung zu einem Konflikt befragt, weil es dann in seinen **Loyalitätskonflikten und Befangenheiten** besser verstanden werden kann, wenn es die widerstreitenden Interessen auf der Erwachsenenebene zunächst einmal als scheinbar objektive Gegebenheiten darstellen konnte. Bei kleineren Kindern können illustrative Hilfsmittel wie Skulpturmethoden oder sonstige spielerische Darstellungen es erleichtern, die sozialen Beziehungen des Kindes zu erkennen.

729 Ganz wichtig auch für das Scheitern oder Gelingen der helfenden Beziehung zum Kind ist es, eine Vorstellung von den **Beziehungserfahrungen des Kindes** zu bekommen. Im Sinne einer operationalisierten psychodynamischen Diagnostik (OPD 1996) können Beziehungsepisoden, die das Kind frei schildert, bestimmten Mustern zugeordnet werden: bestätigen, beschützen, kontrollieren, herabsetzen, angreifen, ignorieren, Autonomie gewähren, sich behaupten, anklammern, unterwerfen, gekränkt sein, zurückschrecken, abschotten. Die meisten dieser Beziehungsmuster fordern charakteristische Reaktionen geradezu heraus und erweisen sich situations-unabhängig als erstaunlich stabile Determinanten im Beziehungsverhalten.

730 Zur Vorbereitung der gemeinsamen Arbeit gehört auch die **Klärung der Motivationslage.** Es geht darum herauszufinden, welche Interessen das Kind direkt verfolgt und inwieweit sich Überschneidungen zwischen diesen subjektiven Interessen des Kindes und der professionellen Rolle und dem Arbeitsauftrag des Verfahrenspflegers ergeben. Ganz klar sollte herausgearbeitet werden, welche Interessen sich dabei vertragen und welche sich direkt widersprechen. Das Kind muss wissen, „wobei will der Verfahrenspfleger mich unterstützen und

wo kann er mich nicht unterstützen". Der Auftrag sollte deshalb möglichst genau präzisiert werden.

Bei unserer direkten Befragung von Kindern als „Kunden" von Institutionen wurde deutlich, dass die Kinder sehr häufig überhaupt nicht nach ihren Intentionen gefragt wurden. Über bevorstehende Handlungsschritte wurde zu wenig aufgeklärt. Dies bedeutet, dass viele Erwachsene, wenn sie meinen, entsprechend den Interessen des Kindes zu handeln, das Kind selbst nach seinen Erwartungen und Wünschen gar nicht mehr befragen. Die Frage nach Erwartungen und Wünschen stellte sich aber in unserer Untersuchung als idealer Einstieg ins Interview, in den Dialog mit dem Kind dar. 731

3. Ethische Grundprinzipien für die Kommunikation

Beauchamp und *Childress* (1977, 1994) und insbesondere der Belmont-Report, an dem sie mitwirkten, haben in der Medizinethik der USA nach massiven Übergriffen Grundbedingungen für Interventionen ausformuliert. Hierzu gehört das Gebot der **Nichtschädigung.** Kommunikation mit Kindern, insbesondere im Kontext von Beratung oder Verfahrenspflegschaft, hat prinzipiell sicherzustellen, dass diese Kommunikation nicht zum Schaden von Kindern ausgeht. Ein weiteres Gebot, nämlich das der **Besserung und Fürsorge,** leitet sich von der Garantenstellung des Erwachsenen ab und hat vor allem den unterschiedlichen Loyalitätskonflikten Rechnung zu tragen. Das dritte Prinzip – **Gerechtigkeit** – meint Verteilungsgerechtigkeit von Ressourcen ebenso wie Einzelfallgerechtigkeit, die es auch in Bezug auf die Ausgestaltung der Kommunikation zu berücksichtigen gilt. 732

Ein ganz wesentlicher Teilpunkt der von Beauchamp/Childress ausformulierten Prinzipien ist das Prinzip der **Autonomie.** Kinder, die einen Verfahrenspfleger brauchen, Kinder, die in Beratungsprozesse kommen, haben häufig wenig eigene Autonomie und Selbstwirksamkeit erlebt. Ihnen Gehör zu verschaffen, ihnen Informationen zu geben, ihnen dadurch Gelegenheit zur Partizipation zu geben und dazu, Entscheidungen wirklich als eigene auch miterleben zu können bzw. bewusst als fremdbewirkte Entscheidungen wahrzunehmen, ist eine wichtige Aufgabe der Kommunikation. Hinsichtlich der Autonomie gilt es, das von mir so genannte „Beteiligungsparadoxon" zu berücksichtigen. Entwicklungsalter kann nur *ein* orientierendes Kriterium für Entscheidungen sein, denn gut entwickelte, psychisch bislang wenig belastete Kinder haben in jedem Alter sehr viel bessere Ressourcen und Möglichkeiten, ihre Interessen in rechtlichen und administrativen Verfahren einzubringen. Entwicklungsverzögerte, deprivierte, psychisch beeinträchtigte Kinder sind demgegenüber häufig schutzlos den vehementesten Interessenkonflikten ausgesetzt und haben die geringsten Möglich- 733 keiten, sich selbst einzubringen und benötigen deshalb zu einem gleichen Grad von Partizipation eine sehr viel stärkere äußere Unterstützung.

4. Analyse der Voraussetzung für die Beteiligung in der Kommunikation

734 Kommunikation kann im Einzelfall hinsichtlich ihrer Voraussetzungen (vgl. *Balloff* 2000 und *Fegert* 1999), Strukturelemente und Störungsquellen beschrieben werden. Zu den Voraussetzungen gehören die kognitiven Ausgangsbedingungen, die gewisse komplexere Kommunikationen erst möglich machen. Aber auch emotionale und motivationale Komponenten spielen hier eine deutliche Rolle. Wenn man die Störungsquellen und Schwierigkeiten bei der Kommunikation einmal systematisch betrachten will, können die Schwierigkeiten beim Sender und beim Empfänger liegen. Aber auch die dazwischen liegenden Elemente sind störungsanfällig. Störungen, die vom erwachsenen „Sender" ausgehen, haben häufig mit der zu hohen Komplexität von Informationen und Botschaften zu tun.

735 In der Kommunikation mit Kindern gilt es, **einfache, verständliche Signale** zu senden, und diese müssen verbal und nonverbal stimmig vermittelt werden. Kinder nehmen es sehr eindeutig wahr, wenn die nonverbale Signalebene in einem Kontrast zur Information, d.h. der verbalen Botschaft, steht. Es lohnt sich, dass z.B. der Verfahrenspfleger, der sich in einer Kommunikation befindet, auch kurz Gedanken macht, wen seine Botschaft erreichen soll und welche Modalität er deshalb wählt. Ist es wirklich sinnvoll, solche Dinge am Telefon zu besprechen? Zu **komplexe Signale** können trotz der besten Intentionen zu sehr **mangelhaften Kommunikationsergebnissen** führen. Dies ist z.B. die Grundlage für angebliche Falschaussagen im Kontext mit zu schwierigen Fragen, z.B. im Zusammenhang mit sexuellem Missbrauch. Hier ist dann gar nicht so oft durch die erwachsenen Gesprächspartner bewusst manipulativ vorgegangen worden, sondern die Überforderung durch zu komplexe Fragen hat zu einer allmählichen Veränderung der Aussageinhalte geführt.

5. Die spezielle Bedeutung von Emotionen und des emotionalen Ausdrucks im Gespräch mit Kindern

736 Emotionen werden schnell ausgelöst und sind schwer zu kontrollieren. Ein verbreiteter definitorischer Ansatz unterscheidet **primäre Emotionen** von so genannten „sekundären" oder **komplexen Emotionen** (vgl. z.B. *Plutchik* 1980). Gerade für die primären Emotionen wie Furcht, Freude, Traurigkeit, Ekel und Überraschung besteht ein hoher Zusammenhang des expressiven Ver-

haltens mit den zugrunde liegenden Emotionen. So entsteht das Risiko, Emotion und Ausdrucksverhalten gleichzusetzen.

Manche Situationen „verlangen" aber, dass tatsächlich empfundene Emotionen überblendet werden bzw. nicht zur Darstellung gelangen. Im Rahmen des Sozialisationsprozesses lernen Kinder z. B. in bestimmten Situationen ihre tatsächlich empfundenen Gefühle nicht auszudrücken. Man nennt diesen Prozess „**emotionale Selbstregulation**". Nach *Eisenberg* (1992) oder *Kopp* (1992) bzw. *Maccoby* und *Marty* (1983) kann man feststellen, dass schon ab dem zweiten Lebensjahr eine Orientierung an sozialen Standards erfolgt. Die Verknüpfung der Emotionsregulierung und Selbstregulation kann man ab einem Alter von drei bis vier Jahren annehmen. Kinder im Vorschulalter sind schon in der Lage, emotionale Spontanreaktionen mit einer nicht adäquaten Emotion bewusst zu überblenden. 737

Saarni (1984) hat eine experimentelle Untersuchung zu dieser Thematik an Grundschulkindern durchgeführt. Kinder im Alter von sieben, neun und elf Jahren bekamen als Belohnung für eine Aufgabe (Korrektur eines Übungsbuches) ein enttäuschendes, nicht altersentsprechendes Geschenk. Die älteren Kinder zeigten positivere Reaktionen als die jüngeren Kinder. Mädchen zeigten positivere Reaktionen als Jungen. *Cole* (1986) modifizierte dieses Experiment, indem er die Emotionen in Abwesenheit des Versuchsleiters filmte. So konnte nachgewiesen werden, dass die Kinder real über das Geschenk enttäuscht waren und auch, bevor der Versuchsleiter in den Raum eintrat, enttäuschte Mimik zeigten, sich dann aber artig für das ihnen übergebene Geschenk bedankten. 738

Dieses Überblenden von Emotionen gelingt aber durchaus nicht immer, d.h., bisweilen kommt es zum Durchsickern zugrunde liegender Emotionen (*Leakage*/*Ekman* 1988). Die Bindungsforscherin *Crittenden* (1992) sieht dieses Verhalten vor allem bei unsicher-vermeidend-gebundenen Kindern, während sie annimmt, dass sicher-gebundene Kinder ein solches „Durchsickern" weniger zeigen, während unsicher-ambivalent-gebundene Kinder eher übertrieben wirkende emotionale Reaktionen auf Belastung zeigen. Crittenden stützt sich bei ihren Ergebnissen auf die Einteilung der Bindungstypen nach *Ainsworth* (1978), welche im Gefolge von Bowlby die experimentelle Bindungstheorie erheblich erweitert hat. 739

Neuere entwicklungspsychologische Untersuchungen zeigen, dass bei der Bewertung von verbalen Aussagen von Kindern, die man in Interviews oder Fragebögen erheben kann, ihr emotionales Ausdrucksverhalten während der Aussage eine große Rolle spielt. Die untersuchte Fragestellung ist auch ein wesentlicher Beitrag zur Grundlagenforschung zur Bewertung von Kinderaus- 740

Teil 3 Beiträge aus Pädagogik, Psychologie und Kinderpsychiatrie

sagen im Kontext von Misshandlungs- und Missbrauchsvorwürfen. Bisher hat sich meines Erachtens die Aussagepsychologie ausgehend von den Aussagen verbal kompetenter, psychisch gesunder Kinder, die Opfer eines Verbrechens wurden, vor allem am gesprochenen Text orientiert und hat versucht, aus textlichen Kriterien (vgl. *Steller* und *Köhnken*, 1989) die Stimmigkeit von Aussagen nachzuweisen. Die Ergebnisse unterstreichen unsere Hypothese, dass abhängig von der Bindungsqualität und der psychischen Belastung das Gesagte mehr oder weniger emotional kongruent ist.

741 Je stärker die psychische Belastung, desto stärker müsste die emotionale Situation der Kinder beachtet werden. Gerade Emotionen wie **Schuld, Scham, Peinlichkeit und Stolz** spielen in Bezug auf die psychosexuelle Entwicklung von Kindern und die Störungen in dieser Entwicklung eine große Rolle. Bisher sind diese Emotionen im Vergleich zu Traurigkeit und Angst viel zu wenig beachtet worden. Zwischen den Emotionen Schuld, Scham und Peinlichkeit kann eine gewisse Nähe festgestellt werden. Auch gibt es „gemischte Gefühle" gerade zwischen Scham und Schuld sowie Alters- und Geschlechtsunterschiede im Erleben der drei Emotionen.

742 „Peinlichkeit, Scham und Schuld werden offenbar je nach Geschlecht und Alter der untersuchten Personen verschieden erlebt. Prinzipiell scheinen zumindest Peinlichkeits- und Schamgefühle bei Frauen häufiger und/oder intensiver aufzutreten als bei Männern. Bei Kindern im Alter von 6–10 Jahren zeigen sich diese Unterschiede noch nicht (vgl. *Roos* 1988). Gleichgerichtete geschlechtsspezifische Unterschiede im Schulderleben finden sich lediglich tendenziell. Dieser Befund ist vielleicht ein Hinweis darauf, dass Frauen – wie es geschlechtsstereotype Rollenerwartungen erwarten lassen – über ein reicheres, markanteres Gefühlsleben verfügen. Sie sind schneller von Selbstzweifeln befallen und eher bereit, die eigene Person abzuwerten. Männer hingegen geraten offenbar aufgrund einer von Zweifeln ungetrübten Einschätzung ihrer Kompetenz und ihres Selbstwertes seltener in Situationen, die Peinlichkeit oder Scham zur Folge haben" (*Roos* 1992).

743 **Schuldgefühle** spielen insbesondere bei Kindern ab dem Schulalter bei vorgefallenem sexuellem Missbrauch eine große Rolle. Sehr häufig achten die Täter teilweise sehr geschickt darauf, Kindern eine aktive Beteiligung zu suggerieren, indem ihnen Verantwortung und Beteiligung durch angeblich oder tatsächlich empfundene Lust unterstellt wird. Häufig habe ich von Jungen, die Opfer pädophiler Übergriffe wurden, gehört, dass die Täter das Vorhandensein einer Erektion als Zeichen der aktiven Beteiligung und als Willensäußerung des Kindes deuteten. Somit schufen sie die Voraussetzungen dafür, dass die Kinder hierfür aufgrund der angenommenen eigenen Verantwortung Scham- oder

Schuldgefühle zeigten. Eine weitere häufige Ursache für Schuldgefühle sind die zu erwartenden oder angedrohten negativen Folgen für den Täter bzw. für die gesamte Familie bei Aufdecken des Missbrauchs. Hinzu kommt noch, dass damit ein gegen sämtliche soziokulturellen, moralischen und gesetzlichen Regeln verstoßendes Verhalten an die Öffentlichkeit gelangt und somit definitionsgemäß eine peinliche Situation entstehen muss.

Bei der Einschätzung von Emotionen sind wir häufig auf unsere eigenen Gefühle angewiesen. Diese Gefühle können stark von Beziehungsvariablen beeinflusst werden. Wir können eigene Thematiken in ein Kind hineinprojizieren etc. Insofern ist im Sinne eines adäquaten Umgangs mit kindlichen Emotionen auch die Pflege der eigenen Emotionalität, die Kenntnis der eigenen emotionalen Probleme etc. durch Selbsterfahrung und Supervision ein wichtiges Moment, damit sich nicht eigene Betroffenheit mit der Wahrnehmung kindlicher Interessen vermischt. 744

VII. Kinder in Gerichtsverfahren

Die Situation und die Sicht kindlicher Zeugen in Strafverfahren ist in den vergangenen Jahren etwas aus dem Dunkelfeld geholt worden. Hier gelang es, Professionelle für Verhaltens- und Verfahrensweisen zu sensibilisieren, die die Kinder und Jugendlichen belasten und von den jungen Menschen selbst kritisch gesehen werden (grundlegend *Volbert/Pieters* 1993) Die Frage, wie Kinder und Jugendliche das zivilrechtliche Kindesschutzverfahren erleben, was ihnen hilft oder sie belastet und was aus ihrer Sicht wichtig ist, ist dagegen erst ansatzweise erforscht (vgl. hierzu *Lempp* u.a. 1987; 49–85; *Münder* u.a. 2000, 310 ff.). 745

Grundsätzlich kommt es bei der Auseinandersetzung des Kindes mit seiner Situation und dem möglichen Verfahrensausgang stets sehr auf die Persönlichkeit, den Entwicklungsstand, die Lebensgeschichte, die individuellen Konfliktlagen und Bewältigungsmöglichkeiten an. Selbstverständlich ist auch die momentane Lebenssituation des Kindes, insbesondere in Trennungssituationen, von immenser Bedeutung. Nicht zuletzt spielt sicher auch die biographische Tragweite der in Frage stehenden gerichtlichen Beschlüsse eine wesentliche Rolle. 746

Hervorzuheben ist dabei, dass es in allen der in § 50 FGG aufgelisteten Verfahren um eine der schmerzlichsten Fragen geht, mit denen ein Kind nur konfrontiert sein kann. Nämlich, ob es sich vorübergehend oder dauerhaft von seinen sozialen Eltern und dem vertrauten sozialen Umfeld (Freunde, Kindergarten, Schule) trennen muss. Eine Frage, die also weit jenseits des „normalen" Erwartungs- und Entscheidungshorizontes eines Kindes liegt und entwick- 747 lungspsychologisch und soziokulturell betrachtet nicht in die Kindheit, sondern in die Verselbständigungsphase der späten Adoleszenz fällt und selbst dann noch als enorme Entwicklungsaufgabe gilt. Auch die Dauer des gerichtlichen Verfahrens, das dem kindlichen Bedürfnis nach stabilen, gesicherten Beziehungen und Verhältnissen diametral entgegensteht, ist ein in der Fachliteratur (vgl. nur *Heilmann* 1998, S. 30 ff., 264 ff.) immer wieder hervorgehobener Faktor.

748 Besonders bedeutsam werden in dieser Situation regelmäßig die Haltungen und Meinungen der Eltern bzw. Pflegepersonen sein, die sich hilfreich oder belastend auf die Einschätzungen und die Erlebnisverarbeitung des Kindes auswirken können. Letzteres ist offenkundig der Fall, wenn das Kind gezielten Manipulationen oder Drohungen ausgesetzt ist. Doch auch in weniger extremen Situationen erleben Kinder, dass ihre (Pflege-)Eltern selbst belastet, erschüttert, zornig, gekränkt oder sehr besorgt sind. So berichten Verfahrenspfleger/-innen von Tränen und Ängsten der sichtlich um Fassung bemühten Eltern oder Pflegeeltern anlässlich von Gesprächen oder der Anhörung ihrer Kinder. Manche Erwachsene reagieren aufgrund ihrer eigenen, verständlichen emotionalen Betroffenheit auch mit Vorwürfen.

749 „Die kindliche Erlebnisverarbeitung spiegelt die Befürchtungen und Ängste der Eltern wider, die dann ihrerseits durch die Beunruhigung des Kindes Bestätigung erhalten, dass ihre Befürchtungen berechtigt sind" (*Lempp* u.a. 1987, S. 83). Entsprechende Wahrnehmungen können für das Kind, das sich in einer extrem ungewissen Lebenssituation befindet, in der es also besonders auf die Unterstützung, Zuversicht und Gelassenheit seiner Eltern oder anderer Vertrauenspersonen angewiesen wäre, sehr beängstigend sein. In dieser Situation, in der Kinder intensive Gefühle der Einsamkeit, Schuld, Trauer und Ohnmacht durchleben können, wird die Präsenz einer Person, die sich ganz auf die Probleme und Bedürfnisse des Kindes konzentriert und als belastbar erweist, als hilfreich erlebt. Trotz jahrzehntelanger Praxiserfahrungen des Auslandes wissen wir zwar nur wenig darüber, wie Kinder und Jugendliche die Aufgaben ihrer Vertretung sehen, deren Verhalten interpretieren, was sie als belastend oder entlastend erleben, sich von ihr wünschen oder an ihr kritisieren. Doch zieht sich die Bedeutsamkeit einer Halt gebenden persönlichen Beziehung gleich einem roten Faden durch die veröffentlichten Interviewstudien mit vertretenen Kindern und Jugendlichen (*Zitelmann* 2001, S. 321 f.).

750 Für die Kinder ist das Verfahren oft schon deshalb unüberschaubar und verunsichernd, weil sie weder die zeitlichen Dimensionen erfassen können, noch in der Lage sind, sich eigenständig Sachstandsauskünfte einzuholen. „Insofern wird sich die Arbeit von Verfahrenspflegern auch daran bemessen lassen, ob Kinder

D Spezifische Bedürfnisse, Belastungs- und Risikofaktoren

genau Bescheid wissen, was wann passiert, was noch auf sie zukommen kann, wie lange welches Verfahren dauert und wer ihnen darüber Auskunft geben kann" (*Fegert*, FPR 1999, 327). Dies ist ein übrigens immer wieder auch von Kindern und Jugendlichen selbst hervorgehobener Gesichtspunkt, die sich zeitnahe und verständliche Auskünfte über die sie betreffenden Planungen und Entscheidungen wünschen, etwa nach einer mündlichen Verhandlung genau erzählt zu bekommen, was los war, wer wo saß, wer was gesagt hat und selbstverständlich auch, was der Richter entschieden hat und wie alles weitergehen wird.

Rechtlich ist allerdings nicht klargestellt, wer (außer den sich im Interessenkonflikt befindenden Sorgeberechtigten) die Kinder über die Vorgänge im behördlichen, familiengerichtlichen und ggf. auch strafrechtlichen Verfahren informiert und ggf. die Rolle des Case-Managers übernimmt, um interventionsbedingte Schädigungen zu minimieren. In diesen Fällen kommt hierfür der Verfahrenspfleger durchaus in Frage (*Fegert*, FPR 1999, 327), dessen rechtliche Handlungskompetenz indes einer gesonderten Absicherung von Seiten des Gerichtes bedarf. Bei der Information der Kinder im Vor- und Grundschulalter ist allerdings zu beachten, dass diese oft über keine, begrenzte oder falsche Vorstellungen und Kenntnisse von gerichtsbezogenen Verfahrensweisen verfügen. Mit zunehmendem Alter erhöht sich dieses Wissen. So ist etwa ab dem 9. Lebensjahr mit einem zutreffenden Verständnis der Aufgaben des Richters (die vorher oft mit denen der Polizei gleichgesetzt werden) oder von Anwälten zu rechnen. **751**

Die Rolle des Gutachters ist vielfach selbst Jugendlichen noch nicht bekannt oder mit irrigen Vorstellungen verbunden: „Wenn da so ein neuer Richter kommt, dann guckt der (Gutachter) zu, ob der (Richter) das gut macht bei Gericht, das ist dann so eine Probe"; „der begutachtet, ob der Protokollschreiber das auch richtig schreibt, ob die Protokolle richtig gemacht sind" etc. (*Wolf* 1997, S. 101 f.). Nehmen die gerichtsbezogenen Kenntnisse des Kindes oder Jugendlichen zu, kommt es in einer Übergangsphase vermehrt zu fehlerhaften Zuschreibungen, bis die relevanten Informationen schließlich zutreffend eingeordnet werden können. Eigene Erfahrungen mit dem Gericht können zusätzliche Irritationen hervorrufen. Nicht selten beziehen Kinder und Jugendliche ihre Informationen aus dem Fernsehen, so dass ihre Vorstellungswelt von Szenen des anglo-amerikanischen Strafverfahrens geprägt sein kann. So rechnen Kinder z. B. damit, dass der Richter ein Mann ist, eine Perücke trägt, mit einem Hammer schlägt, dass Kinder im Zeugenstand ins Kreuzverhör genommen und bei Falschaussagen bestraft werden etc. (*Wolf* 1997, insbes. S. 45 f. 48, 101 f., 208 f.). **752**

Auch kann nicht davon ausgegangen werden, dass den Kindern der Unterschied zwischen zivilrechtlichen und strafrechtlichen Verfahren bekannt ist. Bei ihrer Begleitung sollte man deshalb auf entsprechende Ängste vor straf- **753** rechtlichen Verurteilungen sowie auf Fehlinformationen und Missverständnisse gefasst sein. Insbesondere gilt dies für misshandelte und sexuell missbrauchte Kinder, die nicht selten mit gezielten Desinformationen und irreleitenden Drohungen mit den Reaktionen des Jugendamtes oder Gerichtes aufgewachsen sind. Besonders verwirrend dürften Situationen sein, in denen tatsächlich zugleich ein straf- und ein zivilrechtliches Verfahren anhängig ist (zur sozialpädagogischen Begleitung vgl. *Fastie* 1994, S. 129–144).

754 Bezüglich des vormundschafts- oder familiengerichtlichen Verfahrens ist im übrigen Coester zuzustimmen, der fordert, das Kind ggf. bei der richterlichen Anhörung darauf hinzuweisen, dass ein „strafprozessuales Verwertungsverbot" seiner Mitteilungen besteht (*Staudinger-Coester*, § 1666, Rn 216). Seitens seiner Interessenvertretung sollte dies mit dem Kind bereits im Vorfeld der Anhörung gem. § 50b FGG besprochen werden. Um den Kindern in dieser Situation zumindest eine gewisse subjektive Kontrolle zu ermöglichen, kommt es auf ein realistisches Bild über das Verfahren an. Hierzu zählt die Verständigung über die Aufgaben des Verfahrenspflegers, des Richters und den Ablauf des Verfahrens, das dem Kind „altersgemäß, aber korrekt" erklärt werden sollte (*Marquardt/Lossen* 1999, S. 150 u. 151).

755 Erfahrungsgemäß können anschauliche Erzählungen über Gleichaltrige, die sich in einer ähnlichen Situation befanden, den Kindern helfen, sich aktiv mit dem Verfahren auseinander zu setzen und sich zum Beispiel auf die gerichtliche Anhörung oder eine Begutachtung einzustellen. Dieses Gefühl subjektiver Kontrolle ist schon deshalb wichtig, weil Kinder und Jugendliche vor dem Hintergrund traumatischer Beziehungs- und Verlusterfahrungen sowie sozialer Benachteiligungen oft kaum in die eigene Wirksamkeit in der Auseinandersetzung mit sich und ihrer Umwelt vertrauen können. Sie tendieren eher dazu, sich als hilflos und ihre Handlungsspielräume als abhängig von den Einflüssen der mit Macht versehenen Personen und Institutionen zu erleben. Sie glauben vergleichsweise weniger daran, eigene Rechte zu haben bzw. sie wirksam durchsetzen zu können (*Melton* 1992, S. 168 f.).

756 In einer Situation, in der kein Erwachsener dem Kind sagen kann, wie es weitergeht, bietet insbesondere das persönliche Gespräch mit dem Richter oder der Richterin Entlastung und die Chance zur aktiven Einflussnahme. Im Vorfeld der Anhörung bedürfen die Kinder oder Jugendlichen allerdings oft zunächst einer Person, die erklärt, weshalb der Richter oder die Richterin sie überhaupt kennen lernen will, wie solche Gespräche bei anderen Kindern abliefen, welche Chancen die Anhörung bietet und die deutlich macht, dass das Kind keine Entscheidungsverantwortung hat. Manche Kinder reagieren unmittelbar nach der Anhörung mit einer Selbstwertsteigerung und einem Hochgefühl über die

eigene Leistung. Andere schwanken in ihren Reaktionen oder kämpfen mit Versagensgefühlen und Selbstzweifeln. Kinder, die sich noch ganz in Abhängigkeit ihrer Eltern erleben, sind nach einem solchen Gespräch darauf angewiesen, sich bei Bedarf zurückziehen zu können bzw. einen einfühlsamen Gesprächspartner zu haben. Zuweilen scheinen die Kinder die Tragweite ihrer Äußerungen erst in der Anhörungssituation zu realisieren, zuweilen haben sie dort nicht genügend Zeit, sich verständlich zu machen oder bleiben mit ihren Gefühlen allein, so *Lempp* u.a. (1987, S. 81 ff.). Die von ihnen beobachteten und interviewten Kinder waren in der Regel zwar durch die Scheidungsproblematik belastet, mehrheitlich aber nicht schwer traumatisiert.

757 Bei misshandelten, vernachlässigten bzw. sexuell missbrauchten Kindern und Jugendlichen erscheint eine fachlich kompetente und einfühlsame Begleitung freilich umso dringlicher. Berührt oder thematisiert die Anhörung doch die Unzulänglichkeit der Eltern und anderer wichtiger Erwachsener und die Möglichkeit einer Trennung bzw. die bereits erfolgte Herausnahme. Sie rührt zugleich an traumatische Geschehnisse (Misshandlung, sexuelle Übergriffe) und kann das Kind oder den/die Jugendliche(n) zu einer Zeit und in einer Weise mit entsprechenden Erinnerungen und Gefühlen konfrontieren, die überwältigend sein können.

758 Wird das Kind durch seine Vertretung oder eine andere Person seines Vertrauens begleitet, kann diese dazu beitragen, Unbehagen, Selbstzweifel oder auch Schuldgefühle („haben wir was Falsches gesagt?") zu vermindern. Bietet ihre Anwesenheit doch den Kindern und Jugendlichen die Möglichkeit, das Gericht wissen zu lassen, dass sie ihre Entscheidung während der Anhörung spontan veränderten, wichtige Dinge nicht sagen konnten, Fragen nicht richtig verstanden haben, Missverständnisse befürchten, Angst oder Wut hatten usw. Das Kind muss seine während der Anhörung mitgeteilte Position damit nicht als unumstößliche Entscheidung und das Geschehen als unwiderruflich verarbeiten, sondern kann aktiv Einfluss nehmen, ob nun mittelbar durch seine Vertretung oder unmittelbar, z.B. durch einen Brief an das Gericht oder die Anregung zur erneuten Anhörung.

bleiben frei **759–770**

Teil 4
Die Rechtsstellung des Kindes im gerichtlichen und behördlichen Verfahren

A Das Verfahren der Familien- und Vormundschaftsgerichte

Übersicht

		Rn
I.	Einleitung	771
II.	Verfahrensgrundsätze in kindschaftsrechtlichen Verfahren	775
	1. Der Amtsermittlungsgrundsatz	776
	2. Das besondere Gebot der Verfahrensbeschleunigung	782
	a) Selbstkontrolle	786
	b) Beschleunigungsfunktion	787
	3. Weitere Verfahrensgrundsätze	788
	a) Offizialmaxime	789
	b) Rechtliches Gehör	791
III.	Zuständigkeiten	794
IV.	Besonderheiten des Verfahrensablaufs	797
	1. Hinwirken auf Einvernehmen: Früher erster Termin	798
	2. Bestellung des Verfahrenspflegers	802
	3. Anhörungen	804
V.	Ermittlung und Beweiserhebung	810
	1. Beweismittel	811
	2. Insbesondere Sachverständigengutachten	813
VI.	Entscheidung	820
	1. Zwischen- und Endentscheidung	821
	2. Eilentscheidung	822
	3. Abänderung nach § 1696 BGB	829
VII.	Rechtsmittel	830
	1. Rechtsmittel gegen erstinstanzliche Entscheidungen	831
	a) Zwischenentscheidungen	832
	b) Eilentscheidungen	835
	c) Endentscheidungen	836
	2. Vorgehensweisen gegen Untätigkeit	839
	a) Untätigkeitsbeschwerde	841
	b) Ablehnung wegen Befangenheit	842
	c) Dienstaufsichtsbeschwerde	844
	3. Formelle Anforderungen an das Rechtsmittel	845
	a) Frist	846
	b) Beschwerdeberechtigung	847
	c) Form der Einlegung	849
	d) Beschwerdebegründung	852
	e) Beteiligung von Rechtsanwälten	854
	4. Rechtsmittel gegen die Entscheidungen der zweiten Instanz	856

VIII.	Vollziehung und Vollstreckung von Entscheidungen	859
IX.	Rechte von Kindern und Jugendlichen im gerichtlichen Verfahren	866
	1. Verfahrensfähigkeit von Kindern und Jugendlichen?	867
	2. Anhörung nach § 50b FGG	871
	a) Voraussetzungen	873
	b) Gestaltung	878
	aa) Anwesenheit von anderen Verfahrensbeteiligten	880
	bb) Ort der Anhörung	884
	cc) Vorgehensweise des Gerichts	885
	dd) Protokollierung	887
	3. Kindeswohlzentrierung des Verfahrens	889
X.	Übersicht über den Ablauf eines familiengerichtlichen Verfahrens	891

I. Einleitung

771 Das Verfahrensrecht dient als Absicherung dafür, dass das zur Sachentscheidung berufene Gericht den Weg der Entscheidungsfindung nicht nur auf rechtsstaatliche Weise beschreitet, sondern auch die entscheidungserheblichen Tatsachen nicht übersehen werden. Die für den Verfahrenspfleger maßgebenden gesetzlichen Grundlagen finden sich vornehmlich im Gesetz über die Angelegenheiten der freiwilligen Gerichtsbarkeit (FGG) und in der Zivilprozessordnung (ZPO). Beide Regelungswerke kombiniert der Gesetzgeber mit großen gesetzessystematischen Feinheiten, die es jedoch unmöglich machen, den Verfahrensablauf bzw. einzelne verfahrensrechtliche Problemfelder mit einem kurzen Blick in das Gesetzeswerk zu klären. Das nachfolgende Kapitel soll daher unter anderem den Zugang erleichtern.

772 Nutzbar machen kann der Verfahrenspfleger die nachfolgenden Ausführungen für nahezu alle kindschaftsrechtlichen Verfahren, insbesondere betreffend

- die Kindeswohlgefährdung (§ 1666 BGB)
- das Sorgerecht nach Trennung (§ 1671 BGB)
- den Umgang (§§ 1684 ff. BGB)
- den Erlass einer Verbleibensanordnung (§§ 1632 Abs. 4, 1682 BGB)
- die Unterbringung eines Kindes (§ 1631b FGG)
- die Vormundschaft (§§ 1773 ff. BGB)

– die Adoption (§§ 1741 ff. BGB) sowie
– das Abänderungsverfahren nach § 1696 BGB.

Der Rückgriff auf die einschlägige Kommentarliteratur zur Klärung von Einzelfragen kann hierdurch freilich nicht ersetzt werden. Verwiesen wird insbesondere auf folgende Kommentierungen: 773

– Keidel/Kuntze/Winkler, Freiwillige Gerichtsbarkeit, 14. Auflage, München 2000
– Bumiller/Winkler, Freiwillige Gerichtsbarkeit, 7. Auflage, München 1999
– Bassenge/Herbst, FGG/RPflG, 8. Auflage, Heidelberg 1999
– Zöller, Zivilprozessordnung, 23. Auflage, Köln 2002
– Thomas/Putzo, ZPO, 24. Auflage, München 2002

Nicht Gegenstand dieses Kapitels sind hingegen die Besonderheiten der Verfahren nach dem Haager Kindesentführungsübereinkommen (HKÜ), dem Minderjährigenschutzabkommen (MSA) sowie dem Europäischen Sorgerechtsübereinkommen (ESÜ). Entsprechende Ausführungen würden den Rahmen dieses Handbuchs sprengen. Verwiesen wird insoweit auf die einschlägigen Veröffentlichungen.[1] 774

➢ *Zu den gerichtlichen Verfahren mit Auslandsbezug vgl. Rn 892 ff.*
➢ *Zu den Besonderheiten des Unterbringungsverfahrens (§ 1631b BGB) siehe Rn 181 ff. sowie Staudinger-Salgo, § 1631b Rn 31 ff.*
➢ *Zum Vergütungsfestsetzungsverfahren siehe Rn 1251 ff.*

II. Verfahrensgrundsätze in kindschaftsrechtlichen Verfahren

Für das Verständnis des hier maßgeblichen Verfahrensrechts sind seine elementaren Leitlinien von besonderer Bedeutung. Sie eröffnen den Blick für das Wesentliche des gerichtlichen Verfahrens und bilden oft den Hintergrund einer Vielzahl gesetzlicher Regelungen, deren eigentlicher Normgehalt sich ohne ihre Kenntnis nicht erschließen würde. 775

---

1. Vgl. insbesondere Finger, Haager Übereinkommen über die zivilrechtlichen Aspekte internationaler Kindesentführung, ZfJ 1999, S. 15 ff.; Bach/Gildenast, Internationale Kindesentführung, Bielefeld 1999; Schweppe, Kindesentführungen und Kindesinteressen – Die Praxis des Haager Übereinkommens in England und Deutschland, Münster 2001; dies., ZfJ 2001, S. 169 ff.; Julius von Staudinger, Kommentar zum Bürgerlichen Gesetzbuch [EGBGB/IPR; Kindschaftsrechtliche Übereinkommen; Art. 19 EGBGB], 13. Bearbeitung, Berlin 1994; Motzer, in: Schwab [Hrsg.], Handbuch des Scheidungsrechts, 4. Auflage, München 2000, S. 735 ff. u. 745 ff.; eine Darstellung der Besonderheiten dieser Verfahren findet sich auch in: Heilmann, Kindliches Zeitempfinden und Verfahrensrecht, Neuwied 1998, S. 137 ff.

1. Der Amtsermittlungsgrundsatz

776 Der Amtsermittlungsgrundsatz ist vor einem verfassungsrechtlichen Hintergrund zu sehen: dem staatlichen Wächteramt. Art. 6 Abs. 2 Satz 2 GG bestimmt, dass über die Betätigung des Elternrechts die staatliche Gemeinschaft wacht. Dann aber ist es nur konsequent, dass der Gesetzgeber das kindschaftsrechtliche Verfahren in die Hände des Gerichts – und damit des Staates – legt. Dem entsprechend regelt der Gesetzgeber in § 12 FGG, dass das Gericht von Amts wegen die zur Feststellung der Tatsachen erforderlichen Ermittlungen durchzuführen und die geeignet erscheinenden Beweise zu erheben hat.

777 Damit liegt es in der Verantwortung des Gerichts – und nicht etwa bei den Verfahrensbeteiligten wie beispielsweise im Zivilprozess –, den entscheidungserheblichen Tatsachenstoff zu ermitteln. Nach diesem das kindschaftsrechtliche Verfahren beherrschenden Verfahrensgrundsatz ist das Gericht verpflichtet, nicht nur über die Notwendigkeit einer Beweisaufnahme überhaupt, sondern auch über deren Umfang und die Auswahl der Beweismittel zu entscheiden.[2] Das Gericht hat folglich einen erheblichen Gestaltungsspielraum bei der Verfahrensleitung und -organisation. Mithin ist das Gericht auch nicht an das Vorbringen und etwaige Beweisanträge der Verfahrensbeteiligten gebunden, sondern entscheidet selbst darüber, welche Beweise (näher hierzu unten Rn 810 ff.) es erhebt.[3] Damit hat das Gericht auch darüber zu entscheiden, ob eine bestimmte Tatsache beweisbedürftig ist oder nicht.

778 Gleichwohl können die Verfahrensbeteiligten, insbesondere also auch der Verfahrenspfleger, die gerichtliche Vorgehensweise durch „Beweisanträge" beeinflussen. In diesem Zusammenhang sind Beweisanträge Anregungen für das Gericht, die dieses nach pflichtgemäßem Ermessen prüfen muss.[4] Dabei muss das Gericht – unter Berücksichtigung des besonderen Gebots der Verfahrensbeschleunigung (vgl. unten Rn 782 ff.; zur notwendigen Abwägung siehe Rn 814) – alle Beweise erheben, die erforderlich sind, um eine möglichst zuverlässige – am Kindeswohl orientierte (vgl. § 1697a BGB) – Entscheidungsgrundlage zu erhalten.[5]

779 Daher empfiehlt sich in den Fällen, in denen das Gericht einen Beweis nicht erhebt, der einen maßgeblichen Erkenntnisgewinn zu vermitteln vermag und daher das Ergebnis des Verfahrens wesentlich beeinflussen kann, einen Beweisantrag zu stellen. Dieser sollte die Art des zu erhebenden Beweismittels (hierzu unten Rn 811) bezeichnen und darlegen, welchen Erkenntnisgewinn

---

2. Vgl. Keidel-Kayser, § 12 Rn 175.
3. Vgl. BGH, FamRZ 1984, S. 1084; zur eigenen Informationsbeschaffung durch den Verfahrenspfleger siehe Pkt. 4.3 der Standards der BAG Verfahrenspflegschaft (hier Rn 1051 ff.).
4. Vgl. BGH, FamRZ 1984, S. 1084.
5. Vgl. BVerfGE 55, 171 <182>.

man sich von der Erhebung dieses Beweises erhofft. Zudem sollte deutlich werden, welchen Einfluss das Ermittlungsergebnis auf das Ergebnis des Verfahrens haben kann. Schließlich sollte der Beweisantrag bei bereits vorangeschrittener Verfahrensdauer auch Ausführungen dazu enthalten, weshalb das besondere Gebot der Verfahrensbeschleunigung der Erhebung dieses Beweises nicht entgegensteht.

Freilich ist auch der umgekehrte Fall denkbar, in dem das Gericht im Rahmen des Amtsermittlungsgrundsatzes Beweise erhebt, die nach Auffassung des Verfahrenspflegers nicht erforderlich sind. Bevor die Erfolgsaussicht der Einlegung eines förmlichen Rechtsmittels geprüft wird (hierzu unten Rn 832) sollten dem Gericht die Nachteile einer derartigen Beweiserhebung schriftsätzlich dargelegt werden. Ein Argument kann hier gegebenenfalls die für das Kind entstehende Belastung und in diesem Zusammenhang der Hinweis auf die gebotene Kindeswohlzentrierung des kindschaftsrechtlichen Verfahrens (hierzu unten Rn 889 f.) sein. 780

Argumentativ herangezogen werden kann auch das besondere Gebot der Verfahrensbeschleunigung (siehe unten Rn 782 ff.). Schließlich kann das Gericht gegebenenfalls darauf hingewiesen werden, dass auch unter Berücksichtigung des Amtsermittlungsgrundsatzes eine Pflicht zur Entscheidung bei Entscheidungsreife gemäß § 300 Abs. 1 ZPO analog besteht.[6] Entscheidungsreife ist eingetreten, wenn dem Gericht alle erforderlichen Informationen für eine am Kindeswohl orientierte Entscheidung vorliegen und die Verfahrensvorschriften, insbesondere hinsichtlich der durchzuführenden Anhörungen (vgl. unten Rn 804 ff.), beachtet wurden. 781

2. Das besondere Gebot der Verfahrensbeschleunigung

Zwar muss das Familiengericht auf der einen Seite das Verfahren so gestalten, dass es möglichst zuverlässig die Grundlage einer am Kindeswohl orientierten Entscheidung erkennen kann.[7] Auf der anderen Seite muss es jedoch dem besonderen Gebot der Verfahrensbeschleunigung gerecht werden. Dieser erst in der jüngeren Vergangenheit entwickelte Aspekt des kindschaftsrechtlichen Verfahrens hat seinen Ursprung in der rechtswissenschaftlichen Diskussion[8] und fand nunmehr auch Eingang in die Rechtsprechung des Bundesverfassungsgerichts.[9] 782

---

6. Vgl. Heilmann, Kindliches Zeitempfinden und Verfahrensrecht, S. 226 ff.
7. Vgl. BVerfGE 55, 171 <182>; FamRZ 1993, S. 662 <663>.
8. Vgl. Heilmann, Kindliches Zeitempfinden und Verfahrensrecht, Neuwied 1998; ders., Die Dauer kindschaftsrechtlicher Verfahren, ZfJ 1998, S. 317 ff.; siehe auch Staudinger-Salgo, § 1632 Rn 104; Gießler, S. 504; Staudinger-Coester, § 1666 Rn 205; van Els, S. 38 ff.; Motzer, in: Schwab, S. 594.
9. Vgl. BVerfG, NJW 2001, S. 961; FamRZ 2000, S. 413 <414>: „besondere Sensibilität"; FamRZ 1997, S. 871 ff.

783 Hintergrund für das Gebot der Verfahrensbeschleunigung als Verfahrensgrundsatz in kindschaftsrechtlichen Verfahren sind die Besonderheiten des kindlichen Zeitempfindens[10]: Erst mit zunehmendem Alter erwirbt ein Kind die Fähigkeit zur Wahrnehmung und Schätzung von Zeit und lernt, dass „verschwundene" Personen wieder auftauchen. Kleinere Kinder empfinden daher – auf objektive Zeitspannen bezogen – den Verlust einer Bezugsperson schneller als endgültig als größere Kinder oder gar Erwachsene. Dies führt dazu, dass zum einen die mit der Durchführung des Verfahrens einhergehenden psychischen Belastungen für das Kind von besonderer Bedeutung sind[11] und zum anderen die große Gefahr einer faktischen Präjudizierung besteht, also die Gefahr, dass das Verfahren allein durch Zeitablauf und die dabei entstehenden bzw. sich verändernden tatsächlichen Verhältnisse entschieden wird und nicht durch eine das Verfahren zu einem späteren Zeitpunkt abschließende gerichtliche Entscheidung.[12]

784 Besonders deutlich wird dies in den kindschaftsrechtlichen Verfahren, in denen Bindungen des Kindes (vgl. Rn 371 ff., 650 ff.) die Entscheidung maßgeblich beeinflussen können wie zum Beispiel in Verfahren auf Erlass einer Verbleibensanordnung (§ 1632 Abs. 4 BGB), Verfahren wegen Kindeswohlgefährdung (§ 1666 BGB), Sorgerechtsstreitigkeiten (§ 1671 BGB) sowie Umgangsrechtsverfahren (§ 1684 BGB), mithin Verfahren, die zum überwiegenden Betätigungsfeld des Verfahrenspflegers gehören.[13] In umgangsrechtlichen Verfahren kommt hinzu, dass jede Verfahrensverzögerung faktisch zu einem Umgangsausschluss führen kann.[14]

785 Das besondere Gebot der Verfahrensbeschleunigung in kindschaftsrechtlichen Verfahren ist von allen professionell am Verfahren Beteiligten (Gerichte, Jugendamt, Verfahrensbevollmächtigte, Sachverständige) zu beachten. Auch für den Verfahrenspfleger ist es von sehr großer Bedeutung, zumal als eines der Hauptargumente gegen die Einführung der Verfahrenspflegschaft vorgebracht wurde, er verzögere das gerichtliche Verfahren.[15] Um diesem Verfahrensgrundsatz gerecht zu werden, müssen die genannten Verfahrensbeteiligten zum einen das Gebot der „Selbstkontrolle" beachten und zum anderen zur Verfahrensbeschleunigung aktiv beitragen („Beschleunigungsfunktion").

---

10. Hierzu Heilmann, Kindliches Zeitempfinden und Verfahrensrecht, S. 15 ff.; siehe nun auch BVerfG, NJW 2001, S. 961
11. Hierzu Heilmann, a.a.O., S. 30 ff.; siehe auch BVerfG, a.a.O.
12. Vgl. BVerfG, a.a.O., NJW 2001, S. 961; FamRZ 1997, S. 871 < 873>; hierzu Heilmann, a.a.O., S. 24 ff.
13. Vgl. Heilmann, a.a.O.
14. Vgl. BVerfG, a.a.O., NJW 2001, S. 961 <962>.
15. Vgl. Heilmann, a.a.O., S. 264 ff. m.w.Nachw.

a) Selbstkontrolle

„Selbstkontrolle" heißt dabei, dass die Verfahrensbeteiligten und das Gericht selbst keine Ursachen für vermeidbare Verfahrensverzögerungen setzen dürfen. Daraus folgt, dass sie – soweit ihnen die Entscheidung zur Übernahme der Tätigkeit obliegt – sich im Wege einer kritischen Selbsteinschätzung vergewissern sollten, ob die äußeren Rahmenbedingungen (beruflich und privat) perspektivisch so gestaltet sind, dass hinreichende zeitliche Kapazitäten zur Übernahme ihrer Aufgabe innerhalb des gerichtlichen Verfahrens vorhanden sind. Hierbei spielen insbesondere Anzahl bzw. Arbeitsintensität der bereits übernommenen Fälle eine Rolle. Denn während der Tätigkeit sollte beispielsweise der Verfahrenspfleger nicht für die Verlegung von Gerichtsterminen verantwortlich sein. Sollte daher die Verlegung eines gerichtlich festgelegten Termins im Raume stehen, dann darf dies nur aus einem wichtigen Grunde geschehen. Das Beschleunigungsgebot verlangt aber auch, dass die vom Gericht gesetzten Fristen unbedingt eingehalten werden.

786

b) Beschleunigungsfunktion

Der „Beschleunigungsfunktion"[16] werden die professionell am Verfahren Beteiligten gerecht, wenn sie aktiv zur Verkürzung der Verfahrensdauer beitragen. Hierzu gehört beispielsweise, dass wechselseitiges Verständnis für die Bedeutung der Verfahrensdauer (Hintergrund und Gefahren einer Verfahrensverzögerung) geweckt wird, soweit sich bei einem oder mehreren der anderen Verfahrensbeteiligten Hinweise auf Verfahrensverzögerungen ergeben, die im Interesse des Kindes vermieden werden sollten. Gegebenenfalls sollte auf einen frühen gerichtlichen Termin (vgl. § 52 Abs. 1 Satz 2 FGG), an dem alle professionell am Verfahren Beteiligten (Jugendamt, Gericht, Rechtsanwalt, Verfahrenspfleger) teilnehmen (hierzu unten Rn 798 ff.) sowie auf angemessen kurze (gerichtliche) Fristen hingewirkt werden. Im Hinblick auf die Beschleunigungsfunktion muss das Gericht stets abwägen, ob der zu erwartende Erkenntnisgewinn bei Erhebung eines Beweises die damit einhergehende Verfahrensverzögerung rechtfertigt oder nicht (vgl. unten Rn 814).

787

➤ *Zur Vorgehensweise gegen Untätigkeit siehe unten Rn 839 ff.*

3. Weitere Verfahrensgrundsätze

Im Übrigen sind insbesondere die Offizialmaxime und der Anspruch auf rechtliches Gehör von Bedeutung.[17]

788

---

16. Vgl. Heilmann, Kind-Prax, 2000, S. 79 <82>.
17. Zu den weiteren Verfahrensgrundsätzen siehe Brehm, S. 133 ff.

a) Offizialmaxime

789 Die so genannte Offizialmaxime besagt, dass das Gericht grundsätzlich die Aufgabe hat, das Verfahren einzuleiten und in Gang zu halten. Etwas anderes gilt nur dann, wenn ein Antrag gesetzlich vorgeschrieben ist (sog. Antragsverfahren), beispielsweise für die Entscheidung über die elterliche Sorge nach Trennung (§ 1671 BGB). Insbesondere in den Tätigkeitsbereichen des Verfahrenspflegers bleibt es jedoch zumeist bei der Einleitung des Verfahrens von Amts wegen: Verbleibensanordnungen (§ 1632 Abs. 4 BGB), Maßnahmen wegen Kindeswohlgefährdung (§ 1666 BGB) und Umgangsrechtsregelungen (§ 1684 BGB) bedürfen keines Antrages und sind damit sog. Amtsverfahren.

790 Diese Verfahren beginnen, auch wenn die insoweit unrichtige Bezeichnung „Antrag" gewählt wird, mit einer an das Gericht herangetragenen Anregung, ein entsprechendes Verfahren einzuleiten. Die Unterscheidung zwischen Anregung und Antrag ist von Bedeutung, weil es zum einen einer besonderen Befugnis für eine Anregung nicht bedarf, sie mithin jedermann geben kann. Zum anderen ist derjenige, der ein Verfahren anregt – im Gegensatz zum Antragsteller (vgl. § 2 Nr. 1 KostO) – nicht Schuldner für die Kosten des Verfahrens. Wichtig ist zudem, dass die Amtsverfahren im Unterschied zu den Antragsverfahren auch dann vom Gericht weiter betrieben werden können, wenn die Anregung zur Einleitung des Verfahrens zurückgenommen wird.

b) Rechtliches Gehör

791 Nach Art. 103 Abs. 1 GG hat jeder, der von einer gerichtlichen Entscheidung unmittelbar betroffen ist, Anspruch auf rechtliches Gehör. Dazu gehört das Recht, gegenüber dem Gericht zu allen für die Entscheidung relevanten Aspekten Stellung zu nehmen, Behauptungen aufzustellen und den Versuch zu unternehmen, auf den Umfang der Ermittlungen Einfluss zu nehmen. Die Betroffenen müssen sich folglich mindestens schriftlich in tatsächlicher und rechtlicher Hinsicht äußern können.[18] Insbesondere muss das Gericht ihnen zu diesem Zwecke den Sachverhalt, die Schriftsätze der anderen Verfahrensbeteiligten, das Ergebnis von Anhörungen, die Stellungnahmen von Behörden (z.B. des Jugendamtes), des Sachverständigen und des Verfahrenspflegers zur Kenntnis bringen.

792 Gewährung rechtlichen Gehörs bedeutet auch, dass das Gericht die in Ausübung des rechtlichen Gehörs getätigten Äußerungen zur Kenntnis nimmt und im Rahmen seiner Entscheidungsfindung in Erwägung zieht.[19] Daraus lässt sich jedoch für das Gericht keine Pflicht dahingehend ableiten, jedes Vorbringen der Ver-

---

18. Vgl. BVerfGE 81, 123 <126>.
19. Vgl. BVerfGE 70, 288 <293 f.>.

fahrensbeteiligten in den Gründen seiner Entscheidung ausdrücklich zu bescheiden.[20] Lediglich die für die Entscheidung wesentlichen Tatsachenbehauptungen müssen in den Entscheidungsgründen verarbeitet werden.[21]

Schließlich kann das Gericht in Ausnahmefällen auch von der Gewährung rechtlichen Gehörs absehen. Dies gilt insbesondere in Eilverfahren.[22] In diesen Fällen ist die Gewährung rechtlichen Gehörs aber unverzüglich nachzuholen, damit die Äußerungen in der Entscheidung zur Hauptsache noch Berücksichtigung finden können. 793

➢ *Zur Entscheidung in Eilverfahren vgl. unten Rn 822 ff.*

III. Zuständigkeiten

Durch das Kindschaftsrechtsreformgesetz sind im Wesentlichen die Familiengerichte, bei den Amtsgerichten gebildete Abteilungen für Familiensachen (vgl. § 23b Abs. 1 S. 1 GVG), zuständig geworden. Ob beim Amtsgericht das Familiengericht oder das Vormundschaftsgericht für die Durchführung eines kindschaftsrechtlichen Verfahrens zuständig ist, ergibt sich in der Regel aus den einschlägigen Normierungen des Bürgerlichen Gesetzbuchs (BGB). Aus diesen folgt beispielsweise für Verfahren nach §§ 1632 Abs. 4 (Verbleibensanordnung), 1666 (Kindeswohlgefährdung), 1671 (Sorgerecht nach Trennung), 1684 (Umgang), 1696 (Abänderung) die Zuständigkeit des Familiengerichts und etwa für Verfahren betreffend die Anordnung einer Vormundschaft (§§ 1773 ff. BGB) und die Ersetzung der Einwilligung zur Adoption (§ 1748 BGB) die des Vormundschaftsgerichts. 794

Die sich hieraus ergebende Konsequenz ist unter anderem, dass über Rechtsmittel gegen Entscheidungen des Familiengerichts das Oberlandesgericht (Familiensenat, vgl. § 119 Abs. 2 GVG), hingegen über Rechtsmittel gegen Entscheidungen des Vormundschaftsgerichts das Landgericht entscheidet (vgl. § 19 Abs. 2 FGG). 795

Welches Gericht örtlich zuständig ist, richtet sich in kindschaftsrechtlichen Verfahren in der Regel nach dem Aufenthaltsort des Kindes bzw. dem Wohnsitz der Eltern (vgl. §§ 43, 36 FGG [§ 11 BGB!] sowie 621 Abs. 2 ZPO).[23] Funktionell zuständig ist regelmäßig der Richter, nicht der Rechtspfleger (vgl. § 14 RPflG). 796

➢ *Zu den Besonderheiten bei der Vergütungsfestsetzung siehe Rn 1251 ff.*

➢ *Zum Unterbringungsverfahren nach § 1631b BGB siehe Rn 181 ff.*

---

20. Vgl. BVerfGE 42, 364 <368>.
21. Vgl. BVerfGE 71, 122 <135>.
22. Vgl. BVerfGE 70, 180 <188 f.>.
23. Zur örtlichen Zuständigkeit im Allgemeinen: Keidel-Kuntze, § 64 Rn 6 ff.

IV. Besonderheiten des Verfahrensablaufs

797 Das gerichtliche Verfahren, in dem der Verfahrenspfleger vornehmlich tätig ist, weist einige Besonderheiten auf, die es von anderen gerichtlichen Verfahren unterscheidet (zum Verfahrensablauf siehe auch das Schaubild unten Rn 891).

1. Hinwirken auf Einvernehmen: Früher erster Termin

798 Am Anfang des kindschaftsrechtlichen Verfahrens steht grundsätzlich die Suche nach einvernehmlichen Konfliktlösungen. Dies gilt naturgemäß nicht in solchen Verfahren, deren Gegenstand von Amts wegen zu treffende Maßnahmen sind.[24] Diese Amtsverfahren, wie beispielsweise Verfahren wegen Kindeswohlgefährdung (§§ 1666, 1666a BGB), sind der Disposition der Beteiligten entzogen. In anderen kindschaftsrechtlichen Verfahren (z.B. nach §§ 1671, 1672 BGB) soll mit der durch das Kindschaftsrechtsreformgesetz am 1. Juli 1998 neu eingeführten Vorschrift des § 52 FGG der Gedanke einer selbständigen Konfliktlösung durch die Eltern gestärkt werden.[25] Nach dieser Regelung soll das Gericht „so früh wie möglich" auf das Einvernehmen der Beteiligten hinwirken und deshalb diese unverzüglich anhören und sie auf bestehende Möglichkeiten der Beratung durch die Beratungsstellen und -dienste der Träger der Jugendhilfe hinweisen (vgl. § 52 Abs. 1 Satz 2 FGG).

799 Beteiligter im Sinne von § 52 FGG ist jeder, dessen Interessen, Rechte und Pflichten berührt sein können[26] und damit auch der Verfahrenspfleger, der in diesem Stadium des Verfahrens bereits bestellt sein sollte. Dessen Aufgabe kann es als Interessenvertreter des Kindes auch sein, ein etwaiges Einvernehmen daraufhin zu überprüfen, ob es mit dem Willen des Kindes und seinem Wohl zu vereinbaren ist, und im Anschluss eventuelle Bedenken in das Verfahren einzubringen. Denn das Ziel des gerichtlichen Verfahrens ist es grundsätzlich, das Verfahren in einer Weise abzuschließen, die unter Berücksichtigung der tatsächlichen Gegebenheiten und Möglichkeiten sowie der berechtigten Interessen der Beteiligten dem Wohl des Kindes am besten entspricht (§ 1697a BGB). Dabei sind freilich auch die mit einer einvernehmlichen Konfliktlösung verbundenen Vorteile (insbesondere die Vermeidung eines belastenden gerichtlichen Verfahrens) einzubeziehen.

800 Wenngleich aus der Normierung der frühzeitigen Anhörung in § 52 Abs. 1 Satz 2 FGG – überzeugend – eine Pflicht des Gericht zur unverzüglichen Anberaumung eines frühen ersten Termins abgeleitet wird, kommen die Familiengerichte dieser bislang nur unzureichend nach.[27] Dies ist bedenklich, denn

---

24. Vgl. BT-Drucks, 13/4899, S. 133.
25. Vgl. BT-Drucks., a.a.O.
26. Vgl. Maurer, in: FamRefK, § 52 FGG Rn 6.

Ziel dieses Termins sollte nicht nur die Herstellung von Einvernehmen sein, er kann vielmehr auch dazu dienen, gegebenenfalls übereinstimmende Strategien für den Ablauf des Verfahrens zu entwickeln. Hierzu kann beispielsweise – wie im englischen Recht üblich[28] – die Erstellung eines Zeitplans für den Ablauf des gerichtlichen Verfahrens gehören, was eine frühzeitige Koordination der Termine (Urlaube, Überschneidungen mit anderen Verfahren etc.) ermöglicht. Daneben kann vielfach bereits in diesem Stadium des Verfahrens geklärt werden, ob die Einholung eines Sachverständigengutachtens im konkreten Fall geboten ist (hierzu unten Rn 813 ff.).

Im Übrigen kann das Gericht das Verfahren in jeder Lage aussetzen, soweit **801** dies nicht zu einer für das Kindeswohl nachteiligen Verzögerung führt und entweder die Bereitschaft zur erfolgversprechenden Inanspruchnahme außergerichtlicher Beratung oder nach Überzeugung des Gerichts Aussicht auf ein Einvernehmen besteht (vgl. § 52 Abs. 2 FGG).

2. Bestellung des Verfahrenspflegers

In einem sehr frühen Stadium des Verfahrens – möglichst vor dem frühen ersten **802** Termin (vgl. Rn 798 ff.) – wird das Gericht auch zu prüfen haben, ob die Bestellung eines Verfahrenspflegers nach § 50 FGG geboten ist. Nur bei seiner rechtzeitigen Bestellung hat der Verfahrenspfleger die Möglichkeit, hinreichenden Einfluss auf die Gestaltung und den Ausgang des Verfahrens zu nehmen.[29]

Die Verfahrenspflegerbestellung muss deshalb zumindest vor der Kindesanhö- **803** rung (vgl. unten Rn 871 ff.) und gegebenenfalls vor der Einholung eines Sachverständigengutachtens (vgl. unten 813 ff.) erfolgen. Ist es dem Verfahrenspfleger nicht möglich, in diesen wichtigen Phasen des kindschaftsrechtlichen Verfahrens für eine hinreichende Wahrnehmung der Kindesinteressen Sorge zu tragen, wäre dem Gebot der Kindeswohlzentrierung des gerichtlichen Verfahrens (hierzu unten Rn 889 f.) nicht in der gebotenen Weise Rechnung getragen. Die Verfahrenspflegerbestellung würde dann lediglich „auf dem Papier" erfolgen. Auch eine Verletzung der Grundrechte des Kindes steht in den Fällen einer verspäteten Verfahrenspflegerbestellung im Raum.[30]

➤ *Zur Problematik der Anfechtung der Verfahrenspflegerbestellung vgl. Rn 26 ff., 135 ff., 883*

---

27. Vgl. Fröhlich, BRAK-Mitt. 2000, S. 72.
28. Vgl. Heilmann, Kindliches Zeitempfinden und Verfahrensrecht, S. 291 ff.
29. Vgl. BVerfG, 1 BvR 1403/99, Beschluss vom 26. August 1999, S. 7 – abrufbar unter http://www.bverfg.de; hierzu Heilmann, Kind-Prax 2000, S. 79 <81f.>.
30. Vgl. BVerfGE 99, 145 <157> = FamRZ 1999, S. 85.

3. Anhörungen

804 Unabhängig von den in § 52 FGG geregelten Anhörungspflichten sieht der Gesetzgeber neben der Kindesanhörung in § 50b FGG (hierzu unten Rn 871 ff.) eine Pflicht zur Anhörung der Eltern (§ 50a FGG) und der Pflegeeltern (§ 50c FGG) vor, wobei das Gericht von der Anhörung der Letztgenannten nur absehen darf, „wenn hiervon eine Aufklärung nicht erwartet werden kann".

805 Daneben hat das Gericht grundsätzlich das Jugendamt anzuhören (vgl. §§ 49, 49a FGG). Diese Anhörungspflicht korrespondiert mit der Mitwirkungspflicht des Jugendamtes nach §§ 50 ff. SGB VIII. Im Rahmen der Anhörung nimmt das Jugendamt schriftlich oder mündlich Stellung. Wenngleich das Jugendamt grundsätzlich frei darüber entscheiden kann, ob es seine Stellungnahme schriftlich oder mündlich abgibt, ist die schriftliche Stellungnahme die Regel. Diese enthält neben einem Bericht über die Vorgeschichte und die derzeitige Situation regelmäßig auch einen – für das Gericht freilich nicht bindenden – Entscheidungsvorschlag.[31] Daneben ist das Jugendamt auch verpflichtet, dem Gericht den nach § 36 KJHG erstellten Hilfeplan (hierzu unten Rn 961 ff., 1004 ff.) vorzulegen.[32]

806 Gesetzliche Fristen sind für die Erstattung der jugendamtlichen Stellungnahme nicht vorgesehen. Im Hinblick auf das besondere Gebot der Verfahrensbeschleunigung (vgl. oben Rn 782 ff.) kann das Gericht dem Jugendamt für die Stellungnahme jedoch Fristen setzen. Dies sollte gegebenenfalls vom Verfahrenspfleger auch angeregt werden. Fristen sind im Hinblick auf die besondere Stellung des Jugendamtes gegenüber dem Gericht zwar nicht mit Zwangsmitteln durchsetzbar, bieten dem Jugendamt aber eine Orientierung über den zeitlichen Handlungsrahmen des Gerichts und ermöglicht es diesem, auch vor Eingang der Stellungnahme eine Entscheidung zu treffen, ohne die Anhörungspflichten der §§ 49, 49a FGG zu verletzen, wenn die Sache entscheidungsreif ist. Häufig wird es angezeigt sein, dass das Jugendamt an gerichtlichen Terminen teilnimmt. Eine Verpflichtung hierzu besteht jedoch – auch bei einer förmlichen Ladung durch das Gericht – nicht.[33]

807 Die gesetzlich vorgeschriebenen Anhörungen des Jugendamts (§§ 49, 49a FGG), der Eltern (§ 50a FGG), des Kindes (§ 50b FGG) und der Pflegeeltern (vgl. § 50c FGG) sind ein ganz wesentlicher Bestandteil des gerichtlichen Verfahrens, da sie nicht nur der Verwirklichung rechtlichen Gehörs, sondern auch der Sachverhaltsaufklärung dienen. Die Beteiligten müssen daher – insbeson-

---

31. Vgl. Wiesner-Oberloskamp, Anhang § 50 Rn 9.
32. Vgl. Wiesner, § 36 Rn 73.
33. Vgl. Schleicher, in: Fieseler/Schleicher, § 50 Rn 27.

dere, wenn sie bei einer mündlichen Anhörung nicht anwesend waren – den wesentlichen Inhalt der Anhörung zur Kenntnis nehmen können und Gelegenheit zur Äußerung bekommen (Art. 103 Abs. 1 GG).

Auch muss der Inhalt der Anhörung vom Rechtsmittelgericht nachgeprüft werden können. Aus diesen Gründen muss der wesentliche Inhalt einer mündlichen Anhörung vom Gericht schriftlich niedergelegt werden.[34] Dies kann in der Weise geschehen, dass das Gericht während der Anhörung ein Protokoll im Sinne der §§ 160 ff. ZPO anfertigt, wobei sich der wesentliche Inhalt des Gesprochenen darin wiederfinden muss. Es ist aber auch möglich, den Inhalt einer Anhörung nachträglich in einem Aktenvermerk zusammenzufassen.[35] Schließlich wird in der Rechtsprechung auch die Auffassung vertreten, es reiche aus, das Ergebnis der Anhörung in der Sachverhaltsschilderung der Entscheidung darzustellen.[36] Im Hinblick auf den Anspruch der Verfahrensbeteiligten auf Gewährung rechtlichen Gehörs ist dies jedoch bedenklich. **808**

In allen Fällen müssen jedenfalls Inhalt und Verlauf der Anhörung vollständig, im Zusammenhang und frei von Wertungen des Gerichts wiedergegeben werden.[37] Diesbezügliche Unrichtigkeiten können (und müssen) bei einem Protokoll jederzeit berichtigt werden (vgl. § 164 Abs. 1 ZPO). Auf Differenzen zwischen der Anhörung und dem Inhalt des Protokolls bzw. eines richterlichen Vermerks sollte unbedingt unverzüglich hingewiesen werden. Gegebenenfalls ist es wegen der besonderen Bedeutung dieses Verfahrensabschnitts dringend zu empfehlen, wesentliche Beanstandungen des Protokolls bzw. Vermerks schriftsätzlich zu den Akten zu reichen. **809**

➤ *Zum Absehen von Anhörungen in Eilverfahren siehe Rn 825*

➤ *Zur Anhörung des Kindes nach § 50b FGG unten Rn 871 ff. sowie Rn 745 ff., 157 ff.*

➤ *Zur Protokollierung siehe auch Rn 887*

V. Ermittlung und Beweiserhebung

Der Hauptteil des Verfahrens wird inhaltlich entscheidend vom Amtsermittlungsgrundsatz (vgl. oben Rn 776 ff.) und vom besonderen Gebot der Verfahrensbeschleunigung in kindschaftsrechtlichen Verfahren (vgl. oben Rn 782 ff.) beeinflusst. Formell betrachtet trifft das Gericht die Entscheidung über die Erhebung eines bestimmten Beweises durch einen Beweisbeschluss, der aber **810**

---

34. Vgl. OLG Karlsruhe, FamRZ 1997, S. 688; Maurer, in: Schwab, S. 204.
35. Vgl. BayObLG, FamRZ 1994, S. 913.
36. Vgl. BGH, FamRZ 2001, S. 907.
37. Vgl. BGH, a.a.O.

nicht zwingend vorgeschrieben ist[38] (zur Anfechtbarkeit siehe unten Rn 832). Dem geht die Entscheidung des Gerichts darüber voraus, ob es sich mit formlosen Ermittlungen begnügt (sog. Freibeweis; bspw. die telefonische Einholung von Auskünften) oder in der durch § 15 FGG vorgesehenen Form Beweis erheben will (sog. Strengbeweis).[39] Die Entscheidung über die Art der Beweiserhebung steht – ebenso wie ihr Umfang – im pflichtgemäßen Ermessen des Gerichts (näher hierzu unten Rn 776 ff., 814). In diesem Zusammenhang liegt eine höchstrichterliche Entscheidung zur umstrittenen Heranziehung eines Polygraphen (sog. Lügendetektortest) bislang nur für strafrechtliche Verfahren vor.[40]

1. Beweismittel

811 Der Vorschrift des § 15 FGG sind – zumindest mittelbar – die wichtigsten Beweismittel in kindschaftsrechtlichen Verfahren zu entnehmen. In Betracht kommen insbesondere folgende Beweismittel:

– Sachverständigengutachten (§ 15 FGG i.V.m. §§ 402 ff. ZPO),

– Zeugen (§ 15 FGG i.V.m. §§ 373 ff. ZPO),

– Urkunden, insbesondere Schriftstücke (vgl. §§ 415 ff. ZPO analog),

– Beteiligtenvernehmung (§§ 445 ff. ZPO analog) und

– Augenschein (§ 15 FGG i.V.m. §§ 371 ff. ZPO).

812 Daneben spielt in der Praxis, insbesondere in Eilverfahren (hierzu unten Rn 822 ff.), häufig die eidesstattliche Versicherung eine Rolle. Mit dieser kann eine tatsächliche Behauptung glaubhaft gemacht werden (vgl. § 15 Abs. 2 FGG). Die Glaubhaftmachung ist eine Art der Beweisführung, durch die dem Gericht nicht die volle Überzeugung, sondern lediglich die erhebliche Wahrscheinlichkeit eines zu beweisenden Sachverhalts vermittelt wird.[41] Eidesstattliche Versicherungen sind zwar nicht formbedürftig, können also schriftlich oder mündlich abgegeben werden, müssen aber eine eigene Darstellung der glaubhaft zu machenden Tatsache enthalten und dürfen sich nicht auf Angaben oder Schriftsätze Dritter (z.B. des bevollmächtigten Rechtsanwaltes) stützen.[42] Zur Glaubhaftmachung zugelassen sind neben der eidesstattlichen Versicherung auch unbeglaubigte Fotokopien von Urkunden, Akten oder Aktenteilen

---

38. Vgl. Keidel-Schmidt, § 15 Rn 8.
39. Vgl. AmtsG Mönchengladbach-Rheydt, FamRZ 1999, S. 730 <731>.
40. Vgl. BGH, NStZ-RR 2000, S. 35; NJW 1999, S. 2746; siehe aber OLG München, FamRZ 1999, S. 674; allgemein zur Problematik: Willutzki/Salzgeber, Polygraphie – Möglichkeiten und Grenzen der psychologischen Aussagebegutachtung, Köln 2000.
41. Vgl. BGHZ 8, 183 <185>.
42. Vgl. BGH, NJW 1988, S. 2045.

sowie Telefonauskünfte von Zeugen, Behörden (z.B. Jugendamt) oder Sachverständigen.[43] Der Inhalt telefonischer Auskünfte muss den Verfahrensbeteiligten jedoch grundsätzlich – in der Regel durch Übersendung eines entsprechenden Aktenvermerks – vor der Entscheidung zur Kenntnis gebracht werden (siehe aber unten Rn 825).

2. Insbesondere Sachverständigengutachten

Das Sachverständigengutachten ist eines der wichtigsten Beweismittel in kindschaftsrechtlichen Verfahren. Nicht immer ist die Einholung eines Sachverständigengutachtens jedoch geboten. Eine Ausnahme gilt lediglich im Unterbringungsverfahren nach § 1631b BGB: Hier hat das Gericht das Gutachten eines Sachverständigen generell einzuholen. **813**

Wie bei jeder Beweiserhebung muss das Gericht wegen des besonderen Gebots der Verfahrensbeschleunigung (vgl. oben Rn 782 ff.) zuvor abwägen zwischen den Nachteilen durch die mit der Einholung des Beweismittels einhergehenden Verfahrensverzögerung – unter Berücksichtigung der Art des Verfahrens, der bisherigen Verfahrensdauer und dem Alter des Kindes – und den für das Kind durch die Erhebung des Beweises entstehenden anderweitigen Belastungen einerseits und den Vorteilen des zu erwartenden Erkenntnisgewinns andererseits. Bei den „Vorteilen des zu erwartenden Erkenntnisgewinns" muss es prüfen, ob unter Berücksichtigung der Besonderheiten des Einzelfalls, der außerjuristischen Fachkenntnisse des Richters sowie der sonstigen Ermittlungsergebnisse – insbesondere Anhörung des Kindes und der Eltern, Stellungnahme des Jugendamtes und des Verfahrenspflegers etc.– noch Anlass besteht, entscheidungserhebliche Fragen auf den Gebieten der Kinderpsychologie bzw. -psychiatrie zu klären (vgl. auch Pkt. 4.4 der Standards der BAG Verfahrenspflegschaft, hier Rn 1051 ff.). Die Entscheidung darüber, ob das Gutachten eines Sachverständigen eingeholt wird, sollte das Gericht jedenfalls so früh wie möglich treffen. **814**

Die Auswahl des Sachverständigen obliegt ebenfalls dem Gericht (vgl. oben Rn 777), doch können die Beteiligten – und damit auch der Verfahrenspfleger – einen bestimmten Sachverständigen, der ihrer Ansicht nach über die notwendige Fachkompetenz verfügt und auch die notwendigen zeitlichen Kapazitäten hat, vorschlagen (vgl. § 15 Abs. 1 FGG i.V.m. § 404 Abs. 1 ZPO). **815**

Gegebenfalls kann ein Sachverständiger von einem der Verfahrensbeteiligten wegen Befangenheit abgelehnt werden (vgl. § 15 Abs. 1 FGG i.V.m. § 406 ZPO i.V.m. §§ 41, 42 ZPO). Dabei müssen genügend objektive Gründe vorlie- **816**

---

43. Vgl. van Els, S. 46.

gen, die nach Meinung eines ruhig und vernünftig denkenden Beteiligten Anlass geben, gegenüber der Unparteilichkeit des Sachverständigen misstrauisch zu sein.[44] Ein Grund hierfür kann insbesondere sein, dass der Sachverständige bei entgegengesetzten Interessen Beteiligter – wie es in Sorgerechts- bzw. Umgangsrechtsstreitigkeiten zwischen den beiden Elternteilen oder zwischen diesen und den Pflegeeltern der Fall sein kann – nur einen von ihnen zu der das Gutachten vorbereitenden Tätigkeit heranzieht.[45] Unabhängig hiervon hat der Sachverständige unverzüglich zu prüfen, ob der Auftrag in sein Fachgebiet fällt (vgl. § 15 Abs. 1 FGG i.V.m. § 407a ZPO).

817 Im Übrigen hat das Gericht ihm eine Frist zur Erstattung des Gutachtens zu setzen und für deren Einhaltung Sorge zu tragen (vgl. auch § 15 Abs. 2 i.V.m. § 411 Abs. 1 Satz 2 ZPO). Bei gegebenem Anlass sollte der Verfahrenspfleger darauf hinweisen (vgl. oben Rn 787).

818 Nach Erstattung des Gutachtens kommt gegebenenfalls eine mündliche Erläuterung des Gutachtens in Betracht (vgl. § 402 i.V.m. § 397 ZPO).[46] Einem entsprechenden Antrag der Verfahrensbeteiligten muss das Gericht grundsätzlich – aber nicht in jedem Fall – nachkommen. Je wichtiger ein Sachverständigengutachten für das Ergebnis eines Verfahrens ist, desto mehr Gewicht kommt aber dem Recht der Verfahrensbeteiligten zu, Einwendungen dagegen vorzubringen und den Sachverständigen mit ihnen zu konfrontieren.[47]

819 Das Gericht ist bei seiner Entscheidung an das Ergebnis des Sachverständigen nicht gebunden, vielmehr ist es seine Aufgabe, das Sachverständigengutachten kritisch zu würdigen.[48] Will es jedoch vom Ergebnis des Gutachtens abweichen, dann muss es eine anderweitige zuverlässige Grundlage für die am Kindeswohl orientierte Entscheidung haben. Das Abweichen von einem fachpsychologischen Gutachten bedarf daher einer eingehenden Begründung und des Nachweises eigener Sachkunde des Gerichts.[49] Die Einholung eines weiteren Sachverständigengutachtens wird insbesondere im Hinblick auf das besondere Gebot der Verfahrensbeschleunigung (vgl. oben Rn 782 ff.) nur in Ausnahmefällen geboten sein. Sie kann aber erforderlich werden, wenn das Gutachten ersichtlich von unzutreffenden tatsächlichen Voraussetzungen ausgeht oder elementare Widersprüche bzw. sonstige grobe Mängel enthält und deswegen nicht verwertbar ist.[50]

---

44. Vgl. BGH, NJW 1974, S. 1363.
45. Vgl. OLG Frankfurt/M., FamRZ 1986, S. 1021.
46. BGH, NJW 1997, S. 802.
47. Vgl. BVerfG, NJW 1998, S. 2273 <2274>
48. Hierzu ausführlich Coester, S. 453 ff.; siehe auch Salzgeber, Der psychologische Sachverständige im Familiengerichtsverfahren, 3. Auflage, München 2001 sowie Fegert, Sexuell missbrauchte Kinder und das Recht – Ein Handbuch zu Fragen der kinder- und jugendpsychiatrischen und psychologischen Untersuchung und Begutachtung, Köln 1993.
49. Vgl. BVerfG, FamRZ 1999, S. 1417; BGH, NJW 1997, S. 1446 f.
50. Vgl. Oelkers, S. 127 m.w.Nachw.

VI. Entscheidung

Gerichtliche Entscheidungen in kindschaftsrechtlichen Verfahren ergehen regelmäßig in der Form des Beschlusses. Urteile haben hingegen in kindschaftsrechtlichen Verfahren seit In-Kraft-Treten des Kindschaftsrechtsreformgesetzes keine große praktische Relevanz. 820

1. Zwischen- und Endentscheidung

Zwischenentscheidungen dienen der Vorbereitung der Eil- bzw. Endentscheidung (z.B. Beweisbeschlüsse, Terminbestimmungen, Ladungen, der Aussetzungsbeschluss nach § 52 Abs. 2 FGG und die Bestellung des Verfahrenspflegers). Sie schließen das Verfahren nicht ab und weisen Besonderheiten bei der Frage der Anfechtbarkeit auf (hierzu unten Rn 832 ff.). Ist das Verfahren hingegen entscheidungsreif, dann hat das Gericht eine Pflicht zur das Verfahren abschließenden (End-) Entscheidung (vgl. unten Rn 836 ff.). 821

2. Eilentscheidung

Als besondere Form der Zwischenentscheidung kann auch die Eilentscheidung aufgefasst werden.[51] Diese trägt in kindschaftsrechtlichen Verfahren die Bezeichnung vorläufige bzw. einstweilige Anordnung. Beide unterscheiden sich dadurch, dass die einstweilige Anordnung eine gesetzliche Grundlage hat (z.B. §§ 620 ZPO, 70h FGG), wohingegen die vorläufige Anordnung ausschließlich auf richterlicher Rechtsfortbildung beruht. Von Relevanz ist die Unterscheidung insbesondere im Hinblick auf die Frage der Anfechtbarkeit der Eilentscheidung (hierzu unten Rn 835). 822

Nur in Antragsverfahren (siehe oben Rn 789) bedarf es für den Erlass einer Eilentscheidung eines ausdrücklichen Antrages, ansonsten kann das Gericht sie auch von Amts wegen erlassen. Voraussetzung für den Erlass einer Eilentscheidung in kindschaftsrechtlichen Verfahren ist grundsätzlich, dass ein dringendes Bedürfnis für ein unverzügliches Einschreiten besteht, welches ein Abwarten bis zur Endentscheidung nicht gestattet, weil diese zu spät kommen und die Interessen der Beteiligten nicht mehr genügend wahren würde.[52] Eine ausdrückliche Regelung erfährt die Eilentscheidung beispielsweise in § 620c ZPO, danach kann das Gericht bei Anhängigkeit einer Ehesache, also insbesondere in Scheidungsverfahren, im Wege einer einstweilige Anordnung unter 823

---

51. Ausführlich hierzu: Gießler, Vorläufiger Rechtsschutz, München 2000 sowie van Els, Das Kind im einstweiligen Rechtsschutz im Familienrecht, Bielefeld 2000.
52. Vgl. nur BayObLG, FamRZ 1995, S. 975.

anderem die elterliche Sorge, den Umgang sowie die Herausgabe des Kindes an den anderen Elternteil regeln.

824 Eilentscheidungen müssen denknotwendig in kurzer Zeit ergehen. Dies hat freilich Auswirkungen auf die Anforderungen an das gerichtliche Verfahren. Gegenüber dem Hauptsacheverfahren ergeben sich daher Unterschiede vor allem im Hinblick auf die Ermittlungs- und Anhörungspflichten des Gerichts. So sind die Ermittlungspflichten eingeschränkt. Der Sachverhalt muss vor Erlass der (Eil-) Entscheidung mithin nicht vollständig aufgeklärt sein, sondern es genügt, dass die Voraussetzungen der vorläufigen Regelung glaubhaft gemacht werden.[53]

➤ *Zur Glaubhaftmachung vgl. oben Rn 812*

825 Zudem kann das Gericht im Eilverfahren auf Anhörungen zunächst verzichten, wenn dies nötig ist, um den Zweck der einstweiligen Maßnahme nicht zu gefährden.[54] Dem entsprechend kann in kindschaftsrechtlichen Verfahren in diesen Fällen beispielsweise von der Anhörung des Jugendamtes (vgl. § 49 Abs. 4, § 49a Abs. 2 FGG), der Eltern (vgl. § 50a Abs. 3 FGG) und des Kindes (vgl. § 50b Abs. 3 Satz 2 FGG) abgesehen werden (vgl. auch § 70h Abs. 1 Satz 2 i.V.m. § 69f Abs. 1 Satz 4 FGG im Unterbringungsverfahren). Die Anhörungen sind jedoch unverzüglich nachzuholen.

826 Eilentscheidungen haben in kindschaftsrechtlichen Verfahren eine hohe praktische Relevanz. Typische Anwendungsfälle sind beispielsweise:

– Herausnahme des Kindes aus der Familie bei akuter Gefährdung des Kindeswohls (vgl. § 1666 BGB),

– Abwehr des elterlichen Herausgabeanspruchs, wenn sich das Kind bei Dritten (z.B. bei Pflegeeltern) befindet (vgl. § 1632 Abs. 4 BGB) sowie

– Ausschluss des Umgangsrechts bei Gefährdung des Kindeswohls (vgl. § 1684 Abs. 4 BGB).

827 Diese Beispiele verdeutlichen, dass durch die Eilentscheidung Tatsachen geschaffen werden können, die im Hauptsacheverfahren nur schwer oder gar nicht mehr korrigiert werden können. In kindschaftsrechtlichen Verfahren gelten daher – sowohl für den Umfang der Sachverhaltsaufklärung als auch für das Absehen von einer Anhörung – immer dann besonders strenge Anforderungen, wenn mit der Eilentscheidung neue Tatsachen geschaffen werden, insbesondere dem Kind ein Wechsel des Sorgeberechtigten zugemutet wird.[55]

---

53. Vgl. Kammergericht, FamRZ 1990, S. 1021 <1023>.
54. BVerfGE 65, 227 <233 f.>.
55. Vgl. BVerfG, FamRZ 1994, S. 223.

Zudem sollte der Verfahrenspfleger in der Regel anregen, dass die Geltungsdauer **828**
der Eilentscheidung vom Gericht im entsprechenden Beschluss befristet wird.[56]
Die Dauer der angemessenen Frist ist nach den Umständen des Einzelfalls zu
bestimmen und hängt insbesondere von der Art des Verfahrens, dem Alter des
Kindes und seiner Vorgeschichte ab. Als „grobe Daumenregel" kann das Gericht
sich jedenfalls an der Regelung des § 70h Abs. 2 Satz 1 FGG (Befristung von Eilentscheidungen im Unterbringungsverfahren auf sechs Wochen) orientieren.

➤ *Zur Frage der Anfechtbarkeit von Eilentscheidungen siehe unten Rn 835*

3. Abänderung nach § 1696 BGB

Unabhängig davon, ob die Verfahrensbeteiligten ein Rechtsmittel gegen die in **829**
einem kindschaftsrechtlichen Verfahren ergangenen Entscheidungen einlegen,
kann das Gericht seine das Verfahren abschließende Entscheidung im Bereich
des Kindschaftsrechts nach § 1696 BGB (von Amts wegen!) ändern, wenn dies
aus triftigen, das Wohl des Kindes nachhaltig berührenden Umständen angezeigt ist (vgl. § 1696 Abs. 1 BGB). Länger dauernde Maßnahmen hat das
Gericht in angemessenen Zeitabständen zu überprüfen (§ 1696 Abs. 3 BGB).

VII. Rechtsmittel

Die Entscheidung darüber, welches Rechtsmittel – zu dessen Einlegung auch **830**
der Verfahrenspfleger bis zum 14. Lebensjahr des Kindes berechtigt ist – das
zulässige ist, richtet sich nach der angegriffenen Entscheidung.

➤ *Zur Einlegung von Rechtsmitteln durch den Verfahrenspfleger siehe Rn 33 f.,*
  94 ff., 1060

1. Rechtsmittel gegen erstinstanzliche Entscheidungen

In kindschaftsrechtlichen Verfahren stehen gegen erstinstanzliche Entschei- **831**
dungen folgende Rechtsmittel zur Verfügung, die grundsätzlich zu einem Verfahren in der zweiten Instanz führen, das im Wesentlichen dem Verfahren der
ersten Instanz entspricht:

- befristete Beschwerde nach § 621e ZPO (Frist: 1 Monat!)
- einfache Beschwerde nach § 19 FGG (unbefristet!)
- sofortige Beschwerde nach § 620c ZPO bzw. § 22 FGG (Frist: 2 Wochen!)
- Berufung nach §§ 511 ff. ZPO (Frist: 1 Monat!)

---

56. Vgl. Heilmann, Kindliches Zeitempfinden und Verfahrensrecht, S. 257 f.; siehe auch OLG Naumburg, FamRZ 2001, S. 770.

a) Zwischenentscheidungen

832 Zwischenentscheidungen (siehe oben Rn 821) sind in der Regel nicht anfechtbar. Ausnahmsweise sind sie mit der einfachen Beschwerde nach § 19 FGG anfechtbar, soweit sie bereits in die Rechte Beteiligter eingreifen[57], so nach der Rechtsprechung z.B. die Anordnung des persönlichen Erscheinens[58] und der persönlichen Anhörung des Kindes[59] sowie die Anordnung eines fachpsychologischen Gutachtens[60]. Die Entscheidung über die Ablehnung eines Sachverständigen ist anfechtbar mit der sofortigen Beschwerde nach § 621a Abs. 1 Satz 2 i.V.m. § 406 Abs. 5 ZPO (Frist: 2 Wochen).

833 Hingegen ist die Entscheidung über die Bestellung des Verfahrenspflegers von den Eltern nicht mit der unbefristeten Beschwerde nach § 19 Abs. 1 FGG angreifbar. Die Frage ist in Literatur und Rechtsprechung höchst umstritten.[61] Eine höchstrichterliche Entscheidung steht noch aus. Für die hier vertretene Ansicht spricht jedoch, dass es den Eltern auch nach der Bestellung eines Verfahrenspflegers unbenommen bleibt, die Interessen des Kindes wahrzunehmen und in das Verfahren einzubringen.[62] Im Übrigen folgt dieses Ergebnis auch aus einer Abwägung zwischen Elternrecht und Kindeswohl: Den Eltern sind die mit der Verfahrenspflegerbestellung einhergehenden geringfügigen Beeinträchtigungen eher zuzumuten, als dem Kind die Belastungen durch die mit der Statthaftigkeit eines Rechtsmittels einhergehenden Verfahrensverzögerungen (hierzu oben Rn 782 ff.). Zudem haben die Eltern noch die Möglichkeit, die Bestellung des Verfahrenspflegers mit dem Rechtsmittel gegen die Endentscheidung anzufechten.[63]

834 Jedenfalls hat die Beschwerde auch im Falle der Anfechtung der Verfahrenspflegerbestellung keine aufschiebende Wirkung (hierzu Rn 859 ff.), so dass der Verfahrenspfleger bis zu einer anderweitigen gerichtlichen Entscheidung wirksam bestellt ist.

b) Eilentscheidungen

835 Eilentscheidungen, also einstweilige oder vorläufige Anordnungen (zur Unterscheidung siehe oben Rn 822), sind nach überwiegender Ansicht in der Rechtsprechung grundsätzlich mit der einfachen Beschwerde nach § 19 FGG

---

57. Vgl. Keidel-Kahl, § 19 Rn 9.
58. Vgl. BayObLGZ 1990, S. 37.
59. Vgl. OLG Köln, FamRZ 1997, S. 1549.
60. Vgl. BayObLG, FamRZ 1996, S. 499.
61. Vgl. die Nachweise bei Engelhardt, FamRZ 2001, S. 525 <528>.
62. Vgl. Salgo, FPR 1999, S. 313 <317>; OLG Celle, Kind-Prax 1999, S. 172>.
63. So auch OLG Celle, Kind-Prax, 1999, S. 172; OLG Düsseldorf, FamRZ 2000, S. 249; OLG Brandenburg, FamRZ 2000, S. 1295; OLG Naumburg, MDR 2000, S. 1322; Keidel-Kahl, § 19 Rn 5; Salgo, FPR 1999, S. 313 <317>; Engelhardt, FamRZ 2001, S. 525 <528>.

anfechtbar.[64] Etwas anderes gilt hingegen für die im Rahmen eines Scheidungsverfahrens erlassene einstweilige Anordnung gem. § 620 ZPO. Sie ist unanfechtbar, wenn sie ohne mündliche Verhandlung ergeht, die Regelung des Umgangsrechts betrifft oder ein Antrag auf Erlass einer entsprechenden einstweiligen Anordnung zurückgewiesen wird (vgl. § 620c Satz 2 ZPO). In den anderen Fällen (z.B. Regelung des Sorgerechts für ein gemeinschaftliches Kind oder Anordnung der Herausgabe des Kindes an den anderen Elternteil) kann sie mit der sofortigen Beschwerde angefochten werden (§ 620c Satz 1 ZPO).

c) Endentscheidungen

Endentscheidungen können grundsätzlich mit der befristeten Beschwerde nach § 621e ZPO zum Oberlandesgericht angefochten werden, wenn das Familiengericht entschieden hat (siehe oben Rn 794). Dies gilt nicht, wenn kindschaftsrechtliche Fragen als Folgesachen im so genannten Scheidungsverbund beschieden wurden. Dann kann das Scheidungsurteil entweder einheitlich mit der Berufung angefochten werden[65] oder die Folgesache (beispielsweise die Regelung des Umgangs- oder Sorgerechts) kann entsprechend § 621e ZPO isoliert mit der befristeten Beschwerde angefochten werden. **836**

Handelt es sich um eine Endentscheidung des Vormundschaftsgerichts, dann ist grundsätzlich die einfache Beschwerde nach § 19 FGG zum Landgericht statthaft. Die Entscheidung im Unterbringungsverfahren nach § 1631b BGB ist jedoch mit der sofortigen Beschwerde i.S.d. § 22 FGG anfechtbar (vgl. §§ 70m Abs. 1, 70g Abs. 3 Satz 1 FGG). Über diese entscheidet ebenfalls das Landgericht. **837**

Gegen den Adoptionsbeschluss des Vormundschaftsgerichts gibt es aber kein Rechtsmittel (vgl. § 56e Satz 2 FGG). Wird die elterliche Einwilligung in die Adoption gemäß § 1748 BGB ersetzt, so kann diese Entscheidung von dem betreffenden Elternteil gemäß § 60 Abs. 1 Nr. 6 FGG mit der sofortigen Beschwerde angegriffen werden.[66] Die Ablehnung der Ersetzung kann das Kind mit der einfachen Beschwerde im Sinne des § 19 FGG (siehe oben Rn 831) anfechten.[67] **838**

---

64. Vgl. nur BayObLGZ 1954, S. 122; a.A. Heilmann, Kindliches Zeitempfinden und Verfahrensrecht, S. 272 ff.: § 621e ZPO.
65. Vgl. Maurer, in: Schwab, S. 341.
66. Vgl. Palandt-Diederichsen, § 1748 Rn 15.
67. Vgl. BayObLG, FamRZ 1984, S. 935.

2. Vorgehensweisen gegen Untätigkeit

839 Die Untätigkeit des Gerichts muss ebenfalls nicht hingenommen werden. Fruchten die (vorrangig zu empfehlenden) informellen Strategien, wie z.B. telefonische und schriftliche Nachfragen nach dem Verfahrensstand, Hinweise auf die Bedeutung der Verfahrensdauer (hierzu oben Rn 782 ff.), formlose Rügen und Hinweise auf weitere verfahrensrechtliche Schritte (hierzu oben Rn 841 ff.), nicht, dann kann – soweit eine weitere Verfahrensverzögerung nicht mehr zu vertreten ist – insbesondere das Rechtsmittel der so genannten Untätigkeitsbeschwerde eingelegt oder der Richter wegen Besorgnis der Befangenheit abgelehnt bzw. Dienstaufsichtsbeschwerde eingelegt werden.

840 Freilich muss bedacht werden, dass diese Vorgehensweisen selbst zu einer Verzögerung des Verfahrens führen. Es muss daher zwischen der zu erwartenden Verzögerung des Verfahrens durch das Gericht und der Dauer des Rechtsmittelverfahrens abgewogen werden. Dabei ist aber zu berücksichtigen, dass die Rechtsmittelgerichte in der Praxis sehr zügig über entsprechende Rügen entscheiden. Zudem dürften die Erfolgsaussichten einer solchen Vorgehensweise nach der Entscheidung des Bundesverfassungsgerichts vom 11. Dezember 2000[68] wesentlich gestiegen sein.

a) Untätigkeitsbeschwerde

841 Die Untätigkeitsbeschwerde hat zum Ziel, dass das Beschwerdegericht anordnet, dem Verfahren (beschleunigten) Fortgang zu geben.[69] Nach überwiegender Auffassung ist sie als außerordentlicher Rechtsbehelf dann statthaft, wenn Veranlassung zu der Annahme besteht, eine sachlich nicht mehr zu rechtfertigende Untätigkeit des erstinstanzlichen Gerichts führe zu einem der Rechtsverweigerung gleichkommenden Verfahrensstillstand.[70] Dabei kommt es nicht darauf an, dass das Gericht „irgend etwas tut". Eine Untätigkeit kann mithin im Einzelfall auch dann zu bejahen sein, wenn das Gericht seine Tätigkeit auf mehrmalige Terminsvertagungen und Fristverlängerungen, immer gleichlautende Sachstandsanfragen und unnötige Beweiserhebungen beschränkt.[71] Jedenfalls sind die Anforderungen an das Gericht – und damit die Erfolgsaussichten einer Untätigkeitsbeschwerde – in kindschaftsrechtlichen Verfahren wesentlich höher als in sonstigen Verfahren.[72] Dies ergibt sich aus dem erwähnten besonderen Gebot der Verfahrensbeschleunigung (hierzu oben Rn 782 ff.).

---

68. Vgl. BVerfG, NJW 2001, S. 961.
69. Vgl. Schlette, S. 54.
70. Vgl. OLG Hamburg, NJW-RR 1989, S. 1082; OLG Zweibrücken, MDR 1990, S. 253; OLG Saarbrücken, MDR 1997, S. 1062 u. NJW-RR 1999, S. 1290; OLG Frankfurt MDR 1998, S. 1368.
71. Vgl. BVerfG, NJW 2001, S. 961.
72. Vgl. BVerfG, NJW 2001, S. 961; siehe auch OLG Saarbrücken, NJW-RR 1999, S. 1290.

b) Ablehnung wegen Befangenheit

Entsprechendes gilt im Zusammenhang mit der Ablehnung des Richters wegen **842** Befangenheit (allgemein zum Ausschluss von Gerichtspersonen und zur Ablehnung wegen Befangenheit: §§ 41 ff. ZPO). Hier handelt es sich um ein formloses Gesuch, das bei dem Gericht anzubringen ist, dem der Richter angehört, z.B. beim Familiengericht (vgl. § 44 Abs. 1 ZPO). Es führt im Erfolgsfalle dazu, dass der abgelehnte Richter von der weiteren Bearbeitung des Verfahrens ausgeschlossen wird und ein anderer an seine Stelle tritt. Über das Ablehnungsgesuch gegen einen Richter des Amtsgerichts entscheidet seit dem 1. Januar 2002 ein anderer Richter dieses Amtsgerichts (vgl. § 45 Abs. 2 Satz 1 ZPO) und nicht mehr das Landgericht bzw. das Oberlandesgericht (vgl. § 45 Abs. 2 ZPO a.F.).

Die Erfolgsaussichten eines solchen Ablehnungsgesuchs wegen Befangenheit **843** mit der Begründung „Untätigkeit" bzw. „Verfahrensverzögerung" sollten nicht unterschätzt werden: Das OLG Hamm entschied beispielsweise am 29. Dezember 1998, dass ein Richter, der nach einem Antrag auf Erlass einer einstweiligen Anordnung auf Mitteilung des Aufenthaltsortes eines Kindes eine mündliche Verhandlung lediglich auf den regulären nächsten freien Termin (über sieben Wochen später!) anberaumte, wegen Besorgnis der Befangenheit abgelehnt werden kann.[73] Eine Ablehnung wegen Befangenheit kann auch Erfolg haben, wenn ein Richter ohne ersichtlichen Grund einen Rechtsstreit längere Zeit nicht bearbeitet und beispielsweise auf Akteneinsichtsgesuche nicht reagiert[74] oder wenn schlechterdings kein vernünftiger Grund mehr ersichtlich ist, der den Richter davon abhalten könnte, über einen Antrag auf Erlass einer vorläufigen Anordnung (hier: Einräumung eines Umgangsrechts) in einer diesem Eilantrag angemessenen Zeit zu befinden[75].

➢ *Zur Ablehnung des Sachverständigen wegen Befangenheit siehe oben Rn 816*

c) Dienstaufsichtsbeschwerde

Schließlich kann bei Untätigkeit des Gerichts auch Dienstaufsichtsbeschwerde **844** eingelegt und der zuständige Richter von der Dienstaufsicht zu „unverzögerter Erledigung der Amtsgeschäfte" angehalten werden (vgl. § 26 Abs. 2 DRiG). Es handelt sich hier um einen formlosen Rechtsbehelf, der in der Praxis selten erfolgreich ist. Er ist auch deswegen selten zu empfehlen, weil es hier primär nicht um den Rechtsschutz des Einzelnen geht, sondern um eine dienstinterne

---

73. Vgl. OLG Hamm, FamRZ 1999, S. 936; hierzu die zust. Anm. van Els, FamRZ 2000, S. 295.
74. Vgl. OLG Bamberg, FamRZ 2000, S. 1287.
75. Vgl. OLG Bamberg, FamRZ 2001, S. 552.

Kontrolle des richterlichen Handelns durch die Justizverwaltung.[76] Gleichwohl kann im Einzelfall auch die Einlegung einer Dienstaufsichtsbeschwerde geboten und auch erfolgreich sein, um das Gericht zu einer zügigeren Verfahrensführung zu veranlassen.

3. Formelle Anforderungen an das Rechtsmittel

845 Die formellen Anforderungen an das jeweils statthafte Rechtsmittel sind unbedingt einzuhalten, da es anderenfalls als unzulässig verworfen und damit ohne Erfolg bleiben wird. Da in kindschaftsrechtlichen Verfahren regelmäßig die Beschwerde – und nicht die Berufung – das statthafte Rechtsmittel ist, beschränkt sich die Darstellung im Folgenden auf diese.

a) Frist

846 Eine zu wahrende Frist für die Einlegung der Beschwerde beginnt dabei – unbeschadet der Wirksamkeit der nicht verkündeten Entscheidung mit der Bekanntgabe an die Beteiligten (vgl. § 16 Abs. 1 FGG) – mit der förmlichen Zustellung an den anfechtenden Beteiligten (vgl. § 16 Abs. 2 FGG). Eine Wiedereinsetzung in den vorigen Stand ist bei unverschuldetem Versäumnis der Frist möglich, jedoch nur innerhalb einer Frist von zwei Wochen nach Beseitigung des Hindernisses (vgl. § 22 Abs. 2 FGG, §§ 233 ff. ZPO).

➤ *Ein Überblick über die bei der Beschwerde gegebenenfalls einzuhaltenden Fristen findet sich oben Rn 831*

b) Beschwerdeberechtigung

847 Nicht jeder kann die in einem kindschaftsrechtlichen Verfahren ergangene Entscheidung wirksam mit einem Rechtsmittel angreifen. Hierzu bedarf es vielmehr einer besonderen Beschwerdeberechtigung. Diese steht gemäß § 20 FGG jedem zu, der in eigenen Rechten beeinträchtigt wird. Beispielsweise in Sorgerechtsverfahren Mutter bzw. Vater, im Verfahren nach § 1632 Abs. 4 BGB den Pflegeeltern (im Falle der Ablehnung des Erlasses einer Verbleibensanordnung) oder in umgangsrechtlichen Verfahren demjenigen, der erfolglos den Umgang mit dem Kind begehrt hat. Pflegeeltern sind hingegen nach Ansicht des Bundesgerichtshofs nicht berechtigt, Beschwerde gegen eine die elterliche Sorge für das Pflegekind betreffende Entscheidung des Familiengerichts einzulegen.[77]

848 Im Übrigen findet sich eine spezielle Regelung der Beschwerdeberechtigung in § 57 FGG. Dabei ist nach § 57 Abs. 1 Nr. 9 FGG bei einer Entscheidung

---

76. Vgl. Schlette, S. 49.
77. Vgl. BGH, FamRZ 2000, S. 219.

über eine die Sorge für die Person des Kindes betreffende Angelegenheit jeder beschwerdeberechtigt, der ein berechtigtes Interesse hat, diese Angelegenheit wahrzunehmen. Nach dieser Vorschrift können beispielsweise auch die Großeltern beschwerdeberechtigt sein.[78] Zudem ist das Jugendamt in kindschaftsrechtlichen Verfahren beschwerdeberechtigt (vgl. § 59 Abs. 1 Nr. 9 bzw. § 64 Abs. 3 Satz 3 FGG).

➤ *Zum Beschwerderecht des Kindes vgl. unten Rn 869*
➤ *Zum Beschwerderecht des Verfahrenspflegers siehe Rn 33 f., 94 ff., 1060*

c) Form der Einlegung

Die einfache (unbefristete) Beschwerde nach § 19 FGG kann – ebenso wie die sofortige Beschwerde nach § 22 FGG – sowohl bei dem Gericht, dessen Entscheidung angefochten wird, als auch beim Beschwerdegericht eingelegt werden (vgl. § 21 Abs. 1 FGG). Soweit eine Entscheidung des Vormundschaftsgerichts angegriffen wird, ist Beschwerdegericht das Landgericht (vgl. § 19 Abs. 2 FGG). Richtet sich das Rechtsmittel gegen eine Entscheidung des Familiengerichts, ist das Oberlandesgericht das zuständige Beschwerdegericht (vgl. § 119 Abs. 1 Nr. 2 GVG). Die einfache Beschwerde nach § 19 FGG kann grundsätzlich auch zu Protokoll der Geschäftsstelle erklärt werden (vgl. § 21 Abs. 2 FGG). Der Vorteil hierbei ist, dass dem nicht juristisch vorgebildeten Beschwerdeführer fachkundige Hilfe bei der Formulierung seines Begehrens zuteil wird. **849**

Die befristete Beschwerde (1 Monat!) kann nur beim Beschwerdegericht (§ 621e Abs. 3 Satz 1 ZPO) – mithin beim Oberlandesgericht – durch Einreichung einer Beschwerdeschrift eingelegt werden. Eine Erklärung zu Protokoll der Geschäftsstelle ist hier nicht möglich. Wichtig ist, dass der Beschwerdeführer in seiner Begründung darlegt, dass er (bzw. der, dessen Interessen er wahrnimmt) durch die angegriffene Entscheidung beschwert ist und gegen diese vorgehen will.[79] **850**

Die sofortige Beschwerde nach § 620c ZPO kann bei dem Gericht, dessen Entscheidung angefochten wird, und bei dem Beschwerdegericht (Oberlandesgericht) eingelegt werden (vgl. § 569 ZPO). Grundsätzlich wird sie durch Einreichung einer Beschwerdeschrift eingelegt (vgl. § 569 Abs. 2 Satz 1 ZPO). Soweit in der ersten Instanz kein Anwaltszwang bestand, kann sie auch zu Protokoll der Geschäftsstelle eingelegt werden (vgl. § 569 Abs. 2 Satz 2 ZPO). **851**

---

78. Vgl. OLG Hamm, Kind-Prax 1999, S. 61.
79. Vgl. Maurer, in: Schwab (Hrsg.), S. 338 f.

d) Beschwerdebegründung

852 Die sofortige Beschwerde nach § 620c ZPO muss innerhalb der Einlegungsfrist (2 Wochen!) begründet werden (vgl. § 620d Satz 1 Hs. 2 ZPO). Auch die befristete Beschwerde (§ 621e ZPO) muss begründet werden (§ 621e Abs. 3 Satz 2 i.V.m. § 520 Abs. 1 und 2 ZPO). Die Frist für deren Begründung beträgt grundsätzlich zwei Monate. Sie beginnt mit der Zustellung der Entscheidung und kann verlängert werden (§ 621e Abs. 3 Satz 2 i.V.m. § 520 Abs. 2 Satz 2 und 3 ZPO). Gleiches gilt für die Berufung nach §§ 511 ff. ZPO.

853 Im Unterschied hierzu besteht für die einfache Beschwerde nach § 19 FGG und die sofortige Beschwerde im Sinne des § 22 FGG (formal betrachtet) keine Begründungspflicht. So kann auch die Begründung für die sofortige Beschwerde nach § 22 FGG – im Unterschied zu den Fällen des § 620a ZPO – noch bis zum Erlass der Entscheidung des Beschwerdegerichts nachgereicht werden.[80] Eine sorgfältige und ausführliche Begründung ist freilich immer zu empfehlen, da hierdurch die Erfolgsaussichten des Rechtsmittels in der Regel wesentlich gesteigert werden.

e) Beteiligung von Rechtsanwälten

854 Anwaltszwang besteht in kindschaftsrechtlichen Verfahren der ersten und zweiten Instanz grundsätzlich weder vor dem Vormundschafts- bzw. Familiengericht noch vor dem Landgericht bzw. Oberlandesgericht (vgl. § 78 Abs. 2 Satz 1 Nr. 3 ZPO). Gleichwohl wird einem nicht juristisch ausgebildeten Verfahrenspfleger vor Einlegung eines Rechtsmittels empfohlen, juristischen Rat im Hinblick auf Zulässigkeit und Erfolgsaussichten eines Rechtsmittels einzuholen, damit das Kind keinen vermeidbaren Belastungen ausgesetzt wird. Zumal anerkannt ist, dass die Führung einer Verfahrenspflegschaft mit solchen rechtlichen Schwierigkeiten verbunden sein kann, dass ein Verfahrenspfleger ohne volljuristische Ausbildung rechtliche Unterstützung durch einen Anwalt benötigt.[81]

855 Dies hat zur Folge, dass auch die mit der Einholung der juristischen Beratung entstehenden Kosten im Einzelfall als Aufwendungsersatzanspruch vom Verfahrenspfleger geltend gemacht werden können, wenn der Fall rechtliche Schwierigkeiten aufwies und die juristische Beratung im Interesse des Kindes geboten war. Allerdings ist diese Frage von den Instanzgerichten noch nicht abschließend geklärt. Bislang liegt lediglich eine Entscheidung des OLG Hamburg vor, nach der jedenfalls dann die Kosten der juristischen Beratung nicht

---

80. Vgl. Keidel-Kahl, § 22 Rn 5.
81. Vgl. BVerfG, FamRZ 2000, S. 1280 <1282>.

ersetzt verlangt werden können, wenn das Familiengericht es zuvor durch Beschluss abgelehnt hat, dem Kind einen juristischen Beistand beizuordnen.[82]

4. Rechtsmittel gegen die Entscheidungen der zweiten Instanz

Gegen die Entscheidung des Landgerichts als Beschwerdegericht in Vormundschaftssachen ist die weitere Beschwerde zum Oberlandesgericht statthaft. Sie kann (von einem Rechtsanwalt!) beim Landgericht oder beim Oberlandesgericht eingelegt werden (vgl. § 29 Abs. 1 FGG). **856**

Gegen die Entscheidung des Oberlandesgerichts als Beschwerdegericht im familiengerichtlichen Verfahren ist grundsätzlich die – ebenfalls durch einen Rechtsanwalt einzulegende (vgl. § 78 Abs. 2 Nr. 1 bzw. 3 ZPO) – sog. Rechtsbeschwerde (vgl. §§ 547–577 ZPO) zum Bundesgerichtshof nur statthaft, wenn sie zugelassen wurde (vgl. § 621e Abs. 2 ZPO). Die Rechtsbeschwerde ist insbesondere dann zuzulassen, wenn die Sache grundsätzliche Bedeutung hat (vgl. § 621e Abs. 2 Satz 1 Hs. 2 i.V.m. § 543 Abs. 2 ZPO). Hier prüft das jeweils zuständige Gericht nur noch Rechtsfragen (nach Aktenlage). Das heißt insbesondere: Eine erneute Beweiserhebung – z.B. die Einholung eines Sachverständigengutachtens oder die Anhörung des Kindes nach § 50b FGG – findet vor ihm nicht statt. **857**

Gegen die Entscheidung der letzten Instanz (vgl. § 90 Abs. 2 BVerfGG) bleibt unter bestimmten engen Voraussetzungen noch die Erhebung der Verfassungsbeschwerde beim Bundesverfassungsgericht, wenn der Beschwerdeführer behauptet, in seinen Grundrechten (im vorliegenden Zusammenhang primär dem Allgemeinen Persönlichkeitsrecht des Kindes aus Art. 1 Abs. 1 i.V.m. Art. 2 Abs. 1 GG bzw. dem Elternrecht aus Art. 6 Abs. 2 Satz 1 GG) oder in seinem Anspruch auf rechtliches Gehör (vgl. Art. 103 Abs. 1 GG) verletzt zu sein (vgl. Art. 93 Abs. 1 Nr. 4a GG). Das Bundesverfassungsgericht überprüft die fachgerichtlichen Entscheidungen nur dahingehend, ob sie „spezifisches Verfassungsrecht"[83] verletzen. Es ist damit kein weiteres Rechtsmittelgericht, das die fachgerichtliche Entscheidung auf ihre Vereinbarkeit mit dem Bürgerlichen Gesetzbuch oder sonstigem einfachem Recht überprüft. Eine anwaltliche Vertretung ist für die Erhebung der Verfassungsbeschwerde gesetzlich nicht vorgeschrieben.[84] **858**

---

82. OLG Hamburg, Kind-Prax 2000, S. 162.
83. Vgl. BVerfGE 18, 85 <92>.
84. Zu den Zulässigkeitsvoraussetzungen einer Verfassungsbeschwerde siehe z.B. Lechner/Zuck, BVerfGG, zu §§ 90, 92 BVerfGG.

VIII. Vollziehung und Vollstreckung von Entscheidungen

859 Auf die Vollstreckung von Entscheidungen in kindschaftsrechtlichen Verfahren findet grundsätzlich das Recht der freiwilligen Gerichtsbarkeit Anwendung. Daraus folgt nicht nur, dass (erstinstanzliche) gerichtliche Entscheidungen mit der Bekanntmachung an denjenigen, für den sie ihrem Inhalt nach bestimmt sind, wirksam werden. Vielmehr sind sie auch sofort vollziehbar.[85] Dies bedeutet beispielsweise, dass das Kind in Sorgerechtsverfahren unmittelbar an den durch die gerichtliche Entscheidung Begünstigten herauszugeben oder ein Umgang nach Maßgabe der gerichtlichen Entscheidung sofort zu gewähren ist.

860 Auch ein gegen die entsprechende Entscheidung eingelegtes Rechtsmittel hindert in der Regel die Vollziehung derselben nicht, denn die Beschwerde hat nur dann eine sogenannte „aufschiebende Wirkung", wenn sie gegen eine Entscheidung gerichtet ist, durch die ein Ordnungs- oder Zwangsmittel (Ausnahme: Zwangshaft) festgesetzt wird (§ 24 Abs. 1 FGG sowie § 570 Abs. 1 ZPO).

861 Die Beeinflussung der tatsächlichen Gegebenheiten durch eine nicht rechtskräftige gerichtliche Entscheidung kann auf juristischem Wege jedoch dadurch verhindert werden, dass das Gericht, dessen Entscheidung angefochten wird, bzw. das Beschwerdegericht die Vollziehung der Entscheidung aussetzt (vgl. § 24 Abs. 2 und Abs. 3 FGG bzw. § 570 Abs. 2 und Abs. 3 ZPO). Hierzu bedarf es keines Antrages, doch ist es – gerade in kindschaftsrechtlichen Verfahren – im Zweifel sinnvoll, dem Gericht die Tatsachen zu unterbreiten, die eine Aussetzung der Vollziehung und damit die vorläufige Verhinderung der Vollstreckung nahe legen. Das Gericht entscheidet dann nach pflichtgemäßem Ermessen.[86]

862 Die Vollstreckung der Entscheidung richtet sich in kindschaftsrechtlichen Verfahren nach § 33 FGG, der keinen Strafcharakter hat, sondern ausschließlich der Beugung dient. Eine Vollstreckung kommt also dann nicht mehr in Betracht, wenn der gerichtlichen Entscheidung Geltung verschafft wurde.[87] Im Mittelpunkt der Vollstreckung nach § 33 FGG steht die Festsetzung eines – zuvor angedrohten (§ 33 Abs. 3 Satz 1 FGG) – Zwangsgeldes (höchstens 25.000 €, § 33 Abs. 3. Satz 2 FGG) gegen diejenige Person, die sich der gerichtlichen Entscheidung widersetzt.

863 Unter strikter Wahrung des Grundsatzes der Verhältnismäßigkeit – es darf also insbesondere kein milderes Mittel zur Verfügung stehen, um die gerichtliche

---

85. Vgl. nur Keidel-Kahl, § 24 Rn 1.
86. Vgl. Keidel-Kahl, § 24 Rn 11.
87. Vgl. OLG Celle, FamRZ 1999, S. 173.

Entscheidung durchzusetzen – kann im Einzelfall auch Zwangshaft (des Herausgabepflichtigen!) angeordnet werden (vgl. § 33 Abs. 1 Satz 2 FGG), insbesondere dann, wenn die gerichtliche Entscheidung die Herausgabe des Kindes anordnet. Einer vorherigen Androhung der Zwangshaft bedarf es nicht, wenn zu befürchten ist, dass das Kind bspw. vor der Vollstreckung in das Ausland verbracht wird (vgl. § 33 Abs. 3 Satz 4 FGG).

Geht es bei der Vollstreckung einer Entscheidung um die Herausgabe des Kindes (z.B. Streitigkeiten um den Aufenthalt des Kindes, Umgangsverfahren), dann kann durch das Gericht gegebenenfalls auch die Anwendung von Gewalt angeordnet werden (vgl. § 33 Abs. 2 Satz 1 FGG). In erster Linie richtet sich die Gewalt gegen die herausgabepflichtigen Erwachsenen. Die Gewaltanwendung gegen das Kind hat der Gesetzgeber ausdrücklich untersagt, soweit es um seine Herausgabe zur Ausübung des Umgangsrechts geht (§ 33 Abs. 2 Satz 2 FGG). Eine Gewaltanwendung gegen das Kind zur Vollstreckung einer sorgerechtlichen Entscheidung wird jedoch für möglich gehalten.[88] Sie ist wegen der Grundrechtsposition des Kindes aus Art. 2 Abs. 1 GG i.V.m. Art. 1 Abs. 1 GG[89] jedoch nur gerechtfertigt, wenn sie zur Abwendung einer Kindeswohlgefährdung dringend erforderlich ist.

864

Eine Besonderheit führte der Gesetzgeber im Zuge des Kindschaftsrechtsreformgesetzes für die Vollziehung von umgangsrechtlichen Entscheidungen in § 52a FGG ein: Zur Verbesserung der Möglichkeiten einer einverständlichen Gestaltung des Umgangsrechts sieht diese Regelung ein gerichtliches Vermittlungsverfahren vor. Dieses kommt immer dann zum Zuge, wenn Schwierigkeiten bei der Ausübung des Umgangs auftreten und eine gerichtliche Entscheidung bereits vorliegt. Hiermit soll im Interesse des Kindes vor allem das häufig emotionsbeladene Verfahren zwischen den Eltern über die Durchsetzung oder Abänderung des Umgangs sowie eine förmliche – und evtl. sogar mit Gewaltanwendung einhergehende (siehe Rn 864) – Vollstreckung der gerichtlichen Entscheidung vermieden werden.[90] Scheitert das Vermittlungsverfahren, dann prüft das Gericht von sich aus, ob Zwangsmittel ergriffen, Änderungen der Umgangsregelung vorgenommen oder Maßnahmen in Bezug auf das Sorgerecht ergriffen werden sollen (§ 52a Abs. 5 Satz 2 FGG).

865

---

88. Vgl. nur Keidel-Zimmermann, § 33 Rn 42; Maurer, in: Schwab, S. 218.
89. Vgl. BVerfGE 24, S. 119 <144>.
90. Vgl. BT-Drucks. 13/4899, S. 133.

IX. Rechte von Kindern und Jugendlichen im gerichtlichen Verfahren

866 Die Rechte von Kindern und Jugendlichen im gerichtlichen Verfahren finden nur eine unzureichende gesetzliche Ausgestaltung in den einschlägigen Normierungen des Verfahrensrechts.

1. Verfahrensfähigkeit von Kindern und Jugendlichen?

867 Die Verfahrensfähigkeit ist deswegen von so großer Bedeutung, weil sie die Fähigkeit umschreibt, als (formell) Beteiligter in einem gerichtlichen Verfahren aufzutreten und wirksame verfahrensrechtliche Erklärungen abzugeben, insbesondere wirksame Anträge zu stellen. In kindschaftsrechtlichen Verfahren relativiert sich ihre Tragweite jedoch, da das Gericht immer dann, wenn es zum Zwecke der Sachverhaltsaufklärung geboten ist, auf Grund des Amtsermittlungsgrundsatzes (§ 12 FGG; hierzu oben Rn 776 ff.) auch mit dem Verfahrensunfähigen verhandeln und von ihm Erklärungen entgegennehmen kann. Es kommt hinzu, dass in Amtsverfahren (siehe oben Rn 789) in der Regel keine förmlichen Anträge gestellt werden müssen. Hier kann das Gericht die Erklärungen eines Verfahrensunfähigen in Anregungen umdeuten und gleichwohl in dessen Sinne entscheiden.[91]

868 Hinsichtlich des Alters, mit dem die Verfahrensfähigkeit beginnt, finden sich keine Regelungen im Recht der freiwilligen Gerichtsbarkeit. Insoweit ist auf die Normierungen des Bürgerlichen Gesetzbuchs (BGB) zur Geschäftsfähigkeit zurückzugreifen. Die einschlägigen Vorschriften sind entsprechend anzuwenden. Demnach beginnt die Verfahrensfähigkeit grundsätzlich mit der Volljährigkeit, also mit der Vollendung des achtzehnten Lebensjahres (vgl. § 2 BGB). Dies hat zur Folge, dass es im gerichtlichen Verfahren grundsätzlich vor Vollendung des achtzehnten Lebensjahres der Vertretung durch einen gesetzlichen Vertreter bedarf, also regelmäßig der Eltern (§§ 1626 ff. BGB) oder des Vormundes (§§ 1773 ff. BGB). In kindschaftsrechtlichen Verfahren ist freilich zu berücksichtigen, dass die Interessen des Kindes gegebenenfalls von dem Verfahrenspfleger i.S.d. § 50 FGG wahrgenommen werden.

869 Eine Ausnahme von diesen Grundsätzen gilt zum einen in Unterbringungssachen (§ 1631b BGB), denn dort ist der Minderjährige ohne Rücksicht auf seine Geschäftsfähigkeit verfahrensfähig, wenn er das vierzehnte Lebensjahr vollendet hat (§ 70a FGG). Zum anderen kann der Minderjährige in allen familien- und vormundschaftsgerichtlichen Verfahren – ab Vollendung des vierzehnten Lebensjahres (vgl. § 59 Abs. 3 FGG) in allen seine Person betreffenden Ange-

---

91. In diesem Sinne auch Moritz, S. 399.

legenheiten ohne Mitwirkung seines gesetzlichen Vertreters das Beschwerderecht ausüben (vgl. 59 Abs. 1 FGG). Dieses in § 59 FGG dem Kind vom Gesetzgeber eingeräumte Beschwerderecht sichert dabei in Verbindung mit der in § 50b FGG vorgesehenen Anhörung (vgl. Rn 871 ff.), dass das Kind sowohl im erstinstanzlichen Verfahren als auch im Rechtsmittelverfahren selbständig auftreten und sich daran beteiligen kann.[92]

➢ *Zum Beschwerderecht des Verfahrenspflegers siehe Rn 33 f., 94 ff., 1060*

Schließlich ist dem Minderjährigen – ebenfalls ab Vollendung des vierzehnten Lebensjahres (im Unterbringungsverfahren nach § 1631b BGB unabhängig vom Alter, vgl. § 70g Abs. 1 Satz 1 FGG) – die gerichtliche Entscheidung (kindgerecht! vgl. Rn 889) bekannt zu machen, wobei die Mitteilung der Entscheidungsgründe unterbleiben soll, wenn Nachteile für die Entwicklung, die Erziehung oder den Gesundheitszustand des Kindes zu befürchten sind (vgl. § 59 Abs. 2 FGG). Die Bekanntmachung der Entscheidung an den gesetzlichen Vertreter genügt damit nicht.

870

2. Anhörung nach § 50b FGG

Das Kind hat grundsätzlich ein Recht darauf, vor der gerichtlichen Entscheidung in kindschaftsrechtlichen Verfahren gehört zu werden (vgl. § 50b FGG).[93] Für das Kind kann die Durchführung der Anhörung jedoch ambivalent sein: Einerseits könnte dem Kind die Tragweite des gerichtlichen Verfahrens besonders bewusst werden und diese Erkenntnis das Kind belasten.[94] Andererseits erhält das Kind aber Gelegenheit, die Person kennen zu lernen, die wichtige – seine Person betreffende – Entscheidungen zu treffen hat, so dass es eine Entlastung bedeuten kann, wenn es sich „in guten Händen" weiß. Vor allem hat es aber die Gelegenheit, seinem eigenen Willen unmittelbaren Nachdruck zu verleihen.

871

Schließlich dient die Anhörung auch der Verwirklichung des Anspruchs auf Gewährung rechtlichen Gehörs und der Sachaufklärung, da sie dem Richter ermöglicht, das Kind und seine Lebensverhältnisse kennen zu lernen.[95] Es ist vor allem die Aufgabe des Gerichts und des Verfahrenspflegers, zu einer Gestaltung der Kindesanhörung beizutragen, bei der diese überwiegenden Vorteile dem Kind auch sichtbar gemacht werden.

872

---

92. Vgl. Keidel-Engelhardt, § 59 Rn 5 FGG.
93. Für das Unterbringungsverfahren siehe § 70c FGG; zur Kindesanhörung siehe insbesondere Lempp et al., Die Anhörung des Kindes gemäß § 50 FGG, Köln 1987; Fehmel, in: Familiengerichtsbarkeit, Berlin 1992, S. 1610 ff.; Zitelmann, S. 172 ff.
94. Vgl. Lempp et al., S. 63 ff.
95. Vgl. Heilmann, Kindliches Zeitempfinden und Verfahrensrecht, S. 229 f. m.w.Nachw.

a) Voraussetzungen

873 Das Kind ist stets zu hören, wenn es nicht geschäftsunfähig ist (vgl. § 104 Ziff. 2 BGB), das vierzehnte Lebensjahr vollendet hat und das gerichtliche Verfahren die Personensorge betrifft (§ 50b Abs. 2 FGG; siehe aber § 50b Abs. 3 FGG [hierzu Rn 875]).

874 Hat das Kind das vierzehnte Lebensjahr noch nicht vollendet oder ist es geschäftsunfähig, dann hat es ein Recht darauf, gehört zu werden, wenn – wie regelmäßig in kindschaftsrechtlichen Verfahren – seine Neigungen, Bindungen und sein Wille für die Entscheidung von Bedeutung sind oder es zur Feststellung des Sachverhaltes angezeigt erscheint, dass sich das Gericht einen unmittelbaren Eindruck von ihm verschafft (vgl. § 50b Abs. 1 FGG). Feste Altersgrenzen sind im Gesetz nicht vorgesehen, so dass auch die Anhörung von sehr kleinen Kindern in Betracht kommt. Die Rechtsprechung geht in Sorgerechtsverfahren davon aus, dass die Anhörung eines Kindes in kindschaftsrechtlichen Verfahren etwa ab dem dritten Lebensjahr geboten sein kann.[96] Dabei ist aber der Begriff der „Anhörung" bei kleineren Kindern richtiger als „Anschauung" des Kindes und seines Verhaltens zu verstehen.[97]

875 Etwas anderes gilt, wenn das Gericht aus schwerwiegenden Gründen, insbesondere bei Gefahr im Verzuge, von der Anhörung abgesehen hat (vgl. § 50b Abs. 3 FGG). Schwerwiegende Gründe liegen auch vor, wenn das Kind durch die Anhörung psychisch geschädigt werden könnte oder in sonstiger Weise eine Beeinträchtigung seines Gesundheitszustandes zu besorgen ist.[98] Damit muss es sich um triftige, das Kindeswohl nachhaltig berührende Gründe handeln.[99] Ordnet das Gericht gleichwohl die Anhörung des Kindes an, dann ist diese Zwischenentscheidung – ggf. auch durch den Verfahrenspfleger – mit der einfachen Beschwerde nach § 19 FGG anfechtbar, weil sie in die Rechte des beteiligten Kindes eingreift (siehe auch oben Rn 832).[100]

876 Unterbleibt die Anhörung, obwohl sie geboten ist, dann stellt dies einen schwerwiegenden Verfahrensfehler dar. Da es in den meisten Fällen an einer förmlichen (Zwischen-) Entscheidung des Gerichts fehlt, kann dieser nur mit dem Rechtsmittel gegen die Endentscheidung geltend gemacht werden (hierzu Rn 836 ff.), was in der Regel zur Aufhebung der betreffenden Entscheidung führt.[101]

---

96. Vgl. OLG Frankfurt, FamRZ 1997, S. 571; BayObLG, NJW-RR 1997, S. 1437.
97. Vgl. Fehmel, in: Familiengerichtsbarkeit, S. 1618.
98. Vgl. BGH, NJW-RR 1986, S. 1130.
99. BayObLG, FamRZ 1988, S. 871.
100. OLG Köln, FamRZ 1997, S. 499; a.A. wohl Keidel-Engelhardt, § 50b Rn 28.
101. Vgl. nur OLG Karlsruhe, FamRZ 1994, S. 393.

877 Im Übrigen ist das Kind auch im Beschwerdeverfahren grundsätzlich (ggf. nochmals) anzuhören. Ewas anderes gilt, wenn weder neue entscheidungserhebliche Tatsachen vorgetragen noch eine Änderung des rechtlichen Gesichtspunkts eingetreten sind und auch der Zeitablauf oder sonstige Gründe die nochmalige Anhörung nicht geboten erscheinen lassen.[102] Jedenfalls sollte das Kind in der Rechtsmittelinstanz nur durch den Berichterstatter, also einem einzigen Richter, angehört werden, denn das Kind könnte überfordert werden, wenn es mit mehreren Richtern in Kommunikation treten soll.[103]

b) Gestaltung

878 Im Hinblick auf die äußeren Umstände und die Gestaltung der Anhörung ist das Gericht frei. „Anhörung" ist im vorliegenden Zusammenhang der notwendige persönliche Kontakt des zuständigen Richters mit dem Kind. Welche der vorhandenen verfahrensmäßigen Möglichkeiten der Richter für diese äußerst schwierige Aufgabe wählt, ob er das Kind einmal oder mehrmals, Geschwister einzeln oder zusammen, im Gericht oder in der vertrauten familiären Umgebung, in An- oder Abwesenheit der Eltern und deren Prozessbevollmächtigten persönlich anhört und ob er einen Psychologen als Sachverständigen hinzuzieht, muss ihm überlassen bleiben.[104]

879 Gleichwohl kann und muss der Verfahrenspfleger gegebenenfalls auf die nähere Ausgestaltung der Anhörung, insbesondere im Hinblick auf die Beteiligung weiterer Personen, den Ort der Anhörung sowie deren inhaltliche Gestaltung, durch begründete Anregungen an das Gericht Einfluss nehmen.[105]

aa) Anwesenheit von anderen Verfahrensbeteiligten

880 In der Regel ist die Anhörung in Abwesenheit der Eltern[106] und ihrer Verfahrensbevollmächtigten vorzunehmen.[107] Durch die Abwesenheit der Eltern wird der häufig durch die Auseinandersetzung zwischen den Eltern besonders angespannten seelischen Verfassung des Kindes Rechnung getragen.[108] Auch würde die Unbefangenheit des Kindes in der Regel bei Anwesenheit der (streitenden) Eltern und ihrer Anwälte leiden.[109] Die bloße Anwesenheit der Eltern könnte das Kind daher psychisch beeinflussen und damit den vom Kind in der Anhörung geäußerten Willen in Frage stellen.

---

102. Vgl. Keidel-Engelhardt, § 50b Rn 20; BayObLG, FamRZ 1985, S. 522; OLG Koblenz, FamRZ 2001, S. 515.
103. Die Problematik ist umstritten, vgl. Fehmel, in: Familiengerichtsbarkeit, S. 1623.
104. Vgl. BVerfGE 55, 171 <182>.
105. Vgl. Zitelmann, S. 195.
106. Vgl. BGH, NJW 1987, S. 1024; vgl. auch Fehmel, in: Familiengerichtsbarkeit, S. 1618 f.
107. Vgl. Keidel-Engelhardt, § 50b Rn 18.
108. Vgl. BVerfGE 55, 171 <182>.
109. Vgl. Fehmel, in: Familiengerichtsbarkeit, S. 1619.

881 Hingegen ist die Anwesenheit des Verfahrenspflegers grundsätzlich geboten. Bei seiner Abwesenheit wäre regelmäßig die Wahrnehmung der Kindesinteressen durch den Verfahrenspfleger, insbesondere wenn das Kind noch klein ist, nicht mehr gewährleistet.[110] Es könnte zudem die Chance ungenutzt bleiben, sich seitens des Gerichts der Hilfe des Verfahrenspflegers zu bedienen, wenn es darum geht, das vom Kind zum Ausdruck Gebrachte zu verstehen, auf dieser Grundlage präzisere Fragen an das Kind zu richten, und so den Erkenntnisgewinn zu steigern.[111] Schließlich kann die Begleitung durch den Verfahrenspfleger dazu beitragen, „Unbehagen, Selbstzweifel oder auch Schuldgefühle („Habe ich was Falsches gesagt?") des Kindes zu vermindern".[112]

882 Die Anwesenheit des Verfahrenspflegers bei der Kindesanhörung ist jedoch dann nicht opportun, wenn das Kind ansonsten seine Wünsche nicht mehr „ungefiltert" ausdrücken kann[113] oder es die alleinige Anhörung wünscht. Nur so bleibt dem Kind die Möglichkeit eröffnet, dem Richter persönliche Mitteilungen zu machen und sich insbesondere auch kritisch zu seiner Interessenvertretung bzw. deren Stellungnahmen zu äußern.[114]

883 Ebenfalls nur von Fall zu Fall entscheiden lässt sich, ob das Gericht das Kind alleine oder mit seinen Geschwistern anhört. Meistens können die Vorteile einer Geschwisteranhörung einerseits und der Einzelanhörung andererseits dann am besten genutzt werden, wenn die Geschwister zunächst zusammen angehört werden und anschließend den Kindern Gelegenheit gegeben wird, ihre unterschiedlichen Perspektiven auch einzeln deutlich werden zu lassen.[115]

bb) Ort der Anhörung

884 Neben der Frage, welche Personen bei der Anhörung des Kindes anwesend sind, ist die Entscheidung über den Anhörungsort von Bedeutung. Auch in dieser schwierigen Frage entscheidet das Gericht nach pflichtgemäßem Ermessen. So kann es geboten sein, das Kind in der vertrauten Umgebung (z. B. im Elternhaus, am Wohnsitz der Pflegefamilie oder im Heim) – und nicht im Gericht – anzuhören, wenn dies die Belastungen für das Kind mindert.[116] Jedoch ist eine Anhörung im Gericht in den Fällen angezeigt, in denen das Kind sich in seiner gewohnten Umgebung durch den ihm fremden Menschen bedroht und verunsi-

---

110. OLG Bremen, FamRZ 2000, S. 1298.
111. Vgl. Hohmann-Dennhardt, ZfJ 2001, S. 77 ff.
112. Zitelmann, S. 200.
113. Vgl. Hohmann-Dennhardt, a.a.O.
114. Vgl. Zitelmann, S. 199.
115. Vgl. Lempp et al., S. 107.
116. Vgl. Zitelmann, S. 195.

chert fühlt.[117] Aus diesem Grund wird bei kleineren Kindern die Anhörung im Richterzimmer häufig der häuslichen Anhörung vorgezogen.[118]

cc) Vorgehensweise des Gerichts

885 Für die Gestaltung der Anhörung sieht das Gesetz in § 50b Abs. 2 Satz 3 FGG lediglich vor, dass das Gericht das Kind in geeigneter Weise über den Gegenstand und den möglichen Ausgang des Verfahrens unterrichtet und ihm Gelegenheit zur Äußerung gegeben wird.[119] Zudem muss die Anhörung jederzeit kindgerecht durchgeführt und dabei auch den jeweiligen Eigenheiten des Kindes sowie seinem persönlichen einzelfallbezogenen Hintergrund Rechnung getragen werden.[120]

886 Die „Technik" der Anhörung richtet sich dabei in erster Linie nach dem Alter des Kindes und seinem Entwicklungsstand.[121] Letztlich hängt jedoch „das Ergebnis und der Erfolg einer persönlichen Anhörung des Kindes durch das Gericht ... entscheidend davon ab, in welchem Maße der Richter die Fähigkeit zur Einfühlung in die besondere psychologische Situation des Kindes besitzt und ob es ihm gelingt, mit dem Kind ins Gespräch zu kommen"[122]. Geboten ist dabei eine nicht bedrängende und einfühlsame Gesprächsführung, insbesondere wenn die Beziehungen zu den anderen Verfahrensbeteiligten abgeklärt werden bzw. kritische Themen zur Sprache kommen, sowie eine Akzeptanz gegenüber dem grundsätzlichen Unvermögen des Kindes, sich zu entscheiden oder seine Wünsche zu äußern.[123] Dabei muss sich der Richter auch stetig der besonderen Belastungssituation bewusst sein, in der sich das Kind befindet.[124]

dd) Protokollierung

887 Für die Protokollierung der Anhörung, die nicht in Anwesenheit des Kindes erfolgen sollte[125], gilt das oben Gesagte (vgl. oben Rn 808 f.). Wichtig ist insoweit, dass nicht nur die verbalen Äußerungen des Kindes protokolliert werden, denn auch die Körperhaltung, der Gesichtsausdruck, Gestik und Sprechweise des Kindes können für die Entscheidungsfindung von großer Bedeutung sein.[126]

---

117. Vgl. Lempp et al., S. 197.
118. Vgl. Fehmel, in: Familiengerichtsbarkeit, S. 1620.
119. Hierzu auch Lempp et al., S. 107, Fehmel, in: Familiengerichtsbarkeit, S. 1616 f.
120. Vgl. Fehmel, a.a.O.
121. Vgl. Fehmel, in: Familiengerichtsbarkeit, S. 1616.
122. Vgl. BVerfGE 55, 171, 182 f.
123. Vgl. Zitelmann, S. 193.
124. Hierzu Lempp et al., S. 63 ff.
125. Vgl. Fehmel, in: Familiengerichtsbarkeit, S. 1616.
126. Vgl. Lempp et al., S. 108.

888 Ergänzend ist zu beachten, dass im Ausnahmefall von einer Protokollierung der Aussagen des Kindes abgesehen werden kann, wenn dies aus erheblichen Gründen des Kindeswohls gerechtfertigt ist. Dies kann beispielsweise dann angezeigt sein, wenn das Kind ausdrücklich darum gebeten hat, seine Äußerungen den anderen Verfahrensbeteiligten nicht unmittelbar zur Kenntnis zu bringen und es ohne eine entsprechende Zusicherung nicht Stellung beziehen will. Um in dieser Situation jedoch dem Anspruch der anderen Verfahrensbeteiligten auf Gewährung rechtlichen Gehörs (Art. 103 Abs. 1 GG) gerecht zu werden, darf das Gericht diese Aussagen jedenfalls nur dann zur Grundlage seiner Entscheidung machen, wenn es die Angaben des Kindes durch seine eigene Sachverhaltsaufklärung nachgeprüft und den anderen Verfahrensbeteiligten – bspw. den Eltern – auf diesem Wege zugänglich gemacht hat.[127]

➢ *Zur Anhörung des Kindes siehe auch oben Rn 157 ff., 745 ff.*

3. Kindeswohlzentrierung des Verfahrens

889 Jedes von einem kindschaftsrechtlichen Verfahren betroffene Kind hat schließlich einen Anspruch darauf, dass nicht nur die Endentscheidung inhaltlich dem Prinzip des Kindeswohls gerecht wird (vgl. § 1697a BGB), sondern auch das gerichtliche Verfahren selbst. Dies ergibt sich nicht nur daraus, dass das Kind Träger des allgemeinen Persönlichkeitsrechts (Art. 2 Abs. 1 i.V.m. Art. 1 Abs. 1 GG) ist[128] und Eingriffe in dieses Grundrecht dem Grundsatz der Verhältnismäßigkeit Rechnung tragen müssen. Es kommt vielmehr noch hinzu, dass die meisten kindschaftsrechtlichen Verfahren ihre Legitimation dadurch erhalten, dass sie in Ausübung des staatlichen Wächteramtes (Art. 6 Abs. 2 Satz 2 GG) gerade zum Wohle des Kindes durchgeführt werden. Damit wäre es nicht zu vereinbaren, würde die Durchführung des gerichtlichen Verfahrens an sich bereits den Belangen des Kindes zuwiderlaufen. Vielmehr muss der Staat das gerichtliche Verfahren so gestalten, dass eine hinreichende Berücksichtigung der grundrechtlichen Stellung des betroffenen Kindes garantiert ist.[129] Das Kindeswohl muss daher die beherrschende Richtlinie für die gesamte Verfahrensgestaltung sein.[130]

890 Folgerungen ergeben sich hieraus nicht nur für die zeitliche Gestaltung des Verfahrens (vgl. oben Rn 782 ff.). Auch im Übrigen muss das Verfahren zu jedem Zeitpunkt kindgerecht sein. Die gebotene Kindeswohlzentrierung des gerichtlichen Verfahrens muss sich daher darin äußern, dass der Verfahrens-

---

127. Ähnlich Maurer, in: Schwab, S. 204 f.
128. Vgl. BVerfGE 24, S. 119 <144>.
129. Vgl. BVerfGE 24, S. 119 <144>.
130. Vgl. Staudinger-Coester, § 1666 Rn 205.

A Das Verfahren der Familien- und Vormundschaftsgerichte

pfleger in den einschlägigen Verfahren möglichst frühzeitig bestellt wird (vgl. oben Rn 802 f.). Sie setzt sich fort in dem Gebot der kindgerechten Gestaltung der Anhörung nach § 50b FGG (vgl. oben Rn 878 ff.), ist Richtlinie bei den Entscheidungen des Gerichts über Art und Umfang seiner Ermittlungstätigkeit (vgl. oben Rn 776 ff.) und schließlich für die Art der Bekanntmachung von Beschlüssen (vgl. oben Rn 870). Jegliche Tätigkeit, die vom Gericht, dem Verfahrenspfleger und den sonstigen Verfahrensbeteiligten entfaltet wird, muss daher insoweit nach dem Grundsatz des geringstmöglichen Eingriffs erfolgen.

X. Übersicht über den Ablauf eines familiengerichtlichen Verfahrens (z.B. §§ 1632 Abs. 4, 1666, 1682, 1684, 1696 BGB)

891

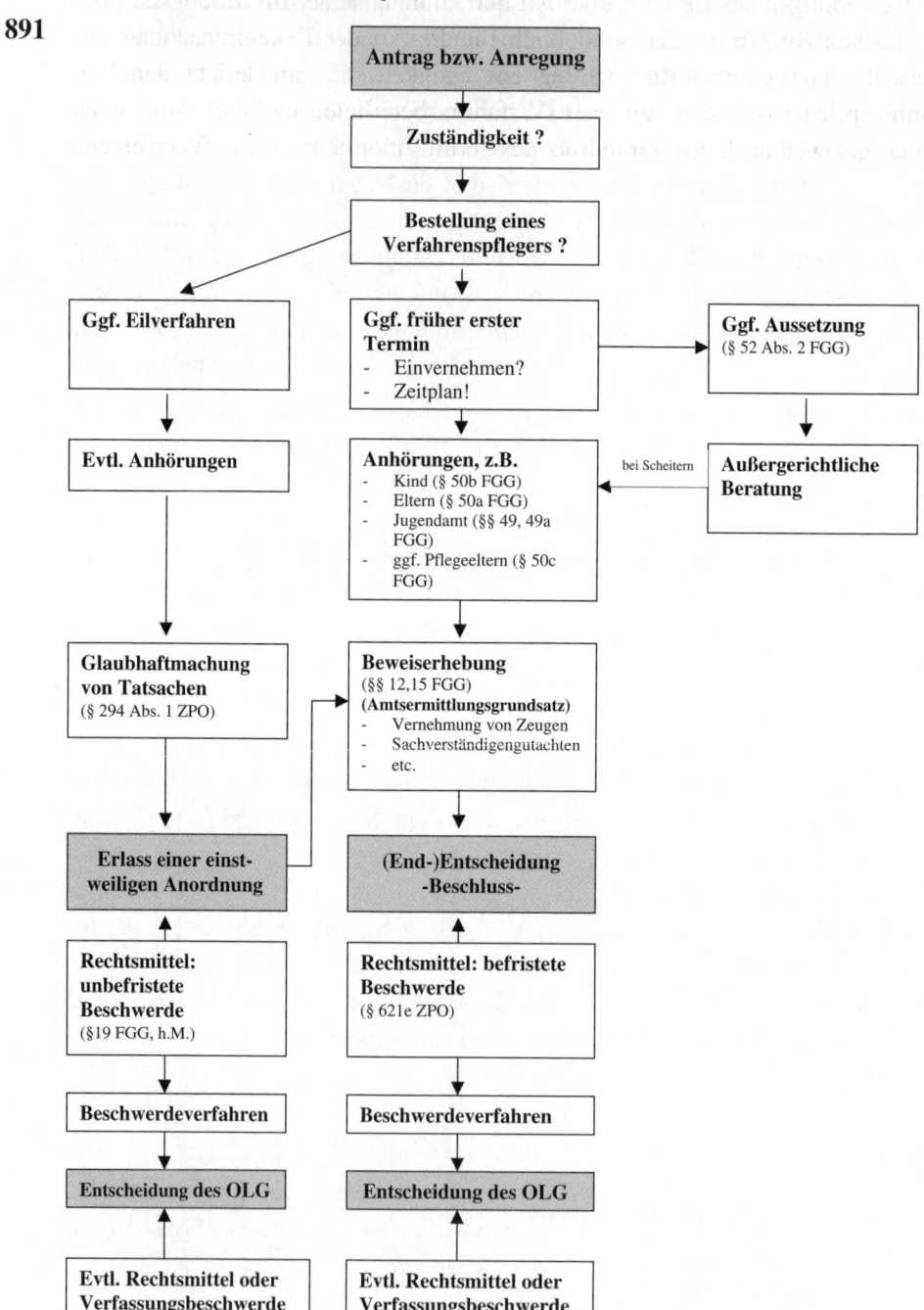

B Gerichtliche Verfahren mit Auslandsbezug

Übersicht

		Rn
I.	Einführung	892
II.	Zuständigkeitsregelungen des deutschen Rechts	896
III.	Internationale Abkommen zum Kindschaftsrecht	899
	1. UN-Konvention über die Rechte des Kindes	899
	2. Europäisches Übereinkommen über die Ausübung von Kinderrechten	902
	3. Haager Minderjährigenschutzabkommen	903
	4. Haager Übereinkommen zur Kindesentführung	912
	a) Der Rückführungsmechanismus	915
	b) Besonderheiten des HKÜ-Verfahrens	918
	c) Probleme in der Praxis des HKÜ	925
	d) Bestellung eines Verfahrenspflegers	933
	e) Aufgaben des Verfahrenspflegers	939
	f) Qualifikation des Verfahrenspflegers	947
IV.	Allgemeine Hinweise	949

I. Einführung

Die Einsetzung von Verfahrenspflegern kann auch in Verfahren erfolgen, in **892** denen ausländisches Recht und internationale Abkommen von Bedeutung sind, sei es aufgrund der unterschiedlichen Nationalität der Beteiligten und/oder weil die Beteiligten nicht ständig in der Bundesrepublik lebten.

Neben Fragen der Zuständigkeit deutscher Gerichte und der Anwendbarkeit **893** des nationalen Rechts stellen in derartigen Verfahren die unterschiedlichen Rechtskulturen eine besondere Herausforderung dar. Zudem erlangen solche Verfahren nicht selten auch eine politische Dimension. Als Beispiel aus jüngerer Zeit sei hier nur ein Fall erwähnt, der zu Verhandlungen auf höchster politischer Ebene führte: Ein Jugendamt hatte zwei Kinder im Einvernehmen mit der deutschen Mutter seit 1992 in einer deutschen Pflegefamilie untergebracht; der Vater, ein US-Amerikaner, verlangte die sofortige Herausgabe der Kinder in die USA.[131]

---

131. Vgl. zu diesem Verfahren etwa SPIEGEL Heft 20/2000, S. 46: „Verhängnisvoller Abstand – Ein US-Bürger kämpft um seine Kinder in Deutschland".

894 Verfahrenspfleger, die in derartigen Verfahren tätig werden, können dazu beitragen, dass die beteiligten Institutionen Staatsinteressen und diplomatische Verpflichtungen nicht über die Bedürfnisse des betroffenen Kindes stellen. Wenngleich Verfahrenspfleger nicht zu entscheiden haben, vor welchem Gericht und auf Grundlage welchen nationalen Rechts ein Verfahren eingeleitet wird, da sie grundsätzlich in einem bereits laufenden Verfahren bestellt werden, müssen sie sich den Besonderheiten solcher Verfahren stellen, um die Interessen der betroffenen Kinder umfassend vertreten zu können.

895 Von besonderer Bedeutung sind zum einen die Kollisionsregeln des deutschen Rechts, zum anderen völkerrechtliche Abkommen wie die UN-Konvention über die Rechte des Kindes (KRK), das Haager Minderjährigenschutzabkommen (MSA) und das Haager Kindesentführungsabkommen (HKÜ). In Deutschland wie in allen Mitgliedstaaten der Europäischen Union findet zudem seit dem 1.3.2001 die EU-Verordnung über die Zuständigkeit und die Anerkennung und Vollstreckung von Entscheidungen in Ehesachen Anwendung.[132] Sie enthält etwa Regelungen zur Anerkennung und Vollstreckung von im Zusammenhang mit Scheidungsverfahren ergangenen Entscheidungen über die elterliche Sorge.

II. Zuständigkeitsregelungen des deutschen Rechts

896 Sofern ein Fall einen Auslandsbezug aufweist, wenn also mindestens einer der Beteiligten nicht die deutsche Staatsangehörigkeit besitzt oder im Ausland lebt, stellt sich die Frage, welches Recht Anwendung findet. Dies richtet sich grundsätzlich nach den Kollisionsnormen des Einführungsgesetzes zum BGB (EGBGB), sofern diese nicht durch staatsvertragliche Sonderregelungen verdrängt werden (Art. 3 Abs. 2 EGBGB).

897 Nach Art. 21 EGBGB unterliegt das Rechtsverhältnis zwischen einem Kind und seinen Eltern dem Recht des Staates, in dem das Kind seinen gewöhnlichen Aufenthalt hat. Dieser „gewöhnliche Aufenthalt" ist gesetzlich nicht definiert, sondern orientiert sich am Schwerpunkt der Bindungen des jeweiligen Kindes, seinem Daseinsmittelpunkt.[133] Dabei sind etwa die soziale Integration des Kindes, sein Alter, Sprachkenntnisse und die Beziehung zu beiden Elternteilen zu berücksichtigen.

898 Steht ein Kind unter Vormundschaft, so gilt Art. 24 EGBGB. Danach unterliegen Entstehung, Änderung und Ende der Vormundschaft dem Recht des Staa-

---

132. Diese Verordnung dient der Umsetzung des gleichnamigen EU-Übereinkommens vom 29.5.2000 (Brüssel II); sie ist in FamRZ 2000, 1140 ff., abgedruckt.
133. Vgl. BGHZ 78, 293 (295, 300); Palandt/Heldrich, (IPR) Anh. zu EGBGB 24 Rn 10. Laut BGH ist nach etwa sechsmonatigem Aufenthalt eines Kindes in einem Land ein neuer gewöhnlicher Aufenthalt begründet, BGHZ 78, 293 (301).

tes, dem das Mündel angehört, wobei sich der Inhalt einer angeordneten (d.h. nicht von Gesetzes wegen eintretenden) Vormundschaft nach dem Recht des anordnenden Staates richtet.[134]

III. Internationale Abkommen zum Kindschaftsrecht

1. UN-Konvention über die Rechte des Kindes

Die UN-Konvention über die Rechte des Kindes vom 20.11.1989 (UN-KRK) ist das grundlegende Kindesinteressen betreffende völkerrechtliche Vertragswerk. Die UN-KRK enthält keine Zuständigkeitsregeln, sondern formuliert schützenswerte Rechtspositionen für Kinder. Die Staaten, die die UN-KRK ratifizieren, verpflichten sich zur Anpassung des nationalen Rechts an die Vorgaben der Konvention.[135]

899

Nach Art. 3 Abs. 1 UN-KRK ist das Wohl des Kindes ein vorrangig zu berücksichtigender Gesichtspunkt bei allen die Interessen von Kindern betreffenden Maßnahmen. Nach Art. 12 UN-KRK soll Kindern, abhängig von ihrem Alter und ihrer Reife das Recht zustehen, in allen das Kind berührenden Angelegenheiten ihre Meinung zu äußern. Insbesondere sollen Kinder „in allen das Kind berührenden Gerichts- oder Verwaltungsverfahren entweder unmittelbar oder durch einen Vertreter oder eine geeignete Stelle" gehört werden (Art. 12 Abs. 2 UN-KRK).[136]

900

Die UN-KRK sollte zu einer generellen Stärkung der Position von Kindern im Verfahren beitragen. Die UN-KRK ist somit kein unmittelbar anwendbares Recht, kann also allein nicht Grundlage eines gerichtlichen Verfahrens sein. Dennoch sind in allen kindschaftsrechtlichen Verfahren die Vorgaben der UN-KRK zu beachten. Darüber hinaus kommt ihnen eine maßgebliche Orientierungsfunktion für Gesetzgebung und Rechtsanwendung zu.

901

2. Europäisches Übereinkommen über die Ausübung von Kinderrechten

Von geringerer praktischer Bedeutung ist bisher das Europäische Übereinkommen über die Ausübung von Kinderrechten des Europarates vom 25.1.1996. Art. 3 Lit. b enthält ein von der hinreichenden Einsichtsfähigkeit des Kindes abhängiges Anhörungsrecht. Art. 9 Abs. 2 dieses Abkommens betrifft die

902

---

134. Vgl. hierzu mit weiteren Nachweisen Palandt/Heldrich, Art. 24 EGBGB.
135. Die Bundesrepublik Deutschland hat allerdings anlässlich der Ratifikation der UN-KRK eine Erklärung abgegeben, wonach das Übereinkommen innerstaatlich keine unmittelbare Anwendung findet, sondern lediglich völkerrechtliche Staatsverpflichtungen enthält. Zulässigkeit und Reichweite dieser Vorbehaltserklärung sind umstritten.
136. Zur Bedeutung des Art. 12 UN-KRK und zu den Defiziten bei dessen Umsetzung in Deutschland vgl. Salgo, Kind-Prax 1999, 179 ff.

gesonderte Bestellung eines Vertreters für das Kind in Gerichtsverfahren. Die hierin gewährten Positionen reichen aber nicht weiter als die auf Grundlage der UN-KRK oder nationalen Rechts.[137] Das Übereinkommen (hier abgedruckt in Anhang C) wurde von der Bundesrepublik am 25.10.2000 unterzeichnet, aber bisher nicht ratifiziert, so dass es in Deutschland noch keine Anwendung findet.

➤ *Zu den Implikationen des Übereinkommens vgl. oben Rn 8 f., 46 ff.*

3. Haager Minderjährigenschutzabkommen

903 Das Haager Minderjährigenschutzabkommen vom 5.10.1961 (MSA) enthält Regelungen der internationalen Zuständigkeit und des anzuwendenden Rechts in kindschaftsrechtlichen Verfahren, die gegenüber dem nationalen Recht der Mitgliedstaaten vorrangig sind. Das MSA wurde von Deutschland sowie von Frankreich, Italien, Luxemburg, Niederlande, Österreich, Polen, Portugal, Schweiz, Spanien und der Türkei unterzeichnet.[138]

904 Nach Art. 1 MSA sind die Behörden des Staates, in dem ein Minderjähriger seinen gewöhnlichen Aufenthalt hat, zuständig für alle „Maßnahmen zum Schutz der Person und des Vermögens des Minderjährigen". Der Begriff der Schutzmaßnahmen i.S.d. MSA erfasst etwa die Entziehung der elterlichen Sorge und die Bestellung eines Vormunds oder Pflegers, die Sorgerechtsregelung bei Trennung und Scheidung, Entscheidungen über die Herausgabe des Kindes an den anderen Elternteil bzw. die Herausnahme des Kindes aus der Pflegefamilie sowie Maßnahmen bei Gefährdung der Person oder des Vermögens des Kindes (§ 1666, § 1667 BGB).[139]

905 Das MSA findet für alle Minderjährigen mit gewöhnlichem Aufenthalt in einem Vertragsstaat Anwendung, Art. 13 Abs. 1 MSA. Der Minderjährige muss demnach nicht Angehöriger eines Vertragsstaates des MSA sein; d.h. deutsche Jugendämter und Familien- bzw. Vormundschaftsgerichte sind für alle hier lebenden Kinder und Jugendlichen zuständig, um im Gefährdungsfall Schutzmaßnahmen nach BGB oder SGB VIII -KJHG- zu ergreifen.

906 Art. 3 MSA enthält allerdings einen besonderen Vorbehalt für sogenannte „exlege-Gewaltverhältnisse", d.h. kraft Gesetzes eintretende und bestehende Gewaltverhältnisse. Besteht nach dem innerstaatlichen Recht des Staates, dem der Minderjährige angehört, ein solches Gewaltverhältnis, so ist dieses anzuerkennen. Das Bestehen eines solchen gesetzlichen Gewaltverhältnisses schließt Eingriffe in die elterliche Sorge aber nicht vollständig aus, diese sind jedenfalls

---

137. Vgl. Baer/Marx, FamRZ 1997, 1186; Salgo, in: Van den Bogaart u.a., S. 41 ff.; Steindorff-Classen, S. 81.
138. Palandt/Heldrich, Anh zu EGBGB 24 Rn 1.
139. Vgl. die Aufzählung bei Staudinger/Kropholler, Vorbem. zu Art. 19 EGBGB Rn 40 ff.

insoweit zulässig, als das Heimatrecht sie gestattet.[140] Steht beispielsweise nach dem Heimatrecht dem Vater von Gesetzes wegen auch nach der Scheidung die Vormundschaft in Vermögensangelegenheiten über das Kind zu, die aber „aus gerechtfertigtem Grund" durch den Richter beendet werden kann, so kann ein deutsches Gericht in diese Position dann eingreifen, wenn ein solcher rechtfertigender Grund vorliegt.[141] Ob dies der Fall ist, hat das deutsche Gericht unter Berücksichtigung ausländischen Rechts zu entscheiden.

907 Die Bedeutung des Vorbehalts des Art. 3 MSA wird im Übrigen auch durch Art. 8 Abs. 1 MSA erheblich eingeschränkt. Danach dürfen Gerichte und Behörden des Aufenthaltsstaates im Falle einer „ernstlichen Gefährdung" (der Person oder des Vermögens) stets Maßnahmen zum Schutz des Kindes treffen. Hierzu zählen etwa Maßnahmen nach §§ 1666, 1666a BGB. Dabei sind die Behörden des Aufenthaltsstaates für solche auf Grundlage des nationalen Rechts zu erlassenden Schutzmaßnahmen auch dann zuständig, wenn diese nach dem Heimatrecht des Minderjährigen nicht statthaft wären.[142]

908 Auch Art. 9 MSA, der den Erlass von Eilmaßnahmen „in allen dringenden Fällen" gestattet, ermöglicht Anordnungen unabhängig von Art. 3 MSA.[143] Sofern also das Kindeswohl etwa wegen Misshandlung oder Vernachlässigung des Kindes gefährdet ist und zur Abwendung dieser Gefährdung der Erlass einer gerichtlichen Anordnung erforderlich ist, besteht in jedem Fall die Zuständigkeit deutscher Gerichte für ein Eingreifen etwa auf Grundlage der §§ 1666, 1666a BGB. Ebenso sind Jugendämter zur Inobhutnahme gemäß § 42 SGB VIII -KJHG- berechtigt.

909 Zukünftig soll das MSA durch ein Nachfolgeabkommen ersetzt werden: das „Haager Übereinkommen vom 19.10.1996 über die Zuständigkeit, das anzuwendende Recht, die Anerkennung, Vollstreckung und Zusammenarbeit auf dem Gebiet der elterlichen Verantwortung und der Maßnahmen zum Schutz von Kindern" – kurz Haager Kindesschutzübereinkommen (KSÜ).[144] Dieses tritt am 1.1.2002 in Kraft. Es ist damit zu rechnen, dass die BRD das KSÜ in absehbarer Zeit ratifizieren wird. Auch nach diesem Übereinkommen bleibt der gewöhnliche Aufenthalt des Kindes entscheidender Anknüpfungspunkt für Schutzmaßnahmen.

910 Unabhängig von der Bestimmung des anzuwendenden Rechts stellt sich die Frage, inwiefern in Verfahren, die den Eingriff in die elterliche Sorge betreffen,

---

140. Vgl. Motzer, in Schwab, Handbuch des Scheidungsrechts, III Rn 307.
141. Nach Motzer, in Schwab, Handbuch des Scheidungsrechts, III Rn 307.
142. Vgl. Motzer, in Schwab, Handbuch des Scheidungsrechts, III Rn 310; Staudinger/Coester, § 1666 Rn 239 m.w.N.
143. Staudinger/Coester, § 1666 Rn 239.
144. Der Text des KSÜ ist in RabelsZ 62 (1998), 502-518 abgedruckt. Eine kurze Zusammenfassung des KSÜ enthält Kegel/Schurig, S. 803 ff. mit umfassenden Literaturhinweisen.

unterschiedliche Rechtstraditionen und kulturelle Aspekte zu berücksichtigen sind. Hier gilt, dass die Einzelfallgerechtigkeit gegebenenfalls die Einbeziehung des Rechts bzw. der Kultur des Heimatstaates erfordern kann, aber auch hier der Kindesschutz Vorrang hat.[145]

911 Soweit ein deutsches Familien- bzw. Vormundschaftsgericht für die Entscheidung zuständig ist, findet deutsches Prozessrecht Anwendung.[146] Damit gelten neben § 50 FGG für die Verfahrenspflegerbestellung auch die anderen Verfahrensvorschriften des FGG.

4. Haager Übereinkommen zur Kindesentführung

912 Bei Konflikten zwischen Eltern unterschiedlicher Staatsangehörigkeit kommt es nicht selten vor, dass der ausländische Elternteil das Kind in sein Heimatland „entführt"; dies kann ebenso ein in Deutschland lebender ausländischer Vater sein wie eine im Ausland lebende deutsche Mutter. Im Ergebnis wird damit der zurückbleibende Elternteil von der Ausübung der elterlichen Sorge und vom Umgang mit dem Kind ausgeschlossen, und es stellt sich die Frage nach dem verfügbaren juristischen Instrumentarium.

913 Soweit die beiden betroffenen Staaten Mitglieder des Haager Kindesentführungsübereinkommens sind, findet ein spezielles Rückführungsverfahren Anwendung.[147] Dem HKÜ gehören mittlerweile 65 Staaten an.[148] In der Bundesrepublik Deutschland gilt das Abkommen seit dem 1.12.1990.[149] Der Anwendungsbereich des HKÜ erfasst Kinder unter 16 Jahren (Art. 4 HKÜ), die widerrechtlich, d.h. unter Verletzung des Mit- oder Alleinsorgerechts des anderen Elternteils (Art. 3 HKÜ) aus einem Vertragsstaat in einen anderen verbracht wurden oder dort zurückgehalten werden.

914 Das HKÜ basiert auf der Prämisse, die sofortige Rückführung sei grundsätzlich im Interesse des Kindes, da sie den vor dem Verbringen bestehenden Zustand wieder herstelle und eine Entscheidung über das Sorgerecht im Herkunftsstaat, d.h. im bisherigen Aufenthaltsstaat des Kindes ermögliche. Das HKÜ enthält hierzu ein spezielles Verfahren, nach dem grundsätzlich die sofortige Rückführung des Kindes in den Herkunftsstaat anzuordnen ist. Im Gegensatz etwa zum MSA, das lediglich die Zuständigkeit und die Rechtsanwendung regelt, verpflichtet das HKÜ zur Durchführung eines bestimmten Verfahrens.

---

145. Staudinger/Coester, § 1666 Rn 144, 146.
146. Motzer, in Schwab, Handbuch des Scheidungsrechts, III Rn 320.
147. Des Weiteren ist Deutschland Mitglied des europäischen Sorgerechtsübereinkommens. Dieses ist jedoch praktisch kaum relevant, siehe Bach/Gildenast, S. 87 ff.
148. Stand 1.5.2001.
149. Die Umsetzung des HKÜ in nationales Recht erfolgte durch das Sorgerechtsübereinkommens-Ausführungsgesetz vom 5.4.1990 (SorgeRÜbkAG).

a) Der Rückführungsmechanismus

Ein Verfahren nach dem HKÜ läuft regelmäßig wie folgt ab: Der „zurückbleibende" Elternteil stellt bei dem zuständigen Gericht in dem Staat, in welchem sich der andere Elternteil mit dem Kind aufhält, einen Antrag auf Rückführung des Kindes. In diesem Antrag wird geltend gemacht, das Verbringen oder Zurückhalten des Kindes sei unter Verletzung eines Sorgerechts erfolgt. Unter „Zurückhalten" wird dabei verstanden, dass ein Kind nach Beendigung eines vereinbarten Besuchs bei dem anderen Elternteil nicht zurückkehrt. 915

Das Gericht im derzeitigen Aufenthaltsstaat des Kindes (Zufluchtsstaat) hat nun grundsätzlich die sofortige Rückführung des Kindes anzuordnen. Die Anordnung der Rückführung darf nur bei Vorliegen bestimmter Ausnahmetatbestände verweigert werden, etwa wenn die Rückführung „mit der schwerwiegenden Gefahr eines körperlichen oder seelischen Schadens für das Kind verbunden" wäre (Art. 13 Abs. 1 Lit. b HKÜ) oder das Kind sich der Rückführung widersetzt und „ein Alter und eine Reife erreicht hat, angesichts deren es angebracht erscheint, seine Meinung zu berücksichtigen" (Art. 13 Abs. 2 HKÜ). 916

Des Weiteren kann die Rückführung verweigert werden, wenn der Rückführungsantrag erst nach Ablauf eines Jahres beim Gericht eingeht und das Kind sich in seine neue Umgebung eingelebt hat (Art. 12 Abs. 2 HKÜ). Das HKÜ enthält zugleich einige Besonderheiten, die den Ablauf des Verfahrens vor den nationalen Gerichten betreffen. Diese sind auch für Verfahrenspfleger relevant. 917

b) Besonderheiten des HKÜ-Verfahrens

Mit Unterzeichnung des HKÜ verpflichten sich die Vertragsstaaten zur Einrichtung Zentraler Behörden, die Anträge aus dem Ausland entgegennehmen und auch ausgehende Anträge weiterleiten. In Deutschland ist diese zentrale Behörde beim Generalbundesanwalt angesiedelt, einer ansonsten im Bereich der Strafverfolgung tätigen Institution. 918

Der schnelle Abschluss des Rückführungsverfahrens wird durch Art. 11 Abs. 2 HKÜ forciert. Eine Entscheidung über die Rückführung soll demnach grundsätzlich innerhalb von 6 Wochen nach Eingang des Antrags bei Gericht ergehen. Damit sollte dem Umstand Rechnung getragen werden, dass sich das Kind während des andauernden Verfahrens in seiner neuen Umgebung integriert.[150] Verzögerungen im Rückführungsverfahren, aber auch bereits die verspätete Antragstellung, bergen die Gefahr, dass mittels der Rückführungsanordnung das Kind (erneut) aus einer ihm vertrauten Umgebung herausgerissen 919

---

150. Zur erheblichen Bedeutung des Zeitfaktors siehe den Beitrag von Heilmann in diesem Handbuch Rn 782 ff. sowie derselbe (1998).

und von seiner Bezugsperson getrennt wird. In der Vergangenheit wurde die lange Dauer der HKÜ-Verfahren vor deutschen Gerichten kritisiert, durch eine Konzentration der erstinstanzlichen Zuständigkeit sollte hier Abhilfe geschaffen werden.[151]

920 In Verfahren nach dem HKÜ ist der sonst in familiengerichtlichen Verfahren geltende Amtsermittlungsgrundsatz[152] durch die besonderen Beweislastregelungen eingeschränkt. So hat etwa im Rahmen des Art. 13 Abs. 1 Lit. b HKÜ der Elternteil, der sich der Rückführung des Kindes widersetzt, nachzuweisen, dass die Rückführung mit einer schwerwiegenden Gefahr für das Kindeswohl verbunden wäre.

921 Das Verfahren nach dem HKÜ ist kein Sorgerechtsverfahren,[153] vielmehr soll mit der Rückführung des Kindes erst die Voraussetzung für die Durchführung eines Sorgerechtsverfahrens geschaffen werden und damit die Basis für die künftige Ausübung der elterlichen Sorge. Das HKÜ dient insofern der Durchsetzung der internationalen Zuständigkeit für das Sorgerechtsverfahren. Dennoch ist die Entscheidung im HKÜ-Verfahren für das Kind von erheblicher Bedeutung: Sie regelt, welcher Elternteil in welchem Staat das Kind zumindest für einen gewissen Zeitraum – nämlich bis zum Abschluss des im Herkunftsstaat durchzuführenden Sorgerechtsverfahrens – betreut.

922 Da das Verfahren nach dem HKÜ kein Sorgerechtsverfahren ist, geht es nicht darum, welcher Elternteil besser zur Ausübung der tatsächlichen Sorge für das Kind geeignet ist.[154] Aus diesem Grund sollen auch in HKÜ-Verfahren die allgemeinen Anforderungen zur Gewährleistung des Kindeswohls unterhalb der Schwelle „einer schwerwiegenden Gefährdung" grundsätzlich nicht berücksichtigt werden.[155] Auch ist die Integration des Kindes im Zufluchtsstaat nicht zu prüfen, abgesehen von den Fällen des Art. 12 Abs. 2 HKÜ, wenn also der Rückführungsantrag erst nach Ablauf der Jahresfrist gestellt wird.

923 Das HKÜ enthält selbst keine Regelungen zur Gestaltung des gerichtlichen Verfahrens. Die Umsetzung wird insoweit den Mitgliedstaaten überlassen. In Deutschland gelten, wie für andere Familiensachen auch, grundsätzlich die Verfahrensregelungen des FGG.[156] Obgleich in anderen Vertragsstaaten des HKÜ teilweise auf die persönliche Anhörung der Beteiligten verzichtet und

---

151. Ein Verzeichnis der nunmehr zuständigen Familiengerichte enthält Bach/Gildenast, S. 167 ff.
152. Vgl. hierzu den Beitrag von Heilmann in diesem Handbuch Rn 776 ff.
153. Vgl. hierzu Art. 16 HKÜ.
154. Zu den im HKÜ-Verfahren geltenden Grundsätzen vgl. Bach/Gildenast, S. 3 ff., wobei aber die Vorgaben dieser Autoren für die Auslegung der Ausnahmetatbestände als zu eng anzusehen sind, sie werden den Grundrechtspositionen der betroffenen Kinder nicht gerecht (vgl. zu dieser Kritik Schweppe, Kindesentführungen und Kindesinteressen, S. 192 f., und ZfJ 2001, 169 (173).
155. BVerfG, FamRZ 1997, 1269 (1270).
156. § 6 Abs. 1 SorgeRÜbkAG.

allein nach Aktenlage entschieden wird, ist in Deutschland die Durchführung einer mündlichen Verhandlung üblich, bei der die Eltern gehört werden, sofern der Antragsteller zur Verhandlung anreist.

Soweit einer der Ausnahmetatbestände des HKÜ geltend gemacht wird, hören deutsche Gerichte auch die Kinder selbst an. Diese Praxis sieht sich international erheblicher Kritik ausgesetzt. Die Kindesanhörung stellt jedoch für das Gericht die einzige Möglichkeit dar, unmittelbar zu erfahren, wie sich die Situation aus der Perspektive des Kindes darstellt.[157] Auch die jeweiligen Jugendämter werden an den Verfahren beteiligt. Die Unterrichtung des Jugendamtes am Aufenthaltsort des Kindes durch das Gericht ist nunmehr durch § 14 SorgeRÜbkAG vorgeschrieben. 924

c) Probleme in der Praxis des HKÜ

Bei der Anwendung des HKÜ ergeben sich erhebliche Probleme, da grenzüberschreitende Kindesverbringungen keineswegs einem einheitlichen Schema entsprechen. Vielmehr sind stets Individuen betroffen, deren materielle und psychische Situation oft hochproblematisch und in einem Eilverfahren, wie es das HKÜ anstrebt, schwer einzuschätzen ist. Diese Probleme wurden teils bei der Konzeption des Abkommens nicht bedacht, teils aber auch gezielt ignoriert, um den strikten Rückführungsmechanismus nicht einzuschränken. Verfahrenspfleger, die in derartigen Verfahren tätig werden, sollten sich mit diesen Problemen auseinandersetzen und mit möglichen Lösungsmechanismen vertraut sein oder entsprechende Beratungsmöglichkeiten in Anspruch nehmen, um die Kindesinteressen bestmöglich vertreten zu können. 925

Das HKÜ berücksichtigt seiner Struktur nach weder die besondere Belastungssituation aufgrund der Kindesverbringung noch die individuellen Umstände im Herkunftsland oder auch in der neuen Lebenssituation. So steht der Rückführung jüngerer Kinder häufig ihr Bedürfnis nach Kontinuität ihrer Betreuung durch den „entführenden" Elternteil entgegen; bei älteren Kindern stellt sich oft die Frage, welchen Stellenwert ein entgegenstehender Wille des Kindes hat. 926

Der Kinder- und Jugendpsychiater Klosinski[158] weist aufgrund seiner langjährigen Erfahrung als sachverständiger Gutachter im Rahmen von HKÜ-Verfahren auf weitere Aspekte hin, die immer wieder von Bedeutung sind, aber allzu leicht unbeachtet bleiben, wie etwa die Beziehungen zu Geschwistern, die Identifikation des Kindes mit seinem Betreuungselternteil, und das Problem, dass der Betreuungselternteil die Rückkehr in den Herkunftsstaat verweigert. 927

---

157. Zur Kindesanhörung in HKÜ-Verfahren vgl. Schweppe, Kindesentführungen und Kindesinteressen, S. 143 f., 209 f.
158. Klosinski, FuR 2000, 408 ff., und FPR 2001, 206 ff.

Klosinski kritisiert auch, dass das Zeiterleben des Kindes überhaupt nicht berücksichtigt werde, da etwa ein im Zeitpunkt des Verbringens zweijähriges Kind kurz vor Ablauf eines Jahres nach dem Verbringen seinen anderen Elternteil – d.h. den Antragsteller im Rückführungsverfahren – ein Drittel seines Lebens nicht gesehen hat und sich auch nicht mehr an ihn erinnern kann.[159] Ein erhebliches Gefährdungspotential besteht insbesondere dann, wenn der Antragsteller vor dem Verbringen des Kindes gegenüber dem Kind selbst oder dem Betreuungselternteil (der Kindesmutter) gewalttätig wurde.

928 Schwierigkeiten ergeben sich zudem aus der Anknüpfung an die formale Position des Sorgerechtsinhabers. So kann auch ein Elternteil, der vor dem Verbringen nicht mit dem Kind zusammen gelebt, sondern sein Sorgerecht faktisch wie ein Umgangsrecht ausgeübt hatte, die Rückführung des Kindes beantragen. Mit ihrer Anordnung nach dem HKÜ würde das Kind nun – wenn der entführende Elternteil nicht mit zurückkehrt – von der Person getrennt, die das Kind möglicherweise seit seiner Geburt überwiegend allein betreute. In der Praxis wird auch in Fällen, in denen Kleinkinder durch ihre Mütter in einen anderen Staat verbracht wurden, die Rückführung des Kindes angeordnet.[160] Dabei gehen die Gerichte in diesen Fällen davon aus, es sei der Mutter zuzumuten, das Kind bei der Rückführung zu begleiten und im Herkunftsstaat bis zur abschließenden Entscheidung über das Sorgerecht weiter zu betreuen.[161]

929 In diesem Zusammenhang ist Folgendes zu beachten: Da die Entscheidung im Rückführungsverfahren keine Sorgerechtsentscheidung darstellt, ist mit der Anordnung der Rückführung nicht notwendig die „Herausgabe" des Kindes an den antragstellenden Elternteil verbunden, anders als etwa bei einem auf Grundlage des § 1632 Abs. 1 BGB ergehenden Beschlusses des Familiengerichts. Daher kann die Mutter, die das Kind nach Deutschland gebracht hat, zusammen mit dem Kind in den Herkunftsstaat zurückkehren und es dort bis zum Abschluss des Sorgerechtsverfahrens betreuen. Dies ist allerdings nur möglich, wenn sie dazu bereit ist, das Kind bei der Rückkehr zu begleiten, da das Instrumentarium des HKÜ nur eine Anordnung über die Rückführung des Kindes gestattet.

930 Um eine Rückkehr gemeinsam mit dem Kind zu forcieren, entwickelte die Rechtsprechung bestimmte Mechanismen. So machen die Antragsteller häufig

---

159. Klosinski, FuR 2000, 408 (416).
160. Es handelt sich hierbei um eine erhebliche Zahl von Fällen, nach Angaben des Ständigen Büros der Haager Konferenz erfolgt in etwa 70 % aller HKÜ-Verfahren die Kindesverbringung durch die Kindesmutter, die dabei meist in ihren Heimatstaat zurückkehrt. Deshalb ist im Folgenden von Müttern die Rede, obwohl selbstverständlich auch Väter in diese Situation kommen können. Zu dieser Fallkonstellation siehe die folgenden Beschlüsse in einem deutsch-amerikanischen Fall: OLG Hamm, 18.1.1995, 5 UF 266/94; BVerfG 17.3.1995, IPRax 1997, 121; BVerfG 10.10.1995, IPRax 1997, 123.
161. Vgl. etwa BVerfG 10.10.1995, IPRax 1997, 123.

Zusagen, welche die Kontinuität der Betreuung gewährleisten sollen.[162] Auch werden entsprechende Vereinbarungen und Vergleiche von Anwälten ausgehandelt. Verfahrenspfleger sind an solchen Vereinbarungen zu beteiligen, um zu gewährleisten, dass diese Mechanismen auch den Interessen des Kindes und nicht nur denen der Eltern entsprechen. Weigert sich die Mutter aber definitiv, mit dem Kind zurückzukehren, so kommt es bei Vollstreckung einer Rückführungsanordnung zwangsläufig zur Trennung des Kindes von seiner primären Bezugsperson. Um jedoch einer Rückkehrverweigerung aus taktischen Gründen vorzubeugen, sehen die Gerichte die Gefahr einer Trennung des Kindes von seiner Betreuungsperson und Bezugsperson im Rahmen des Art. 13 Abs. 1 Lit. b HKÜ grundsätzlich als nicht erheblich an.[163]

Auch im Rahmen des Art. 13 Abs. 2 HKÜ, der den Widerstand des Kindes gegen die Rückkehr in den Herkunftsstaat betrifft, wird eine enge Auslegung favorisiert.[164] Dabei wird in Literatur und Rechtsprechung vielfach darauf abgestellt, ob das Kind in der Lage ist, die Bedeutung der Rückführungsentscheidung zu erfassen und sich aufgrund einer eigenverantwortlichen Entscheidung der Rückführung widersetzt.[165] Besonderer Wert wird darauf gelegt, dass die Willensbildung des Kindes unabhängig von einer Manipulation durch den entführenden Elternteil erfolgt. **931**

Eine strikte und vor allem an den Zielen des HKÜ orientierte Auslegung der Ausnahmetatbestände birgt jedoch die Gefahr einer Verlagerung der Probleme auf die Ebene der Vollstreckung bzw. in die zweite Instanz, da erst dann bekannt ist, ob der Betreuungselternteil das Kind bei der Rückführung begleitet, oder ob sich das Kind der Durchsetzung der Rückführungsanordnung widersetzen wird. Diese Schwierigkeiten im Vollstreckungsverfahren bedeuten für die betroffenen Kinder eine erhebliche weitere Belastung. Deutlich wird dies in einem Verfahren vor dem OLG Zweibrücken. Das Gericht lehnte Anträge, im Vollstreckungsverfahren zur Durchsetzung der Rückführungsanordnung die Anwendung von Gewalt gegen die Kinder selbst zuzulassen, ab und begründete dies damit, dass auch im Vollstreckungsverfahren der dem Art. 13 Abs. 1 Lit. b HKÜ zugrundeliegende Gedanke zu berücksichtigen sei.[166] **932**

---

162. So genannte „undertakings"; dabei geht es meist darum, dass der Antragsteller sich zur Zahlung von Unterhalt und Bereitstellung einer Unterkunft für den Obhutsinhaber verpflichtet. Vgl. hierzu Carl, FPR 2001, 211 ff.
163. Vgl. die Nachweise bei Schweppe, Kindesentführungen und Kindesinteressen, S. 167 ff.
164. Für eine besonders restriktive Anwendung des Art. 13 II HKÜ sprechen sich Bach/Gildenast, S. 61 f., aus: Sie wollen den Anwendungsbereich des Art. 13 II HKÜ auf „sachbezogene Umstände" beschränken, um so den Widerstand unabhängig von einer Beeinflussung des Kindes durch den Obhutsinhaber zu ermitteln. Für eine derartige Restriktion enthält das HKÜ jedoch keine Anhaltspunkte. Zudem wäre diese Auslegung mit Rechtspositionen der Kinder aus dem Grundgesetz und internationalen Konventionen nicht vereinbar.
165. Vgl. hierzu anschaulich BVerfG, FamRZ 1999, 1053.
166. OLG Zweibrücken, 21.3.2001, 5 UF 112/00, Kind-Prax 4/2001, 129

d) Bestellung eines Verfahrenspflegers

933 Ungeachtet der erheblichen Bedeutung der Entscheidung im Rückführungsverfahren für die betroffenen Kinder wird die Frage einer angemessenen Beteiligung der Kinder am Rückführungsverfahren, also der Anhörung des Kindes aber auch der eigenständigen Interessenvertretung, bisher in der Literatur nicht erörtert. Im HKÜ selbst wird die Bestellung einer eigenständigen Interessenvertretung für das Kind nicht erwähnt, dies schließt aber die Einschaltung einer solchen Person nicht aus, da die Gestaltung des HKÜ-Verfahrens den Grundsätzen des jeweiligen nationalen Rechts unterliegt.

934 Das Bundesverfassungsgericht hat sich in einer Entscheidung zur Frage der Bestellung von Verfahrenspflegern in Rückführungsverfahren geäußert. Dieses Verfahren betraf eine so genannte gegenläufige oder wechselseitige Kindesverbringung, d.h. die Kinder wurden zunächst von ihrer Mutter nach Frankreich verbracht, anschließend ließ der Vater die Kinder durch beauftragte Privatdetektive nach Deutschland zurückholen. In seiner Entscheidung vom 29.10.1998 hielt das Bundesverfassungsgericht die Anhörung der Kinder und die Bestellung eines Verfahrenspflegers für geboten.[167] Das Gericht hob dabei hervor, dass „der verfassungsrechtliche Grundrechtsschutz der Kinder und ihr Anspruch auf rechtliches Gehör eine Verfahrensgestaltung (fordern), die eine eigenständige Wahrnehmung der Kindesbelange sicherstellt," da „die Rückführungsentscheidung ... für das Wohl der Kinder von erheblicher Bedeutung (ist), weil sie ihr soziales Umfeld bestimmt und die Kinder aus der unmittelbaren Zuwendung des sie gegenwärtig betreuenden Elternteiles lösen kann".[168] Das Gericht sah in diesem konkreten Verfahren ein Bedürfnis zur Bestellung eines Verfahrenspflegers für die beiden Kinder, da die Eltern durch Entführung ihrer Kinder jeweils zu erkennen gegeben hätten, dass sie vornehmlich ihre eigenen Interessen durchsetzen wollten. Um den Kindern die Geltendmachung ihrer eigenen Interessen im Verfahren zu ermöglichen, war demnach die Bestellung eines Verfahrenspflegers erforderlich.

935 Wenngleich aus dieser Entscheidung teilweise abgeleitet wird, ein Bedürfnis zur Bestellung von Verfahrenspflegern bestehe nur in Fällen gegenläufiger Kindesverbringungen,[169] erscheint fragwürdig, ob eine derartige Restriktion tatsächlich gewollt ist. Sie lässt sich jedenfalls aus der Entscheidung des BVerfG nicht zwingend ableiten und widerspricht auch den Grundsätzen, nach denen die Bestellung von Verfahrenspflegern erfolgt.

---

167. BVerfG, FamRZ 1999, 85 (88).
168. BVerfG, FamRZ 1999, 85 (88).
169. So etwa Bach/Gildenast, S. 55.

Die Bestellung eines Verfahrenspflegers richtet sich auch im HKÜ-Verfahren nach § 50 FGG. Nach § 50 Abs. 2 Satz 1 FGG besteht die Notwendigkeit einer eigenständigen Vertretung des Kindes, wenn in einem Verfahren die Interessen des Kindes mit denen seiner gesetzlichen Vertreter, d.h. seiner Eltern kollidieren. Wenngleich das HKÜ darauf basiert, die Interessen des Kindes würden durch den Antragsteller vertreten, erscheinen Interessenkonflikte zwischen dem Kind und beiden Eltern in HKÜ-Verfahren evident.[170] Zu dem antragstellenden Elternteil hat das Kind seit dem Verbringen – in einigen Fällen auch schon zuvor – keinen oder nur geringen Kontakt. Der Antragsteller kennt die derzeitigen Bedürfnisse des Kindes nicht und fällt zugleich als Vertrauensperson für das Kind aus. Andererseits wird der Elternteil, der das Kind nach Deutschland verbrachte, durch das Rückführungsverfahren unter erheblichen Druck gesetzt, er hat aus verschiedensten persönlichen Gründen den Herkunftsstaat verlassen, möchte dorthin unter keinen Umständen zurückkehren und ist gerade dabei, sich im Zufluchtsstaat eine eigene Existenz aufzubauen. Bereits aus dieser Konfliktsituation ergibt sich, welche Bedeutung die Einsetzung einer Person hat, die sich ausschließlich auf die Bedürfnisse des Kindes konzentriert. **936**

So erachtete das Amtsgericht Pankow/Weißensee in einem HKÜ-Verfahren unter Hinweis auf die Rechtsprechung des BVerfG die Bestellung eines Verfahrenspflegers für erforderlich, da in dem konkreten Fall eine hinreichende Wahrnehmung der Kindesbelange durch beide Eltern nicht gewährleistet sei, weil es dem Antragsteller auch darum ging, die eheliche Beziehung mit der Antragsgegnerin fortzusetzen, während die Antragsgegnerin durch ihr Handeln insbesondere ihre eigene, von ihr als unzumutbar empfundene Situation habe ändern wollen.[171] **937**

Für die Notwendigkeit einer Verfahrenspflegerbestellung spricht auch die besondere Belastungssituation, in der sich ein Kind im HKÜ-Verfahren befindet. Das Kind hat infolge der Verbringung nach Deutschland bereits den Kontakt zu dem im Herkunftsstaat verbliebenen Elternteil verloren und wurde aus seinem bisherigen Umfeld herausgerissen. Zudem werden sich nicht selten die Ängste und Befürchtungen, die der Obhutsinhaber mit dem Rückführungsverfahren verbindet, auf das Kind übertragen.[172] **938**

---

170. So sieht bereits Salgo, Der Anwalt des Kindes, S. 422 f., die Interessenvertretung von Kindern in Verfahren nach dem HKÜ als Aufgabe für Verfahrenspfleger an. Vgl. auch Salgo, FPR 1999, 313 (315). Zum Bedürfnis einer grundsätzlichen Bestellung von Verfahrenspflegern in HKÜ-Verfahren vgl. Schweppe, Kindesentführungen und Kindesinteressen, S. 243 f., und ZfJ 2001, 169 (174 f.).
171. Amtsgericht Pankow/Weißensee, DAVorm 2000, 1160 (1161).
172. Auf diese besondere Belastungssituation und das sich hieraus ergebende Gefährdungspotential für das Kindeswohl weisen bisher nur Klosinski, FuR 2000, 408 ff., sowie Schweppe, Kindesentführungen und Kindesinteressen, S. 166, und FPR 2001, 203 (205) hin.

e) Aufgaben des Verfahrenspflegers

939 Aus der besonderen Struktur des HKÜ-Verfahrens ergeben sich auch Vorgaben für die Ermittlung der Kindesinteressen im Rahmen der vorgesehenen Ausnahmen von der Rückführung. Da das HKÜ auf der Prämisse beruht, das Wohl des Kindes werde generell durch die Rückführungsanordnung am besten geschützt, ist das Vorliegen eines Ausnahmetatbestandes nur zu prüfen, sofern der Antragsgegner dies geltend macht.

940 Allerdings muss der Verfahrenspfleger das Gericht darauf hinweisen, wenn sich nach seiner fachlichen Einschätzung aus dem Vorbringen der Beteiligten mittelbar oder unmittelbar Anhaltspunkte für eine schwerwiegende Gefährdung des Kindeswohls ergeben.[173] Wenn sich das Kind der Rückkehr in den Herkunftsstaat widersetzt, wird der Verfahrenspfleger darauf dringen zu klären, warum das Kind nicht zurückkehren will und welche Art von „Reife" festzustellen ist, um seinen Widerstand zu berücksichtigen.[174]

941 Der Verfahrenspfleger sollte das Gericht bei der Gestaltung der Kindesanhörung unterstützen oder darauf hinweisen, ob ausnahmsweise auf die persönliche Anhörung des Kindes verzichtet werden soll, weil sie mit unzumutbaren Belastungen für das Kind verbunden wäre. Sofern das Kind sich der Rückführung widersetzt, muss das Gericht jedenfalls das Kind selbst hören, da andernfalls seine grundgesetzlich geschützten Verfahrensrechte verletzt würden. Falls der Antragsteller zur Verhandlung anreist, wird zudem zu klären sein, wie die Begegnung des Kindes mit ihm zu gestalten ist, oder ob sie im Interesse des Kindes ganz vermieden werden muss.

942 Die Bestellung eines Verfahrenspflegers kann der faktisch stark adversarialen Struktur des Rückführungsverfahrens entgegenwirken und die Bedürfnisse des Kindes in den Mittelpunkt des Verfahrens rücken. So ist eine Kooperation der in Rückführungsverfahren bestellten Verfahrenspfleger mit den entsprechenden Institutionen im Herkunftsstaat anzustreben. Dabei muss sich der Verfahrenspfleger insbesondere über den Stand etwaiger Sorgerechtsverfahren im Herkunftsstaat informieren. So wird z.B. in den USA häufig das Sorgerecht für das Kind durch vorläufige Anordnung auf den Antragsteller im HKÜ-Verfahren übertragen, so dass dieser befugt ist, das Kind bei der Ankunft in den USA der begleitenden Betreuungsperson wegzunehmen. Der Verfahrenspfleger

---

173. Klosinski, FuR 2000, 408 (416), hält hier eine fachliche Unterstützung der Richter für notwendig, um „die nach dem Gesetz geforderte Gefährdungsdichte zu ermessen".
174. Vgl. OLG Celle, FamRZ 1995, 955 f. Zu dieser Entscheidung vgl. Zitelmann, S. 211 ff. Zu weiteren in der Rechtsprechung vertretenen Kriterien vgl. Zitelmann, S. 207 ff. sowie Schweppe, Kindesentführungen und Kindesinteressen, S. 184 ff.

sollte darauf achten, dass bei entsprechenden Vereinbarungen zwischen den Anwälten dieser Punkt besondere Beachtung findet.

Wenngleich die Zuschreibung einer Vermittlerrolle im Hinblick auf die Unabhängigkeit des Verfahrenspflegers nicht unproblematisch ist,[175] können Verfahrenspfleger in HKÜ-Verfahren an der Suche nach einvernehmlichen Lösungen mitwirken – freilich nur, wenn und soweit dies im Interesse des Kindes ist. Das HKÜ-Verfahren dient dazu, eine Basis für die Durchführung des abschließenden Sorgerechtsverfahrens zu finden. Diese Basis ist umso eher gegeben, wenn beide Eltern bereit sind, in einem Staat an dem Sorgerechtsverfahren teilzunehmen. Zugleich lässt sich nur im Wege einvernehmlicher Regelungen erreichen, dass der betreuende Elternteil das Kind bei der Rückkehr begleitet und bis zum Abschluss des Sorgerechtsverfahrens weiter betreut. Andererseits sind Vereinbarungen der Eltern auch dahingehend denkbar, dass der Antragsteller den Antrag auf sofortige Rückführung zurücknimmt und der Durchführung eines Sorgerechtsverfahren im derzeitigen Aufenthaltsstaat des Kindes zustimmt. Einvernehmliche Regelungen bieten auch eine Grundlage für die Vereinbarung und vorläufige Durchführung von Umgangsrechten. 943

Der Verfahrenspfleger hat dem Kind den Zweck des Verfahrens zu erläutern, dies ist gerade in HKÜ-Verfahren unabdingbar, da die meisten Kinder keine genaue Vorstellung über den Umfang der im HKÜ-Verfahren ergehenden Entscheidung besitzen. So befürchten die Kinder häufig, sofort im Anschluss an die Verhandlung vom betreuenden Elternteil getrennt zu werden und dauerhaft in den Herkunftsstaat zurückkehren zu müssen. Der Verfahrenspfleger muss dabei das Kind über den vorläufigen Charakter der Entscheidung, die Möglichkeit der begleiteten Rückführung und der Durchführung eines Sorgerechtsverfahrens im Herkunftsstaat informieren. Dies ist eine notwendige Voraussetzung dafür, dass das Kind die anstehende Entscheidung erfassen kann. 944

Die Bestellung eines Verfahrenspflegers ist auch im etwaigen Vollstreckungsverfahren aufrechtzuerhalten. Sofern eine zwangsweise Durchsetzung der Rückführungsanordnung erforderlich ist, sollte der Verfahrenspfleger auch am Vollstreckungsverfahren teilnehmen und an der Gestaltung der Rückführung mitwirken, damit diese in einer für das Kind möglichst schonenden Weise erfolgt. Abschließend wird der Verfahrenspfleger einen Bericht über die Situation des Kindes im Zufluchtsstaat erstellen, der in das anschließende Sorgerechtsverfahren einzubeziehen ist. 945

---

175. Zur Konzentration auf die Kindesbedürfnisse und zur notwendigen Distanzierung von den Interessen anderer Verfahrensbeteiligter vgl. BAG Verfahrenspflegschaft, Standards für VerfahrenspflegerInnen, Pkt. 1.2 (in diesem Handbuch Rn 1051 ff.); zur Problematik möglicher „Rollenkonflikte", die durch Erwartungen anderer Beteiligter an den Verfahrenspfleger entstehen, vgl. Zitelmann, S. 363 ff.

946 Wird die Anordnung der Rückführung durch das deutsche Familiengericht abgelehnt, wird sich i.d.R. ein Sorge- oder Umgangsrechtsverfahren anschließen. Dabei ist zu prüfen, ob der bisher im HKÜ-Verfahren tätige Verfahrenspfleger diese Aufgabe auch im anschließenden Verfahren übernehmen soll.

f) Qualifikation des Verfahrenspflegers

947 Die Besonderheiten des HKÜ-Verfahrens erfordern auch eine besondere Qualifikation des Verfahrenspflegers. Er muss in der Lage sein, sich mit der Rechtslage und der Rechtsprechung zum HKÜ schnell vertraut zu machen und in manchen Fällen auch mit kindschaftsrechtlichen Regelungen im jeweiligen Herkunftsland.[176] Dazu wird in der Regel fachkundige Beratung durch einschlägig erfahrene Juristen notwendig sein. Für das HKÜ-Verfahren ist aber die Frage berechtigt, ob nicht eine volljuristische Qualifikation die beste Voraussetzung für die Vertretung der Kindesinteressen ist. Allerdings sollte nicht verkannt werden, dass es letztlich in diesen Fällen in gleich hohem Maße auf psychologische Sensibilität und Kompetenz zur Einschätzung von Kindeswohl ankommt.

948 Vorzugsweise sollte der Verfahrenspfleger mit dem Kind in der Sprache kommunizieren können, die dem Kind am vertrautesten ist. Sprachkenntnisse sind auch hilfreich für eine evtl. erforderliche direkte Kooperation mit den Institutionen des Herkunftsstaates.

IV. Allgemeine Hinweise

949 Gerade in kindschaftsrechtlichen Verfahren mit internationalen Bezügen kann die Einschaltung von Organisationen sinnvoll sein, die auf grenzübergreifende Konflikte um Kinder spezialisiert sind und über entsprechende Erfahrungen und Auslandskontakte verfügen. In Betracht kommt hier zum einen der Internationale Sozialdienst (ISD), ein freier Wohlfahrtsverband, der auf Anfrage von Behörden oder Gerichten Verbindung zu einschlägigen Institutionen verschiedener Staaten aufnimmt.[177] Er übernimmt die Einholung von Sozialberichten aus dem Ausland und wird auch in Einzelfällen grenzüberschreitender Konflikte um Sorge- und Umgangsrechte tätig, meist im Zusammenhang mit gerichtlichen Verfahren. Zu beachten ist dabei, dass Anfragen beim ISD, etwa über die Situation im Herkunftsstaat des Kindes, von der deutschen Zweigstelle an die Zweigstelle im entsprechenden Staat, und von dort an die lokale

---

176. Einen Einstieg in das jeweilige Recht bietet die Loseblattsammlung Bergmann/Ferid, Internationales Ehe- und Kindschaftsrecht. Sie enthält in deutscher Übersetzung die familienrechtlichen Regelungen aller Staaten. Auch die Nachfrage bei den diplomatischen Vertretungen des entsprechenden Staates kann hilfreich sein.
177. Internationaler Sozialdienst, Am Stockborn 1–3, 60439 Frankfurt am Main.

Jugendschutzbehörde weitergegeben werden, was eine erhebliche Verzögerung bedingt. Sinnvoll kann auch die Nutzung von Erfahrungen und Kontakten anderer Verbände sein. Zu nennen ist hier der Verband binationaler Familien und Partnerschaften – iaf –, der Beratungen für binationale Paare in Trennungskonflikten und betreutes Umgangsrecht in einigen deutschen Städten anbietet.[178]

Über die Homepage der Haager Konferenz für Internationales Privatrecht *http://www.hcch.net* lassen sich die Vertragstexte sämtlicher Haager Übereinkommen aufrufen, etwa des MSA, KSÜ und HKÜ. Zum HKÜ (Convention on the Civil Aspects of International Child Abduction) werden auch die Adressen der nationalen zentralen Behörden der Vertragsstaaten angegeben und meist auch direkte Kontaktpersonen genannt. **950**

bleiben frei **951–960**

---

[178]. iaf Bundesgeschäftsstelle, Ludolfusstr. 2–4, 60487 Frankfurt. Dort ist etwa der Ratgeber „Trennung und Scheidung bei binationalen Paaren und Kindern" erhältlich, der auch Beispiele und Informationen zu grenzüberschreitenden Sorgerechtskonflikten enthält.

C Interessenvertretung im Jugendhilfeverfahren

Übersicht

Rn
I. Verfahrenspflegschaft in der Jugendhilfe unbekannt – auch unerwünscht? . 961
II. Warum es eines Verfahrenspflegers im jugendhilferechtlichen Verfahren bedarf 967
III. Rechte von Kindern und Jugendlichen nach SGB VIII und BGB 974
IV. Defizite in der Umsetzung von Kinderrechten und Kindesinteressen 977
V. Rechtsgrundlagen des Verwaltungsverfahrens 982
VI. Die Grundsätze des Verwaltungsverfahrens 987
VII. Einleitung und Durchführung eines Verwaltungsverfahrens 991
VIII. Kinder und Jugendliche als Beteiligte – Handlungsfähigkeit 1001
IX. Hilfeplanverfahren und andere in Betracht kommende Jugendhilfeverfahren 1004
X. Hilfe zur Erziehung – Rechtsfragen 1011
XI. Angelegenheiten, in denen ein Verfahrenspfleger einzuschalten ist 1021
XII. Gesetzliche Verankerung des Verfahrenspflegers 1023
XIII. Stellung des Verfahrenspflegers im Jugendhilfeverfahren 1025
XIV. Wer bestellt den Verfahrenspfleger? 1028
XV. Eintreten für eine generelle Stärkung der Kinderrechte als (weitere) Aufgabe der Verfahrenspfleger 1030

I. Verfahrenspflegschaft in der Jugendhilfe unbekannt – auch unerwünscht?

961 Am 15.4.1983 leitete die heutige Präsidentin des Bundesverfassungsgerichtes, Jutta Limbach, ihren Vortrag („Der Anwalt des Kindes aus juristischer Sicht") in der Evangelischen Akademie Bad Boll mit der Bemerkung ein, „es ist eine merkwürdige Aufgabe, ein Geschöpf aus juristischer Sicht zu betrachten, noch ehe es recht Gestalt angenommen hat".[179] Inzwischen ist dieses „Geschöpf" unter der Bezeichnung des Verfahrenspflegers mit der Kindschaftsrechtsreform in das Gesetz (§ 50 FGG) aufgenommen worden. Dies allerdings nur in einem „marginalen und defizitären ersten Schritt"[180] und nur für das Familienge-

---

179. epd-Dokumentation Nr. 20/99, S. 53.

richtsverfahren, während die Frage, ob – unter welchen Voraussetzungen – und wie auch im jugendhilferechtlichen Verwaltungsverfahren nach SGB VIII ein solcher unabhängiger Interessenvertreter mitwirken sollte, kaum gestellt wird.

962 Nur ganz vereinzelt wird dies überhaupt angesprochen. So fordert Salgo die Konzeption einer Interessenwahrnehmung für Kinder in jugendhilferechtlichen Verwaltungsverfahren.[181] Auch Münder u.a.[182] fordern eine „autonome und kompetente Wahrnehmung der Rechte der Minderjährigen" im Hilfeplanverfahren. Hierfür kommt nach Nothacker[183] als „außerhalb des Jugendamtes angesiedelte Vertretungsinstanz" „vor allem" ein Verfahrenspfleger in Betracht. Wiederum nach Münder u.a.[184] ist „zumindest" ein Verfahrenspfleger zu bestellen, wenn ein Minderjähriger eine Hilfe zur Erziehung wünscht, der Personensorgeberechtigte dies jedoch ablehnt. Bei solchen knappen Bemerkungen und, soweit ersichtlich, ohne jede Abhandlung dazu, hat der Verfahrenspfleger im (jugend-)behördlichen Verfahren noch weniger Gestalt als seinerzeit der „Anwalt des Kindes" vor den Gerichten.

963 Mit den folgenden Ausführungen ist also juristisches Neuland in der Erwartung zu betreten, dass (mehr noch als dies vor der Einführung in das Familiengerichtsverfahren der Fall war) die Mitwirkung eines weiteren am Verfahren zu Beteiligenden weitgehend auf Unverständnis stoßen wird. Vertreten denn nicht die Eltern, die ihr Kind am besten kennen werden, auch am besten dessen Interessen? Und ist nicht das Jugendamt dem Kindeswohl verpflichtet? Gerade im Hinblick auf das kindliche Zeitempfinden sollen auch behördliche Verfahren nicht lange dauern. Wird nicht der Verfahrenspfleger eher zu einer Verlängerung beitragen? Wer angesichts eines „Defizites an Kinderrechten"[185], wie zunächst auch der Verfasser[186], das Jugendamt als „Anwalt des Kindes" sieht, mag eine (zusätzliche) Interessenvertretung durch einen Verfahrenspfleger für überflüssig halten.

964 Doch verstehen die Jugendämter aufgrund des mit dem Kinder- und Jugendhilfegesetz angeblich verbundenen „Perspektivenwechsels" ihren Arbeitsauftrag eher als einen der „Allparteilichkeit" im Verhältnis zu Kindern und ihren Eltern. Dies kann im Eltern-Kind-Konflikt leicht dazu führen, dass Kindesinteressen ohne eigene, unabhängige Vertretung auf der Strecke bleiben. Vielleicht

---

180. Salgo, in epd-Dokumentation Nr. 20/99, S. 13 = FPR 06/99, S. 313 (314); Salgo, in: Kind-Prax 1999, 182: „Minimalkompromiss".
181. Salgo, in: epd-Dokumentation Nr. 20/99, S. 19 = FPR 06/99, S. 313, 320.
182. § 36 Rn 6.
183. GK-SGB VIII § 36 Rn 25.
184. § 27 Rn 23.
185. Fieseler, in: GK-SGB VIII, § 1 Rn 35.
186. Fieseler/Herborth 1996; vgl. auch Fieseler, in: GK-SGB VIII § 1 Rn 37 ff.: Eintreten für eine Stärkung der Kinderrechte – generell und in jedem Einzelfall: Fieseler, in GK-SGB VIII § 1 Rn 37 ff.

ist es auch tatsächlich so, dass das Jugendamt – trotz seines staatlichen Wächteramtes (Art. 6 Abs. 2 Satz 2 GG) – im Hinblick auf seine vielfältigen Aufgaben keinen bedingungslosen Kinderschutz zu leisten vermag. Die Kooperation mit den Eltern ist gesetzliche Aufgabe (vgl. nur §§ 5, 16–21, 36 f. SGB VIII), kommt den Kindern und Jugendlichen im Regelfall auch zu Gute, hindert aber das Jugendamt nach langem Kontakt und vor gewünschter Weiterarbeit mit ihnen möglicherweise auch dort, sich auf die Seite des Kindes zu stellen, wo dies solche „Parteinahme" bräuchte. Von „Zielkonflikten" der Jugendhilfe gegenüber den Eltern und gegenüber dem Familiengericht ist die Rede, die einer Interessenvertretung durch das Jugendamt entgegenstehen.[187]

965 Übersehen wird im Übrigen leicht die (bundesweite) Bedeutung des § 8 SGB VIII, worauf hier noch näher einzugehen ist, sowie dass in einzelnen Landesausführungsgesetzen zum KJHG durchaus zumindest ein Schritt hin zu einer eigenständigen Vertretung von Kindesinteressen im Jugendamtsverfahren gegangen ist:

§ 5 Abs. 1 AGKJHG Berlin

„Die Beteiligung von Kindern und Jugendlichen entsprechend ihrem Entwicklungsstand an allen sie unmittelbar betreffenden Entscheidungen und Maßnahmen der Jugendhilfebehörden ist zu gewährleisten. Sie sind rechtzeitig, in geeigneter Form und möglichst umfassend zu unterrichten. Mit ihnen sollen persönliche Gespräche geführt werden. Sie sind berechtigt, eine Person ihres Vertrauens zu beteiligen."

966 Dem entspricht § 4 Abs. 1 JuFöG Schleswig-Holstein beinahe im vollen Wortlaut. Nur heißt es dort: „Sie sollen ... unterrichtet werden." Ist diese Person seines Vertrauens eine Verfahrenspflegerin und wird – möglichst durch eine gesetzliche Verankerung, bundesweit in SGB VIII, siehe unten Rn 1023 f. – dafür gesorgt, dass für das (Klein-)Kind, das (noch) nicht selbst eine solche Person seines Vertrauens zu nennen vermag, auf Initiative des Jugendamtes eine Verfahrenspflegerin beteiligt, so scheint mir dem Anliegen dieses Beitrages weitgehend entsprochen.

---

187. Zenz 1981, S. 400, 404; Salgo 1996, S. 499 f.; zur Unausführbarkeit von „professionellen Doppelrollen" vgl. Goldstein/Freud/Solnit 1988, S. 85 sowie Salgo 1996, S. 40.

II. Warum es eines Verfahrenspflegers im jugendhilferechtlichen Verfahren bedarf

Es entspricht eigener Erfahrung und kommt von anwaltlicher Seite[188] zum Ausdruck, dass selbst in Fällen sexuellen Missbrauchs Jugendämter – etwa in Umgangsfragen, wenn sie am buchstäblichen Recht des Missbrauchers auf (wenigstens beschützten) Umgang mit dem missbrauchten Kind kleben – den nötigen Kinderschutz nicht unbedingt leisten. Das ist dann zwar oft ein „unverständiger Umgang mit dem Recht"[189], doch muss (weiterhin) auch damit gerechnet werden. Zu recht interpretiert Harnach-Beck[190] daher die Einführung des Verfahrenspflegers als „Antwort des Gesetzgebers auf die in der Vergangenheit nicht immer zufriedenstellende Ausführung" der Aufgabe der Jugendhilfe als „Anwalt des Kindes".

967

(Zumindest) angesichts eines Aufgabenverständnisses der Allparteilichkeit und der Verpflichtung auf die Umsetzung von – teils missverstandenen – Elternrechten bedürfen Kinder und Jugendliche in der Tat einer eigenständigen Interessenvertretung durch einen Vertreter auch im jugendhilferechtlichen Verwaltungsverfahren. Es gilt auch hier, im administrativen Verfahren, die „Kindposition" zu stützen.[191] „Weitere Einschränkungen ergeben sich aus der politischen Struktur und Funktion der Jugendbehörde; wenngleich das Jugendamt eine gewisse Selbständigkeit innerhalb der Kommunalverwaltung genießt, wird sein Handlungsrahmen doch in hohem Maße von den durch die politischen Instanzen vorgegebenen Möglichkeiten bestimmt. Amtsinterne, hierarchische Strukturen gewährleisten zumeist die Durchsetzung der politischen Priorität."[192]

968

Es geht in diesem Beitrag also nicht nur darum, dass eine Verfahrenspflegerin, die vom Familienrichter gemäß § 50 FGG bestellt ist, auch im mit dem Familiengerichtsverfahren im Zusammenhang stehenden Hilfeplanverfahren dem Kind oder Jugendlichen zur Seite steht oder an Stelle des (Klein-)Kindes mitwirkt. Vielmehr geht es darum, dass dies auch geschieht, ohne dass (zunächst oder überhaupt) ein Gerichtsverfahren stattfindet, wenn im administrativen Verfahren – oft während monate- oder jahrelangen Bemühens um eine Familie mit Kindern – Entscheidungen des Jugendamtes anstehen, die für Kinder oder Jugendliche von großer Bedeutung sind. Oder aber wenn solche Entscheidungen im Kindesinteresse zu treffen wären, dies aber nicht geschieht, weil das

969

---

188. Vgl. nur Marquardt/Lossen 1999.
189. Fieseler, in: Sozialextra 7–8/2000, S. 14 mit weiteren Beispielen.
190. 2000, S. 277.
191. Fegert 1999, S. 90.
192. Salgo 1996, S. 41.

Jugendamt hierzu keinen Anlass sieht, oder weil Eltern gegen eine Entscheidung keine Rechtsmittel einlegen.

970 Ich greife das Beispiel von Jörg Fegert[193] auf, wonach sich Jugendamt und Eltern, die sich seit langem nicht mehr um ein Kind gekümmert haben, einig sind, dass das Kind nun in eine erlebnispädagogische Maßnahme ins Ausland verbracht werden soll, und es – wenn die Eltern, und sei es aus Desinteresse, zustimmen – „kein auf die Kindesinteressen bezogenes Regulativ" gibt. Expertenbefragungen haben nämlich gezeigt: Die Beteiligung von Kindern und Jugendlichen (und ganz besonders die Beteiligung von Kindern unter 10 Jahren) liegt ganz im Argen. Dies zeigen insbesondere eine Reihe von Untersuchungen zu § 36 SGB VIII.[194]

971 Warum einer Einführung des Verfahrenspflegers auch in das jugendhilferechtliche Verwaltungsverfahren das Wort zu reden ist, wird schlaglichtartig klar, wenn es in dem „Erfahrungsbericht einer Verfahrenspflegerin" heißt: „Für mich war klar: Wenn das Kind (aus einer Alkoholikerfamilie, G.F.) in seinem seelischen Kummer nicht allein bleiben, sondern entsprechende Hilfe zur Bewältigung seiner Schwierigkeiten erhalten sollte, war es unabdingbar, es als Subjekt im Verfahren zu respektieren und seine eigenen Probleme auch als solche anzuerkennen. In der Praxis erwies sich dies als schwieriger denn zuvor gedacht, da das Leid der Eltern, ihre Not und Verzweiflung alle Aufmerksamkeit auf sich zogen. Aber auch äußere, manchmal dramatische Ereignisse, Fragen der ‚richtigen' Vorgehensweisen sowie Auseinandersetzungen mit anderen Personen oder Institutionen erschwerten die Konzentration auf das Kind ....".[195] Solche Arbeit lässt sich nicht im Jugendamt gleichsam nebenbei erledigen. Vielmehr ist es aus der Sicht des letztlich noch immer dem Kindeswohl verpflichteten Jugendamtes als eine Entlastung anzusehen, wenn das Kind mit der Verfahrenspflegerin eine Person zur Seite hat, die sich ganz auf seine Situation, Bedürfnisse sowie auf seine Vorstellungen und Wünsche einstellt und diese im Jugendamtsverfahren zum Ausdruck bringt und dafür sorgt, dass sie beachtet werden.

972 Insofern ist die Verfahrenspflegerin zunächst einmal „Sprachrohr" des Kindes, das seine Vorstellungen und Wünsche nicht selbst zum Ausdruck zu bringen vermag, obwohl es sich nach § 8 SGB VIII „in allen Angelegenheiten der Erziehung und Entwicklung" an das Jugendamt wenden kann. Auch im Hilfeplanverfahren nach § 36 SGB VIII muss die Verfahrenspflegerin im Rahmen der Vertretung der Interessen des Kindes immer seinen Willen übermitteln – auch wenn sie meint, das Kind wolle „nicht sein Bestes".

---

193. A.a.O., S. 88.
194. Becker 1999; Herborth 1998, S. 149 ff.; von Soest 2000.
195. Hildegard Niestroj, in: Salgo 1996, S. 503.

Darüber hinaus begleitet die Verfahrenspflegerin das Kind während des gesamten Verfahrens und vertritt dabei seine Interessen parteilich. Voraussetzung dafür ist die Unabhängigkeit gegenüber den Eltern, dem Jugendamt und, sofern es eingeschaltet ist, dem Gericht.

Andernfalls sind Kinder und Jugendliche an den sie betreffenden Entscheidungen der Jugendhilfe entgegen § 8 Abs. 1 Satz 1 SGB VIII und – speziell für das Hilfeplanverfahren – entgegen § 36 Abs. 1, 2 SGB VIII nicht wirklich beteiligt. Sie sind dann nicht Subjekt sondern Objekt im jeweiligen Verwaltungsverfahren. Die „Subjektstellung" des Kindes ist aber nicht nur rechtlich zwingend, sondern auch fachlich geboten: Anders wird der Leistungserfolg, für den die Beteiligung der Kinder und Jugendlichen von zentraler Bedeutung ist[196], von vornherein in Frage gestellt. Dies, weil ohne eine Berücksichtigung der Kindersicht die am besten geeignete Leistung nicht bestimmt werden kann und überdies die Gefahr besteht, dass das Kind die Leistung nicht als hilfreich erfährt und diese auch nicht akzeptiert. Für das Hilfeplanverfahren bemerkt Nothacker[197] zu Recht, dass dadurch Kinder und Jugendliche am einschneidensten betroffen werden, und dass daher ihre Interessenvertretung im Mittelpunkt stehen muss. 973

III. Rechte von Kindern und Jugendlichen nach SGB VIII und BGB

Das Kinder- und Jugendhilfegesetz (genauer: dessen Art. 1, das SGB VIII) ist zu Recht als ein elternlastiges Gesetz bezeichnet worden und räumt (im bedauerlichen Rückschritt gegenüber seinem Vorgänger, dem Jugendwohlfahrtsgesetz) nicht den Kindern und Jugendlichen, sondern ihren Eltern als Personensorgeberechtigten unter den Voraussetzungen des § 27 SGB VIII einen Rechtsanspruch auf (bedarfsgerechte) Hilfe zur Erziehung ein (anders nur § 35a SGB VIII, wonach das Kind Anspruchsinhaber hinsichtlich der Eingliederungshilfe ist, sowie § 24 SGB VIII, wonach einem Kind ab vollendetem 3. Lebensjahr ein Anspruch auf einen Kindergartenplatz zusteht). Gleichwohl ist darauf hinzuweisen, dass dieses Gesetz auch eine Reihe von Rechten für Kinder und Jugendliche vorsieht, ohne dass freilich von einem befriedigenden Rechtsstandard in dieser Hinsicht gesprochen werden könnte.[198] 974

Neben Beteiligungsrechten, wie z.B. §§ 8 und 36 SGB VIII, stehen Kindern auch materiellrechtliche Ansprüche zu. Diese sind zum einen im BGB enthalten, wie (seit der Kindschaftsrechtsreform) ein eigenes Recht auf Umgang mit 975

---

196. Wiesner, § 36 Rn 15.
197. GK-SGB VIII, § 36 Rn 26.
198. Aus der Sicht der UN-Kinderrechtskonvention siehe Salgo/Kiehl, in: RdJB 1995, 196 ff. und, eingehend und grundsätzlich, Fieseler, in GK-SGB VIII, § 1.

beiden Eltern (§ 1684 Abs. 1), um nur ein Beispiel für ein solches Recht zu nennen, das auch im Verwaltungsverfahren zu wahren ist. Gemäß § 18 Abs. 3 SGB VIII hat das Kind (und hat der Jugendliche) einen Anspruch auf Beratung und Unterstützung bei der Ausübung dieses Umgangsrechtes, und nach SGB VIII hat jedes Kind vom vollendeten dritten Lebensjahr bis zum Schuleintritt Anspruch auf einen Kindergartenplatz (§ 24 Satz 1 SGB VIII), wobei es – wie schon eine Fülle von dazu ergangenen Gerichtsentscheidungen[199] zeigt – um die Rechtsverwirklichung freilich nicht immer zum Besten steht. Die Eingliederungshilfe für seelisch behinderte Kinder und Jugendliche ist in dem 1993 in das Gesetz eingeführten § 35a SGB VIII als deren eigener Rechtsanspruch ausgestaltet.[200] Kinder und Jugendliche, die das Jugendamt darum bitten,[201] sind vom Jugendamt in Obhut zu nehmen (§ 42 Abs. 2 SGB VIII).

976 Eine Reihe von Vorschriften sieht vor, dass Kinder und Jugendliche vom Jugendamt (oder von einem freien Träger, den das Jugendamt damit beauftragen kann, vgl. § 76 SGB VIII) zu beraten sind, so z. B. nach § 8 Abs. 3 SGB VIII auch ohne Kenntnis der Personensorgeberechtigten; § 18 Abs. 3 Satz 1 und 2 SGB VIII: Beratung und Unterstützung in Umgangsfragen. Richtig verstanden – aber fast durchweg verkannt – folgt aus § 1 SGB VIII sogar ein subjektiv-öffentliches Recht jedes Kindes und jedes Jugendlichen auf Förderung seiner Entwicklung und auf den für sein Wohl nötigen Schutz.[202] Das wird zwar fast allgemein verneint[203], doch auch wenn man § 1 SGB VIII zum „Grundprinzip" oder „Programmsatz" abwertet, ist sowohl die Ausgestaltung des jugendhilferechtlichen Verfahrens wie die Auslegung und die praktische Umsetzung der materiellen Rechte des Kindes an seinen Grundzielen zu orientieren.

IV. Defizite in der Umsetzung von Kinderrechten und Kindesinteressen

977 Die Rechte der Kinder und Jugendlichen bedürfen zu ihrer praktischen Umsetzung der Fähigkeit dieser jungen Menschen, diese Rechte auch wahrzunehmen, indem sie ihre Vorstellungen, Wünsche und Interessen in das Verwaltungsverfahren einbringen. Kleinkinder, die in ganz besonderem Maße des Schutzes bedürfen, mögen ihre Bedürfnisse, Neigungen und Wünsche aufgrund ihres altersentsprechenden Entwicklungsstandes nicht artikulieren – geschweige denn in ein Hilfeplanverfahren einbringen – können (freilich hat dies auch oft nur den Anschein, weil Erwach-

---

199. Vgl. Fieseler, in GK-SGB VIII, §§ 22, 24.
200. S. Nothacker, in GK-SGB VIII, § 35a Rn 31; Fegert, 1999.
201. Sog. „Selbstmelder", vgl. Schleicher, in GK-SGB VIII § 42 Rn 13–16.
202. S. Fieseler, GK-SGB VIII, § 1 Rn 4 und 5 ff.
203. In der Kommentarliteratur zuletzt auch von Wiesner 2000 und Schellhorn 2000.

sene nicht genau hinsehen, sich nicht in das Kind einfühlen können). Für sie muss dann ein Erwachsener handeln, und meist werden dies die Eltern in Ausübung ihrer elterlichen Sorge tun. Dafür spricht, dass sie ihr Kind am besten kennen.

Im Eltern-Kind-Konflikt besteht allerdings immer die Gefahr, dass sie sich dabei von ihren eigenen Interessen leiten lassen. Die Sicht des Kindes, die im Zentrum des Verfahrens stehen müsste, wird dann oft nicht ausreichend erkannt, seine Interessen bleiben unberücksichtigt und das Kind kommt so nicht zu seinem Recht. Dazu bedarf es einer Person, die sich wie der Verfahrenspfleger im Familiengerichtsverfahren auch im jugendhilferechtlichen Verwaltungsverfahren für das Kind – und nur für das Kind – fachlich qualifiziert, unabhängig, unbedingt und parteilich einsetzt. Dies könnte ein Ergänzungspfleger sein, den das Familiengericht gemäß § 1909 Abs. 1 BGB bestellt, wenn seine Eltern in der „Besorgung" einer „Angelegenheit des Kindes verhindert" sind. Auch die Beteiligung am jugendhilferechtlichen Verwaltungsverfahren ist eine solche Angelegenheit, so dass es dabei einer entsprechenden Unterstützung des Kindes bedarf (vgl. Rn 85 ff.). **978**

Gemäß Art. 12 Abs. 1 UN-KRK sichern die Vertragsstaaten, zu denen die Bundesrepublik Deutschland gehört, dem Kind, das fähig ist, sich eine Meinung zu bilden, das Recht zu, diese Meinung in allen das Kind betreffenden Angelegenheiten frei zu äußern, und berücksichtigen die Meinung des Kindes angemessen und entsprechend seinem Alter und seiner Reife. In Art. 12 Abs. 2 heißt es weiter: Zu diesem Zweck wird dem Kind insbesondere Gelegenheit gegeben, in allen das Kind berührenden Gerichts- oder *Verwaltungsverfahren* (Hervorhebung des Autors) entweder unmittelbar oder durch einen Vertreter oder eine geeignete Stelle im Einklang mit den innerstaatlichen Verfahrensvorschriften gehört zu werden.[204] Weiterer Maßstab sind die Grundrechte, die – mit dem Anspruch auf rechtliches Gehör auch für Kinder – ein faires, kindbezogenes Verfahren umfassen (Art. 1, 2 Abs. 1, 6 Abs. 2, 103 Abs. 1 GG).[205] **979**

Für das Familiengerichtsverfahren sieht § 50b Abs. 1 FGG die Anhörung des Kindes stets vor, wenn dieses Verfahren die Personen- oder Vermögenssorge betrifft, und wenn die Neigungen, Bindungen, oder der Wille des Kindes für die (gerichtliche) Entscheidung von Bedeutung sind oder wenn es zur Feststellung des Sachverhaltes angezeigt erscheint, dass sich das Gericht von dem Kind einen unmittelbaren Eindruck verschafft (zur Kindesanhörung vgl. Heilmann, oben Rn 871 ff.). Dass Neigungen, Bindungen und Wille des Kindes auf die Entscheidung einen bestimmenden Einfluss nehmen, ist – trotz der eben- **980**

---

204. Vgl. Salgo, Kind-Prax 1999, S. 179–182.
205. Vgl. BVerfGE FamRZ 1999, S. 85 ff.

falls vorgesehenen Anhörung des Jugendamtes in den in § 49a Abs. 1 FGG aufgeführten Angelegenheiten – nicht immer gewährleistet.

981 Die Kindschaftsrechtsreform hat u.a. daraus die Konsequenz gezogen, dem Kind für ein seine Person betreffendes (Gerichts-)verfahren unter den Voraussetzungen des § 50 FGG durch gerichtliche Bestellung einen Verfahrenspfleger zur Seite zu stellen. Damit entspricht der Gesetzgeber (wenn auch noch nicht in vorbildlicher Weise) für das Familiengerichtsverfahren der Vorgabe des Art. 12 UN-KRK. Für das jugendhilferechtliche Verwaltungsverfahren (und für das Verfahren vor den Verwaltungsgerichten) ist dies bisher nicht einmal angedacht. Dass dies zwar auch ohne die gesetzliche Einführung des Verfahrenspflegers geschehen könnte, eine entsprechende Regelung im SGB VIII aber – schon wegen der damit verbundenen Rechtsklarheit und Rechtsverbindlichkeit – vorzuziehen ist, wird noch auszuführen sein.

V. Rechtsgrundlagen des Verwaltungsverfahrens

982 Rechtsgrundlagen für jedes jugendhilferechtliche Verfahren sind – neben den wenigen, aber ganz besonders bedeutsamen Verfahrensvorschriften des SGB VIII – das SGB I und insbesondere das SGB X: Das Verwaltungsverfahren ist im Einzelnen in den §§ 9–66 SGB X geregelt. Davon interessieren hier insbesondere die Allgemeinen Vorschriften über das Verwaltungsverfahren (§§ 8–30 SGB X) und insofern wiederum die Verfahrensgrundsätze (§§ 8–25 SGB X).[206] Zwar meint Wiesner[207], die „für das Verwaltungsverfahren typische, an der Rechtsfigur des Verwaltungsaktes ausgerichtete Unterscheidung von Entscheidungsvorbereitung, Entscheidung und Vollzug (sei) für den pädagogischen Aushandlungsprozess nicht brauchbar", und es sei „logische Folge der Eigenart erzieherischer Hilfeprozesse", dass „die Vorschriften des SGB X nicht zur Anwendung kommen (können)". Dem steht aber zum einen § 37 SGB I entgegen, wonach (auch) im SGB X für alle Sozialleistungsbereiche des SGB – also auch für SGB VIII – nichts Abweichendes geregelt ist.[208] Zum anderen bedarf auch das jugendhilferechtliche Verfahren schon aus rechtsstaatlichen Gründen eines rechtlichen Rahmens. Ein solcher steht mit dem nach Maßgabe des SGB VIII modifizierten SGB X durchaus in einer für die Eigenart von Hilfeprozessen geeigneten Art und Weise zur Verfügung.

983 Allerdings ist dabei zu beachten, dass die Verfolgung jugendhilferechtlicher Aufgaben deren (sozialpädagogische) Besonderheit gerade auch im Verfahrensablauf berücksichtigen muss.[209] Das gilt heute ganz besonders, wenn bei aller Klarheit

---

206. Hierzu wird zunächst verwiesen auf GK SGB VIII–Fieseler, § 2 Rn 20 ff.; LPK SGB VIII-Kunkel, Anhang 3 Rn 9 ff.
207. SGB VIII, § 27 Rn 68 f.
208. Ebenso Maas 2000.
209. Fieseler, GK § 2 Rn 24.

darüber, dass das Jugendamt letztlich die Verantwortung für eine Entscheidung hat, um der Rechtsstellung der Beteiligten und der Akzeptanz der Entscheidung willen diese mit den Beteiligten aber „ausgehandelt" wird.[210] In den Aushandlungsprozess sind auch die Kinder und Jugendlichen als „kompetente Akteure" (Kaltenborn 1997) einzubeziehen. Andernfalls besteht die naheliegende Gefahr, dass Erwachsene unter sich ausmachen, was für Kinder und Jugendliche „das Beste" ist, ohne wirklich ihre Situation „kindgerecht" zu beurteilen.

984 Geltendes und – nötigenfalls zu schaffendes – Verfahrensrecht müssen (auch) insofern den Rahmen bieten für eine Durchsetzung der Kindesinteressen und Kindesrechte. Und dies gerade in einem (möglichst) auf Konsens gerichteten Verwaltungsverfahren, das einen „kooperativen Verfahrensstil" erfordert[211], bei dem aber die Entscheidungsverantwortung des Jugendamtes klar sein muss. So ist etwa für das Verwaltungsverfahren eine mündliche Verhandlung nicht ausdrücklich vorgeschrieben, doch sollten Kinder (diese wiederum durch einen Verfahrenspfleger, wenn sie sich noch nicht selbst äußern können oder aus sonstigen Gründen seiner Unterstützung bedürfen), Jugendliche und Personensorgeberechtigte auch dort zu Worte kommen, wo dies nicht etwa – wie im Hilfeplanverfahren – ohnedies vorgeschrieben ist.

985 Auch gelten die Verfahrensvorschriften des SGB I und des SGB X für die Kinder- und Jugendhilfe nur, soweit sich aus dem SGB VIII nichts Abweichendes ergibt (§ 37 Satz 1 SGB I).[212] Die wenigen Verfahrensvorschriften des SGB VIII modifizieren also das Verwaltungsverfahren des Jugendamtes. So sind Kinder und Jugendliche entsprechend ihrem Entwicklungsstand an allen sie betreffenden Entscheidungen der Jugendämter zu beteiligen (§ 8 Abs. 1 Satz 1 SGB VIII) und können – unter den Voraussetzungen des § 8 Abs. 3 SGB VIII – auch ohne Kenntnis ihrer Personensorgeberechtigten beraten werden.[213]

986 Vor jeder Entscheidung über eine Hilfe zur Erziehung nach §§ 27 ff. SGB VIII umfasst das Verfahren eine Beratung des Kindes oder Jugendlichen (§ 36 Abs. 1 Satz 1 SGB VIII; mit Hinweis auf die möglichen Folgen für seine Entwicklung), und bei der Aufstellung eines Hilfeplanes im Falle einer voraussichtlich für längere Zeit zu leistenden Hilfe wirken das Kind oder der Jugendliche mit

---

210. Vgl. Fieseler, GK-SGB VIII, § 2 Rn 24: fachliche Verantwortlichkeit und Beteiligung der Leistungsberechtigten und -empfänger schließen sich gerade nicht aus; Fieseler/Herborth 2001, S. 67; Nothacker, GK-SGB VIII, § 36 Rn 43 ff.; zur „falsch verstandene(n) Dienstleistungsorientierung" und zur Problematik des „Aushandlungsbegriffs" vgl. 10. Kinder- und Jugendbericht, BT-Drucks. 13/11368, S. 276.
211. Münder 2000, 62.
212. Zum Jugendhilfe-Datenschutz nach SGB VIII im Verhältnis zum allgemeinen Datenschutz nach SGB I und SGB X i.V.m. § 37 SGB I vgl. Kunkel, in GK-SGB VIII Vor § 61 Rn 6–11 und Kunkel, in LPK-SGB VIII, § 61 Rn 6–9.
213. Dazu Fieseler, in: GK-SGB VIII, § 8 Rn 8 ff.: für eine „weite Auslegung".

(§ 36 Abs. 2 Satz 2 SGB VIII).[214] Eine (wirkliche) Beteiligung des Kindes oder Jugendlichen nach §§ 8, 36 SGB VIII kann die Einschaltung einer Verfahrenspflegerin erfordern.

VI. Die Grundsätze des Verwaltungsverfahrens

987 Zu den Allgemeinen Vorschriften über das Verwaltungsverfahren (§§ 8–30 SGB VIII) gehören die in den §§ 8–25 SGB X enthaltenen Verfahrensgrundsätze. Durch diese Vorschriften soll „ein geordneter Vollzug der Gesetze sowie die Wahrung und Durchsetzung der Rechte des Bürgers in einem rechtsstaatlich geordneten Verfahren" gewährleistet werden.[215] Zu wahren und durchzusetzen sind also auch die Rechte von Kindern und Jugendlichen. Dabei ist das Verfahren so zu gestalten, dass die materiell-rechtlichen Verheißungen der §§ 1, 2 SGB I im Verfahren auch umzusetzen sind.

988 Dazu gehört für das Verfahren der Jugendämter maßgeblich eine „kindzentrierte Gestaltung des Verfahrens".[216] Das steht zwar so nicht ausdrücklich im Gesetz, ergibt sich aber aus dem wichtigsten Verfahrensgrundsatz schlechthin, dass nämlich Verfahren der Verwirklichung des materiellen Rechts dienen. Dieses wird für das Jugendamt durch § 1 SGB VIII bestimmt, der für jeden jungen Menschen in § 1 Abs. 1 SGB VIII ein Recht auf Förderung seiner Entwicklung und auf Erziehung zu einer eigenverantwortlichen und gemeinschaftsfähigen Persönlichkeit formuliert, das „insbesondere" durch die Orientierung an den in § 1 Abs. 3 Nr. 1–4 SGB VIII ausdrücklich genannten Grundzielen, und eben auch durch ein kindbezogenes, kindgerechtes Verfahren zu verwirklichen ist. Ein Verfahrensgrundsatz ist daher auch eine der „Subjektstellung" des Kindes[217] förderliche Gestaltung. Dessen subjektives Erleben und Wollen darf nicht abgewertet werden, sondern es ist ein Rahmen zu schaffen, in dem es – wo es erforderlich ist – durch den Verfahrenspfleger oder mit dessen Unterstützung vom Kind oder Jugendlichen selbst zu artikulieren und zur Geltung zu bringen ist. Das kann auch bedeuten, dass das Jugendamt vom Verfahrenspfleger veranlasst wird, sich von einem Kleinkind einen unmittelbaren Eindruck zu verschaffen.

989 § 8 SGB X enthält eine gesetzliche Definition des Verwaltungsverfahrens als „nach außen wirkende Tätigkeit" der Behörde, die auf die Prüfung der Voraussetzungen, die Vorbereitung und den Erlass eines Verwaltungsaktes gerichtet ist und den Erlass des Verwaltungsaktes einschließt. Davon zu unterscheiden

---

214. Näheres zum Hilfeplanverfahren – mit weiteren Nachweisen – Fieseler/Herborth 2001, 68 f. und Nothacker, in: GK-SGB VIII, §§ 36, 37.
215. Von Wulffen, in: Schroeder-Printzen, SGB X, § 8 Rn 3.
216. So für das familien- und vormundschaftsgerichtliche Verfahren Weber/Zitelmann, Pkt. 3.2, 4.5 (vgl. in diesem Handbuch BAG Verfahrenspflegschaft, Rn 1057 f.).
217. Weber/Zitelmann, Pkt 2.6 (vgl. in diesem Handbuch BAG Verfahrenspflegschaft, Rn 1056).

ist „innerbehördliches, verwaltungsinternes Handeln", wie Maßnahmen, die der Vorbereitung eines Verwaltungsverfahrens dienen. Auch dieses Handeln muss freilich einer rechtlichen Überprüfung im anschließenden Verfahren standhalten. Die Auswahlentscheidung für eine „Ermessensentscheidung" des Jugendamtes zu halten, bei der dem Gericht lediglich die Prüfung zustünde, ob das Ermessen pflichtgemäß ausgeübt worden ist, geht im Rechtsstaat schon wegen der Gesetzesbindung der Verwaltung nicht an.[218] Allerdings werden gerade im Jugendhilfebereich – und ganz besonders in dem Bereich des Kinderschutzes – frühestmögliche Ermittlungen und Beratungen eine „nach außen wirkende Tätigkeit" erfordern und somit die Einhaltung der Verfahrensvorschriften gebieten. So wird z.B. die Versagung einer erzieherischen Hilfe, die aufgrund der psychosozialen Diagnostik als geeignet und erforderlich erscheint, im verwaltungsgerichtlichen Verfahren zu überprüfen sein.

Das Verwaltungsverfahren ist „einfach und zweckmäßig" – das heißt dem jeweiligen Einzelfall entsprechend „sinnvoll"[219] – durchzuführen (§ 9 Satz 2 SGB X) und an bestimmte Formen nur insoweit gebunden, als besondere Rechtsvorschriften dafür bestehen (§ 9 Satz 1 SGB X). Dem kindlichen Zeitgefühl ist durch eine möglichst zügige Durchführung Rechnung zu tragen. Dies darf allerdings nicht zu Qualitätseinbußen des Verfahrens – wie etwa zu oberflächlicher Beratung und Ermittlung – führen. Solche Rechtsvorschriften sind für jugendamtliche Verfahren in SGB X und SGB VIII enthalten und sind so auszulegen, dass dabei die Kindesbelange – so wie das Kindeswohl im materiellen Recht – als zentrales Anliegen im Mittelpunkt des Verfahrens stehen.

990

VII. Einleitung und Durchführung eines Verwaltungsverfahrens

Sozialleistungsbehörden entscheiden nach pflichtgemäßem Ermessen, ob sie ein Verwaltungsverfahren einleiten und durchführen, sofern sie nicht etwa von Amts wegen oder auf Antrag tätig werden müssen (§ 18 Satz 1 und Satz 2 Nr. 1 SGB X) oder nur auf Antrag tätig werden dürfen und ein Antrag nicht vorliegt (§ 18 Satz 1 und Satz 2 Nr. 2 SGB X). Für das jugendhilferechtliche Verfahren ist zu beachten, dass an einen Antrag – sofern er überhaupt für eine Leistung erforderlich ist – nach Form und Inhalt keine hohen Anforderungen zu stellen sind. Es genügt vielmehr, wenn die Leistungsberechtigten ggf. überhaupt ihren Willen zum Ausdruck bringen, dass sie eine Leistung begehren.

991

---

218. GK-SGB VIII § 2 Rn 29; s. dazu Diedrichs-Michel, RsDE 29, S. 43 ff., 55; Fieseler/Herborth 2001, S. 182 f., 186, 209.
219. Von Wulffen, in: Schroeder-Printzen, § 9 SGB X Rn 7.

992 Ungeachtet der (umstrittenen) Frage, ob die Hilfen zur Erziehung (sachlich-rechtlich) einen Antrag voraussetzen,[220] muss das Jugendamt ein Verfahren einleiten, sobald ihm – woher auch immer – **Anhaltspunkte für einen Hilfebedarf** vorliegen. Auch eine engere Auffassung müsste zumindest im Fall der Kindeswohlgefährdung eine solche Pflicht zur Einleitung von Amts wegen konzedieren. Der Anstoß dazu kann auch von einem Kind oder Jugendlichen ausgehen, der sich an das Jugendamt wendet (§ 8 Abs. 1 SGB VIII; auch § 42 Abs. 1 Satz 1 SGB VIII: Bitte um Inobhutnahme). Soweit die Einleitung eines Verfahrens überhaupt im Ermessen des Jugendamtes liegt, ist zu beachten, dass damit das Verfahren nicht etwa von dessen Belieben abhängt. Vielmehr ist auch in dieser Hinsicht das Ermessen pflichtgemäß auszuüben. Das ist nur der Fall, wenn sich das Jugendamt von der Frage leiten lässt, ob die Einleitung eines Verfahrens nötig ist, damit es seinen gesetzlichen Aufgaben nach SGB VIII gerecht werden kann. In diesem Verfahren ist dann allerdings zu prüfen, ob etwa eine angedachte Hilfe zur Erziehung ohne Mitwirkung der Personensorgeberechtigten bedarfsgerecht sein kann.

993 Diese Frage der **Gewährung einer fachlich indizierten Hilfe** darf mit der Frage nach einem Antragserfordernis hinsichtlich der Hilfen zur Erziehung jedenfalls nicht verwechselt werden. Einerlei, wie man zu dieser Antragsfrage steht, ist zu beachten, dass eine für ein Kind oder einen Jugendlichen nötige Hilfe nicht etwa aus rechtlichen Gründen schon an der mangelnden Mitwirkung der Eltern scheitern muss: Wo es am elterlichen Einverständnis fehlt, kann eine Hilfe zur Erziehung gleichwohl unter den Voraussetzungen des § 1666 BGB sichergestellt werden: Ggf. ist den Eltern (oder ggf. einem Vormund) das Personensorgerecht insoweit zu entziehen, als es die Inanspruchnahme von Hilfe zur Entziehung umfasst, und (insoweit) auf einen (Ergänzungs-) Pfleger nach § 1909 BGB zu übertragen.

994 Zu beachten ist, dass der Anspruch auf die Jugendhilfeleistung gemäß § 40 Abs. 1 SGB I entsteht, sobald ihre gesetzlichen Voraussetzungen vorliegen (wozu ein förmlicher Antrag eben nicht gehört). Deshalb kann bei selbstbeschaffter Leistung eine Kostenübernahme auch für die Zeit vor Kenntniserlangung und Verfahrenseinleitung in Betracht kommen.[221]

995 Im Falle einer Kindeswohlgefährdung hat das Jugendamt – sofern nicht eine unverzügliche Einschaltung des Familiengerichtes gemäß § 50 Abs. 3 SGB VIII erforderlich ist – zwecks Prüfung, ob öffentliche Hilfe geeignet ist, eine Trennung des Kindes von seiner Familie zu vermeiden (s. § 1666a Abs. 1 BGB), entsprechende Ermittlungen anzustellen und, falls die Personensorge-

---

220. So Häbel, in: GK-SGB VIII, § 27, Rn 71; a.A. Kunkel, in: LPK-SGB VIII, Anhang 3, Rn 15.
221. Vgl. Fieseler, in: GK-SGB VIII, § 5 Rn 22 und § 31 Rn 18; Salgo, in: GK-SGB VIII, § 33 Rn 31.

berechtigten einer geeigneten und notwendigen Hilfe zur Erziehung nicht zustimmen, die familiengerichtliche Entscheidung hierüber herbeizuführen.

Das Jugendamt ermittelt den Sachverhalt von Amts wegen (§ 20 Abs. 1 SGB X: Untersuchungsgrundsatz). Es bestimmt dabei **Art und Umfang der Ermittlungen** (Art. 20 Abs. 1 Satz 2 SGB X), wobei es aber „alle für den Einzelfall bedeutsamen" Umstände zu berücksichtigen hat. Speziell im Hilfeplanverfahren werden dabei Art und Umfang der Ermittlungen von § 36 SGB VIII konkretisiert, so dass die dort vorgesehene Mitwirkung sicherzustellen ist.[222] Das Jugendamt bedient sich dabei – unter Beachtung des (verfassungsrechtlichen) informationellen Selbstbestimmungsrechtes und des Grundsatzes der Ersterhebung beim Betroffenen[223] (§ 62 Abs. 2 Satz 1 SGB VIII) – aller Beweismittel, die es „nach pflichtgemäßem Ermessen" für erforderlich hält, hört Beteiligte an, vernimmt Zeugen und Sachverständige oder lässt sie durch das Verwaltungsgericht vernehmen (§ 22 Abs. 1 SGB X), zieht Akten bei (§ 21 Abs. 1 Satz 2 SGB X), nimmt in „Augenschein" (d.h. überzeugt sich durch eigene Wahrnehmung). Dazu kann auch ein Hausbesuch gehören.[224]

996

Die Beteiligten sollen bei der Ermittlung des Sachverhalts mitwirken (§ 21 Abs. 2 Satz 1 SGB X; zur **Mitwirkungspflicht der Leistungsberechtigten** grundsätzlich §§ 60–67 SGB I), ohne dass sie zum persönlichen Erscheinen in der Behörde verpflichtet wären (§ 21 Abs. 2 Satz 2 SGB X). Zeugen und Sachverständige, die sich anders als im Gerichtsverfahren auch schriftlich äußern können, sagen über wahrgenommene Tatsachen aus bzw. erstatten Gutachten, sachverständige Zeugen – wie etwa der Arzt, der ein misshandeltes Kind untersucht hat – berichten über das, was sie auf Grund ihrer besonderen Sachkunde wahrgenommen haben. Die Verfahrenspflegerin wird darauf achten, dass die Ermittlungen sich ganz besonders auf die Situation des Kindes, auf seine Vorstellungen, Wünsche und Interessen richten. Sie wird selbst auf Grund ihres Kontaktes mit dem Kind zu diesen Ermittlungen beitragen.

997

Bevor ein Verwaltungsakt erlassen wird, der in die Rechte eines Beteiligten eingreift, ist diesem gemäß § 24 Abs. 1 SGB X grundsätzlich (Ausnahmen: § 24 Abs. 2) Gelegenheit zu geben, sich zu den für die Entscheidung wesentlichen Tatsachen zu äußern. Diese **Anhörung** setzt im Falle eines Kindes oder Jugendlichen einen persönlichen Kontakt mit diesem voraus und hat – ggf. in Gegenwart der Verfahrenspflegerin – kindgerecht zu erfolgen.

998

➢ *Zur Anhörung des Kindes im Gerichtsverfahren siehe Rn 745 ff. und 871 ff.*

---

222. Vgl. Nothacker, in: GK-SGB VIII, § 36 Rn 11.
223. Dazu Kunkel, in: GK-SGB VIII, § 62 Rn 7 f.
224. Vgl. OLG Köln in Kind-Prax 1999, 24; Kunkel, LPK-SGB VIII, Anhang 3 Rn 17 erwähnt den Hausbesuch ausdrücklich als Beispiel der Augenscheinseinnahme nach § 21 Abs. 1 Nr. 4 SGB X.

Gerhard Fieseler

999 Ein gerade auch aus der Sicht der Verfahrenspflegschaft wichtiges Verfahrensrecht ist das der **Akteneinsicht** (einschließlich der Überlassung von Auszügen, Abschriften, Ablichtungen, § 25 Abs. 5 SGB X). Es ist in § 25 SGB X geregelt. Danach hat das Jugendamt den Beteiligten Einsicht in die das Verfahren betreffenden Akten – nicht in Notizen und Entwürfe des Sachbearbeiters[225] – zu gestatten, soweit deren Kenntnis zur Geltendmachung oder Verteidigung ihrer rechtlichen Interessen erforderlich ist (§ 25 Abs. 1 SGB X). Ein „rechtliches" Interesse – und nicht nur ein „berechtigtes" Interesse, das nicht ausreichen würde[226] – haben Kinder und Jugendliche auch, soweit sie nicht selbst Leistungsberechtigte, wohl aber Leistungsempfänger sind, wie dies bei den Hilfen zur Erziehung der Fall ist. Weil nicht abzusehen ist, ob die Akteneinsicht durch den Verfahrenspfleger als Akteneinsicht durch das Kind oder den Jugendlichen verstanden wird, sollte ein entsprechendes Recht auf Akteneinsicht – auch um der Klarstellung willen – ausdrücklich vorgesehen werden. Bis dahin sollte die Behörde, sollte das Jugendamt, um der notwendigen Sachverhaltsaufklärung willen und aus seinem an § 1 SGB VIII orientierten Aufgabenverständnis heraus, Akteneinsicht auch ohne ausdrückliche gesetzliche Verpflichtung hierzu gewähren.

1000 Weil ohne Akteneinsicht eine wirksame Interessenvertretung nicht denkbar ist, wird im Falle der Verweigerung der Akteneinsicht Ermessen im Sinne von § 21 Abs. 1 Satz 1 SGB X auch kaum je pflichtgemäß ausgeübt. Vielmehr erscheint der Ermessensspielraum auf Null reduziert, wobei hier die Gewährung von Akteneinsicht und die damit erst ermöglichte Äußerung der Verfahrenspflegerin als Beweismittel im Sinne von § 21 Abs. 1 SGB X verstanden und aus dem Untersuchungsgrundsatz abgeleitet wird (siehe auch unten Rn 1025). Andernfalls läge auch hier ein unerträgliches Rechtsdefizit insbesondere bei Kleinkindern vor. **Grenzen des Akteneinsichtsrechtes** ergeben sich aus § 25 Abs. 2 SGB X hinsichtlich der Angaben über gesundheitliche Verhältnisse (für die Verfahrenspflegerin ohne praktische Bedeutung; zu schützen sein kann aber das Kind oder der Jugendliche) und aus § 25 Abs. 3 SGB X bei entgegenstehenden Geheimhaltungsinteressen.

VIII. Kinder und Jugendliche als Beteiligte – Handlungsfähigkeit

1001 Kinder und Jugendliche sind entsprechend ihrem Entwicklungsstand an allen sie betreffenden Entscheidungen der öffentlichen Jugendhilfe zu beteiligen. So lautet § 8 Abs. 1 Satz 1 SGB VIII. Richtig verstanden heißt dies: Kinder und

---

225. Jans/Happe/Saurbier, § 25 SGB X, Rn 3.
226. Vgl. Maas, in: Jans/Happe/Saurbier, § 25 SGB X, Rn 2.

Jugendliche sind in Verwaltungsverfahren, die Angelegenheiten des SGB VIII zum Gegenstand haben, Beteiligte. So selbstverständlich dies klingen mag, bedarf es angesichts der Vorschriften des SGB X über Beteiligte und Beteiligungsfähigkeit doch der Begründung.[227] Gemäß § 10 Nr. 1 SGB X ist (jede) natürliche Person fähig, am Verfahren beteiligt zu sein. Nach § 12 SGB X sind, soweit er hier in Betracht kommt, Beteiligte aber nur Antragsteller und Antragsgegner (§ 12 Abs. 1 Nr. 1), diejenigen, an die die Behörde den Verwaltungsakt richtet (§ 12 Abs. 1 Nr. 2) sowie diejenigen, die von der Behörde nach § 12 Abs. 2 zu dem Verfahren hinzugezogen werden (§ 12 Abs. 1 Nr. 4).

1002 Letzteres – die Hinzuziehung des Kindes oder Jugendlichen – liegt nicht etwa im Belieben des Jugendamtes. Zwar heißt es in § 12 Abs. 2 SGB X, die Behörde „kann" diejenigen, deren rechtliche Interessen durch den Ausgang des Verfahrens berührt werden, als Beteiligte heranziehen; aus diesem „kann" wird aber im jugendhilferechtlichen Verfahren aufgrund von § 8 Abs. 1 Satz 1 SGB VIII ein „muss": Als besondere Beteiligungsvorschrift geht § 8 SGB VIII der allgemeinen Beteiligungsvorschrift des § 12 SGB VIII vor. § 8 Abs. 1 S. 1 SGB VIII spricht ausdrücklich von Beteiligung und wäre gründlich verkannt, würde aus ihm nur die Pflicht entnommen, Kinder und Jugendliche (lediglich) anzuhören und nicht auch die Subjektstellung jedes Kindes und Jugendlichen als Verfahrensbeteiligtem. Zwar wird, wer anzuhören ist, allein dadurch nicht zum Beteiligten (§ 12 Abs. 3 SGB VIII). Vielmehr müssen dazu auch die Voraussetzungen des § 12 Abs. 1 SGB X vorliegen. Dies ist bei Kindern und Jugendlichen in Verfahren nach SGB VIII der Fall: Entweder hat sie das Jugendamt zu dem Verfahren hinzugezogen, oder ihre Beteiligtenstellung folgt aus § 8 Abs. 1 Satz 1 SGB VIII und – bei Hilfen zur Erziehung – (zusätzlich) aus § 36 SGB VIII.

1003 Von der Beteiligtenstellung zu unterscheiden ist die Fähigkeit, selbst Verfahrenshandlungen vorzunehmen. Dazu sind nach § 11 Abs. 1 Nr. 2 SGB X geschäftsunfähige Kinder, d.h. Kinder unter 7 Jahren, nie fähig. Verfahrenshandlungen nehmen für sie die Personensorgeberechtigten vor. So stellen sie etwa den Antrag auf eine Leistung auch dort, wo das Kind selbst Anspruchsinhaber ist (so auf den begehrten Kindergartenplatz bzw. auf die Eingliederungshilfe). Ist Eltern die Personensorge gemäß § 1666 BGB insoweit entzogen, als sie das Recht betrifft, Leistungen nach SGB VIII zu beantragen, so handelt insofern ein (von dem Familiengericht gemäß § 1909 BGB zu bestellender) Ergänzungspfleger. Der Verfahrenspfleger kann den Anstoß hierzu geben.

---

227. Zumal es im Schrifttum selbst für Verfahren nach § 36 SGB VIII eher verneint wird: Vgl. nur Hauck/Stähr, § 36 Rn 47; LPK–SGB VIII – Kunkel, § 36 Rn 8: Die Beteiligungen nach § 36 bezögen sich „nicht auf die Grundentscheidung, also den Verwaltungsakt".

IX. Hilfeplanverfahren und andere in Betracht kommende Jugendhilfeverfahren

1004 Ein Verwaltungsverfahren nach SGB X liegt nach verbreiteter Auffassung dann *nicht* vor, wenn das Jugendamt im Rahmen der (immer noch) so genannten Familien-, Vormundschafts- oder Jugendgerichtshilfe tätig wird. So, wenn es prüft, ob das Familiengericht aus Gründen der Kindeswohlgefährdung gemäß § 50 Abs. 3 SGB VIII einzuschalten ist, oder wenn es nach § 52 SGB VIII im Rahmen der Jugendgerichtshilfe tätig wird. Die Verfahrensregeln des SGB X – angereichert und modifiziert durch die Verfahrensnormen des SGB VIII – gelten allerdings auch dann, wenn auch nicht direkt sondern analog, also in entsprechender Anwendung, soweit dies „der jeweiligen Besonderheit der Aufgabe" entspricht.[228]

1005 Der Verfahrenspfleger kann selbst die Einschaltung des (Familien-)Gerichts durch das Jugendamt anregen und dort, wo dieses keinen Anlass dazu sieht, das Gericht selbst anrufen, das unter den Voraussetzungen des § 1666 BGB von Amts wegen die zur Abwendung einer Kindeswohlgefährdung erforderlichen Maßnahmen zu treffen hat. Der Verfahrenspfleger wird z.B. auf einen Jugendamtsbericht an das Gericht eingehen und dabei ggf. seine abweichende Sicht darstellen und begründen.

1006 Ein Verwaltungsverfahren im engeren Sinn des Wortes kommt dagegen immer dann in Gang, wenn sich die Tätigkeit des Jugendamtes auf den Erlass eines Verwaltungsaktes richtet.[229] Das ist insbesondere, aber nicht nur, dann der Fall, wenn das Jugendamt auf den Antrag eines Personensorgeberechtigten hin die Voraussetzungen für eine Hilfe zur Erziehung nach §§ 28–35 SGB VIII prüft. Das Verwaltungsverfahren besteht dann unter den Voraussetzungen des § 36 Abs. 2 SGB VIII („Hilfe voraussichtlich für längere Zeit") im Wesentlichen aus dem Hilfeplanverfahren gemäß § 36 SGB VIII und schließt für Hilfen, die mit einer Fremdunterbringung des Kindes verbunden sind, die Zusammenarbeit mit den (künftigen) Pflegepersonen bzw. dem Erziehungspersonal in der Einrichtung ein (§ 37 SGB VIII).

1007 Bei *allen* Hilfen zur Erziehung, auch bei denen, die das Gesetz zwar nicht ausdrücklich nennt, die es aber nach § 27 SGB VIII mit umfasst[230], sind die Personensorgeberechtigten – nicht die Kinder und Jugendlichen – Anspruchsinhaber. Dies ist auf nachdrückliche Kritik gestoßen[231], zeigt es doch einmal mehr

---

228. Maas, in: Jans/Happe/Saurbier, Vorbem. §§ 8–30 SGB X.
229. § 8 SGB X; Kunkel, Anhang 3 Rn 1; Nothacker, in: GK-SGB VIII, Rn 38.
230. Vgl. GK-SGB VIII – Häbel § 27 Rn 19; GK-SGB-VIII – Fieseler, § 31 Rn 1.
231. Vgl. Fieseler/Herborth 2001, S. 64 und GK-SGB VIII; Einleitung, S. 2.

die Elternorientiertheit des Kinder- und Jugendhilfegesetzes, zu der sich der Gesetzgeber aus einem falschen Verständnis des Art. 6 GG gezwungen sah. Allerdings sind auch die Kinder und Jugendlichen als Leistungsempfänger (nicht: Leistungsberechtigte; das sind die Personensorgeberechtigten) vor der Entscheidung über die Inanspruchnahme einer Hilfe und vor einer notwendigen Änderung von Art und Umfang der Hilfe zu beraten und auf die möglichen Folgen für ihre Entwicklung hinzuweisen (§ 36 Abs. 1 Satz 1 SGB VIII – zu ihrer Beteiligung im Übrigen vgl. oben Rn 1001 ff.).

Ebenso kommt ein Verwaltungsverfahren zustande, wenn Eingliederungshilfe gemäß § 35a SGB VIII beantragt wird. In diesem Fall ist das Kind bzw. der Jugendliche Anspruchsinhaber und Leistungsberechtigter.[232] Einen Antrag kann aber erst ein Jugendlicher stellen, wenn er das fünfzehnte Lebensjahr vollendet hat, also mindestens 15 Jahre alt ist (§ 36 Abs. 1 SGB I; zu beachten ist auch § 36 Abs. 2 Satz 1 und Satz 2 SGB I). Andernfalls stellt sein gesetzlicher Vertreter den Antrag. Dies sind die Eltern oder, sofern ihnen die Personensorge oder davon zumindest das Recht auf Antragstellung gemäß §1666 Abs. 1 BGB entzogen ist, der dafür bestellte Ergänzungspfleger bzw. (beim Entzug der gesamten elterlichen Sorge) der Vormund des Kindes. **1008**

Verfahrenspflegerinnen sind in diesen behördlichen Verfahren in jeder Hinsicht unabhängige Vertreter des Kindes oder des Jugendlichen. Sie sind dessen „Anwältin" und sorgen dafür, dass § 8 Abs. 1 SGB VIII gemäß bereits jetzt und nicht erst im Gerichtsverfahren, sofern es dazu überhaupt kommt, das Kind über das Verfahren informiert und daran beteiligt wird, dass seine Interessen und Rechte im Mittelpunkt stehen und ebenso entscheidungsleitend sind, wie dies § 1697a BGB für das Familiengericht vorsieht (Kindeswohl als Grundprinzip). Das Jugendamt, das sich spätestens seit dem mit der Verabschiedung des Kinder- und Jugendhilfegesetzes (angeblich) verbundenen Perspektivenwechsel zur „Mehrparteilichkeit" verpflichtet sieht (bzw. zur „Neutralität", vgl. unten Rn 1134 ff.), kann sich durch das Mitwirken der Verfahrenspflegerin entlastet fühlen. **1009**

Ohne eine unabhängige Interessenvertretung für Kinder und Jugendliche auch in behördlichen Verfahren sind die gesetzlichen Ziele jeder Jugendhilfe, wie sie insbesondere in dem fast ausschließlich als bloße „Programmvorschrift" missverstandenen § 1 SGB VIII (siehe oben Rn 976 ff.) in einer wenig kinderfreundlichen Gesellschaft kaum einzulösen. Dies auch, weil ein Verständnis dafür fehlt, dass sich eine Rechtsordnung hohen Standards im Schutz für den Schwächeren, und das ist in der Regel das Kind, praktisch zu bewähren hätte.[233] **1010**

---

232. § 35a SGB VIII ist durch 1. ÄndG SGB VIII 1993 eingeführt worden; was zeigt, dass der Gesetzgeber sich gegenüber 1990 eines Besseren besonnen hat.
233. Dazu immer noch eingehend Fieseler 1977: grundlegend und mit vielen Einzelbeispielen.

X. Hilfe zur Erziehung – Rechtsfragen

1011 Die Vertretung der Kindesinteressen setzt im Übrigen stets die Kenntnis nicht nur des Verlaufs eines Hilfeplanverfahrens, sondern auch der mit den §§ 27–35 SGB VIII verbundenen, teils umstrittenen Rechtsfragen voraus.[234] In den genannten Vorschriften sind die Voraussetzungen des Anspruches auf Hilfe zur Erziehung (§ 27 SGB VIII) sowie eine Reihe von unterschiedlichen Formen der Hilfen zur Erziehung geregelt (§§ 28–35 SGB VIII). Ausdrücklich erwähnt werden:

– Erziehungsberatung (§ 28 SGB VIII)

– Soziale Gruppenarbeit (§ 29 SGB VIII)

– Erziehungsbeistand und Betreuungshelfer (§ 30 SGB VIII)

– Sozialpädagogische Familienhilfe (§ 31 SGB VIII)

– Erziehung in einer Tagesgruppe (§ 32 SGB VIII)

– Vollzeitpflege (§ 33 SGB VIII)

– Heimerziehung und sonstige betreute Wohnform (§ 34 SGB VIIIB)

– Intensive Sozialpädagogische Einzelbetreuung (§ 35 SGB VIII)

1012 Je nach dem erzieherischen Bedarf im Einzelfall (wobei das engere Umfeld des Kindes oder des Jugendlichen einbezogen werden soll; § 27 Abs. 2 SGB VIII) besteht auf eine – oder auch auf mehrere – dieser Hilfen ein Anspruch des oder der Personensorgeberechtigten – nicht wie im Falle der Eingliederungshilfe nach § 35a SGB VIII des Kindes oder Jugendlichen –, wenn eine dem Wohl des Kindes oder des Jugendlichen entsprechende Erziehung (anders) nicht gewährleistet ist und die(se) Hilfe(n) für seine Entwicklung geeignet und notwendig ist (sind), vgl. Rn 585.

1013 Auf andere Hilfen, sofern sie nur entwicklungsgeeignet und -notwendig sind, besteht gleichfalls ein Anspruch. So haben in den letzten Jahren z.B. diverse freie Träger Angebote entwickelt, die auf intensive und kurzfristig zu leistende „familienaktivierende" Hilfen abzielen.[235] Wie notwendig die fachlich kompetente Indikation solcher Angebote im Einzelfall ist, wird allerdings angesichts der ernüchternden wissenschaftlichen Evaluation dieser Konzepte nur allzu deutlich.[236] Grundsätzlich besteht ein Anspruch auf eine jeweils „maßge-

---

234. Vgl. Fieseler/Herborth 2001; Häbel, in: GK-SGB VIII, § 27; Maas 2000, Röchling 1997.
235. Vgl. GK-SGB VIII – Fieseler § 31 Rn 1 f., 8.
236. Koch/Lambach: Familienerhaltung als Programm – Forschungsergebnisse, Münster 2000.

schneiderte" Hilfe, ein nicht eben einfaches Unterfangen, das (auch) seitens der Verfahrenspflegerin sozialpädagogische Kompetenz erfordert.[237]

Nicht nur hinsichtlich der im „Katalog" ausdrücklich genannten Hilfearten besteht eine „Garantiefunktion".[238] Vielmehr müssen auch im Gesetz nicht genannte, aber im Einzelfall geeignete Hilfen im Bedarfsfall gewährt werden. Auch auf sie besteht ggf. ein Anspruch und auch auf sie bezieht sich die Bereitstellungspflicht nach § 79 Abs. 2 SGB VIII. Dass sie schwerer zu „finden" sein mögen, schwächt nicht den entsprechenden rechtlichen Verbindlichkeitsgrad.[239] Sozialpädagogische Qualifikation und bessere Kenntnis der Bedürfnisse, Wünsche und Interessen des Kindes kann gerade die Verfahrenspflegerin in den Stand setzen, eine für das von ihr vertretene Kind „maßgeschneiderte" Hilfe zu nennen. 1014

Angesichts einer Reihe von Rechtsfragen zu Hilfen zur Erziehung, die umstritten sind und keineswegs als endgültig geklärt gelten können, wird die Verfahrenspflegerin sich auf den jeweils für das von ihr vertretene Kind günstigeren Rechtsstandpunkt stellen. So wird wegen der fragwürdigen Anspruchsinhaberschaft der Personensorgeberechtigten nur zum Teil vertreten, dass Jugendliche ab dem 15. Lebensjahr gemäß § 36 Abs. 1 Satz 1 SGB I selbst einen Antrag auf Hilfe zur Erziehung stellen können[240]; ungeklärt ist, welcher Art die Mitwirkung freier Träger bei Hilfen zur Erziehung ist (richtig: sie *bewilligen* diese Hilfen nicht – dies geschieht durch Verwaltungsakt des zuständigen Trägers der öffentlichen Jugendhilfe –, sondern sie führen sie durch, sie *erbringen* sie); ob (oder jedenfalls inwieweit) Hilfen zur Erziehung von den Leistungsberechtigten selbst beschafft werden können, so dass unter den Voraussetzungen des § 27 Abs. 1 SGB VIII die Kosten hierfür nachträglich zu übernehmen sind.[241] 1015

Weiterhin besteht ein für die Frage der gerichtlichen Überprüfbarkeit jugendamtlicher Entscheidungen nicht unbedeutender Streit darüber, ob die Bestimmung der geeigneten und notwendigen Hilfe bei der Prüfung der Anspruchsvoraussetzungen (als Teil des Rechtstatbestandes) erfolgt oder als Rechtsfolge bestimmt werden muss und – damit zusammenhängend – ob das Jugendamt bei der Auswahl der geeigneten und notwendigen Hilfe *Ermessen* ausübt. Wer die konkrete Bedarfsfrage – richtig – dem Rechtstatbestand zuordnet, muss schon deshalb ein „Auswahlermessen" verneinen, kann aber einen *Beurtei-* 1016

---

237. Vgl. Häbel, in: GK-SGB VIII, § 27 Rn 24.
238. So aber Maas, RsDE 39/1998, S. 12.
239. So aber anscheinend Maas, a.a.O.
240. So etwa Kunkel, in: LPK-SGB VIII, § 27 Rn 11; Wiesner 1995, § 27 Rn 7.
241. Vgl. Münder 2000, S. 60 ff.; Fieseler, in GK-SGB VIII, § 5 Rn 20 ff., Rn 22 gegen die verbreitete Annahme, dies könne nur die „atypische Ausnahme" sein; so etwa auch Hauck/Stähr, § 36 Rn 46: „Im Regelfall ausgeschlossen".

*lung*sspielraum des Jugendamtes in dieser Hinsicht annehmen. Hierfür mag sprechen, dass allein sozialpädagogischer Sachverstand die Frage der Indikation der einen oder anderen Hilfe (oder auch mehrerer bestimmter Hilfen) beurteilen kann, so dass die Verwaltungsgerichte dem Jugendamt eine „Einschätzungsprärogative", ein „Bewertungsvorrecht" oder (fragwürdiger) auch eine „Entscheidungsprärogative" einräumen.[242]

1017 Im Rechtsstaat kann es aber – schon wegen der möglichen Versuchung des Jugendamtes, die jeweils kostengünstigere (aber möglicher Weise nicht ebenso bedarfsgerechte) Hilfe zu bewilligen – in dieser Hinsicht keinen einer gerichtlichen Überprüfung entzogenen Raum geben. Auch dies spricht für eine Zuordnung zum Rechtstatbestand. Auch bei der Annahme eines Auswahlermessens wäre vor Gericht immerhin nachvollziehbar zu begründen, dass von diesem Ermessen pflichtgemäß Gebrauch gemacht wurde, also etwa Kostenerwägungen nicht entscheidend waren.[243] Wie dem aber auch sei, nicht verkennen darf die Verfahrenspflegerin, dass in Zeiten „leerer Kassen" die Versuchung groß ist, den Bedarf mit Kostenüberlegungen (zumindest im Hinterkopf) zu bestimmen. Hier hat sie sich ggf. für die Einhaltung sozialpädagogischer Standards und damit zugleich des Rechts entschieden einzusetzen.

1018 Umstritten ist aber weiterhin auch, ob Hilfe zur Erziehung ohne einen entsprechenden Antrag des Leistungsberechtigten gewährt werden kann. Dies kann mit „nein" beantwortet werden, doch ist damit nicht etwa Hilfe zur Erziehung ohne oder gar gegen den Willen von Eltern ausgeschlossen. Ob sie unter diesen Voraussetzungen allerdings geeignet sein kann, ist eine andere Frage, hängt ganz von den jeweiligen Umständen ab und wird eher bei Hilfen außerhalb des Elternhauses als bei solchen im Elternhaus zu bejahen sein. Die Eignung und Notwendigkeit der Hilfe aber vorausgesetzt, kann sie unter den Voraussetzungen des § 1666 BGB dadurch sichergestellt werden, dass den Eltern das Recht auf die Beantragung von Hilfe zur Erziehung entzogen und gemäß § 1909 BGB auf einen Pfleger übertragen wird, der – als insoweit Personensorgeberechtigter – diesen Antrag stellt.

1019 Für die Ergänzungs- ebenso wie für die Verfahrenspflegerin ist insbesondere die psychosoziale Diagnose, die sie mit dem Kind möglichst auch bespricht, richtungsweisend für die Interessenvertretung.[244] Ob auch nichtsorgeberechtigte Eltern – insbesondere nach einem Sorgerechtsentzug gemäß § 1666 BGB – weiterhin an der Hilfeplanung für das Kind beteiligt werden sollen, ist im Ein-

---

242. Vgl. Einleitung zu GK-SGB VIII, Seite 6.
243. Auch dazu Einleitung zu GK-SGB VIII, Seite 5.
244. Zitelmann 2001, S. 386 ff.

zelfall im Hinblick auf die Kindesinteressen zu entscheiden.[245] Wo dies nicht geschieht, ist es Sache der Verfahrenspflegerin, darauf zu insistieren.

Schließlich ist es streitig, ob das Familiengericht unter den Voraussetzungen des § 1666 BGB eine Hilfe zur Erziehung – also etwa eine Sozialpädagogische Familienhilfe – anordnen kann. Der Wortlaut des Gesetzes scheint dafür zu sprechen, denn nach § 1666 Abs. 1 BGB hat das Familiengericht in Fällen (erheblicher) Kindeswohlgefährdung die zur Abwendung der Gefahr erforderlichen Maßnahmen zu treffen, wenn die Eltern nicht gewillt oder in der Lage sind, die Gefahr selbst abzuwenden. Nach § 1666a Abs. 1 BGB sind mit einer Trennung des Kindes von der elterlichen Familie verbundene Maßnahmen nur zulässig, wenn der Gefahr nicht auf andere Weise, auch nicht durch öffentliche Hilfen (also insbesondere durch innerfamiliäre Hilfen zur Erziehung) begegnet werden kann. Daraus haben eine Reihe von Gerichten den Schluss gezogen, dass sie etwa zur Abwendung einer sonst unabdinglichen Heimeinweisung gegenüber dem Jugendamt anordnen können, dass eine sozialpädagogische Familienhilfe zu bewilligen und zu erbringen ist.[246] Diese Ansicht wird sich die Verfahrenspflegerin zu eigen machen, wenn dies dem Kindesinteresse entspricht.

1020

XI. Angelegenheiten, in denen ein Verfahrenspfleger einzuschalten ist

Während § 50 FGG für das Familiengerichtsverfahren regelt, in welchen Fällen das Gericht einen Verfahrenspfleger für das minderjährige Kind bestellen „kann"[247], ist auch für das jugendhilferechtliche Verfahren zu bestimmen, in welchen Angelegenheiten durch einen Verfahrenspfleger die Interessen der Kinder und Jugendlichen wahrzunehmen sind. Eine dem § 50 Abs. 1 FGG entsprechende generelle Regelung würde alle Verfahren des Jugendamtes umfassen, soweit die entsprechende Interessenwahrnehmung erforderlich ist. Das wären zumindest die Fälle, in denen ein Kind im Interessengegensatz zu seinen Eltern oder zu einem Elternteil steht. Über eine solche generelle Benennung hinaus wären – analog zu § 50 Abs. 2 FGG – Fallgruppen zu benennen, in denen (jedenfalls in der Regel) ein Verfahrenspfleger zu bestellen ist. Das dürften insbesondere die Hilfeplanverfahren sein, die zu den intensivsten, d.h. die Biographie des Kindes oder Jugendlichen am nachhaltigsten berührenden Hilfen zur Erziehung

1021

---

245. GK-SGB VIII – Nothacker, § 36 Rn 28; Werner, in: Jans/Happe/Saurbier, § 36, Rn 14; Wiesner, § 36, Rn 18.
246. Vgl. die Hinweise in GK-SGB VIII – Fieseler, § 31 Rn 6.
247. Eine verfehlte Formulierung, weil zu bestellen ist, wenn nur so die Belange des Kindes zu wahren sind (vgl. BT-Drucks. 11/4899, 129: „... zu bestellen hat"; Salgo FPR 1999, S. 319.

bzw. zu deren Beendigung führen. Vollzeitpflege, Heimunterbringung, intensive sozialpädagogische Einzelbetreuung sind hier insbesondere zu nennen.

1022 Diese Aufzählung ist ebenso wenig vollständig wie eine Benennung der Lebenssituationen, in denen das Kind (oft) einen Verfahrenspfleger braucht: Misshandlung und Vernachlässigung durch Eltern, sexueller Missbrauch durch einen Elternteil u. a. Gefährdungssituationen, wozu ich auch den aufgedrängten Umgang rechne,[248] sowie die geplante Wegnahme eines Kindes von seinen Bezugspersonen (Eltern oder Pflegeeltern) und vieles mehr.

XII. Gesetzliche Verankerung des Verfahrenspflegers

1023 Die ersten Überlegungen dazu, wann eine Interessenwahrnehmung durch einen Verfahrenspfleger auch im jugendrechtlichen Verwaltungsverfahren angezeigt ist, sind keineswegs derart ausgereift, dass an dieser Stelle ein Gesetzgebungsvorschlag gemacht werden könnte. Allerdings wird sich der Verfahrenspfleger auch hier nur durchsetzen, wenn er im Sozialgesetzbuch – am Besten im SGB VIII, da es nur um das Verfahren der Jugendämter geht – ausdrücklich vorgesehen sein wird. Herborth[249] hat, soviel ich sehe als Einziger, einen Gesetzgebungsvorschlag gemacht: Er schlägt einen § 36 Abs. 4 SGB VIII vor, der lauten soll: „Das Kind oder der Jugendliche kann sich bei der Hilfeplanung, einschließlich der Fortschreibung der Hilfepläne, von einer Person seines Vertrauens (Fürsprecher) vertreten und unterstützen lassen".

1024 Herborth schlägt die „gesetzliche Verankerung eines Interessenvertreters vor", um die „in den empirischen Untersuchungen zum Ausdruck gekommene unzulängliche Berücksichtigung von Kindern und Jugendlichen und (...) die häufig fehlenden Artikulationsmöglichkeiten etwas auszugleichen". Herborths „Fürsprecher" (die Nähe zum „Sprachrohr" fällt auf) wäre nichts anderes als ein Verfahrenspfleger, der im Rahmen der Hilfeplanung in der Tat, wie ausgeführt, schwerpunktmäßig (aber nicht ausschließlich) zum Einsatz käme.[250]

XIII. Stellung des Verfahrenspflegers im Jugendhilfeverfahren

1025 Ebenso wenig wie ein ausgearbeiteter Gesetzesvorschlag dazu gemacht werden konnte, in welchen Angelegenheiten ein Verfahrenspfleger zu beteiligen ist, kann hier die verfahrensrechtliche Stellung im Einzelnen näher bestimmt

---

248. Vgl. Fieseler, in: Lehmann, 2000, S. 93 und in Sozialextra Heft 4/1999, S. 7 f.; Fieseler / Herborth 2001, S. 202 ff.; dazu jetzt auch die Studie von Wallerstein / Lewis, in: FamRZ 2001, S. 65 ff., 69.
249. 1998, S. 174.
250. Vgl. Köckeritz, epd-Dokumentation 19/1998, S. 12, 15 ff.

werden. Der Aufklärungspflicht des Familiengerichts nach § 12 FGG korrespondiert die Ermittlungspflicht des Jugendamtes nach § 20 SGB X. § 20 Abs. 1 SGB X lautet: „Die Behörde ermittelt den Sachverhalt von Amts wegen". Nach § 21 Abs. 2 Satz 1 SGB X sollen die Beteiligten bei der Ermittlung des Sachverhalts mitwirken. Eine sorgfältige Sachverhaltsermittlung ist ohne das Einbringen der Sicht der Eltern als Leistungsberechtigte und des Kindes und Jugendlichen als Leistungsempfänger gar nicht möglich (§ 36 Abs. 1 und 2 SGB VIII). Deren Sicht (als „Experten in eigener Sache") und ihre Wünsche sind nicht nur Teil des zu ermittelnden Sachverhaltes, sondern aus fachlichen Gründen für das Finden der geeigneten, von den Beteiligten möglichst akzeptierten Hilfe zur Erziehung maßgeblich.

Wo Kinder und Jugendliche sich in diesem Prozess der Sachverhaltsermittlung (noch) nicht (ausreichend) artikulieren können, oder wo ihre geäußerten Vorstellungen nicht ernst genug genommen werden, tritt an ihre Stelle der Verfahrenspfleger. Er ist ggf. in die Ermittlungen einzuschalten und in den Prozess des „Aushandelns" einzubeziehen. Nur so ist gewährleistet, dass der zuständigen Fachkraft und der Hilfeplankonferenz „alle für den Einzelfall bedeutsamen Umstände" bekannt werden, so dass sie diese berücksichtigen kann (vgl. § 20 Abs. 2 SGB X). So gesehen ist die Anhörung des Verfahrenspflegers „nach pflichtgemäßem Ermessen zur Ermittlung des Sachverhaltes erforderlich" (s. § 21 Abs. 1 SGB X), wozu das Jugendamt „Auskünfte jeder Art einholen" kann und – wenn der Sachverhalt nicht anders ermittelt werden kann – nach pflichtgemäßem Ermessen auch muss. Schon damit kann insbesondere einem Kleinkind sehr geholfen sein. **1026**

Doch hat der Verfahrenspfleger darüber hinaus die Aufgabe, den Interessen des Kindes Nachdruck zu verleihen, wozu wieder der Prozess des Aushandelns der rechte Ort ist. Das bedeutet, dass der Verfahrenspfleger möglichst früh einzubeziehen ist. Er muss Gelegenheit haben, schon gegenüber der fallverantwortlichen Fachkraft den Standpunkt des Kindes einzubringen und dies auch gegenüber der Hilfeplankonferenz zu tun. Nicht etwa muss er während der gesamten Hilfeplankonferenz zugegen sein, aber er ist über deren Entscheidung zu informieren, um nötigenfalls Gegenvorstellungen einbringen zu können. Insofern ist er mehr als „Beweismittel" (dass er dies auch ist, darf nicht etwa als „Abwertung" empfunden werden; eine Vorstellung, die allzu laienhaft wäre). Er braucht aber auch ein uneingeschränktes Akteneinsichtsrecht und – in Erweiterung des Beschwerderechts gegenüber § 59 FGG – auch im Falle betroffener Kinder unter 15 Jahren ein Recht zur Beschwerde im Namen des Kindes gegen jugendamtliche Entscheidungen. Diese und andere Rechtspositionen tragen Art. 12 UN-KRK Rechnung (siehe oben Rn 46 ff., 979) und sind im Rahmen eines zugleich rechtsstaatlichen wie qualifizierten (Behörden-)Verfahren unerlässlich. **1027**

XIV. Wer bestellt den Verfahrenspfleger?

1028 Im familiengerichtlichen Verfahren bestellt das Gericht den Verfahrenspfleger. Im jugendhilferechtlichen Verfahren gewährleistet die Verpflichtung des Jugendamtes, einen Verfahrenspfleger einzuschalten, noch nicht, dass dies auch geschieht. Obwohl das Jugendamt sich keineswegs etwas vergibt, wenn es – zur qualitativ hochwertigen Entscheidungsfindung – einen Verfahrenspfleger einschaltet und am Prozess des Aushandelns beteiligt, ist hier zumindest anfangs eher mit Widerstand zu rechnen (vgl. dazu auch oben Rn 963). Eine möglichst klare gesetzliche Vorgabe, in welchen Fällen ein Verfahrenspfleger einzuschalten ist, könnte am ehesten bewirken, dass das Jugendamt dies denn auch tut. Und wenn es dies nicht tut, so wäre seine Entscheidung schon aus diesem Grund anfechtbar. Eine solche gesetzliche Regelung sollte immer dann einen Verfahrenspfleger (nach Herborth „Beistand", vgl. oben Rn 1023) vorsehen, wenn ein Kind oder ein Jugendlicher dies wünscht, und darüber hinaus schon im Hinblick auf Kleinkinder, die sich alters- und entwicklungsbedingt einen Verfahrenspfleger noch nicht wünschen können, ähnlich wie in § 50 FGG ausdrücklich die Angelegenheiten benennen, in denen ein Verfahrenspfleger zwecks unabhängiger Interessenvertretung einzuschalten ist.

1029 Die gerichtliche Bestellung des Verfahrenspflegers ist insofern allerdings nicht ganz unproblematisch. Der Verfahrenspfleger kann dadurch – wie eigene Erfahrungen zeigen – leicht in Abhängigkeit vom Richter geraten und, statt die Interessen des Kindes wirklich unabhängig zu vertreten, zu sehr den (vielleicht nur vermeintlichen) richterlichen Erwartungen entgegenkommen. Eine solche Abhängigkeit ist gegenüber dem Jugendamt (ohne „Robenbonus") nicht in gleicher Weise zu befürchten, zumal, wenn das Jugendamt zwar feststellt, es bedürfe einer Interessenvertretung, die Auswahl aber nicht selbst vornimmt, sondern diese aus dem regionalen Pool von Verfahrenspflegern und Verfahrenspflegerinnen erfolgt.

XV. Eintreten für eine generelle Stärkung der Kinderrechte als (weitere) Aufgabe der Verfahrenspfleger

1030 Die Einführung des Verfahrenspflegers in das Gesetz (§ 50 FGG) ist der Einsicht zu verdanken, dass die Beachtung von Kindesinteressen und Kindesrechten im Gerichtsverfahren unzulänglich ist. Die Einführung des Verfahrenspflegers ist gewiss auch als eine wichtige Verbesserung der Rechtsstellung von Kindern und Jugendlichen anzusehen; sie war (längst) erforderlich, aber sie reicht nicht etwa aus, von einer grundgesetzkonformen Rechtsstellung dieser jungen Menschen zu sprechen.

C Interessenvertretung im Jugendhilfeverfahren

Angesichts einer weit verbreiteten Verbeugung vor überzogenen Rechten der Eltern gegenüber ihren Kindern ist zu erwarten, dass auch die Beteiligung einer Verfahrenspflegerin am jugendhilferechtlichen Verfahren als ein Eingriff in das Elternrecht verstanden wird, obwohl sie die elterliche Vertretungsbefugnis nicht ausschließt (vgl. hierzu oben Rn 26 ff.).[251] Was die hohe Hürde für „Eingriffe in das Elternrecht" gemäß § 1666 BGB betrifft, sowie in vielfachen anderen Hinsichten, mangelt es an zeitgemäßen, auch an den Grundrechten orientierten Rechten von Kindern und Jugendlichen. Hier ist es Aufgabe der Verfahrenspflegerinnen (und der Bundesarbeitsgemeinschaft Verfahrenspflegschaft für Kinder und Jugendliche e. V.), über den engagierten Einsatz in jedem Einzelfall hinaus, sich auch generell für bessere Kinderrechte einzusetzen. Sie scheinen hierzu auch in besonderem Maße berufen, weil sie von ihrer Praxis her am besten die Mängel der Kinderrechte und ihrer Umsetzung im jugendhilferechtlichen Verfahren kennen.

1031

Aus jüngerer Zeit liegen fachliche Äußerungen vor, die diese Einschätzung stützen: Laut einer Meldung[252] forderten Familienrichter, Jugendrichter und Jugendstaatsanwälte anlässlich einer Tagung der Deutschen Richterakademie in Wustrau vom 27. 10. 2000 für Jugendhilfeverfahren „die Einrichtung einer dem Verfahrenspfleger entsprechenden Person zur Wahrung der Interessen des Kindes" (z.B. bei Teamentscheidungen), und der Familienrichter Hans-Christian Prestien beanstandet im Ausblick seines Beitrages zur Berliner Fachtagung „Die Reform des Kindschaftsrechts – eine Reform für Kinder?":
„Im Verwaltungsverfahren nach §§ 27 ff. SGB VIII und 42 SGB VIII fehlen entgegen Artikel 12 der UN-Konvention über die Rechte des Kindes notwendige Verstärkungen der Kindposition, wie sie in den Personen ‚Verfahrenspfleger' und ‚Sachverständiger' im Gerichtsverfahren angelegt sind".[253]

1032

Die in diesem Beitrag aufgestellte Forderung nach einem Verfahrenspfleger für Jugendhilfeverfahren erfährt demnach Unterstützung eher aus der Justiz. Seitens der Jugendhilfe selbst, deren Mitarbeiter und Mitarbeiterinnen „auch in schwierigsten Entscheidungsprozessen ... auf sich selbst gestellt" sind[254], wäre ebenfalls Unterstützung zu erwarten. Wenn allerdings, wie kürzlich geschehen, Mitarbeiter eines Jugendamtes so weit gehen, dass sie bei der Suche nach „materiellem Einsparpotenzial", „Auswüchsen der real existierenden, sozialen

1033

---
251. Für die Bestellung nach § 50 FGG verneint von OLG Brandenburg, FamRZ 2000, 1295; OLG Dresden, 10. Zivilsenat, Beschlüsse vom 22.12.1999, 10 WF 682/99 und vom 13.1.2000, 10 UF 679/99; anderer Ansicht z.B. KG, FamRZ 2000, 1298: „erheblicher Eingriff in die Rechte der Eltern" mit der fragwürdigen Konsequenz eines elterlichen Beschwerderechtes gegen die Bestellung; ebenso OLG Dresden, 20. Zivilsenat, FamRZ 2000, 1296; weitere Nachweise für beide Auffassungen in den zitierten Entscheidungen.
252. In FamRZ 2001, S. 83.
253. Verein für Kommunalwissenschaften 2000, S. 124.
254. Prestien a.a.O.

Teil 4 Die Rechtsstellung des Kindes im Verfahren

Hilfeplanwirtschaft" entgegen wirken möchten und die „generell ritualisierten ‚Teamkonferenzen', ‚Teambeschlüsse' oder gar ‚Teamentscheidungen'" als unnötige Bürokratisierung beanstanden, ist wohl zu befürchten, dass auch die Sicherstellung der gesetzlich vorgesehenen Mitwirkung von Kindern und Jugendlichen durch die Einführung des Verfahrenspflegers – in welchen Angelegenheiten auch immer – als „Bürokratisierung" verstanden wird, die überflüssigerweise auch noch viel Geld kostet.

1034–1050 *bleiben frei*

**Teil 5
Aufgaben, Rechte und Pflichten
des Verfahrenspflegers**

A Standards der BAG Verfahrenspflegschaft für Kinder und Jugendliche e.V.

Übersicht

		Rn
I.	Einleitung	1051
II.	Geleitwort der Autorinnen (*C. Weber, M. Zitelmann*)	1052
III.	Standards für VerfahrenspflegerInnen	1053

I. Einleitung

Mit der Gründung der *BAG Verfahrenspflegschaft* für Kinder und Jugendliche e.V. im Februar 2000 schlossen sich VerfahrenspflegerInnen aus ganz Deutschland mit dem Ziel zusammen, in ihrer Praxis als „Anwalt des Kindes" grundlegende Arbeitsprinzipien anzuwenden und an der Fortschreibung der eigenständigen Interessenvertretung von Minderjährigen vor Gericht und bei sie betreffenden Verfahren mitzuwirken. **1051**

Eine der ersten Aufgaben der Mitgliederversammlung war die Formulierung von Standards für die Durchführung von Verfahrenspflegschaften für Kinder und Jugendliche. Der Entwurf von M. Zitelmann/C. Weber bot dabei von Anfang an eine gute Diskussionsgrundlage und wurde schließlich im Februar 2001 von der Mitgliederversammlung in Bad Boll verabschiedet. Die Mitglieder der *BAG Verfahrenspflegschaft* haben sich auf diese Standards verpflichtet und orientieren sich in ihrer Arbeit an den darin enthaltenen Aussagen.

Damit die Standards als praktische Hilfe und Orientierung auch außerhalb der *BAG Verfahrenspflegschaft* angenommen werden können, sollen sie möglichst zügig allen Verfahrensbeteiligten und den Gerichten bekannt gemacht werden. Auch bedarf es eines andauernden Dialogs in der Fachöffentlichkeit. Innerhalb der *BAG Verfahrenspflegschaft* arbeitet eine Kommission an der Fortschreibung der Standards, u.a. wird die Vertretung gemäß § 70b FGG mit einzubeziehen sein. In diesen Verfahren geht es um die geschlossene Unterbringung von Kindern und Jugendlichen in der Psychiatrie oder in Einrichtungen der Jugendhilfe. Die Kommission sammelt Änderungs- und Ergänzungsvorschläge und wird diese der Mitgliederversammlung zur Abstimmung vorlegen. Somit ist gewährleistet, dass die Standards aus der Praxis heraus eine Weiterentwicklung erfahren und sich die Praxis ihrerseits an diesen zu orientieren vermag. Wir laden zum Wohl der uns alle verbindenden Kinder und Jugendlichen, die einer parteilichen, eigenständigen Interessenvertretung bedürfen, zu einer Beteiligung an der Fachdiskussion ein.

Für die Verbreitung der Standards für VerfahrenspflegerInnen ist Herrn Prof. Dr. Klaus Münstermann und dem Votum Verlag ganz herzlich zu danken, der sich durch den Druck dieser Ausgabe – wie zuvor schon der Luchterhand Verlag und die Deutsche Gesellschaft gegen Kindesmisshandlung und -vernachlässigung (DGgKV) e.V. – verdient macht.

Der Vorstand der BAG Verfahrenspflegschaft für Kinder und Jugendliche e.V. im Juli 2001
Karin Mühlich/Sigrid Hauck/Manfred Müller/Annette Wacker/Sabine Ehrtmann

II. Geleitwort der Autorinnen

1052 Die Arbeit an den „Standards für VerfahrenspflegerInnen" begann im Jahr 1997. Den Anstoß gaben reformpolitische Regelungsentwürfe, in denen das Anforderungsprofil, die Rechte und Pflichten dieser Interessenvertretung weitgehend offen blieben. Auch wurde in Fachdiskussionen deutlich, dass RichterInnen, RechtsanwältInnen und psychosoziale Fachkräfte ganz verschiedene und oft unvereinbare Vorstellungen über die Aufgabenstellung des Verfahrenspflegers vertreten. Die problematischen Folgen für die vertretenen Kinder und Jugendlichen waren (auch angesichts ähnlicher Erfahrungen im Ausland) absehbar und ein frühzeitiger Verständigungsprozess entsprechend geboten. Hierzu wollten die Autorinnen mit den Ende 1998 veröffentlichten „Standards für VerfahrenspflegerInnen" anregen und einen Beitrag leisten.

Die in den „Standards" formulierten Empfehlungen basieren auf einer langjährigen wissenschaftlichen Auseinandersetzung mit der Interessenvertretung für Kinder und Jugendliche in zivilrechtlichen Kindesschutzverfahren.[1] Auch trugen Erfahrungsberichte und die Kritik praktizierender Ergänzungs- bzw. VerfahrenspflegerInnen viel zur Verbesserung der ersten Textfassungen bei. Bedeutsam waren ebenso intensive Diskussionen mit Fachkräften der freien und öffentlichen Jugendhilfe, der Justiz sowie verschiedener Weiterbildungsträger. Für die Erarbeitung wurden ebenso praktische und berufsethische Leit-

---

1. Weber, Corina: Verbesserung der Stellung von Minderjährigen in gerichtlichen und behördlichen Verfahren durch den Einsatz qualifizierter VerfahrenspflegerInnen, Frankfurt a. M. 1995 (unveröffentlichte Diplomarbeit; Fachhochschule Frankfurt a. M., Fachbereich Sozialpädagogik); Zitelmann, Maud: Kindeswohl und Kindeswille im Spannungsfeld von Pädagogik und Recht, Münster 2001.

linien des Auslandes wie auch berufsethische Grundsätze verschiedener Berufsgruppen herangezogen. Zu nennen sind insbesondere der ethische und praktische Kodex der britischen Vereinigung der VerfahrenspflegerInnen (NAGALRO),[2] der eine auf langjährigen Praxiserfahrungen in den verschiedensten Fallkonstellationen beruhende Orientierungshilfe bietet.

Die Formulierung allgemeiner Grundsätze und praxisbezogener Leitlinien erforderte intensive Gespräche über eine Vielfalt an Fallkonstellationen sowie psychosozialen Lebenserfahrungen und Lebenslagen von Kindern und Jugendlichen aller Altersstufen. Ebenso waren ganz unterschiedliche fachliche Voraussetzungen und das divergente Rollenverständnis der bereits praktizierenden tätigen VertreterInnen sowie regionale Bedingungen und Gepflogenheiten zu bedenken. Gleichwohl können nicht alle in den „Standards" formulierten Grundsätze unter allen Umständen gleichermaßen für alle Kinder in allen Lebenssituationen gelten. Den zentralen Maßstab der Interessenvertretung gem. § 50 FGG bilden vielmehr das persönliche Wohl und der Wille des Kindes, die durchaus ein anderweitiges Vorgehen erfordern können. Je eher sich die Fachöffentlichkeit jedoch in bestimmten Vertretungsgrundsätzen einig ist, umso eher wird man fachlich stichhaltige Begründungen erwarten dürfen, die ein solches Handeln legitimieren. Eine Anforderung, die sich allerdings nicht nur an die Kindesvertretung, sondern auch an jene Gerichte stellt, die eine Ermittlung und Vertretung des Kindeswohls – z.B. über das Vergütungsrecht – einschränken.

Die „Standards" wurden kritisiert, weil den LeserInnen einige der darin formulierten Grundsätze selbstverständlich schienen. Berichte über Vertretungspraktiken, in denen ohne ersichtlichen Grund kein Kontakt zum Kind gesucht wurde, in denen AnwältInnen der Eltern als Verfahrenspfleger agierten, in denen es zur unreflektierten Beschränkung auf die Vertretung des Kindeswillens kam oder Verfahrenspfleger unnötige Verfahrensverzögerungen provozierten, zeigen jedoch deutlich, dass es sinnvoll und notwendig ist, auch scheinbar Selbstverständliches anzusprechen.

Nach der Erstveröffentlichung des Textes im Januar 1998 kam es während verschiedener bundesweiter Fachtagungen (1999 in Berlin; 2000 in Frankfurt am Main; 1999, 2000 und 2001 in Bad Boll) zu lebhaften Diskussionen über Konzepte einer Interessenvertretung für Kinder und Jugendliche. Zugleich nahmen Weiterbildungsträger in verschiedenen Städten inhaltlich Bezug auf die Standards, deren erste Fassung bereits mit einem Geleitwort der Diakonischen Akademie Deutschland gGmbH und der Paritätischen Akademie gGmbH erschienen war.

---

2. Übersetzt in: Salgo, Ludwig: Der Anwalt des Kindes – Die Vertretung von Kindern in zivilrechtlichen Kindesschutzverfahren – eine vergleichende Studie, Frankfurt am Main 1996, S. 302 ff.

Im Frühjahr 2001 stimmte die Bundesarbeitsgemeinschaft Verfahrenspflegschaft für Kinder und Jugendliche e.V. in ihrer Mitgliederversammlung über die Verabschiedung der zur Diskussion gestellten Standards ab, die ohne Gegenstimmen angenommen wurden. Die Weiterentwicklung der Standards für VerfahrenspflegerInnen liegt damit fortan bei der Bundesarbeitsgemeinschaft Verfahrenspflegschaft für Kinder und Jugendliche e.V.

Corina Weber
Maud Zitelmann

III. Standards für VerfahrenspflegerInnen

1053 Die Interessenvertretung für Kinder und Jugendliche in Verfahren der Familien- und Vormundschaftsgerichte gemäß § 50 FGG

– Verabschiedet von der Mitgliederversammlung der BAG Verfahrenspflegschaft für Kinder und Jugendliche e.V. am 17. Februar 2001 in Bad Boll –

> **Kinder und Jugendliche haben das Recht auf ...**
>
> ... die Achtung ihrer Individualität und Schutzbedürftigkeit
>
> ... eine qualifizierte und unabhängige Interessenvertretung
>
> ... persönliche Kontakte mit ihren VerfahrenspflegerInnen
>
> ... kontinuierliche Begleitung, Information und Beratung
>
> ... eine kindzentrierte Gestaltung des Verfahrensablaufes
>
> ... eine eigenständige Ermittlung und Dokumentation ihrer Interessen
>
> ... die authentische Vermittlung ihres Willens an das Gericht
>
> ... die fachlich fundierte Vertretung ihres persönlichen Wohls.

1054   Inhalt

		Rn
1.	**Eignung**	1055
1.1	Qualifikation	
1.2	Unabhängigkeit	
1.3	Persönliche Eignung	
2.	**Zum Verhältnis zwischen VerfahrenspflegerIn und Kind**	1056
2.1	Persönlicher Kontakt zum Kind	
2.2	Verständigung mit dem Kind	
2.3	Die Anfangsphase der Vertretung	
2.4	Information und Beratung des Kindes	
2.5	Erreichbarkeit für das Kind	
2.6	Der Wille des Kindes	
2.7	Begleitung und Vertretung des Kindes	

A Standards der BAG Verfahrenspflegschaft für Kinder und Jugendliche e.V.

3. Grundlegende Arbeitsprinzipien   1057
3.1 Kindliches Zeiterleben und Verfahrensdauer
3.2 Kindzentrierte Gestaltung der Ermittlungen und des Verfahrens
3.3 Vertretung der Interessen von Geschwisterkindern
3.4 Grundsatz der Vertraulichkeit, Umgang mit Medien
3.5 Umgang mit Drohungen und Gewalt
3.6 Reflexion

4. Vorgehensweise der Interessenvertretung   1058
4.1 Übernahme einer Verfahrenspflegschaft
4.2 Aktenstudium und Auswertung
4.3 Eigenständige Gewinnung von Informationen
4.3.1 Gespräche mit Bezugspersonen und Fachkräften
4.3.2 Dokumentation
4.4 Sachverständige GutachterInnen
4.5 Kooperation mit dem Jugendamt

5. Vertretung der Kindesinteressen im Verfahren   1059
5.1 Mitteilungen an das Gericht
5.2 Abschließende Stellungnahme
5.2.1 Schilderung des Sachverhaltes
5.2.2 Dokumentation des Kindeswillens
5.2.3 Schlussfolgerungen und Empfehlungen
5.3 Gerichtliche Verhandlungen
5.4 Beschwerde
5.5 Beendigung der Tätigkeit
5.6 Vergütung

1. Eignung   1055

1.1 Qualifikation

Die Übernahme einer Verfahrenspflegschaft erfordert die Fähigkeit zur Begleitung von Kindern und Jugendlichen in belastenden Lebenssituationen, die möglicherweise traumatisierende Beziehungserfahrungen mit Menschen, auf deren Fürsorge und Schutz sie angewiesen sind oder waren, zu bewältigen haben.

Hierfür bedarf es praktischer Erfahrungen sowie besonderer juristischer, pädagogischer und psychologischer Fachkenntnisse. Diese sollten in der Regel durch eine spezialisierte Weiterbildung erworben und im Verlauf der Tätigkeit vertieft und aktualisiert werden. Es empfiehlt sich die kritische Prüfung der derzeitigen Weiterbildungsangebote, deren fachliche Konzepte stark variieren.

Weicht die Qualifikation einer Fachkraft von den genannten Anforderungen erheblich ab, sollte sie erwägen, ob sich die Übernahme der Verfahrenspflegschaft fachlich verantworten lässt und das bestellende Gericht auf diese Sachlage hinweisen.

Teil 5 Aufgaben, Rechte und Pflichten des Verfahrenspflegers

1.2 Unabhängigkeit

Kinder und Jugendliche haben ein Anrecht auf VerfahrenspflegerInnen, die ihre Belange wahrnehmen und vertreten können, ohne hieran durch eigene Rollen- und Interessenkonflikte gehindert zu werden.

Folglich bedürfen VerfahrenspflegerInnen einer fachlichen Unabhängigkeit von dem bestellenden Gericht, der Jugendhilfebehörde und allen am Verfahren beteiligten Personen. Ebenso ist eine unabhängige Position gegenüber anderen öffentlichen und freien Trägern die Voraussetzung, um zutreffende Bewertungen und Empfehlungen bezüglich ambulanter und stationärer Hilfen abzugeben.

Da Auswahl und Kontrolle der VerfahrenspflegerInnen beim bestellenden Gericht liegen, besteht hier eine strukturelle Abhängigkeit. VerfahrenspflegerInnen sollten daher die notwendige innere Distanz aufbringen, um ihre fachliche Unabhängigkeit gegenüber vermeintlichen oder tatsächlichen Erwartungen des Gerichtes bezüglich ihrer Vorgehensweise und Empfehlungen zu wahren.

MitarbeiterInnen der Jugend- und Sozialämter scheiden prinzipiell als VerfahrenspflegerInnen aus. Fachkräfte anderer öffentlicher und freier Träger eignen sich nur, wenn sie in der Lage sind, die Vertretung der Kindesinteressen vor die vermeintlichen oder tatsächlichen Interessen ihrer Institution bzw. ihrer KollegInnen zu stellen. Bei freiberuflich Tätigen ergibt sich ein Interessenkonflikt, wenn sie aus Gründen der Existenzsicherung eine solche Anzahl von Verfahrenspflegschaften übernehmen, dass sie den Belangen jedes einzelnen Kindes nicht zu entsprechen vermögen.

Arbeitet eine Fachkraft bereits in einer anderen Rolle mit dem Kind, der Familie oder anderen Verfahrensbeteiligten oder hat sie für diese ein Mandat übernommen, ist die Bestellung von ihr abzulehnen. Dies gilt ebenso, wenn die Fachkraft schon früher in dieser Weise involviert war. – Es kann allerdings Ausnahmefälle geben, in denen sich die Bestellung einer solchen Fachkraft dennoch empfiehlt, weil sie dem Kind bereits bekannt und vertraut ist, und ihre Bestellung keine Rollenkonfusion für das Kind bedeuten oder sein Vertrauen erschüttern würde. Eine Verfahrenspflegschaft sollte jedoch keinesfalls übernommen werden, wenn die Fachkraft

– MitarbeiterIn einer Jugendbehörde war, deren fachliches Handeln zu untersuchen und bewerten ist,

– auch mit anderen Familienangehörigen befreundet ist, arbeitet oder gearbeitet hat,

– gegenwärtig in der Jugendhilfeeinrichtung arbeitet, in der das Kind lebt, oder

– in einer Weise an der bisherigen Hilfeplanung beteiligt war, die eine davon unbelastete weitere Vorgehensweise verhindert.

1.3 Persönliche Eignung

Unabdingbare Voraussetzung für die fachlich qualifizierte Vertretung des Kindes ist die persönliche Auseinandersetzung mit den Motiven, als VerfahrenspflegerIn tätig zu werden. Bedeutsam sind insbesondere eigene Kindheitserfahrungen und lebensgeschichtliche Ereignisse, die eine thematische Nähe zur jeweiligen Fallkonstellation aufweisen, sowie die hiermit verbundene Betroffenheit und Belastungsfähigkeit.

Die Tätigkeit als VerfahrenspflegerIn erfordert insbesondere Einfühlungsvermögen, Kreativität, kritische Distanzierungsfähigkeit, Vermittlungskompetenz, sprachliche Gewandtheit, Belastbarkeit, Bereitschaft zur Selbstreflexion sowie Durchsetzungsfähigkeit.

VerfahrenspflegerInnen sollten beachten, ob ihre Bestellung den Besonderheiten des Einzelfalles gerecht wird. So sollten sie in der Lage sein, die Bedeutung der jeweiligen kulturellen, ethnischen oder schichtspezifischen Lebenszusammenhänge des Kindes zu erkennen. Für manche

A Standards der BAG Verfahrenspflegschaft für Kinder und Jugendliche e.V.

Kinder oder Jugendliche, insbesondere wenn sie sexuell missbraucht wurden, kann die Geschlechtszugehörigkeit der sie vertretenden Person entscheidend sein.

Wird VerfahrenspflegerInnen zu Beginn oder während der Vertretung klar, dass ein Kind eine Aversion gegen sie hegt, wegen der es sich nicht anvertrauen kann, und dass diese trotz aller Bemühungen bestehen bleibt, sollte eine vorzeitige Aufhebung der Bestellung in Betracht gezogen werden. Bezieht sich die Ablehnung des Kindes nicht primär auf die eigene Person, lassen sich aus ihr hingegen Hinweise zum Verständnis seiner Beziehungserfahrungen folgern. Ein Abbruch der Vertretung erscheint dann kaum angebracht.

Gegen die persönliche Eignung ansonsten geeigneter VerfahrenspflegerInnen kann in bestimmten Fallkonstellationen eine Einbindung in Sekten bzw. Religionsgemeinschaften, Interessenverbänden u.ä. sprechen, sofern diese einer am Kind orientierten Bestimmung seiner wohlverstandenen Interessen hinderlich ist. Entsprechende Vorbehalte sind dem Gericht frühzeitig und auf eigene Initiative mitzuteilen.

Als VerfahrenspflegerIn scheidet aus, wer von Suchtmitteln wie illegalen Drogen, Alkohol, nicht indizierten Medikamenten etc. abhängig ist. Gleiches gilt für Pädophile oder wegen eines Vergehens bzw. Verbrechens an Minderjährigen verurteilte Personen. Wurde diesbezüglich gegen eine Person ermittelt, hat sie dem Gericht auf eigene Initiative eine Eignungsprüfung zu ermöglichen.

VerfahrenspflegerInnen sollten mit dem Gericht alle Fragen besprechen, die Zweifel an ihrer persönlichen Eignung zur Übernahme der Vertretung eines bestimmten Kindes begründen.

2. Zum Verhältnis zwischen VerfahrenspflegerIn und Kind

1056

2.1 Persönlicher Kontakt zum Kind

Die persönliche Begegnung zwischen InteressenvertreterIn und Kind ist verpflichtend und sollte zu einem frühen Zeitpunkt der Vertretung erfolgen. Bei der Gestaltung der weiteren Treffen (Ort, Dauer, Häufigkeit etc.) sind die Bedürfnisse des Kindes in einer Weise zu berücksichtigen, die keine der Vertretungsrolle unangemessenen Beziehungserwartungen aufkommen lässt oder fördert.

Erfahrungsgemäß kann eine ausschließliche Orientierung an Kriterien wie „Sprachfähigkeit" oder „Verständigkeit" dazu führen, dass VerfahrenspflegerInnen keinen persönlichen Kontakt aufnehmen. Doch ist dieser auch mit sehr jungen oder geistig behinderten Kindern zu suchen, um einen unmittelbaren Eindruck von der Gefühlswelt des Kindes, seinem Zuhause und seiner Interaktion mit wichtigen Bezugspersonen zu gewinnen.

Es wird zu den seltensten Ausnahmefällen zählen, dass VerfahrenspflegerInnen auf die persönliche Begleitung und Beratung des Kindes verzichten müssen. Einziges Kriterium dieser schwerwiegenden Entscheidung ist die begründete Sorge, dem Kind hierdurch weitere Schäden zuzufügen.

2.2 Verständigung mit dem Kind

Das Kind bedarf einer Interessenvertretung, die seine Äußerungen ernst nimmt und sich um Verständnis bemüht.

Die Fähigkeiten – auch jüngerer – Kinder zur Verständigung über ihre Wahrnehmungen und Vorstellungen sowie zur Reflexion ihrer Lebenssituation sollten nicht unterschätzt werden. VerfahrenspflegerInnen sollten jedoch auch um die Bedeutung einer der sprachlichen Kommunikation nicht zugänglichen Erlebniswelt des Kindes wissen, die insbesondere konflikthafte und belastende Erfahrungen, Gefühle und Vorstellungen umfassen kann. Insbesondere seelisch verletzte Kinder neigen dazu, sich durch symbolische Handlungen und Inszenierungen mitzuteilen.

Teil 5 Aufgaben, Rechte und Pflichten des Verfahrenspflegers

So sollten Wege gesucht werden, um sich hierüber – z. B. auf einer spielerischen oder kreativen Ebene – zu verständigen, ohne das Kind in einer überfordernden Weise mit diesen Bereichen zu konfrontieren.

Ein Kind, das die deutsche Sprache nicht versteht, hat Anspruch auf eine Übersetzungshilfe, die ihm sympathisch ist, Vertraulichkeit wahrt und von seinem familialen und sozialen Umfeld unabhängig ist.

2.3 Die Anfangsphase der Vertretung

Die Rolle und Aufgaben der Interessenvertretung sowie Anlass und Ablauf des gerichtlichen Verfahrens sind in einer dem Kind verständlichen Weise zu besprechen, wann immer dies erforderlich ist. VerfahrenspflegerInnen sollten dem Kind keine absolute Verschwiegenheit zusichern, ihm jedoch versprechen, es über ihr Vorgehen zu informieren.

Das gegenseitige Kennenlernen sollte mit Rücksicht auf die Belastungen des Kindes behutsam und bedacht erfolgen. In der Regel empfiehlt sich eine zügige Kontaktaufnahme, um einen persönlichen Eindruck von der Lebenssituation des Kindes zu gewinnen und ihm alle erforderlichen Informationen zu geben.

Das Studium der Gerichtsakten (vgl. 4.2) bietet eine gute Grundlage, um die erste Kontaktaufnahme vorzubereiten. So kann sich hier bereits die Notwendigkeit zeigen, sich in spezifische Fachliteratur einzuarbeiten, um mit den Problemlagen des Kindes angemessen umzugehen.

Modalitäten der Kontaktaufnahme sollten mit den Betreuungspersonen des Kindes beraten werden. Es kann allerdings auch im Interesse des Kindes ratsam sein, bereits vor dem ersten Treffen mit dem Kind Verbindung zu anderen Bezugspersonen aufzunehmen.

Sobald das Kind hierzu in der Lage ist, sollen Begegnungen und Gespräche ohne die Anwesenheit anderer Bezugspersonen erfolgen. Grundsätzlich ist bei der Gestaltung der Treffen zu berücksichtigen, ob das Kind durch den Aufenthalt an einem bestimmten Ort beeinflusst oder verunsichert werden könnte.

VerfahrenspflegerInnen sollten frühzeitig mit dem Kind klären, ob es Personen gibt, denen es vertraut. Sprechen keine Gründe dagegen, ist die Kooperation mit diesen Vertrauenspersonen anzustreben.

2.4 Information und Beratung des Kindes

Das Kind hat Anspruch auf Information und Beratung während des gesamten Verfahrens. Diese sollen an dem Entwicklungsstand und der Konfliktlage des Kindes orientiert sein und ihm helfen, sich aktiv mit seiner Situation zu befassen sowie an dem seine Zukunft betreffenden Verfahren mitzuwirken.

Grundsätzlich bedarf es einer möglichst anschaulichen Darstellung der Rolle aller Beteiligten, des Verfahrensablaufes, der Rechte des Kindes im Verfahren sowie der Entscheidungsalternativen des Gerichtes. Das Kind soll wissen, dass seine Wünsche, Erwartungen und Befürchtungen für die richterliche Entscheidungsfindung von Bedeutung sind.

Um Belastungen des Kindes zu reduzieren, sollten VerfahrenspflegerInnen von sich aus mit dem Kind regelmäßig den Verfahrensstand besprechen, auch wenn dieser formal unverändert geblieben ist.

Erfahrungsgemäß beeinflusst die eigene Haltung gegenüber den Wünschen des Kindes sowie gegenüber den Entscheidungsalternativen den Beratungsprozess. VerfahrenspflegerInnen sollten sich deshalb insbesondere das Risiko einer Manipulation des Kindes vergegenwärtigen.

Überforderungen des Kindes, wie sie beispielsweise durch das Aufdrängen einer Entscheidung für oder gegen wichtige Bezugspersonen hervorgerufen werden können, sind zu vermeiden.

A Standards der BAG Verfahrenspflegschaft für Kinder und Jugendliche e.V.

2.5 Erreichbarkeit für das Kind

VerfahrenspflegerInnen sollen dem Kind anbieten, sich mit dringenden Problemen, die das Verfahren, die dort anstehenden Entscheidungen sowie ihre Vorgehensweise betreffen, an sie zu wenden. So sollte das Kind wissen, wann und wie es seine Vertretung erreichen kann. Es kann sich z.B. empfehlen, dem Kind nicht nur die entsprechende Adresse und Rufnummer sondern auch eine Telefonkarte zu geben. Die Ansage auf dem Anrufbeantworter sollte das Kind ermutigen, eine Nachricht zu hinterlassen. VerfahrenspflegerInnen sollten dafür sorgen, dass sich ihre MitbewohnerInnen bzw. KollegInnen nicht auf inhaltliche Telefonate bzw. Gespräche mit dem Kind oder anderen Verfahrensbeteiligten einlassen.

2.6 Der Wille des Kindes

VerfahrenspflegerInnen sind GarantInnen dafür, dass Kindern und Jugendlichen eine Subjektstellung im gerichtlichen Verfahren eingeräumt wird. Da die gerichtliche Entscheidung von maßgeblicher Bedeutung für die Zukunft des Kindes ist, soll sie nicht über seinen Kopf hinweg erfolgen. Das Kind hat grundsätzlich Anspruch darauf, dass sein Wille ernst genommen wird und eine Resonanz der am Verfahren beteiligten Erwachsenen bewirkt.

Die Ermittlung des Kindeswillens setzt neben kommunikativen Kompetenzen ein spezifisches Fachwissen über die Willensbildung von Kindern und Jugendlichen voraus. Dies sollte insbesondere die Bedeutung der Bindungen des Kindes an wichtige Bezugspersonen – gleich welcher Qualität diese Beziehungen sind – sowie die unvermeidliche Beeinflussung des Kindes durch diejenigen Erwachsenen, an denen es sich orientiert und mit denen es sich identifiziert, umfassen. Entsprechende Kenntnisse sind insbesondere hinsichtlich der Begleitung und Vertretung vernachlässigter, misshandelter oder sexuell missbrauchter Kinder erforderlich, deren eigene Bedürfnisse ignoriert und deren Wille nicht beachtet, gebrochen oder manipuliert wurde. Des Weiteren sollten VerfahrenspflegerInnen in der Lage sein, Auswirkungen der unsicheren Lebenssituation und des schwebenden Verfahrens auf die Willensbildung zu berücksichtigen.

Wird der Kindeswille seitens der Verfahrensbeteiligten oder des Gerichtes allein deshalb für unbeachtlich erklärt, weil er durch diejenigen Erwachsenen, an denen sich das Kind orientiert, beeinflusst worden sei, sollten sich VerfahrenspflegerInnen gegen diese Entwertung des subjektiven Erlebens und Wollens des Kindes wenden.

Soll ein Kind während des Verfahrens z.B. durch Drohungen oder emotionale Erpressungen anderer am Verfahren beteiligter Personen zu bestimmten Haltungen oder Äußerungen gebracht werden, nehmen es VerfahrenspflegerInnen in Schutz und stehen ihm bei der Bewältigung solcher Vorkommnisse zur Seite. Gegebenenfalls sollten dem Gericht Umgangsregelungen vorgeschlagen werden, die eine solche Bedrängung und Manipulation der Selbstbestimmung des Kindes ausschließen.

VerfahrenspflegerInnen sollten sich vergegenwärtigen, dass auch sie einen Einfluss auf das Kind ausüben und reflektieren, welches pädagogische Verhältnis die Eigenverantwortlichkeit des Kindes zu fördern vermag, welche Orientierung sie also dem Kind bei der Bestimmung und Vertretung seiner Interessen vermitteln. Dies schließt in aller Regel die Vertretung solcher Kindespositionen aus, in denen der Schutz der seelischen, geistigen oder körperlichen Integrität des Kindes nicht gewährleistet ist.

VerfahrenspflegerInnen fördern die Fähigkeit zur Selbstbestimmung eines Kindes, indem sie im Dialog mit dem Kind deutlich machen, von welchen Überlegungen und Erfahrungen sie sich bei ihren fachlichen Empfehlungen und ihrer Vorgehensweise leiten lassen.

Möchte das Kind dem Gericht seine Vorstellungen direkt mitteilen, suchen VerfahrenspflegerInnen gemeinsam mit ihm nach geeigneten Ausdrucksformen, durch die es seine Position in das Verfahren einbringen kann. Dies können – neben der Kindesanhörung – z.B. bei jüngeren Kindern mit ihren Kommentaren versehene Bilder, bei älteren Kindern und Jugendlichen diktierte oder auf Kassette gesprochene oder selbst verfasste Mitteilungen an das Gericht sein.

2.7 Begleitung und Vertretung des Kindes

Kinder und Jugendliche haben Anspruch auf eine umsichtige und einfühlsame Begleitung durch ihre Interessenvertretung während des gesamten Verfahrens. VerfahrenspflegerInnen sind zugleich verpflichtet, für die Verwirklichung der Beteiligungs-, Anhörungs- und Beschwerderechte der Kinder und Jugendlichen im Verfahren einzutreten.

Grundsätzlich stellen sich im zivilrechtlichen Kindesschutzverfahren u. a. folgende Anforderungen an die Interessenvertretung:

Kindesanhörung (§ 50b FGG): In der Regel haben Kinder und Jugendliche aller Altersstufen das Recht auf eine persönliche Begegnung mit dem/der entscheidenden RichterIn. Diese Verfahrensvorschrift wird in der gerichtlichen Praxis insbesondere bei jüngeren Kindern nicht selten unzureichend befolgt, obwohl ihre Neigungen, Bindungen und ihr Wille für die Entscheidung bedeutsam sind. Erscheint es aus fachlicher Sicht geboten, dass das Gericht einen unmittelbaren Eindruck von dem Kind gewinnt, oder wünscht sich das Kind selbst ein Gespräch, sollten VerfahrenspflegerInnen dies anregen und fachliche Empfehlungen hinsichtlich des Zeitpunktes, des Ortes und der Dauer der Kindesanhörung aussprechen. Vor und nach der richterlichen Anhörung sollten VerfahrenspflegerInnen für das Kind präsent und ansprechbar sein. Ob sich ihre unmittelbare Anwesenheit in der Gesprächssituation empfiehlt, ist im Einzelfall gemeinsam mit dem Gericht zu erwägen.

Hilfeplanung (§ 36 Abs. 2 KJHG) und Beratung (§ 8 Abs. 1 S. 2 KJHG): VerfahrenspflegerInnen sollten gemeinsam mit dem/der zuständigen MitarbeiterIn des Jugendamtes nach Wegen suchen, das Kind zu informieren, zu beraten und in einer an seinem Entwicklungsstand und seinen Bedürfnissen orientierten Weise an der Hilfeplanung zu beteiligen. Den Kindern und Jugendlichen ist die eigene Rolle bei der Hilfeplanung zu erklären und Unterstützung bei der Äußerung ihrer Vorstellungen und Bedürfnisse anzubieten, insbesondere wenn sie direkt an Hilfeplanungsgesprächen teilnehmen.

Sachverständigengutachten (§ 12 FGG): Es empfiehlt sich, bereits vor der Begutachtung den Kontakt mit den Sachverständigen zu suchen, um das Kind angemessen hierauf vorzubereiten. Wird eine Weitergabe von Informationen erforderlich, sollte dies mit dem Kind oder Jugendlichen besprochen werden. Wird in diesen Gesprächen erkennbar, dass ein Kind oder ein/e Jugendliche/r die Begutachtung vehement ablehnt, sollte ein unverzüglicher Hinweis an das Gericht erfolgen. Vor und nach einer Begutachtung sollten VerfahrenspflegerInnen für das Kind präsent und ansprechbar sein. Ob sich ihre unmittelbare Anwesenheit in der Gesprächssituation empfiehlt, ist im Einzelfall gemeinsam mit dem/der Sachverständigen zu erwägen.

Beschwerderecht (§ 59 FGG): Jugendliche sollten von ihren VerfahrenspflegerInnen über ihr Beschwerderecht beraten und bei dessen Ausübung unterstützt werden. In Fällen, in denen ihr Wille in erheblichen Konflikt mit ihren wohlverstandenen Interessen gerät, kann es sich empfehlen, den Jugendlichen zu einer zusätzlichen Inanspruchnahme eines eigenen Rechtsbeistandes im Beschwerdeverfahren zu raten.

3. Grundlegende Arbeitsprinzipien

VerfahrenspflegerInnen entscheiden in eigener fachlicher Verantwortung, in welcher Weise sie die ihnen gestellte Aufgabe erfüllen. Sie orientieren sich an den gesetzlichen Grundlagen, d. h. sie vermitteln den Willen des Kindes im gerichtlichen Verfahren und vertreten dort seine wohlverstandenen Interessen.

A Standards der BAG Verfahrenspflegschaft für Kinder und Jugendliche e.V.

3.1 Kindliches Zeiterleben und Verfahrensdauer

Mit Rücksicht auf das kindliche Zeiterleben sollen VerfahrenspflegerInnen allen Verzögerungen entgegentreten, die sich nicht mit den Interessen des Kindes decken. Entwicklungsbedingt unterscheiden sich Kinder, Jugendliche und Erwachsene im Erleben und in ihrer Vorstellungsfähigkeit von Zeitabläufen und Lebensentwürfen. Die Ungewissheit des Kindes über seine Zukunft verletzt sein grundlegendes Entwicklungsbedürfnis nach Sicherheit und Zuverlässigkeit, d.h. nach einer stabilen Bindung an zumindest eine erwachsene Person.
Belastungen, die dem Kind aus der Ungewissheit über den Stand und Ausgang des Verfahrens und damit über seine Zukunft entstehen, sind zu reduzieren. VerfahrenspflegerInnen sollten diesen Gesichtspunkt gegenüber dem Gericht und allen am Verfahren Beteiligten thematisieren.
VerfahrenspflegerInnen sollten insbesondere darauf achten, dass dem Kind eine vorläufige Unterbringung nur dann und nur solange zugemutet wird, wie es diese braucht, um sich überhaupt mit entsprechender fachlicher Unterstützung auf neue befriedigende Beziehungen einlassen zu können.

3.2 Kindzentrierte Gestaltung der Ermittlungen und des Verfahrens

VerfahrenspflegerInnen stellen sicher, dass das Kind in jedem Stadium des Verfahrens in seiner Individualität und besonderen Schutzbedürftigkeit wahrgenommen und geachtet wird.
Die Lebenserfahrungen und Bedürfnisse des Kindes sind wieder und wieder in das Zentrum des Verfahrens zu rücken. VerfahrenspflegerInnen sollten sich bei ihrem Vorgehen und ihrem Verhalten von der Vorstellung leiten lassen, dass es um die Klärung und Gestaltung der künftigen Beziehungen des Kindes geht und das Verfahren schon deshalb nicht als Kampfarena widerstreitender Parteien dient. Dieser Aspekt ist insbesondere zu beachten, wenn im Interesse des Kindes Konflikte mit anderen am Verfahren beteiligten Personen und Institutionen riskiert werden müssen.
Um Belastungen und Sekundärschädigungen des Kindes durch (mehrfache) Befragungen und Untersuchungen zu vermeiden, sollten VerfahrenspflegerInnen prüfen, ob eine Klärung des entsprechenden Sachverhaltes tatsächlich im Kindesinteresse oder aber letztlich im Interesse anderer Personen oder Institutionen liegt. Ebenso sollte die Interessenvertretung endlosen Weiterverweisungen des Kindes und seiner Bezugspersonen zwischen Institutionen und ExpertInnen entgegenwirken.

3.3 Vertretung der Interessen von Geschwisterkindern

Die Erfahrung zeigt, dass Gerichte allzu pauschal eine einzige Fachkraft zur Interessenvertretung mehrerer Geschwister bestellen, ohne die Individualität und Zukunftsperspektiven der einzelnen Kinder sowie deren Beziehungen zueinander hinreichend zu bedenken. Es empfiehlt sich, diese Vorgehensweise frühzeitig zu hinterfragen und gegebenenfalls die Bestellung einer eigenständigen Vertretung für jedes einzelne Kind anzuregen.
Werden VerfahrenspflegerInnen zur Vertretung mehrerer Geschwister bestellt, sind Einzelgespräche mit jedem Kind zu führen. Das Risiko einer unzulänglichen Bestimmung und Vertretung der individuellen Interessen des jeweiligen Kindes lässt sich am ehesten durch Fallbesprechungen begrenzen.
Im übrigen sollten VerfahrenspflegerInnen grundsätzlich im Blick behalten, ob auch die Interessen von Geschwistern des Kindes, das sie vertreten, gewahrt sind. Sei es, dass auch über deren Interessen im Verfahren entschieden wird, sei es, dass sie sich in einer kritischen Lebenssituation befinden, ohne dass ein Verfahren eingeleitet wurde.

Teil 5 Aufgaben, Rechte und Pflichten des Verfahrenspflegers

3.4 Grundsatz der Vertraulichkeit, Umgang mit Medien

Auch wenn es bislang an einer ausdrücklichen gesetzlichen Regelung fehlt, verpflichten sich VerfahrenspflegerInnen zum Schweigen gegenüber Außenstehenden sowie zur Einhaltung von Datenschutzbestimmungen.

Ungeklärt ist, ob VerfahrenspflegerInnen ein Zeugnisverweigerungsrecht in gerichtlichen Verfahren, insbesondere im Strafverfahren, geltend machen können. Solange eine gesetzliche Regelung fehlt, bleibt diese Klärung der Rechtsprechung überlassen.

Werden VerfahrenspflegerInnen in einem Fall tätig, über den seitens der Medien berichtet wird oder werden soll, so sind sie GarantInnen für den Schutz der Persönlichkeitsrechte des betroffenen Kindes. So sollten sie keine fallbezogenen Auskünfte geben und sich gegebenenfalls auf eine allgemeine Klarstellung ihrer Aufgaben, Rechte und Pflichten beschränken.

3.5 Umgang mit Drohungen und Gewalt

Sind VerfahrenspflegerInnen im Zusammenhang mit ihrer Tätigkeit Drohungen oder gewalttätigem Verhalten ausgesetzt oder haben sie entsprechende Befürchtungen, ist dies als ein Hinweis auf die mögliche Gefährdung des Kindes zu begreifen. Bei Drohungen sollten VerfahrenspflegerInnen das bestellende Gericht unverzüglich in Kenntnis setzen. Es empfiehlt sich, in einem solchen Fall die praktische und beratende Unterstützung weiterer Personen zu suchen. Zur Reflexion der Auswirkungen auf die Begleitung des Kindes sollte Beratung bzw. Supervision in Anspruch genommen werden.

3.6 Reflexion

VerfahrenspflegerInnen sollten über Möglichkeiten zur Reflexion und kritischen Distanzierung von ihrer Arbeit verfügen, auf die sie bei der Übernahme einer Verfahrenspflegschaft zurückgreifen können. Hierfür bieten sich neben einer schriftlichen Reflexion insbesondere Supervision, Balint-Gruppen sowie Fallbesprechungen mit anderen VerfahrenspflegerInnen an.

Diese Reflexion sollte insbesondere eine Auseinandersetzung mit der eigenen Motivation, Betroffenheit und persönlichen Kindheitserfahrungen ermöglichen. Sie dient zugleich der fachlichen Überprüfung der eigenen Rolle, Vorgehensweise und Empfehlungen sowie der Entlastung in Situationen, in denen VerfahrenspflegerInnen unter Handlungsdruck oder Entscheidungszwängen stehen.

VerfahrenspflegerInnen sollten bei der Auswahl ihrer Supervision darauf achten, dass diese sie in ihrem Bemühen um eine auf die Kindesinteressen zentrierte Vorgehensweise unterstützt. Hierfür werden in der Regel solche SupervisorInnen ungeeignet sein, die sich wegen ihrer institutionellen Einbindung oder aufgrund ihres theoretischen Vorverständnisses auch den Interessen der anderen am Verfahren beteiligten Personen und Institutionen verpflichtet sehen.

Weitere Kriterien zur Auswahl entsprechender Supervisionsangebote sind die psychologischen, pädagogischen und juristischen Kenntnisse der SupervisorInnen. Hilfreich sind zudem eigene Erfahrungen der SupervisorInnen in der Arbeit mit belasteten und traumatisierten Kindern und Jugendlichen bzw. in der Supervision von Fachkräften aus diesem Bereich der Jugendhilfe.

Alle an der Reflexion Beteiligten sollten sich schriftlich verpflichten, personen- oder fallbezogene Informationen nicht oder nur vollständig anonymisiert nach außen zu tragen.

4. Vorgehensweise der Interessenvertretung

4.1 Übernahme einer Verfahrenspflegschaft

Bei Anfragen des Gerichtes, eine bestimmte Verfahrenspflegschaft zu übernehmen, sollten VerfahrenspflegerInnen ihre persönliche und fachliche Eignung zur Begleitung und Vertretung dieses Kindes prüfen, um den ungünstigsten Fall zu vermeiden, dass die Aufhebung der Bestellung nötig wird, obwohl das Kind seine/seinen VerfahrenspflegerIn bereits kennen gelernt hat.

Hierbei empfiehlt sich bereits vor der Übernahme einer Verfahrenspflegschaft eine vorläufige Einschätzung der Konfliktlage des Kindes. VerfahrenspflegerInnen sollten ihre Möglichkeiten und Schwierigkeiten erkennen, sich auf das Erleben und die Gefühlswelt dieses Kindes einzulassen. Gleichermaßen geht es um ihre persönliche Fähigkeit, hiervon den Abstand zu gewinnen, den es zur fachlichen Reflexion des eigenen Handelns und der Situation des Kindes bedarf. Neben ihrer Eignung sollten VerfahrenspflegerInnen prüfen, ob sie die Begleitung und Vertretung des Kindes bis zum Ende des Verfahrens übernehmen können.

Besonderen Problemlagen des Kindes sollte mit Hilfe von ExpertInnen begegnet werden: z.B. durch kinderpsychiatrische oder heilpädagogische Beratung bei seelischen, geistigen oder körperlichen Krankheiten bzw. Behinderungen, durch Rechtsberatung zum Internationalen Privatrecht, durch Beratung über ethnische Minderheiten, Sekten etc. Die Notwendigkeit solcher Informations- und Beratungsgespräche sollte frühzeitig mit dem Gericht geklärt werden.

Anfragen von Privatpersonen oder Institutionen, die verständlicherweise Einfluss auf die Auswahl der Kindesvertretung zu nehmen versuchen, sollten möglichst allgemein beantwortet werden. Hierzu können Informationen über die Rolle und Aufgabenstellung der Interessenvertretung sowie über die eigenen Kapazitäten zur Übernahme einer Vertretung zählen; eine Stellungnahme zum konkreten Fall sollte hingegen vermieden werden.

Bedarf das Kind einer eigenständigen Interessenvertretung im Jugendhilfeverfahren, sollte ein Entzug der entsprechenden elterlichen Vertretungsrechte und die Anordnung einer Ergänzungspflegschaft i.S.d. §§ 1629 Abs. 2 S. 3, 1796 Abs. 2, 1909 Abs. 1 S. 1 BGB angeregt werden. VerfahrenspflegerInnen ziehen auch frühzeitig in Betracht, ob neben der Verfahrenspflegschaft auch ein Verletztenbeistand zur Begleitung des Kindes in einem strafrechtlichen Verfahren erforderlich ist.

Falls ein Kind sowohl im zivil- als auch im strafrechtlichen Verfahren eine Interessenvertretung benötigt, sollte geprüft werden, ob diese Aufgaben durch eine einzige Person oder durch zwei Fachkräfte verschiedener Disziplinen wahrgenommen werden sollten. Hier ist insbesondere das Bedürfnis des Kindes nach einer einzigen Ansprechperson gegen Rollenkonflikte der Interessenvertretung abzuwägen, die durch unterschiedliche Vertretungsaufgaben und -ziele hervorgerufen werden könnten.

4.2 Aktenstudium und Auswertung

VerfahrenspflegerInnen sollten in ihrer Eigenschaft als Verfahrensbeteiligte unverzüglich Akteneinsicht nehmen und sich eine Kopie der Gerichtsakten anfertigen (§ 34 FGG).

Es empfiehlt sich, bereits während des Aktenstudiums eine Zeittafel sowie eine Aufstellung des Sachverhalts, der involvierten Institutionen sowie der beteiligten Personen zu erarbeiten, die einen Überblick über die Lebensgeschichte und die aktuelle Lebenssituation des Kindes ermöglichen. Von zentraler Bedeutung ist bereits hier das Bemühen, sich in dieses Kind einzufühlen und seine Erlebnisse und Erfahrungen nachzuvollziehen. Dabei sollten von Beginn an auch eigene Assoziationen und Annahmen sowie alle Unklarheiten, Widersprüche und sich daraus ergebende Fragen notiert werden.

Ermöglichen die Gerichtsakten keinen ausreichenden Aufschluss über die bisherige Vorgehensweise und Hilfeplanung des Jugendamtes, empfiehlt sich eine direkte Nachfrage beim Jugendamt sowie eine Anregung an das Gericht, die Akten um eine entsprechende Schilderung dieser Sachverhalte ergänzen zu lassen.

4.3 Eigenständige Gewinnung von Informationen

4.3.1 Gespräche mit Bezugspersonen und Fachkräften

Das Gespräch mit den aktuellen Betreuungspersonen des Kindes ist verpflichtend. Gleiches gilt auch für Gespräche mit Eltern und Pflegeeltern sowie den MitarbeiterInnen des Jugendamtes.

Ebenso sollte geprüft werden, welche anderen für das Kind zuständigen Fachkräfte, wie z.B. HeimerzieherInnen, Kindergarten- oder HorterzieherInnen, LehrerInnen, TherapeutInnen, ÄrztInnen und BeraterInnen dazu beitragen könnten, die Lebensgeschichte und -situation des jeweiligen Kindes zu erhellen. Analog gilt dies auch für das soziale Umfeld des Kindes, dies können z.B. Eltern, Pflegeeltern, VormünderInnen, Geschwister, andere Angehörige, FreundInnen des Kindes und NachbarInnen sein.

VerfahrenspflegerInnen sollten die Gefühle, die das Kind seinen Bezugspersonen entgegenbringt, respektieren und zur Festigung und Weiterentwicklung dieser Beziehungen beitragen, soweit dies zu verantworten ist. Hierbei sollte die immer wieder auflebende Tendenz zur Bagatellisierung oder Umdeutung belastender und traumatisierender Erfahrungen des Kindes beachtet werden, der durch eine klare Benennung der Verantwortlichen und ihres Verhaltens begegnet werden sollte.

VerfahrenspflegerInnen werden oft mit Notlagen und Situationen konfrontiert, in denen die Eltern des Kindes eines psychologischen, sozialarbeiterischen oder juristischen Beistandes bedürfen. Um die Interessen des Kindes konsequent wahrnehmen zu können, sollten VerfahrenspflegerInnen sich selbst und den anderen Beteiligten klar machen, dass es nicht zu ihren Aufgaben gehört, für Abhilfe zu sorgen. Auch wenn eine solche Hilfe durchaus im Interesse des Kindes zu liegen scheint, sind hierfür neben den betroffenen Erwachsenen selbst auch andere Fachkräfte und Institutionen, insbesondere das Jugendamt, zuständig und verantwortlich. Um eigene Rollenkonflikte zu vermeiden, können sich entsprechende Hinweise an diese Stellen empfehlen.

Beabsichtigen VerfahrenspflegerInnen dem Gericht gegenüber eine bestimmte Hilfe für das Kind oder seine Familie vorzuschlagen oder zu bewerten, verschaffen sie sich eine realistische Grundlage für diese Prognose, indem sie sich unmittelbar mit denjenigen Fachkräften (bzw. Pflegeeltern) in Verbindung setzen, die diese Hilfe durchführen bzw. anbieten, um deren Eignung im Hinblick auf die Bedürfnisse dieses individuellen Kindes zu prüfen.

4.3.2 Dokumentation

VerfahrenspflegerInnen dokumentieren Anlass, Dauer, Verlauf, Ergebnisse, Eindrücke und offene Fragen der jeweiligen Telefonate und persönlichen Gespräche. Sie schaffen so die Grundlage für ihre Stellungnahmen und die Rechnungslegung und stellen zugleich sicher, dass im Fall einer unvorhersehbaren Verhinderung eine zügige Einarbeitung ihrer/s NachfolgerIn möglich wird.

Besondere Kenntnisse und Sorgfalt erfordert die Gewinnung und Dokumentation solcher Informationen, die das Kind zum gegenwärtigen oder zu einem späteren Zeitpunkt in die Lage versetzen könnten, zivilrechtliche Schadensersatzansprüche geltend zu machen oder die im Hinblick auf ein bereits anhängiges oder mögliches Strafverfahren bedeutsam sind.

A Standards der BAG Verfahrenspflegschaft für Kinder und Jugendliche e.V.

4.4 Sachverständige GutachterInnen

Vielfach wird die Interessenvertretung in der Lage sein, das individuelle Erleben des Kindes, seine Entwicklungsbedürfnisse und seine Beziehungserfahrungen eigenständig einzuschätzen. Bedarf es aber zur Klärung einer bestimmten Fragestellung des fachlichen Wissens und der Kompetenz von Sachverständigen, sollte die Einholung eines Gutachtens bei Gericht angeregt werden. Demgegenüber sind Verfahrensverzögerungen und anderweitige Belastungen des Kindes durch die Begutachtung abzuwägen.

Beabsichtigt das Gericht, ein Gutachten einzuholen, regt die Interessenvertretung gegebenenfalls Ergänzungen zur Fragestellung an. Soweit erforderlich, äußern sich VerfahrenspflegerInnen auch über Kriterien zur Auswahl der Sachverständigen. Diese sollten über die zur Klärung der Fragestellung erforderlichen medizinischen und psychologischen Fachkenntnisse sowie über einen ausreichenden Erfahrungshintergrund verfügen.

Gutachten, die im privaten Auftrag von Verfahrensbeteiligten erstellt werden sollen, sind wegen des damit verbundenen Risikos der mehrfachen Begutachtung des Kindes sowie möglicher Bedenken einer Befangenheit der Sachverständigen in der Regel zu vermeiden.

Soweit für die Klärung einer Fragestellung die Begutachtung Erwachsener genügen könnte, ist diese vorrangig anzustreben. Ist die Begutachtung des Kindes selbst nicht zu vermeiden, orientieren sich VerfahrenspflegerInnen an der unter Punkt 2.7 genannten Vorgehensweise.

Bleiben methodische oder inhaltliche Fragen im Hinblick auf ein Gutachten offen oder werden Mängel sichtbar, so sollten VerfahrenspflegerInnen dies mit dem Gericht besprechen.

Im Vorfeld der Begutachtung können sich Hinweise empfehlen, wie Belastungen des Kindes reduziert bzw. vermieden werden können. Hat die Begutachtung das Kind sehr irritiert oder belastet, sollten VerfahrenspflegerInnen dem Gericht und den Sachverständigen eine entsprechende Rückmeldung geben.

4.5 Kooperation mit dem Jugendamt

VerfahrenspflegerInnen respektieren bei der Zusammenarbeit mit dem Jugendamt, dass auch dieses zur Beratung des Kindes sowie zur Wahrnehmung und Vertretung der Kindesinteressen im gerichtlichen Verfahren berufen ist. Es liegt in der Verantwortung und bedarf der Anstrengung aller beteiligten Fachkräfte, die Subjektstellung des Kindes im Verfahren zu garantieren sowie die Grundlage für eine fundierte und tragfähige, an den wohlverstandenen Interessen des Kindes orientierte gerichtliche Entscheidung zu erarbeiten.

VerfahrenspflegerInnen sollten sich diese Gemeinsamkeiten vergegenwärtigen, aber auch das Konfliktpotential beachten, das zwischen der Jugendbehörde und der Kindesvertretung aufgrund der divergierenden gesetzlichen Aufträge – insbesondere bei einer unzureichenden Klärung der Rollen – entstehen kann. So empfiehlt es sich, eine frühzeitige Klarstellung ihrer spezifischen Verantwortlichkeit für das Kind herbeizuführen, die aus dem Verständnis erfolgt, dass sie dessen Interessen anstelle der gesetzlichen Vertreter wahrnehmen und repräsentieren.

Das Jugendamt sollte unmittelbar nach der Bestellung informiert werden, dass der/die VerfahrenspflegerIn künftig als eine der verantwortlichen Fachkräfte gemäß § 36 Abs. 2 KJHG an der Hilfeplanung und an vergleichbaren, die Hilfeplanung betreffenden Fachgesprächen mit amtsexternen Fachkräften, teilnehmen wird. Nach Auswertung der Gerichtsakten ist es ratsam, sich über neuere Entwicklungen sowie die aktuelle Position des Jugendamtes zu informieren und offene Fragen bezüglich der bisherigen Hilfeplanung zu klären. Es kann sich empfehlen, um Einsichtnahme in die behördlichen Akten zu bitten und sich gegebenenfalls auch mit früher zuständigen JugendamtsmitarbeiterInnen in Verbindung zu setzen.

Die Anwesenheit der VerfahrenspflegerInnen während der Hilfeplangespräche ist obligatorisch. Nehmen die Jugendlichen und Kinder selbst hieran teil, sollten sie von ihrer Interessenvertretung begleitet und unterstützt werden (vgl. Punkt 2.7). Ansonsten bedarf es der einzelfallbezogenen Abwägung, wie weit sich VerfahrenspflegerInnen selbst am Prozess der Hilfeplanung beteiligen. Dies kann insbesondere notwendig sein, wenn bedeutsame Entscheidungen anstehen, wie zum Beispiel über die Unterbringung des Kindes außerhalb des Elternhauses oder die Rückführung in dasselbe sowie über den Umgang mit wichtigen Bezugspersonen. Andererseits kann sich eine aktive Mitwirkung von VerfahrenspflegerInnen an der Hilfeplanung hinderlich auf deren kritische Reflexion auswirken, welche aber gerade eine zentrale Grundlage der Empfehlungen der eigenständigen Kindesvertretung an das Gericht ist.

1059 5. Vertretung der Kindesinteressen im Verfahren

5.1 Mitteilungen an das Gericht

Stellungnahmen sollten die Vorgehensweise und fachlichen Bewertungskriterien der Kindesvertretung offen legen; sie sollten prinzipiell zügig erarbeitet werden.

Um dem individuellen Kind in diesen schriftlichen Berichten Gestalt zu geben, ist es erforderlich, die Erfahrungen, Bedürfnisse, Wünsche und das Erleben des Kindes einfühlsam und anschaulich zu vermitteln sowie die Bedeutung herauszuarbeiten, welche das Verfahren und die gerichtliche Entscheidung im Leben dieses Kindes haben.

Grundsätzlich sollten alle wichtigen Mitteilungen auch schriftlich zu den Akten gegeben werden. Dies ist insbesondere hinsichtlich künftiger Beschwerden bzw. späterer gerichtlicher Entscheidungen über die Abänderung eines Beschlusses (§ 1696 BGB) ratsam. Allerdings sollte bedacht werden, ob Informationen der Kindesvertretung in einem anderen Zusammenhang (z.B. Jugendstrafverfahren) gegen das Kind verwendet werden könnten.

Bei der Auswertung ihrer Gespräche und Begegnungen mit dem Kind und mit anderen Personen bemühen sich VerfahrenspflegerInnen um eine möglichst authentische Wiedergabe. Hierbei sollte auf widersprüchliche Informationen oder Sachverhaltsdarstellungen eingegangen und zwischen gesicherten Kenntnissen, begründeten Annahmen, Beobachtungen und Eindrücken differenziert werden. Es empfiehlt sich, Schlussfolgerungen und Empfehlungen in einem eigenen Abschnitt der Stellungnahme zu erörtern.

5.2 Abschließende Stellungnahme

VerfahrenspflegerInnen geben ihre abschließenden Empfehlungen zur gerichtlichen Entscheidung in Form einer schriftlichen Stellungnahme über die wohlverstandenen Interessen des Kindes ab. Zusätzlich sollte auch der Wille des Kindes in möglichst authentischer Weise wiedergegeben werden.

Bestandteile der abschließenden Stellungnahme sind in der Regel

- Schilderung des Sachverhaltes
- Dokumentation des Kindeswillens
- Schlussfolgerungen und Empfehlungen.

5.2.1 Schilderung des Sachverhaltes

In diesem ersten Teil der abschließenden Stellungnahme sollten die persönlichen Daten des Kindes genannt werden, auch empfiehlt sich eine Skizze vom Stand des Verfahrens zum Zeitpunkt der Bestellung. Im Wesentlichen wird bei der Schilderung des Sachverhaltes sodann auf die Lebensgeschichte sowie die frühere und gegenwärtige Familiensituation des Kindes oder Jugendlichen einzugehen sein. Hinsichtlich der Lebensgeschichte sollten – unter Hinweis auf

A Standards der BAG Verfahrenspflegschaft für Kinder und Jugendliche e.V.

Lebensalter und Entwicklungsstand des Kindes bei bedeutsamen Ereignissen – insbesondere folgende Gesichtspunkte Berücksichtigung finden:
- das Erleben des Kindes oder des/der Jugendlichen
- die Befriedigung seiner/ihrer Grundbedürfnisse
- die Qualität und Intensität seiner/ihrer Bindungen
- die Bedeutung wichtiger Bezugspersonen, Geschwister und FreundInnen
- die Auswirkungen traumatischer und deprivierender Erfahrungen
- die biographische Bedeutung erzieherischer und therapeutischer Hilfen
- die eigene Sicht des Kindes oder des/der Jugendlichen.

Von besonderer Bedeutung ist weiterhin eine anschauliche Darstellung der gegenwärtigen Lebenssituation des Kindes, bei der die o.g. Aspekte erneut aufgegriffen werden sollten. Hier geht es sowohl um die Annäherung an das subjektive Erleben des Kindes sowie um eine fachlich fundierte Bewertung, ob diese Situation geeignet ist, die Grundbedürfnisse dieses Kindes zu befriedigen, seine Entwicklung zu fördern und ihm Schutz zu bieten.

5.2.2 Dokumentation des Kindeswillens

Der Wille des Kindes ist in einem eigenen Abschnitt der Stellungnahme an das Gericht zu vermitteln, wobei an dieser Stelle eigene Erläuterungen und Bewertungen vermieden werden sollen.

Insbesondere mit jüngeren Kindern sollte nach kreativen Wegen gesucht werden, die es ihnen entsprechend ihres Entwicklungsstandes ermöglichen, sich dem Gericht mitzuteilen, falls sie dies wünschen. Ältere Kinder und Jugendliche sollten die Möglichkeit haben, diesen Abschnitt selbst zu schreiben. Sofern dieser Teil nicht allein von den Jugendlichen bzw. Kindern verfasst wird, sollte er mit ihnen abgestimmt werden, um eine möglichst authentische Vermittlung ihrer Vorstellungen zu sichern.

5.2.3 Schlussfolgerungen und Empfehlungen

Schlussfolgerungen und Empfehlungen der Kindesvertretung sollten in einem gesonderten Abschnitt der Stellungnahme gut begründet und verständlich dargestellt werden.

Hier sollte eine sorgfältige Auseinandersetzung mit den Einschätzungen und Vorschlägen der anderen am Verfahren beteiligten Personen und Institutionen erfolgen und herausgearbeitet werden, inwieweit nicht nur die Interessen des Kindes sondern auch deren Eigeninteressen eine Rolle spielen.

Es bedarf besonderer Anstrengung, Diskriminierungen des Kindes und anderer Verfahrensbeteiligter zu erkennen und zu vermeiden. Bei ihren Empfehlungen sollten VerfahrenspflegerInnen bedenken, dass ihre Einschätzungen durch ihre Lebensgeschichte, ihren sozialen und familiären Status, ihr Geschlecht, ihre soziokulturelle Einbindung sowie politische und religiöse Haltungen, fachliche Überzeugungen sowie durch Aversionen bzw. Sympathien gegenüber den am Verfahren beteiligten Personen geprägt werden.

VerfahrenspflegerInnen orientieren ihre Empfehlungen an den wohlverstandenen Interessen des Kindes. Ausgehend vom Anlass des Gerichtsverfahrens und unter Bezugnahme auf die Ergebnisse der eigenen Ermittlungen legen sie die Umstände des Einzelfalls möglichst konkret dar. Treffen sie Aussagen über die am wenigsten schädliche Alternative für das Kind bzw. über sein Wohl und dessen Gefährdung, orientieren sie sich an den gesetzlichen Kriterien, die durch die Rechtsprechung und die interdisziplinäre Fachdiskussion konkretisiert werden. Fachlich fundierte Prognosen sollen stets auf den konkreten Umständen des Einzelfalls basieren. Unwägbarkeiten und Zweifel sollten erörtert werden.

Teil 5 Aufgaben, Rechte und Pflichten des Verfahrenspflegers

Grundsätzlich lassen sich VerfahrenspflegerInnen von der Vorstellung leiten, dass der Kindeswille ein integraler Bestandteil des Kindeswohls ist. Sie sollten deshalb in ihren Empfehlungen diejenigen Entscheidungsalternativen aufzeigen, die am weitesten mit den Wünschen des Kindes oder Jugendlichen zu vereinbaren sind. Ist es aus fachlicher Sicht nicht möglich, dem Willen des Kindes zu entsprechen, ohne das körperliche, geistige und seelische Wohl und die Entwicklung des Kindes zu gefährden, ist die weniger schädliche Alternative zu suchen und zu vertreten. Um diese zu bestimmen, bedarf es einer besonderen Beachtung der Bedürfnisse des Kindes, die in seinen Wünschen und Erwartungen zum Ausdruck kommen. In ihrer Stellungnahme sollten VerfahrenspflegerInnen sorgfältig begründen, weshalb sie vom Willen des Kindes abweichen oder gegenläufige Empfehlungen abgeben und die Chancen und Risiken der jeweiligen Alternativen offen legen.

In der Regel wird an dieser Stelle eine fachliche Auseinandersetzung mit dem separat dokumentierten Kindeswillen erforderlich sein. Ebenso sollte auf die Bedeutung anderweitiger (auch widersprüchlicher, ambivalenter, mehrdeutiger) verbaler und nonverbaler Mitteilungen des Kindes sowie auf deren situativen Kontext eingegangen werden. Nicht zuletzt können insbesondere Hinweise auf die Manipulation des Kindes oder offene Drohungen eine wichtige Grundlage der gerichtlichen Entscheidung über die Berücksichtigung des Kindeswillens sein.

Um Problemen bei der praktischen Umsetzung der richterlichen Entscheidung zu begegnen, kann die Bestellung von ErgänzungspflegerInnen erforderlich sein. Für diese Aufgabe wird es oftmals zweckmäßig sein, sich im Interesse des Kindes selbst zur Verfügung stellen. Entsprechende Überlegungen sollten – bezogen auf die jeweiligen Entscheidungsalternativen – in der abschließenden Stellungnahme angesprochen werden.

5.3 Gerichtliche Verhandlungen

Die Teilnahme an jeder mündlichen Verhandlung im Verfahren ist obligatorisch. Bei der Festlegung der Verhandlungstermine sollten VerfahrenspflegerInnen ihren Einfluss geltend machen, um im Interesse des Kindes einen möglichst zügigen Verfahrensablauf zu gewährleisten. Um Subjekt des Geschehens zu bleiben, hat das Kind Anspruch darauf, umfassend und zeitnah über jede Verhandlung informiert zu werden und seine Erwartungen und Befürchtungen äußern zu können.

Während der Verhandlung sollte das Kind, insbesondere sein Befinden, seine Bedürfnisse, seine Wünsche und seine sonstigen Interessen, im Zentrum des gemeinsamen Gespräches stehen. Beim Vortrag der Kindesposition sowie eigener Ermittlungen und Empfehlungen sollte eine Bezugnahme auf die verschiedenen Entscheidungsalternativen erfolgen.

Nach einer Verhandlung setzen sich VerfahrenspflegerInnen unverzüglich mit dem Kind oder Jugendlichen in Verbindung, erklären und besprechen deren Ergebnis sowie die für das Kind bedeutsamen Konsequenzen. Von dem Verlauf des Gespräches über den abschließenden Verhandlungstermin sollte das Gericht in der Regel in Kenntnis gesetzt und ein entsprechender Bericht zu den Akten gegeben werden. Erscheint aus pädagogischer Sicht ein persönliches Gespräch des Kindes oder Jugendlichen mit dem/der für die Entscheidung verantwortlichen RichterIn sinnvoll und erforderlich, sollten VerfahrenspflegerInnen dies anregen.

5.4 Beschwerde

VerfahrenspflegerInnen sind befugt, eine Beschwerde gegen den Gerichtsbeschluss einzulegen. Auch in der Beschwerdeschrift sind die Vorstellungen des Kindes zur Kenntnis des Gerichts zu bringen. Zur Vertretung Minderjähriger, die das vierzehnte Lebensjahr vollendet haben und Beschwerde einlegen wollen vgl. Punkt 2.7.

5.5 Beendigung der Tätigkeit

Wechselt die örtliche Zuständigkeit des Gerichtes, sollten VerfahrenspflegerInnen für die im Interesse des Kindes erforderliche Aufrechterhaltung der Kontinuität seiner Vertretung sorgen.

Ist die Aufhebung einer Verfahrenspflegschaft beabsichtigt, weil das Kind durch eine/n Rechtsanwältin/-anwalt oder Verfahrensbevollmächtigte/n vertreten werden soll, ist zu prüfen, ob dieser Wechsel dem Kind zuzumuten ist und die unabhängige und zügige Wahrnehmung des „Kindeswohls" gewährleistet wäre. VerfahrenspflegerInnen treten der Aufhebung ihrer Bestellung entgegen, wenn die fragliche Person nicht über die erforderliche Eignung verfügt, in Interessenbindung zu anderen Verfahrensbeteiligten steht oder sich in Anlehnung an ein anwaltliches Mandatsverständnis vom Kind instruieren lassen würde.

Wird ihre Bestellung während des Verfahrens aufgehoben, sollten VerfahrenspflegerInnen die Übergabe der Vertretung sichern. VerfahrenspflegerInnen prüfen insbesondere, ob es dem Kind helfen könnte, die neue Person in ihrer Anwesenheit kennen zu lernen. Um VertreterInnen der wohlverstandenen Kindesinteressen bei ihrer Einarbeitung zu unterstützen, sollten das bisherige Vorgehen sowie vorläufige Einschätzungen dokumentiert werden.

Vor der Beendigung einer Verfahrenspflegschaft sollte die getroffene Gerichtsentscheidung oder Vereinbarung besprochen und mit dem Kind geklärt werden, wen es künftig in schwierigen und problematischen Situationen ansprechen kann. Es ist wichtig, den aus psychologischer Sicht erforderlichen Abschiedsprozess rechtzeitig einzuleiten und dem Kind oder Jugendlichen Gelegenheit zu geben, sich über die gemeinsamen Erfahrungen während der Vertretung zu verständigen.

VerfahrenspflegerInnen sollten auch allen anderen am Verfahren Beteiligten verdeutlichen, dass ihre Aufgabe beendet ist, sofern sie nicht als ErgänzungspflegerIn zur Umsetzung der richterlichen Maßnahmenwahl bestellt wurden. In diesem Fall muss die neue Aufgabe mit dem Kind sowie den anderen Verfahrensbeteiligten besprochen werden.

VerfahrenspflegerInnen sollten fallbezogene Unterlagen und Aufzeichnungen auch nach Ende ihrer Tätigkeit unter Beachtung des Datenschutzes aufbewahren, um auf diese zurückgreifen zu können, falls es erneut zu einem Verfahren – z.B. wegen Abänderung der gerichtlichen Entscheidung – kommt.

5.6 Vergütung

Für die Rechnungsstellung ist es nötig, zeitliche und finanzielle Aufwendungen (z.B. Treffen mit dem Kind, Telefonate, Fahrten, Gesprächstermine, Supervision) übersichtlich und detailliert zu dokumentieren. Für eine langfristige Qualitätssicherung der Interessenvertretung für Kinder und Jugendliche sollten VerfahrenspflegerInnen auf der Vergütung aller erbrachten fachlichen Leistungen bestehen.

B Rechte und Pflichten

Übersicht

		Rn
I.	Übersicht: Rechte des Verfahrenspflegers	1060
II.	Übersicht: Pflichten des Verfahrenspflegers	1061

I. Übersicht: Rechte des Verfahrenspflegers

1060 Der Pfleger für das Verfahren hat die nachfolgenden Verfahrensrechte:

- Er hat das Recht, gegen die Auswahl und die Bestellung seiner Person zum Verfahrenspfleger (einfache, unbefristete) Beschwerde einzulegen, §§ 19, 20 FGG (z.B. bei Überlastung oder fehlender Eignung für die Fallübernahme).

- Der Pfleger hat das Recht auf volle Akteneinsicht, damit u.a. auch das Recht auf Einsicht in das ärztliche, psychologische oder pädagogische Gutachten (vgl. BayObLG FamRZ 1993, 1489, 1490).

- Er ist über den jeweiligen Verfahrensstand zu informieren.

- Er kann bei Anhörungen, förmlichen Beweiserhebungen (z.B. Kindesanhörung, Zeugeneinvernahme) anwesend sein.

- Er kann Informationen über die persönlichen und psychosozialen Verhältnisse des betroffenen Kindes und seiner Eltern einholen (Ermittlungsrecht); hierzu kann er, soweit erforderlich die Personen des näheren Umfeldes des Kindes (nahe Angehörige mit Kontakt zum Kind, Pflegepersonen, Vertrauenspersonen, Erzieher, Lehrer, etc.) mit einbeziehen.

- Er kann eine ärztliche, psychologische, (sozial)pädagogische Begutachtung anregen, sich zu Fragestellungen der Begutachtung äußern und Sachverständige vorschlagen.

- Er kann in Verfahren nach § 1631b BGB zur Notwendigkeit einer Zwangsvorführung zur Anhörung und Untersuchung bzw. einer freiheitsentziehenden Beobachtungsunterbringung (§§ 70e Abs. 2, 68b Abs. 3 und 4 FGG) Stellung nehmen.

- Er kann Stellung nehmen zum Umfang des Sorgerechtsentzuges, d.h. u.a. auf die Wirkungskreise der Ergänzungspflegschaft nach Teilsorgerechtsentzug, bzw. zum Umfang und zur Form eines Umgangskontaktes.

- Er kann bestimmte Stellen oder Personen als Vormünder/Ergänzungspfleger vorschlagen oder von anderer Seite vorgeschlagene Stellen oder Personen im Rahmen seiner Stellungnahme ablehnen.
- Er kann auf eine Abänderung der gerichtlichen Anordnungen drängen, wenn und soweit dies aus triftigen, das Wohl des Kindes nachhaltig berührenden Gründen angezeigt erscheint, bzw. auf eine Aufhebung von Maßnahmen nach den §§ 1666 bis 1667 BGB, wenn eine Gefahr für das Wohl des Kindes nicht mehr besteht.
- Er kann das Gericht bei länger dauernden Maßnahmen nach den §§ 1666 bis 1667 BGB auf seine von Amts wegen einzuhaltende Verpflichtung hinweisen, diese Maßnahmen in angemessenen Zeitabständen (6 Monate bis höchstens 1 Jahr) zu überprüfen (§ 1696 BGB). Dabei hat das Gericht dem kindlichen Bedürfnis nach dauerhaften und stabilen Lebensumständen Rechnung zu tragen.
- Er kann eigene Rechtsmittel – erforderlichenfalls sogar bis zur Verfassungsbeschwerde – ergreifen oder zurücknehmen (nicht aber das des betroffenen Kindes selbst, welches das 14. Lebensjahr vollendet hat, vgl. § 59 Abs. 3 FGG).

Der Verfahrenspfleger ist nach hier vertretener Auffassung nicht gesetzlicher Vertreter des betroffenen Kindes im Verfahren. Er ist daher beispielsweise nicht berechtigt, den Arzt des Kindes von seiner Schweigepflicht zu befreien (auch nicht dem Gericht gegenüber zu Zwecken der ärztlichen Begutachtung), ärztliche, psychologische oder pädagogische (Zusatz-)Gutachten namens und auf Rechnung des Kindes in Auftrag zu geben.

II. Übersicht: Pflichten des Verfahrenspflegers

Der Verfahrenspfleger hat **1061**
- dem Gericht mitzuteilen, wenn und soweit die Übernahme der Verfahrenspflegschaft aus fachlichen oder zeitlichen Gründen (z.B. längerer Urlaub, Krankheit, Überlastung) den Interessen des betroffenen Kindes nicht gerecht würde,
- persönlichen Kontakt zum betroffenen Kind, den das Kind versorgenden Erwachsenen bzw. zu den Personen aufzunehmen, die ihrerseits Umgang mit dem Kind oder andere gerichtliche Maßnahmen beantragen (z.B. Sorgerechtsübertragung, freiheitsentziehende Unterbringung des Kindes),
- dem Gericht umgehend mitzuteilen, wenn der persönliche Kontakt zum Kind nicht zugelassen wird oder das Verhältnis zum Kind erheblich gestört ist, so dass es deshalb nicht (mehr) angemessen vertreten werden kann,
- das Kind über die Bedeutung des Verfahren aufzuklären, es über den jeweiligen Verfahrensstand zu informieren, es zu beraten und zu begleiten,

Teil 5 Aufgaben, Rechte und Pflichten des Verfahrenspflegers

- die subjektiven und objektiven Interessen des Kindes im Verfahren wahrzunehmen,
- ihm erkennbare Anliegen (Anträge, Anregungen, Wünsche und Befürchtungen) des Minderjährigen vorzubringen, gegebenenfalls mit einer eigenen Darstellung und Bewertung, soweit dies aus Sicht der (objektiven) Interessen des Kindes erforderlich erscheint,
- auf die Einhaltung der zum Schutz des Minderjährigen bestimmten Verfahrensgarantien zu achten (z.B. persönliche richterliche Anhörung, ggfs. angemessene psychologische, pädagogische oder ärztliche Begutachtung des Kindes; in Verfahren nach § 1631b BGB: Begutachtung durch Arzt für Kinder- und Jugendpsychiatrie oder zumindest durch einen Arzt mit Erfahrungen auf dem Gebiet der Kinder- und Jugendpsychiatrie, vgl. § 70e Abs. 1 Satz 2 FGG),
- die Sachverhaltsermittlung des Jugendamtes und des Gerichtes (§ 12 FGG) sowie das psychologische, pädagogische oder ärztliche Sachverständigengutachten einer kritischen Beurteilung in Bezug auf das angewandte Verfahren, die Vollständigkeit, die Wahrhaftigkeit, die Nachvollziehbarkeit und auf Verstöße gegen die Denkgesetze etc. zu unterziehen,
- an Gerichtsterminen oder Terminen und Gesprächen mit dem Jugendamt, dem Sachverständigen oder anderen Personen/Stellen teilzunehmen, wenn und soweit dies zur sachgerechten Wahrnehmung der Interessen des Kindes erforderlich ist (einschließlich Begleitung des Kindes zu den Terminen, wenn vom Kind gewünscht),
- auf ein kindzentriertes, das kindliche Zeitempfinden berücksichtigendes Verfahren gegenüber allen Verfahrensbeteiligten und dem Gericht hinzuwirken,
- die gerichtlichen (Zwischen-)Entscheidungen und die gerichtlichen Vergleiche mit dem Kind zu beraten und sie dem Kind zu erläutern, u.a. zur Abklärung, ob Rechtsmittel gegen die Gerichtsentscheidungen einzulegen sind.

1062 Die hier dargestellten Anforderungen an die Tätigkeit des Verfahrenspflegers sind nicht als abschließende Aufzählung zu verstehen. Je nach Fallgestaltung und beteiligtem Kind können andere bzw. weitere oder ein Weniger an Anforderungen maßgeblich sein.

> *Ergänzend zu den Rechten und Pflichten wird auf die „Standards für VerfahrenspflegerInnen" der Bundesarbeitsgemeinschaft Verfahrenspflegschaft für Kinder und Jugendliche e.V. verwiesen, Rn 1051 ff.*

C Fallkonstellationen und Vorgehensweisen

Übersicht

		Rn
I.	Einleitung	1063
II.	Die Bestellung durch das Gericht	1064
III.	Die Erwartungshaltung des Gerichts	1065
IV.	Die Akteneinsicht	1066
V.	Die Kontaktaufnahme	1067
	1. Die Reihenfolge der Kontaktaufnahme	1068
	2. Die Kontaktverweigerung	1069
VI.	Das Verhältnis von Verfahrenspfleger und Sachverständigem	1070
VII.	Das Unterbringungsverfahren	1071
VIII.	Findig sein – mutig sein – und manchmal leider auch Fehler machen	1072
	1. Akzente setzen	1073
	2. Mitgestalten	1074
	3. Aus Fehlern lernen	1075
IX.	Die Verabschiedung	1076
X.	Alles in allem	1077

„Es könnte doch ganz nützlich sein."
Erfahrungsbericht einer Verfahrenspflegerin

I. Einleitung

Mit diesem Beitrag sollen anhand einiger Fallbeispiele Einblicke in die Arbeit einer Verfahrenspflegerin gegeben werden. Es geht dabei weniger darum, mit dem Anspruch auf Vollständigkeit umfassend die unterschiedlichsten Erfordernisse, die bei einer Verfahrenspflegschaft auftreten können, zu schildern.[3] Vielmehr soll mit den Fallbeschreibungen dem Leser die Möglichkeit geboten

1063

---

[3] Diesbezüglich geben Weber/Zitelmann in den „Standards für VerfahrenspflegerInnen" eine ausgezeichnete Grundlage. Die „Standards" stellen aus meiner Sicht eine Art „Checkliste" dar. Im Einzelfall können dort beschriebene Vorgehens- und Verhaltensweisen während einer Verfahrenspflegschaft auch entfallen, was aber gerade nicht heißt, dass sie in die Überlegungen zur Vorgehensweise nicht unbedingt einzubeziehen wären. – Vgl. die Standards der BAG Verfahrenspflegschaft, abgedruckt in diesem Handbuch Rn 1051ff.

werden, sich in die Tätigkeit und die persönliche Haltung eines Verfahrenspflegers bei der Interessenvertretung von Kindern einzufühlen.

Es soll gezeigt werden, wie – punktuell ganz unterschiedlich – Verfahrenspflegschaften aussehen können und wie mit schwierigen Situationen umgegangen werden kann. Beobachtungen und eigene Denkabläufe werden geschildert, damit Grundlagen des eigenen Handelns bei der Wahrnehmung der Aufgabe eines Verfahrenspflegers erkennbar werden.

Wichtig ist der Autorin der Hinweis, dass die von ihr beschriebenen Situationen und „Lösungsstrategien" nicht als eine Handlungsanweisung verstanden werden dürfen. Jede Verfahrenspflegschaft ist so individuell anders und besonders, dass selbst in äußerlich ähnlich wirkenden Situationen im konkreten Einzelfall gänzlich andere Herangehensweisen erforderlich sein können.

II. Die Bestellung durch das Gericht

Johann[4]

Amtsgericht ***
Geschäfts-Nr. ***
Verkündet am: 14.6.99
Beschluss
In der Sache
*** – Antragsteller –
Prozessbevollmächtigte: Rechtsanwältin ***
gegen
*** – Antragsgegnerin –
Prozessbevollmächtigte: Rechtsanwälte ***
beschließt das Amtsgericht *** durch den Richter am Amtsgericht ***:

1. In der Folgesache „elterliche Sorge" soll eine erneute Kindesanhörung stattfinden. Das gemeinsame Kind Johann *** soll am 7.7.1999 in der Schule angehört werden.

2. Frau Rechtsanwältin Catharina Rogalla, ***,
   wird zur Pflegerin für das Verfahren gemäß
   § 50 FGG bestellt.

Gründe:

Die erneute Anhörung des Kindes ist zur Beurteilung der Entwicklung der letzten Monate unabdingbar.

---

4. Alle Namen und weiteren Angaben in den folgenden Falldarstellungen wurden geändert.

Die Voraussetzungen für eine Pflegerbestellung nach § 50 FGG sind gegeben. Die Bestellung der Verfahrenspflegerin ist zur Wahrnehmung der Kindesinteressen erforderlich. Die Frage des Sorgerechts ist hochkomplex und reduziert sich nicht allein auf die Frage, bei welchem Elternteil das Kind leben möchte. Die Eltern des Kindes sind aufgrund der eigenen emotionalen Beteiligung nicht in der Lage, die Wahrung der Rechte des Kindes **im Verfahren** zu gewährleisten.

Im Hinblick auf die auch und gerade von den Verfahrensbevollmächtigten mit großer Schärfe geführte Auseinandersetzung und im Hinblick darauf, dass gerade auch die weitere Verfahrensgestaltung zu prüfen ist, bedarf es darüber hinaus eines anwaltlichen Beistandes für das Kind.

Zitierter Beschluss erreichte mich – ohne jede Ankündigung – am 23. Juni 1999. Ich spürte aufziehenden Unmut. Wieder einmal hatte ein Richter entschieden, mich zur Verfahrenspflegerin zu bestellen, ohne dies zuvor mit mir abzustimmen. Offensichtlich muss ich nahezu jedem Richter erst einmal erklären, dass ich **vorher** gefragt werden möchte. Das Gericht kann nicht davon ausgehen, dass ich abrufbereit jederzeit in der Lage bin, mich gegebenenfalls binnen kürzester Zeit in ein möglicherweise längere Zeit laufendes und daher umfangreiches Verfahren einzuarbeiten.

Hinzu kommt auch, dass ich mich im Einzelfall für eine besondere Verfahrenskonstellation (z.B. in Fällen sexuellen Missbrauchs, in Unterbringungsverfahren gem. § 1631b BGB, in der Vertretung ausländischer Kinder mit zusätzlicher aufenthaltsrechtlicher Problematik o.ä.) als nicht kompetent genug erachten könnte. Da Kinder sich – anders als Erwachsene – ihre Verfahrensbevollmächtigten in der Regel nicht selber aussuchen können, muss sich das Gericht vor einer Verfahrenspflegerbestellung im Interesse der Kinder vergewissern, dass der jeweilige Verfahrenspfleger für gerade dieses Verfahren der geeignete „Spezialist" ist.

Ich nahm mir vor, bei nächster Gelegenheit hierüber ein ausführliches Gespräch mit dem Richter zu führen.

III. Die Erwartungshaltung des Gerichts

Der Kollege 1065

Ein Kollege bat mich um Rat hinsichtlich der Übernahme einer Verfahrenspflegschaft.

Ein ihm bislang unbekannter Richter hatte ihm ein Anhörungsprotokoll übersandt mit der Anfrage, ob er bereit sei, die Verfahrenspflegschaft für das Kind Jakob zu übernehmen.

Aus dem Protokoll ging hervor, dass es sich in dem Verfahren um eine Umgangsstreitigkeit handelte, die offensichtlich unmittelbar vor ihrem Abschluss stand. Nach dem Protokoll verweigerte der achtjährige Jakob nachhaltig den

Teil 5 Aufgaben, Rechte und Pflichten des Verfahrenspflegers

Kontakt zu seiner Mutter. Das Jugendamt bewertete diese Haltung als Ausdruck eines Loyalitätskonflikts. Jakob wolle die Gefühle des Vaters, bei dem er lebte, nicht verletzen.

Zwischen den Eltern, dem Jugendamt und offensichtlich auch dem Gericht bestand laut Protokoll Einigkeit, dass Besuchskontakte zwischen Mutter und Sohn stattfinden sollten und zwar zunächst in 14tägigem Rhythmus. Die ersten Kontakte sollten begleitet werden und zwar – wenn dieser damit einverstanden sei – von dem einzusetzenden Verfahrenspfleger.

Der für den Rechtsstreit zuständige Richter hatte sich unmittelbar nach Übersendung des Protokolls mit meinem Kollegen zusätzlich telefonisch in Verbindung gesetzt. Er wies darauf hin, dass es in diesem Fall in erster Linie darum gehen würde, den Umgang zwischen Jakob und seiner Mutter in Gang zu bringen. Er bat, unter Hinweis auf den guten Ruf meines Kollegen als Verfahrenspfleger, diesen sehr, sich des Falles anzunehmen.

Meinem Kollegen und mir war klar, dass hier, bei allem „guten Willen" der Beteiligten, das Institut des Verfahrenspflegers strapaziert, wenn nicht überstrapaziert war.

Ein Verfahrenspfleger muss von Erwartungen unabhängig und kindzentriert arbeiten. Wie kann ein Verfahrenspfleger einem Kind die notwendige Entlastung im Verfahren geben, wenn von Anfang an für alle übrigen Beteiligten feststeht, mit welcher Zielrichtung er seine Aufgabe wahrnehmen soll?

Im Fall meines Kollegen wäre es angebracht gewesen, den Verfahrenspfleger deutlich früher einzusetzen und ihn an der Entscheidungsfindung – zur Stärkung der Kindesinteressen – teilhaben zu lassen.

Nach Bestellung des Verfahrenspflegers wäre möglicherweise der zusätzliche Einsatz eines Ergänzungspflegers mit dem Wirkungskreis „Begleitung des Umgangs" bzw. die Umsetzung des begleiteten Umgangs durch das Jugendamt oder freie Träger die angemessene Vorgehensweise gewesen.

Sollte mein Kollege dennoch versuchen, zu helfen? Sollte er den Fall dennoch als Verfahrenspfleger übernehmen, auch wenn der Ausgangspunkt der eigenen Arbeit angesichts der Erwartungshaltung des Gerichts „schräg" war?

Oder sollte mein Kollege die Vorgehensweise des Gerichts nicht akzeptieren und die Übernahme der Verfahrenspflegschaft ablehnen? Was würde der Richter dann machen? Einen anderen Verfahrenspfleger auswählen und ihn, meinen Kollegen, enttäuscht über seine Ablehnung, in Zukunft nicht wieder ansprechen?

An dieser Stelle ist eine Problematik anzusprechen, die aus meiner Sicht in einigen – und eben auch in kindschaftsrechtlichen – Rechtsbereichen von Bedeutung ist: Der Richter sucht sich „seine" Verfahrenspfleger (ebenso wie

„seine" Sachverständigen) selbst aus.[5] Problematisiert worden ist diese Konstellation bereits an anderen Stellen.

Als vor Jahren das Institut des Verfahrenspflegers im Betreuungsrecht seinen Eingang fand, wurde die Befürchtung geäußert, ob nicht die Gerichte aus Gründen der Verfahrensökonomie vor allem auf Verfahrenspfleger zurückgreifen würden, die weniger den Interessen der Betroffenen als vielmehr der Funktionstüchtigkeit der Rechtspflege den Vorrang einzuräumen bereit sind.[6]

Der renommierte Strafrechtsreporter Gerhard Mauz hat in seinem Buch „Die Justiz vor Gericht"[7] – durchaus vergleichbar – die Rolle der Sachverständigen vor den Strafgerichten und ihren Umgang mit den „heimlich korrumpierenden Erwartungen der jeweiligen Verfahrensbeteiligten" beschrieben.

Diese Problematik gilt es, sich – auch als Verfahrenspfleger für Kinder und Jugendliche – immer wieder zu vergegenwärtigen:

Wie gehe ich damit um, dass ich meine Aufträge von einem einzelnen Richter erhalte und darauf im Rahmen meiner Berufstätigkeit auch angewiesen bin? Werde ich möglicherweise nicht zuletzt deshalb gern bestellt, weil ich mich als jemand erweise, mit dem sich „gut zusammenarbeiten" lässt? Weil ich jemand bin, mit dem es „keine Schwierigkeiten" gibt? Jemand, der die Rolle, die ihm zugewiesen wird, im Sinne der Gerichte begreift?[8]

Was sind meine eigenen professionellen Ansprüche für die Übernahme einer Verfahrenspflegschaft und wie gehe ich damit um, wenn das Gericht offensichtlich andere Vorstellungen hat?

Sich – gerade als selbständiger „Einzel-Verfahrenspfleger" – eine Arbeitsatmosphäre zu schaffen, in der ein gewisses Maß an Harmonie und Übereinstimmung mit dem Gericht und den sonstigen üblichen Beteiligten (Sachverständige, Jugendamt) besteht, ist verlockend. Es ist schwierig, dem entgegenzuwirken und in jedem Einzelfall wieder von neuem dem Gericht und den weiteren Beteiligten gegenüber kritisch und streitbar die Interessen des Kindes zu vertreten.

Ich muss meine eigene Befindlichkeit und seelische Situation deshalb immer wieder reflektieren, will ich die Bedürfnisse und Wünsche der Kinder in jedem neuen Fall umfassend und offen wahrnehmen und den übrigen Beteiligten und Beurteilenden mit dem notwendigen Nachdruck vermitteln.

Hierfür sind Aus- und Weiterbildung, kritische Selbstkontrolle, Supervision eine notwendige Grundlage.

---

5. Salgo, FPR 1999, S. 313 (316); Zitelmann 2001, S. 364 ff.; Knieper 1999, S. 169 f.
6. Schumacher, ZRP 1989, S. 7 ff., 9.
7. Mauz, 1990, S. 152 ff., 160 ff.
8. Mauz, a.a.O., S. 154.

Mindestens ebenso wichtig ist es aber, sich mit Berufskollegen zusammenzuschließen, um problematische Fragen erörtern und fachlichen Rat bzw. fachliche Unterstützung einholen zu können.

IV. Die Akteneinsicht

1066

noch einmal: Johann

Obenstehendem Beschluss entsprechend sollte Johann in zwei Wochen angehört werden.

Ein feststehender Anhörungs-/Verhandlungstermin setzt einerseits ein positives Signal im Sinne von „das Verfahren wird betrieben". Er stellt den Verfahrenspfleger andererseits aber zeitgebunden auch vor einigen Klärungsbedarf. Schnellstmöglich gilt es, Einsicht in die Gerichtsakte zu erhalten.

Ohne Kenntnis der Gerichtsakte beginne ich nicht mit meiner Arbeit. Es scheint mir unsinnig und naiv, zu denken, man könne ggf. auch „unvorbelastet" an die Situation herangehen. Die Gefahr, z.B. durch unbedarfte Äußerungen Hoffnungen zu wecken oder auch seelische Verletzungen des Kindes nicht wahrzunehmen, ist viel zu groß.

Massiv drängelnden Eltern oder Anwälten erkläre ich lieber meine Haltung und vertröste sie auf kurzfristige Gespräche nach erhaltener Akteneinsicht.

Warum erhalten eigentlich Sachverständige regelmäßig mit dem Beschluss ihrer Beauftragung die Gerichtsakte übersandt und Verfahrenspfleger nicht? Es würde die Arbeit deutlich erleichtern und beschleunigen, wenn ich mich nicht jeweils als Erstes darum kümmern müsste, überhaupt an die Akte zu gelangen.

Auch hierüber werde ich bei nächster Gelegenheit mit dem Richter noch einmal sprechen.

In Johanns Fall erhielt ich die Gerichtsakte schnell. Ihr war zu entnehmen, dass der Streit um das Sorgerecht bereits seit über zwei Jahren anhängig war.

> Als Johanns Eltern sich trennten, war Johann 5 ½ Jahre alt. Johann blieb anfänglich bei seiner Mutter, hatte aber regelmäßig Kontakt zum Vater. Als der Vater Johann ein dreiviertel Jahr später nach einem Besuch nicht verabredungsgemäß zur Mutter zurückbrachte, sondern dieser erklärte, Johann und er wollten grundsätzlich mehr Zeit zusammen verbringen, erwirkte die Mutter einen richterlichen Beschluss, mit dem ihr im Wege der einstweiligen Anordnung vorläufig das Aufenthaltsbestimmungsrecht für Johann übertragen wurde. Die Besuchskontakte zwischen Vater und Sohn wurden weniger.
>
> Bei der ersten richterlichen Kindesanhörung drei Monate nach Erlass der einstweiligen Anordnung erschien Johann dem Richter verängstigt, fast verstört und in großer Anspannung. Johann sprach kaum, äußerte aber unter Tränen, „lieber bei Papa sein" zu wollen.

Monate später empfahl der bestellte Gutachter, dass der Vater das alleinige Sorgerecht für Johann erhalten sollte. Johann sollte im Haushalt des Vaters seinen künftigen Lebensmittelpunkt haben.

Das Amtsgericht gab dem Vater daraufhin das vorläufige Aufenthaltsbestimmungsrecht, wollte eine endgültige Entscheidung aber noch nicht treffen, da Johann die Chance erhalten sollte, seinen Wunsch, künftig beim Vater zu leben, mit dessen Umsetzung noch einmal zu überprüfen. Das Gericht erachtete bis zu einer Hauptsacheentscheidung ein weiteres Abwarten von etwa sechs Monaten als sinnvoll. Es gab dem Vater auf, in dieser Zeit keine Veränderungen hinsichtlich des Schulbesuchs, der am Wohnort der Mutter erfolgte, vorzunehmen.

Die Wogen, die das Sorgerechtsverfahren auch in der Schule geschlagen hatte, waren hoch. Johanns zwei Schulfreunden wurden von ihren Eltern Besuche beim Vater verboten.

Das Jugendamt, das sich faktisch schon lange aus dem Fall zurückgezogen hatte, schlug nach Ablauf der sechs Monate eine weitere gutachterliche Stellungnahme zur Sorgerechtsfrage vor. Die Mutter plädierte ebenfalls für ein neues Sachverständigengutachten.

Daraufhin erging die Verfahrenspflegerbestellung.

Das Durcharbeiten der mittlerweile dreibändigen Gerichtsakte und die Erstellung einer sogenannten „Zeittafel"[9] hatten mich zehn Stunden in Anspruch genommen. Ich war erschöpft vom Aktenstudium und betroffen über den langen Weg der Ungewissheit, den Johann, zusätzlich zu dem Schmerz um das Auseinanderbrechen seiner Familie, seit nunmehr zwei Jahren gehen musste.

Nach dem ersten richterlichen Anhörungsvermerk und den Ausführungen des Sachverständigen war Johann ein ängstlicher, angespannter und verschlossener Junge.

Wenn ich Johann bei der erneuten richterlichen Anhörung eine Hilfe sein wollte, müsste ich unbedingt versuchen, ihn vorher kennen zu lernen.

V. Die Kontaktaufnahme

Noch immer ist die Teilnahme des Verfahrenspflegers an der Kindesanhörung keine Selbstverständlichkeit.

Wenn ich Richter darauf anspreche, reagieren manche überrascht und meinen, darüber noch gar nicht nachgedacht zu haben. Wenn ich argumentiere, dass sich aus meiner Sicht das Kind – so es mich **vorher** bereits kennen gelernt hat! – nicht nur in der Anhörung gestärkt fühlen dürfte, sondern dass möglicherweise dann auch Probleme angesprochen werden könnten, die ich zwar bereits

---

9. Anhand des Aktenmaterials eine sog. Zeittafel (Chronologie der für das Kind bedeutsamen Ereignisse mit Angabe von Datum und Lebensjahr) zu erstellen, halte ich in jedem Fall einer Verfahrenspflegschaft für unabdingbar. Eine Zeittafel ist unerlässlich, um die notwendige Übersicht über ein Verfahren zu bekommen und vor allem auch, um den Zeitablauf und die unterschiedlichen „Aktivitäten" der Beteiligten strukturiert zu erfassen.

erfahren habe, die das Kind aber von sich während seiner richterlichen Anhörung nicht äußern würde, sind die Richter meinem Vorschlag, mich an der Kindesanhörung teilnehmen zu lassen, bislang gefolgt.

Ist der Erstkontakt schwierig und für das Kind belastend, hilft es sehr, gemeinsam etwas zu tun: zusammen spazieren zu gehen, zusammen ein Eis zu essen, zusammen zu spielen usw.

Darüber hinaus habe ich es mir zur Regel gemacht, dem Kind und mir in komplizierten, „hochstreitigen" Verfahren Zeit zu geben. Ich bespreche, nachdem ich mich vorgestellt und meine Rolle erklärt habe, mit den Kindern in diesen Fällen als erstes, dass wir uns über das eigentliche, „schwierige Thema" (lieber bei Mama, bei Papa, in der Pflegefamilie; Besuche bei Mama, bei Papa; misshandelt von Mama, Papa usw.) an diesem Tage gar nicht unterhalten würden, es sei denn, dass sie selbst, von sich aus, mir dazu etwas würden sagen wollen. Ich erkläre den Kindern, dass es auch für mich kaum zu schaffen sei, mit ihnen gleich beim ersten Mal die kompliziertesten Fragen zu erörtern und ernte in der Regel ein verständnisvolles Lächeln für dieses Eingeständnis. Das „Kennenlern-Gespräch" verläuft so gelöster und gibt die Grundlage dafür, sich gemeinsam an schwierige Fragen heranzutasten.

1. Die Reihenfolge der Kontaktaufnahme

1068 In den meisten Verfahrenspflegschaften gibt es eine Vielzahl von Beteiligten; oft mit gänzlich unterschiedlichen Auffassungen und Interessen im Verfahren.

Sofern keine konkreten Gründe entgegenstehen, sollte eine Einarbeitung in den Fall – nach Akteneinsicht! – m.E. auch in Hinsicht auf die eigene Vorgehensweise bewusst „kindzentriert" erfolgen. Wenn irgend möglich, suche ich als Erstes das Kind auf bzw. bitte den Jugendlichen, sollte er dies vorziehen, in mein Büro. Von diesem „Kernkontakt" ausgehend, wende ich mich den dem Kind wichtigen Bezugspersonen zu; meist in der Reihenfolge, in der sie aktuell und im Erleben des Kindes von Bedeutung sind. Diese Vorgehensweise hilft mir, die Wünsche und den Willen des Kindes bei meinen Kontakten und Überlegungen immer wieder in den Mittelpunkt zu stellen.

Nach meinem Gespräch mit dem Kind unterhalte ich mich in aller Regel, sofern das Kind einverstanden ist, hinterher noch zusammen mit dem Kind und der Person, bei der ich das Kind besucht habe. Wir sprechen zusammen darüber, was Inhalt meines Gesprächs mit dem Kind gewesen ist. Diese Transparenz ist mir wichtig, um nicht dem Kind die Verantwortung aufzubürden, die bohrenden Fragen: „Wie war's denn? Was habt ihr denn besprochen?" zu beantworten. Sofern mein Gespräch mit dem Kind belastend für dieses war, ist es der Bezugsperson so auch besser möglich, hinterher auf Fragen oder Befürchtungen des Kindes einzugehen.

2. Die Kontaktverweigerung

Klara 1069

Klara war elf Jahre alt, als ich für sie zur Verfahrenspflegerin bestellt wurde. Ihre ersten drei Lebensjahre hatte sie mit ihrem Vater und ihrer Mutter zusammengelebt. Dann trennten sich die Eltern. Klaras Vater kämpfte seit bereits sechs Jahren um ein geregeltes Umgangsrecht mit seiner Tochter. Zwar war ihm ein Umgangsrecht vor einem Jahr gerichtlich zugesprochen worden, Klara lehnte aber jeglichen Kontakt strikt ab.

Klaras Mutter, mit dem Vater aufs heftigste zerstritten, vertrat seit Jahren unverrückbar den Standpunkt, ihre Tochter zu nichts zwingen zu wollen.

Als ich versuchte, zu Klara Kontakt aufzunehmen, erklärte mir ihre Mutter, Klara wolle mich nicht sehen und nicht sprechen.

Meinen Besuch in ihrer Wohnung lehnte die Mutter für sich selbst strikt ab. Zu einem Treffen „auf neutralem Boden" (Café o.ä.) sei ihre Tochter nicht bereit. Schließlich einigten wir uns darauf, dass sie, die Mutter, mit Klara zu mir ins Büro kommen würde.

Klara begrüßte mich am Tag unseres Gesprächs in meinem Büro zurückhaltend und scheu. Ihre Mutter lehnte es bereits ab, mir zur Begrüßung die Hand zu geben. Klara weigerte sich sodann, mit mir allein in einen Raum zu gehen. Wir setzten uns daraufhin zu dritt in mein Besprechungszimmer. Klara blätterte demonstrativ in ihrem Pferde-Heft, ohne mich anzusehen. Als ich sie auf ihre offensichtliche Zuneigung für Pferde ansprach, hatte ich für einen Moment das Gefühl, die Situation würde sich etwas entspannen. Ich bat die Mutter daraufhin, jetzt nach nebenan zu gehen und meinte zu Klara, sie könne sie jederzeit rufen, sobald sie das Bedürfnis dazu habe. Klara schwieg zu diesem Vorschlag, so dass ich die Mutter bat, es so zu versuchen. Die Mutter jedoch blieb sitzen und meinte entschieden, nicht eher zu gehen, als bis ihre Tochter dies wünsche. Es ginge schließlich um das Kindeswohl und ihre Tochter habe zu der Frage ihres Hinausgehens noch nicht „ja" gesagt. Der leise Hauch einer eigenständigen „Verfahrenspfleger-Kind-Beziehung" war vollständig verflogen. Klara wollte von nun an weder mit mir über ihr Pferde-Heft, noch über sonst irgendetwas sprechen. Nach weiteren fünf Minuten beendete ich das Zusammensein.

Die Mutter erklärte mir beim Hinausgehen, sie könne eben kein Vertrauen zu mir haben, da ich letztlich „im Feindeslager" stünde.

Einigermaßen entsetzt blieb ich zurück.

Was hätte ich tun können, als eine Kontaktaufnahme zum Kind nicht zustande kam, weil seine Hauptbezugsperson diesen Kontakt ablehnte und das Kind einen eigenen Standpunkt altersbedingt noch nicht vertreten konnte?

Aus meiner Sicht sind Überlegungen, die vor einem solchen Hintergrund die notfalls gerichtliche Durchsetzung von Rechten des Verfahrenspflegers auf Kontakte mit dem Kind diskutieren, zwar eindrucksvoll, in der Sache und vor allem in der täglichen Praxis jedoch wenig förderlich.

Mir ist nicht vorstellbar, wie es gelingen sollte, das Vertrauen eines Kindes gegen den massiven Widerstand der Person, mit dem dieses Kind zusammenlebt, zu gewinnen.

Eine Verfahrenspflegschaft muss aber notwendigerweise einen positiven, entlastenden Aspekt für das mit ihr konfrontierte Kind haben, wenn dieses Institut überhaupt seinen Sinn und Zweck erfüllen soll.

Als Verfahrenspfleger dem Kind gegenüber die Autorität und Identifikationskraft der Hauptbezugsperson in Frage zu stellen, solange nicht eine Situation der notwendigen Trennung entstanden ist, schien mir ein zu hohes Risiko zu bergen.

Zweifellos gibt es Fälle von Kindeswohlgefährdung, in denen dies nicht das größte Risiko und ein Kontakt zum Kind unbedingt notwendig ist.[10]

VI. Das Verhältnis von Verfahrenspfleger und Sachverständigem

1070

Alexander

Der elfjährige Alexander lebte, seitdem seine Eltern sich vor fünf Jahren getrennt hatten, allein mit seiner Mutter. Vor der Trennung der Eltern hatte es viel Streit gegeben. Der Vater lebte seit der Trennung zeitweise im Ausland. Sowohl die Mutter als auch Alexander erklärten im Rahmen des anhängigen Umgangsverfahrens, den Vater nicht mehr wiedersehen zu wollen. Er habe sie früher beide geschlagen. Insbesondere befürchteten sie, dass der Vater ihn, Alexander, anlässlich eines Besuchs ins Ausland entführen könnte.

Nachdem ich für Alexander zur Verfahrenspflegerin eingesetzt worden war, hatten wir uns mehrfach getroffen und über seine Situation und seine Ängste gesprochen. In meinem Beisein hatte Alexander einen Brief an den Vater formuliert und daraufhin auch einen Brief von diesem zurückerhalten. Mehr Kontakt wollte Alexander aber nicht.

Das Gericht entschied daraufhin, ein psychologisches Sachverständigengutachten zur Frage geregelter Umgangskontakte einzuholen. Alexander reagierte erschrocken. Ich beruhigte ihn und fragte ihn, ob er mich bei seinem ersten Treffen mit der Sachverständigen gerne dabeihaben würde. Alexander bejahte dies, so dass ich ihm versprach, es mit der Sachverständigen zu klären.

Die Sachverständige reagierte auf mein Anliegen reserviert. Sie erklärte mir, üblicherweise den Erstkontakt in der häuslichen, vertrauten Umgebung der zu begutachtenden Kinder stattfinden zu lassen. Sie würde es grundsätzlich lieber

---

10. Vgl. u. das Fallbeispiel „Daniela", Rn 1074 f.

sehen, den Erstkontakt zu Alexander – wie regelmäßig – alleine zu gestalten. Sollten sich dabei Schwierigkeiten ergeben, würde sie sich bei mir melden; dann könnten wir neu überlegen.

Bei dem Gedanken an Alexander spürte ich nach diesem Telefonat mit der Sachverständigen so etwas wie Scham. Ich hatte Alexander von mir aus meine Anwesenheit bei dem ersten Begutachtungstermin angeboten und musste ihm nun sagen, dass ich dieses Angebot zurücknehmen würde. Davon hatte mich die Gutachterin in diesem Fall überzeugt.

Ich spürte, dass vorrangig ich es wohl gewesen war, die, aufgrund ihres „Vorsprungs" in der mittlerweile schon recht vertrauensvollen Beziehung mit Alexander, das Gespräch mit der Sachverständigen mitgestalten (auch beeinflussen?) und Alexander dabei „unterstützen" wollte.

Ich sah ein, dass ich dieser Sachverständigen bis auf weiteres zugestehen musste, dass auch sie ihre Arbeit kompetent und einfühlsam machen würde und es ihr – ebenso wie mir – wichtig war, einen ganz eigenständigen Kontakt mit dem Kind aufzubauen. In Alexanders Fall konnte ich mein „Mich-heraushalten-müssen" akzeptieren und dies Alexander auch so vermitteln.

In unserer regionalen Arbeitsgruppe der VerfahrenspflegerInnen haben wir uns vorgenommen, die Frage, wann eine Situation für eine notwendige Begleitung zur oder gar für eine Teilnahme an der Sachverständigen-Begutachtung für den Verfahrenspfleger gegeben sein könnte, noch einmal, auch im Austausch mit Sachverständigen, zu klären.

VII. Das Unterbringungsverfahren

In der Freien und Hansestadt Hamburg gibt es seit Jahrzehnten keine geschlossenen Heime für Kinder und Jugendliche mehr. Entsprechend werden hiesige Verfahrenspfleger mit der Frage nach einer geschlossenen Heimunterbringung nur sehr selten – dann nämlich, wenn dies außerhalb der Landesgrenzen geschehen soll – konfrontiert.

Auch für Krankenhausunterbringungen auf einer geschlossenen Station gibt es in Hamburg keine spezielle Kinder- und Jugendstation. Hierfür steht lediglich die Erwachsenenpsychiatrie zur Verfügung. Über die Richtigkeit und den Erfolg dieser Politik kann lange gestritten werden, was an dieser Stelle aber nicht Thema sein soll.[11]

---

11. Vgl. Fegert/Späth/Salgo (Hg.): Freiheitsentziehende Maßnahmen in der Jugendhilfe und Kinder- und Jugendpsychiatrie, Münster 2001.

Teil 5 Aufgaben, Rechte und Pflichten des Verfahrenspflegers

Zeli

Die fünfzehnjährige Zeli war, aus Anlass heftigster nachbarschaftlicher Auseinandersetzungen, gemäß § 1631b BGB auf einer geschlossenen psychiatrischen Station „gelandet".

Als umgehend bestellte Verfahrenspflegerin im familiengerichtlichen Unterbringungsverfahren nahm ich am darauffolgenden Tag an der richterlichen Anhörung teil. Ärgerlich, dass sich wieder einmal eine Minderjährige auf der geschlossenen Akutstation der Erwachsenenpsychiatrie befand, fuhr ich zum Termin.

Dort stellten sich sehr schnell die schwierigen und alle Beteiligten hilflos machenden Umstände heraus. Zeli, körperlich groß und kräftig, hatte einen Nachbarn mit einer Gaspistole bedroht und war, auch am Tage der richterlichen Anhörung noch, fest entschlossen, ihn zu töten. Zeli befand sich bereits seit ihrem 12. Lebensjahr in nervenärztlicher Behandlung. Die Ärzte gingen, mit der erforderlichen Zurückhaltung angesichts des jungen Alters ihrer Patientin, von dem Vorliegen einer Psychose oder Borderline-Persönlichkeitsstörung aus.

Die (offenen) kinderpsychiatrischen Stationen in Hamburg kannten Zeli aus früheren Krankenhausaufenthalten und lehnten ihre Aufnahme ab. Die behandelnde Stationsärztin erachtete im Anhörungstermin Zelis Aufenthalt auf dieser geschlossenen Akutstation für ungeeignet und gerechtfertigt nur im Sinne einer kurzen Krisenintervention zwecks medikamentöser „Einstellung". Ansonsten benötige Zeli eine jugendpsychiatrische Behandlung.

Es erging ein einwöchiger Unterbringungsbeschluss, mit dem Zeli sich auch einverstanden erklärte: „Meine Mordgedanken sollen weggehen."

Was ist in solchen Fällen die Aufgabe eines – gemäß § 70b FGG lediglich für das Unterbringungsverfahren bestellten – Verfahrenspflegers?

Zum einen, die Voraussetzungen des § 1631b BGB ganz selbständig und gewissenhaft zu prüfen. Eine Unterbringung gem. § 1631b BGB kann und darf nur „ultima ratio" sein (vgl. oben Rn 210 ff.). Unverzichtbar ist an dieser Stelle für den Verfahrenspfleger ein gründliches Studium der Kommentierung des Paragraphen in den einschlägigen juristischen Standardkommentaren.[12]

Objektiv schwierig und subjektiv schwer aushaltbar ist eine solche Verfahrenspflegschaft, wenn, wie in Zelis Fall, übereinstimmend die Auffassung besteht, dass die Maßnahme „Unterbringung" zwar ohne Alternative, der Unterbringungsort aber offensichtlich der falsche ist. Wäre es dann nicht richtig, ein Rechtsmittel einzulegen?

Mir war eine Entscheidung des Landgerichts Hamburg[13] in einem ähnlichen Fall bekannt, in der es hieß:

---

12. So z.B. Palandt-Diederichsen, MünchKomm-Hinz und Staudinger-Salgo in den jeweils aktuellen Auflagen.
13. Beschluss des Landgerichts Hamburg, Zivilkammer 1, vom 28.7.98.

„… Eine kurzfristige Heilung, etwa mit Hilfe von Medikamenten, ist nicht möglich. Die erforderliche multimodale Einwirkung, um die Entwicklung der Betroffenen von der pathologischen in eine normale Bahn zu lenken, braucht außer psychiatrischer, psychologischer und erzieherischer Kompetenz Zeit und Kontinuität, und dies in einem Rahmen, dem sich die Betroffene nicht willkürlich entziehen kann. …

Es ist ausschließlich Aufgabe der Sorgerechtsinhaber, denen die Unterbringungsgenehmigung erteilt wird, die konkrete Anstalt auszuwählen. …

Der Verfahrenspflegerin ist zuzustimmen, dass die geschlossene psychiatrische Abteilung eines Krankenhauses, auf der Erwachsene behandelt werden, hier den Erfordernissen nicht in angemessener Weise gerecht werden kann. Aber eine Alternative zu einer derartigen Abteilung steht in Hamburg für die Unterbringung von Kindern und Jugendlichen nicht zur Verfügung. Dies ist kein Problem, das die Justiz zu lösen hätte, sondern die zuständige Behörde, die sich bekanntlich unter dem Schlagwort „Menschen statt Mauern" der Notwendigkeit versagt, dass es für den relativ kleinen, aber nicht mehr zu übersehenden Kreis schwierigster Fälle heißen muss „Menschen und Mauern", damit Jugendliche und Kinder vor dem Schlimmsten bewahrt werden können. ….."

Ich habe in Zelis Fall das Beschwerdegericht nicht bemüht (z.B. auch deshalb, weil das Gericht nicht zusätzlich die sachverständige Äußerung eines Kinder- und Jugendpsychiaters eingeholt hat). Die Unterbringungszeit war kurz gefasst, Zeli war damit einverstanden und die absehbar kurze Zeit im Krankenhaus wurde von ihr selbst als Entlastung empfunden.

Zum anderen gilt es in den freiheitsentziehenden Verfahren natürlich ganz besonders, dem Kind bzw. Jugendlichen als Verfahrenspfleger jederzeit ein Ansprechpartner zu sein, ihm das Verfahren zu erklären und vor allem auch die Beschwerdemöglichkeiten mit ihm gemeinsam zu besprechen.

VIII. Findig sein – mutig sein – und manchmal leider auch Fehler machen

Es ist enorm wichtig, für jede Verfahrenspflegschaft von neuem genug Kraft und Zeit zu haben, eigene Überlegungen zu entwickeln und Lösungsstrategien für die Probleme des Kindes im Rahmen des Verfahrens den anderen Beteiligten aufzuzeigen. 1072

1. Akzente setzen

Noch einmal: Johann 1073

Mit dem achtjährigen Johann, den ich unbedingt noch vor der richterlichen Anhörung kennen lernen wollte, traf ich mich im Einverständnis seines Vaters nach dem Unterricht in der Schule. Die Klassenlehrerin, der ich mich kurz vorstelle, sagte zu mir nichts weiter als: „Helfen Sie Johann, er war früher ein so fröhlicher Junge!"

Johann sprach nur einsilbig mit mir. Er blickte mich die ganze Zeit über nicht an. Schnell wurde deutlich, dass er von der Angst beherrscht war, künftig nicht mehr beim Vater leben zu dürfen. Immer wieder sagte er mir: „Ich möchte bei Papa bleiben."

Bemüht, unser Gespräch „leichter" werden zu lassen, fragte ich Johann nach seiner Schulsituation. Johann berichtete mir, die Schule nicht zu mögen. Er würde sehr gerne auf die Schule bei sich in der Nähe gehen. Sein Papa wolle dies auch. Morgens, auf dem langen Fahrtweg zu seiner jetzigen Schule, habe er manchmal eine „Gänsehaut". Ansonsten wolle er nur „unbedingt bei Papa bleiben".

Betroffen von der angstvollen Angespanntheit des Jungen fuhr ich in mein Büro zurück.

Was sollte ich tun? Erst einmal abwarten, wie der Richter jetzt seine Anhörung gestalten und wie das Sorgerechtsverfahren dann weitergehen würde?

Zwei Sätze aus meiner Weiterbildung zur Verfahrenspflegerin gingen mir durch den Kopf – zwei Sätze, die mir zu Kernsätzen bei meiner Arbeit geworden sind: „Sich ‚andocken' an die Angst des Kindes, dann führt es einen durch." lautet der eine, „Fürsprecher für das Kind zu sein heißt auch, immer wieder zu überlegen, wie das Kind – durch alle Beteiligten – bewusst entlastet werden könnte.", der andere.[14]

An Johanns Angst hatte ich „angedockt", sie war mir schmerzlich spürbar. Eine Angst, die Johann offensichtlich seit zwei Jahren schwer bedrückte und die auch durch seinen Umzug zum Vater nicht verschwunden war. Die Angst, den Vater zu verlieren.

Was könnten alle am Gerichtsverfahren Beteiligten tun, um diese Angst geringer werden zu lassen, um Johann bewusst zu entlasten? Was würde Johann sicherer werden lassen, dass sein Platz bei seinem Vater ist, mit all den Kontaktmöglichkeiten zur Mutter, die gegeben waren und um die er auch keine Sorge hatte?

Johann äußerte seit zwei Jahren, bei seinem Vater leben zu wollen. Dies war zwar seit einiger Zeit verwirklicht, die Schulsituation führte Johann aber offensichtlich jeden Morgen und jeden Mittag auf dem langen Schulweg vor Augen, dass sein Aufenthalt bei seinem Vater noch nicht „gesichert" war, weil man sich, nach dem letzten richterlichen Beschluss vor mittlerweile acht Monaten, noch in der „Überprüfungsphase" befand und weil das Sorgerechtsverfahren noch nicht abgeschlossen war.

---

14. Hildegard Niestroj, unveröffentlicht.

Ein Schulwechsel würde, dies wurde mir klar, Johann helfen. Ein Schulwechsel wäre eine tägliche und offensichtliche Bestätigung für Johann, dass sein Wunsch, beim Vater zu leben, von den übrigen Beteiligten endlich akzeptiert wird.

In neun Tagen begannen die großen Sommerferien. Wie sollte Johann überhaupt unbelastet in die Ferien gehen können, wenn weiterhin die Schulsituation unbefriedigend und für ihn eine ständige Quelle der Angst war?

Mir wurde klar, dass ich sehr schnell und aktiv versuchen müsste, das Verfahren voranzubringen, wenn ich Johann tatsächlich helfen wollte.

> Ich erklärte dem Richter, nachdem Johann von ihm angehört worden war, dass aus meiner Sicht zu Johanns Entlastung dringender Handlungsbedarf bestünde. Ich kündigte einen Schriftsatz an, den ich noch gleichentags fertig stellte und per Telefax dem Gericht übersandte.
>
> In diesem Schriftsatz schilderte ich mein Gespräch mit Johann und den Eindruck, den ich aus allem Bisherigen gewonnen hatte.
>
> Ich verband meine Schilderung mit der dringenden Anregung, sehr kurzfristig einen Verhandlungstermin wenigstens zu der Frage Johanns weiteren Schulbesuchs anzuberaumen.
>
> Der Parteivertreter von Johanns Mutter war wenig angetan von meinem „Vorstoß". In einem Telefonat teilte er mir aufgebracht mit, sehr enttäuscht von meiner Arbeit zu sein. Er hätte sich vorgestellt, dass ich dem Kind vermitteln würde, jetzt mit mir „ganz frei gucken" und mir dann irgendwann sagen zu können, wo es denn gerne wohnen würde.

Nahm dieser Verfahrensbevollmächtigte der Mutter den seit zwei Jahren geäußerten Wunsch des Jungen, bei seinem Vater zu leben, nicht wahr? Erkannte er die Ernsthaftigkeit dieses Wunsches und das Leid des Jungen nicht, weil er hauptsächlich die Mutter mit ihren Wünschen und ihrer Verzweiflung wahrnahm? Wirkte vielleicht das „PAS"-Argument,[15] das immer wieder einmal von ihm eingebracht worden war, so nachhaltig, dass das, was Johann ständig äußerte, nebensächlich war?

Ist es vordringlich meine Aufgabe als Verfahrenspflegerin, dem Kind etwas zu vermitteln? Die meisten Beteiligten in Kindschaftsverfahren erwarten dies. Je nach eigener Position und eigenem Interesse der Beteiligten wird vom Verfahrenspfleger erwartet, dass er es „schafft", das Kind zu etwas zu bewegen, was wiederum die eigene Sichtweise stärkt oder den vorgestellten Ablauf des Verfahrens erleichtert.

---

15. Fegert, Jörg M.: Parental Alienation oder Parental Accusation Syndrome? Die Frage der Suggestibilität, Beeinflussung und Induktion in Umgangsrechtsgutachten, Kind-Prax (Heft 1) 2001, S. 6–7 (Teil 1) und Kind-Prax (Heft 2) 2001, S. 39–42 (Teil 2); Wallerstein, Judy S./Lewis, Julia: Langzeitwirkungen der elterlichen Ehescheidung auf Kinder, FamRZ 2001, S. 65–72; vgl. auch in diesem Handbuch Fegert, Rn 337 ff.

Teil 5 Aufgaben, Rechte und Pflichten des Verfahrenspflegers

Verfahrenspfleger zu sein heißt aber, **dem Kind** Gelegenheit zu geben, etwas zu vermitteln und zu transportieren. Das vielzitierte „Sprachrohr" zu sein, auch dann, wenn das Kind seine Wünsche und seinen Willen nicht artikulieren kann, sei es aus Alters- oder sonstigen Gründen.[16]

Was ist in diesem Zusammenhang subjektive Wahrnehmung, was ist Suggestion, was „objektiv"?[17] Worauf kommt es letztlich an? Immer wieder tauchen diese Fragen auf. Um ihnen nachzuspüren und sich einer Antwort anzunähern, muss ich mir ein eigenes Bild zu den Einschätzungen anderer machen. Das braucht Zeit, manchmal viel Zeit. Es bedarf oftmals mehrerer Kontakte mit den Kindern und Besuche in unterschiedlichen Konstellationen.

Verfahrenspfleger zu sein heißt, sich im Verlauf des Gerichtsverfahrens, auch zu einzelnen Verfahrensabschnitten, immer wieder neu zu fragen, wie dem wohlverstandenen Interesse des Kindes oder Jugendlichen gedient werden könnte im Sinne der „am wenigsten schädlichen Alternative"[18] und die eigenen Erkenntnisse zeitnah in das Verfahren einzubringen.

Gleichzeitig heißt es natürlich auch, rechtzeitig zu erkennen, wann die eigenen professionellen Grenzen erreicht sind und es weiterer sachverständiger Klärung bedarf.[19]

Sind Rechtsanwälte am Verfahren beteiligt, heißt es in der Regel für den Verfahrenspfleger, sich „warm anzuziehen" gegenüber der Seite, deren Interessen mit der eigenen (/Kindes-) Position kollidieren. Vorwürfe der Inkompetenz, des falschen Vorgehens und des Nicht-richtig-erkennen-könnens sind häufig und manchmal scharf.

> In Johanns Fall wurde auf meinen Schriftsatz hin sehr kurzfristig – und wie von mir erbeten noch vor den großen Sommerferien – eine Gerichtsverhandlung anberaumt.
>
> Der im Verfahrenspfleger-Beschluss vom 14.6.1999 enthaltene ungewöhnliche Hinweis auf die Schärfe der Auseinandersetzung unter den Verfahrensbevollmächtigten der Eltern erfuhr hier eindrucksvoll seine Bestätigung. Nach einein-halbstündigem, erbitterten Ringen der Verfahrensbevollmächtigten um die Frage nach Johanns künftigem Schulbesuch wurde eine Entscheidung hierzu für den darauffolgenden Tag angekündigt.
>
> Als ich Johann am Tag der Entscheidung erzählte, dass er nach den Ferien auf die neue Schule gehen könne, entfuhr ihm mit „Oh, toll!" erstmals ein sponta-

---

16. Eine Verfahrenspflegschaft zu führen, ohne das Kind, für welches ich bestellt bin, persönlich kennen zu lernen, ist für mich aus diesem Grunde nicht vorstellbar, mag es sich dabei auch um einen erst wenige Tage alten Säugling handeln.
17. Vgl. in diesem Handbuch Fegert, Rn 328 ff.
18. Zu diesem Begriff als Maßstab s. Goldstein/Freud/Solnit, 1991, S. 49 ff, S. 149 ff.
19. Ohne zusätzliche Weiter- und regelmäßige Fortbildung dürfte dies, d.h. gerade auch das Erkennen der eigenen Grenzen, von keinem Verfahrenspfleger zufriedenstellend zu leisten und zu vermitteln sein.

ner, lebhafter Ausdruck mir gegenüber. Er guckte mich an und lächelte. Johann spürte offensichtlich, dass sein Verbleib bei seinem Vater damit nicht länger in Frage gestellt wurde, dass man seinen Wunsch – endlich – respektiert hatte.

2. Mitgestalten

Daniela 1074

Daniela war sechseinhalb Jahre alt, als ich sie kennen lernte. Sie lebte mit ihrer Mutter, bei der das Jugendamt eine psychische Erkrankung vermutete, in einer mittlerweile völlig vermüllten Wohnung.

Daniela wurde von ihrer Mutter liebevoll, aber wie ein Baby und von anderen Menschen völlig isoliert versorgt. Daniela ging weder in den Kindergarten, noch sahen Nachbarn sie draußen spielen. Selten sah man die Mutter mit Daniela in der „Karre" aus der Haustür kommen und zum Einkaufen fahren.

Als dem Jugendamt, nach vorangegangenen vergeblichen Bemühungen um Hilfestellung – ein älterer Bruder des Mädchens hatte schon aus der Familie herausgenommen werden müssen (s.u.), erkennbar wurde, dass von der Mutter auch die anstehende Einschulung Danielas verweigert werden würde, beantragte es beim Familiengericht die Einrichtung einer Ergänzungspflegschaft für das Aufenthaltsbestimmungs- und Erziehungsrecht.

Auch im Rahmen des gerichtlichen Verfahrens war es nicht möglich, die Kindesmutter dazu zu bewegen, für Daniela Außenkontakte und ärztliche Untersuchungen zu ermöglichen. Nachdem dies deutlich geworden war, wurde gerichtlicherseits die Einrichtung einer vorläufigen Ergänzungspflegschaft in Aussicht gestellt und ich zur Verfahrenspflegerin bestellt.

Bei meinem Besuch bei Daniela saß diese in einem Kinder-Gitterbettchen. Sie war sehr ängstlich und schüchtern und bat mich, zu gehen, wie es ihre Mutter sage. Im Gegensatz zum Rest der Wohnung waren Daniela, ihre Kleidung und auch ihr Bettchen tadellos sauber und gepflegt.

Nachdem auch mir dringender Handlungsbedarf im Sinne einer Trennung von Mutter und Kind zu bestehen schien, wurde der vorläufige Pflegschaftsbeschluss erlassen.

Das Gericht lehnte jedoch meinen Antrag, zusätzlich einen Herausgabebeschluss gemäß § 33 FGG zu fassen und die Anwendung von Gewalt anzuordnen, formlos mir gegenüber ab. Einen derartigen Beschluss hatten sowohl das Jugendamt als auch ich für notwendig erachtet, da bereits zehn Jahre zuvor eine Trennung zwischen der Mutter und Danielas sehr viel älterem Bruder nicht ohne Gewaltanwendung abgelaufen war.

Dennoch meinte das Gericht, der Grundsatz der Verhältnismäßigkeit erfordere es, die Herausnahme Danielas „erst einmal so" zu versuchen. Das Gericht berücksichtigte dabei offensichtlich nicht die unabsehbaren Folgen, die eine gescheiterte Herausnahme bei der Mutter auslösen könnte.

Es „erst einmal so" zu versuchen, schien dem Jugendamt und mir unkalkulierbar und deshalb inakzeptabel. So furchtbar eine notfalls gewaltsame Trennung von Mutter und Kind sein würde, so notwendig schien uns doch die Möglichkeit zu sein, die Herausnahme in jedem Fall, d.h. gegebenenfalls auch unter Zuhilfenahme von Polizeibeamten, zu einem Ende bringen zu können.

Was nun? Sollte ich einen meinen Antrag abweisenden Beschluss erwirken, danach in die Beschwerde gehen und damit weitere Zeit verstreichen lassen, wo mir doch ein erheblicher Handlungsbedarf – ohne Alternative zur Kindesherausnahme – zu bestehen schien?

Ich beschloss, „den Ball" des weiteren Vorgehens direkt an das Amtsgericht „zurückzugeben".

Das Jugendamt konnte ich für meine Überlegungen gewinnen.

Gemeinsam würden wir die Mutter und Daniela noch einmal besuchen. Vor Ort wollte ich Danielas Mutter bitten, zusammen mit ihrer Tochter und uns ins Amtsgericht zu fahren, um noch einmal mit einem Richter über den Pflegschaftsbeschluss, seine Richtigkeit und seine Folgen zu sprechen.

Tatsächlich war Danielas Mutter, die mit dem Beschluss nicht einverstanden war, nach einem stundenlangen Gespräch schließlich bereit, mit uns ins Gericht zu fahren. Die aus meiner und der Jugendamtsmitarbeiterin Sicht bevorstehende Trennung hatten wir im Gespräch nicht erwähnt.

Es berührte mich schmerzhaft, zu sehen, wie die Mutter Daniela für die Fahrt liebevoll, aber kleinkindhaft anzog und aus dem Kinderbett hob. Die 6½jährige Daniela konnte nicht gut laufen und war nicht in der Lage, Treppenstufen zu gehen, ohne festgehalten zu werden.

Im Gericht angekommen, war die zuständige Richterin nicht anwesend. Ich bemühte mich sofort um ein Gespräch mit dem für diesen Tag zuständigen Eilrichter. Ich bat ihn, Akteneinsicht zu nehmen und erklärte ihm, dass Mutter und Kind heute getrennt werden sollten, wir jedoch befürchten würden, dass dies nicht ohne Gewaltanwendung möglich wäre.

Der Richter konnte sich nach Akteneinsicht mit meinem Vorschlag, im Hintergrund eine Polizeibereitschaft zu organisieren und dann mit der Mutter ein Gespräch über die Kindesherausgabe zu führen, einverstanden erklären.

Er konnte es kraft seiner „Amtsautorität" erreichen, dass die Mutter Daniela für die Zeit des Gesprächs mit der Mitarbeiterin des Jugendamts in ein Nachbarzimmer gehen ließ.

Die Anwesenheit der herbeigerufenen Polizeibeamten wurde erforderlich, als der Richter Danielas Mutter schließlich erklärte, dass Daniela jetzt in ein Kinderhaus gebracht werden würde.

Daniela konnte auf diese Weise von ihrer Mutter getrennt werden, ohne körperliche Gewalt und eine völlig verzweifelte und der Situation gegenüber verständnislose Mutter unmittelbar erleben zu müssen.

3. Aus Fehlern lernen

Die Verfahrenspflegschaft für Daniela war eine derjenigen gewesen, die ich vor der Zeit meiner Weiterbildung zur Verfahrenspflegerin übernommen hatte. **1075**

> **noch einmal: Daniela**
>
> Emotional erschöpft und gleichzeitig froh über die zumindest für Daniela doch „glimpflich" abgelaufene Trennung, herrschte bei mir in der Folgezeit lange der Gedanke vor, etwas Gutes für Daniela erreicht zu haben. Daniela war jetzt in einer kindgerechten Umgebung angekommen, sie erfuhr die erforderliche krankengymnastische Behandlung und konnte bereits nach kurzer Zeit Besuche ihrer Mutter erhalten. Alle waren der Auffassung, Daniela mache große Fortschritte und entwickele sich gut.
>
> Unter diesem Eindruck stehend erklärte ich der, in Kindschaftssachen nicht erfahrenen, im Übrigen aber von mir geschätzten psychiatrischen Sachverständigen, die mittlerweile vom Gericht mit der Begutachtung der Mutter zur Frage ihrer Erziehungsfähigkeit beauftragt worden war, anlässlich unseres ersten Telefonats, dass aus meiner Sicht keine besondere Eile bei der Begutachtung notwendig sei. Daniela ginge es gut und eine Rückkehr in den Haushalt der Mutter wäre aus meiner Sicht ohnehin nicht vorstellbar.
>
> Es dauerte daraufhin über ein Jahr, bis das – außerordentlich sorgfältige – ärztliche Gutachten erstellt und bei Gericht eingegangen war. Wie erwartet wurde empfohlen, Daniela in eine Pflegefamilie zu vermitteln.
>
> Es dauerte sodann noch einmal acht Monate, bis für Daniela endlich eine geeignete Pflegefamilie gefunden worden war.

Auch wenn mir damals nach einigen Monaten, die Daniela bereits im Kinderhaus lebte, doch klar geworden war, dass Daniela „eigentlich" feste Bezugspersonen brauchte und sich nach einem Familienleben sehnte, habe ich – aus heutiger Sicht – meine Überlegungen keineswegs klar genug als einen Auftrag, auch für ihre Umsetzung zu sorgen,[20] empfunden.

Vielmehr habe ich Danielas Lebenssituation bis zur Fertigstellung des Gutachtens mitgetragen und mich erst im Anschluss daran für eine umgehende Suche nach einer Pflegefamilie stark gemacht. Angesichts Danielas Alter dauerte die Suche länger als gehofft.

> Daniela ist heute, wie mir das Jugendamt im Nachhinein berichtete, in ihrer Pflegefamilie glücklich. Sie hat einen ihren Bedürfnissen entsprechenden Kontakt zu ihrer Mutter, denen die Pflegeeltern mit viel Verständnis begegnen.

Ich meinerseits denke häufig noch an mein wenig professionelles „Abwarten" in Bezug auf Danielas Kinderhaus-Aufenthalt zurück.

---

20. Vgl. hierzu auch den Erfahrungsbericht zum Fallbeispiel „Sabine", Niestroj in Salgo, 1996, S. 503–540.

Ich hätte viel eher erkennen müssen, wie wichtig für dieses kleine siebenjährige Mädchen familiäre Bezugspersonen sind und wie wenig ihr davon in dem fraglos gut geführten Kinderhaus gegeben werden konnte. Der am Ende fast zweijährige Aufenthalt Danielas im Kinderhaus hätte abgekürzt werden können und müssen.

Ich habe mich an dieser Stelle über ein Jahr lang aus Unkenntnis nicht genug für Danielas Interessen eingesetzt. Es fehlte mir, wie allen anderen in dieser Phase, an Problembewusstsein.

IX. Die Verabschiedung

1076

noch einmal: Johann

Zwei Monate nach Johanns Schulwechsel wurde über das Sorgerecht entschieden. Es hatte den Anschein, als ob Johanns Schulwechsel nicht nur ihm geholfen hatte, sondern auch seiner Mutter. Die Mutter konnte jetzt endlich akzeptieren, dass Johann sich für ein Zusammenleben mit seinem Vater ausgesprochen hatte und dies seinen Bedürfnissen entsprach.

Johanns Vater wurde gerichtlicherseits das Aufenthaltsbestimmungsrecht für Johann zugesprochen; im Übrigen blieb es bei dem gemeinsamen Sorgerecht der Eltern.

Beide Eltern verzichteten, „mit Rücksicht auf Johann", auf die Einlegung eines Rechtsmittels.

Das Verfahren war damit abgeschlossen, meine Tätigkeit beendet. Ich wollte mich nun von Johann verabschieden.

Eine persönliche Verabschiedung von dem mir verfahrensrechtlich „anvertrauten" Kind, wenn es über das Kleinkindalter hinaus ist, ist mir wichtig. Es ist wichtig, mit dem Kind noch einmal persönlich zu besprechen, dass das Gerichtsverfahren abgeschlossen ist und unsere Begegnungen deshalb auch enden.[21]

Nie versäume ich dabei, dem Kind gleichzeitig zu sagen, dass es sich bei neu auftretenden Problemen gerne an mich wenden könne.

Als ich mich von Johann verabschiedete, erklärte er mir noch einmal, wie zufrieden er auf seiner neuen Schule sei. Ich fragte Johann, ob er meine Visitenkarte bekommen wolle für den Fall, dass er wieder einmal Probleme habe. Johann lächelte mich an. „Es könnte doch ganz nützlich sein." meinte er und ließ sich von mir die Karte geben.

Mit festem Blick gaben wir uns die Hand.

---

21. Zur Frage der Vergütung des abschließenden Gesprächs mit dem Kind vgl. OLG Hamburg, Kind-Prax 2000, 162 f. sowie in diesem Handbuch Rn 34, 1061.

X. Alles in allem

Die Arbeit eines Verfahrenspflegers kann schwer sein, manchmal kaum aushaltbar, die Tränen in die Augen treibend:

1077

Dennis

Dennis war ein winziger fünfjähriger, in seiner Herkunftsfamilie von seiner Mutter schwer misshandelter Junge. Sein Minderwuchs stellte sich nach seiner Inpflegegabe als seelisch bedingt heraus; in seinem neuen Zuhause wuchs er binnen weniger Monate um mehrere Zentimeter.

Bei meinem Besuch in der Pflegefamilie erzählte Dennis von sich aus, dass seine Mutter gestorben sei. Auf meine Nachfrage, wer ihm dies gesagt habe, meinte er nach kurzem Überlegen: „Das habe ich mir selber erlaubt."

Die Arbeit eines Verfahrenspflegers ist herausfordernd. Sie ist auch ausfüllend mit ihrer Möglichkeit, im Einzelfall perspektivisch die „am wenigsten schädliche Alternative"[22] mitentwickeln und neue, günstigere Lebensformen für Kinder mitgestalten zu können.

Der Anspruch an die eigene Professionalität muss hoch sein und die Wahrnehmung von Weiterbildung und regionalem Austausch einschließen.

Nur so kann es gelingen, die Position der Kinder und Jugendlichen, um die es für uns Verfahrenspfleger einzig geht, im gerichtlichen Verfahren – und damit auch in ihrer Lebenswirklichkeit – zu stärken.

---

22. Goldstein/Freud/Solnit, ebd.

Teil 6
Das Verhältnis zu beteiligten Personen und Institutionen

A Das Verhältnis zu Eltern und anderen Bezugspersonen des Kindes/Jugendlichen

Übersicht

		Rn
I.	Einleitung – Zum Selbstverständnis des Verfahrenspflegers	1078
II.	Die Konzentration auf das Kind als wesentliche Aufgabe	1084
	1. Zur Perspektive des Kindes	1084
	2. Die Situation des Kindes aus dem Blickwinkel von Eltern	1091
	3. Von eltern- zu kindzentrierten Fragestellungen	1104
	4. Kindzentrierung im gerichtlichen Verfahren	1113
III.	Der klare Rahmen als Strukturierungshilfe	1118

I. Einleitung – Zum Selbstverständnis des Verfahrenspflegers

1078 Im Rahmen der Interessenvertretung für ein Kind hat der Verfahrenspfleger[1] mit Eltern und – entsprechend der Fallkonstellation – auch mit Pflegeeltern und deren Anwälten zu tun. Beispielsweise werden von den Eltern ergänzende Informationen über Situationen aus dem früheren Leben des Kindes benötigt bzw. ist das Wissen über den konkreten Alltag des Kindes in der Pflegefamilie zu aktualisieren. Außerdem wird der Verfahrenspfleger persönlich Kontakt zum Kind aufnehmen und die hierzu erforderlichen Absprachen treffen müssen. Nun ist gleich zu Beginn zu fragen, welche Position er gegenüber Eltern, Pflegeeltern und deren Anwälten einzunehmen hat, um seiner Funktion gerecht werden zu können.

1079 Denken wir uns einen Verfahrenspfleger, der gerade vom Gericht mit seinem ersten Fall betraut worden ist. Gegenstand des Verfahrens wäre die Wegnahme des Kindes aus der Pflegefamilie und Rückführung in die Herkunftsfamilie. Unter Handlungsdruck und von der Absicht geleitet, das Verfahren zügig einer dem Kindeswohl entsprechenden Lösung zuzuführen, entscheidet er nach dem Aktenstudium kurzentschlossen, sofort zur Tat zu schreiten. Letztendlich, so rechtfertigt er sich selbst gegenüber dieses Vorgehen, ginge es im Kontakt zu den Eltern und Pflegeeltern in diesem Falle lediglich um einige noch ausstehende Informationen, damit er sich bereits im Vorfeld von dem Kind ein Bild machen könne. Den Schwerpunkt seiner Tätigkeit setzt er auf die direkte

---

1. Dieser Begriff steht in dem Beitrag sowohl für Verfahrenspfleger als auch für Verfahrenspflegerinnen.

Begegnung mit dem Kind. Da er das Konfliktpotential im Umgang mit den beteiligten Erwachsenen als nicht unerheblich einschätzt, fasst er den Vorsatz, sich sowohl den Eltern als auch Pflegeeltern gegenüber absolut neutral zu verhalten und ihnen gleichermaßen distanziert gegenüberzutreten. Besondere Prioritäten, Präferenzen oder strukturierende Bewertungskriterien setzt er nicht, sieht im Gegenteil in der Differenzierung seiner Positionen gegenüber den Eltern und Pflegeeltern die Gefahr einer einseitigen Bevorzugung und einer damit einhergehenden unwillkommenen Einschränkung seiner Vertretungsmöglichkeit. Er mutmaßt, eine kritische Differenzierung könnte ihn in die Situation bringen, dass er durch eine gefühlsmäßige Beeinflussung in seinem eigenen Handlungsspielraum eingeschränkt würde und nicht mehr unvoreingenommen jedem Einzelnen gegenübertreten könnte. Er möchte sich frei von jedweder Festlegung fühlen und dem Kind dadurch alle Optionen offenhalten.

1080 Wenn eine „Vorbereitung" zur Fallübernahme auf diese Art und Weise ablaufen würde, wäre zu befürchten, dass die Kindesinteressen auf der Strecke blieben. Denn mit einer neutralen Einstellung würde der Verfahrenspfleger bereits bei seinen ersten Schritten einer falschen Harmonisierungsabsicht zu Lasten des Kindes Vorschub leisten und damit möglichen Bagatellisierungs- oder Verleugnungstendenzen der Eltern bzw. eines Elternteils gegenüber den kindlichen Leiderfahrungen Tür und Tor öffnen. Die seelische und körperliche Gefährdung bzw. Verletzung eines Kindes erfordert, dass der Verfahrenspfleger sich auf die Interessenkollision einlässt. Dabei kann er unmöglich neutral bleiben. Bei der Konzentration auf eine unbeteiligte Haltung im Verhältnis zu Eltern und Pflegeeltern wäre dem Verfahrenspfleger bei seiner Bestellung durch das Gericht zudem der wichtigste Faktor seiner Funktion gar nicht erst voll bewusst geworden, nämlich der, dass seine Position bereits gesetzlich festgelegt ist: Er ist parteilicher Interessenvertreter für das Kind – also anders als der Gutachter oder Richter weder unbeteiligt noch neutral – und hat dementsprechend sein Handeln im Kontakt mit den beteiligten Erwachsenen ganz auf das Wohl des Kindes zu richten. Es existiert eine klare gesetzliche Vorgabe und diese gilt es zu erfüllen.

1081 Liegen dem Gericht sichere Anhaltspunkte[2] dafür vor, dass ein erheblicher Interessengegensatz zwischen Kindeswohl und Elternrecht besteht, richtet es für das betroffene Kind eine Verfahrenspflegschaft ein. Es ist wichtig, dass der Verfahrenspfleger begreift, was das Kind in seinem bisherigen Leben und in seiner Beziehung zu den Eltern Schwerwiegendes erlebt hat, denn nur so kann er für sein gegenwärtiges und zukünftiges Wohlergehen verantwortlich eintreten. Das Kind möchte sich darauf verlassen können, dass andere es nicht

---

2. Siehe hierzu Salgo, Protokolldienst Heft 4, 1999, 24; ders. FPR 1999, 319.

schädigen – und zwar nicht nur gegenwärtig, sondern auch in Zukunft. Ein Minimum an wechselseitigem Vertrauen ist eine notwendige Bedingung für das soziale Leben.[3] Da jedes Kind von Anbeginn seiner Entwicklung ein aktives menschliches Wesen ist, das erlebt und fühlt,[4] ist es wichtig, dass der Verfahrenspfleger auch gefühlsmäßig Partei für es ergreift. Solange das Einfühlungsvermögen in das reale Kind niedrig bleibt, könnte mit ihm alles geschehen, ohne dass dies den Verantwortlichen voll bewusst werden müsste. Die Befürchtung, dass mit einer persönlichen Gefühlsbeteiligung des Verfahrenspflegers gleichzeitig eine gerechte Problemlösung gehemmt würde und von daher einer Einstellung der Vorzug zu geben wäre, welche jegliche innere Berührung mit der psychischen Falldynamik zu meiden sucht, ist für den Interessenvertreter des Kindes unzutreffend. Denn es ist ein Unterschied, ob es um die Bewältigung menschlicher Probleme geht oder ob das Denken auf Gegenstände gerichtet ist. „Um das auf offener Strecke stehen gebliebene Fahrzeug wieder in Schwung zu bringen, empfiehlt es sich, Ärger und Aufregung zu vergessen und sich ganz auf die Ursache der Panne zu konzentrieren. Versuchen wir dagegen bei der Lösung menschlicher Beziehungsprobleme, von unseren Gefühlen und unserem Engagement zu abstrahieren, so verändern wir die menschliche Beziehung und sehen sie gerade nicht mehr objektiv. Dezentrierung im Zusammenhang zwischenmenschlicher Verhältnisse und Dezentrierung im Kontext technischer oder rein logischer Probleme sind zweierlei."[5]

1082 In einem Sorgerechtsverfahren steht das Kind mit seiner Bindung an die Eltern im Mittelpunkt der Betrachtung, – und somit auch die Frage, ob es sich um eine schützenswerte oder um eine schädigende Bindung handelt. Dies kann dem Interessenvertreter des Kindes nicht gleichgültig sein. Bliebe der Verfahrenspfleger im Verhältnis zu den beteiligten Erwachsenen neutral, so müsste das als Gleichgültigkeit gegenüber den eigenständigen Bedürfnissen und Interessen des Kindes, also auch gegenüber dessen Wünschen, Abneigungen, Befürchtungen, Hoffnungen und Sehnsüchten aufgefasst werden. Denn mit der Einstellung eines unbeteiligten Beobachters würde irrelevant erscheinen, ob das Kind schwerste Angst erleiden musste, als es beispielsweise miterlebte, wie der betrunkene Vater im Affekt gewalttätig auf die Mutter losschlug und sie dabei schwer verletzte. Eine unbeteiligte Haltung würde geradezu dazu verführen, wichtige Differenzierungen bezüglich wesentlicher Wertunterscheidungen zu unterlassen.

1083 Die bei einer Verfahrenspflegerbestellung nötigen sicheren Anhaltspunkte für einen erheblichen Interessengegensatz weisen deutlich darauf hin, dass es in

---

3. Nunner-Winkler, in: Edelstein u.a., 289; siehe auch Nucci/Lee, 89 ff.; ebenso Kesselring, 20.
4. Zur modernen Säuglingsforschung siehe Stern, 71 ff.; Janus, 41 ff.; Dornes, 60 f.
5. Kesselring, 183.

diesem gerichtlichen Verfahren um den gesamten Lebenszusammenhang und die Zukunftsperspektive des Kindes geht. Und dies erfordert, die gesamte Spannbreite menschlichen Tuns wahrzunehmen und zu unterscheiden zwischen echt und unecht, erträglich und unerträglich, Wohlgefühl und Angst und Unsicherheit, Zuneigung und Abneigung, fördernd und schädigend, verantwortlich und unverantwortlich. Es kommt darauf an, ob Eltern ihre eigenen Belange in Einklang bringen mit den Bedürfnissen des Kindes, so dass dieses in seiner Entwicklung keinen Schaden nimmt. Die allgemein anerkannten Werte, wie: Achtung vor dem Leben, der Integrität, dem Wohlergehen, Recht und Gerechtigkeit, gelten auch und insbesondere für das Kind und sind ihm rechtlich zugesichert. Es ist vollwertiger Träger eigener Menschenwürde und hat als Grundrechtsträger Anspruch auf den Schutz des Staates.[6]

II. Die Konzentration auf das Kind als wesentliche Aufgabe

1. Zur Perspektive des Kindes

1084 Allein schon aufgrund der starken Belastung des Kindes wird dem Verfahrenspfleger daran gelegen sein, dass nicht die Anpassung des Kindes an die gerichtlichen Belange im Vordergrund steht, sondern umgekehrt eine Anpassung an seine Situation im Verfahren erfolgt mit dem Ziel, es in seiner Subjektivität ernst zu nehmen und sein individuelles Erleben zu achten. Bei einem erheblichen Interessengegensatz benötigt das Kind ganz besonders einen Menschen, der in der Lage ist, die Kluft zwischen der Erwachsenenwelt und der Welt des Kindes zu erkennen und zur Sprache zu bringen.

Um nun etwas aus der Perspektive eines Kindes betrachten zu können, ist ein Perspektivenwechsel notwendig. Die hierzu erforderliche Änderung des Blickwinkels ist ein bewusster Akt, welcher nur im Wissen um die eigene Perspektive zu vollziehen ist. Ohne Selbstreflexion erhöht sich die Neigung, seinen eigenen Blickwinkel als maßgeblich anzusehen. Aufgrund ihrer kognitiven Entwicklung und ihrer persönlichen Erfahrungen haben Erwachsene in der Regel – geistige Anstrengung und Mühe vorausgesetzt – zumindest die Möglichkeit, sich verstandesmäßig auf den Standpunkt anderer Personen zu stellen. Hingegen sind kleinere Kinder – trotz eines zuweilen erstaunlich hohen Einfühlungsvermögens – von ihrer Entwicklung her hierzu noch nicht in der Lage.[7]

---

6. Zur Bindung des Elternrechts an das Kindeswohl siehe BVerfGE 24, 119, 144, FamRZ 1968, 578; zum Menschenbild des Grundgesetzes siehe Staudinger-Coester, § 1666, Rz. 111; Niemeyer FuR 1992, 146, Fn. 11 mit weiterführenden Hinweisen.
7. Siehe hierzu Piaget (1988), 23, 47 ff., 114 ff.; Kesselring, 96.

A Das Verhältnis zu Eltern und anderen Bezugspersonen

Das eigenständige Denken des Kindes beginnt damit, dass es individuelle Erfahrungen macht und alle Dinge von seinem eigenen Standpunkt aus betrachtet und dementsprechend auch aus seiner eigenen Perspektive beurteilt, wobei sein Denken nie an sich und unabhängig von der Umgebung erfasst werden kann.[8] Die soziale Entwicklung des Kindes geht ebenso wie die des Denkens erst im Laufe der Zeit vom Egozentrismus zur Gegenseitigkeit über. Die Fähigkeit zur sozialen Perspektivenübernahme bedeutet, sich verstandesmäßig auf den Standpunkt einer anderen Person zu stellen.[9] Ein kleines Kind ist hierzu noch kaum in der Lage. Noch viele Grundschulkinder[10] glauben, dass die Perspektive eines anderen ganz genau mit ihrer eigenen Ansicht übereinstimmt und ordnen ihm dementsprechend die eigene Sichtweise zu. Die Fähigkeit, unterschiedliche Perspektiven wahrzunehmen und miteinander zu koordinieren, entwickelt sich erst nach und nach.[11]

Ist man bereit, sich auf die Gedanken- und Gefühlswelt eines Kindes einzulassen, ihm zuzuhören und offen nachzufragen, wie es selbst die Dinge sieht und erlebt, so kann man zuweilen Erstaunliches hören. Einige Beispiele mögen dies deutlich machen.

1085

In einem Gespräch mit mir setzt sich Nina, ein 9-jähriges Mädchen, mit der Scheidung ihrer Eltern auseinander und ist ziemlich erbost darüber, dass diese das gemacht haben, noch dazu, ohne sie selbst zuvor gefragt zu haben. Alle Eltern, die sich scheiden lassen, sollte man ins Gefängnis sperren, resümiert Nina zornig und verleiht ihrer Wut auf diese Art und Weise Ausdruck. Als ich vorsichtig meine Zweifel an ihrem „Lösungsmodell" anmelde und zu bedenken gebe, dass sie in Konsequenz dann ja niemanden hätte, der für sie sorgen würde, fügt sie entschlossen hinzu: Aber dann wenigstens einen!

1086

Der 8-jährige David, ein in seiner Herkunftsfamilie schwer traumatisierter Junge, lebte nach einem Heimaufenthalt nun bereits seit fast einem Jahr in seiner Pflegefamilie, als sich folgende kleine Begebenheit in der Therapiestunde zutrug. Im Spielraum entdeckte David das Bilderbuch: Peter, Ida und Minimum,[12] eine Geschichte, die liebevoll über die Ankunft eines Geschwisterchens in der Familie erzählt und dabei die für viele Kinder so wichtige Frage nach der Sexualität der Eltern einbezieht. In der Geschichte zeichnet der Vater seinen beiden wissbegierigen Kindern den Zeugungsakt auf ein Blatt Papier, wobei es im Text heißt: So haben wir auch das neue Kind gemacht. Am Ende der Stunde – David hatte sich unterdessen längst anderen Dingen zugewandt, so dass ich glauben musste, ihn beschäftige dieses Thema nicht weiter, – bat er mich über-

---

8. Vgl. Piaget, in: Volkmann-Raue, 83 ff., 105, 116, 142 f.; derselbe (1990), 133 ff., 142, 145.
9. Anders als Kant nannte Piaget bei Kindern jene Einstellung „heteronom", welche sich die Norm einer Autorität zum Maßstab macht, Kesselring, 158 f.; siehe auch Nunner-Winkler, in Garz u. a., 334 ff.
10. Piaget selbst benennt ausdrücklich die von ihm gemachten Altersangaben von Kindern als nur äußerst ungefähre Durchschnittswerte, siehe hierzu: Piaget (1990), 141.
11. Piaget (1973), 222; Selman/Byrne 109 ff.
12. Fagerström/Hansson, 17.

Hildegard Niestroj

raschend: Aber zeige dieses Buch bitte nicht meinen (Pflege-)Eltern. Sonst wissen sie wie das geht, und dann geben sie mich vielleicht wieder her.

1087 Das im Verfahren zu vertretende Kind hat oftmals gerade in der Beziehung zu denjenigen Erwachsenen Schaden genommen, auf deren Schutz und Hilfe es am meisten angewiesen war, und denen es Vertrauen und Zuneigung entgegengebracht hat bzw. noch entgegenbringt – also in der Regel seinen Eltern. Diese Ausgangslage des Kindes gilt es zu begreifen, um nicht einfach das eigene Selbstverständnis dem zu vertretenden Kind überzustülpen. Denn ein Kind empfindet dies als schmerzlich, ist irritiert in seiner Wahrnehmung, fühlt sich missverstanden und bleibt emotional alleingelassen. Eine Verzerrungstendenz der unterschiedlichen Ebenen besteht allein schon aufgrund der emotional stark besetzten und kaum in Frage gestellten Bedeutungen der Begriffe wie: „Mama", „Papa", „Eltern", „Oma", „Opa", „Babysitter" etc. In ihrem Wertgehalt sind sie von den realen subjektiven Erfahrungen des jeweils betroffenen Kindes abhängig, d.h. von den konkreten Erfahrungen mit den Personen seines Lebensalltages. Hierzu zwei weitere Beispiele, dieses Mal aus der therapeutischen Arbeit mit dem 10-jährigen Martin, wobei ich bei dem ersten Beispiel – trotz meines Wissens um die Dinge – der soeben benannten Gefahr selbst erlegen war:

1088 Eines Tages rief mich der für Martin zuständige Sozialarbeiter an und sagte – für mich recht unvermittelt: „Ach, übrigens hat sich Martins Mutter bei mir gemeldet." Meine spontane Antwort lautete: „Schön!" Der für Martin engagierte und auch aus der Ferne mitschwingende Sozialarbeiter glaubte, seinen Ohren kaum zu trauen, als er meine freudige Reaktion vernahm, die mir, kaum war sie ausgesprochen, auch schon leid tat. Denn ich kannte Martins hoch angstbesetzten Gefühle gegenüber den leiblichen Eltern und hatte mich mit dem „Schön" weit von seinem Erleben entfernt. Als er sich in einer Therapiestunde mit seinen Erfahrungen aus der Herkunftsfamilie einmal bewusst auseinandersetzte, und ich ihm in diesem Zusammenhang sagte, dass manche Kinder regelmäßig Kontakt zu den leiblichen Eltern hätten, wurde er ganz blass, nahm seine Hand vor den Mund und sagte: „Ach, du großer Schreck!"

Martin erzählte mir eines Tages, dass seine Pflegeeltern sich am Abend zuvor im Kino einen Film angeschaut hätten. Er sei während dieser Zeit bei seiner Oma gewesen. Völlig empört schilderte er dann weiter, dass eigentlich ein Babysitter hätte kommen sollen. Seine heftige und abweisende Reaktion über diese von ihm als absolut negativ wahrgenommene Idee konnte ich spontan weder verstehen noch nachvollziehen. Ich hätte im Gegenteil diese neue Erfahrung für ihn altersentsprechend und von daher nicht uninteressant gefunden. Auf mein Nachfragen erinnerte mich Martin: „Hast du das nicht in der Zeitung gelesen, das mit dem Babysitter in Amerika, wo das Baby vom Babysitter gequält und dann getötet worden ist?" Sein Blick bei diesen Worten wird mir in Erinnerung bleiben, drückte er doch aus, was diese „Zeitungsinformation" für ihn selbst bedeutete. Das Geschehen in Amerika, das war für Martin nicht einfach irgendwo, – weit weg. Im Gegenteil, es war bedrohlich nah und könnte jederzeit wieder Realität werden. Das für mich schwer Vorstellbare, dass ein Babysitter bzw. Au-pair-Mädchen in der Lage sein könnte, den ihm anvertrauten Säugling zu töten, löste in Martin Phantasien aus, die sich mit seinen subjektiven Erfahrungen vermengten. Martin erlebte durch die Erinnerung an sein eigenes Erleben tiefste Angst. Es fiel mir wie Schuppen von den Augen, als ich erkannte, dass diese Erfahrungen für ihn permanent präsent sind. Schnell war ich auf seiner Seite und teilte mit ihm das Gefühl, bedroht und unsicher zu sein. Ebenso ging auch die 8-jährige Sabine[13] vom Standpunkt ihrer eigenen Erfahrungen mit alkoholabhängigen Eltern aus, als sie mit mir über die richterliche Entscheidung – der Integration in eine Pflegefamilie – sprach. Mit sorgenvoller Miene schaute sie mich an, seufzte tief und fragte mich dann, wie sie das denn schaffen solle: „Mit zwei Eltern, das ist schon so schwer, und jetzt kriege ich dazu auch noch Pflegeeltern." Eine Entlastung durch „zusätzliche Eltern" schien ihr in diesem Augenblick ausgeschlossen. Sie äußerte dann auch Furcht davor, die Pflegeeltern könnten sie schlagen, anbrüllen oder ihr sonst etwas Schlimmes antun.

1089 Weil es sich bei der Eltern-Kind-Beziehung um eine für ein Kind existentiell notwendige Beziehung handelt, auf die es vollständig angewiesen ist – denn allein ist es unfähig, für sich zu sorgen –, entwickeln Kinder ein absolutes Bedürfnis nach guten Eltern. Auch bei grobem Zuwiderhandeln der Eltern gegen ihre elterlichen Pflichtaufgaben und Verantwortung suchen Kinder sich doch so lange als irgend möglich zumindest die Hoffnung zu erhalten, dass diese Eltern irgendwann einmal liebevoll gewesen sind oder noch liebevoll werden können. Mit negativen, oftmals wenig tragfähigen Grunderfahrungen in den wichtigsten menschlichen Bindungen, welche den Verlust eines positiven Elternbildes zur Folge haben und sich somit auch auf das gesamte Weltbild des Kindes auswirken, soll das Kind bzw. der Jugendliche nun plötzlich Vertrauen fassen können. Wodurch könnte das geschehen?

1090 Entscheidend ist, dass das Kind selbst erlebt, in seinem Gefühlsleben ernst genommen zu werden. Dies kann dort gelingen, wo der Verfahrenspfleger dem Verständnis des Kindes entspricht, sich seine Sicht der Welt zu eigen zu machen sucht und die kindliche Denkungs- und Erlebensart ans Licht zu bringen vermag, dabei jedoch gleichzeitig die eigenen Bewertungsmaßstäbe im Auge behält ebenso wie seine Möglichkeit, die Dinge aus unterschiedlicher Perspektive zu sehen. Aus der Perspektive eines Kindes etwas zu betrachten bedeutet, dieses eine Kind möglichst umfassend in der Bindung an die (Pflege-)Eltern und seiner gesamten Lebensform zu begreifen. Zudem ist für

---

13. Niestroj in Salgo, 525; siehe auch Niestroj in Stiftung „Zum Wohl des Pflegekindes", S. 43 ff. mit abschließender Einschätzung.

Hildegard Niestroj

den Verfahrenspfleger wichtig wahrzunehmen, wo er selbst das Kind als Objekt erlebt. Damit es im gerichtlichen Verfahren zu einer Horizonterweiterung im Interesse des betroffenen Kindes bzw. Jugendlichen kommen kann, bedarf es eines Austauschs und der Übermittlung der unterschiedlichen Sichtweisen.

2. Die Situation des Kindes aus dem Blickwinkel von Eltern

1091 Mit Eltern über das destruktive Geschehen in der Familie zu sprechen, wird einige Verfahrenspfleger beträchtliche Überwindung kosten. Es bedarf dazu einer starken psychischen Anstrengung. Denn das, was man an menschenverachtenden Grausamkeiten erfahren kann, macht sprachlos und stumm. Manchmal ahnt man aufgrund der vorliegenden Informationen bereits, was dem Kind Schlimmes widerfahren ist, fürchtet sich jedoch davor, dies auszusprechen. Fast scheint es, als läge über dem gesamten Thema ein striktes Tabu.

1092 Wer trotzdem versucht, das Unaussprechliche in Worte zu fassen, riskiert, dass sich die gesamte Aggression gegen ihn selbst richtet. Doch die schwierige Wahrheit über das Geschehen muss zugelassen werden, – und das bereitet Angst. Geht es doch um Szenen von unbeschreiblicher Gewalt und Brutalität gegenüber einem Kind, aber auch um erschreckende Rücksichtslosigkeiten gegenüber Kindesinteressen in einer Scheidungssituation oder um die Notlage eines Kindes aufgrund fehlender emotionaler Zuwendung oder mangelnder Versorgung, welche die Eltern selbst kaum realistisch wahrnehmen. Wie kann ein Verfahrenspfleger mit den zu erwartenden Schwierigkeiten im Kontakt mit Eltern umgehen? Ist es möglich, mit diesen offen und ehrlich über die Situation des Kindes zu sprechen und die Dinge beim Namen zu nennen, ohne sie zu kränken, zu beleidigen oder ihnen mit Missachtung gegenüberzutreten?

1093 Auf den ersten Blick scheint es so, als befände sich der Verfahrenspfleger mit seinem beruflichen Auftrag in einer Zwickmühle: Nennt er gegenüber den Eltern die Dinge beim Namen, so fällt eine als Aggression empfundene Aussage auf ihn persönlich zurück und die in ihm hervorgerufenen Schuldgefühle blockieren ihn und schränken somit seine Handlungsfreiheit ein. Spricht der Verfahrenspfleger hingegen eine Gefährdung des Kindeswohls im Kontakt mit Eltern nicht offen an, so stützt er damit deren Bagatellisierungs- oder Leugnungstendenzen gegenüber den kindlichen Interessen und Bedürfnissen, gefährdet das Kind dadurch selbst und lässt es in dem Verfahren allein.

1094 Ehe wir uns jedoch den notwendigen Bewältigungsstrategien für Verfahrenspfleger in dieser misslichen Situation zuwenden, sollte zuvor ein Blick auf die Lage der beteiligten Eltern bzw. des betreffenden Elternteils geworfen werden. Denn erst wenn Verfahrenspfleger auch ihr Gegenüber in das Denken mit einbeziehen und mögliche Reaktionen auf das eigene professionelle Vorgehen realistisch einzuschätzen wissen, wird es ihnen auch gelingen können, zu einem Zusammenwirken im Interesse des Kindes aufzufordern.

Wenn Eltern ihre persönlichen Bedürfnisse und Interessen an oberste Stelle setzen und das in der Beziehung zu ihnen abhängige Kind hierdurch Schaden nimmt, so trifft sie damit das volle Gewicht einer nur schwer zu tragenden Schulderfahrung.[14] Vorausgesetzt natürlich, die Eltern sind aufgrund ihrer Persönlichkeitsentwicklung hierzu in der Lage und können das Leid, das sie dem Kind damit zufügen, auch erkennen. Ist jemand hingegen in seiner gefühlsmäßigen Wahrnehmung stumpf, uneinsichtig oder beispielsweise aufgrund einer psychischen Erkrankung unfähig zu Mitgefühl, kann er die Tragweite seines Tuns kaum voll ermessen, auch wenn ihm starke moralische Vorhaltungen gemacht werden.[15] **1095**

Im „Idealfall" würde beim Erkennen der Gefährdung oder Schädigung des Kindes seitens des entsprechenden Elternteils oder beider Eltern ein Schuldeingeständnis mit Anerkennung des realen Geschehens erfolgen und hierdurch eine Entlastung des Kindes eintreten. Denn nur die Realität kann verändert werden, welche als solche auch anerkannt wird. Doch das Eingeständnis von realer Schuld mit gleichzeitiger Übernahme von Verantwortung fällt schwer und setzt ein starkes Selbst-Wertgefühl mit Integrationskräften des Ichs voraus. Ohne die vermittelnde Funktion eines reiferen Ichs ist eine realitätsgerechte Wahrnehmung oder auch der Umgang mit äußeren Anforderungen, welche nicht der inneren Bedürfnislage entsprechen, nur sehr eingeschränkt möglich. Eine Anwendung des Modells: „Verantwortung statt Schuld" wäre von daher nur für eine Person praktikabel, welche sich ihrer Eigenverantwortung voll bewusst wäre und der deshalb die selbst verursachte oder nicht verhinderte Gefährdung oder Schädigung des Kindes leid täte. **1096**

Beim Erkennen der Situation des Kindes läge dem Erwachsenen am Herzen, sich bei ihm in aller Form zu entschuldigen und Sorge dafür zu tragen, dass der Schaden so weit als möglich wieder gutgemacht wird. Spätestens ab diesem Moment jedoch stünde die Anpassung des Erwachsenen an die Situation des Kindes im Mittelpunkt und nicht umgekehrt – wie so oft in Verfahren[16] – die des Kindes an den entsprechenden Elternteil oder beide Eltern.[17] Die Verhältnisse von stark und schwach, versorgen und versorgt werden, Verantwortung und „Unschuld" müssten in diesem „Idealfall" nicht durch Rollenumkehr in **1097**

---

14. Hirsch, 11, 30 ff.; Blasi, 71 ff.
15. Siehe Zenz FPR 1998, 17 ff.; zu Persönlichkeitsdefiziten von Tätern sexueller Gewalt gegenüber Kindern siehe Marquardt/Lossen, 30 f.
16. Zenz, mit Überlegungen zur Verringerung der Belastungen von Kindern in Verfahren, in: Klosinski, 91, 96, 100 f., 106.
17. Zu diesen Überlegungen bereits Ferenczi (1928), 212 ff.

ihr Gegenteil gekehrt werden,[18] denn mit der Übernahme der elterlichen Verantwortung ist ein Kind in jeder Beziehung überfordert und würde zudem seiner eigenen Kindheit mit der ihm zustehenden Persönlichkeitsentwicklung beraubt werden. Gleichzeitig bekäme ein Kind dadurch auch nicht die Schuldgefühle der Eltern wie einen Fremdkörper „implantiert", durch welchen es ohne Distanzierungsmöglichkeit Opfer des familialen Beziehungstraumas bleibt.[19] Denn die nicht anerkannte reale Schuld der Eltern ist eine der zentralen Ursachen von Schuldgefühlen des Kindes.[20]

1098 Dies könnte auch beim Verfahrenspfleger einen Niederschlag finden, denn mit der fehlenden Bereitschaft oder Fähigkeit zur Übernahme von Verantwortung durch Eltern erhöht sich die Gefahr, dass der Verfahrenspfleger des Kindes in einer Art Rollenumkehr zum Vertreter der Elterninteressen werden könnte.

Bei kritischer Betrachtungsweise und genügend Realitätssinn ist im Falle einer Interessenkollision zwischen Eltern und Kind kaum bzw. nur in den seltensten Fällen von solch einem „Idealfall" auszugehen. Vielmehr sollte ein Verfahrenspfleger darauf eingestellt sein, dass Eltern alles tun werden, um einer persönlichen Schulderfahrung zu entrinnen. Wird durch Befriedigung der eigenen Bedürfnisse und Interessen die Ausübung der elterlichen Pflichtaufgaben beeinträchtigt, treten zur Abminderung des Schulderlebens Abwehrmechanismen[21] in Kraft. „Die Funktion von Abwehr ist es genau, der Befriedigung seiner Bedürfnisse nachgehen und gleichzeitig gegenüber sich selbst den Anschein aufrechterhalten zu können, man habe keine wirkliche Unvereinbarkeit mit den eigenen moralischen Normen auf sich genommen."[22]

1099 Auf die Funktion der Leugnung als einem häufigen Abwehrmechanismus bei der familialen Traumatisierung eines Kindes – abgesehen von bewussten Leugnungsstrategien im Hinblick auf drohende Diskriminierung, Strafverfolgung etc. – wies bereits Balint[23] frühzeitig hin. Die psychoanalytische Erfahrung hat immer wieder gezeigt, dass es von besonderer Bedeutung ist, wenn das Trauma innerhalb einer intensiven Beziehung entsteht. So seien Menschen, welche für die Traumatisierung des unreifen Kindes verantwortlich sind, primär seine Eltern als dessen Liebesobjekte und sekundär Menschen, welche ihre Autorität von diesen ableiteten, also nahe Verwandte, Lehrer, Kindermädchen. Was das Verhalten des Erwachsenen potenziell besonders „traumatogen" mache, sei die ursprünglich

---

18. Siehe Hirsch, 144 f.
19. Ferenczi (1933), 307 ff.; Nienstedt/Westermann, 100 f., 212 ff.; Nienstedt, in: Stiftung „Zum Wohl des Pflegekindes", 60.
20. Hirsch, 96.
21. Hiehe hierzu Freud, A. (1936), 193 ff.; 234 f.; Hirsch, 58 ff.; Krebs/Denton, 252.
22. Blasi, 71.
23. Siehe Balint im Jahre 1970 – mit Hinweis auf Ferenczi, der erstmals den Gedankengang einer dreiphasigen Struktur des Traumas 1923 angeregt hatte –, Psyche, Heft 5, 1970, 353 ff.

vertrauensvolle, liebende Beziehung des Kindes zu ihm. Ganz gegen die Erwartung des Kindes geschehe plötzlich etwas höchst Aufregendes, Erschreckendes oder Schmerzhaftes. In jedem Fall komme es zu einer hochintensiven, oft leidenschaftlichen Interaktion zwischen dem Kind und dem Erwachsenen. Denn die traumatische Situation ist im Kern eine Erfahrung der Hilflosigkeit auf Seiten des Ich gegenüber Erregungszuwachs aus äußeren oder inneren Gründen. Das Trauma bedeutet eine innere Katastrophe, einen Zusammenbruch der Persönlichkeit aufgrund „einer Reizüberschwemmung, die die Ichfunktionen und die Vermittlertätigkeit des Ichs außer Kraft gesetzt hat."[24] Zur vollen Traumatisierung des Kindes kommt es nach Balint aber erst in der dritten Phase: Der Erwachsene leugnet das Geschehen und tut so, als habe sich gar nichts ereignet.

Sind Eltern im Rahmen eines behördlichen oder gerichtlichen Verfahrens gezwungen, sich mit der Gefährdung des Kindeswohls auseinanderzusetzen[25] und fühlen sich dabei einer Schulderfahrung ausgesetzt, treten die Abwehrmechanismen voll in Funktion. Beispielsweise wird jemand anderes aggressiv angegangen, belogen oder massiv beschuldigt, die Realität verzerrt, die Verantwortung für die Situation einem Dritten zugeschoben, die Schutzbedürftigkeit des Kindes oder auch das reale Geschehen selbst geleugnet oder auch idealisiert, oder versucht, das Leid des Kindes in Mitleid für die Eltern umzukehren. Zur besseren Übersicht siehe nachfolgende Tabelle. Hier sind einige der gebräuchlichsten Abwehrmechanismen zusammengestellt, mit denen ein Verfahrenspfleger im Umgang mit Eltern zu rechnen hat. Gleichzeitig sind diesen die entsprechenden Aufgaben des Verfahrenspflegers gegenübergestellt, welche bereits auf die anzustrebende Richtung bei der Problembewältigung hinweisen.

Problembewältigung des Verfahrenspflegers im Verhältnis zu Eltern	
Beispiele für Abwehrverhalten von Eltern	Aufgaben des Verfahrenspflegers
– Leugnen, Abwälzen, Vermeiden von Verantwortung – Beschuldigung anderer: „Angriff ist die beste Verteidigung" – Übertrieben unterwürfige „Annahme" von Schuld	Übernahme von zeitlich begrenzter und verfahrensbezogener Verantwortung für das Kind
– Leugnung einer Interessenkollision – Uminterpretieren, Zurechtbiegen, Entstellen von Informationen – Abschotten von bzw. Umdefinieren der gefühlsmäßigen Wahrnehmung – Verkehrung ins Gegenteil: Bedürfnisse od. Rechte der Eltern (!) seien gefährdet	Realitätsgerechte Wahrnehmung des Interessengegensatzes in seiner Bedeutung für das Kind

---

24. Freud, A. (1966), 1834.
25. Fegert (1998) mit dem Hinweis, dass davon auszugehen sei, dass vor Gericht i.d.R. nur die Spitze eines Eisbergs justitiabel wird und eine Fülle von durch frühkindliche Traumata hervorgerufene Belastungen verborgen bleibt, 26.

Problembewältigung des Verfahrenspflegers im Verhältnis zu Eltern	
Beispiele für Abwehrverhalten von Eltern	Aufgaben des Verfahrenspflegers
– Abschwächen, Minimieren, Ignorieren, Bagatellisieren des Schadensausmaßes – Zurückhalten von Informationen – Ungeschehenmachen, Realitätsleugnung	Feststellen des gesamten Ausmaßes der realen Gefährdung oder Schädigung des Kindes
– Schutz- und Hilfsbedürftigkeit des Kindes wird nicht wahrgenommen, für gering erachtet, heruntergespielt – Verzerrung oder Verleugnung der Generationengrenze – Eigenbedürfnisse werden kindlichen Entwicklungsbedürfnissen vorangestellt	Erkennen der Schutz- und Hilfsbedürftigkeit des Kindes
– Negieren der Notwendigkeit spezieller Hilfe für das Kind – falsche „Harmonisierungstendenzen" auf Kosten des Kindeswohls – perspektivloses Verharren in der Gefährdungssituation der Familie – Leugnung der Notwendigkeit einer sorgfältigen Prognose, orientiert am kindlichen Zeiterleben	Konzentration auf Schadensbegrenzung, Hilfe und Unterstützung für das Kind
– Abwerten, Boykottieren, Unterlaufen von Hilfemaßnahmen – Ausschluss grundsätzlicher Überlegungen – Druck bis hin zu Drohung gegenüber Veränderungsabsichten, die außerhalb der Herkunftsfamilie liegen	Entwicklung einer Zukunftsperspektive für das Kind; kritische Prüfung bzw. Anregung der Hilfeplanung

1102 In jedem Fall sollte ein Verfahrenspfleger damit rechnen, dass ohne sein Engagement die Eigeninteressen von Eltern im Vordergrund stehen und damit die Ebene des Einfühlungsvermögens in das Kind niedrig bleibt.[26] Lässt ein Verfahrenspfleger sich auf eine elternzentrierte Thematik ein, führt dies im Handumdrehen zu einer Kontroverse um die Frage nach der elterlichen Erziehungsfähigkeit,[27] deren Fehlern und Versäumnissen. Da Eltern in dieser Situation hoch verletzlich sind und harte Kritik ebenso fürchten wie blinde Zustimmung, beides aber gleichsam herauszufordern scheinen, tut der Verfahrenspfleger gut daran, eine Eskalation geschickt zu umgehen und die Frage nach der Erziehungsfähigkeit der Eltern im direkten Gespräch mit ihnen umzuformulieren in Richtung Kindesinteressen.

---

26. Vgl. die Schilderung von Fegert: „Eine der ernüchterndsten Erfahrungen für einen Gutachter besteht darin, festzustellen, wie schwierig es z. B. bei Sorge- und Umgangsrechtsregelungen ist, mit Eltern über die Perspektive des Kindes und die Interessen des Kindes ins Gespräch zu kommen." (1999a), 8.
27. Gegebenenfalls ist vom Verfahrenspfleger bei Gericht anzuregen, dass die Eignung der Eltern oder eines Elternteils gutachterlich überprüft wird. Siehe hierzu Zitelmann/Weber, Pkt. 4.4 (vgl. BAG Verfahrenspflegschaft in diesem Handbuch Rn 1058).

Über die Möglichkeit, im weiteren sozialen Umfeld die reale Lebenssituation des Kindes ermitteln zu können (vgl. hierzu Bauer Rn 147 ff.), ist er auch nicht ausschließlich auf die Informationen der Eltern angewiesen.[28] Ein vom Verfahrenspfleger bewusst herbeigeführter Perspektivenwechsel[29] mit klarem Blick auf das Kind verringert die Wahrscheinlichkeit, dass Eltern sich persönlich angegriffen, abgewertet oder erniedrigt fühlen, schiebt andererseits aber auch nicht die Realität innerhalb der Eltern-Kind-Beziehung mit der Schädigung des Kindes beiseite. Durch die Zentrierung auf die kindlichen Belange wächst die Chance, mit Eltern ins Gespräch zu kommen und dabei die unterschiedlichen Perspektiven ohne Verzerrung wahrzunehmen. 1103

3. Von eltern- zu kindzentrierten Fragestellungen

Will man den Wechsel von einer elternbezogenen Betrachtungsweise hin zur Sicht des betroffenen Kindes bewirken und es während des gesamten Verfahrens im Mittelpunkt halten, so erfordert dies wache Aufmerksamkeit und ein bewusstes, zielorientiertes Vorgehen. Vom ersten Aktenstudium an, über Telefonate, bis hin zu den einzelnen Gesprächen ist es notwendig, sich mit aller Kraft gegen den Sog einer ausschließlich elternzentrierten Blickrichtung der Probleme zu stemmen und einen Freiraum zu schaffen, der es ermöglicht, sich in das kindliche Erleben einzufühlen und die subjektive Sicht des Kindes aufzunehmen und deutlich zu machen. 1104

Möglich wird dies erst, wenn zuvor die Phantasie aufgegeben wurde, dem Kind sei in jedem Fall über ein geändertes Verhalten der Eltern zu helfen, mit der Vorstellung: Wenn es den Eltern besser geht, geht es auch dem Kind besser. Denn dieser Grundsatz gilt nur so lange, wie ein Kind nicht gefährdet ist. Im Konfliktfall tritt das Kindeswohl an vorderste Stelle! In sein Denken sollte ein Verfahrenspfleger unbedingt einbeziehen, dass er selbst derjenige im Verfahren ist, welcher den Perspektivenwechsel einzuleiten hat. Vor seiner gerichtlichen Bestellung – davon ist auszugehen – haben Überlegungen im Mittelpunkt gestanden, wie die elterliche Kompetenz so weit zu stärken ist, dass diese selbst in der Lage sind, den kindlichen Bedürfnissen gerecht zu werden. Dies bedeutet aber auch, dass die Subjektivität des Kindes nicht im Zentrum stand. 1105

Wie schwierig solch ein Perspektivenwechsel konkret zu bewerkstelligen ist, wird deutlich, wenn man aus einer x-beliebigen Gerichtsakte eine Textstelle herausgreift, und sich ganz auf das Erleben des Kindes zu konzentrieren sucht:

---

28. Salgo weist ausdrücklich darauf hin, dass der Verfahrenspfleger die Möglichkeit haben muss, Einfluss auf die Gestaltung und den Ausgang des Verfahrens zu nehmen, FPR, 1999, 315.
29. Zum Zusammenhang zwischen moralischer Sensibilität und Perspektivenübernahme siehe Krebs/Denton, 234 ff.

1106 Bei dem Hausbesuch wurden die Kindeseltern mit dem Säugling angetroffen. Sie hatten offensichtlich Drogen konsumiert und waren nicht in der Lage, die Situation zu erfassen. Die Wohnung befand sich in einem äußerst verwahrlosten Zustand mit Unmengen Müll, der überall herumlag. Im Kinderbett befand sich Kot von den in der Wohnung gehaltenen Ratten. Das Gespräch gestaltete sich ausgesprochen kompliziert, da die Kindesmutter unbeherrscht und aggressiv reagierte und mehrmals den Raum verließ. Der Kindesvater ließ sich auf die Gesprächsinhalte nur unzulänglich ein und war bemüht, außenstehende Dritte für seine Lebenslage verantwortlich zu machen. Beide Elternteile verfügten über keinerlei Einsicht bezüglich der geäußerten Kritikpunkte hinsichtlich der Versorgung ihres Kindes.

1107 Was erfahren wir hier über den Säugling selbst, seine Gefühle und seine eigenen drängenden Bedürfnisse? Wer sorgt für das Baby, nährt es und achtet darauf, dass es gesund aufwachsen kann? Wer ist emotional für es verfügbar, geht auf seine Bedürfnisse nach Zuwendung, Unterstützung und Liebe ein? Auf wen kann es sich in seiner Abhängigkeit verlassen, zu wem stabile Bindungen und soziale Beziehungen aufbauen? Wer reagiert auf seine zarten Signale und gibt Antwort, wenn es von panischer Angst überflutet wird und dringend Trost benötigt? Wer schützt es vor Risiken und Gefahren, vor zu starken Innen- und Außenreizen und somit vor einer schweren Traumatisierung? Welche Not und tiefe Angst muss es erleiden, wenn es sich emotional alleingelassen fühlt? Wie sieht die Zukunftsperspektive dieses kleinen Kindes aus? Fragen über Fragen, die hier zu stellen sind. Lässt man sich auf das deprimierende Bild ein, das einem durch diesen kurzen Text vor Augen geführt wird, so ist man beim Kind selbst in seinem Angsterleben. Dadurch wird man nicht so schnell bereit sein, sich über die psychische Realität dieses Kindes hinwegzutäuschen oder auf Nebenschauplätze verweisen zu lassen. Die Aufgaben zur Wahrnehmung der eigenständigen Kindesinteressen und Rechte sind gleichzeitig damit klar umrissen, der weitere Weg für die Tätigkeit eines Verfahrenspflegers bereits vorgegeben.

1108 Zur Einübung der Fähigkeit, das Kind als Rechtssubjekt wahrzunehmen und elternzentrierte Fragestellungen umzukehren, können fallspezifische Unterlagen aus der Akte anhand der nachfolgenden Fragen ausgewertet werden. Folgende Überlegungen sind vor jedem Elterngespräch zu empfehlen:

– Welche Informationen über das Kind selbst können Sie aus diesen Unterlagen entnehmen?

– Wenn Sie sich in die Lage des Kindes zu versetzen suchen, was könnte es durch ein Elternteil oder beide Eltern bislang Schlimmes erfahren haben?

– Formulieren Sie einen aus der Perspektive der Kindesmutter/des Kindesvaters geschriebenen Satz nun aus der Sicht des Kindes.

1109 Nun sollen noch einige Überlegungen zur praktischen Durchführung des Perspektivenwechsels im direkten Kontakt mit Eltern folgen, zumal ein Spannungsfeld darin zu sehen ist, dass Eltern ihr eigenes Erleben in den Vordergrund stellen bzw. eine Deckungsgleichheit zwischen Elterninteressen und Kindesinteressen annehmen. Durch Blickkontakt, Wortwahl, entsprechenden Tonfall, Mimik und Gestik, den Stimmklang kann Eltern schnell signalisiert werden, ob einem ernst damit ist, durch das gemeinsame Gespräch ein tieferes Verständnis für das Kind zu erlangen und dabei das Kindeswohl an vorderste Stelle zu setzen. Hat ein Verfahrenspfleger genügend Kraft zur inneren Abgrenzung und bezieht er als Interessenvertreter klar Position, kann er die Sichtweise von Eltern oder des beteiligten Elternteils ohne Schwierigkeiten offen erfragen. Denn für ihn ist von großem Interesse herauszufinden, was Eltern mit ihren Äußerungen zum Ausdruck bringen möchten.

1110 Das Wesentliche im Dialog besteht darin, nicht bei der ersten spontanen Situationsschilderung von Eltern – die erfahrungsgemäß aus deren eigener Perspektive erfolgt – stehen zu bleiben, sondern durch weitergehendes gezieltes Fragen Antworten hervorzurufen, welche den Unterschied zwischen der Elternschilderung und dem kindlichen Erleben transparent machen. Damit wird allen Gesprächsteilnehmern die eigene Sicht der Dinge bewusster und man kann sich schrittweise dem kindlichen Erleben annähern oder zumindest miteinander abklären, worin gravierende Unterschiede gesehen werden.

1111 Folgende weiterführende Fragen an die Eltern können hierzu dienen: Wie hat sich das familiäre Geschehen auf das Kind ausgewirkt? Was hat das Kind selbst Ihrer Meinung nach in dieser Situation erlebt? Wie würde das Kind seine eigene psychische Situation schildern und was würde es sagen, wenn es darüber sprechen könnte?

– Eltern sprechen z.B. über eine Gewaltszene, welche das Kind miterlebte; – die Eltern schildern dem Verfahrenspfleger die Situation aus ihrer eigenen Perspektive.
– Der Verfahrenspfleger fragt nach, wie diese Szene ihrer Meinung nach auf das Kind gewirkt hat; – die Eltern sprechen mit dem Verfahrenspfleger über das Kind.

Im günstigsten Fall werden sich Eltern in die Situation des Kindes versetzen und beschreiben, wie das Kind selbst diese Szenen erlebt haben könnte; ggf. kann es ihnen so gelingen, sich den gefühlsmäßigen Erfahrungen des Kindes anzunähern bzw. die kindliche Perspektive einzunehmen.

1112 Bei dieser Gesprächsform ist es dem Verfahrenspfleger möglich, Partei für das Kind zu ergreifen und dort deutlich Grenzen zu setzen, wo das wohlverstandene Kindesinteresse dies erfordert. Wenn Eltern den Verfahrenspfleger in ihr Leugnungssystem, ihre Aggressivität oder auch in Gleichgültigkeit gegenüber dem Kind einzubinden suchen, gilt es standzuhalten und Widerstand zu zeigen („Das kann ich so nicht sehen"). Es ist sinnvoll, sich immer wieder vor Augen zu führen: Nicht gegen Eltern kämpfen, sondern sich für das Kind einsetzen! Von daher wird man versuchen, das Gespräch wieder auf das Wesentliche zu zentrieren. Wissenschaftliche Erkenntnisse über Reaktionen von Kindern auf Trennung und Scheidung der Eltern, die Bindungstheorie oder Folgen anhaltender psychischer Traumatisierung mit der Notwendigkeit einer Unterbrechung der schädigenden Bindung und dem Aufbau einer neuen Beziehungserfahrung in der Pflegefamilie, aber auch über das kindliche Zeiterleben[30] im Vergleich zu dem von Erwachsenen, sollten als verallgemeinernde Erklärungen je nach Gesprächssituation mit herangezogen werden. Auch wenn ein Verfahrenspfleger die Sichtweise von Eltern erfragt und herauszufinden sucht, worum es diesen in Bezug auf das Kind geht, wird er sie nicht im Unklaren darüber lassen, welche gravierenden Schädigungen es bereits in seiner Entwicklung davongetragen hat und weshalb für die weitere Persönlichkeitsentwicklung des Kindes eine Schadensbegrenzung und die Entwicklung einer positiven Zukunftsperspektive dringend erforderlich ist.

4. Kindzentrierung im gerichtlichen Verfahren

1113 In einem gerichtlichen Verfahren, bei welchem die Regelung der elterlichen Sorge oder auch die Frage des Umgangs mit Eltern bzw. einem Elternteil im Mittelpunkt des Interesses steht, befindet sich das Kind manchmal bereits über lange Zeit in einer ausweglos scheinenden Konfliktlage, geprägt von Missachtung, Angst, Gewalt, Verleugnung, Demütigung oder auch Beschämung. In der Fachliteratur wird geschildert, wie beispielsweise misshandelte Kinder sich permanent in Alarmbereitschaft befinden und sich minutiös auf die Empfindungen des misshandelnden Elternteils einstellen. Sie erkennen winzige Veränderungen von Gesichtsausdruck, Stimme und Körpersprache als Signale für Wut, sexuelle Erregung, Betrunkenheit oder Dissoziation. Ist ein Zusammenstoß unvermeidlich, versuchen die Kinder, die Eltern durch demonstrativen, automatischen Gehorsam zu besänftigen.[31] Solange es dem Kind möglich ist, sucht es die Übergriffe aus seinem Bewusstsein zu verdrängen, d.h. nichts wahrzunehmen bzw. sich an nichts mehr zu erinnern. Dies kann durch vielfältige psychische Abwehrmaßnahmen geschehen, wie: das Erlebte zu bagatellisieren, zu rationalisieren, es umzudeuten oder so zu tun, als sei das Geschehen völlig normal, und hierdurch den für seine Tat verantwortlichen Elternteil zu entschuldigen, um das psychische Gleichgewicht zumindest partiell wieder herstellen zu können.[32] Bei einem Kind ist das System der psychischen Abwehrmechanismen jedoch noch unzureichend entwickelt.

---

30. Siehe hierzu Heilmann, 16-33.
31. Herman, 140; Nienstedt/Westermann, 95 f., 212; Zenz (1981), 235; dies. FPR, 1998, 18 ff.
32. Siehe Zenz (1981), 228.

Kann es die Realität nicht länger leugnen, so sieht es sich gezwungen, dieser **1114** durch eigene Erklärungen Sinn zu verleihen. Und was liegt näher, als dass das Kind sich selbst für den eigentlichen Verursacher der Gewalttaten des Erwachsenen hält (kindlicher Egozentrismus). Es fragt sich, ob es vielleicht wirklich ein böses Kind ist. Und wäre es böse, rechtfertigte dies alles, was mit ihm geschehen ist und noch geschehen wird. Wäre es selbst der Verursacher, müsste es auch die Schuld übernehmen für das, was zwischen ihm und dem Elternteil geschieht. Mit solch einer Behelfskonstruktion eines Sinnsystems könnte das Kind sich zumindest die – wenn auch irreale – Hoffnung erhalten, dass der Erwachsene richtig gehandelt habe, somit nach wie vor vertrauenswürdig wäre und dem Kind als dringend benötigtes Liebesobjekt auch weiterhin zur Verfügung stünde.[33]

Deutlich davon zu differenzieren ist die Lebenssituation eines Kindes, das **1115** durch die Vermittlung des Jugendamtes in der Pflegefamilie Sicherheit und Schutz finden konnte, nachdem es eine Zeit lang vernachlässigt[34] oder misshandelt wurde oder sexuell überwältigende Erfahrungen machen musste und somit Opfer einer familialen Traumatisierung geworden ist. Das seelisch verletzte Kind kann sich hier von den schädigenden Bindungen distanzieren und in einer schützenden Umgebung neue und tragfähige Bindungen aufbauen (vgl. hierzu *Zenz*, Rn 683 ff.). Es kann erleben, wie seine Pflegeeltern tagtäglich Sorge für es tragen und ihm hilfreich zur Seite stehen. Hat das Kind von den traumatischen Erfahrungen genügend Abstand und weiß sich in Sicherheit, können die bedrohlichen Szenen an die Oberfläche gelangen und in der Beziehung zu den Pflegeeltern in ihm lebendig werden. In der Pflegefamilie kommt es bei der Wiederbelebung früherer Erfahrungen leicht zu verzerrten Wahrnehmungen.[35] In solchen Momenten erlebt das Kind die Pflegeeltern wie seinerzeit Vater und Mutter. Es sieht sie „durch die Brille seiner früheren Erfahrungen."[36] Erst wenn das Kind genügend neue, emotional befriedigende Beziehungserfahrungen gemacht hat und diese verinnerlicht werden können, ist der traumatische Einfluss des früheren Geschehens zu korrigieren.

Für das Kind im gerichtlichen Verfahren beinhaltet die Konzentration auf die **1116** Kindesinteressen frei von der Verknüpfung mit Eigeninteressen eine große Chance.[37] Es bieten sich Überlegungen zu folgenden Fragen an:
– Worum geht es in diesem Verfahren für das Kind selbst?

---

33. Siehe auch Zitelmann 2001, 282 ff.
34. Auf die Vernachlässigung als häufigste Form von Kindesmisshandlung, welche in der Öffentlichkeit am wenigsten wahrgenommen wird, weist Dornes hin, 232; ebenso Fegert (1998), 20.
35. Nienstedt/Westermann, 67 ff.
36. Ebenda, 67.
37. Siehe BVerfG, FamRZ 1999, 85 ff., 87.

- Welche seiner eigenen Rechte, Interessen, Bedürfnisse und Gefühle stehen für es auf dem Spiel?
- Wurde die seelische und geistige Dimension des Kindeswohls genügend erfasst?[38]
- Gibt es Hinweise darauf, welche Bindungen des Kindes schützenswert und welche hoch beängstigend und von daher schädigend sind?
- Welchen Schaden hat das Kind bereits genommen?
- Wodurch wurde er verursacht und durch wen?
- Was blieb dem Kind bislang vorenthalten, das ihm zu seiner Persönlichkeitsentwicklung und der Entwicklung zu einem selbstbestimmungsfähigen Subjekt innerhalb der sozialen Gemeinschaft zusteht?
- Hat die Unfähigkeit, das Kind als eigenständige Person innerhalb der Eltern-Kind-Beziehung zu sehen, dazu geführt, dass seine Probleme ausschließlich als Probleme der Eltern gesehen wurden?
- Wurde das Problem der Instrumentalisierung[39] des Kindes mit Gefährdung seiner Integrität insbesondere durch geschiedene Eltern genügend bedacht?
- Wird es von einem Elternteil als Druckmittel oder für Eltern als Schadensprämie verwandt?
- Konnte sich das traumatisierte Kind von den schädigenden Einflüssen äußerlich/innerlich distanzieren oder ist es diesen weiterhin ausgesetzt?
- Gibt es Hinweise auf Loyalitätskonflikte, in denen das Kind stehen könnte? Wenn ja, zu wem und weshalb?
- Wie erlebt das Kind selbst seine Situation in der Bindung an die Eltern?
- Kann es sich freimütig äußern, ohne Angst oder Schuldgefühle zu bekommen oder Sanktionen befürchten zu müssen?
- Welche Bewältigungsformen hat das Kind selbst entwickelt? Wie sind sie einzuschätzen?

1117 Für den Verfahrenspfleger ist es unerlässlich, darüber nachzudenken, welche der Interessen bzw. Bedürfnisse der Eltern zu denen des Kindes im Widerspruch stehen könnten. Denn er muss alles daran setzen, den im gerichtlichen Verfahren zu prüfenden Interessengegensatz mit seinen negativen Auswirkungen auf das Kind zu erfassen.

---

38. Zur Berücksichtigung der psychischen Dimension des Kindeswohls vgl. die interdisziplinäre Untersuchung (Abschluss 1977) von Simitis u.a., 34; Staudinger-Coester, § 1666, Rn 67, 92, 94, 108 f.; vgl. auch Münder u.a. (2000).
39. Simitis u.a., 134.

Ebenso gehört zur Aufgabe des Verfahrenspflegers, dass er im Verhältnis zu den beteiligten Erwachsenen seine eigene Position gegenüber dem zu vertretenden Kind selbstkritisch überprüft:
- Bin ich noch immer nah an den Gefühlen des Kindes oder innerlich bereits von diesen abgerückt?
- Habe ich die leidvollen Erfahrungen dieses Kindes aus seiner Lebensgeschichte begriffen?
- Könnte ich die angespannte Atmosphäre des gerichtlichen Verfahrens und gegen mich gerichtete Wut auch im persönlichen Kontakt mit den Eltern oder einem Elternteil aushalten, ohne die besondere Schutzbedürftigkeit und Hilflosigkeit des Kindes bagatellisieren oder seine seelische Verletzung ignorieren oder leugnen zu müssen?
- Habe ich bei den Überlegungen zur themenspezifischen Vorbereitung wesentliche wissenschaftliche Kriterien – Kenntnisse über Loyalitätskonflikte, psychische Traumata, Bindungsstörungen, Gefährdungen der körperlichen und seelischen Integrität, Entwicklungsdefizite und das kindliche Zeiterleben – berücksichtigt?

III. Der klare Rahmen als Strukturierungshilfe

Da beim Umgang mit den betroffenen Familien durch deren äußere und innere Belastungen aufgrund starker emotionaler Beteiligung mit überwältigenden Affektzuständen bis hin zu destruktivem Agieren zu rechnen ist, dient die Schaffung eines klaren überschaubaren Rahmens dem Verfahrenspfleger als wichtige Strukturierungshilfe. Ein stabiler Rahmen unterstützt in angstbesetzten katastrophischen Situationen die Ichfunktionen mit Unterscheidungsfähigkeiten zwischen Realität und Illusionen, innerer und äußerer Welt ebenso wie Wunsch und Phantasie, und hilft, das überwältigende Geschehen zeitlich in Vergangenheit, Gegenwart und Zukunft einzuordnen.

Welchen explosiven Druck Beteiligte durch den hochbrisanten Inhalt eines gerichtlichen Sorgerechtsverfahrens zuweilen auf den Rahmen ausüben können, so dass durch die erhöhte Stresssituation ein Aus-dem-Rahmen-Fallen unvermeidbar scheint und manchmal sogar der Rahmen selbst gesprengt wird, ist jedem sofort präsent, der schon einmal mit einem hoch strittigen Sorgerechtsfall befasst war.[40] Wegen zu erwartender möglicher Affektüberschwemmungen der beteiligten Erwachsenen tut der Verfahrenspfleger gut daran, für Ich-stützende Strukturen zu sorgen und dadurch Überforderungen so gering als

---

40. Fegert (1999a), 9; Herman, 10, 210.

möglich zu halten. Je weniger der Verfahrenspfleger von den ungebundenen Affektzuständen der erwachsenen Verfahrensbeteiligten überschwemmt wird, desto besser kann er sich auf das Kind konzentrieren. Schließlich hat die Angstreduzierung beim Kind oberste Priorität.

1120 Ein klar strukturierter Rahmen stärkt den Realitätssinn und gibt den Verfahrensbeteiligten ein Stück weit Sicherheit, wenn Gefühle von Scham, Isolation, Stigmatisierung, Wut oder auch Hass aufsteigen und sie zu überwältigen drohen. Ebenso trägt er zur zeitlichen und räumlichen Strukturierung bei, schafft Raum für Überlegungen und innere Auseinandersetzungen. Es könnte beispielsweise nahe liegen, dass der Verfahrenspfleger die Beteiligten zu einem Gespräch in deren privater Wohnung aufsucht. Dabei ist vom Verfahrenspfleger zu bedenken, dass die Regulierung von Nähe und Distanz mit zu seiner Tätigkeit gehört. Bei zu großer Nähe könnten die persönlichen Grenzen eher verwischt und die – bei einer Interessenkollision unbedingt erforderliche – Kraft zur inneren Abgrenzung geschwächt werden.[41] Wenn von den Beteiligten als Wunsch oder auch Gesprächsbedingung die Teilnahme ihres Rechtsanwaltes vorgebracht wird, ist vom Verfahrenspfleger zu überlegen, welche Gründe sich im Hinblick auf die Zielsetzung des Gespräches förderlich und welche sich hemmend auswirken könnten. Beispielsweise könnte mit der aktiven Beteiligung des Anwalts der Eltern das Gewicht auf deren individuelle Belange verlagert werden, so dass es schwieriger würde, die Kindesinteressen im Mittelpunkt zu halten und vor lauter Gegensteuerungstendenzen letztendlich gemeinsame kindzentrierte Überlegungen blockiert würden. Andererseits wäre auch denkbar, dass erst mit der Teilnahme des Rechtsanwaltes der Eltern sich diese sicher genug fühlten, um sich auf eine Gesprächssituation einlassen zu können. Die Beachtung der Zeitstruktur ist sowohl während eines einzelnen Gesprächskontaktes als auch während des gesamten Verfahrensablaufs bedeutsam.

1121 Damit die Beteiligten sich von vornherein darauf einstellen können, was sie erwartet, sollten sie über wichtige Belange sachgerecht informiert werden. Dadurch wird ihnen die Kontrolle ihrer eigenen Situation ermöglicht. Eine kurze Definition der aktuellen Situation trägt dazu bei, dass sie Erwartungsspannungen besser ertragen können. Um Ängste und Phantasien nicht ausufern zu lassen, sollte der Verfahrenspfleger die Rahmenbedingungen, d.h. seinen Auftrag, seine Funktion und Vorgehensweise präzis und verständlich darstellen.[42] Dabei ist zu bedenken, dass vielen Menschen die Funktion des Verfahrenspflegers bislang noch unbekannt ist.

---

41. Vgl. Salgo (1996), 227.
42. Grundlegend hierzu Zitelmann/Weber mit vielen wichtigen Hinweisen für die Praxis (vgl. BAG Verfahrenspflegschaft in diesem Handbuch Rn 1051 ff.).

A Das Verhältnis zu Eltern und anderen Bezugspersonen

Zu einer realitätsgerechten Vorgehensweise gehört ebenso, dass die Beteiligten von vornherein darüber informiert werden, dass alles, was sie sagen, auch Eingang in das Verfahren finden kann. Dass dem Verfahrenspfleger bereits über die Gerichtsakte Informationen zur Verfügung stehen, ist für die Beteiligten ebenso wichtig zu erfahren wie das, was mit den aktuell erlangten Informationen geschehen wird und mit wem der Verfahrenspfleger noch zu sprechen beabsichtigt. Zur Klarheit und Eindeutigkeit trägt bei, dass die Informationen gezielt für dieses spezifische Verfahren ermittelt werden. Somit gibt es keinerlei Überschneidungen von Ermittlungs- und Beratungsfunktionen. 1122

Zur Handhabung eines klaren Rahmens gehört, dass ein Verfahrenspfleger 1123
– seine Rolle aktiv wahrnimmt;
– seine Aufmerksamkeit auf die Kindesinteressen konzentriert;
– dort deutlich Grenzen setzt, wo die Beziehung zum Kind und das wohlverstandene Kindesinteresse dies erfordern;
– Darstellungen einer Realitätsprüfung unterzieht und die Dinge beim Namen nennt;
– klare Absprachen trifft und auf deren Einhaltung achtet;
– die Zeitstruktur im Auge behält und diese nach außen hin transparent macht (vgl. hierzu *Heilmann*, Rn 782 ff.);
– die eigenen Kompetenzen nicht überschreitet;[43]
– keinerlei Zusagen bezüglich seines Entscheidungsvorschlags ans Gericht macht;
– rahmenverletzendes Verhalten aufzeigt und die Konsequenzen verdeutlicht.[44]

Die Chance, dass der Verfahrenspfleger sich im unmittelbaren Kontakt mit allen am Verfahren beteiligten Personen engagiert für die kindlichen Belange einsetzen und Widersprüche oder Ungereimtheiten aufgreifen und Rechtsverletzungen klar und deutlich benennen kann, gilt es zu erkennen und in die Praxis umzusetzen. 1124

bleiben frei 1125–1130

---

43. Ebenda, Pkt. 1, Pkt. 4 (vgl. Rn 1055, 1058); zu den Grenzen professionellen Handelns siehe auch Goldstein u.a., 41 ff.
44. Zitelmann/Weber, mit dem klaren Hinweis, das Gericht von grenzüberschreitenden Destruktionen mit den negativen Auswirkungen auf das Kind in Kenntnis zu setzen, Pkt. 3.5 (vgl. hier Rn 1057).

B Das Verhältnis zum Jugendamt

Übersicht

		Rn
I.	Einleitung	1131
II.	Stellung des Jugendamtes gegenüber Kind und Eltern	1132
III.	Aufgaben des Jugendamtes im familien- und vormundschaftsgerichtlichen Verfahren	1137
IV.	Zusammenarbeit des Verfahrenspflegers mit dem Jugendamt	1143
V.	Keine Bestellung von Mitarbeitern des Jugendamtes zu Verfahrenspflegern	1149

I. Einleitung

1131 In der Regel werden Verfahrenspfleger(innen) bei der Übernahme eines Falles feststellen, dass das zuständige Jugendamt mit dem Kind und/oder seinen Eltern bereits Kontakt hatte und der Fall dort aktenkundig ist. Auch in den Fällen, wo dies nicht zutrifft, kommt dem Jugendamt aufgrund seiner Unterstützungs- und Mitwirkungspflicht gegenüber dem Familien- und Vormundschaftsgericht eine wichtige Rolle im Verfahren zu. Es ist daher für den Verfahrenspfleger/die Verfahrenspflegerin unabdingbar, die Stellung des Jugendamtes gegenüber Kind und Eltern sowie gegenüber dem Gericht zu kennen, die eigene Position in Abgrenzung zu der des Jugendamtes zu bestimmen und eine für seine/ihre Aufgabe schlüssige Strategie der Zusammenarbeit zu entwickeln.

II. Stellung des Jugendamtes gegenüber Kind und Eltern

1132 Nach dem Kinder- und Jugendhilfegesetz (SGB VIII – KJHG) ist es Aufgabe der Jugendhilfe, die Rechte junger Menschen auf Förderung und Erziehung zu verwirklichen sowie Kinder und Jugendliche vor Gefahren für ihr Wohl zu schützen (§ 1 Abs. 3). Als den örtlichen Einrichtungen der öffentlichen Jugendhilfe obliegt es den Jugendämtern, dafür Sorge zu tragen, dass die im Gesetz vorgesehenen Leistungen auch tatsächlich angeboten werden.

1133 In der Frage, wer Adressat der von den Ämtern oder von freien Trägern der Jugendhilfe angebotenen Leistungen ist, legt sich das Gesetz allerdings nicht eindeutig fest. Bereits bei der Definition der Ziele von Jugendhilfe im KJHG stehen den Rechten der jungen Menschen auf der einen Seite (§ 1 Abs. 1) die Rechte und Pflichten der Eltern auf der anderen Seite (§ 1 Abs. 2) gegenüber. Das dort beschriebene Spannungsverhältnis zwischen Kinderrechten und Elternrechten zieht sich wie ein roter Faden durch das Gesetz. An einigen Stellen wendet sich der Gesetzgeber direkt an die Kinder und Jugendlichen und garantiert ihnen eigenständige Ansprüche wie etwa das Recht auf Inobhutnahme (§ 42) sowie das Recht, sich in allen Angelegenheiten der Erziehung und Entwicklung an das Jugendamt zu wenden und dort gegebenenfalls auch ohne Kenntnis des Personensorgeberechtigten Beratung in Anspruch zu nehmen (§ 8 Abs. 2 und 3). An anderen Stellen, darunter insbesondere im gesamten Bereich der Hilfen zur Erziehung (§ 27 ff.), werden die Ansprüche grundsätzlich dem Personensorgeberechtigten und nicht dem Minderjährigen zugeordnet, um dessen Wohl es aber eigentlich geht.

Demgegenüber steht in dem historisch jüngeren § 35a Abs. 1 (Eingliederungshilfe für seelisch behinderte Kinder und Jugendliche) der Anspruch auf Hilfe den Kindern und Jugendlichen selbst zu; allerdings kann auch dieser Anspruch jeweils nur durch den gesetzlichen Vertreter geltend gemacht werden. In § 36 (Mitwirkung, Hilfeplan) schließlich, dem aufgrund der dort geregelten Verfahrensweisen eine zentrale Rolle für eine Vielzahl von Hilfeleistungen zukommt, ist eine direkte Beteiligung der Minderjährigen parallel zu derjenigen der Personensorgeberechtigten vorgesehen.

In einer nicht aufzulösenden Ambivalenz sind Jugendämter einerseits den Rechten und Belangen der Kinder und Jugendlichen verpflichtet. Andererseits gehört es zu ihren zentralen Aufgaben, die Eltern bei der Erziehung ihrer Kinder zu beraten und zu unterstützen. Es liegt auf der Hand, dass diese unterschiedlichen Ziele – auch wenn sie sich letztlich beide auf das Wohl des Kindes als ausschlaggebenden Bezugspunkt beziehen – im Falle gravierender Familienkonflikte miteinander in Konflikt geraten können. Dies ist regelmäßig der Fall in hochstreitigen Sorgerechts- und Umgangsregelungsverfahren bei Trennung/Scheidung (§§ 1671, 1684 BGB), bei zivilrechtlichen Kindesschutzverfahren (§§ 1666, 1666a BGB) und wenn es um die Wegnahme eines Kindes von seiner Pflegeperson (§ 1632 Abs. 4 BGB) oder von dem Ehegatten oder Umgangsberechtigten (§ 1682 BGB) geht, also genau in den Fällen, für die in aller Regel ein Verfahrenspfleger nach § 50 FGG zu bestellen ist.

1134

Die Verpflichtung gegenüber den Rechten des Kindes und denen der Eltern führt bei den Jugendämtern zu einer Vielfalt sich ergänzender, zum Teil auch sich widersprechender Aufgaben. In Beratung, Hilfeplanung und bei der Vermittlung und Evaluation von Leistungen müssen jeweils die Perspektiven und Wünsche aller Familienmitglieder berücksichtigt werden.

1135 Dass das Jugendamt für die Annahme der von ihm angebotenen Leistungen auf die Mitwirkung der Eltern angewiesen ist, befördert die Tendenz, die Perspektive der Eltern zu bevorzugen, und sei es nur aus dem Bemühen heraus, den Kontakt zu der Familie nicht abreißen zu lassen. Dies ist besonders problematisch, weil Kinder und Jugendliche betroffen sind, die aufgrund einer besonderen Gefährdungssituation nicht in der Lage sind, ihre Interessen gegenüber dem Jugendamt wirksam zur Geltung zu bringen. Zu Recht ist daher immer wieder kritisch auf die starke Elternorientierung des Kinder- und Jugendhilfegesetzes hingewiesen worden.[45]

1136 Schon aufgrund dieser strukturell bedingten und durch das Gesetz geförderten Orientierung, Hilfen für Kinder und Jugendliche regelmäßig über die Eltern zu vermitteln, muss davon ausgegangen werden, dass das Jugendamt im Rahmen seiner Mitwirkung im gerichtlichen Verfahren die Interessen des Kindes nicht immer in den Vordergrund stellt. Diese Aufgabe bleibt dem Verfahrenspfleger/der Verfahrenspflegerin vorbehalten, dessen/deren Bestellung durch die Notwendigkeit einer parteilichen Interessenwahrnehmung für das Kind legitimiert ist.

III. Aufgaben des Jugendamtes im familien- und vormundschaftsgerichtlichen Verfahren

1137 Auch wenn sowohl das Jugendamt als auch das Familien- und Vormundschaftsgericht an erster Stelle dem Kindeswohl verpflichtet sind, unterscheiden sich ihre Aufgaben diesbezüglich dennoch grundlegend voneinander. Aufgabe der Jugendhilfe ist es, die Ursachen von Problemlagen mit Bezug auf junge Menschen zu erkennen, unter Einbeziehung der Betroffenen Lösungsmöglichkeiten zu entwickeln und entsprechende Hilfen anzubieten. Soweit es nicht möglich ist, in Zusammenarbeit mit den Eltern Gefährdungen des Kindeswohls abzuwenden, sind die Gerichte einzuschalten. Diese haben die Aufgabe, den Sachverhalt einer Konflikt- oder Gefährdungslage aufzuklären und zu entscheiden, ob zur Abwendung der Gefahr für das Kindeswohl Eingriffe in das elterliche Sorgerecht erforderlich sind.

1138 Die Zusammenarbeit zwischen Jugendamt und Familien- bzw. Vormundschaftsgericht ist jugendhilferechtlich in § 50 KJHG geregelt:

§ 50 KJHG
Mitwirkung in Verfahren vor den Vormundschafts- und Familiengerichten

(1) Das Jugendamt unterstützt das Vormundschaftsgericht und das Familiengericht bei allen Maßnahmen, die die Sorge für die Person von Kindern und

---

45. Vgl. Fieseler in: Fieseler/Schleicher 1998, § 1 Rn 1 ff.

Jugendlichen betreffen. Es hat in Verfahren vor dem Vormundschafts- und dem Familiengericht mitzuwirken, die in den §§ 49 und 49a des Gesetzes über die Angelegenheiten der freiwilligen Gerichtsbarkeit genannt sind.

(2) Das Jugendamt unterrichtet insbesondere über angebotene und erbrachte Leistungen, bringt erzieherische und soziale Gesichtspunkte zur Entwicklung des Kindes oder des Jugendlichen ein und weist auf weitere Möglichkeiten der Hilfe hin.

(3) Hält das Jugendamt zur Abwendung einer Gefährdung des Wohls des Kindes oder des Jugendlichen das Tätigwerden des Gerichts für erforderlich, so hat es das Gericht anzurufen. Absatz 2 gilt entsprechend.

1139 Der Pflicht des Jugendamtes, an dem Familien- und Vormundschaftsgerichtsverfahren mitzuwirken, korrespondiert auf der anderen Seite die Pflicht des Familien- und Vormundschaftsgerichts, das Jugendamt anzuhören. Diese Pflichten des Gerichtes sind in §§ 49, 49a FGG geregelt, die eine detaillierte Aufzählung derjenigen Entscheidungen enthalten, vor denen eine jugendamtliche Stellungnahme einzuholen ist. Zu den dort aufgeführten Fällen gehören auch diejenigen Konstellationen, bei denen nach § 50 FGG im Regelfall die Bestellung eines Verfahrenspflegers vorgesehen ist.

Die Mitwirkung des Jugendamtes in Verfahren vor den Familien- und Vormundschaftsgerichten gehört nach § 2 Abs. 3 Punkt 6 KJHG zu den so genannten anderen Aufgaben der Jugendhilfe. Das Jugendamt wird demzufolge von Gesetzes wegen tätig, unabhängig davon, ob die Betroffenen dies wollen oder nicht. Insofern besteht hier kein Wunsch- und Wahlrecht, die betroffenen Kinder oder Personensorgeberechtigten können keine Anträge auf Leistungen stellen oder eben von der Antragstellung auf solche Leistungen absehen. Der Zweck dieser Regelung besteht darin sicherzustellen, dass die Gerichte bei ihren Entscheidungen die soziale und sozialpädagogische Situation der betroffenen Minderjährigen berücksichtigen und sich ein Bild davon machen können, was bisher an Aktivitäten angeboten und realisiert wurde und welche weiteren Möglichkeiten der Hilfe bestehen.

1140 Darüber, wie konkret, ausführlich und entscheidungsvorprägend die Stellungnahme des Jugendamtes gegenüber dem Gericht ausfällt, entscheidet es in eigener Verantwortung als sozialpädagogische Fachbehörde. Das Jugendamt ist nicht verpflichtet, den Familien- und Vormundschaftsgerichten Entscheidungsvorschläge zu machen, muss jedoch die gesetzlichen Vorgaben des § 50 KJHG befolgen. Es muss allerdings darauf bedacht sein, bei der notwendigen Wertung und Gewichtung der familiären Verhältnisse unnötig diskriminierende Formulierungen zu vermeiden, um die Basis für eine weitere Zusammenarbeit mit Kindern und Eltern soweit wie möglich zu erhalten.

1141 An fachliche Weisungen des Gerichts wie z.B. Vorgaben, Fristsetzungen oder Ladungen ist das Jugendamt generell nicht gebunden. Es ist kein Organ der Rechtspflege und keine dem Gericht untergeordnete Behörde[46]. Für das Jugendamt geht es darum, eine sozialpädagogische Sicht der Situation einzubringen und ggfs. auf alternative Vorgehensweisen und Konsequenzen möglicher Entscheidungen des Gerichts hinzuweisen. Die Eigenständigkeit der Jugendbehörde gegenüber dem Gericht ergibt sich auch aus der Tatsache, dass das Jugendamt als Verfahrensbeteiligter Entscheidungen anfechten und Rechtsmittel einlegen kann und – sofern es der Ansicht ist, dass die Maßnahmen des Gerichts nicht geeignet sind, eine Gefährdung des Kindeswohls abzuwenden – dies auch tun muss.

1142 Bei allen Stellungnahmen an das Gericht hat sich das Jugendamt an datenschutzrechtliche Vorgaben zu halten. Der in § 65 KJHG abgesicherte besondere Vertrauensschutz in der persönlichen und erzieherischen Hilfe gilt auch für die Zusammenarbeit mit den Gerichten. Daten, die zum Beispiel im Rahmen eines Beratungsgesprächs einer Fachkraft im Jugendamt anvertraut wurden, dürfen daher nicht ohne Einwilligung dessen, der die Daten anvertraut hat, an das Gericht weitergegeben werden. Eine Ausnahme stellt wiederum der Fall einer konkreten Gefährdung des Kindeswohls dar, bei dem Daten an das Familien- oder Vormundschaftsgericht zur Erfüllung der Aufgaben nach § 50 Abs. 3 weitergegeben werden können bzw. müssen, wenn „ohne diese Mitteilung eine für die Gewährung von Leistungen notwendige gerichtliche Entscheidung nicht ermöglicht werden könnte" (§ 65 Abs. 1 Nr. 2 KJHG).

IV. Zusammenarbeit des Verfahrenspflegers mit dem Jugendamt

1143 Die Aufgaben von Jugendamt und Verfahrenspfleger(in) im gerichtlichen Verfahren überschneiden sich zum Teil, aber es gibt auch deutliche Unterschiede. Sowohl das Jugendamt als auch der Verfahrenspfleger sind Verfahrensbeteiligte. Ihr gemeinsames Ziel ist es, „die Subjektstellung des Kindes im Verfahren zu garantieren sowie die Grundlage für eine fundierte und tragfähige, an den wohlverstandenen Interessen des Kindes orientierte gerichtliche Entscheidung zu erarbeiten"[47]. Dieses Ziel verfolgen beide jedoch aus einer unterschiedlichen Perspektive und in einer spezifischen Verantwortlichkeit für das Kind. Aufgabe des Verfahrenspflegers/der Verfahrenspflegerin ist es, die Inte-

---

46. Vgl. entsprechend Schleicher: „Das Jugendamt ist also nicht etwa Hilfs-, Erfüllungs- oder Ausführungsorgan der Vormundschafts- und Familiengerichte oder gar Ermittlungsbehörde der Gerichte und somit auch nicht weisungsgebunden." (Fieseler/Schleicher 1998, § 50 Rn 16); entsprechend auch Münder u. a. 1998, § 50 Rn 1–4.
47. Weber/ Zitelmann 1998, Pkt. 4.5 (vgl. BAG Verfahrenspflegschaft in diesem Handbuch Rn 1051 ff.).

ressen des Kindes anstelle der gesetzlichen Vertreter wahrzunehmen und zu repräsentieren. Demgegenüber besteht die Rolle des Jugendamtes im Verfahren darin, über bisherige Jugendhilfeleistungen zu informieren, erzieherische und soziale Gesichtspunkte zur Entwicklung des Kindes oder des Jugendlichen einzubringen und auf weitere Möglichkeiten oder Grenzen der Hilfe für Kind und Eltern hinzuweisen (§ 50 Abs. 2 KJHG).

Zu den ersten Aufgaben des Verfahrenspflegers/der Verfahrenspflegerin nach seiner/ihrer Bestellung durch das Gericht gehört es, sich dem Jugendamt in seiner/ihrer neuen Rolle vorzustellen und erforderlichenfalls auf Gemeinsamkeiten und Unterschiede in den Aufgaben hinzuweisen. Dabei ist davon auszugehen, dass nicht alle Fachkräfte im Jugendamt bereits über Erfahrungen in der Kooperation mit Verfahrenspfleger(inne)n verfügen. **1144**

Der Verfahrenspfleger/die Verfahrenspflegerin muss darauf vorbereitet sein, dass die Information über seine/ihre Bestellung durch das Gericht bei den Fachkräften im Jugendamt nicht immer auf ungeteilte Zustimmung stoßen wird. Möglich ist, dass sich das Jugendamt dadurch in seinem Selbstverständnis als „natürliche" Interessenvertretung für Kinder in Frage gestellt fühlt. Möglich ist ebenfalls, dass es sich im Vertrauen auf die Aktivitäten des Verfahrenspflegers – zu Lasten des Kindes – zurückzieht, zumal durch die Einbeziehung eines Verfahrenspflegers und damit eines weiteren Verfahrensbeteiligten zunächst einmal Mehrarbeit entsteht, ohne dass die damit mittelfristig möglicherweise verbundene Entlastung sogleich spürbar ist. Um so wichtiger ist in diesem Fall eine Verständigung über die unterschiedlichen Aufgaben und eine klare Rollenabgrenzung. **1145**

Im Rahmen der Informationsgewinnung haben Verfahrenspfleger(innen) kein generelles Recht, die Akten des Jugendamtes einzusehen. Sie sollten aber danach fragen, welche Hinweise es auf eine Gefährdung des Kindes gibt sowie welche Hilfen und mit welchem Erfolg vom Jugendamt angeboten wurden. **1146**

Als Vertreter der Interessen des Kindes sollten Verfahrenspfleger(innen) an den Hilfeplangesprächen beteiligt sein. Nehmen die Kinder oder Jugendlichen selbst an den Hilfeplangesprächen teil, sollten sie von dem Verfahrenspfleger/der Verfahrenspflegerin vorbereitet, begleitet und unterstützt werden. Ob und wie weit sich Verfahrenspfleger(innen) selbst am Prozess der Hilfeplanung beteiligen, muss im Einzelfall entschieden werden (vgl. oben Rn 967 ff.). Wenn es um bedeutsame Entscheidungen geht, wie zum Beispiel um die Unterbringung des Kindes außerhalb des Elternhauses bzw. die Rückführung in dasselbe oder um den Umgang mit wichtigen Bezugspersonen, ist eine solche Beteiligung in der Regel sinnvoll. Zu beachten ist hierbei, dass sich „eine aktive Mitwirkung von Verfahrenspfleger(innen) an der Hilfeplanung hinder- **1147** lich auf deren kritische Reflexion auswirken (kann), welche aber gerade eine zentrale Grundlage der Empfehlungen der eigenständigen Kindesvertretung an das Gericht ist".[48]

1148 In der abschließenden Stellungnahme an das Gericht sollten Verfahrenspfleger(innen) auch auf die Position des Jugendamtes eingehen. Eventuell abweichende Informationen und Bewertungen hinsichtlich der Situation des Kindes sowie unterschiedliche Empfehlungen zur gerichtlichen Entscheidung sollten dargestellt und begründet werden.

V. Keine Bestellung von Mitarbeitern des Jugendamtes zu Verfahrenspflegern

1149 Eine Bestellung von Mitarbeitern des Jugendamtes zu Verfahrenspflegern ist nicht zu empfehlen. Zwar schreibt das Gesetz dem Gericht eine bestimmte Auswahl nicht vor, andererseits stehen ihm aber auch keine Druckmittel zur Verfügung, die Bestellung einer bestimmten Person zu veranlassen. Aus fachlicher Sicht kann daher nur die Empfehlung ausgesprochen werden, dass Jugendämter sich nicht von sich aus anbieten und nicht bereit sind, Verfahrenspflegschaften nach § 50 FGG zu übernehmen.[49] Folgende Probleme stehen einer Bestellung des Jugendamtes oder seiner Mitarbeiter als Verfahrenspfleger entgegen:

1150 1. Gemäß §§ 49, 49a FGG wird das Jugendamt regelmäßig vor einer Entscheidung des Vormundschafts- und Familiengerichts gehört. Als sozialpädagogische Fachbehörde gibt es eine Stellungnahme ab, in die es aus seiner Sicht auch die Belange und Interessen des Kindes einbringt. Eine weitere Befassung des Jugendamtes in der Rolle als Verfahrenspfleger und damit als ausdrücklicher Vertreter der Kindesinteressen gemäß § 50 FGG würde das Amt in einen schwierigen Rollenkonflikt bringen, wie das Deutsche Institut für Vormundschaftswesen (DIV) bereits 1998 in einem Gutachten ausgeführt hat: Denn „entweder schließt sich das Jugendamt als Verfahrenspfleger im Ergebnis der Stellungnahme nach §§ 49, 49a FGG an, was zu dem Kommentar führen könnte, etwas anderes sei ja wohl nicht zu erwarten gewesen. Oder das Jugendamt als Verfahrenspfleger widerspricht seiner im Rahmen der fachlichen Anhörung abgegebenen Stellungnahme, wodurch allenfalls Verwirrung gestiftet und auch das Ansehen der Behörde nicht gerade vermehrt werden kann".[50]

---

48. Weber/Zitelmann 1998, a.a.O.; Zitelmann 2001, S. 358 ff.
49. Zitelmann 2001, S. 117 Fn. 27 m.w.N., S. 373 ff.
50. DIV-Gutachten vom 15.7.1998, in: DAVorm 1999, S. 39 ff.; s. auch OLG Naumburg, Beschluss v. 10. 3. 1999, DAVorm 1999, S. 713.

2. Auch ist das Jugendamt nicht zur parteilichen Wahrnehmung der Kindes- **1151**
interessen berufen. Erstens kann es in Fällen, in denen es bereits zuvor für
die Familie zuständig war, keine kritische Bewertung seiner eigenen Tätigkeit gewährleisten. Zweitens bleibt die Behörde auch nach Abschluss des
Verfahrens oft nicht nur für das Kind, sondern auch für seine Eltern und
Geschwister zuständig. Dieser Umstand kann – ebenso wie institutionelle
Eigeninteressen und die Beschränkung des behördlichen Handlungsrahmens durch politische Instanzen – einer konsequenten Wahrung der Kindesinteressen entgegenstehen.[51] Zu bedenken ist ebenso, dass es dem
Jugendamt aus Sicht des betroffenen Kindes wie auch der anderen Verfahrensbeteiligten an der erforderlichen Unabhängigkeit und Unvoreingenommenheit fehlen kann.[52]

Denkbar ist allenfalls die Übernahme von Verfahrenspflegschaften durch ehe- **1152**
malige Mitarbeiter(innen) des Jugendamtes. Bedingung im Einzelfall ist allerdings, dass sie die von ihnen vertretenen Kinder und deren Familien nicht
bereits aus ihrer früheren Tätigkeit kennen.

bleiben frei **1153–1160**

---

51. Vgl. Zitelmann 2001, S. 17 f. m.w.N.
52. Vgl. Zitelmann 2001, S. 374.

Jörg Maywald

C Das Verhältnis zu anderen mit dem Kind befassten Fachkräften und Institutionen

Übersicht

		Rn
I.	Einleitung	1161
II.	Allgemeine Bedingungen der Kontaktaufnahme	1162
III.	Besonderheiten einzelner pädagogischer und medizinischer Institutionen	1165
	1. Kliniken, Geburtshäuser und Mutter-Kind-Heime	1165
	2. Sozialpädiatrische Zentren, ambulante Frühförderstellen oder Selbsthilfevereine	1167
	3. Tageseinrichtungen für Kinder	1171
	4. Schulen	1173
	5. Notaufnahmeheime und Notbereitschaftspflegestellen	1174
	6. Kinderheime und Pflegefamilien	1178

I. Einleitung

1161 Vielfach werden Kinder und Jugendliche, die in Verfahren zu vertreten sind, pädagogisch, psychologisch oder medizinisch betreut. Sie können auch bereits in einer Pflegefamilie oder einem Kinderheim untergebracht sein. Fachkräfte aus diesen Arbeitsbereichen können dem Verfahrenspfleger wichtige Informationen geben, insbesondere wenn sie unmittelbar mit dem Kind arbeiten.

II. Allgemeine Bedingungen der Kontaktaufnahme

1162 Es ist erfahrungsgemäß sinnvoll, sich bei der Kontaktaufnahme unter Bezugnahme auf den richterlichen Beschluss schriftlich vorzustellen, die Zielsetzung einer parteilichen Vertretung des Kindes klarzustellen und auf die zu erwartende Stellungnahme gegenüber dem Gericht hinzuweisen. Ein solches Anschreiben ist hilfreich, um Transparenz herzustellen. Es ist auch sinnvoll darzulegen, dass und wie die Verfahrenspflegerin Kontakt aufnehmen will. Es empfiehlt sich, mit den dort pädagogisch Betreuenden oder therapeutisch Begleitenden die geeignete Ausgestaltung der Kontaktaufnahme abzusprechen. Hier wirken zum Teil schon Behandlungs- oder Betreuungskonzepte auf das Leben des Kindes oder den Jugendlichen ein und die Verfahrenspflegerin muss dies berücksichtigen. Insbesondere gilt dies, wenn das Kind oder die/der

Jugendliche Vorerfahrungen mit staatlichen Interventionen hat oder physische, psychische oder seelische Verletzungen erlitten hat.

Es ist wichtig, zu unterscheiden, in welcher institutionellen Struktur Personen arbeiten und ob gegebenenfalls interne Aufgaben- oder Kompetenzfestlegungen zu berücksichtigen sind. So sind es in pädagogischen Einrichtungen wie Schulen, Kindergärten, Heimen oder in Kliniken oft die leitenden Pädagogen oder Ärzte, die grundsätzlich über datenschutzrelevante Vorgänge informiert und je nach Leitungsselbstverständnis auch in die Informationsweitergabe mit einbezogen sein wollen. Gespräche mit der Leitungsebene erübrigen selbstverständlich nicht die unmittelbaren Kontakte zu jenen Fachkräften, die das Kind im Alltag behandeln oder betreuen. Art und Umfang der Informationen, die der Verfahrenspfleger in Einrichtungen erhält, werden durch die institutionelle Struktur mitbestimmt. Es ist daher für die Nachvollziehbarkeit der abschließenden Empfehlung, vor allem bei auftretenden Widersprüchen hilfreich, die Umstände der Informationsgewinnung in der Stellungnahme zu dokumentieren. 1163

In der Praxis berufen sich Fachkräfte auch im Falle von Misshandlung, Vernachlässigung und sexueller Ausbeutung nicht selten auf den Datenschutz und die Schweigepflicht, so dass eine notwendige Kooperation im Sinne des Kindeswohls erschwert oder verhindert wird. In diesem Fall kann die Entbindung von der Schweigepflicht durch schriftliche Erklärung der Sorgeberechtigten hilfreich sein. Wird sie verweigert, so sollte der Verfahrenspfleger dies dem Gericht mitteilen und Anregungen zur richterlichen Befragung der betreffenden Fachkraft oder Institution geben. 1164

III. Besonderheiten einzelner pädagogischer und medizinischer Institutionen

1. Kliniken, Geburtshäuser und Mutter-Kind-Heime

Wenn es um das Wohl bzw. die Verletzung des Wohls eines Säuglings oder Kleinkindes geht, können Haus- und Kinderärzte sowie Krankenschwestern und Kinderpflegerinnen – u.U. auch GynäkologInnen –, die mit der Geburtsvorbereitung, -begleitung und -nachsorge betraut sind, wichtige Informationen geben. Auffälligkeiten im Mutter-Kind-Verhältnis, aber auch Folgen mangelhafter Ernährung oder Pflege sind oft nur der geschulten Wahrnehmung erkennbar. 1165

Medizinische Gutachten beinhalten häufig keine Festlegung, ob Misshandlungen oder Vernachlässigung die Ursache für die körperlichen Symptome sind. Hier sind Nachfragen an die Gutachter notwendig. Auch Anfragen bei früher behandelnden (Kinder-)Ärzten können in entsprechenden Fällen sinnvoll sein: „Eine 1992 durchgeführte Umfrage bei niedergelassenen Kinderärztinnen in 1166

Deutschland zur Verdachtshäufigkeit von Kindesmisshandlung und -vernachlässigung in der täglichen Praxis ergab, dass ca. ein Drittel der Ärztinnen jährlich ein bis zwei Kinder mit dieser Verdachtsdiagnose behandeln. Solche Verdachtsmomente werden jedoch nicht systematisch dokumentiert."[53]

2. Sozialpädiatrische Zentren, ambulante Frühförderstellen oder Selbsthilfevereine

1167 ÄrztInnen, PsychologInnen, Kinder- und JugendlichenpsychotherapeutInnen mit Bezug auf das Psychotherapeutengesetz, Sonder- und HeilpädagogInnen, KrankengymnastInnen, ErgotherapeutInnen, Logo- oder MotopädInnen aus Spezialeinrichtungen und Vereinen sind als Informationspersonen oder Sachverständige in Betracht zu ziehen, wenn es um Kinder mit einschlägigen Problemen geht.

1168 In „Sozialpädiatrischen Zentren" (§ 117 SGB V) gibt es in der Regel interdisziplinär arbeitende Teams unter ärztlicher Leitung zur Untersuchung und Behandlung von Kindern mit Entwicklungsstörungen und Behinderungen aller Art. Diese Zentren arbeiten eng mit Frühförderstellen und Kindergärten zusammen. In kinder- und jugendpsychiatrischen und psychotherapeutischen Institutsambulanzen (§ 118 SGB V) arbeitet ebenfalls ein interdisziplinäres Team unter ärztlicher Leitung. Institutsambulanzen finden sich an den meisten Versorgungskliniken für Kinder- und Jugendpsychiatrie. Unter den niedergelassenen Kinder- und Jugendpsychiatern und Psychotherapeuten haben sich entsprechend der Sozialpsychiatrievereinbarungen manche Praxen darauf spezialisiert.

1169 Die „Frühförderung" umfasst unterschiedliche Maßnahmen, die Beeinträchtigungen – schon bei Erkennung erster Ansätze vorhandener oder möglicher Behinderungen unmittelbar nach der Geburt bzw. beim Auftreten vor dem 3. Lebensjahr – beheben oder bessern können. Sowohl die medizinische als auch die pädagogisch-psychologische Diagnostik sind Voraussetzung für die Frühbehandlung motorischer, sensorischer, kognitiver, sprachlicher, emotionaler oder somatischer Störungen. Früherziehungsprogramme und Beratung zielen vor allem auf die Anleitung von Familienangehörigen zur Förderung ihrer Kinder.

1170 Gesellschaften und Vereine, die sich oft aus ehemaligen Selbsthilfegruppen entwickelt und sich auf Hilfestellungen bei bestimmten Syndromen spezialisiert haben, zeichnen sich meist durch ein hohes Maß an Erfahrungswissen in spezifischen Fragen aus und können der Verfahrenspflegerin weitere Kontakte zu Kooperationspartnern vermitteln.[54]

---

53. Jungjohann, 1995, 60.
54. Zu denken ist z.B. an Wildwasser e.V., Tourette-Gesellschaft, GEPS – Gesellschaft zur Erforschung des plötzlichen Säuglingstodes etc.

3. Tageseinrichtungen für Kinder

Diese sozialpädagogischen Institutionen, in denen ErzieherInnen oder SozialpädagogInnen tätig sind, sind familienergänzende bzw. familienunterstützende Einrichtungen, in denen sich Kinder für einen Teil des Tages oder ganztags aufhalten. Hierzu zählen insbesondere Krabbelstube, Krippe, Kindergarten, Hort, Schülerladen, Kinderhaus, Tagesheim. Rechtsgrundlagen sind insbesondere die §§ 22–26 SGB VIII/KJHG, die Ausführungsgesetze der Länder sowie entsprechende Rechtsverordnungen. Der Auftrag von Betreuung, Bildung und Erziehung und dessen Umsetzung ist abhängig vom Alter und der Struktur der jeweiligen Gruppe. Für Kinder im Alter unter drei Jahren sind Krabbelstuben oder Krippen zuständig, zwischen drei Jahren und dem Schulbesuch der Kindergarten und für Kinder im Schulalter der Hort. Daneben haben Kinderhäuser und zunehmend auch andere Betreuungseinrichtungen altersgruppenübergreifende und situationsorientierte Formen der Betreuung entwickelt. 1171

Die sprachliche und motorische Entwicklung eines Kindes, seine kognitiven Fähigkeiten im Spiel und seine Verhaltensweisen gegenüber Gleichaltrigen und Erwachsenen beinhalten oft verfahrensrelevante Informationen. So sind Auswirkungen von Beziehungsabbrüchen und zerrütteten Elternbeziehungen sowie Folgen von Vernachlässigung, Misshandlung oder sexuellem Missbrauch oft in Verhaltensweisen von Kindern in außerfamiliären Systemen deutlich sichtbar. Hier können die fachlichen Beobachtungen vor allem bei länger andauernder Betreuung wesentlich zu einer verlässlichen Einschätzung der Situation des Kindes beitragen. Von Interesse sind ebenfalls die Wünsche, die das Kind diesen Fachkräften gegenüber äußert. 1172

4. Schulen

Geht es um Kinder im Schulalter sind auch Lehrer, Schulleiter sowie evtl. Schulpsychologen wichtige Informationspersonen. Zu den Schulen in diesem Sinne sind zu rechnen: Grundschule, Haupt- und Realschule, Gesamtschule, Gymnasium, Internat, Lern- und Erziehungshilfeschulen, Fachschule etc. Die psychosoziale Entwicklung eines Kindes bzw. Jugendlichen im Rahmen seiner Lebensbedingungen schafft (oder schafft eben nicht) die Voraussetzungen für Lese-, Schreib- und Rechenfähigkeiten und für die soziale Eingliederung in die Institution „Schule".[55] Dies spiegelt sich im schulischen Alltag wider. Mit der Schulpflicht beginnt für das Kind nicht nur eine entscheidende neue Lebensphase, es ist auch oft der Anfang für wichtige sekundäre Bindungen oder gar erste kontinuierliche außerfamiliale Beziehungen. Wie und mit welcher Inten- 1173

---

55. Vgl. in diesem Handbuch Spies/Zitelmann, Rn 448 ff.

tion und Haltung Kinder und Jugendliche in der Schule wahrgenommen werden, ist oft abhängig von der Klassenstufe, der Schulform und den Erfahrungen der LehrerInnen. Auch im Kontext der Schule kann also das Informationsgespräch und/oder eine entsprechende Anregung an das Gericht im Sinne einer wohlverstandenen Interessenvertretung hilfreich und notwendig sein.

5. Notaufnahmeheime und Notbereitschaftspflegestellen

1174 Dieses sind Einrichtungen, in die Kinder und Jugendliche nach §§ 42, 43 SGB VIII/KJHG in akuter Not aufgenommen werden. Es müssen genügend solcher Notplätze durch das örtliche Jugendamt vorgehalten werden. Kinder oder Jugendliche sollen bei akuter Not entweder durch den ASD oder die Polizei in einer solchen Einrichtung Schutz finden oder sich in entsprechendem Alter auch selbst in Obhut begeben können.

Die Konzepte der Einrichtungen, nach denen Verfahrenspfleger stets fragen sollten, erläutern Zielsetzung und Arbeitsweise mit den Kindern, Jugendlichen und ihren Eltern.

1175 Die Beobachtungen der Mitarbeiter – Erzieher, Sozialarbeiter und -pädagogen, Psychologen – zu Reaktionen der Kinder im Umgang mit ihren Eltern und anderen Erwachsenen und zu ihrem Umgang mit anderen Kindern können hilfreiche Hinweise zur Einschätzung der Situation, aber auch für Empfehlungen zum Übergang in eine evtl. dauerhafte Fremdplatzierung – z. B. in einer Pflegefamilie – geben. „Wenn man (...) dafür Sorge tragen will, dass das Kind die neue Situation, in der es nun ständig leben soll, nicht von vornherein als zu überwältigend und desorientierend erlebt und dass es, je älter es wird – spätestens ab drei Jahren –, die ersten Schritte in die neue Familie möglichst selbst aktiv tun sollte, so müsste man für plötzlich unterzubringende Kinder Übergangssituationen schaffen, damit die für eine gute Vorbereitung notwendigen Schritte möglich sind."[56]

1176 In Notaufnahmeheimen und Notbereitschaftspflegestellen ist der Aufenthalt konzeptionell häufig auf ca. 4–6 Wochen begrenzt. Erfahrungsgemäß verlängert sich der Aufenthalt oft, wenn ein Antrag auf Hilfe zur Erziehung durch die Sorgeberechtigten gestellt wird oder ein Gerichtsbeschluss einen langfristigen Aufenthalt außerhalb der Familie erforderlich macht und ein geeigneter Platz gefunden werden muss. „Sicherlich dürfen solche Zwischenlösungen nicht dazu verführen, sich dann Zeit zu lassen; denn wegen der noch großen Bindungsbereitschaft kleiner Kinder und der Notwendigkeit individueller Bezie-

---

56. Nienstedt/Westermann, S. 155.

hungen für ihre Persönlichkeitsentwicklung wäre eine rasche Kontaktanbahnung zu neuen und dauerhaften Bezugspersonen wichtig."[57]

1177 Das kindliche Zeitempfinden spielt auch beim Aufenthalt in der Notaufnahme-Einrichtung eine zentrale Rolle, denn fehlen zeitnahe verbindliche Bezüge für die Kinder, so sind diese aufgrund ihrer emotionalen Lage gezwungen, die Eltern zu idealisieren, um sich wenigstens in der Phantasie eine Beziehung zu erhalten. In den Notbereitschaftspflegestellen entsteht eine umgekehrte Dynamik: die Kinder binden sich emotional sehr an die Pflegeeltern, obwohl ein Abbruch der Beziehungen absehbar ist. Die Verfahrenspflegerin hat insbesondere in diesen Konstellationen einer „vorübergehenden Fremdunterbringung" auf eine zeitnahe Lösung zu achten.

6. Kinderheime und Pflegefamilien

1178 Die Heimeinrichtungen und Pflegestellen sind Angebote im Rahmen der Hilfe zur Erziehung nach §§ 27–34 SGB VIII/KJHG. Hierzu zählen auch Jugendwohngruppen, Kinderdörfer sowie professionell geführte Erziehungsstellen. Kinder und Jugendliche können dort auf Dauer leben oder eine begrenzte Zeit, um eine ihr Wohl gefährdende Situation zu überbrücken.

1179 Bedeutsame Unterschiede in Wohn- und Lebensformen sowie Beziehungs-, Förder- und Therapieangeboten bestehen nicht nur zwischen Heim einerseits und Pflegefamilie andererseits, sondern auch jeweils zwischen den einzelnen Heimen bzw. Familien. Dennoch lassen sich – mit aller Vorsicht – typische Vor- und Nachteile für bestimmte Gruppen von Kindern nennen. In den klassischen Heimen bietet der Schichtdienst für jüngere Kinder meist nicht genügend persönliche Kontinuität durch die Betreuenden, um neue liebevolle und verbindliche Beziehungen aufzubauen. Misshandelte, traumatisierte Kinder ertragen indessen oft den unmittelbaren dichten Rahmen von familienähnlichen Beziehungen nicht. Kinder und Jugendliche mit erheblichen psychotischen oder neurotischen Störungen, insbesondere eine Geschwisterreihe, werden in einer Familie mit eigenen Kindern in der Regel nicht in der Lage sein, sich zu integrieren.

1180 Während der Inobhutnahme ist mit den Mitarbeitern der Einrichtung enger Kontakt zu halten, um Perspektiven für das individuelle Kind möglichst genau begründen, evtl. auch fördernde Hilfen anregen zu können.

---

57. Ebenda.

D Das Verhältnis zu Gutachtern

Übersicht

		Rn
I.	Zur Abgrenzung der Aufgabenbereiche Verfahrenspfleger – Gutachter	1181
II.	Aufgabenbereiche des Gutachters	1184
III.	Sonderfall: Parteigutachten	1191
IV.	Die Rolle des Verfahrenspflegers, Kenntnisse und Interventionsmöglichkeiten	1192
V.	Fazit	1200

I. Zur Abgrenzung der Aufgabenbereiche Verfahrenspfleger – Gutachter

1181 Sowohl der Verfahrenspfleger als auch der Gutachter werden vom Gericht beauftragt. Vielleicht deshalb ist in letzter Zeit wiederholt debattiert worden, ob nicht der Verfahrenspfleger die Begutachtung ersetzen könne, ob nicht durch ein höheres Stundenkontingent im Rahmen einer Verfahrenspflegschaft Ergebnisse ausgehandelt werden könnten, wie dies bei einem Gutachten ohne Interventionsauftrag kaum möglich sein dürfte. Tatsächlich ist der Überschneidungsbereich des Auftragsgebiets de facto nicht sehr groß. Es verbietet sich deshalb auch nicht, dass in schwierigen Verfahren sowohl eine Begutachtung stattfindet als auch eine Verfahrenspflegschaft eingesetzt wird.

1182 Der Verfahrenspfleger vertritt die kindlichen Interessen im Verfahren und macht somit die betroffenen Kinder auch zu mehr oder weniger aktiven Verfahrensbeteiligten. Er hat deshalb auch eine eigenständige Position gegenüber dem Gutachter und muss auch in der Begutachtungssituation die Interessen des Kindes vertreten. Dies kann z. B. so weit gehen, dass er, z. B. wenn ein sexuell missbrauchtes Kind nun absolut die Untersuchung durch einen männlichen Gutachter verweigert, aber sich von einer weiblichen Gutachterin untersuchen ließe, diesen Zusammenhang dem Gericht erklärt und für eine Abänderung der Beauftragung sorgt.

1183 Demgegenüber ist der Gutachter kein Verfahrensbeteiligter, sondern ein „Gehilfe" des Gerichts, der vor allem seine Sachkunde einbringt, um für das Gericht bestimmte, von dort formulierte Fragen abzuklären und zu beantworten. Im Rahmen eines Gutachtens muss meist in einer begrenzten Zahl von

Kontakten eine hinreichende Diagnostik des Kindes bzw. der Kinder erfolgen und es muss eine ausführliche Exploration der Verfahrensbeteiligten und der Kinder durchgeführt werden. Handelt es sich um Sorgerechtsfragen oder Umgangsstreitigkeiten, sind regelhaft auch Verhaltensbeobachtungen in Kontaktsituationen, z.B. mit Videounterstützung, Teil der Begutachtung.

II. Aufgabenbereiche des Gutachters

Allerdings gibt es neben den familiengerichtlichen Verfahren noch ganz andere Gerichtsverfahren, bei denen ein Gutachter im Auftrag des Gerichts tätig werden kann. Dies können z.B. **Strafverfahren** sein, in denen einerseits Opfer im Hinblick auf ihre Glaubhaftigkeit untersucht werden müssen oder Angeschuldigte in Bezug auf psychische Störungen, Entwicklungsreife etc., um eine Strafmündigkeit bzw. eine Schuldfähigkeit im Rahmen einer Straftat abzuklären. Kinder, die Opfer von Straftaten, wie sexuellem Missbrauch etc., wurden, haben Entschädigungsansprüche nach dem Opferentschädigungsgesetz. Hier erfolgt eine sozialrechtliche Begutachtung. 1184

Ein Verfahrenspfleger, der vom Familiengericht eingesetzt wurde, kann durchaus auf diese Rechtsansprüche des Kindes hinweisen und ein entsprechendes Opferentschädigungsverfahren in Gang bringen und das Kind z.B. auch zu dieser Begutachtung begleiten. Zusammenhängend kann eine Begutachtung oder ärztliche Stellungnahme dringend erforderlich werden.

Bedarf ein Kind aufgrund einer psychischen Störung (siehe oben Rn 582 ff.) oder aufgrund einer körperlichen oder geistigen Behinderung einer Maßnahme der Eingliederungshilfe/Hilfe zur Teilhabe (§ 35a SGB VIII, § 39 BSHG), so ist für die Umsetzung dieser Hilfe und für die **Hilfeplanung** eine ärztliche Stellungnahme, die auf einer fundierten Diagnostik beruht, erforderlich. Wird ein Verfahrenspfleger z.B. in einem Vernachlässigungsfall eingesetzt und wird im Rahmen der Recherchen deutlich, dass das Kind hier einen ausgeprägten Hilfebedarf und einen Eingliederungshilfeanspruch hat, so wird der Verfahrenspfleger in der Interessenvertretung des Kindes sich darum kümmern, dass eine entsprechende Diagnostik erfolgt; ja er wird, wenn die Personensorgeberechtigten das Kind nicht zur Diagnostik vorstellen, sogar entsprechende Schritte beim Familiengericht einleiten müssen, um die Diagnostik, Krankenbehandlung und Hilfeplanung zum Wohle des Kindes sicherzustellen. 1185

Eher selten wird der Verfahrenspfleger direkt mit Gutachtern im Rahmen von **Versicherungsverfahren**, z.B. nach unfallbedingten Traumata etc., in Kontakt kommen. Allerdings kann es wichtig werden, dass der Verfahrenspfleger im Rahmen seiner Recherchen bei entsprechend vorgeschädigten Kindern frühere Befunde und Gutachten einholt, da z.B. unfalltraumatisierte Kinder häufig 1186 auch andere emotionale Reaktionen und eine andere Impulsivität und Irritabilität zeigen, was wiederum im Verfahren Berücksichtigung finden muss.

1187 Klar abgegrenzt ist die Kontrollfunktion vom Verfahrenspfleger gegenüber dem Gutachter auch in den Fragestellungen nach § 1631b BGB (in Verbindung mit §§ 70a, 70b, 70c, 70d, 70e FGG), wo es um erzieherische und/oder therapeutische Maßnahmen mit **Freiheitsentzug** geht. Hier hat der psychiatrische Gutachter zu prüfen, welches Störungsbild vorliegt und ob diese Diagnose und die damit verbundene Prognose unter den obwaltenden Bedingungen bei einer spezifischen Vorgeschichte von anderen gescheiterten Maßnahmen diese ultima ratio rechtfertigt. Gerade weil dieser massive Eingriff in Grundrechte häufig von Eltern wie auch in diesen Fällen völlig ratlosen Institutionen einhellig gewünscht wird, ist es wichtig, dass der Wille des Kindes angehört und auch im Verfahren artikuliert wird. Dies betrifft auch die häufig von solchen Jugendlichen zum Ausdruck gebrachten Ambivalenzen, wie z.B. „Ich bin absolut dagegen, dass man mich einsperrt, aber wenn man das jetzt nicht tut, dann bringe ich mich um, dann mache ich weiter mit dem Drogenkonsum und richte mich zugrunde etc."

1188 Während der Gutachter in diesen Fällen die Ausgangsbedingungen und Erfolgschancen bei einer solche Maßnahme untersuchen muss, hat der Verfahrenspfleger auch im Verlauf eine wesentliche Funktion, da er überprüfen muss, ob diese im Gutachten genannten Tatsachen, auf denen der Gerichtsbeschluss beruhte, auch noch fortbestehen, so dass die Aufrechterhaltung der Maßnahme berechtigt ist. Wenn dies nicht so ist oder wenn sich trotz der massiven Eingriffe in Grundrechte keine Besserung des Zustandes einstellt, muss der Verfahrenspfleger eine neue Entscheidung, eventuell auch eine erneute Begutachtung anregen. Ähnlich kann ein Ergänzungspfleger oder Verfahrenspfleger wichtig werden, wenn eine Krankenbehandlung über eine sogenannte **Zwangseinweisung** im Rahmen von Landesunterbringungs- oder Psychisch-Kranken-Gesetzen aus der Sicht des einen Elternteils erfolgen soll, während der andere Elternteil dies ablehnt. Ähnliche Konstellationen treten auf, wenn ein Elternteil die medikamentöse Behandlung verweigert, z.B. aus religiöser oder parareligiöser Überzeugung, während ärztliche Gutachter und mit ihnen der andere Elternteil diese Behandlung wünschen.

1189 Der weitaus häufigste Fall des Nebeneinanders von Verfahrenspfleger und Gutachter wird aber das **Scheidungs- oder Umgangsrechtsverfahren** sein. Nicht selten werden Gutachter auch mehrere Jahre nach der Einführung der Kindschaftsrechtsreform mit dem § 50 FGG teilweise nichts mit einem Verfahrenspfleger „anzufangen" wissen. Insofern ist es sinnvoll, sich als Interessensvertretung des Kindes vorzustellen und darum zu bitten, dass der Gutachter den

Verfahrenspfleger über alle mit dem bzw. den Kindern sowie den parteienvereinbarten Termine informiert.

Es ist durchaus sinnvoll, direkt mit dem Gutachter Kontakt aufzunehmen und ihm auch Informationen bzw. bisherige Rechercheergebnisse anzubieten. Dabei ist allerdings zu bedenken, dass der Gutachter nicht in einem Arzt-Patienten-Verhältnis handelt, sondern als vom Gericht bestellter Gutachter quasi alles, was er im Rahmen seiner Exploration erfährt, auch dem Gericht weitergeben sollte. Es besteht in dieser Situation also keine Schweigepflicht. Der Verfahrenspfleger sollte sich unbedingt ein Bild darüber verschaffen, in wessen Auftrag der Gutachter handelt. 1190

III. Sonderfall: Parteigutachten

Zu unterscheiden sind gerichtliche Gutachtenaufträge von sogenannten Parteiengutachten. Parteiengutachten bringen für die Kinder fast regelhaft zusätzliche Belastungen mit sich, da sie häufig ein Gutachten der Gegenseite und schließlich ein drittes durch das Gericht beauftragtes Gutachten nach sich ziehen. Stellt der Verfahrenspfleger also fest, dass ein Elternteil die Begutachtung des Kindes vornehmen lässt, so ist es durchaus möglich, dass hier ein Verstoß gegen die Interessen des Kindes vorliegt und der Verfahrenspfleger intervenieren sollte, um für eine Situation zu sorgen, in der das Kind von einem gerichtlich bestellten und von beiden Seiten akzeptierten neutralen Gutachter untersucht wird. 1191

IV. Die Rolle des Verfahrenspflegers, Kenntnisse und Interventionsmöglichkeiten

Das Kind hat ein Recht darauf, über die Fragestellungen und den Sinn und Zweck der Begutachtung aufgeklärt zu werden. Auch muss das Kind wissen, dass der Arzt oder Psychologe in dieser Situation nicht unter Schweigepflicht steht. Es sollte wissen, dass es nicht zur Mitarbeit verpflichtet ist aber warum es sinnvoll und sachdienlich ist, wenn es sich an der Begutachtung beteiligt. Es sollte vom Gutachter darüber informiert werden, dass es Pausen verlangen kann und es sollte die Gelegenheit haben, die Ergebnisse der Begutachtung zu erfahren und zu verstehen. 1192

Wenn der Gutachter nicht selbst in einem Abschlussgespräch über diese Ergebnisse informiert, erhalten die Parteien ja spätestens über ihre Anwälte das Gutachten zur Kenntnis. Die häufig intensiv mitarbeitenden Kinder werden dann aber oft nur teilweise oder aus einer speziellen Sicht informiert. Insofern wäre es durchaus wünschenswert, dass der Verfahrenspfleger sich im Interesse des Kindes nach dem Begutachtungsergebnis erkundigt und – um in der Metapher 1193 vom Anwalt des Kindes zu bleiben – ebenso wie die Anwälte der Eltern, dem Kind in angemessener Form die Ergebnisse der Begutachtung zur Kenntnis bringt.

1194 Ist ein Verfahrenspfleger zur Vertrauensperson des Kindes schon durch längere Kontakte geworden, kann es durchaus sinnvoll sein, dass er das Kind zur Begutachtungssituation begleitet und beim Erstkontakt so lange anwesend ist, bis eine Aufklärung über die Gutachtensituation und auch die Rechte des betroffenen Kindes erfolgt ist. Andererseits ist es üblich, dass Kinder im Rahmen der Begutachtung vom Untersucher allein, z.B. in einem Spielkontakt etc., untersucht und exploriert werden, so dass eine Beeinflussung von außen eher ausgeschlossen wird. Ein erfahrener Gutachter wird aber sicher in der Lage sein, auch dem Verfahrenspfleger das Begutachtungssetting plausibel zu erklären und damit eine Situation schaffen, die allen verantwortungsvollen Personen vertretbar erscheint.

1195 Da Gutachten häufig eine mehr oder weniger verfahrensentscheidende Bedeutung haben, ist es wichtig, dass Verfahrenspfleger Gutachten lesen und bewerten können. Sie sollten formale Aspekte im Blick haben, wie z.B. eine schlüssige Gliederung des Gutachtens. Hierzu gehört, dass Auftraggeber und Fragestellungen benannt werden, dass auf den Akteninhalt und die damit zusammenhängenden Vorannahmen und Voraussetzungen eingegangen wird. Des Weiteren muss der Explorations- und Befundteil getrennt von Interpretationen und der Beantwortung der Fragestellungen des Gerichts werden. Wie in einer guten Tageszeitung sollten also Nachricht und Kommentar nebeneinander stehen und nicht vermischt werden. Dies ist deshalb wichtig, da bisweilen gerade bei prognostischen Überlegungen auf derselben Befundlage eine andere Hypothesenbildung aufgebaut werden kann. Ein gutes Gutachten ist dann wenigstens von seiner Befunderhebung und Exploration her stets verwertbar, auch wenn man z.B. unter Einbeziehung anderer Erkenntnisse, die der Verfahrenspfleger durch seinen direkten Umgang gewonnen hat, letztendlich zu anderen Gewichtungen und Bewertungen kommt als in den Schlussfolgerungen des Gutachters.

1196 Ein Gutachten sollte immer so abgefasst sein, dass es für den Laien verständlich ist, denn es hat ja die Funktion, psychologisches und psychiatrisches Fachwissen bei der Wahrnehmung der Problematik dem Gericht zugänglich zu machen. Sind Passagen im Gutachten unverständlich, werden angewandte Verfahren nicht erläutert etc., sind Nachfragen durchaus erlaubt.

1197 Familienrechtliche Extremsituationen sind internationale Entführungsfälle, wo es nach dem Haager Übereinkommen ebenfalls zu einer Begutachtung kommen kann und wo z.B. ein deutsches Gericht gleichzeitig einen Verfahrenspfleger einsetzen kann. In solchen Fällen muss die Begutachtung unter dem hohen Zeitdruck der Verfahren erfolgen und der Verfahrenspfleger muss die spezielle Eilbedürftigkeit und den rigiden Entscheidungsrahmen in diesem Zusammenhang kennen und respektieren. Wünschenswert ist hier natürlich eine einschlägige Zweisprachigkeit des Gutachters wie des Verfahrenspflegers und damit verbunden eine Vertrautheit mit beiden involvierten Kulturbereichen.

➤ *Zu den gerichtlichen Verfahren mit Auslandsbezug vgl. oben Rn 892 ff.*

Ganz zentral ist abschließend die Feststellung, dass der Verfahrenspfleger, wenn er spezielle Bedingungen feststellt, die eine psychologische oder kinder- und jugendpsychiatrische Begutachtung notwendig machen, sich an das Gericht wenden kann, um eine solche Begutachtung zu beantragen. Dies sollte immer dann geschehen, wenn eine psychische Belastung des Kindes deutlich wird und nicht klar ist, ob es sich hier um eine Reaktion auf den Trennungs-, Umgangs- etc. -konflikt handelt oder ob tiefgreifendere bzw. schon vorbestehende psychische Störungen vorliegen. Immer dann, wenn bei den Elternpersonen stärkere psychische und/oder Suchtprobleme auftreten, kann eine fachliche Begutachtung unter Einbeziehung der erkrankten bzw. süchtigen Elternpersonen hilfreich sein. **1198**

Gutachten können auch einen gewissen Interventionscharakter haben, wenn sie erstmalig in einer verfahrenen Situation z.B. unter Videokontrolle, Spiel- und Umgangssituationen möglich machen. Auch hier kann der Verfahrenspfleger darauf achten, dass betroffene Kinder nicht einfach per Gerichtsbeschluss ins kalte Wasser geworfen werden, sondern dass z.B. eine solche erste probatorische Umgangssituation fachlich genau beobachtet und begleitet und später auch sorgfältig ausgewertet wird. **1199**

V. Fazit

Alles in allem können sich Verfahrenspfleger und Gutachter im familienrechtlichen Verfahren hervorragend ergänzen und quasi zum Wohle des Kindes „die Bälle zuspielen". Genauso können sie sich aber behindern. Das Kind darf nicht den Eindruck bekommen, dass zahllose Personen Teilzuständigkeiten haben und es nicht wirklich weiß, an wen es sich vertrauensvoll wenden kann. Insofern gehört die jeweilige Aufgabenbeschreibung und die transparente Darlegung der Aufträge gegenüber dem Kind bzw. den Kindern zentral zu einer verantwortungsvollen Berufsausübung sowohl des Verfahrenspflegers wie auch des Gutachters. **1200**

**Teil 7
Organisation und Vergütung**

A Organisation

Übersicht

		Rn
I.	Die Bundesarbeitsgemeinschaft Verfahrenspflegschaft für Kinder und Jugendliche e.V.	1202
	1. Entstehung und Struktur	1202
	2. Verabschiedung von Standards	1207
	3. Öffentlichkeitsarbeit	1209
	4. Vernetzung	1211
II.	Personelle und organisatorische Voraussetzungen	1215
	1. Interessenkonflikte	1215
	2. Selbständige Tätigkeit	1217
	a) Vorüberlegungen	1217
	b) Abschluss von Versicherungen	1218
	c) Antrag auf Überbrückungsgeld des Arbeitsamtes	1230
III.	Büroorganisation	1234
IV.	Bestellung als VerfahrenspflegerIn	1236
V.	Beispiel einer Abrechnung	1238

Der folgende Beitrag gibt einen Überblick über die ersten Ansätze zur Entwicklung einer Organisationsstruktur für VerfahrenspflegerInnen auf Bundesebene. Darüber hinaus finden NeueinsteigerInnen und Interessierte praktische Tipps und Hilfestellungen für die Organisation ihrer Tätigkeit. **1201**

I. Die Bundesarbeitsgemeinschaft Verfahrenspflegschaft für Kinder und Jugendliche e.V.

1. Entstehung und Struktur

Bereits Ende 1998 konkretisierten sich Überlegungen zur Gründung einer Bundesarbeitsgemeinschaft für Verfahrenspflegschaft. VerfahrenspflegerInnen aus unterschiedlichen Regionen kamen im Juni 1999 in Frankfurt a. M. zu einem ersten Austauschtreffen zusammen. Zu diesem Zeitpunkt war noch nicht klar, ob es sinnvoll sei, sich einem schon bestehenden Berufsverband (z.B. dem Bundesverband der Berufsbetreuer, BdB e.V.) anzuschließen oder sich eigenständig zu organisieren. **1202**

Im November 1999 wurden im Rahmen eines Forums zur Diskussion von Standards für VerfahrenspflegerInnen in Berlin von engagierten VerfahrenspflegerInnen die ersten inhaltlichen Thesen eingebracht. Auf dieser Tagung bildeten sich Arbeitsgruppen, die sich mit folgenden Themen beschäftigten:

- Satzung
- Aufgaben und Inhalte
- Organisationsstruktur und Finanzen
- Profil, Selbstverständnis, Berufsethik
- Vernetzung und Öffentlichkeitsarbeit

1203 Die Arbeitsergebnisse der Gruppen wurden im Rahmen der Tagung der Ev. Akademie Bad Boll „Anwalt des Kindes" vom 9. bis 11. Februar 2000 vorgestellt. Sie bildeten die Grundlage für die Gründungsversammlung der Bundesarbeitsgemeinschaft Verfahrenspflegschaft für Kinder und Jugendliche. Es zeigte sich, dass bei allen Arbeitsgruppen die Entwicklung von Standards, das Selbstverständnis, die Qualitätsentwicklung, die Evaluation sowie die Vernetzung Vorrang hatte. Am 9.2.2000 wurde die Bundesarbeitsgemeinschaft Verfahrenspflegschaft für Kinder und Jugendliche (BAG) gegründet. Ein bundesweiter Zusammenschluss von und ein Forum für VerfahrenspflegerInnen war entstanden. Die Gründungsmitglieder waren sich darüber einig, dass sich die Bundesarbeitsgemeinschaft hauptsächlich dafür einsetzen sollte, dass Verfahrenspflegschaften qualifiziert durchgeführt werden. Deshalb stellte sich die Frage nach der Entwicklung von Standards sowie nach der Kontrolle ihrer Einhaltung.

1204 In der Präambel der Satzung wird deutlich gemacht, dass die Mitglieder der BAG die eigenständigen und wohlverstandenen Interessen von Kindern und Jugendlichen respektieren und diese im Gerichtsverfahren parteilich und unabhängig vertreten. Das konkrete Erleben der Minderjährigen ist dabei genauso zu berücksichtigen, wie wissenschaftliche Erkenntnisse aus Psychologie, Pädagogik, Soziologie und Recht. Da die Qualifikation von VerfahrenspflegerInnen vom Gesetzgeber nicht geregelt wurde, sieht die Bundesarbeitsgemeinschaft ihre Aufgabe auch darin, Weiterbildungsangebote bzw. Kriterien für deren Bewertung zu entwickeln.

1205 Die Gründungsmitglieder waren sich darüber einig, dass bei allen Verfahrensbeteiligten ein erheblicher Informationsbedarf besteht. Auch bei den Jugendämtern bestehen große Unsicherheiten im Umgang mit Verfahrenspflegschaften. Um diese Wissenslücken zu schließen, will die BAG eine aktive Öffentlichkeitsarbeit betreiben. Der Zusammenschluss will sich weiterhin für eine wissenschaftliche Auswertung der Praxis stark machen, damit die Erkenntnisse berücksichtigt werden, die bei der Vertretung von Minderjährigen eine besondere Rolle spielen.

Es war allen Anwesenden der Gründungsversammlung wichtig, die Vernetzung von VerfahrenspflegerInnen voranzutreiben. Aus diesem Grunde wurde mit dem Aufbau von Regional- und Landesgruppen begonnen, um der Vereinzelung von VerfahrenspflegerInnen entgegenzuwirken (siehe Satzung der Bundesarbeitsgemeinschaft Verfahrenspflegschaft für Kinder und Jugendliche e.V., abrufbar im Internet unter www.verfahrenspflegschaft-bag.de). **1206**

Innerhalb der BAG Verfahrenspflegschaft bestehen daneben themenbezogene Arbeitsgruppen, die die Möglichkeit bieten, sich mit anderen Mitgliedern auszutauschen und die erarbeiteten Ergebnisse innerhalb der BAG sowie in der Fachöffentlichkeit vorzustellen. So besteht eine Arbeitsgruppe zum § 70b FGG, die sich mit der geschlossenen Unterbringung von Kindern und Jugendlichen in der Psychiatrie oder in Einrichtungen der Jugendhilfe befasst sowie eine Arbeitsgruppe zum Thema „Verfahrenspflegschaft im Umgangsrechtsverfahren".

2. Verabschiedung von Standards

Im Februar 2001 wurden die Standards für VerfahrenspflegerInnen auf der Grundlage des Entwurfs von M. Zitelmann/C. Weber von der Mitgliederversammlung in Bad Boll verabschiedet. Die Mitglieder der BAG Verfahrenspflegschaft haben sich auf diese Standards verpflichtet und orientieren sich in ihrer Arbeit daran. Innerhalb der BAG arbeitet eine Kommission an der Fortschreibung der Standards, die Änderungs- und Ergänzungsvorschläge sammelt und der Mitgliederversammlung zur Abstimmung vorlegt. Wichtig ist der BAG Verfahrenspflegschaft, dass die Standards sich aus der Praxis heraus weiter entwickeln – z.B. hinsichtlich der Interessenvertretung bei freiheitsentziehender Unterbringung – und sich andererseits die Praxis an den Standards orientieren kann. **1207**

Ergänzend zur Verabschiedung der Standards wurden folgende fachpolitische Empfehlungen ausgesprochen:[1] **1208**

1. Die Bundesarbeitsgemeinschaft Verfahrenspflegschaft für Kinder und Jugendliche e.V. hat sich auf fachliche Standards verpflichtet, die nicht nur für das Handeln von VerfahrenspflegerInnen, sondern auch für die Jugendhilfe und Justiz einschließlich der Kostenbeamten eine hervorragende Orientierung bieten.

2. Damit bestätigt die BAG Verfahrenspflegschaft das in ihrer Satzung formulierte Grundverständnis, dass VerfahrenspflegerInnen die eigenständigen und wohlverstandenen Interessen von Kindern und Jugendlichen respektieren und diese in gerichtlichen Verfahren parteilich und unabhängig vertreten. Dabei wird die Notwendigkeit anerkannt, das konkrete Erleben des

---

1. Abgedruckt in Kind-Prax 2001, 66.

Kindes bzw. des Jugendlichen unter Berücksichtigung der zur Verfügung stehenden und relevanten wissenschaftlichen Erkenntnisse aus Psychologie, Pädagogik, Soziologie und Recht einzubringen.

3. Entwicklungen in der Bestellungspraxis und Aussagen mancher RechtspolitikerInnen geben den TeilnehmerInnen dieser Fachtagung erneut Anlass, darauf hinzuweisen, dass nur fachlich qualifizierte Personen frühzeitig zur Interessenwahrung von Minderjährigen bestellt werden sollten.

4. Die Unabhängigkeit des Verfahrenspflegers ist unabdingbare Voraussetzung für diese Tätigkeit.

5. Der Praxis einiger Gerichte, die Interessenvertretung für Kinder und Jugendliche über das Vergütungsrecht zu bestimmen und einzuschränken, wird entschieden entgegengetreten. Dies gilt aktuell insbesondere für folgende Punkte:

   – Die Verfahrenspflegerin hat die wohlverstandenen Interessen und den Willen des Kindes/Jugendlichen in eigener fachlicher Verantwortung zu ermitteln und zu vertreten. Hierzu sind Personen und Institutionen, die zur Aufklärung des Sachverhaltes beitragen können, zu konsultieren.

   – Kollegiale Fallbesprechungen und Supervision gehören als unverzichtbarer fachlicher Standard zur Qualitätssicherung der Verfahrenspflegschaft.

   – Die TeilnehmerInnen der Fachtagung empfehlen dem Jugendamt dringend, die VerfahrenspflegerInnen unverzüglich über alle das Kind oder den/die Jugendliche/n betreffenden Planungen zu informieren. Es kann und sollte der Verfahrenspflegerin die Grundlagen für eine unabhängige Einschätzung möglicher Kindeswohlgefährdungen und des bisherigen Verlaufs der Hilfeplanung bieten. VerfahrenspflegerInnen ist die Teilnahme an Hilfeplangesprächen, in denen über Angelegenheiten von erheblicher Bedeutung entschieden wird, zu ermöglichen.

   – Es gehört zur Aufgabe der VerfahrenspflegerInnen, das Kind nach Abschluss des Verfahrens ausführlich zu informieren.

6. Neuere Forschungen belegen, dass in behördlichen Verfahren ein Vertretungsdefizit besteht. Kinder und Jugendliche sind hier strukturell unterlegen und wünschen sich auch selbst schon in diesen Situationen eine eigene Vertretung.

7. Erhebliche Verstöße gegen die strengen Verfahrensvorschriften, welche die Grundrechte der Minderjährigen bei freiheitsentziehender Unterbringung schützen sollen, wurden festgestellt. Hierzu gehört insbesondere die Missachtung der Anhörungsvorschriften und die Nichtbestellung von Verfah-

renspflegerInnen, auf die Minderjährige in diesen für sie besonders prekären Situationen angewiesen sind. Auch für diesen Bereich der Interessenvertretung bedarf es der Entwicklung fachlicher Standards und spezifischer Weiterbildungsangebote.

8. Die Politik ist gefordert, eine aussagekräftige wissenschaftliche Begleitforschung zur Verfahrenspflegschaft für Kinder und Jugendliche sicherzustellen.

➢ *Die Standards für VerfahrenspflegerInnen finden sich in Rn 1051 ff.*

3. Öffentlichkeitsarbeit

Für die BAG ist die Öffentlichkeitsarbeit eine wesentliche Aufgabe, um die Arbeit bekannt zu machen, neue Mitglieder zu werben und die Vernetzung der tätigen VerfahrenspflegerInnen zu ermöglichen. Verfahrenspflegschaft ist in den ersten Jahren nach Inkrafttreten des neuen Kindschaftsrechts in der Öffentlichkeit erst wenig bekannt geworden. Das heißt für die BAG, Ziel, Profil und Standards der Verfahrenspflegschaft weiterzuentwickeln und die Parteilichkeit für das Kind immer wieder in den Mittelpunkt zu rücken. Über die Web-Site *http://www.verfahrenspflegschaft-bag.de* können folgende Informationen abgerufen werden: 1209

– Struktur der BAG wie Satzung, Zielsetzung, Vorstand, Arbeitsgruppen
– Regional- und Landesgruppen sowie die Ansprechpersonen
– Rechtsgrundlagen und Rechtsprechung
– Standards für VerfahrenspflegerInnen und damit verbundene Fragen zur Berufsethik, Arbeitsweise und zum Selbstverständnis
– Fachliteratur (Bücher, Fachzeitschriften, Diplomarbeiten)
– Fortbildungen: Träger, Zielsetzung, Ausbildungskonzepte und Kosten
– Fragen der Vergütung und der entsprechenden Rechtsprechung
– Versicherungsfragen
– Fragen zur Existenzgründung
– Wichtige Termine, Veranstaltungshinweise usw.

Dabei wird es VerfahrenspflegerInnen insbesondere um aktuelle wie auch um grundsätzliche Fragen aus der Gerichtspraxis gehen.

Die BAG Verfahrenspflegschaft ist Kooperationspartner der interdisziplinären Fachzeitschrift Kind-Prax, Bundesanzeiger Verlag. Den Mitgliedern der BAG wird ein Abonnement zu einem Vorzugspreis eingeräumt. In jeder Ausgabe der Kind-Prax erscheint ein Nachrichtenteil, der über wichtige Themen und Entwicklungen informiert. 1210

Von der Evangelischen Akademie Bad Boll wird jährlich eine Fachtagung zum Thema Verfahrenspflegschaft veranstaltet, die inhaltlich in Absprache mit der BAG vorbereitet wird.

4. Vernetzung

1211 Die ersten praktisch tätigen Verfahrenspflegerinnen hatten sehr schnell Bedarf an Vernetzungsmöglichkeiten, da keine Erfahrungen vorlagen, auf die zurückgegriffen werden konnte. Erste Ansätze dazu gingen von TeilnehmerInnen der verschiedenen Weiterbildungskurse aus, die sich in Regionalgruppen zusammenschlossen. Diese Gruppen organisierten Treffen mit kollegialer Beratung und gaben Faltblätter heraus. Den meisten VerfahrenspflegerInnen der „ersten Stunde" war klar, dass ein Zusammenschluss notwendig wurde, der die Vernetzung organisiert.

1212 Nach Gründung der BAG war es eine der vordringlichen Aufgaben des Vorstandes, regionale Ansprechpersonen zu finden. Diese gibt es inzwischen für viele Städte, Regionen und Bundesländer (aktuelle Liste: *www.verfahrenspflegschaft-bag.de*).

Die Vernetzung kann verschiedene Möglichkeiten eröffnen, deren Realisierung jedoch vom Engagement der Einzelnen abhängig ist:

– Austausch über die einzelnen Fälle
– Kollegiale Beratung
– Gemeinsame Supervision
– Fragen der Existenzgründung (Bürogemeinschaft, Gründung einer Praxisgemeinschaft)
– Literaturaustausch, Aufteilen von Abos der verschiedenen Fachzeitschriften
– Gemeinsame Rechtsberatung
– Informationen über die Gerichte und die einzelnen Familienrichter
– Informationen über das Jugendamt
– Gemeinsame Öffentlichkeitsarbeit (Flyer usw.)
– Veranstaltungen „vor Ort", z.B. beim Jugendamt, Familiengericht, in einer interdisziplinären Arbeitsgruppe usw.
– Fragen der Vergütung
– Kontakte zur Landesgruppe bzw. zum Vorstand der BAG
– Treffen mit anderen Regionalgruppen und Austausch

1213 In der BAG ist ein Mitglied des Vorstandes für die Vernetzung mit den praktisch tätigen VerfahrenspflegerInnen zuständig. Die Information fließt sowohl vom Vorstand an die Regional- und Landesgruppen als auch von den zuständigen Ansprechpersonen in den Regionen zurück an den Vorstand. Wichtig ist es, das Netz von Informationen über die Web-Site so aufzubauen, dass die VerfahrenspflegerInnen vor Ort die Möglichkeit haben, sich kundig zu machen und Hilfe in ihrer täglichen Arbeit zu erhalten.

Für die BAG Verfahrenspflegschaft geht es in näherer Zukunft insbesondere um folgende Aufgaben: die qualifizierte Weiterbildung für VerfahrenspflegerInnen als Standard festzuschreiben und die Informationen darüber bundesweit bekannt zu machen. So wird die BAG Qualitätsmerkmale für die Weiterbildung entwickeln und die entsprechende Qualifikation als Kriterium für die Aufnahme neuer Mitglieder festschreiben.

Als Organisationsstruktur für VerfahrenspflegerInnen hat sich in anderen Ländern die Bildung von Gremien bewährt, die neben der Koordination vor allem den Ausbildungsstand und die fortlaufende Qualitätskontrolle der Arbeit garantieren. In der Bundesrepublik gibt es diese Organisationsformen bisher nicht, der Gesetzgeber hat keine entsprechenden Vorkehrungen getroffen. Aus diesem Grunde zeigte sich bald, dass VerfahrenspflegerInnen unterschiedlichster Qualifikation und konzeptioneller Ausrichtung tätig sind, was für die weitere Entwicklung erhebliche Gefahren in sich birgt. **1214**

II. Personelle und organisatorische Voraussetzungen

1. Interessenkonflikte

Bereits in der Begründung zum Regierungsentwurf des § 50 FGG wird darauf hingewiesen, dass durch die Zuständigkeit und Verantwortung des Jugendamtes für die gesamte Familie, und zwar in vielen Fällen schon vor und nach dem gerichtlichen Verfahren, die „erforderliche Parteinahme für das Wohl des Kindes" nicht gewährleistet werden kann. In jedem Fall soll eine Interessenkollision zwischen dem gesetzlichen Auftrag der Jugendhilfe und der Aufgabenstellung, die sich aus der Übernahme der Verfahrenspflegschaft ergibt, unbedingt vermieden werden.[2] Die Praxis belegt, dass Jugendämter durchweg nicht zum Verfahrenspfleger bestellt werden, da sie im Verfahren schon vertreten sind, zumal die obergerichtliche Rechtsprechung dies in Einzelfällen gerügt hat.[3] MitarbeiterInnen anderer öffentlicher oder freier Träger kommen als Verfahrenspfleger in Betracht, wenn ein Interessenkonflikt ausgeschlossen werden kann. So werden z.B. MitarbeiterInnen von Erziehungsberatungsstel- **1215**

---

2. Vgl. Deutsches Institut für Vormundschaftswesen: DIV-Gutachten, DAVorm 1999, S. 39; Empfehlungen des Deutschen Vereins zur Umsetzung der Kindschaftsrechtsreform in die Praxis der Kinder- und Jugendhilfe, DV 15/99, S. 27; Standards für VerfahrenspflegerInnen, Pkt. 1.2 – siehe in diesem Handbuch Rn 1051 ff.
3. OLG Naumburg, DAVorm 1999, 713; siehe Salgo, FPR 1999, S. 318.

len bei einer entsprechenden Anfrage des Gerichts häufig zu dem Schluss kommen, dass ihnen mögliche Rollenkonflikte die Übernahme der Verfahrenspflegschaft verbieten.[4]

1216 Die Verfahrenspflegschaft kann auch als selbständige Tätigkeit durchgeführt werden – neben oder anstelle einer versicherungspflichtigen Beschäftigung.

Für Selbständige „ergibt sich ein Interessenkonflikt, wenn sie aus Gründen der Existenzsicherung eine solche Anzahl von Verfahrenspflegschaften übernehmen, dass sie den Belangen jedes einzelnen Kindes nicht zu entsprechen vermögen."[5]

2. Selbständige Tätigkeit

a) Vorüberlegungen

1217 Bei der Gründung einer Existenz als FreiberuflerIn sind im Vorfeld insbesondere folgende Überlegungen anzustellen:

- Traue ich mir zu, diese Tätigkeit als Selbständige auszuüben?
- Voraussetzung ist, dass eine bestimmte Arbeitszeit verfügbar ist.
- Die derzeitige Vergütungspraxis erfordert einen langen Vorlauf. Es dauert u.U. bis zu einem halben Jahr bis die ersten Rechnungen bezahlt werden. Ist das für mich machbar?
- Erforderlich sind Konfliktfähigkeit und selbstbewusstes Auftreten vor Gericht. Traue ich mir notwendige Auseinandersetzungen in diesem Rahmen zu?
- Traue ich mir zu, dass ich damit klar komme, wenn sich andere über mich beschweren?
- Bin ich in der Lage, die Bedürfnisse des Kindes zu erkennen und die fachlichen Anforderungen sicherzustellen?
- Weiß ich, wo meine besonderen Begabungen und Fähigkeiten liegen?
- Traue ich mir zu, eine Verfahrenspflegschaft abzulehnen, wenn mir die Aufgabe gar nicht liegt?
- Verfüge ich über genügend große Distanz zwischen meiner beruflichen und persönlichen Rolle?
- Kenne ich Menschen, mit denen ich über meine Arbeit fachlich reflektieren kann?

---

4. Zitelmann, Kind-Prax 1998, S. 131; Fricke, ZfJ 1999, S. 5; Standards für VerfahrenspflegerInnen, Pkt. 1.2, in diesem Handbuch Rn 1051 ff.
5. Standards für VerfahrenspflegerInnen, Pkt. 1.2, in diesem Handbuch Rn 1051 ff.

- Bin ich persönlich in der Lage, die Anforderungen und Risiken der Freiberuflichkeit sowie mindestens zunächst eine deutliche zeitliche Mehrbelastung auf mich zu nehmen?
- Was sagt mein/e PartnerIn dazu?
- Verkraften meine Kinder die neue Belastung?
- Habe ich meine rechtliche und steuerliche Situation geklärt? (Die BAG Verfahrenspflegschaft ist derzeit bemüht, Beratungsmöglichkeiten und Infomaterial zu entwickeln.)
- Muss ich mich beim Finanzamt und der Berufsgenossenschaft anmelden?
- Muss ich eine Berufshaftpflicht- oder evtl. auch eine Rechtsschutzversicherung abschließen?
- Brauche ich eine private Krankenversicherung, Altersvorsorge und Absicherung gegen Berufsunfähigkeit?
- Habe ich Anspruch auf Überbrückungsgeld des Arbeitsamtes?
- Habe ich meinen freiberuflichen Einstieg gründlich vorbereitet?
- Weiterbildung, fachliche Beratung, Supervision?
- Standort? (eigenes Büro oder Arbeitsmöglichkeit zu Hause) Erreichbarkeit? (Telefon, Anrufbeantworter, Fax, E-Mail)
- Finanzielle Überbrückung?
- Organisation? (zeitliche Planung, Reserven)
- Habe ich die Möglichkeiten der Zusammenarbeit mit anderen geprüft?
- Mitgliedschaft in der BAG Verfahrenspflegschaft?
- Existieren Arbeitsgemeinschaften vor Ort oder in der Region?
- Wo kann ich kollegiale Beratung erhalten?

b) Abschluss von Versicherungen

1218 Pflichtversicherung besteht für die Berufsgenossenschaft. Alle BerufsverfahrenspflegerInnen sind gesetzlich verpflichtet, sich bei der Berufsgenossenschaft für Gesundheitsdienst und Wohlfahrtspflege, Pappelallee 35–37, 22089 Hamburg, Tel. 040/20207–434 od. 440 od. 878, Fax 040/20207–529 zu versichern. (Pflichtversicherung gem. § 192 Abs. 1 SGB 7)

1219
- **Haftpflichtversicherung**
  Eine private Haftpflichtversicherung ist unbedingt notwendig. Jeder, der ein eigenes Einkommen erzielt, muss sich um seinen Versicherungsschutz selbst kümmern. Ausnahmen gelten hier nur für Ehepartner oder Lebenspartner. Es gilt hier zu prüfen, ob bereits eine Versicherung besteht.

1220 – Betriebs- und Berufshaftpflichtversicherung

Während der Ausübung der Verfahrenspflegschaft halten sich die VerfahrenspflegerInnen bei Behörden, Kindern, Eltern und nicht zuletzt im eigenen Büro auf. Überall kann durch das eigene Einwirken ein Sach- oder ein Personenschaden entstehen, für den persönlich zu haften ist.

1221 – Rechtsschutzversicherung

Es sollte geprüft werden, ob eine Rechtsschutzversicherung besteht, die auch den beruflichen Bereich mit einschließt.

1222 – Vorsorgeversicherungen (gesetzliche Rentenversicherung – private Vorsorge)

Für Selbständige besteht keine Sozialversicherungspflicht in der gesetzlichen Rentenversicherung. Hier überlässt der Gesetzgeber dem Selbständigen die Entscheidung, wie er/sie sich in Bezug auf Alter, Berufsunfähigkeit, Tod absichert.

In der gesetzlichen Rentenversicherung hat der Selbständige folgende Wahlmöglichkeiten:

1223 Pflichtmitgliedschaft auf Antrag

Hier entscheidet sich der/die Selbständige einmalig für die weitere Pflichtmitgliedschaft. Dies bedeutet für ihn/sie eine endgültige Entscheidung. Nach Aufnahme der selbständigen Tätigkeit besteht eine 5-jährige Entscheidungsmöglichkeit zu dieser Variante. Bei einer Pflichtmitgliedschaft kann entweder der Regelbeitrag oder ein einkommensabhängiger Beitrag entrichtet werden. Für die ersten drei Jahre der Selbständigkeit ist die Zahlung des halben Regelbeitrages erforderlich.

1224 Freiwillige Mitgliedschaft

Der/die Selbständige kann sich jederzeit entscheiden, freiwillige Beiträge zwischen dem jeweiligen Mindestbeitrag und dem Höchstbeitrag zu entrichten.

1225 Keine weitere Mitgliedschaft mehr

In diesem Fall ist eine private Vorsorge dringend erforderlich.

1226 Private Vorsorge

Die Private Vorsorge ist am sinnvollsten durch eine Kapitallebensversicherung mit Berufsunfähigkeits-Zusatzversicherung abzuschließen. Damit besteht dann ein entsprechender Schutz für die Hinterbliebenen, die Absicherung im Alter und für den Fall der vorzeitigen Berufsunfähigkeit. Falls nach Beratung eine Lebensversicherung für die Absicherung im Alter in Frage kommt, kann über die Bundesarbeitsgemeinschaft für Mitglieder der Versicherungsservice mit Beratung in Anspruch genommen werden. Ebenso besteht die Möglichkeit zum Abschluss einer Berufsunfähigkeitsversicherung. Gerade bei den Vorsorgeversicherungen ist eine Beratung über das bisherige „Rentenkonto" unerlässlich. Erst dann kann entschieden werden, wie die weitere Versorgung auszusehen hat.

– **Krankenversicherung** 1227
Wenn eine VerfahrenspflegerIn teils angestellt und teils freiberuflich arbeitet, ist davon auszugehen, dass sie von ihrem Arbeitgeber automatisch bei einer gesetzlichen Krankenkasse gemeldet ist. Entscheidend ist die Frage, welcher der Tätigkeiten das Hauptgewicht zukommt – ob freiberuflich oder angestellt. Hierbei spielt sowohl das Einkommen als auch der Zeitaufwand eine Rolle.

Wer sich als **Selbständiger freiwillig in einer gesetzlichen Krankenkasse** 1228 versichern will, muss seine Einkommenssituation gegenüber der Krankenkasse dokumentieren, z.B. durch die letzte Einkommenssteuererklärung. Ansonsten muss der gesetzliche Mindestbeitrag gezahlt werden, der jährlich überprüft wird. Da die Leistungen der gesetzlichen Krankenversicherung im Wesentlichen per Gesetz vorgeschrieben sind, ist die Beitragshöhe das ausschlaggebende Argument für die Auswahl. Als freiwilliges Mitglied in der gesetzlichen Krankenversicherung partizipiert man an den Vorteilen der Familienversicherung (Ehegatte und Kinder) bei einer bestimmten Einkommensgrenze.

Es besteht ebenso die Möglichkeit, Mitglied in einer **privaten Kranken-** 1229 **versicherung** zu werden. Entscheidet man sich für die private Absicherung, müssen alle nicht erwerbstätigen Familienmitglieder separat versichert werden (AOK-Business-Manager 2000, CD-Rom).

c) Antrag auf Überbrückungsgeld des Arbeitsamtes

Wenn eine VerfahrenspflegerIn Leistungen vom Arbeitsamt bezieht, dies sind 1230 Arbeitslosengeld oder Arbeitslosenhilfe, kann sie bei Existenzgründung ein Überbrückungsgeld beantragen. Ein Rechtsanspruch auf diese Leistung besteht nicht.

Das Arbeitsamt kann Überbrückungsgeld zahlen, wenn die Verfahrenspflegerin

– bis zur Aufnahme der selbständigen Tätigkeit oder bis zur vorherigen Teilnahme an einer Maßnahme zur Vorbereitung der Existenzgründung beim Arbeitsamt arbeitslos gemeldet war und

– mindestens vier Wochen Arbeitslosengeld oder Arbeitslosenhilfe erhalten hat oder

– in einer Arbeitsbeschaffungsmaßnahme oder Strukturanpassungsmaßnahme beschäftigt war.

1231 Eine fachkundige Stelle muss das Existenzgründungsvorhaben begutachten und die dauerhafte Tragfähigkeit der Gründung bestätigen. Der zeitliche Umfang der selbständigen Tätigkeit muss zur Beendigung der Arbeitslosigkeit führen. Fachkundige Stellen – unter denen man grundsätzlich die freie Wahl hat – sind insbesondere

- Industrie- und Handelskammern,
- Fachverbände,
- Kreditinstitute,
- Steuerberater, Wirtschaftsprüfer, Unternehmensberater oder
- Rechtsanwälte, die auf Wirtschaftsrecht spezialisiert sind.

1232 Das Verfahren zur Beantragung des Überbrückungsgeldes des Arbeitsamts läuft folgendermaßen:

- der Antragsteller hat ein vom Sachbearbeiter des Arbeitsamtes unterschriebenes Formular der Arbeitsverwaltung auszufüllen;
- es muss ein schriftliches Gründungskonzept (Standort, Betriebsräume, Mietkosten, Leistungsangebot, Konkurrenzsituation, Erläuterungen zur Umsatzberechnung) vorliegen;
- ein tabellarischer Überblick über den beruflichen Werdegang ist zu erstellen;
- ein Investitions- und Finanzierungsplan ist anzufertigen, sofern Investitionen erforderlich sind;
- wichtig ist die Umsatz- und Rentabilitätsvorschau für das Gründungsjahr und zwei ganze Folgejahre. Hierzu empfiehlt sich die Hilfe des Steuerberaters.

1233 Überbrückungsgeld wird als Zuschuss im Regelfall für sechs Monate in Höhe des Betrages gezahlt, den man als Arbeitslosengeld oder Arbeitslosenhilfe zuletzt bezogen hat. Es umfasst auch die auf das Arbeitslosengeld oder -hilfe allgemein entfallenden Sozialversicherungsbeiträge, die das Arbeitsamt getragen hat oder hätte tragen müssen. Der Antrag ist bei dem zuständigen Arbeitsamt zu stellen. Sollte die selbständige Tätigkeit aufgegeben werden und tritt erneut Arbeitslosigkeit ein, kann der Anspruch auf Arbeitslosengeld wieder geltend gemacht werden, wenn noch keine vier Jahre verstrichen sind (siehe: Existenzgründung, Informationsbroschüre des Arbeitsamtes).

III. Büroorganisation

Jede VerfahrenspflegerIn muss sich darüber im Klaren sein, dass eine sorgfältige Aktenführung Voraussetzung für die Durchführung der Verfahrenspflegschaft als auch für die spätere Abrechnung ist. Es empfiehlt sich, die Akten systematisch zu ordnen: z.B. chronologisch nach Eingang oder auch getrennt nach Aktenauszügen/Korrespondenz mit Gericht/anderer Schriftverkehr und eigenen Aufzeichnungen. Für jede der Akten sollte ein Deckblatt angelegt werden, das ständig mit den neuesten Informationen vervollständigt wird (persönliche Daten des Kindes, der Eltern, zuständige MitarbeiterIn des Jugendamtes, sonstige wichtige Personen, ErzieherInnen bzw. LehrerInnen usw. jeweils mit Angabe der Telefonnummer). 1234

Die eingehende Post muss täglich bearbeitet werden. Termine und Wiedervorlagen müssen im Kalender notiert werden. Es empfiehlt sich, Eilfälle und Terminsachen besonders zu markieren. Jedes Schreiben an Gericht und Behörden muss mit dem jeweiligen Aktenzeichen versehen werden. Der Inhalt von Telefongesprächen und sich daraus ergebende Termine sollten sofort festgehalten und gleich in die Akte einsortiert werden. Gesprächsdauer und Gebühren sind für die Abrechnung zu notieren. 1235

IV. Bestellung als VerfahrenspflegerIn

Es empfiehlt sich, persönlichen Kontakt mit Familien- und VormundschaftsrichterInnen herzustellen und ihnen mitzuteilen, dass man bereit ist, Verfahrenspflegschaften zu übernehmen. Der schriftlichen Bewerbung sollte ein Lebenslauf, ggf. Kopien des Diploms sowie des Zertifikates der Weiterbildung zum/zur VerfahrenspflegerIn beigefügt werden. Auch kann es ratsam sein, Kontakt mit dem Jugendamt aufzunehmen, da dieses im Rahmen der Mitwirkung gem. § 50 Abs. 1 SGB VIII/KJHG Verfahrenspflegschaften anregen bzw. qualifizierte und geeignete Personen benennen kann. 1236

Es besteht weiterhin die Möglichkeit, sich mit mehreren Verfahrenspflegerinnen aus der Region zusammenzuschließen und ein gemeinsames Faltblatt zu entwickeln, welches dann an die entsprechenden Einrichtungen (Gericht, Jugendamt, Kinderschutzbund, Beratungsstellen etc.) verteilt werden kann. Auch hierbei ist es wichtig, dass die VerfahrenspflegerInnen sich mit Qualifikation und Spezialisierungen (Ethnien, Altersgruppen, Fallkonstellationen etc.) vorstellen. Bundesweit sind Vereine gegründet worden, die sich für die Rechte von Kindern und Jugendlichen einsetzen. Soweit in diesem Rahmen Verfahrenspflegschaften für Kinder und Jugendliche übernommen werden, ist es besonders wichtig, auf die Unabhängigkeit, Qualifikation und fundierte Weiterbildung der VerfahrenspflegerInnen zu achten. 1237

Sabine Ehrtmann

V. Beispiel einer Abrechnung

1238 Um die Abrechnung zu erstellen, ist es wichtig, alle Termine entweder in einem Abrechnungsbogen per Hand sofort einzutragen oder in einer Tabelle im PC festzuhalten. Nur aufgrund einer solchen fortlaufenden Dokumentation aller Tätigkeiten ist es möglich, dem Gericht eine detaillierte Abrechnung vorzulegen.

➤ *Ausführlich zur Vergütung siehe Rn 1251 ff.*

Verfahrenspflegschaft für: **Aktenzeichen:**

Datum	Art der Tätigkeit	Minuten	km/Porto Telefon
	Aktenstudium und Organisation		
	Brief an die Mutter		
	Brief an den Vater		
	Anruf der Mutter		
	Vorbereitung auf den Besuch		
	Hausbesuch beim Kind		
	Fahrt von ... nach ...		
	Protokoll des Besuches		
	Vorbereitung auf das Gespr. m. Mutter		
	Gespräch mit der Mutter		
	Vorbereitung auf das Gespr. m. Vater		
	Gespräch mit dem Vater		
	Anruf beim Jugendamt		
	Anruf bei der Lehrerin		
	Vorbereitung auf den Besuch		
	Besuch beim Kind		
	Fahrt von ... nach ...		
	Sachstandsmitteilung		
	Kollegiale Beratung oder Supervision		
	Durchlesen der Schriftstücke		
	Stellungnahme Entwurf und Ausarbeitung Schreiben und korrigieren		
	Sitzung Familiengericht		
	Vorbereitung auf den Besuch		
	Abschließender Besuch beim Kind		
	Fahrt von ... nach ...		

Stunden insgesamt
Vergütung 31 € pro Stunde (bei entsprechender Ausbildung)

Auslagen
Telefon
Fahrtkosten
Kopien
Porto

Auslagen insgesamt
Ergibt zusammen
+ Umsatzsteuer 16 %
Rechnungsbetrag

bleiben frei

B Vergütung

Übersicht

		Rn
I.	Anspruch des Verfahrenspflegers auf Entschädigung – Übersicht	1251
II.	Ehrenamtliche Verfahrenspflegschaft	1261
III.	Berufsmäßig geführte Verfahrenspflegschaft	1263
IV.	Anerkennung als Berufsverfahrenspfleger	1264
	1. Pflicht zur Feststellung der Berufsmäßigkeit	1264
	2. Unterlassene Feststellung der Berufsmäßigkeit	1267
	3. Maßstäbe für die Feststellung der Berufsmäßigkeit	1269
	4. Anwendung der Regelungen des Betreuungsrechts	1272
V.	Regelbeispiele der Berufsverfahrenspflegschaft	1276
VI.	Vergütungsfähiger Zeitaufwand	1280
VII.	Höhe der Vergütung	1285
VIII.	Abrechnung der Anwaltsentschädigung nach BRAGO	1287
IX.	Vergütungspauschale und Zeitlimitierung	1293
X.	Ersatz von Aufwendungen	1302
XI.	Beispiele für erstattungsfähige Aufwendungen	1306
	1. Fahrt- und Reisekosten	1306
	2. Verpflegungsmehraufwendungen	1312
	3. Telekommunikationsleistungen	1313
	4. Büromaterial, Porto, Schreibauslagen	1314
	5. Fotokopierkosten	1315
	6. Verdienstausfall	1317
	7. Dolmetscherkosten	1318
	8. Fachliteratur	1319
XII.	Erlöschensfristen des Entschädigungsanspruches	1320
	1. Vergütungsanspruch	1320
	2. Aufwendungsersatzanspruch	1325
XIII.	Entschädigungsverfahren	1327
XIV.	Rechtsmittel gegen die Festsetzung der Entschädigung	1331
	1. Rechtsmittel bei unterlassener Feststellung der Berufsmäßigkeit der Verfahrenspflegschaft	1331
	2. Rechtsmittel gegen den Festsetzungsbeschluss	1332
	3. „Rechtsmittel" gegen die Vergütungsentscheidung im vereinfachten Verfahren	1335
XV.	Kostenregress der Staatskasse	1336

B Vergütung

I. Anspruch des Verfahrenspflegers auf Entschädigung – Übersicht

Der Entschädigungsanspruch des nach § 50 FGG bestellten Verfahrenspflegers (Aufwendungsersatz und Vergütung) orientiert sich an den Vorschriften des betreuungsrechtlichen Verfahrenspflegers. Das gilt auch für den nach § 70b FGG in einem Unterbringungsverfahren nach § 1631b BGB bestellten Verfahrenspfleger. §§ 50 Abs. 5 und 70b Abs. 1 Satz 3 FGG verweisen dazu auf die entsprechende Anwendung des § 67 Abs. 3 FGG. Die Verweisungen erschweren das Verständnis der Vorschriften beträchtlich. Im Ergebnis lassen sich die Regelungen wie folgt darstellen: **1251**

a) Der Entschädigungsanspruch des Verfahrenspflegers richtet sich gegen die Staatskasse (§ 67 Abs. 3 Satz 1 FGG). Diese kann die an den Verfahrenspfleger gezahlten Entschädigungsbeträge als Auslagen des Verfahrens (§ 137 Nr. 16 KostO) nach Maßgabe des nach den Bestimmungen des § 1836c BGB einzusetzenden Einkommens und Vermögens von den Verfahrensbeteiligten erheben, § 93a Abs. 2 KostO. Die Bestellung des Verfahrenspflegers und die Aufhebung der Verfahrenspflegschaft sind dabei aber als Teil des Verfahrens, für das der Pfleger bestellt worden ist, gebührenfrei, § 93a Abs. 1 KostO. **1252**

➢ *Einzelheiten zum „Kostenregress der Staatskasse vgl. unten Rn 1336 ff.*

b) § 67 Abs. 3 Satz 2 FGG nimmt Bezug auf Vorschriften des BGB, des BVormVG und des FGG, d.h. die Entschädigung des Verfahrenspflegers orientiert sich an der Entschädigung eines Vormundes bzw. eines gesetzlichen Betreuers. Es ist also nach dem für die Führung der Verfahrenspflegschaft erforderlichen Zeit- und Sachaufwand abzurechnen. **1253**

Einige Vorschriften des BGB sind von der Bezugnahme ausdrücklich ausgeschlossen. So finden keine Anwendung: § 1835 Abs. 3 BGB über Aufwendungen für Dienste des Vormundes, die zu seinem Gewerbe oder Beruf gehören, § 1835 Abs. 4 BGB über den Anspruch auf Aufwendungsersatz aus der Staatskasse bei Mittellosigkeit des Betroffenen, § 1835a BGB über die pauschale Aufwandsentschädigung und § 1836b Satz 1 Nr. 2 BGB über die Zeitlimitierung.

c) Nach Inkrafttreten des BtÄndG zum 1.1.1999 gilt die Abrechnung nach Zeitaufwand regelmäßig auch für **Rechtsanwälte**, die zu Verfahrenspflegern bestellt werden. Anders als nach altem Recht ist ihnen eine Abrechnung der Verfahrenspflegschaft nach den Gebühren der BRAGO grundsätzlich verwehrt. § 1835 Abs. 3 BGB ist in § 67 Abs. 3 Satz 2 von der Bezugnahme auf die Verfahrenspflegschaft ausdrücklich ausgenommen worden und die Neufassung des § 1 Abs. 2 Satz 1 BRAGO stellt dies zusätzlich klar (zu den **1254**

Ausnahmen vgl. unten Rn 1258). Die mit dem BtÄndG bezweckte Entlastung der Gerichte ist in diesem Punkt in ihr Gegenteil verkehrt worden, denn nach der Neufassung des Entschädigungsrechts ist die zeitsparende Abrechnung nach Geschäftswert (§ 118 BRAGO) regelmäßig nicht mehr zulässig.

1255 d) Der Höhe nach bestimmt sich der Stundensatz des Verfahrenspflegers dabei „stets" nach den Stundensätzen des § 1 BVormVG, ohne dass es darauf ankäme, ob der Betroffene mittellos (§§ 1836c und 1836d BGB) oder vermögend ist. Das gilt nach dem Inkrafttreten des BtÄndG seit dem 1.1.1999 regelmäßig auch für als Verfahrenspfleger beigeordnete **Rechtsanwälte**.

1256 In den neuen Bundesländern werden die Stundensätze um 10 % gemindert (§§ 67 Abs. 3 Satz 2, 2. Halbsatz, 70b Abs. 1 Satz 3, § 1 KostGErmAV i.V.m. Anlage I Kapitel III Sachgebiet A Abschnitt III Nr. 27 und Abschnitt IV Nr. 4 Satz 1 des Einigungsvertrages vom 31.8.1990).

1257 e) Das BVerfG[6] hält den Stundensatz von 31 € nach § 1 Abs. 1 Satz 2 Nr. 2 BVormVG für Verfahrenspfleger mit abgeschlossener Hochschulausbildung (z.B. Anwälte) unter Bezugnahme auf die Entscheidung des BVerfG vom 15.12.1999 zur Verfassungsgemäßheit der Betreuervergütung[7] für verfassungsgemäß. Wie bei der Übernahme einer Betreuung handele es sich bei der beruflichen Ausübung von Verfahrenspflegschaften regelmäßig um einen „Zweitberuf", bei dem die Vergütung nicht am Hauptberuf orientiert und die Kostenstruktur einer Anwaltskanzlei nicht berücksichtigt werden müsse.

1258 Ausnahmsweise könne ein zum Verfahrenspfleger bestellter Rechtsanwalt entgegen dem Ausschluss des § 1835 Abs. 3 BGB in § 67 Abs. 3 Satz 2 FGG auch nach BRAGO abrechnen, wenn und soweit im konkreten Fall „**rechtsanwaltsspezifische Tätigkeiten**" bei der Führung der Verfahrenspflegschaft anfallen[8]. Unter Bezugnahme auf die Begründung des Gesetzgebers des BtÄndG zur Neufassung des § 1 Abs. 2 BRAGO[9] hält das BVerfG die Anwaltsvergütung nach § 1 Abs. 1 BVormVG unter der Bedingung für verfassungsgemäß, dass der Anwalt rechtsanwaltstypische Tätigkeiten im Rahmen von Verfahrenspflegschaften eben über § 1835 Abs. 3 BGB auch nach BRAGO (§ 118) abrechnen kann. Rechtsanwälte können Verfahrenspflegschaften danach in solchen Fällen nach BRAGO abrechnen, „in denen ein Laie in gleicher Lage vernünftigerweise einen Rechtsanwalt hinzuziehen würde".

➤ *Einzelheiten zur Abrechnung der Anwaltsentschädigung nach BRAGO vgl. unten Rn 1287 ff.*

---

6. Beschluss vom 7.6.2000, FamRZ 2000, 1280, 1281, 1282.
7. FamRZ 2000, 345.
8. BVerfG, FamRZ 2000, 1280, 1282.
9. BT-Drucks. 13/7158, S. 41.

f) Eine **Vergütungspauschale** (§ 1836b Satz 1 Nr. 1 BGB) ist zwar auch für Verfahrenspfleger zulässig; eine Limitierung der erforderlichen Zeit (§ 1836b Satz 1 Nr. 2 BGB) ist in § 67 Abs. 3 Satz 2 von der Anwendung auf die Verfahrenspflegschaft aber aus guten Gründen ausgeschlossen. Hinter der Pauschalierung der Vergütung steckt aber eine verdeckte Zeitlimitierung. Nach Sinn und Zweck der Verfahrenspflegschaft kann demnach von der Vergütungspauschalierung nur nach Absprache mit den Verfahrenspflegern Gebrauch gemacht werden. 1259

g) Dass § 67 Absatz 3 Satz 1 nur von „Aufwendungsersatz" spricht, schließt nicht aus, dem Verfahrenspfleger auch einen Anspruch auf **Vorschuss** auf die zu erwartenden Aufwendungen einzuräumen. Sprachliche Ungenauigkeiten und zweideutige Verweisungen sind auch im BtÄndG nicht selten. § 1835 Abs. 1 BGB wird von § 67 Abs. 3 Satz 2 FGG in vollem Umfang, also auch hinsichtlich eines Anspruches auf Vorschuss auf Aufwendungen (§ 669 BGB), in Bezug genommen. § 1980e Abs. 1 BGB a.F. sah für den Vereinsbetreuer bis zum Inkrafttreten des BtÄndG einen Anspruch auf Vorschuss auf Aufwendungen ebenfalls nicht explizit vor. Dennoch entsprach es allgemeiner Auffassung, dass ein solcher Anspruch bestand. Das BtÄndG hat das in seiner Neufassung des Wortlautes des § 1908e Abs. 1 BGB lediglich nachvollzogen.[10] 1260

II. Ehrenamtliche Verfahrenspflegschaft

Ehrenamtliche Verfahrenspfleger können die in § 1835a BGB vorgesehene pauschale Aufwandsentschädigung (zur Zeit 312 €/Jahr) nicht beanspruchen, weil diese Vorschrift zu den von der Bezugnahme ausgenommenen Bestimmungen gehört. Für sie bleibt folglich nur der Anspruch auf Aufwendungsersatz (z.B. für Fahrt-, Telefon-, Portokosten, Kosten der Akteneinsicht bei Gericht etc.) nach § 1835 BGB bestehen.[11] 1261

Dienste, die der ehrenamtliche Verfahrenspfleger im Rahmen seines Gewerbes oder Berufes erbringt, sind hier allenfalls bei Rechtsanwälten denkbar, die allerdings regelmäßig als Berufsverfahrenspfleger zu bestellen sein werden (vgl. unten Rn 1271 ff.). Ein Vergütungsanspruch in Höhe der Gebühren der BRAGO ist für sie aber regelmäßig ausgeschlossen: § 1835 Abs. 3 BGB ist in § 67 Abs. 3 Satz 2 FGG ausdrücklich von der Anwendung auf den Verfahrenspfleger ausgenommen (vgl. auch die Neufassung des § 1 Abs. 2 Satz 1 BRAGO). 1262

➤ *Zu den Ausnahmen vgl. unten Rn 1287 ff.*

---

10. Vgl. HK-BUR (Bauer/Deinert) § 1908e BGB Rn 1, HK-BUR (Bauer) § 1835 BGB Rn 56 a.E., 57.
11. Vgl. zu Einzelheiten HK-BUR (Bauer) § 67 FGG Rn 120 ff.

III. Berufsmäßig geführte Verfahrenspflegschaft

1263 Die Verfahrenspflegschaft wird ausnahmsweise entgeltlich geführt, wenn das Gericht bei der Bestellung des Verfahrenspflegers feststellt, dass der Verfahrenspfleger die Verfahrenspflegschaft im Rahmen seiner Berufsausübung führt (**Berufsverfahrenspfleger**), §§ 1836 Abs. 1 Satz 1, 1908i Abs. 1 Satz 1 BGB, 67 Abs. 3 Satz 2 FGG. Der Verfahrenspfleger hat in diesem Fall nach den über § 67 Abs. 3 Satz 2 entsprechend anwendbaren Vorschriften der §§ 1835, 1836, 1836b Satz 1 Nr. 1 BGB einen Anspruch auf Vergütung und auf Aufwendungsersatz, der sich nach § 67 Abs. 3 Satz 1 FGG gegen die **Staatskasse** richtet.

IV. Anerkennung als Berufsverfahrenspfleger

1. Pflicht zur Feststellung der Berufsmäßigkeit

1264 Berufsverfahrenspfleger ist, wer nach der entsprechenden Feststellung des den Verfahrenspfleger bestellenden Gerichtes Verfahrenspflegschaften berufsmäßig führt. Diese Feststellung „hat" das Gericht zu treffen, wenn dem Verfahrenspfleger in einem solchen Umfang Verfahrenspflegschaften übertragen sind, dass er sie „nur im Rahmen seiner Berufsausübung führen kann" oder zu erwarten ist, dass dem Pfleger in absehbarer Zeit Pflegschaften in diesem Umfang übertragen sein werden, § 1836 Abs. 1 Satz 2 und 3 BGB. Dafür reicht die Erwartung, dass dem Verfahrenspfleger „in absehbarer Zeit" Pflegschaften in einem solchen Umfange übertragen werden, § 1836 Abs. 1 Satz 3, 2. Alternative BGB. Es reicht also bei erstmaliger Bestellung (Stichwort „Berufseinsteiger") die Erwartung, dass dem Verfahrenspfleger „in absehbarer Zeit" Pflegschaften in entsprechendem Umfange übertragen werden, § 1836 Abs. 1 Satz 3, 2. Alternative BGB.

1265 Schon bei der Bestellung des Verfahrenspflegers „hat" das Gericht festzustellen, ob der Pfleger die Betreuung berufsmäßig führt, § 1836 Abs. 1 Satz 2. Aus praktischen Gründen wird das Gericht die entsprechende Feststellung direkt in den Tenor oder zumindest in die Gründe des Beschlusses über die Bestellung aufnehmen, auch wenn dies in § 50 FGG so nicht vorgesehen ist, z. B.

> „Zum berufsmäßig tätigen Verfahrenspfleger wird nach § 50 FGG Frau/Herr ... bestellt."

oder

> „Gründe: Da Frau/Herr ... Verfahrenspflegschaften im Rahmen ihrer/seiner Berufsausübung führt, ist dies nach § 1836 Abs. 1 Satz 2 BGB entsprechend festzustellen."

Möglich ist aber auch ein die Entscheidung über die Bestellung zum Verfahrens- **1266**
pfleger interpretierender Begleitbeschluss, in dem die Feststellung der berufsmäßigen Führung der Verfahrenspflegschaft getroffen und begründet wird.

2. Unterlassene Feststellung der Berufsmäßigkeit

Einige Gerichte sind mit den betreuungsrechtlich geprägten Entschädigungs- **1267**
vorschriften nicht vertraut und vergessen deshalb die Feststellung, dass die
Verfahrenspflegschaft berufsmäßig geführt wird. Eine nachträgliche Feststellung oder Bestätigung, dass die Verfahrenspflegschaft als berufsmäßige entgeltlich geführt wird, sieht das BtÄndG zwar nicht ausdrücklich vor. Sie ist
aber auf entsprechende Beschwerde des (Berufs-)Verfahrenspflegers gegen
den die Feststellung nicht treffenden Bestellungsbeschluss möglich: Die Feststellung der berufsmäßigen Führung der Verfahrenspflegschaft hat für die
(Pflicht-)Vergütung nach §§ 1836 Abs. 2 BGB i.V.m. § 1 BVormVG konstitutive Wirkung. Ohne sie wird eine Vergütung auch ex post nicht gewährt. Die
darin liegende Beschwer legitimiert den Verfahrenspfleger zur Beschwerde
gegen einen Beschluss über die Bestellung zum Verfahrenspfleger, der ihm
eine Vergütung als Berufsverfahrenspfleger nicht eröffnet.[12]

Die Beschwerde ist unbefristet zulässig, solange nicht das Gericht eine Vergü- **1268**
tung unter Hinweis auf das Fehlen der Feststellung der Berufsmäßigkeit ganz
versagt. Eine die Vergütung versagende Entscheidung ist nach § 56g Abs. 5
FGG nur mit der sofortigen Beschwerde binnen 2 Wochen ab Bekanntma-
chung/Zustellung an den Verfahrenspfleger anfechtbar.

➢ *Zu den Rechtsmitteln bei unterlassener Feststellung der Berufsmäßigkeit
vgl. unten Rn 1331 ff.*

3. Maßstäbe für die Feststellung der Berufsmäßigkeit

Ein Ermessen des Gerichtes, ob es die Feststellung der Berufsmäßigkeit treffen **1269**
will oder nicht, besteht bei Vorliegen der in Rn 1264 genannten Voraussetzungen nicht („... hat diese Feststellung zu treffen ..."): Nach der Entscheidung des
BVerfG vom 1.7.1980 zur Entschädigung von Berufsvormündern[13] kommt
eine unentgeltliche Führung von Pflegschaften und Vormundschaften nach
Art. 12 GG nur in den Fällen in Betracht, in denen dies noch mit dem Leitbild
der echten Einzelvormundschaft in Einklang zu bringen ist, die üblicherweise
als allgemeine staatsbürgerliche Pflicht außerhalb einer Berufstätigkeit, ohne

---

12. Vgl. nur BayObLG, Rpfleger 2001, 300; OLG Frankfurt/Main Rpfleger 2001, 300 = FamRZ 2001, 790; Wagenitz/
Engers, FamRZ 1998, 1273, 1274; Zimmermann, FamRZ 1999, 630, 632, zum Betreuungsrecht.
13. NJW 1980, 2179.

wesentlichen Zeitaufwand und ohne unzumutbare Belastung in der Freizeit des Betreuers ausgeführt werden kann.[14]

1270 Die dazu bislang ergangene Rechtsprechung zum BtG 1992[15] sah spätestens bei 10 Betreuungen die Grenze, ab der in jedem Falle von Berufsbetreuung auszugehen war. Davon hat sich offenbar auch der Gesetzgeber des BtÄndG leiten lassen, wenn er von Berufsbetreuung jedenfalls ausgeht, sobald mehr als 10 Betreuungen geführt werden (vgl. das Regelbeispiel für Berufsmäßigkeit in § 1836 Abs. 1 Satz 4 BGB).

1271 Das schließt aber nicht aus, dass schon bei Übernahme auch nur einer einzigen Betreuung mit überdurchschnittlich hoher zeitlicher und psychischer Belastung die Unentgeltlichkeit entfallen musste. Erst recht dann, wenn die Betreuung dem Betreuer im Hinblick auf dessen berufliche Ausbildung und Kenntnisse übertragen worden war.[16] Die wohl überwiegende Rechtsprechung sah deshalb das Leitbild der ehrenamtlich zu führenden Betreuung schon ab einer Fallzahl von drei Betreuungen als nicht mehr erfüllt an und vergütete in diesen Fällen nach den Kriterien der Berufsbetreuung.[17]

4. Anwendung der Regelungen des Betreuungsrechts

1272 Nach § 50 Abs. 5 FGG sind die Regelungen des Betreuungsrechts über die Entschädigung von gesetzlichen Betreuern und Verfahrenspflegern nach § 67 FGG für das Kindschaftsrecht entsprechend anwendbar. Die Besonderheiten des Kindschaftsrechts sind also zu berücksichtigen: Regelmäßig hat das den Verfahrenspfleger bestellende Gericht die Feststellung der berufsmäßigen Führung der Verfahrenspflegschaft also bereits für die erste übertragene Verfahrenspflegschaft dann zu treffen, wenn der Verfahrenspfleger die Pflegschaft wegen seiner besonderen beruflichen Qualifikation zur Vertretung von Kindesinteressen vor Gericht übertragen bekommt. Das gilt erst recht dann, wenn der Verfahrenspfleger dem Gericht zu erkennen gibt, dass er über die erste übernommene Pflegschaft hinaus auch für weitere Verfahrenspflegschaften zur Verfügung steht, weil er beabsichtigt, Verfahrenspflegschaften im Rahmen seiner Berufsausübung (als Rechtsanwalt, also Pädagoge, Sozialpädagoge, Sozialarbeiter etc.) zu führen.

1273 Dass die Bestellung z.B. eines Rechtsanwaltes oder eines Steuerberaters als Betreuer auch bei Übernahme nur einer einzigen Betreuung in jedem Fall als berufsmäßig geführte Betreuung anzusehen ist, wenn der Aufgabenkreis der

---

14. Vgl. zum BtG 1992 zuletzt BayObLG, FamRZ 1998, 187, 188.
15. Vgl. dazu im Einzelnen mit weiteren Nachweisen HK-BUR (Bauer) §§ 1835–1836a BGB Rn 80–83.
16. Z.B. Rechtsanwalt, Steuerberater etc.; vgl. BVerfG, NJW 1980, 2179, 2180; LG Düsseldorf, Rpfleger 1982, 147; LG Frankfurt/Main, AnwBl.1984, 459, 460; LG Frankenthal, Rpfleger 1988, 65; LG Freiburg, Rpfleger 1990, 116, 117; LG Bochum, FamRZ 1990, 561; Schwab, FamRZ 1992, 493, 498.
17. Vgl. HK-BUR (Bauer-Deinert) § 1836, Rn 65.

Betreuung ohnehin zu seiner – auch andere Geschäfte als Betreuungen umfassenden – Berufstätigkeit gehört (z.B. Vertretung in einem Mietrechtsstreit), soll sich nach der Gesetzesbegründung zum BtÄndG von selbst verstehen.[18] Aus dem Gesetzestext des § 1836 BGB ergibt sich diese Auslegung zwar nicht. Sie ist aber vor dem Hintergrund der Entscheidung des BVerfG vom 1.7.1980[19] und der sich an ihr orientierenden Rechtsprechung zum Betreuungsrecht allemal gerechtfertigt.

Soll eine vor Art. 3 GG nicht legitimierbare Ungleichbehandlung gleicher oder vergleichbarer Lebenssachverhalte vermieden werden, müssen aber auch andere Berufsgruppen, die sich wie ein klassischer freier Beruf mit eigener Praxis/Kanzlei niedergelassen haben, immer dann als Berufsbetreuer vergütet werden, wenn sie wegen ihrer beruflichen Qualifikation als Psychologe, Pädagoge, Sozialarbeiter etc. zur Übernahme einer Betreuung mit entsprechenden Aufgabenkreisen ausgewählt wurden. **1274**

Diese Grundsätze des Betreuungsrechts[20] gelten selbstverständlich erst recht für die besondere berufliche Kenntnisse und Erfahrungen erfordernde Vertretung von Kindesinteressen vor Gericht nach § 50 FGG. **1275**

V. Regelbeispiele der Berufsverfahrenspflegschaft

§ 1836 Abs. 1 Satz 4 BGB nennt zwei Regelbeispiele, bei deren Vorliegen jedenfalls immer von berufsmäßiger Tätigkeit des Verfahrenspflegers auszugehen ist: **1276**

Das Gericht „hat" danach unter zwei alternativen Voraussetzungen festzustellen, dass der Verfahrenspfleger die Pflegschaft berufsmäßig – und damit als Ausnahme von der Regel der Unentgeltlichkeit (§ 1836 Abs. 1 Satz 1 BGB) – entgeltlich führt (vgl. § 1836 Abs. 1 Satz 4 i.V.m. Satz 3 BGB):

– Der Verfahrenspfleger führt mit der aktuell übernommenen Pflegschaft mehr als 10 Verfahrenspflegschaften

oder

– die für die Führung der Verfahrenspflegschaften erforderliche Zeit unterschreitet voraussichtlich 20 Wochenstunden nicht.

Der für die Annahme der Berufsausübung regelmäßig erforderliche Umfang der Tätigkeit muss nicht von Anfang an erreicht werden. Für Berufseinsteiger genügt die Erwartung, dass sie in absehbarer Zeit eine professionelle Quantität erreicht, § 1836 Abs. 1 Satz 3, 2. Alternative. **1277**

---

18. BT-Drucks. 13/10331, Stand 1.4.1998, Beschlussempfehlung des Rechtsausschusses, S. 41.
19. S.o. Fn. 13.
20. Vgl. zu Einzelheiten HK-BUR (Bauer/Deinert) § 1836 BGB Rn 63 ff.

1278 Bei der Addition der den Regelfall der Berufsausübung begründenden Anzahl von mehr als 10 Pflegschaften bzw. der für die Tätigkeiten erforderlichen Zeit von mindestens 20 Wochenstunden stehen sich Verfahrenspflegschaften für Minderjährige (§§ 50, 70b FGG) und Volljährige (§§ 67, 70b FGG), Betreuungen für Volljährige (einschließlich Ergänzungs- und Gegenbetreuungen im Sinne der §§ 1792, 1795, 1796, 1908i Abs. 1 Satz 1 BGB) und Vormundschaften bzw. Ergänzungspflegschaften für Minderjährige gleich. Soweit sie derselben Person übertragen sind, werden ihre Anzahl und die für ihre Führung benötigten Zeiten zusammengerechnet.[21]

1279 Wer durchgängig mehrere Verfahrenspflegschaften führt und daneben – zusammengerechnet – eine mehr als 10 ergebende Anzahl von Betreuungen für Volljährige und Vormundschaften und (Ergänzungs-)Pflegschaften für Minderjährige wird jedenfalls regelmäßig als Berufsverfahrenspfleger gelten müssen.

Reduziert sich die Zahl der von einem Berufsverfahrenspfleger geführten Pflegschaften (bzw. Ergänzungspflegschaften, Vormundschaften, Betreuungen für Volljährige) in Folge von Aufhebung und sonstiger Beendigung der Tätigkeit, so genießt der Berufsverfahrenspfleger Bestands- und Vertrauensschutz, wenn die Gesamtzahl der von ihm geführten Pflegschaften, Vormundschaften, Betreuungen etc. dadurch unter 11 oder unter den Zeitaufwand von 20 Wochenstunden fällt.[22]

VI. Vergütungsfähiger Zeitaufwand

1280 Bei der Bestimmung des vergütungsfähigen Zeitaufwandes der Verfahrenspflegschaft ist dem gesetzlich bestimmten Zweck der Verfahrenspflegschaft als einem wesentlichen Instrument des Verfahrensrechtsschutzes Rechnung zu tragen: Die Höhe der Vergütung bemisst sich nach der Zahl der aufgewandten, für die Führung der Verfahrenspflegschaft erforderlichen Stunden, die mit dem in § 1 BVormVG geregelten, nach Ausbildungsabschlüssen gestaffelten Stundensatz zu multiplizieren ist (vgl. §§ 1836, 1836b Abs. 1 Nr. 1, 1908i Abs. 1 Satz 1 BGB, § 1 BVormVG, § 67 Abs. 3 FGG).

1281 Vergütet wird der für die sachgemäße „Wahrnehmung der Interessen des Betroffenen" (§ 50 Abs. 1 Satz 1 FGG) im jeweiligen Verfahren erforderliche Zeitaufwand. Die für die Verfahrenspflegschaft erforderliche Zeit ist dabei nach den Umständen des konkreten Falles an Hand der Darstellung des Verfah-

---

21. Ebenso Wagenitz/Engers, FamRZ 1998, 1273, 1274, allerdings ohne Differenzierung nach der Art der Betreuung und ohne Erwähnung der Ergänzungspflegschaft nach § 1909 BGB.
22. Vgl. BayObLG, FamRZ 1998, 187, 188; OLG Karlsruhe, Rpfleger 1998, 340, jeweils für den Berufsbetreuer.

renspflegers zu ermitteln. Eine Herabsetzung auf den durchschnittlich erforderlichen Zeitaufwand ist nicht zulässig.[23]

Welcher Zeitaufwand für die einzelne Verfahrenspflegschaft anfällt, bestimmt der Verfahrenspfleger danach, was er an Zeitstunden für die effektive und sachgemäße Wahrnehmung der Interessen des Betroffenen für erforderlich hält. Der Verfahrenspfleger hat hierbei ein weites Ermessen, was unmittelbar aus seiner Aufgabenstellung folgt, die Interessen des Betroffenen im Verfahren effektiv wahrzunehmen und dabei auch das Gericht in seiner Vorgehensweise und Entscheidung im Sinne der Interessen des betroffenen Kindes zu beeinflussen und zu kontrollieren. Das Gericht hat sich deswegen einer kleinlichen Handhabung bei der Prüfung der Erforderlichkeit der abgerechneten Stunden zu enthalten.

1282

Die vom Verfahrenspfleger als erforderlich abgerechneten Stunden können folglich nur einer Missbrauchsprüfung unterzogen werden. Das folgt schon allein daraus, dass es dem Gericht – anders als beim Vormund und beim Betreuer – auch nicht möglich ist, den Zeitaufwand des Verfahrenspflegers von vorneherein zu begrenzen. Denn § 67 Abs. 3 Satz 2 FGG nimmt § 1836b Satz 1 Nr. 2 BGB über die Limitierung des Zeitaufwandes der Betreuung mit guten Gründen ausdrücklich von der Anwendbarkeit auf die Verfahrenspflegschaft aus. Soweit der Verfahrenspfleger zulässigerweise eigene Ermittlungen des für eine am Kindeswohl orientierte Entscheidung erheblichen Sachverhaltes vornimmt, ist der dafür abgerechnete Zeitaufwand zu vergüten.

1283

➤ *Wegen der Zulässigkeit eigener Ermittlungen des Verfahrenspflegers vgl. die Ausführungen in Rn 147 ff.*

Der Verfahrenspfleger kann eine Vergütung für seine Tätigkeit allerdings nur insoweit verlangen, als ein inhaltlicher Zusammenhang mit dem Verfahren besteht, für das er bestellt ist. „Er kann nur das abrechnen, was zur Vorbereitung einer allein am Kindeswohl orientierten Entscheidung des Gerichts erforderlich ist. Hierzu gehören alle Maßnahmen, die ein verständig und allein am Kindeswohl orientiert handelnder Verfahrenspfleger im Hinblick hierauf für nötig erachten würde".[24] Den Zeitaufwand für die Erstellung der Vergütungsabrechnung kann der Verfahrenspfleger nicht ersetzt verlangen, da diese Tätigkeit allein im Interesse des Verfahrenspflegers erfolgt.[25]

1284

---

23. OLG Köln, FamRZ 2000, 1307 = nur Leitsatz.
24. 2. Familiensenat in Kassel des OLG Frankfurt/Main, Beschluss vom 23.2.2000, Az. 2 WF 32/2000, bislang unveröffentlicht; wesentlich einschränkender hingegen: 6. Zivilsenat in Darmstadt des OLG Frankfurt/Main in seiner Entscheidung vom 24.6.1999, FamRZ 1999, 1293, 1294; KG Berlin, FamRZ 2000, 1300; SchlHOLG, OLGR 2000, 177 ff.: kein eigenes Ermittlungsrecht des Verfahrenspflegers.
25. OLG Schleswig, FamRZ 1999, 462.

VII. Höhe der Vergütung

1285 Die Höhe der Vergütung bemisst sich bei der professionell geführten Verfahrenspflegschaft stets nach den nach Ausbildungsabschluss gestaffelten Stundensätzen des § 1 BVormVG (ab 1.1.2002: 18 €, 23 €, bzw. 31 €), die ihrerseits in den neuen Bundesländern um 10 % gemindert sind (§§ 67 Abs. 3 Satz 2, 2. Halbsatz, 70b Abs. 1 Satz 3 FGG, § 1 KostGErmAV i. V. m. Anlage I Kapitel III Sachgebiet A Abschnitt III Nr. 27 und Abschnitt IV Nr. 4 Satz 1 des Einigungsvertrages vom 31.8.1990: ab 1.1.2002 also 16,20 €, 20,70 € und 79,90 €). Der Gesamtbetrag der Vergütung errechnet sich aus der Anzahl der aufgewandten Stunden, die mit dem in § 1 Abs. 1 BVormVG geregelten, nach Ausbildungsabschlüssen gestaffelten Stundensatz zu multiplizieren ist (vgl. §§ 1836, 1836b Abs. 1 Nr. 1, 1908i Abs. 1 Satz 1 BGB, § 1 Abs. 1 BVormVG, § 67 Abs. 3 FGG).

1286 Das gilt regelmäßig auch für als (Berufs-)Verfahrenspfleger tätige **Rechtsanwälte**, denn ein Vergütungsanspruch in Höhe der Gebühren der BRAGO ist regelmäßig ausgeschlossen. Das ergibt sich nicht nur aus der Neufassung des § 1 Abs. 2 Satz 1 BRAGO, sondern wird auch dadurch bestätigt, dass § 1835 Abs. 3 BGB in § 67 Abs. 3 Satz 2 FGG ausdrücklich von der Anwendung auf den Verfahrenspfleger ausgenommen ist. Zu den Ausnahmen einer Entschädigung nach BRAGO siehe die folgenden Ausführungen.

VIII. Abrechnung der Anwaltsentschädigung nach BRAGO

1287 „**Rechtsanwaltsspezifische Tätigkeiten**" bei der Führung der Verfahrenspflegschaft kann der zum Verfahrenspfleger bestellte Rechtsanwalt nach der Entscheidung des BVerfG vom 7.6.2000[26] unter Bezugnahme auf die Begründung des Gesetzgebers des BtÄndG zur Neufassung des § 1 Abs. 2 BRAGO[27] allerdings nach wie vor über § 1835 Abs. 3 BGB auch nach BRAGO (§ 118) abrechnen. Das BVerfG hält die ansonsten nach § 1 Abs. 1 BVormVG zu bestimmende Anwaltsvergütung in Höhe von 31 €/Std. nur unter der Bedingung für verfassungsgemäß, dass der Anwalt „rechtsanwaltstypische Tätigkeiten" im Rahmen von Verfahrenspflegschaften eben (zusätzlich) auch nach BRAGO abrechnen kann. Rechtsanwaltstypische Tätigkeiten, die nach BRAGO abgerechnet werden können, sind danach solche, „in denen ein Laie in gleicher Lage vernünftigerweise einen Rechtsanwalt hinzuziehen würde."

1288 Die Entschädigung der Rechtsanwälte bestimmt sich in solchen Fällen nach § 118 BRAGO, wobei einem deutlichen Missverhältnis zwischen dem vom

---

26. FamRZ 2000, 1280, 1282.
27. BT-Drucks. 13/7158, S. 41.

Verfahrenspfleger betriebenen Aufwand und der ihm zuzubilligenden Vergütung mit einer Anwendung des § 120 BRAGO begegnet werden kann. Im Übrigen ist über die Wertvorschrift des § 8 Abs. 2 BRAGO eine Steuerung der Vergütungshöhe durch eine dem jeweiligen Einzelfall angemessene Festsetzung des Gegenstandswertes möglich. Der Gegenstandswert von 4090,34 € ist dabei kein Regelwert, sondern ein bloßer Hilfswert.[28]

Nach der Gesetzesbegründung zur Neufassung des § 1 Abs. 2 BRAGO[29] stellt Satz 2 der neuen Vorschrift mit dem Hinweis auf Absatz 3 des § 1835 BGB positiv klar, dass die Erbringung von Diensten des Anwaltes, die zu seinem Beruf gehören und die er anlässlich einer Tätigkeit als Betreuer oder Verfahrenspfleger (zusätzlich) erbringt, nach BRAGO abgerechnet werden kann. Allerdings verdeutlichen der Satz 1 des § 1 Abs. 2 BRAGO sowie § 67 Abs. 3 FGG künftig unmissverständlich, „dass die Führung einer Verfahrenspflegschaft allein nicht als Erbringung anwaltlicher Dienste in diesem Sinne angesehen werden kann." Damit werden in der Praxis schwierige Abgrenzungsfragen eröffnet, denn worin sollen mögliche rechtsanwaltsspezifische Dienste bestehen, die der anwaltliche Verfahrenspfleger – zusätzlich – zur Führung der Verfahrenspflegschaft erbringt und nach BRAGO abrechnen kann? **1289**

Das BVerfG[30] meint, dass die Abgrenzungsfragen mit einer sachangemessenen Ausgestaltung des Verfahrens der Pflegerbestellung weitgehend vermieden werden können. Es könne für die Fachgerichte im Sinne der Rechtsklarheit geboten sein, bereits bei der Bestellung eines Rechtsanwaltes als Verfahrenspfleger einen Hinweis darauf zu geben, ob im konkreten Fall davon auszugehen ist, dass rechtsanwaltsspezifische Tätigkeiten anfallen werden. Der Anwalt könne dann die Pflegschaft ablehnen, wenn er nur für solche Verfahrenspflegschaften zur Verfügung stehen will, für die er – da anwaltliche Tätigkeit vonnöten ist – auch nach der BRAGO abrechnen kann. Auch ein nachträgliches Zugeständnis der Abrechnung nach BRAGO sei denkbar, wenn sich ein ursprünglich als einfach eingeschätzter Fall im Weiteren als rechtlich schwierig erweise. **1290**

Das suggeriert, anwaltsspezifische Kenntnisse und Erfahrungen seien bei der Führung von Verfahrenspflegschaften regelmäßig nicht erforderlich, juristische Laien seien ohne weiteres in der Lage, Sorge- und Umgangsrechts- oder Betreuungsverfahren ohne anwaltliche Hilfe nachzuvollziehen und – vor allem – die Interessen der Verfahrensbetroffenen dem Gericht gegenüber sachgerecht und effektiv zu vertreten. Dem muss nach den langjährigen Praxiserfahrungen des Autors eindeutig widersprochen werden. **1291**

---

28. OLG Köln, Rpfleger 1994, 416, 417; Bauer/Rink, BtPrax 1996, 158, 159.
29. BT-Drucks. 13/7158, S. 41.
30. FamRZ 2000, 1280, 1282.

1292 Soweit bekannt und veröffentlicht, hat die familiengerichtliche Praxis noch nicht auf die Entscheidung des BVerfG zur Vergütung anwaltlicher Verfahrenspfleger reagiert. Nach wie vor wird also nach den in § 1 Abs. 1 BVormVG festgelegten Stundensätzen vergütet, ohne dass geklärt wäre, bei welchen Tätigkeiten des anwaltlichen Verfahrenspflegers unter Berücksichtigung des § 3 Abs. 1 BRAO von einer „anwaltstypischen Tätigkeit" bei Ausübung einer Verfahrenspflegschaft auszugehen ist. Zu weiteren Einzelheiten vgl. die betreuungsrechtliche Kommentarliteratur.[31]

IX. Vergütungspauschale und Zeitlimitierung

1293 Dem Gericht ist durch die Bezugnahme des § 67 Abs. 3 FGG auf die Vorschriften der §§ 1908i Abs. 1 i.V.m. § 1836b Satz 1 Nr. 1 BGB die theoretische Möglichkeit eröffnet, für den Verfahrenspfleger eine sog. „Vergütungspauschale" festzusetzen, d.h. die Zubilligung eines von vornherein bestimmten festen Geldbetrages anstelle der sonst üblichen zeitbezogenen Vergütung nach abgerechnetem Zeitaufwand nach Beendigung der Verfahrenspflegschaft.[32] Entgegen praktischen Erwägungen lässt das Gesetz hingegen eine Pauschalierung des Aufwendungsersatzes (z. B. Fahrt-, Porto-, Telefonkosten, § 1835 BGB) nicht zu. Angesichts des nach Auffassung des Gesetzgebers des BtÄndG regelmäßig überschaubaren zeitlichen Umfanges der Verfahrenspflegschaft sollte im Interesse einer leichteren Abrechnung und zur Vermeidung von Auseinandersetzungen über die aufgewandten Stunden auf sie auch die Möglichkeit zur Pauschalierung der Vergütung nach § 1836b Satz 1 Nr. 1 BGB Anwendung finden können.[33]

1294 Da die Vergütungspauschale eine Vorhersehbarkeit der für die Führung der Verfahrenspflegschaft erforderlichen Zeitstunden voraussetzt, die mit den in § 1 Abs. 1 BVormVG bestimmten Stundensätzen zu multiplizieren ist, ist sie zumindest für die Verfahrenspflegschaft nach § 50 FGG regelmäßig ungeeignet: Der für die Führung der Verfahrenspflegschaft im Kindschaftsrecht erforderliche Zeitaufwand wird in der Regel – anders als bei bereits seit Jahren laufenden gesetzlichen Betreuungen und den eher standardisiert ablaufenden Verfahrenspflegschaften im Betreuungsrecht – nicht verlässlich vorhersehbar sein. Zu sehr ist der zeitliche Umfang eines Verfahrens auf Sorgerechtsentzug wegen Kindeswohlgefährdung, eines Sorgerechts- oder Umgangsrechtsverfahrens bei Trennung und Scheidung, eines Verfahrens bei Herausnahme des Kindes aus seiner

---

31. Z.B. HK-BUR (Bauer) § 67 FGG Rn 151–160; vgl. OLG Zweibrücken, Rpfleger 2001, 593, für den anwaltlichen Verfahrenspfleger nach § 70b FGG bei freiheitsentziehender Unterbringung eines Volljährigen: keine BRAGO-Vergütung.
32. Vgl. zu Einzelheiten HK-BUR (Bauer/Deinert) § 1836b BGB.
33. Vgl. Stellungnahme des BRates vom 31. 1. 1997 – Beschluss –, BR-Drucks. 960/96, S. 19, der die BReg. zustimmte.

Pflegefamilie vom Verhalten der – oft genug zahlreichen – erwachsenen Verfahrensbeteiligten und deren Prozessbevollmächtigten sowie von der Vorarbeit und der Kooperation der zuständigen Jugendhilfebehörden abhängig.

Das LG Münster[34] hat die Vergütungspauschale selbst für die auf Dauer angelegten gesetzlichen Betreuungen als „Ausnahme" von der Regel der Vergütung nach abgerechneten Zeitstunden bezeichnet und nur in solchen Fällen für – im Einvernehmen mit dem Betreuer (!) – festsetzbar gehalten, in denen die Betreuung bereits „über einen langen Zeitraum – in der Regel mehrere Jahre (!)" mit im Wesentlichen gleichbleibendem Betreuungsaufwand abläuft.[35] Eine so definierte Vorhersehbarkeit des Zeitaufwandes der Verfahrenspflegschaft mag allenfalls in Fällen einer Beiordnung des Verfahrenspflegers nach § 70b FGG in Unterbringungsverfahren nach § 1631b BGB zu bejahen sein, wenn es um vorläufige, d. h. auf höchstens 6 Wochen Unterbringungsdauer begrenzte Maßnahmen des Freiheitsentzuges geht, § 70h Abs. 1, Abs. 2 Satz 1 FGG. Hier bestehen immerhin hinreichende (regional sicher auch unterschiedliche) Erfahrungswerte aus dem Bereich der freiheitsentziehenden Maßnahmen bei Volljährigen nach § 1906 BGB, die aber auch nicht unkritisch auf die Vertretung von Minderjährigen übertragen werden können.

1295

Vorsicht ist aus Sicht der Verfahrenspfleger schon deshalb angebracht, weil über die Pauschale hinausgehende Vergütungsansprüche ausgeschlossen sind, sollte die Verfahrenspflegschaft – wider Erwarten – einen größeren zeitlichen Umfang annehmen als in der Berechnung der Pauschale unterstellt, § 1836b Satz 1 Nr. 1, letzter Halbsatz BGB. Die Pauschale enthält also eine verdeckte Limitierung der für die Verfahrenspflegschaft aufwendbaren Zeit. Denn der voraussichtliche Zeitumfang wird ja zur Ermittlung der Vergütungspauschale mit den Stundensätzen des § 1 Abs. 1 BVormVG multipliziert.

1296

Die Möglichkeit einer ausdrücklichen, direkten Zeitlimitierung ist aber für alle Arten der betreuungs-, unterbringungs- und kindschaftsrechtlichen Verfahrenspflegschaften aus guten Gründen ausgeschlossen worden, indem die §§ 50 Abs. 5 und 70b Abs. 1 Satz 3 FGG die Zeitlimitierung nach § 1836b Satz 1 Nr. 2 BGB ausdrücklich von der Anwendung auf die Verfahrenspflegschaft ausnehmen. Denn der Verfahrenspfleger untersteht nicht der gerichtlichen Kontrolle und Aufsicht, ihm kann daher von Seiten des Gerichtes nicht vorgegeben werden, in welchem zeitlichen Umfang er die Verfahrenspflegschaft durchführt.

1297

---

34. BtPrax 2000, 42, 43.
35. Vgl. auch LG Schwerin, BtPrax 1999, 245, u.a. zu dem bei der Festsetzung der Pauschalvergütung zu beachtenden Verfahren.

1298 Die Anwendbarkeit der Bestimmungen über die Vergütungspauschale auf die Verfahrenspflegschaft ist missglückt, weil sie sich nur schwer mit den Aufgaben der Verfahrenspflegschaft in Einklang bringen lässt. Von der Regelung sollte für Verfahrenspfleger nur äußerst zurückhaltender Gebrauch gemacht werden:

Der Gesetzgeber hat durch die Nichtanwendbarkeit der Zeitlimitierung nach Nr. 2 des § 1836b BGB aus guten Gründen jeden Anschein vermeiden wollen, das Gericht sei zu einer zeitlichen Einschränkung der – ja auch das Gericht selbst kontrollierenden – Tätigkeit des Verfahrenspflegers befugt. Allerdings muss dieser Eindruck dennoch entstehen, stellt doch die Pauschalierung der Vergütung auch eine – zumindest indirekte – zeitliche Beschränkung dar, indem der Verfahrenspfleger dem Zwang unterworfen wird, den zeitlichen Umfang seiner Tätigkeit der festgesetzten Pauschale anzugleichen.

1299 Eine Abänderung der Pauschale und ihre Anpassung an den vom Verfahrenspfleger für erforderlich gehaltenen zeitlichen Umfang seiner Tätigkeit ist im Übrigen nur bei einer – im Einzelfall sicher umstrittenen – wesentlichen Änderung der Umstände möglich, wenn sich der Pfleger nicht von vornherein gegen eine Pauschalierung mit der sofortigen Beschwerde nach § 56g Abs. 5 FGG zur Wehr setzt.[36]

1300 Da der Verfahrenspfleger einer Kontrolle des Gerichtes bei der Ausübung seiner Tätigkeit nicht unterworfen ist und seiner Aufgabenstellung nach auch nicht unterworfen werden darf, kann nach hier vertretener Auffassung die Vergütungspauschale des Verfahrenspflegers nur mit dessen ausdrücklicher Zustimmung angeordnet werden.

1301 Einem Antrag des Pflegers auf Abänderung der Pauschale oder Rückkehr zur stundenmäßigen Abrechnung ist auch bei inzwischen eingetretener Rechtskraft der Pauschalierung (§ 56g Abs. 5 FGG) immer stattzugeben, ansonsten der Sinn und Zweck der Pflegschaft in sein Gegenteil verkehrt würde. Eine Ausnahme mag allenfalls bei eindeutigem Missbrauch der dem Verfahrenspfleger kraft Gesetzes übertragenen Aufgabenstellung gelten.

X. Ersatz von Aufwendungen

1302 Aufwendungen sind Vermögensleistungen oder vermögenswerte Leistungen, die der Verfahrenspfleger zum Zwecke der Führung der Verfahrenspflegschaft macht, § 1835 Abs. 1 BGB.[37] Erstattungsfähig sind Aufwendungen, die der Verfahrenspfleger den Umständen nach für erforderlich halten durfte (§ 670 BGB).

---

36. Vgl. zu Einzelheiten einer Abänderbarkeit HK-BUR (Bauer) § 1836b BGB Rn 51 ff. und § 56g FGG Rn 36.
37. LG Koblenz, BtPrax 1997, 247.

1303 Dazu gehören auch solche Leistungen, die sich als notwendige Folge der Ausübung der Tätigkeit ergeben, z. B. die Entrichtung von Steuern. Dem Berufsbetreuer steht daher nach § 1835 Abs. 1 BGB auch Ersatz für die **Umsatzsteuer** zu, die er auf Aufwendungen zu zahlen hat.[38] Die Umsatzsteuerpflicht folgt aus §§ 1 Abs. 1 Nr. 1 Satz 1, 3 Abs. 9 Satz 1, 10 Abs. 1 Satz 1 und 2 Umsatzteuergesetz (UStG). Danach unterliegen der Umsatzsteuerpflicht auch die „sonstigen Leistungen", die ein Unternehmer gegen Entgelt im Rahmen seines Unternehmens ausführt. Da der Berufsverfahrenspfleger eine berufliche Tätigkeit selbständig ausübt, ist er Unternehmer im Sinne des § 2 Abs. 1 Satz 1 UStG. Der Umsatz wird bei sonstigen Leistungen des Unternehmens nach dem Entgelt bemessen, § 10 Abs. 1 Satz 1 UStG. Entgelt im Sinne dieser Vorschrift ist alles, was der Leistungsempfänger (hier zunächst die Staatskasse) aufwendet, um die Leistung des Verfahrenspflegers zu erhalten (§ 10 Abs. 1 Satz 2 UStG).

1304 **Bare Auslagen** wie Porto-, Telefon-, Fahrt- und Reisekosten, Kosten für Schreibpapier, Fotokopien, Telefax oder für Telex gehören regelmäßig zu den Aufwendungen, die im Rahmen einer Verfahrenspflegschaft anfallen. Bei Geldaufwendungen ist der entsprechende Betrag, bei Sachaufwendungen hingegen ist der Verkehrswert für die Erstattung maßgebend. Nach den durch § 1835 Abs. 1 BGB in Bezug genommenen Vorschriften der §§ 669, 670 BGB sind die tatsächlich entstandenen Aufwendungen zu erstatten.

1305 **Keine Aufwendungen** i.S.d. § 1835 Absatzes 1 Satz 1 sind:
– die eigene Arbeitskraft und – wegen des Prinzips der Unentgeltlichkeit – die Tätigkeit, die der ehrenamtliche Verfahrenspfleger zur Führung der Betreuung verwendet[39],
– Arbeitszeit, Zeitaufwand und anteilige Bürokosten des Berufsverfahrenspflegers (wird über § 1836 Abs. 2 BGB und § 1 Abs. 1 BVermVG abgegolten),
– Kosten der Rechtsverfolgung des Verfahrenspflegers, eine Pflegschaft, die ihm entzogen wurde, zu behalten[40],
– Mehrwertsteuer für Vergütung nach § 1836 BGB: die Umsatzsteuer wird nicht im Interesse des Minderjährigen an den Fiskus gezahlt, mit ihr erfüllt der Verfahrenspfleger vielmehr seine persönliche Steuerschuld auf seine Vergütung[41]; die Mehrwertsteuer wird aber im Rahmen des § 1836 Abs. 2 BGB i.V.m. § 1 Abs. 1 Satz 3 BVormVG umsatzsteuerpflichtigen Verfahr-

---

38. OLG Hamm, Rpfleger 2000, 37; OLG Frankfurt/Main, Rpfleger 2000, 331; OLG Düsseldorf, FamRZ 2001, 447; OLG Zweibrücken, Rpfleger 2000, 549 ; Seitz, BtPrax 1992, 82, 85; anderes gilt für die Umsatzsteuer auf die Vergütung, die als persönliche Steuerschuld des Verfahrenspflegers nicht unter § 1835 Abs. 1 fällt.
39. Knittel, BtG, § 1835 Anm. 3.
40. AG Völklingen, FamRZ 1996, 229; Knittel § 1835 Anm. 3, für das Betreuungsrecht.
41. BGH, NJW 1975, 210, 211; Seitz, BtPrax 1992, 82, 85; Brandstätter, BtPrax 1993, 53, 54.

enspflegern gesondert aus der Staatskasse erstattet.[42] Nicht umsatzsteuerpflichtig ist, wer zu den Kleinunternehmern in § 19 Abs. 1 UStG gehört, also einen geringeren Jahresumsatz als 16.617 € hat.

– Aufwendungen für die Erstellung der Abrechnung der Verfahrenspflegschaft. Solche Aufwendungen liegen alleine im Interesse des Verfahrenspflegers.[43]

XI. Beispiele für erstattungsfähige Aufwendungen

1. Fahrt- und Reisekosten

1306 Fahrt- und Reisekosten können durch Besuche des Minderjährigen oder durch die Wahrnehmung von Verhandlungs- und Gerichtsterminen entstehen. Bei Geldaufwendungen ist der entsprechende Betrag, bei Sachaufwendungen hingehen ist der Verkehrswert für die Erstattung maßgebend. § 1835 Abs. 4 BGB verweist über § 1835 Abs. 1 BGB auf den Aufwendungsersatzanspruch nach §§ 669, 670 BGB, so dass die tatsächlich entstandenen Aufwendungen für die Fahrt zu erstatten sind. Nach § 1835 Abs. 1 Satz 2 BGB gilt die Entschädigungsregelung für Sachverständige (§ 9 ZSEG). Der mit dem eigenen PKW gefahrene Kilometer ist pauschal mit mindestens 0,27 € zu erstatten, was aber regelmäßig nicht kostendeckend sein wird.[44] Bei Nachweis höherer Kosten ist deshalb auch ein darüber hinaus gehender Betrag pro gefahrenem Kilometer auszugleichen.[45]

1307 Statt der Kilometerpauschale können die Kosten für die Anschaffung des Fahrzeuges und von Zubehörteilen (z.B. Winterreifen) sowie die Betriebskosten nur insoweit geltend gemacht werden, als sie – nach Abzug der privaten Nutzung – anteilmäßig für die einzelne Pflegschaft konkret berechnet und nachgewiesen werden.

1308 Neben der Kilometerpauschale können weitere Aufwendungen, die die Nutzung des Fahrzeuges ermöglichen oder erleichtern, nicht erstattet werden. Die Pauschale erfasst nämlich sowohl die Abnutzung und den damit verbundenen Wertverlust des Pkw als auch dessen Betriebskosten wie Benzin, Versicherungsbeiträge, Reparaturkosten etc. Die Kosten für die Anschaffung des Fahrzeuges und von Zubehör werden bereits im Rahmen der Abnutzung und des Wertverlustes von der Pauschale berücksichtigt.[46]

---

42. Vgl. zum alten Recht: LG Berlin, BtPrax 1993, 105; AG Bremen, BtPrax 1992, 76; Jochum, BtPrax 1993, 54.
43. OLG Schleswig, FamRZ 1999, 462.
44. Vgl. Gregersen/Lindemann, a.a.O., mit Hinweis auf Berechnungen des ADAC für 1997, wonach 0,52 DM (0,27 €) nur für Kleinwagen bei einer Jahreslaufleistung von 20.000 km kostendeckend sind. Für einen VW-Golf 1,4 l fallen danach real schon 55,5 Pf/km an.
45. Vgl. LG Koblenz, BtPrax 1996, 155; Lantzerath-Schimke, Finanzierungs-Leitfaden für Betreuer und Verfahrenspfleger 1994, S. 29.
46. LG Koblenz, BtPrax 1997, 247, 248.

Als Ausnahme von der Erstattung der Pauschale von 0,27 €/km gilt, dass bei **1309** Fahrten, die **mehr als 200 km** betragen (Hin- und Rückfahrt zusammengerechnet), grundsätzlich nur eine Erstattung der Kosten des **preisgünstigsten öffentlichen Verkehrsmittels** (im Zweifelsfalle also der Bahnfahrkarte sowie evtl. zusätzlich erforderlicher Fahrschein für öffentliche Nahverkehrsmittel) erfolgen kann.[47] Eine Erstattung der PKW-Kosten über 200 km hinaus (entsprechend 54 € an Fahrtkostenpauschale) kann nur erfolgen, wenn

– die Gesamtentschädigung für die jeweilige Tätigkeit (Kilometerpauschale für PKW-Nutzung inkl. Vergütung gem. § 1836 BGB) nicht höher ist als bei Benutzung des öffentlichen Verkehrsmittels, d.h., wenn durch eine Zeitersparnis bei der Stundenzahl der Tätigkeit die etwaigen höheren Fahrtkosten dadurch ausgeglichen werden;
– wenn die erhöhten PKW-Fahrtkosten wegen besonderer Umstände erforderlich waren.

Letzteres ist z.B. dann der Fall sein, wenn die örtlichen Verhältnisse (z.B. **1310** ländlicher Raum) keine Benutzung öffentlicher Verkehrsmittel zulassen, wenn der Verfahrenspfleger aufgrund persönlicher, insbes. gesundheitlicher Einschränkungen öffentliche Verkehrsmittel nicht oder nur mit Mühen benutzen kann oder wenn die Angelegenheit so eilbedürftig ist, dass ein öffentliches Verkehrsmittel aus diesem Grunde nicht in Frage kommt.[48]

Neben der Kilometerpauschale sind auch die angefallenen **Kosten für** **1311** **Parkautomaten, Parkhäuser** usw. zu erstatten.[49] Bei der **Benutzung von öffentlichen Verkehrsmitteln** werden die tatsächlich entstandenen Kosten (nachgewiesen durch entsprechende Fahrscheine) erstattet. Grundsätzlich sind Einzelfahrscheine zu erstatten. Bei Bahnreisen sind die tatsächlich entrichteten Entgelte zu erstatten, auch wenn z.B. durch eine Bahncard die Entgelte niedriger als gewöhnlich ausfallen.[50] Zuschläge für die Benutzung besonderer Züge (IC, ICE usw.) sollen nur dann erstattungsfähiger Aufwand sein, wenn durch die Benutzung dieser (schnelleren) Züge infolge geringerer Stundenzahl bei der Vergütung die Gesamterstattung niedriger wird.[51]

2. Verpflegungsmehraufwendungen

Verpflegungsmehraufwendungen nach dem § 9 BRKG bei Dienstreisen **1312** (Reisen außerhalb des Wohnortes) von mehr als 6 Stunden, zählen zum abre-

---

47. Meyer/Höver/Bach § 9 Rn 8.2.
48. Meyer/Höver/Bach § 9 Rn 8.5.
49. Bach, Kostenregelungen a. a. O. Rz. C 4.7; Meyer/Höver/Bach, ZSEG § 9 Rn 8.3.
50. Meyer/Höver/Bach, ZSEG § 9 Rn 5.5.1.
51. Meyer/Höver/Bach, ZSEG § 9 Rn 5.7.

chenbaren Aufwand, analog zu § 10 ZSEG.[52] Er beträgt z.Zt. bei Dienstreisen innerhalb eines Tages: bei einer Dauer von mehr als 6 bis 8 Stunden 4,30 € (3/10), bei mehr als 8 bis 12 Stunden 7,16 € (5/10), bei mehr als 12 Stunden 14,32 € (10/10). Bei mehrtägigen Reisen beträgt der Verpflegungsmehraufwand für volle Tage 19,94 € (10/10), für angefangene Tage bei 6–8 Stunden 5,47 € (3/10), bei 8–12 Stunden 9,97 € (5/10).

3. Telekommunikationsleistungen

1313 Hinsichtlich der Ausgaben für die Inanspruchnahme von Telekommunikationsleistungen gilt: Hier können nur **Entgelte für Porto und Gesprächseinheiten** abgerechnet werden, nicht aber anteilige Kosten für die Beschaffung oder Einrichtung der technischen Geräte oder Anlagen.[53] Umstritten ist derzeit, ob Gesprächseinheiten von **Funktelefonen** (Handys) abrechenbar sind. Hier wird man sachgerechterweise darauf abstellen müssen, ob es für den Betreuer zumutbar gewesen wäre, das Festnetz, ggf. eine öffentliche Telefonzelle, zu benutzen. Jedenfalls bei besonderer Dringlichkeit wird es dem Verfahrenspfleger unzumutbar sein, ggf. unterwegs eine Telefonzelle zu suchen.[54] Auch wenn der Verfahrenspfleger unterwegs ist, ein Mitarbeiter seines Büros ihn aber dringend erreichen muss und dies nur durch Anruf der Handy-Nummer möglich ist, sind die Gesprächseinheiten zum Funknetz als gerechtfertigt anzusehen. Bei Funktelefonen wird man erwarten können, dass der Nutzer von den neueren Tarifermäßigungen („D1-Local" u. Ä.) im Ortsnetz seiner überwiegenden Tätigkeit Gebrauch macht.

4. Büromaterial, Porto, Schreibauslagen

1314 Grundsätzlich gilt, dass sich die geltend gemachten Aufwendungen für Schreibpapier, Umschläge, Quittungsblocks oder Briefporto auf eine konkrete Verfahrenspflegschaft beziehen müssen.[55] Gegen allzu kleinliche Anforderungen bei der Nachweisführung **geringfügiger Ausgaben** kann das aus dem ZSEG hergeleitete Prinzip der Glaubhaftmachung angeführt werden. Keine Einwände bestehen hiernach bei der pauschalierten Abrechnung geringfügiger Aufwendungen, z.B. für Aktendeckel, Schreibpapier usw.[56] Für Schreibauslagen sind grundsätzlich nur die reinen Materialkosten zu berechnen; § 8

---

52. LG Augsburg, JurBüro 1993, 87; Seitz, BtPrax 1992, 82/85; Deinert, JurBüro 1993, 513; Knittel § 1835 Anm. 2; Meyer/Höver/Bach § 10 Rn 5.1.
53. So Bach, BtPrax 93,182 und BtPrax 1995, 8/9 sowie ders.: Kostenregelungen für Betreuungspersonen Rn C 3.
54. LG Frankenthal, JurBüro 1998, 39.
55. LG Koblenz, Beschluss vom 10. 9. 1997, 2 T 547/97, BtPrax 1997, 247.
56. AG Mühldorf, Rpfleger 1993, 154/155.

ZSEG findet allenfalls analog Anwendung.⁵⁷ Für die Anfertigung von Schreibarbeiten durch Dritte können 2,05 € je Seite berechnet werden.⁵⁸

5. Fotokopierkosten

Die Notwendigkeit der Anfertigung von Kopien wird im Allgemeinen zu bejahen sein; zum einen wird der Verfahrenspfleger oft als Beweismittel zu Anträgen unterschiedlicher Art Fotokopien bereits vorhandener Dokumente bei Gericht einzureichen haben, zum anderen ist die Anfertigung von Kopien für die Handakte des Verfahrenspflegers wichtig, da er nur bei Vollständigkeit seines Schriftwechsels in der Lage sein wird, die Interessen des Minderjährigen sachgerecht zu vertreten.⁵⁹ **1315**

Für die **Anfertigung von Kopien** können nach h.M. zwischen 0,20 und 0,30 DM (0,10 und 0,15 €) je Seite abgerechnet werden.⁶⁰ Nach anderer Auffassung, können analog zu § 11 Abs. 2 ZSEG i.V.m. Nr. 9000 des Kostenverzeichnisses zum Gerichtskostengesetz für die ersten 50 fotokopierten Seiten 0,51 € je Seite und für weitere Seiten je 0,15 € in Rechnung gestellt werden.⁶¹ Maßgebend ist nicht die Seitenzahl des einzelnen Schriftstückes oder Konvolutes, sondern die Zahl der „bei der Erledigung desselben Auftrags" anfallenden Seiten. Das ist die Führung der jeweiligen Verfahrenspflegschaft insgesamt, so dass bei jeder Verfahrenspflegschaft die ersten 50 Seiten mit je 0,51 €, die weiteren Seiten mit je 0,15 € zu erstatten sind. Werden **Fremdkopierer** benutzt (Copy-Shops usw.), sind die tatsächlichen Kosten, die sich im Rahmen der o.g. Beträge halten (nachgewiesen durch Quittungen), zu ersetzen. **1316**

6. Verdienstausfall

Ob für die Verfahrenspflegschaft aufgewendete Zeiten, durch die der ehrenamtlich tätige Verfahrenspfleger Verdienstausfall erleidet, ein Aufwand ist, der gemäß § 1835 BGB ersetzt werden kann, ist in der Literatur umstritten.⁶² Nach hiesiger Auffassung kommt eine Erstattung von Verdienstausfall für ehrenamtliche Verfahrenspfleger ausnahmsweise dann in Frage, wenn eine wich- **1317**

---

57. LG Paderborn, JMBl NW 1992, 229/231 = Rpfleger 1993, 19/21 = JurBüro 1992, 693/695.
58. AG Uelzen, FamRZ 1992, 1349 (4 DM).
59. Bach, Kostenregelungen a.a.O. Rn C 2.4–2.6; Knittel § 1835 Anm. A 1.2; Meyer/Höver/Bach § 11 Rn 7.9.
60. OLG Zweibrücken, BtPrax 2001, 169: 0,30 DM pauschal/Seite; LG München, JurBüro 1993, 113; LG Frankenthal, Rpfleger 1988, 64/65 (je 0,20 DM); LG Paderborn, JMBl NW 1992, 231 = FamRZ 1993, 237 (LS); LG Wuppertal, JurBüro 1996, 154; LG Berlin, FamRZ 1995, 496 (0,30 DM).
61. LG Koblenz, BtPrax 2000, 180; AG Frankfurt/Main, mehrere Beschlüsse vom 14. 2. 2000, u.a. zu Az. 41 XVII DAN 1341/97, unveröffentlicht; Bach, Kostenregelungen a.a.O. Rn C 2.7; Knittel § 1835 Anm. A 1.2; vgl. mit ausführlicher Begründung HK-BUR (Bauer/Deinert) § 1835 BGB Rn 34a.
62. Gegen die Abrechenbarkeit: MünchKomm/Schwab, § 1835 Rn 8; Erman/Holzhauser § 1835 Rn 1; Bach, Kostenregelungen a.a.O. Rn C 6.1; dafür: Seitz, BtPrax 92, 85; Damrau/Zimmermann § 1835 Rn 4; Staudinger/Engler § 1835 Rn 7; Jürgens § 1835 Rn 4.

tige Angelegenheit unter keinen Umständen außerhalb der Arbeitszeit erledigt werden konnte.

7. Dolmetscherkosten

1318 Kosten für Dolmetscher sind erstattungsfähige Aufwendungen, wenn der Minderjährige die deutsche Sprache nicht beherrscht. Für die Entschädigung von Dolmetschern kommt als angemessen eine Summe in Höhe der Sachverständigenentschädigung nach § 17 ZSEG (25,56 bis 51,13 €/Stunde) in Betracht. Der Verfahrenspfleger sollte vor der Hinzuziehung eines Dolmetschers das Gericht verständigen, um späteren Einwänden gegen die Erstattungsfähigkeit der Aufwendungen vorzubeugen. Zweckmäßiger ist es nämlich in jedem Fall, wenn ein Verfahrenspfleger bestellt wird, der (auch) die Sprache der vertretenen Person beherrscht.

8. Fachliteratur

1319 Die Kosten für die Beschaffung von Fachliteratur werden grundsätzlich zum allgemeinen Verwaltungsaufwand zählen, die der einzelnen Verfahrenspflegschaft nicht zugeordnet werden können und daher keinen im Rahmen des § 1835 Abs. 1 BGB geltend zu machenden Aufwand darstellen. Ist jedoch ein Fachbuch nur für eine bestimmte Verfahrenspflegschaft notwendig, so gibt es keinen Grund, dieses Buch nicht als Aufwendung zu betrachten und zu ersetzen.[63]

XII. Erlöschensfristen des Entschädigungsanspruches

1. Vergütungsanspruch

1320 Der Anspruch des Berufsverfahrenspflegers auf Vergütung ist binnen 15 Monaten nach seiner Entstehung beim Gericht geltend zu machen. Das Gericht kann in sinngemäßer Anwendung des § 15 Abs. 3 Satz 1–5 ZSEG eine abweichende Frist bestimmen. Die Frist muss dann mindestens zwei Monate betragen. Bei Fristversäumnis erlischt der Vergütungsanspruch, § 1836 Abs. 2 Satz 4 BGB (**Ausschlussfrist**, keine Verjährungsfrist im Sinne der §§ 194 ff. BGB). Ist der Verfahrenspfleger durch sog. höhere Gewalt (z.B. plötzliche schwere Erkrankung) gehindert, den Vergütungsanspruch fristgerecht geltend zu machen, so findet keine Hemmung der Frist und keine Wiedereinsetzung in den früheren Stand statt.

1321 In der abweichenden Fristbestimmung ist der Verfahrenspfleger durch das Gericht über die Folgen der Fristversäumung zu belehren. Die Frist kann auf

---

63. So im Ergebnis auch Meyer/Höver/Bach § 11 Rn 1.7.

Antrag des Verfahrenspflegers vom Gericht im Rahmen einer freien Ermessensentscheidung des Rechtspflegers verlängert werden, §§ 15 Abs. 3 Satz 1–5 ZSEG, 1836 Abs. 2 Satz 4 BGB.

Da § 1836 Abs. 2 Satz 4 BGB nicht auf die Vorschrift des § 203 BGB über die Hemmung der Verjährung aus tatsächlichen Gründen verweist, kann eine Hemmung des Ablaufes der Ausschlussfrist nicht stattfinden.[64] 1322

Der Lauf der Frist beginnt mit der Entfaltung der vergütungsfähigen Tätigkeit. Während der Vergütungsanspruch der Höhe nach erst mit Bekanntmachung des Festsetzungsbeschlusses an den Verfahrenspfleger entsteht, wird nämlich – zumindest für die Vergütung der Berufsverfahrenspfleger im Sinne des § 1836 Abs. 2 BGB – der Vergütungsanspruch dem Grunde nach kraft Gesetzes durch die Tätigkeit des Verfahrenspflegers begründet.[65] 1323

Ist die o.g. Ausschlussfrist eingehalten worden, verjährt der Anspruch erst nach Ablauf der regelmäßigen 30-jährigen Verjährungsfrist des § 195 BGB a.F.[66] Ab 1.1.2002 gilt gemäß § 195 BGB n.F. die neue regelmäßige Verjährungsfrist von drei Jahren. Nach der Entscheidung des BayObLG vom 29.6.2000[67] soll es für den Beginn der Verjährung auf den Zeitpunkt der Entstehung und damit auf die Fälligkeit des Entschädigungsanspruches ankommen. Diese sei davon abhängig, zu welchem Zeitpunkt es dem Verfahrenspfleger möglich ist, den für seine Tätigkeit angefallenen Zeitaufwand sowie die Aufwendungen im Rahmen des Festsetzungsverfahrens des § 56g FGG darzulegen. Dann wäre auf das Ende der Verfahrenspflegschaft bzw. die Beendigung der Tätigkeit als Verfahrenspfleger abzustellen. 1324

2. Aufwendungsersatzanspruch

Der Anspruch auf Aufwendungsersatz nach § 1835 BGB erlischt, wenn er nicht binnen 15 Monaten nach seiner Entstehung gerichtlich geltend gemacht wird. Der Lauf der Frist beginnt mit dem Zeitpunkt, in dem der Verfahrenspfleger die Aufwendungen tätigt, §§ 1835 Abs. 1, 271 BGB, 1908i Abs. 1 Satz 1 BGB. § 1835 Abs. 1 Satz 4, Abs. 4 Satz 2 BGB ermächtigt das Gericht, die Erlöschensfrist in entsprechender Anwendung von § 15 Abs. 3 Sätze 1 bis 5 ZSEG dem Einzelfall entsprechend abweichend zu bestimmen. Eine solche abweichende Fristbestimmung durch das FamG/VormG bindet auch das gegebenenfalls über Ansprüche nach § 1835 Abs. 1 BGB befindende Prozessger- 1325

---

64. Vgl. zu Einzelheiten und zur Abgrenzung von Verjährungs- und Ausschlussfristen OLG Saarbrücken, FamRZ 2000, 559; Palandt-Heinrichs, BGB-Kommentar, Überbl. Vor § 194 BGB, Rn 2, 7 und § 203 BGB Rn 2.
65. Vgl. BayObLG, FamRZ 1996, 372; Palandt/Diederichsen Rn 18 zu § 1836 a.F. unter Hinweis auf BayObLG, FamRZ 1989, 1119, für gesetzliche Berufsbetreuer; a.A. RGZ 127, 103–106.
66. LG München I, FamRZ 1998, 323; a.A. BayObLG, Rpfleger 2000, 455: 2 Jahre nach § 196 Abs. 1 Nr. 7 BGB.
67. Rpfleger 2000, 455, 456.

icht.[68] § 15 Abs. 3 Sätze 3–5 ZSEG mit ihren näheren Bestimmungen über die Mindestdauer der Frist und die Belehrung über die Folgen der Fristversäumnis gelten sinngemäß.

1326 Die Erlöschensfrist ist eine **Ausschlussfrist**, bei deren Versäumnis keine Wiedereinsetzung in den vorigen Stand möglich ist.[69] Satz 6 des in Bezug genommenen § 15 Abs. 1 ZSEG wird daher von § 1835 Abs. 1 Satz 4 BGB bewusst nicht erfasst.[70] Ist die o.g. Ausschlussfrist eingehalten worden, verjährt der Anspruch erst nach Ablauf der regelmäßigen 30-jährigen Verjährungsfrist des § 195 BGBa.F.[71] Ab 1.1.2002 gilt gemäß §195 BGB n.F. die neue regelmäßige Verjährungsfrist von drei Jahren.

XIII. Entschädigungsverfahren

1327 Die Festsetzung der Entschädigung erfolgt gemäß § 67 Abs. 3 Satz 3 FGG nach den entsprechend anwendbaren Regeln des Absatzes 1 des § 56g FGG:

Auf Antrag des Verfahrenspflegers oder von Amts wegen, wenn das Gericht die Festsetzung für angemessen hält, setzt das Gericht fest

– den Vorschuss auf bzw. den Ersatz von Aufwendungen (§ 1835 BGB)
– die zu bewilligende Vergütung, eine Abschlagszahlung auf die Vergütung (§§ 1836, 1836a BGB) oder die Zahlung eines als Vergütung zuzubilligenden festen Geldbetrags (sog. Vergütungspauschale, § 1836b Satz 1 Nr. 1 BGB).

1328 Von Amts wegen wird das Gericht die Festsetzung für angemessen halten und vornehmen müssen, wenn

– Berufsverfahrenspfleger durch höhere Gewalt (z.B. plötzliche schwere Erkrankung) unverschuldeterweise daran gehindert sind, die Ausschlussfristen der §§ 1835 Abs. 1 Satz 3, 4 und 1836 Abs. 2 Satz 4 BGB für die Geltendmachung der Entschädigungsansprüche einzuhalten
– bei Aufhebung der Verfahrenspflegschaft, § 50 Abs. 3 und 4 FGG.

1329 Erfolgt keine Festsetzung durch gerichtlichen Beschluss nach § 56g Abs. 1 Satz 1 FGG, so kann die Auszahlung der Vergütung durch den **Urkundsbeamten der Geschäftsstelle** nach Vorprüfung und Zuweisung durch den Rechtspfleger analog der Vorschriften über das Verfahren bei der Entschädigung von Zeugen hinsichtlich ihrer baren Auslagen (§§ 9 ff. ZSEG) erfolgen, § 56g Abs. 1 Satz 4 FGG. Diese den Verwaltungsaufwand mindernde Verfahrensweise

---

68. RegE BtÄndG BR-Drucks. 960/96, S. 22.
69. OLG Saarbrücken, FamRZ 2000, 559
70. RegE BtÄndG, a.a.O.
71. LG München I, FamRZ 1998, 323; a.A. BayObLG, Rpfleger 2000, 455: 2 Jahre nach § 196 Abs 1 Nr. 7 BGB.

ohne Einschaltung des Vertreters der Staatskasse ist für einfach gelagerte Vergütungsanträge gegen die Staatskasse vorgesehen. Ein solch einfach gelagerter Fall liegt vor, wenn die Höhe der Vergütung außer Streit ist (z.B. im Falle der Vergütungspauschale) und Regressansprüche der Staatskasse nach § 1836e BGB gegen die Kostenschuldner (§ 2 KostO) nicht geltend gemacht werden können.[72]

Für das Verfahren auf Festsetzung durch die Staatskasse gelten durch die Verweisung in § 56g Abs. 1 Satz 3 FGG die Verfahrensvorschriften des ZSEG. Es entscheidet der Urkundsbeamte der Geschäftsstelle des Amtsgerichtes im Verwaltungswege, das heißt, der Betrag der Aufwandspauschale wird in einer Kassenanordnung zur Zahlung angewiesen.[73] Einer Anhörung des Vertreters der Landeskasse (Bezirksrevisor) oder einer Bekanntmachung bedarf es nicht, soweit nicht landesrechtliche Bestimmungen für Kassenanordnungen dies vorsehen (z.B. in Hessen gem. Nr. 40 JVBKR). Es erfolgt lediglich eine Prüfung im Rahmen der jeweiligen Landeshaushaltsordnungen.[74] Für die Auszahlung der Beträge ist eine allgemeine Auszahlungsanordnung erteilt (z.B. in NRW gem. Nr. 19.1 der Anlage zu Nr. 3 der VV zu § 79 LHO). 1330

XIV. Rechtsmittel gegen die Festsetzung der Entschädigung

1. Rechtsmittel bei unterlassener Feststellung der Berufsmäßigkeit der Verfahrenspflegschaft

Eine nachträgliche Feststellung oder Bestätigung, dass der Verfahrenspfleger die Pflegschaft als berufsmäßige entgeltlich führt, soweit diese Voraussetzung erfüllt ist, die entsprechende Feststellung aber bei der Bestellung zum Verfahrenspfleger unterblieben ist, sieht das BtÄndG zwar nicht vor. Sie muss aber auf entsprechende (einfache, nicht fristgebundene) Beschwerde des (Berufs-)Verfahrenspflegers möglich sein: Die Feststellung der berufsmäßigen Führung der Verfahrenspflegschaft hat für die (Pflicht-)Vergütung nach §§ 1836 Abs. 2, 1836a BGB i.V.m. § 1 BVormVG konstitutive Wirkung. Ohne sie wird eine Vergütung auch ex post nicht gewährt. Die darin liegende Beschwer legitimiert den Verfahrenspfleger zur Beschwerde gegen einen Beschluss, der ihm eine Vergütung als Berufsverfahrenspfleger verbaut.[75] 1331

---

72. BR-Drucks. 339/98, S. 4.
73. Meyer/Höver/Bach, ZSEG § 15 Rn 21.
74. Bach, BtPrax 1993, 182/185.
75. BayObLG, Rpfleger 2001, 300; OLG Frankfurt/Main, Rpfleger 2001, 300 = FamRZ 2001, 790; Wagenitz/Engers, FamRZ 1998, 1273, 1274.

2. Rechtsmittel gegen den Festsetzungsbeschluss

1332 Die Gerichtsentscheidung ist mit der **sofortigen Erinnerung** anfechtbar, soweit der Beschwerdewert von über 150 € nicht erreicht ist und das VormG die Beschwerde mangels grundsätzlicher Bedeutung der Rechtssache nicht zulässt, § 11 Abs. 2 RPflG (in der Fassung des Gesetzes vom 25.8.1998, BGBl. I S. 2489). Funktionell zuständig für die Entscheidung über die Zulassung der Beschwerde ist der **Rechtspfleger**.[76] Lässt der Rechtspfleger die Beschwerde nicht zu, kann er der Erinnerung abhelfen; hilft er ihr nicht ab, legt er sie dem Richter zur abschließenden Entscheidung vor, § 11 Abs. 2 Satz 2 und 3 RPflG n.F.[77] Die sofortige Erinnerung ist innerhalb von 14 Tagen nach Zugang des Beschlusses zu erheben (§ 11 RpflG i.V.m. §§ 22, 56g Abs. 5 FGG).

1333 Gegen einen den Verfahrenspfleger beschwerenden Festsetzungsbeschluss findet bei Erreichen des Beschwerdewertes von über 150 € die **sofortige Beschwerde** statt, §§ 56g Abs. 5, 69e Satz 1 FGG i.V.m. § 11 Abs. 1 RPflG n.F. Das gilt bei Unterschreiten des Beschwerdewertes auch im Falle der Zulassung des Rechtsmittels durch den Rechtspfleger wegen der grundsätzlichen Bedeutung der Rechtssache.

1334 Die sofortige Beschwerde ist binnen einer Frist von 2 Wochen ab Bekanntmachung des Festsetzungsbeschlusses an den Beschwerdeführer einzulegen, § 22 FGG. Die (sofortige) Beschwerde kann bei dem erstinstanzlichen Gericht, dessen Verfügung angefochten wird, oder bei dem Beschwerdegericht eingelegt werden. Die Einlegung erfolgt durch Einreichung einer Beschwerdeschrift oder durch Erklärung zu Protokoll der Geschäftsstelle des Gerichts, dessen Verfügung angefochten wird, oder der Geschäftsstelle des Beschwerdegerichts, § 21 FGG. Zu einer Abänderung der der sofortigen Beschwerde unterliegenden Festsetzungsentscheidung ist die jeweilige Instanz nicht befugt, § 18 Abs. 2 FGG.

3. „Rechtsmittel" gegen die Vergütungsentscheidung im vereinfachten Verfahren

1335 Da § 56g Abs. 5 Satz 1 FGG nicht auf Entscheidungen nach Absatz 1 Satz 4 der Vorschrift Bezug nimmt, können Entscheidungen des Urkundsbeamten der Geschäftsstelle über Entschädigungszahlungen im vereinfachten Verfahren nicht mit der sofortigen Erinnerung bzw. nicht mit der sofortigen Beschwerde angegriffen werden. Insoweit bleibt nur die Möglichkeit, gegen den im vereinfachten Verfahren angewiesenen Vergütungsbetrag die förmliche Festsetzung nach § 56g Abs. 1 Satz 1 FGG zu beantragen.

---

76. Vgl. OLG Frankfurt/Main, OLG-Report 2000, 272; OLG Hamm, BtPrax 2000, 129, unter ausdrücklicher Zurückweisung der a. A. des LG Passau, BtPrax 1999, 158, das nur den Richter für entscheidungsbefugt hält.
77. BayObLG, BtPrax 2001, 75.

Gegen die im (förmlichen) Festsetzungsverfahren getroffenen Entscheidungen des Rechtspflegers sind dann wieder die in § 56g FGG V i.V.m. § 11 Abs. 1 und 2 RPflG bestimmten Rechtsmittel zulässig (vgl. oben Rn 1332 ff.).

XV. Kostenregress der Staatskasse

Die Staatskasse kann die an den Verfahrenspfleger gezahlten Beträge in Verfahren des FGG (Sorgerechts-, Umgangsverfahren, auch solche im Scheidungsverbund) gegenüber den Kostenschuldnern des jeweiligen Gerichtsverfahrens im Rahmen der nach § 1836c BGB gezogenen Grenzen ihrer Leistungsfähigkeit geltend machen, vgl. §§ 1 bis 5, 93a Abs. 2 KostO.[78] Denn die an den Verfahrenspfleger gezahlten Beträge zählen nach § 137 Nr. 16 KostO zu den „sonstigen Auslagen" des Verfahrens im Sinne des § 1 KostO. Die Bestellung des Verfahrenspflegers und die Aufhebung der Bestellung hingegen sind als Teil des Verfahrens, für das der Pfleger bestellt wurde, gebührenfrei, § 93a Abs. 1 KostO. 1336

Da das verfahrensbetroffene Kind grundsätzlich keine formelle Beteiligtenstellung innehat, könnten ihm die Kosten der Verfahrenspflegschaft allenfalls in solchen Fällen aufgebürdet werden, in denen das Verfahren von Amts wegen oder von verfahrensbeteiligten Erwachsenen (auch) in seinem Interesse eingeleitet wird.[79] 1337

Aber auch in solchen Verfahren nach z.B. §§ 1680, 1681, 1666, 1666a BGB wegen Sorgerechtsübertragung nach Tod eines (sorgeberechtigten) Elternteiles oder Entzug der elterlichen Sorge bei Kindeswohlgefährdung haften allein die verfahrensbeteiligten Erwachsenen als Interessenschuldner für die Verfahrenskosten: Die Gesetzesbegründung zur ursprünglichen Fassung des § 50 Abs. 5 FGG hat ausdrücklich festgestellt, dass die oftmals ohnehin mittellosen Kinder mit den Kosten auch in solchen Verfahren nicht belastet werden sollen, in denen in amtswegig eingeleiteten Verfahren die Kinder allenfalls deswegen haften können, weil die Verfahren (auch) in ihrem Interesse betrieben werden. Da auch in diesen Verfahren nach dem Willen des Gesetzgebers nur die formell beteiligten Erwachsenen haften sollen, ist § 2 Nr. 2 KostO entsprechend restriktiv auszulegen.[80] 1338

---

78. Zur sog. Mittellosigkeitsgrenze vgl. BGH Beschluss vom 24. 10. 2001, Az.: XII ZB 142/01; HK-BUR (Winhold-Schött) § 1836c BGB Rn 18 ff.: 4.500 DM (2.301 €) Schonvermögen; 826 € Einkommensfreibetrag nach §§ 1836c Nr. 1 BGB, 79, 81, 82 BSHG (jährliche Anpassung jeweils zum 1.7. eines Jahres).
79. Kind als sog. Interessenschuldner nach § 2 Nr. 2 KostO; nach § 5 KostO gegebenenfalls als Gesamtschuldner neben weiteren (verfahrensbeteiligten) erwachsenen Interessenschuldnern, vgl. BayObLGZ 1994, 1; OLG Frankfurt/Main, FamRZ 1994, 215, je mit w.N.
80. Vgl. RegE Kindschaftsrechtsreformg, S. 424, 425; BT-Drucks. 13/4899, S. 132; wie hier Keidel/Kuntze-Engelhardt, FGG, Teil A, § 50 Rn 28; Salgo, epd-Dokumentation 20/1999, S. 18/19; FamRefK-Maurer/Bienwald, § 50 FGG Rn 40.

1339 Schon das LG Frankfurt/Main hatte in seiner unveröffentlichten Entscheidung vom 24.9.1996 zu Az. 2/9 T 712/96 zu der nach §§ 2 Nr. 2, 5 KostO i.V.m § 8 Abs. 3 Satz 1 DVKostG zu treffenden Ermessensentscheidung des Kostenbeamten ausgeführt, der Kostenbeamte werde bei seiner Entscheidung, welchen der in Frage kommenden Interessenschuldner er ganz oder mit welchem Anteil der Kosten belaste, zu berücksichtigen haben, „dass das Verfahren zwar im Interesse des Kindes geführt worden ist, das Kind aber selbst nicht unmittelbar Verfahrensbeteiligter war."

1340 Eine Kostentragungspflicht der Kinder für die gerichtlichen Auslagen würde auch der in § 94 Abs. 3 Satz 2 KostO getroffenen Wertung widersprechen, dass Kinder für die regelmäßig betragsmäßig niedrigeren Gerichtsgebühren von einer Kostenpflicht befreit sind, während für die betragsmäßig regelmäßig darüber hinausgehenden Auslagen eine starre Verteilungsregelung des § 2 Nr. 2 KostO gilt, die selbst dann zu einer Kostenbelastung des Kindes führt, wenn dies der Billigkeit im hohen Maße widerspricht.[81]

1341 Die Neufassung des § 50 Abs. 5 FGG in der Fassung des BtÄndG vom 25. 6. 1998 (BGBl. I S. 1580), mit der nur noch auf die durch das BtÄndG ebenfalls neu gefasste Bestimmung des § 67 Abs. 3 FGG verwiesen wird, enthält insoweit keine inhaltliche Abweichung, da § 67 Abs. 3 Satz 1 FGG – ebenso wie die Altfassung des § 50 Abs. 5 Satz 1 FGG – bestimmt, dass die Entschädigung des Verfahrenspflegers aus der Staatskasse zu zahlen ist.

---

81. OLG Celle, FamRZ 1996, 1559, 1560; AG Frankfurt/Main, Beschluss vom 5.8.1996, Az. 40 X W 46261, unter Hinweis auf OLG Hamm, Juristisches Büro 1981, 1052 ff.; aufgehoben durch LG Frankfurt/Main, Beschluss vom 24.9.1996, zu Az. 2/9 T 712/96, unter Hinweis auf BayObLGZ 1994, 1 m.w.N.: Die Systematik der Kostenordnung stehe einer Analogie des § 94 Abs. 3 S. 2 KostO entgegen.

Anhang

A Gesetz über die Angelegenheiten der freiwilligen Gerichtsbarkeit

Vom 17.5.1898, RGBl. I S. 189 (BGBl. III 315–1) In der Fassung der Bekanntmachung vom 20.5.1898 (RGBl. I S. 369, 771), zuletzt geändert durch Gesetz zur Reform des Zivilprozesses (Zivilprozessreformgesetz – ZPO-RG) vom 27.7.2001 (BGBl. I S. 1887, 1910)

– Auszug –

§ 50 [Bestellung eines Pflegers]

(1) Das Gericht kann dem minderjährigen Kind einen Pfleger für ein seine Person betreffendes Verfahren bestellen, soweit dies zur Wahrnehmung seiner Interessen erforderlich ist.

(2) Die Bestellung ist in der Regel erforderlich, wenn

1. das Interesse des Kindes zu dem seiner gesetzlichen Vertreter in erheblichem Gegensatz steht,
2. Gegenstand des Verfahrens Maßnahmen wegen Gefährdung des Kindeswohls sind, mit denen die Trennung des Kindes von seiner Familie oder die Entziehung der gesamten Personensorge verbunden ist (§§ 1666, 1666a des Bürgerlichen Gesetzbuchs), oder
3. Gegenstand des Verfahrens die Wegnahme des Kindes von der Pflegeperson (§ 1632 Abs. 4 des Bürgerlichen Gesetzbuchs) oder von dem Ehegatten, dem Lebenspartner oder Umgangsberechtigten (§ 1682 des Bürgerlichen Gesetzbuchs) ist.

Sieht das Gericht in diesen Fällen von der Bestellung eines Pflegers für das Verfahren ab, so ist dies in der Entscheidung zu begründen, die die Person des Kindes betrifft.

(3) Die Bestellung soll unterbleiben oder aufgehoben werden, wenn die Interessen des Kindes von einem Rechtsanwalt oder einem anderen geeigneten Verfahrensbevollmächtigten angemessen vertreten werden.

(4) Die Bestellung endet, sofern sie nicht vorher aufgehoben wird,

1. mit der Rechtskraft der das Verfahren abschließenden Entscheidung oder
2. mit dem sonstigen Abschluss des Verfahrens.

(5) Der Ersatz von Aufwendungen und die Vergütung des Pflegers bestimmen sich entsprechend § 67 Abs. 3.

§ 67 [Bestellung eines Pflegers]

(1) Soweit dies zur Wahrnehmung der Interessen des Betroffenen erforderlich ist, bestellt das Gericht dem Betroffenen einen Pfleger für das Verfahren. Die Bestellung ist in der Regel erforderlich, wenn

1. nach § 68 Abs. 2 von der persönlichen Anhörung des Betroffenen abgesehen werden soll,
2. Gegenstand des Verfahrens die Bestellung eines Betreuers zur Besorgung aller Angelegenheiten des Betroffenen oder die Erweiterung des Aufgabenkreises hierauf ist; dies gilt auch, wenn der Gegenstand des Verfahrens die in § 1896 Abs. 4 und § 1905 des Bürgerlichen Gesetzbuchs bezeichneten Angelegenheiten nicht erfasst.

Von der Bestellung kann in den Fällen des Satzes 2 abgesehen werden, wenn ein Interesse des Betroffenen an der Bestellung des Verfahrenspflegers offensichtlich nicht besteht. Die Nichtbestellung ist zu begründen. Die Bestellung ist stets erforderlich, wenn Gegenstand des Verfahrens die Genehmigung einer Einwilligung des Betreuers in die Sterilisation (§ 1905 Abs. 2 des Bürgerlichen Gesetzbuchs) ist. Die Bestellung soll unterbleiben oder aufgehoben werden, wenn der

Betroffene von einem Rechtsanwalt oder von einem anderen geeigneten Verfahrensbevollmächtigten vertreten wird.

(2) Die Bestellung erfolgt für jeden Rechtszug gesondert, erfasst jedoch auch die Einlegung und Begründung eines Rechtsmittels.

(3) Der Aufwendungsersatz und die Vergütung des Pflegers für das Verfahren sind aus der Staatskasse zu zahlen. Sie bestimmen sich in entsprechender Anwendung der §§ 1908e bis 1908i, mit Ausnahme der dort in Bezug genommenen § 1835 Abs. 3 und 4, §§ 1835a, 1836b Satz 1 Nr. 2 des Bürgerlichen Gesetzbuchs; die Höhe der zu bewilligenden Vergütung ist stets nach Maßgabe des § 1 des Gesetzes über die Vergütung von Berufsvormündern zu bemessen. Im Übrigen gilt § 56g Abs. 1 und 5 entsprechend.

§ 70 [Unterbringungsmaßnahmen; Zuständigkeiten]

(1) Die folgenden Vorschriften gelten für Verfahren über Unterbringungsmaßnahmen. Unterbringungsmaßnahmen sind

1. die Genehmigung einer Unterbringung, die mit Freiheitsentziehung verbunden ist,
    a) eines Kindes (§§ 1631b, 1800, 1915 des Bürgerlichen Gesetzbuchs) und
    b) eines Betreuten (§ 1906 Abs. 1 bis 3 des Bürgerlichen Gesetzbuchs) oder einer Person, die einen Dritten zu ihrer Unterbringung, die mit Freiheitsentziehung verbunden ist, bevollmächtigt hat (§ 1906 Abs. 5 des Bürgerlichen Gesetzbuchs)
1a. dem Lebenspartner des Betroffenen, wenn die Lebenspartner nicht dauernd getrennt leben,
2. die Genehmigung einer Maßnahme nach § 1906 Abs. 4 des Bürgerlichen Gesetzbuchs und
3. die Anordnung einer freiheitsentziehenden Unterbringung nach den Landesgesetzen über die Unterbringung psychisch Kranker.

Für Unterbringungsmaßnahmen, mit Ausnahme solcher nach § 1631b des Bürgerlichen Gesetzbuchs sind die Vormundschaftsgerichte zuständig.

(2) Für Unterbringungsmaßnahmen nach Absatz 1 Satz 2 Nr. 1 und 2 ist das Gericht zuständig, bei dem eine Vormundschaft oder eine Betreuung oder Pflegschaft, deren Aufgabenbereich die Unterbringung umfasst, anhängig ist. Ist ein solches Verfahren nicht anhängig, so finden § 65 Abs. 1 bis 3, § 65a Abs. 1 Satz 1, Abs. 2 Satz 1 entsprechende Anwendung. In den Fällen der Sätze 1 und 2 gilt für vorläufige Maßregeln § 65 Abs. 5 entsprechend.

(3) In den Fällen des Absatzes 2 Satz 1 kann das Vormundschaftsgericht das Verfahren über die Unterbringungsmaßnahme aus wichtigen Gründen mit Zustimmung des gesetzlichen Vertreters nach Anhörung des Betroffenen an das Gericht abgeben, in dessen Bezirk der Betroffene untergebracht ist, wenn sich das Gericht zur Übernahme des Verfahrens bereit erklärt hat; § 46 Abs. 2 gilt entsprechend. Wird das gemeinschaftliche obere Gericht angerufen, so ist das Gericht, an das das Verfahren abgegeben werden soll, von dem Eingang der Akten bei ihm an bis zu der Entscheidung des gemeinschaftlichen oberen Gerichts für eine vorläufige Maßregel zuständig. Eine weitere Abgabe ist zulässig. Das nach der Abgabe zuständige Gericht ist auch für die Verlängerung einer Unterbringungsmaßnahme zuständig.

(4) Für Unterbringungsmaßnahmen nach Absatz 1 Satz 2 Nr. 1 und 2 gelten die §§ 35b und 47 entsprechend.

(5) Für eine Unterbringungsmaßnahme nach Absatz 1 Satz 2 Nr. 3 ist das Gericht zuständig, in dessen Bezirk das Bedürfnis für die Unterbringung hervortritt. Befindet sich der Betroffene bereits in einer Einrichtung zur freiheitsentziehenden Unterbringung, ist das Gericht zuständig, in dessen Bezirk die Einrichtung liegt.

(6) Die Landesregierungen werden ermächtigt, zur sachdienlichen Förderung oder schnelleren Erledigung die Verfahren über Unterbringungsmaßnahmen nach Absatz 1 Satz 2 Nr. 3 durch

A Gesetz über die Angelegenheiten der freiwilligen Gerichtsbarkeit

Rechtsverordnung einem Amtsgericht für die Bezirke mehrerer Amtsgerichte zuzuweisen. Die Landesregierungen können die Ermächtigung auf die Landesjustizverwaltungen übertragen.

(7) Ist für die Unterbringungsmaßnahme ein anderes Gericht zuständig als dasjenige, bei dem eine Vormundschaft oder eine die Unterbringung erfassende Betreuung oder Pflegschaft anhängig ist, so teilt dieses Gericht dem für die Unterbringungsmaßnahme zuständigen Gericht die Aufhebung der Vormundschaft, Betreuung oder Pflegschaft, den Wegfall des Aufgabenbereiches Unterbringung und einen Wechsel in der Person des Vormunds, Betreuers oder Pflegers mit; das für die Unterbringungsmaßnahme zuständige Gericht teilt dem anderen Gericht die Unterbringungsmaßnahme, ihre Änderung, Verlängerung und Aufhebung mit.

§ 70a [Verfahrensfähigkeit]

Der Betroffene ist ohne Rücksicht auf seine Geschäftsfähigkeit verfahrensfähig, wenn er das vierzehnte Lebensjahr vollendet hat.

§ 70b [Bestellung eines Pflegers]

(1) Soweit dies zur Wahrnehmung der Interessen des Betroffenen erforderlich ist, bestellt das Gericht dem Betroffenen einen Pfleger für das Verfahren. Die Bestellung ist insbesondere erforderlich, wenn nach § 68 Abs. 2 von der persönlichen Anhörung des Betroffenen abgesehen werden soll. § 67 Abs. 3 gilt entsprechend.

(2) Bestellt das Gericht dem Betroffenen keinen Pfleger für das Verfahren, so ist dies in der Entscheidung, durch die eine Unterbringungsmaßnahme getroffen wird, zu begründen.

(3) Die Bestellung soll unterbleiben oder aufgehoben werden, wenn der Betroffene von einem Rechtsanwalt oder einem anderen geeigneten Verfahrensbevollmächtigten vertreten wird.

(4) Die Bestellung endet, sofern sie nicht vorher aufgehoben wird,

1. mit der Rechtskraft der das Verfahren abschließenden Entscheidung oder
2. mit dem sonstigen Abschluss des Verfahrens.

B Entwurf eines Gesetzes zur Reform des Kindschaftsrechts (Kindschaftsrechtsreformgesetz – KindRG)

BT-Drucks. 13/4899 vom 13.6.1996
Auszug aus der Einzelbegründung zu Artikel 6 (Änderung des Gesetzes über die Angelegenheiten der freiwilligen Gerichtsbarkeit)

Zu Nummer 7 (§ 50)

Diese Vorschrift regelt die Frage, in welchen Fällen das Gericht für minderjährige Kinder in ihre Person betreffenden Verfahren einen Pfleger für das Verfahren zu bestellen hat, damit die erforderliche Wahrung ihrer Belange gewährleistet ist.

Die Verfahrenspflegschaft für minderjährige Kinder ist bislang im FGG, von § 56f Abs. 2 abgesehen, nicht geregelt. § 56f Abs. 2 betrifft den Fall der Aufhebung eines Annahmeverhältnisses, wenn der Annehmende der gesetzliche Vertreter des Kindes ist und dieses noch minderjährig oder geschäftsunfähig ist. § 56f Abs. 2 ordnet an, dass das Gericht in diesem Fall dem Kind einen Pfleger für das Verfahren zu bestellen hat.

Das geltende materielle Recht eröffnet die Möglichkeit, dem gesetzlichen Vertreter bei einem erheblichen Interessengegensatz nach § 1629 Abs. 2 Satz 3, § 1796 Abs. 2 BGB durch gerichtliche Entscheidung die Vertretungsmacht zu entziehen und dem Kind nach § 1909 BGB einen Ergänzungspfleger zu bestellen. Von dieser Möglichkeit, die ein Tätigwerden des Vormundschaftsgerichts erforderlich macht, wird in der Praxis in Vermögenssorgeangelegenheiten Gebrauch gemacht, wenn es darum geht, die rechtsgeschäftliche Vertretung von Minderjährigen sicherzustellen. Soweit es um die Wahrung von Kindesinteressen in die Person des Kindes betreffenden Verfahren der freiwilligen Gerichtsbarkeit geht, erlaubt es die Neuregelung künftig, dass das mit der Sache befasste Gericht im Rahmen dieses Verfahrens ohne ausdrückliche Entziehung der Vertretungsmacht durch das Vormundschaftsgericht dem Kind unmittelbar einen Pfleger für das gerichtliche Verfahren bestellt.

In Verfahren vor den Familien- und Vormundschaftsgerichten können im Einzelfall trotz der vorhandenen verfahrensrechtlichen Bestimmungen, die eine nach materiellem Recht am Kindeswohl zu orientierende Gerichtsentscheidung ermöglichen sollen (Amtsermittlungsgrundsatz, Anhörung des Kindes und des Jugendamts, Beschwerderecht für Minderjährige über 14 Jahre), Defizite bei der Wahrung der Interessen der von diesen Verfahren besonders betroffenen Kinder auftreten. Da minderjährige Kinder – von der Teilnahme am Verfahren in Ausübung des Beschwerderechts nach § 59 abgesehen – in ihre Person betreffenden Verfahren in der Regel nicht formell Beteiligte sind, ist es von besonderer Bedeutung für die am Kindeswohl zu orientierende Entscheidung, dass ihre Interessen in einer Weise in das Verfahren eingebracht werden, die ihrer grundrechtlichen Position hinreichend Rechnung trägt (vgl. BVerfGE 55, 171, 179). Eltern, die als formell Verfahrensbeteiligte auf das Verfahren Einfluss nehmen können, sind häufig durch Rechtsanwälte vertreten, während das Kind darauf angewiesen ist, seine Vorstellungen und Wünsche bei der richterlichen Anhörung geltend zu machen. Es fehlt bislang im Verfahren in den Fällen, in denen erhebliche Interessengegensätze zwischen dem Kind und den gesetzlichen Vertretern bestehen und in denen die gesetzlichen Vertreter infolgedessen die Kindesinteressen nicht in das Verfahren einbringen, an einer Person, die allein die Interessen des Kindes wahrnimmt:

- Der Richter ist auf Grund seines Amtes verpflichtet, die Interessen aller Beteiligten in einem Konfliktfall zu berücksichtigen, also neben den Kindesinteressen insbesondere auch diejenigen der Eltern.

KindRG – Einzelbegründung zu § 50 FGG

– Das Jugendamt, das nach §§ 49, 49a FGG in vielen bedeutsamen Verfahren vom Gericht anzuhören ist, ist nicht auf eine eindeutige Interessenvertretung zugunsten der Kinder festgelegt. Das Jugendamt kann die Eltern beraten (§§ 17, 18 SGB VIII) oder die Familie durch Hilfsangebote unterstützt haben, bevor es zu dem gerichtlichen Verfahren gekommen ist. In einer Reihe von für das Kind besonders bedeutsamen Verfahren ist das Jugendamt nicht nur vorgerichtlich tätig, sondern auch danach mit einer bestimmten Zielrichtung bei Gericht initiativ geworden, insbesondere wenn es um Maßnahmen der Trennung des Kindes von seiner Familie bei Kindesmisshandlung oder bei sexuellem Missbrauch geht (§ 50 Abs. 3 SGB VIII, §§ 1666, 1666a BGB). Gerade wegen seiner vorgerichtlichen Tätigkeit kann dann das Jugendamt im anschließenden gerichtlichen Verfahren häufig die Unterstützung der gesamten Familie nicht mit der erforderlichen Parteinahme für das Wohl des Kindes vereinbaren. Vielfach ist eine Bewertung der bisherigen Jugendamtsarbeit im Rahmen des gerichtlichen Verfahrens bei solchen Fallkonstellationen unvermeidlich (vgl. § 50 Abs. 2 SGB VIII). In Erkenntnis dieser problematischen Situation ist die Praxis der Jugendhilfe teilweise bereits dazu übergegangen, dem Gericht in Abstimmung mit einem anderen Jugendhilfeträger einen fachlich geeigneten Mitarbeiter dieses Trägers zum Verfahrenspfleger des Kindes vorzuschlagen oder eine organisatorische Trennung der Funktionen innerhalb des Trägers vorzunehmen.

– Ein – ohnehin nur in einem Teil der Fälle – vom Gericht bestellter Gutachter hat ebenfalls unparteilich zu sein und darf nicht zum „einseitigen" Interessenvertreter des Kindes werden.

Die neue Regelung des § 50 E soll es ermöglichen, dass das Gericht dem Kind immer dann, wenn bei einem schwerwiegenden Interessenkonflikt in einer für das weitere Schicksal des Kindes bedeutsamen Angelegenheit die selbständige Wahrnehmung seiner Interessen erforderlich ist, einen Verfahrenspfleger zur Seite stellt.

Eine solche Bestellung kann auf die Fälle beschränkt bleiben, in denen sie auf Grund der Umstände des konkreten Einzelfalls erforderlich ist.

Anders als in Verfassungsbeschwerdeverfahren, in denen das Kind als Partei die Verletzung eigener Grundrechte geltend macht (vgl. BVerfGE 72, 122, 133 ff.; BVerfGE 75, 201, 215 ff.), bedarf es in Verfahren der freiwilligen Gerichtsbarkeit wegen der verfahrensrechtlichen Vorkehrungen, die eine Berücksichtigung der Interessen der minderjährigen Kinder gewährleisten sollen und in der Regel auch gewährleisten, keiner ausnahmslosen Bestellung von Verfahrenspflegern in die Person von Kindern betreffenden Verfahren. Die Bestellung von Verfahrenspflegern soll nur in solchen Verfahren angeordnet werden, in denen sie auf Grund der konkreten Umstände im Einzelfall notwendig ist, weil sonst die Wahrung der Kindesinteressen nicht gewährleistet ist. Nur in diesem – engen – Rahmen ist wegen des damit verbundenen Eingriffs in das Elternrecht eine Verfahrenspflegerbestellung gerechtfertigt.

Bei der Rechtsfigur des Pflegers für das Verfahren wird nicht nur auf § 56f Abs. 2, sondern auch auf ähnliche Regelungen für das Betreuungs- und das Unterbringungsverfahren (§§ 67, 70b) zurückgegriffen. Wie bei diesen bisher im FGG vorgesehenen Pflegerbestellungen für das Verfahren ist ein besonderer Bestellungsakt nicht vorgesehen. Für die Durchführung des gerichtlichen Verfahrens tritt der Verfahrenspfleger an die Stelle des gesetzlichen Vertreters und hat an dessen Stelle die Kindesinteressen in das Verfahren einzubringen. Wie einen gesetzlichen Vertreter hat das Gericht den Verfahrenspfleger an den Verfahrenshandlungen des Gerichts zu beteiligen.

Die Auswahl des Verfahrenspflegers steht im pflichtgemäßen Ermessen des Gerichts. Damit hat das Gericht die Möglichkeit, entsprechend den Besonderheiten eines jeden Falls beispielsweise auch Sozialarbeiter und Sozialpädagogen, Kinderpsychologen und unter Umständen engagierte Laien – das können etwa auch Verwandte sein – als selbständige Interessenvertreter für ein minderjähriges Kind zu bestellen. Soweit es schwerpunktmäßig auf die Sachkunde auf dem Gebiet des materiellen und des formellen Rechts ankommt, wird das Gericht einen Rechtsanwalt zu bestellen haben. Bei der Verfahrenspflegerbestellung wird das Gericht je nach den Umständen des Einzelfalls darauf zu achten haben, dass die Verfahrenspflegerbestellung in Fällen, in denen

Anhang

Kinder in den Streit ihrer Eltern hineingezogen werden, das Konfliktpotential nicht weiter erhöht. Hier wird sich eine Verfahrenspflegschaft oftmals an dem Interesse des Kindes an einer schnellen und einverständlichen Konfliktlösung zu orientieren haben.

Der Zeitpunkt, zu welchem das Gericht den Verfahrenspfleger zu bestellen hat, bleibt offen. Damit hat das Gericht Raum für Anfangsermittlungen, die offensichtlich unnötige Pflegerbestellungen vermeiden helfen. Sobald sich im Laufe des Verfahrens – etwa bei der Anhörung des Kindes oder der Anhörung des Jugendamts – die Erforderlichkeit einer Pflegerbestellung ergibt, soll das Gericht baldmöglichst einen Verfahrenspfleger bestellen, um die Interessenwahrnehmung für das Kind zu gewährleisten.

Zu Absatz 1

Absatz 1 enthält die allgemeine Regelung, in welchen Fällen einem minderjährigen Kind ein Verfahrenspfleger zu bestellen ist. Die Verfahrenspflegerbestellung kommt in Betracht für alle die Person des Kindes betreffenden Verfahren. Dieser Begriff umfasst sämtliche die Person mittelbar oder unmittelbar betreffenden Angelegenheiten und ist ebenso wie die Formulierung in § 59 Abs. 1 Satz 1 weiter als der Begriff der Sorge für die Person in § 57 Abs. 1 Nr. 9. Einbezogen sind damit alle Verfahren, die die Lebensführung und Lebensstellung des Kindes betreffen, soweit sie sich nicht ausschließlich auf das Vermögen beziehen.

In diesen die Person eines minderjährigen Kindes betreffenden Verfahren hat das Gericht einen Verfahrenspfleger immer dann zu bestellen, wenn es nach der Verfahrenssituation zur Wahrnehmung seiner Interessen erforderlich ist. Ob und wann die Bestellung eines selbständigen Interessenvertreters erforderlich ist, hat das Gericht auf Grund aller Umstände des Einzelfalls zu entscheiden. Maßgeblich für die Erforderlichkeit einer eigenen Interessenvertretung für das Kind wird die aus konkreten Einzelumständen abzuleitende Gefahr sein, dass die Eltern oder gesetzlichen Vertreter eines Kindes wegen eigener Interessen nicht in der Lage sind, die berechtigten Interessen des Kindes hinreichend wahrzunehmen, dass es aber wegen der Bedeutung des Verfahrens für das Kind einer solchen, auch nicht anderweitig – etwa durch Anhörung des Kindes und des Jugendamts – sichergestellten Interessenwahrnehmung bedarf.

Erforderlich kann die Bestellung eines Verfahrenspflegers (von den in Absatz 2 Nr. 1 genannten Fallgestaltungen abgesehen) in den Fällen sein, in denen sich die Eltern eines Kindes als Antragsteller und Antragsgegner mit unterschiedlichen Auffassungen gegenüberstehen, ohne dass von vornherein geklärt werden könnte, zu welchem der beiden Elternteile das Kind in einem Interessengegensatz steht oder ob ein entsprechender Interessenkonflikt zu beiden Elternteilen besteht. In einem Verfahren betreffend die Sorge oder den Umgang kann die Bestellung eines Verfahrenspflegers beispielsweise auch dann erforderlich sein, wenn zu Verfahrensbeginn nicht feststeht, ob ein solcher Interessengegensatz zwischen dem Kind und dem Elternteil, der Alleininhaber der Sorge ist, besteht. Häufig wird sich erst im Laufe des Verfahrens feststellen lassen, ob sich die Interessen des Kindes und des Elternteils, der Inhaber der Sorge ist, decken. Insbesondere wenn sich die Eltern eines Kindes mit konträren Anträgen gegenüberstehen, kann nach den Umständen des konkreten Einzelfalls ein Interessenkonflikt mit dem Kind so nahe liegen, dass – auch im Hinblick auf die Bedeutung der zu treffenden Entscheidung für das weitere Schicksal des Kindes – die Bestellung eines Verfahrenspflegers zur Wahrung der Kindesinteressen erforderlich ist. In solchen Fällen wird dem Gericht durch die allgemeine Regelung in Absatz 1 die Bestellung eines Verfahrenspflegers zu Verfahrensbeginn ohne abschließende Feststellung ermöglicht, ob im Einzelfall das Interesse des Kindes etwa zu dem des Elternteils, der die Sorge alleine innehat, oder zu dem eines oder beider Elternteile, die gemeinsam Inhaber der Sorge sind, in erheblichem Gegensatz steht.

KindRG – Einzelbegründung zu § 50 FGG

Zu Absatz 2

Satz 1 nennt die Fallgruppen, in denen das Gericht in der Regel eine Verfahrenspflegerbestellung vorzunehmen hat.

Nummer 1 erfasst diejenigen Fälle, in denen das Gericht nach Prüfung feststellt, dass das Interesse des Kindes zu dem seiner gesetzlichen Vertreter in erheblichem Gegensatz steht. Die Regelung entspricht den Voraussetzungen, in denen nach § 1629 Abs. 2 Satz 3, § 1796 Abs. 2 BGB die Entziehung der Vertretungsmacht erfolgen kann. Wird ein solcher erheblicher Interessengegensatz zwischen dem Kind und seinem gesetzlichen Vertreter festgestellt, dann steht damit auch fest, dass der gesetzliche Vertreter nicht mehr geeignet ist, die Interessen des Kindes im Verfahren zu vertreten; in diesem Fall ist die Bestellung eines selbständigen Interessenvertreters an seiner Stelle – jedenfalls in der Regel – erforderlich.

Die Verfahrenspflegerbestellung erfolgt durch das mit dem Verfahren befasste Gericht; einer gesonderten Entziehung der Vertretungsmacht und der Bestellung eines Ergänzungspflegers bedarf es nicht.

Nummer 2 und Nummer 3 nennen einzelne Verfahren, in denen regelmäßig zum Schutz des von diesen Verfahren betroffenen Kindes ein Verfahrenspfleger zu bestellen ist. Es handelt sich dabei um Verfahren, die die Zuordnung eines Kindes zu seiner Familie, Pflegefamilie, dem Stiefelternteil oder einem umgangsberechtigten nahen Angehörigen zum Gegenstand haben und die daher von vornherein für den weiteren Lebensweg eines Kindes von größter Bedeutung sind.

Genannt sind unter Nummer 2 Verfahren nach §§ 1666, 1666a BGB, soweit mit ihnen die Trennung des Kindes von seiner Familie oder die Entziehung der gesamten Personensorge verbunden ist. Solche Verfahren, die zu schwerwiegenden Eingriffen in das Elternrecht führen, berühren die Zuordnung des Kindes zu seiner Familie und sind regelmäßig für ein Kind von erheblicher Bedeutung. Es besteht eine hohe Wahrscheinlichkeit, dass in diesen Verfahren, deren Gegenstand häufig Vorwürfe gegen die Eltern wegen ihres Verhaltens gegenüber dem Kind (Misshandlung, Missbrauch) sein werden, zwischen den Eltern und dem Kind ein schwerwiegender Interessenkonflikt besteht. Oftmals wird die Anregung zu entsprechenden Maßnahmen vom Jugendamt ausgehen. Aus der Sicht des Kindes, das nicht selten auch dann, wenn die Vorwürfe zutreffend sind, in seiner Familie verbleiben möchte, werden seine Interessen von dem Jugendamt nicht hinreichend wahrgenommen werden können. Wegen der Schwere des Eingriffs ist bei dieser Fallkonstellation in der Regel eine Verfahrenspflegerbestellung erforderlich.

Nummer 3 betrifft den in § 1632 Abs. 4 BGB geregelten, für das Kind ebenso bedeutsamen Fall, dass es von seinen Pflegeeltern weggenommen und in die Herkunftsfamilie zurückgeführt werden soll. Auch in dieser Konstellation bestehen fast immer erhebliche Interessenkonflikte des Kindes zu den Verfahrensbeteiligten, die es rechtfertigen, in der Regel eine Verfahrenspflegerbestellung vorzusehen. Dasselbe gilt, wenn das Kind im Konfliktfall des § 1682 BGB-E zwischen seinem leiblichen Elternteil und einem Stiefelternteil oder einem umgangsberechtigten nahen Angehörigen steht.

Die Ausgestaltung als Regel-Ausnahme-Vorschrift lässt es zu, in den genannten Verfahren im Einzelfall von der Verfahrenspflegerbestellung abzusehen. Es ist außerdem in Satz 2 vorgesehen, dass das Gericht in den Einzelfällen, in denen es von der Pflegerbestellung absieht, die Gründe hierfür offen legt. Ein Absehen von der Verfahrenspflegerbestellung wird in den Fällen von Satz 1 Nr. 1 in Betracht kommen, wenn es sich um Entscheidungen von geringer Tragweite handelt und wenn die im Verfahrensrecht anderweitig vorgesehenen Verfahrensgarantien, etwa die Anhörungen des Kindes und des Jugendamts nach den Feststellungen des Gerichts ausreichend sind, um die Interessen des Kindes hinreichend in das Verfahren einzubringen. In Fällen von Satz 1 Nr. 2 wird im Einzelfall ein Verzicht auf eine Verfahrenspflegerbestellung etwa dann in Betracht kommen, wenn zwischen den Beteiligten eines Verfahrens nach §§ 1666, 1666a BGB Einigkeit darüber besteht, dass eine andere Maßnahme als die Trennung des Kindes von seiner Familie nicht möglich ist und wenn auch die Anhörung des Jugendamts und des Kindes, das altersbedingt selbst zur Wahrnehmung seiner Interessen in der Lage ist, keine anderen Gesichtspunkte aufzeigt. In solchen Fällen, in denen das Kind bei der Anhörung seine Interessen hinreichend wahrnehmen und von dem Tätigwerden des Verfahrenspflegers die Einbringung zusätzlicher Gesichtspunkte nicht erwartet werden kann, soll das Gericht die Möglichkeit haben, von einer Bestellung abzusehen.

Zu Absatz 3
Absatz 3 enthält eine Regelung für den Fall, dass das Kind von einem Rechtsanwalt oder von einem anderen Verfahrensbevollmächtigten vertreten wird. Dies kann der Fall sein, wenn sich das Kind als Beschwerdeführer nach § 59 am Verfahren beteiligt und durch einen Rechtsanwalt oder einen sonst geeigneten Verfahrensbevollmächtigten seiner Wahl vertreten ist. Zu denken ist auch an die Fälle, in denen etwa der Elternteil, der allein Inhaber der Sorge ist, oder die Eltern, die die Sorge gemeinsam innehaben, für das Kind einen Rechtsanwalt oder sonstigen Verfahrensbevollmächtigten bestellt haben. In diesen Fällen wird in der Regel die Bestellung eines Verfahrenspflegers nicht oder nicht mehr erforderlich sein. Die Soll-Vorschrift gibt dem Gericht auch in den genannten Fällen die Möglichkeit, an der Verfahrenspflegerbestellung festzuhalten. Ein Unterbleiben oder eine Aufhebung der Verfahrenspflegerbestellung kommt nämlich nur dann in Betracht, wenn die Interessen des Kindes von dem Rechtsanwalt oder dem anderen geeigneten Verfahrensbevollmächtigten angemessen vertreten werden. Dies wird etwa dann nicht der Fall sein, wenn die Eltern, die Inhaber der Sorge sind, einen Rechtsanwalt oder sonstigen Verfahrensbevollmächtigten beauftragt haben mit der Zielrichtung, die Interessen des Kindes in einer bestimmten, ihren eigenen Interessen entsprechenden Weise wahrzunehmen. Ohne eine entsprechende Regelung hätten die Eltern sonst die Möglichkeit, die vom Gericht vorgesehene Interessenwahrnehmung durch einen unabhängigen Interessenvertreter durch die Bestellung eines ihnen genehmen Rechtsanwalts oder Verfahrensbevollmächtigten zu unterlaufen.

Zu Absatz 4
Nach Absatz 4 endet die Verfahrenspflegerbestellung mit der Rechtskraft der das Verfahren abschließenden Entscheidung oder mit dem sonstigen Abschluss des Verfahrens. Die Verfahrenspflegerbestellung ist daher nicht mit der die Instanz abschließenden Entscheidung beendet. Damit ist der Verfahrenspfleger grundsätzlich berechtigt, zugunsten des Kindes das Rechtsmittel nicht nur einzulegen, sondern das Rechtsmittelverfahren auch durchzuführen.

Zu Absatz 5
Absatz 5 enthält die Regelung für den Aufwendungsersatz und die Vergütung des Verfahrenspflegers. Diese Beträge sind nach Satz 1 von der Staatskasse zu tragen. Die vom Pflegschaftsrecht abweichende Regelung ist gewählt worden, weil in einer Reihe von Fällen, in denen die Verfahrenspflegerbestellung in Betracht kommt, das Kind keine formelle Beteiligtenstellung im Verfahren hat, obwohl es von den Entscheidungen in den von den formell Beteiligten beantragten oder amtswegig eingeleiteten Verfahren häufig am stärksten betroffen ist. Gerade in solchen Fällen erscheint es angebracht, dass die Kosten nicht dem ohnehin oftmals mittellosen Kind zur Last fallen, sondern zunächst vom Staat aufgebracht werden und von diesem gegenüber den Verfahrensbeteiligten als Gerichtskosten (Auslagen) nach Maßgabe der Kostenvorschriften erhoben werden.

Satz 2 stellt klar, dass sich die Höhe des Aufwendungsersatzes sowie der Vergütung ebenso wie das anzuwendende Verfahrensrecht (§ 1835 Abs. 4 Satz 2 BGB) nach den entsprechend anwendbaren materiellrechtlichen Vorschriften für den Aufwendungsersatz und die Vergütung des Vormunds (§§ 1835, 1836 BGB) richten. Die Formulierung „im Übrigen" verdeutlicht hierbei, dass die entsprechend anzuwendenden Vorschriften insoweit nicht gelten sollen, als sie abweichend zu Satz 1 eine Ersatzpflicht des Mündels vorsehen (§ 1835 Abs. 1 Satz 1 BGB). Ausgenommen von der entsprechenden Anwendung ist § 1836 Abs. 1 Satz 3 BGB, da die Vergütung von dem Vermögen des Kindes nicht abhängig sein soll.

C Europäisches Übereinkommen über die Ausübung von Kinderrechten vom 25. Januar 1996

Präambel

Die Mitgliedstaaten des Europarats und die anderen Staaten, die dieses Übereinkommen unterzeichnen – in der Erwägung, dass es das Ziel des Europarats ist, eine engere Verbindung zwischen seinen Mitgliedern herbeizuführen; im Hinblick auf das Übereinkommen der Vereinten Nationen über die Rechte des Kindes, insbesondere Artikel 4, der die Vertragsstaaten verpflichtet, alle geeigneten Gesetzgebungs-, Verwaltungs- und sonstigen Maßnahmen zur Verwirklichung der in dem genannten Übereinkommen anerkannten Rechte zu treffen; in Anbetracht des Inhalts der Empfehlung 1121 (1990) der Parlamentarischen Versammlung über die Rechte des Kindes; überzeugt, dass die Rechte und das Wohl von Kindern gefördert werden und Kinder zu diesem Zweck Gelegenheit haben sollten, ihre Rechte insbesondere in sie berührenden familienrechtlichen Verfahren auszuüben; in der Erkenntnis, dass Kinder sachdienliche Auskünfte erhalten sollten, damit diese Rechte und dieses Wohl gefördert werden können, und dass die Meinung der Kinder gebührend berücksichtigt werden sollte; in Anerkennung der Bedeutung der Rolle der Eltern beim Schutz und bei der Förderung der Rechte und des Wohls von Kindern und in der Erwägung, dass die Staaten sich erforderlichenfalls auch an diesem Schutz und dieser Förderung beteiligen sollten; in der Erwägung jedoch, dass es im Konfliktfall wünschenswert ist, dass die Familien sich zu einigen versuchen, bevor sie die Angelegenheit einer Justizbehörde unterbreiten – sind wie folgt übereingekommen:

Kapitel I
Anwendungsbereich und Ziel des Übereinkommens sowie Begriffsbestimmungen

Artikel 1 – Anwendungsbereich und Ziel des Übereinkommens

(1) Dieses Übereinkommen ist auf Kinder anzuwenden, die das 18. Lebensjahr noch nicht vollendet haben.

(2) Ziel dieses Übereinkommens ist es, zum Wohl von Kindern deren Rechte zu fördern, ihnen prozessuale Rechte zu gewähren und die Ausübung der Rechte zu erleichtern, indem sichergestellt wird, dass Kindern selbst oder mit Hilfe anderer Personen oder Stellen in Kinder berührenden Verfahren vor einer Justizbehörde Auskunft erteilt und die Teilnahme gestattet wird.

(3) Im Sinne dieses Übereinkommens sind Kinder berührende Verfahren vor einer Justizbehörde familienrechtliche Verfahren, insbesondere in Bezug auf die Ausübung der elterlichen Verantwortung, beispielsweise die Bestimmung des Aufenthalts von Kindern und den persönlichen Umgang mit ihnen.

(4) Jeder Staat gibt bei der Unterzeichnung oder bei der Hinterlegung seiner Ratifikations-, Annahme-, Genehmigungs- oder Beitrittsurkunde durch eine an den Generalsekretär des Europarats gerichtete Erklärung mindestens drei Arten von familienrechtlichen Verfahren vor einer Justizbehörde an, auf die dieses Übereinkommen anzuwenden ist.

(5) Jede Vertragspartei kann durch eine weitere Erklärung zusätzliche Arten familienrechtlicher Verfahren angeben, auf die dieses Übereinkommen anzuwenden ist, oder Auskünfte über die Anwendung des Artikels 5, des Artikels 9 Absatz 2, des Artikels 10 Absatz 2 und des Artikels 11 erteilen.

(6) Dieses Übereinkommen hindert die Vertragsparteien nicht, Regeln anzuwenden, die für die Förderung und die Ausübung von Kinderrechten günstiger sind.

Artikel 2 – Begriffsbestimmungen

Im Sinne dieses Übereinkommens bedeutet:

a) „Justizbehörde" ein Gericht oder eine Verwaltungsbehörde mit entsprechenden Befugnissen;

b) „Träger elterlicher Verantwortung" Eltern und andere Personen oder Stellen, die berechtigt sind, elterliche Verantwortung teilweise oder in vollem Umfang auszuüben;

c) „Vertreter" eine Person, zum Beispiel einen Rechtsanwalt, oder eine Stelle, die bestellt ist, ein Kind vor einer Justizbehörde zu vertreten;

d) „sachdienliche Auskünfte" Auskünfte, die dem Alter und dem Verständnis des Kindes angemessen sind und die erteilt werden, um es zu befähigen, seine Rechte in vollem Umfang auszuüben, sofern nicht die Erteilung solcher Auskünfte dem Wohl des Kindes widerspricht.

Kapitel II
Verfahrensrechtliche Maßnahmen zur Förderung der Ausübung von Kinderrechten
A. Verfahrensrechte eines Kindes

Artikel 3 – Recht, in Verfahren Auskunft zu erhalten und seine Meinung zu äußern

Einem Kind, das nach innerstaatlichem Recht als hinreichend verständig angesehen wird, werden in es berührenden Verfahren vor einer Justizbehörde folgende Rechte gewährt, die zu verlangen es berechtigt ist:

a) alle sachdienlichen Auskünfte zu erhalten;

a) angehört zu werden und seine Meinung zu äußern;

a) über die möglichen Folgen einer Berücksichtigung seiner Meinung und die möglichen Folgen einer Entscheidung unterrichtet zu werden.

Artikel 4 – Recht, die Bestellung eines besonderen Vertreters zu beantragen

(1) Vorbehaltlich des Artikels 9 hat ein Kind das Recht, persönlich oder mit Hilfe anderer Personen oder Stellen einen besonderen Vertreter in einem es berührenden Verfahren vor einer Justizbehörde zu beantragen, soweit nach innerstaatlichem Recht die Träger elterlicher Verantwortung wegen eines Interessenkonflikts zwischen ihnen und dem Kind von der Vertretung des Kindes ausgeschlossen sind.

(2) Es steht den Staaten frei, das in Absatz 1 vorgesehene Recht auf Kinder zu beschränken, die nach innerstaatlichem Recht als hinreichend verständig angesehen werden.

Artikel 5 – Andere mögliche Verfahrensrechte

Die Vertragsparteien erwägen, Kindern in Bezug auf sie berührende Verfahren vor einer Justizbehörde zusätzliche Verfahrensrechte zu gewähren, insbesondere

a) das Recht, den Beistand einer geeigneten Person ihrer Wahl zu beantragen, die ihnen hilft, ihre Meinung zu äußern;

b) das Recht, selbst oder mit Hilfe anderer Personen oder Stellen die Bestellung eines gesonderten Vertreters, in geeigneten Fällen eines Rechtsanwalts, zu beantragen;

c) das Recht, ihren Vertreter selbst zu bestellen;

d) das Recht, in diesen Verfahren die Rechte von Verfahrensparteien teilweise oder in vollem Umfang auszuüben.

B. Aufgaben der Justizbehörden

Artikel 6 – Entscheidungsprozess

Bevor die Justizbehörde in einem ein Kind berührenden Verfahren eine Entscheidung trifft,

a) hat sie zu prüfen, ob sie über hinreichende Auskünfte verfügt, um eine Entscheidung zum Wohl des Kindes zu treffen, und erforderlichenfalls insbesondere bei den Trägern elterlicher Verantwortung weitere Auskünfte einzuholen;

b) hat sie, sofern das Kind nach innerstaatlichem Recht als hinreichend verständig angesehen wird,
   - sicherzustellen, dass das Kind alle sachdienlichen Auskünfte erhalten hat,
   - in geeigneten Fällen das Kind persönlich, erforderlichenfalls unter vier Augen, selbst oder mit Hilfe anderer Personen oder Stellen in einer dem Verständnis des Kindes angemessenen Weise anzuhören, sofern dies nicht dem Wohl des Kindes offensichtlich widersprechen würde,
   - dem Kind zu erlauben, seine Meinung zu äußern;

c) hat sie die von dem Kind geäußerte Meinung gebührend zu berücksichtigen.

Artikel 7 – Pflicht zu zügigem Handeln

In einem ein Kind berührenden Verfahren hat die Justizbehörde zügig zu handeln und unnötige Verzögerungen zu vermeiden; es müssen Verfahren zur Verfügung stehen, die sicherstellen, dass ihre Entscheidungen schnell vollzogen werden. In dringenden Fällen ist die Justizbehörde befugt, gegebenenfalls Entscheidungen zu treffen, die sofort vollziehbar sind.

Artikel 8 – Handeln von Amts wegen

In Verfahren, die ein Kind berühren, ist die Justizbehörde befugt, in den nach innerstaatlichem Recht bestimmten Fällen, in denen das Wohl des Kindes ernstlich gefährdet ist, von Amts wegen zu handeln.

Artikel 9 – Bestellung eines Vertreters

(1) In einem ein Kind berührenden Verfahren, in dem nach innerstaatlichem Recht die Träger elterlicher Verantwortung wegen eines Interessenkonflikts zwischen ihnen und dem Kind von der Vertretung des Kindes ausgeschlossen sind, ist die Justizbehörde befugt, für das Kind in diesem Verfahren einen besonderen Vertreter zu bestellen.

(2) Die Vertragsparteien erwägen vorzusehen, dass die Justizbehörde in einem ein Kind berührenden Verfahren befugt ist, einen gesonderten Vertreter, in geeigneten Fällen einen Rechtsanwalt, zu bestellen, damit er das Kind vertritt.

C. Aufgaben der Vertreter

Artikel 10

(1) In einem ein Kind berührenden Verfahren vor einer Justizbehörde hat der Vertreter, sofern dies nicht dem Wohl des Kindes offensichtlich widersprechen würde,

a) dem Kind, wenn es nach innerstaatlichem Recht als hinreichend verständig angesehen wird, alle sachdienlichen Auskünfte zu erteilen;

b) dem Kind, wenn es nach innerstaatlichem Recht als hinreichend verständig angesehen wird, Erläuterungen zu den möglichen Folgen einer Berücksichtigung seiner Meinung und zu den möglichen Folgen einer Handlung des Vertreters zu geben;

c) die Meinung des Kindes festzustellen und der Justizbehörde diese Meinung vorzutragen.

Anhang

(2) Die Vertragsparteien erwägen, Absatz 1 auf die Träger elterlicher Verantwortung zu erstrecken.

D. Erweiterung des Anwendungsbereichs einiger Bestimmungen

Artikel 11

Die Vertragsparteien prüfen, ob die Anwendung der Artikel 3, 4 und 9 auf Kinder berührende Verfahren vor anderen Stellen und auf Kinder berührende Angelegenheiten, die nicht Gegenstand eines Verfahrens sind, erweitert werden kann.

E. Innerstaatliche Stellen

Artikel 12

(1) Die Vertragsparteien unterstützen durch Stellen, die unter anderem die in Absatz 2 genannten Aufgaben erfüllen, die Förderung und die Ausübung von Kinderrechten.

(2) Diese Aufgaben sind,

a) Vorschläge zur Stärkung der Rechtsvorschriften über die Ausübung von Kinderrechten zu machen;

b) Stellungnahmen zu Gesetzesentwürfen über die Ausübung von Kinderrechten abzugeben;

c) den Medien, der Öffentlichkeit sowie Personen und Stellen, die mit Fragen in Bezug auf Kinder befasst sind, allgemeine Auskünfte über die Ausübung von Kinderrechten zu geben;

d) die Meinung von Kindern einzuholen und ihnen sachdienliche Auskünfte zu geben.

F. Sonstige Angelegenheiten

Artikel 13 – Vermittlung oder andere Verfahren zur Beilegung von Streitigkeiten

Um Streitigkeiten vorzubeugen oder sie beizulegen oder um Kinder berührende Verfahren vor einer Justizbehörde zu vermeiden, fördern die Vertragsparteien in von ihnen zu bestimmenden geeigneten Fällen die Schaffung von Vermittlungsmöglichkeiten oder anderen Verfahren zur Beilegung von Streitigkeiten und deren Anwendung, um eine Einigung zu erzielen.

Artikel 14 – Prozesskosten- und Beratungshilfe

Ist nach innerstaatlichem Recht Prozesskosten- oder Beratungshilfe für die Vertretung von Kindern in sie berührenden Verfahren vor einer Justizbehörde vorgesehen, so werden solche Bestimmungen in Bezug auf die in den Artikeln 4 und 9 erfassten Angelegenheiten angewendet.

Artikel 15 – Verhältnis zu anderen internationalen Übereinkünften

Dieses Übereinkommen schränkt die Anwendung anderer internationaler Übereinkünfte nicht ein, die bestimmte Fragen im Zusammenhang mit dem Schutz von Kindern und Familien zum Gegenstand haben und denen eine Vertragspartei dieses Übereinkommens als Vertragspartei angehört oder angehören wird.

Kapitel III
Ständiger Ausschuss

Artikel 16 – Einsetzung und Aufgaben des Ständigen Ausschusses

(1) Für die Zwecke dieses Übereinkommens wird ein Ständiger Ausschuss eingesetzt.

(2) Der Ständige Ausschuss überprüft Probleme im Zusammenhang mit diesem Übereinkommen. Er kann insbesondere

C Europäisches Übereinkommen über die Ausübung von Kinderrechten

a) einschlägige Fragen betreffend die Auslegung oder Durchführung des Übereinkommens prüfen. Die Schlussfolgerungen des Ständigen Ausschusses betreffend die Durchführung des Übereinkommens können die Form einer Empfehlung haben; Empfehlungen werden mit Dreiviertelmehrheit der abgegebenen Stimmen angenommen;
b) Änderungen des Übereinkommens vorschlagen und nach Artikel 20 vorgeschlagene Änderungen prüfen;
c) die innerstaatlichen Stellen, die Aufgaben nach Artikel 12 Absatz 2 wahrnehmen, beraten und unterstützen sowie die internationale Zusammenarbeit zwischen diesen Stellen fördern.

Artikel 17 – Zusammensetzung

(1) Jede Vertragspartei kann im Ständigen Ausschuss durch einen oder mehrere Delegierte vertreten sein. Jede Vertragspartei hat eine Stimme.

(2) Jeder in Artikel 21 bezeichnete Staat, der nicht Vertragspartei dieses Übereinkommens ist, kann im Ständigen Ausschuss durch einen Beobachter vertreten sein. Dasselbe gilt für jeden anderen Staat oder für die Europäische Gemeinschaft, nachdem sie nach Artikel 22 zum Beitritt zu dem Übereinkommen eingeladen worden sind.

(3) Sofern eine Vertragspartei nicht spätestens einen Monat vor der Tagung dem Generalsekretär ihren Einspruch mitgeteilt hat, kann der Ständige Ausschuss zur Teilnahme an allen seinen Tagungen, an einer Tagung oder an einem Teil einer Tagung als Beobachter einladen
– jeden Staat, der nicht in Absatz 2 bezeichnet ist;
– den Ausschuss der Vereinten Nationen für die Rechte des Kindes;
– die Europäische Gemeinschaft;
– jede internationale staatliche Stelle;
– jede internationale nichtstaatliche Stelle mit einer oder mehreren in Artikel 12 Absatz 2 genannten Aufgaben;
– jede nationale staatliche oder nichtstaatliche Stelle mit einer oder mehreren in Artikel 12 Absatz 2 genannten Aufgaben.

(4) Der Ständige Ausschuss kann mit den einschlägigen Organisationen, die mit der Ausübung von Kinderrechten befasst sind, Informationen austauschen.

Artikel 18 – Tagungen

(1) Der Generalsekretär des Europarats lädt den Ständigen Ausschuss am Ende des dritten Jahres nach Inkrafttreten dieses Übereinkommens und danach jederzeit von sich aus zu einer Tagung ein.

(2) Beschlüsse können im Ständigen Ausschuss nur gefasst werden, wenn mindestens die Hälfte der Vertragsparteien anwesend ist.

(3) Vorbehaltlich der Artikel 16 und 20 fasst der Ständige Ausschuss seine Beschlüsse mit der Mehrheit der anwesenden Mitglieder.

(4) Vorbehaltlich dieses Übereinkommens gibt sich der Ständige Ausschuss eine Geschäftsordnung und bestimmt die Geschäftsordnung einer gegebenenfalls zur Wahrnehmung aller geeigneten Aufgaben nach dem Übereinkommen eingesetzten Arbeitsgruppe.

Artikel 19 – Berichte des Ständigen Ausschusses

Nach jeder Tagung übersendet der Ständige Ausschuss den Vertragsparteien und dem Ministerkomitee des Europarats einen Bericht über seine Beratungen und die gefassten Beschlüsse.

Anhang

Kapitel IV
Änderungen des Übereinkommens

Artikel 20

(1) Jede von einer Vertragspartei oder dem Ständigen Ausschuss vorgeschlagene Änderung der Artikel dieses Übereinkommens wird dem Generalsekretär des Europarats übermittelt und von ihm mindestens zwei Monate vor der nächsten Tagung des Ständigen Ausschusses den Mitgliedstaaten des Europarats, jedem Unterzeichner, jeder Vertragspartei, jedem nach Artikel 21 zur Unterzeichnung des Übereinkommens eingeladenen Staat und jedem Staat oder der Europäischen Gemeinschaft, die nach Artikel 22 zum Beitritt zu dem Übereinkommen eingeladen worden sind, übersandt.

(2) Jede nach Absatz 1 vorgeschlagene Änderung wird vom Ständigen Ausschuss geprüft, der den mit Dreiviertelmehrheit der abgegebenen Stimmen angenommenen Wortlaut dem Ministerkomitee zur Genehmigung vorlegt. Nach seiner Genehmigung wird dieser Wortlaut den Vertragsparteien zur Annahme übersandt.

(3) Jede Änderung tritt am ersten Tag des Monats in Kraft, der auf einen Zeitabschnitt von einem Monat nach dem Tag folgt, an dem alle Vertragsparteien dem Generalsekretär mitgeteilt haben, dass sie die Änderung angenommen haben.

Kapitel V
Schlussbestimmungen

Artikel 21 – Unterzeichnung, Ratifikation und Inkrafttreten

(1) Dieses Übereinkommen liegt für die Mitgliedstaaten des Europarats und für die Nichtmitgliedstaaten, die an seiner Ausarbeitung beteiligt waren, zur Unterzeichnung auf.

(2) Dieses Übereinkommen bedarf der Ratifikation, Annahme oder Genehmigung. Die Ratifikations-, Annahme- oder Genehmigungsurkunden werden beim Generalsekretär des Europarats hinterlegt.

(3) Dieses Übereinkommen tritt am ersten Tag des Monats in Kraft, der auf einen Zeitabschnitt von drei Monaten nach dem Tag folgt, an dem drei Staaten, darunter mindestens zwei Mitgliedstaaten des Europarats, nach Absatz 2 ihre Zustimmung ausgedrückt haben, durch das Übereinkommen gebunden zu sein.

(4) Für jeden Unterzeichner, der später seine Zustimmung ausdrückt, durch dieses Übereinkommen gebunden zu sein, tritt es am ersten Tag des Monats in Kraft, der auf einen Zeitabschnitt von drei Monaten nach Hinterlegung seiner Ratifikations-, Annahme- oder Genehmigungsurkunde folgt.

Artikel 22 – Nichtmitgliedstaaten und die Europäische Gemeinschaft

(1) Nach Inkrafttreten dieses Übereinkommens kann das Ministerkomitee des Europarats von sich aus oder auf Vorschlag des Ständigen Ausschusses und nach Konsultierung der Vertragsparteien durch einen mit der in Artikel 20 Buchstabe d der Satzung des Europarats vorgesehenen Mehrheit und mit einhelliger Zustimmung der Vertreter der Vertragsstaaten, die Anspruch auf einen Sitz im Ministerkomitee haben, gefassten Beschluss, jeden Nichtmitgliedstaat des Europarats, der an der Ausarbeitung des Übereinkommens nicht beteiligt war, sowie die Europäische Gemeinschaft einladen, dem Übereinkommen beizutreten.

(2) Für jeden beitretenden Staat oder die Europäische Gemeinschaft tritt das Übereinkommen am ersten Tag des Monats in Kraft, der auf einen Zeitabschnitt von drei Monaten nach Hinterlegung der Beitrittsurkunde beim Generalsekretär des Europarats folgt.

C Europäisches Übereinkommen über die Ausübung von Kinderrechten

Artikel 23 – Räumlicher Geltungsbereich

(1) Jeder Staat kann bei der Unterzeichnung oder bei der Hinterlegung seiner Ratifikations-, Annahme-, Genehmigungs- oder Beitrittsurkunde einzelne oder mehrere Hoheitsgebiete bezeichnen, auf die dieses Übereinkommen Anwendung findet.

(2) Jede Vertragspartei kann jederzeit danach durch eine an den Generalsekretär des Europarats gerichtete Erklärung die Anwendung dieses Übereinkommens auf jedes andere in der Erklärung bezeichnete Hoheitsgebiet erstrecken, für dessen internationale Beziehungen sie verantwortlich ist oder für das sie Verpflichtungen eingehen kann. Das Übereinkommen tritt für dieses Hoheitsgebiet am ersten Tag des Monats in Kraft, der auf einen Zeitabschnitt von drei Monaten nach Eingang der Erklärung beim Generalsekretär folgt.

(3) Jede nach den Absätzen 1 und 2 abgegebene Erklärung kann in Bezug auf jedes darin bezeichnete Hoheitsgebiet durch eine an den Generalsekretär gerichtete Notifikation zurückgenommen werden. Die Rücknahme wird am ersten Tag des Monats wirksam, der auf einen Zeitabschnitt von drei Monaten nach Eingang der Notifikation beim Generalsekretär folgt.

Artikel 24 – Vorbehalte

Vorbehalte zu diesem Übereinkommen sind nicht zulässig.

Artikel 25 – Kündigung

(1) Jede Vertragspartei kann dieses Übereinkommen jederzeit durch eine an den Generalsekretär des Europarats gerichtete Notifikation kündigen.

(2) Die Kündigung wird am ersten Tag des Monats wirksam, der auf einen Zeitabschnitt von drei Monaten nach Eingang der Notifikation beim Generalsekretär folgt.

Artikel 26 – Notifikationen

Der Generalsekretär des Europarats notifiziert den Mitgliedstaaten des Rates, jedem Unterzeichner, jeder Vertragspartei und jedem anderen Staat oder der Europäischen Gemeinschaft, die zum Beitritt zu diesem Übereinkommen eingeladen worden sind,

a) jede Unterzeichnung;

b) jede Hinterlegung einer Ratifikations-, Annahme-, Genehmigungs- oder Beitrittsurkunde;

c) jeden Zeitpunkt des Inkrafttretens dieses Übereinkommens nach Artikel 21 oder 22;

d) jede nach Artikel 20 angenommene Änderung und den Tag, an dem sie in Kraft tritt;

e) jede nach den Artikeln 1 und 23 abgegebene Erklärung;

f) jede Kündigung nach Artikel 25;

g) jede andere Handlung, Notifikation oder Mitteilung im Zusammenhang mit diesem Übereinkommen.

Zu Urkunde dessen haben die hierzu gehörig befugten Unterzeichneten dieses Übereinkommen unterschrieben.

Geschehen zu Straßburg am 25. Januar 1996 in englischer und französischer Sprache, wobei jeder Wortlaut gleichermaßen verbindlich ist, in einer Urschrift, die im Archiv des Europarats hinterlegt wird. Der Generalsekretär des Europarats übermittelt allen Mitgliedstaaten des Europarats, den Nichtmitgliedstaaten, die an der Ausarbeitung dieses Übereinkommens beteiligt waren, der Europäischen Gemeinschaft und allen zum Beitritt zu dem Übereinkommen eingeladenen Staaten beglaubigte Abschriften.

D Verzeichnis der Rechtsprechung zu § 50 FGG

Bevor die Verfahrenspflegschaft gemäß § 50 FGG durch die Reform des Kindschaftsrechts zum 1. Juli 1998 in Kraft trat, hatte sich das Bundesverfassungsgericht bereits seit 1980 in mehreren Entscheidungen zur Frage der verfahrensrechtlichen Stellung Minderjähriger geäußert und für diese eine eigenständige unabhängige Interessenvertretung im Verfahren für erforderlich gehalten.[1] Ebenso gab es bereits vor Einführung des § 50 FGG auf der fachgerichtlichen Ebene Ansätze zur Anordnung einer eigenständigen Kindesvertretung in Verfahren der Familien- und Vormundschaftsgerichte.[2]

In die folgende Übersicht wurden die bisher zu § 50 FGG veröffentlichte Rechtsprechung sowie der Verfasserin zugängliche noch unveröffentlichte Entscheidungen aufgenommen (Stand: Dezember 2001). Die Auflistung beginnt mit den Entscheidungen des Bundesverfassungsgerichts. Die Entscheidungen der Oberlandesgerichte und der Amtsgerichte folgen jeweils alphabetisch nach dem Ort gegliedert, wobei diejenigen jüngeren Datums zuerst genannt sind:

Gericht	Anzahl der Entscheidungen
Bundesverfassungsgericht	4
BayObLG München	4
KG Berlin	5
OLG Brandenburg	3
OLG Braunschweig	1
OLG Bremen	2
OLG Celle	2
OLG Dresden	5
OLG Düsseldorf	4
OLG Frankfurt am Main	7
OLG Hamburg	3
OLG Hamm	3
OLG Karlsruhe	5
OLG Koblenz	2
OLG Köln	9
OLG München	3
OLG Naumburg	3
OLG Rostock	2
OLG Saarbrücken	2
OLG Schleswig	5

---

1. Vgl. das Kapitel „Grundrechtsschutz durch Verfahrensrecht" in Salgo, L.: Der Anwalt des Kindes, S. 405 ff.
2. Vgl. das Kapitel „Entwicklungstendenzen der fachgerichtlichen Rechtsprechung" in Salgo, L., a.a.O., S. 427 ff.; vgl. auch den Erfahrungsbericht aus der Praxis des Vormundschaftsgerichts Frankfurt a. M. von Bauer, A./Schaus, G., Betrifft Justiz 1997, 162 ff.

D Verzeichnis der Rechtsprechung zu § 50 FGG

Gericht	Anzahl der Entscheidungen
OLG Stuttgart	2
OLG Zweibrücken	2
AG Mönchengladbach-Rheydt	1
AG Pankow-Weißensee	1
AG Zossen	1
Anzahl der Entscheidungen insgesamt	**81**

I. Bundesverfassungsgericht

BVerfG 1. Senat, Beschluss v. 7.6.2000, 1 BvR 111/00
Kind-Prax 2000, 190
Nichtannahmebeschluss: Vergütung des anwaltlichen Verfahrenspflegers

BVerfG 1. Senat, Beschluss v. 26.8.1999, 1 BvR 1403/99
Noch unveröffentlicht (aus dem Internet abrufbar unter http://www.bverfg.de)
Nichtannahmebeschluss: Zeitpunkt der Bestellung des Verfahrenspflegers

BVerfG 2. Senat, Beschluss v. 31.3.1999, 2 BvR 559/99
FPR 1999, 355 f.
Nichtannahmebeschluss: Die Bestellung eines Verfahrenspflegers sichert die Grundrechte des Kindes in verfahrensrechtlicher Hinsicht ausreichend.

BVerfG 2. Senat, Beschluss v. 29.10.1998, 2 BvR 1206/98
BVerfGE 99, 145–164; FamRZ 1999, 85 ff.
Bestellung eines Verfahrenspflegers im Rückführungsverfahren wegen Interessenkonflikts bei internationaler Kindesentführung

II. Oberlandesgerichte

– BayObLG München

BayObLG München, Beschluss v. 25.9.2000, 4Z AR 78/00
FamRZ 2001, 775 f.
Zuständigkeit des FamG für das Überprüfungs- und Abänderungsverfahren gem. § 1696 BGB, hier Aufhebung einer Ergänzungspflegschaft mit dem Wirkungskreis „Vertretung bei der Wahrnehmung der Rechte als Miterbin nach dem 1991 verstorbenen Vater"; Verweis auf § 50 Abs. 3 FGG

BayObLG München, Beschluss v. 23.4.2000, 1Z BR 5/99
FamRZ 1999, 1154 f.
Nichtbestellung eines Verfahrenspflegers wird nicht gerügt

Anhang

BayObLG München, Beschluss v. 5.4.2000, 1Z BR 108/99
BayObLGR 2000, 53; EzFamR aktuell 2000, 237; NJW-FER 2000, 231
Verbleibensanordnung gem. § 1632 Abs. 4 BGB an Stelle einer Entziehung des Aufenthaltsbestimmungsrechts; Bestellung eines Verfahrenspflegers im Kindesschutzverfahren gem. § 1666 BGB

BayObLG München, Beschluss v. 3.11.1998, 1Z BR 106/98
Rpfleger 1999, 126–128
Nichtbestellung eines Verfahrenspflegers wird nicht gerügt

– KG Berlin

KG Berlin, Beschluss v. 30.1.2001, 19 WF 11/00
Noch unveröffentlicht
Umfang der Vergütung: Aufgabe des Verfahrenspflegers umfasst keine Ermittlungs- und Vermittlungstätigkeit; Kontaktaufnahme zu den Eltern des Kindes gehört grundsätzlich nicht zum Aufgabenumfang

KG Berlin, Beschluss v. 6.6.2000, 19 WF 2735/00
KGR Berlin 2000, 277–279; FamRZ 2000, 1300 f.; Kind-Prax 2000, 194; NJW-RR 2001, 73 f.; NJWE-FER 2001, 73
Umfang der Vergütung: Aufgabe des Verfahrenspflegers umfasst keine Ermittlungs- und Vermittlungstätigkeit

KG Berlin, Beschluss v. 28.3.2000, 13 WF 2396/00
FamRZ 2000, 1298
Beschwerderecht der Eltern gegen und Begründungserfordernis für die Bestellung eines Verfahrenspflegers

KG Berlin, Beschluss v. 16.12.1999, 19 WF 8877/99
KGR Berlin 2000, 102; NJW 2000, 2596 f.; Kind-Prax 2000, 130; NJWE-FER 2000, 267; FamRZ 2000, 1299; FamRZ 2001, 1537 f.
Beschwerderecht der Eltern gegen die Bestellung eines Verfahrenspflegers

KG Berlin, Beschluss v. 10.2.1999, 19 UF 8972/98
FamRZ 1999, 808 f.; EzFamR aktuell 1999, 206
Nichtbestellung eines Verfahrenspflegers wird nicht gerügt

– OLG Brandenburg

OLG Brandenburg, Beschluss v. 12.2.2001, 9 WF 19/01
MDR 2001, 573; FamRZ 2001, 1541 f.
Umfang der Vergütung: Aufgabe des Verfahrenspflegers beschränkt sich auf Ermittlung des Kindeswillens

D Verzeichnis der Rechtsprechung zu § 50 FGG

OLG Brandenburg, Beschluss v. 22.11.2000, 9 WF 218/00
JAmt 2001, 143 f.; ZfJ 2001, 163; FamRZ 2001, 692 f., EzFamR aktuell 2001, 126
Umfang der Vergütung: Aufgabe des Verfahrenspflegers beschränkt sich auf Ermittlung des Kindeswillens

OLG Brandenburg, Beschluss v. 9.12.1999, 10 WF 238/99
DAVorm 2000, 350 f.; FF 2000, 99; OLGR Brandenburg 2000, 269 f.; FamRZ 2000, 1295 f.; NJW-RR 2001, 76; EzFamR aktuell 2000, 145
Keine selbständige Anfechtbarkeit der Bestellung eines Verfahrenspflegers

– OLG Braunschweig

OLG Braunschweig, Beschluss v. 20.11.2000, 1 WF 121/00
JurBüro 2001, 207 f.; MDR 2001, 696 f.; Rpfleger 2001, 130 f.
Umfang der Vergütung: Aufgabe des Verfahrenspflegers umfasst keine Ermittlungs- und Vermittlungstätigkeit

– OLG Bremen

OLG Bremen, Beschluss v. 27.3.2000, 4 W 4/00
OLGR Bremen 2000, 239 f.
Kein Beschwerderecht des Vaters eines nichtehelichen Kindes

OLG Bremen, Beschluss v. 20.12.1999, 5 WF 126/99
FamRZ 2000, 1298
Anwesenheitsrecht des Verfahrenspflegers bei der Kindesanhörung

– OLG Celle

OLG Celle, Beschluss v. 7.3.2000, 10 WF 114/00
Noch unveröffentlicht
Feststellung der berufsmäßigen Ausübung der Verfahrenspflegschaft; Umfang der Vergütung: Es liegt in der Entscheidung des Verfahrenspflegers, welche Kontakte er für erforderlich hält.

OLG Celle, Beschluss v. 30.6.1999, 17 WF 75/99
FamRZ 1999, 1589 f.
Keine selbständige Anfechtbarkeit der Bestellung eines Verfahrenspflegers

– OLG Dresden

OLG Dresden, Beschluss v. 26.6.2001, 10 WF 0359/01
Noch unveröffentlicht
Umfang der Vergütung: Die abgegebene Stellungnahme und das mit den Eltern des Kindes geführte Gespräch entsprechen dem Aufgabenkreis des Verfahrenspflegers

Anhang

OLG Dresden, Beschluss v. 18.1.2000, 20 WF 608/99
EzFamR aktuell 2000, 150; EzFamR aktuell 2000, 205
Beschwerderecht der Eltern gegen die Bestellung eines Verfahrenspflegers; Voraussetzungen der Bestellung

OLG Dresden, Beschluss v. 14.1.2000, 20 WF 608/99
OLGR Dresden 2000, 267–269; FamRZ 2000, 1296 f.
Beschwerderecht der Eltern gegen die Bestellung eines Verfahrenspflegers; Vorermittlungen zur Erforderlichkeit der Bestellung

OLG Dresden, Beschluss v. 13.1.2000, 10 UF 0679/99
Noch unveröffentlicht
Kein Beschwerderecht der Eltern gegen die Bestellung eines Verfahrenspflegers

OLG Dresden, Beschluss v. 22.12.1999, 10 WF 682/99
Noch unveröffentlicht
Kein Beschwerderecht der Eltern gegen die Bestellung eines Verfahrenspflegers

– OLG Düsseldorf

OLG Düsseldorf, Beschluss v. 22.11.2000, 3 WF 167/00
ZAP EN-Nr. 199/2001
Beschwerderecht der Eltern gegen die Bestellung eines Verfahrenspflegers

OLG Düsseldorf, Beschluss v. 12.11.1999, 6 WF 154/99
DAVorm 2000, 75 f.; FF 2000, 27 f.; EzFamR aktuell 2000, 90 f.; NJW 2000, 1274; OLGR Düsseldorf, 183 f.; FamRZ 2000, 1298; Kind-Prax 2000, 27 und 132; NJWE-FER 2000, 145
Bestellung eines Verfahrenspflegers im Umgangsrechtsverfahren

OLG Düsseldorf, Beschluss v. 10.8.1999, 25 Wx 21/99
FPR 1999, 355
Anfechtbarkeit der Bestellung eines Verfahrenspflegers durch die über 14-jährige und Befugnis der Mj. zur Bestellung eines Bevollmächtigten im Beschwerdeverfahren

OLG Düsseldorf, Beschluss v. 20.4.1999, 7 WF 47/99
FamRZ 2000, 249
Keine selbständige Anfechtbarkeit der Bestellung eines Verfahrenspflegers

– OLG Frankfurt am Main

OLG Frankfurt am Main – 2. FamS in Kassel, Beschluss v. 4.7.2001, 2 WF 81/01
Noch unveröffentlicht
Vergütung: Kürzungen des abgerechneten Zeitaufwandes hinsichtlich Aktenstudium, Gesprächen mit den Kindern und den Eltern sowie mit Mitarbeitern des Jugendamtes und der Erziehungsberatungsstelle

OLG Frankfurt am Main – 2. FamS in Kassel, Beschluss v. 3.7.2001, 2 WF 82/01
Noch unveröffentlicht
Aufgabenstellung des Verfahrenspflegers umfasst keine Aufgaben der Jugendhilfe, die in die Zuständigkeit der Jugendämter fallen.

OLG Frankfurt am Main – 2. FamS in Kassel, Beschluss v. 25.6.2001, 2 WF 60/01
Noch unveröffentlicht
Vergütung: Kürzungen des abgerechneten Zeitaufwandes hinsichtlich Aktenstudium sowie Gesprächen mit den Kindern und den Eltern

OLG Frankfurt am Main – 3. FamS, Beschluss v. 28.8.2000, 3 WF 147/00
Noch unveröffentlicht
Vergütung: Der abgerechnete Zeitaufwand umfasste: Aktenstudium der Verfahrensakte und des familienpsychologischen Gutachtens, Planen der Vorgehensweise, Vorbereitung der Anhörungen und der Fragestellungen, Fertigen von Schreiben an das Gericht, Auswertung der Besuchstermine sowie Fertigung der qualifizierten, sehr differenzierten und umfangreichen Stellungnahme und war nicht zu beanstanden.

OLG Frankfurt am Main – 2. FamS in Kassel, Beschluss v. 23.2.2000, 2 WF 32/00
Noch unveröffentlicht
Aufgabenstellung des Verfahrenspflegers umfasst auch Erkundigungen im Umfeld des Kindes

OLG Frankfurt am Main – 6. FamS in Darmstadt, Beschluss v. 4.10.1999, 6 UF 158/99
Noch unveröffentlicht
Die Bestellung eines „Umgangspflegers gemäß § 50 FGG" ist nach dieser Rechtsnorm nicht möglich.

OLG Frankfurt am Main – 6. FamS in Darmstadt, Beschluss v. 24.6.1999, 6 WF 96/99
FamRZ 1999, 1293 f.; DAVorm 1999, 784–787; EzFamR aktuell 1999, 319; FamRZ 2000, 844
Beschwerderecht der Eltern gegen die Bestellung eines Verfahrenspflegers; Umfang der Vergütung: Aufgabe umfasst keine Ermittlungs- und Vermittlungstätigkeit

– OLG Hamburg

OLG Hamburg, Beschluss v. 31.10.2000, 2 WF 13/00
FamRZ 2001, 775; EzFamR aktuell 2001, 46; Kind-Prax 2001, 32 f.
Verfahrenspflegerbestellung hat Vorrang vor der Bewilligung von Prozesskostenhilfe

OLG Hamburg, Beschluss v. 18.5.2000, 2 WF 57/00
Kind-Prax 2000, 162 f.
Umfang der Vergütung: kein Anspruch des Verfahrenspflegers auf Aufwendungsersatz für die Kosten einer juristischen Beratung, kein Anspruch auf Vergütung des Abschlussgespräches mit dem Kind

OLG Hamburg, Beschluss v. 11.5.2000, 12 WF 76/00
FamRZ 2001, 34 f.
Beschwerderecht der Eltern gegen die Bestellung eines Verfahrenspflegers

Anhang

– OLG Hamm

OLG Hamm, Beschluss v. 19.12.2000, 15 W 406/00
OLGR Hamm 2001, 246; FamRZ 2001, 1540 f.
Bestellung eines Mitarbeiters eines Kinderschutzvereins zum Verfahrenspfleger; Anspruch des Vereins auf Aufwendungsersatz und Vergütung

OLG Hamm; Beschluss v. 25.8.2000, 13 UF 274/00
FamRZ 2001, 850 f.
Begründungspflicht für die Nichtbestellung eines Verfahrenspflegers in Kindesschutzverfahren gemäß § 1666 BGB

OLG Hamm, Beschluss v. 24.9.1998, 2 UF 349/98
FamRZ 1999, 41 f.
Beschwerderecht der Eltern gegen die Bestellung eines Verfahrenspflegers; Voraussetzungen der Bestellung

– OLG Karlsruhe

OLG Karlsruhe, Beschluss v. 27.12.2000, 2 WF 126/00
FamRZ 2001, 1166 f.; Kind-Prax 2001, 164 f.
Umfang der Vergütung: Aufgabenstellung des Verfahrenspflegers umfasst eigene Ermittlungen im Umfeld des Kindes

OLG Karlsruhe, Beschluss v. 27.12.2000, 2 WF 47/00
OLGR Karlsruhe 2001, 455 f.
Feststellung der berufsmäßigen Führung der Verfahrenspflegschaft; Höhe der Vergütung

OLG Karlsruhe, Beschluss v. 22.12.2000, 2 WF 91/00
OLGR Karlsruhe 2001, 435 f.
Umfang der Vergütung: Aufgabenstellung des Verfahrenspflegers umfasst eigene Ermittlungen im Umfeld des Kindes sowie die Teilnahme an Hilfeplangesprächen; Erfordernis der Abfassung eines schriftlichen Berichts; ausnahmsweise Anspruch auf Aufwandsentschädigung für die Kosten einer Supervision

OLG Karlsruhe, Beschluss v. 3.4.2000, 2 WF 31/00
OLGR Karlsruhe 2000, 241–244; NJW 2000, 3361 f.; Justiz 2000, 399–402; FamRZ 2000, 1428 f.; EzFamR aktuell 2000, 238
Abänderung einer rechtskräftigen Rückführungsentscheidung nach internationaler Kindesentführung; kein Beschwerderecht gegen die Ablehnung der Bestellung eines Verfahrenspflegers

OLG Karlsruhe, Beschluss v. 19.7.2000, 2 WF 63/99, 64/99 und 65/99
DAVorm 2000, 351–354; FF 2000, 99–101; NJW-RR 2001, 78; FamRZ 2000, 1296
Beschwerderecht der Eltern gegen die Bestellung eines Verfahrenspflegers; keine Begründung für die Bestellung erforderlich

– OLG Koblenz

OLG Koblenz, Beschluss v. 18.8.2000, 13 UF 418/00
FamRZ 2001, 515
Entbehrlichkeit der Bestellung eines Verfahrenspflegers im Beschwerdeverfahren

OLG Koblenz, Beschluss v. 15.7.1999, 11 WF 410/99
NJW-RR 2000, 658; FamRZ 2000, 491 f.
Vergütung des anwaltlichen Verfahrenspflegers: Stundensatz ab dem 1.1.1999 max. 60 DM

– OLG Köln

OLG Köln, Beschluss v. 31.8.2001, 26 WF 123/01
Kind-Prax 2001, 196 f.
Bestellung eines Verfahrenspflegers im Umgangsrechtsstreit: Für das Gericht besteht keine Hinweispflicht gegenüber einem Elternteil als Kostenschuldner, dass die Kosten der Vergütung des Verfahrenspflegers als Auslagen mit den Gerichtskosten erhoben werden. Eine zur Vertretung der Kindesinteressen i.S.d. § 50 FGG notwendige Bestellung eines Verfahrenspflegers hat ggf. auch gegen den Willen des Kostenschuldners zu erfolgen.

OLG Köln, Beschluss v. 1.8.2000, 6 T 241/00
FamRZ 2001, 446 f.
Vormundschaft: Aufklärungspflicht des Vormundschaftsgerichts hinsichtlich der Auswahl eines Einzelvormundes; Bestellung eines Verfahrenspflegers (§ 50 Abs. 2 Ziff. 1 FGG)

OLG Köln, Beschluss v. 7.6.2000, 14 Wx 7/99
FamRZ 2001, 845 f.
Bestellung eines Verfahrenspflegers im Beschwerdeverfahren gegen die gemäß § 1666 BGB ergangene Bestellung des Jugendamtes zum Amtsvormund

OLG Köln, Beschluss v. 21.12.1999, 14 UF 268/99
NJW-RR 2000, 374 f.; FamRZ 2000, 635 f.; Kind-Prax 2000, 63, EzFamR aktuell 2000, 141
Bestellung eines Verfahrenspflegers nicht erforderlich, solange die Interessen des Kindes durch die Bevollmächtigten der Pflegefamilie hinreichend gewahrt sind.

OLG Köln, Beschluss v. 4.11.1999, 14 WF 142/99
OLGR Köln 2000, 152; NJW-RR 2001, 74 f.; EzFamR aktuell 2000, 126; ZAP-Ost EN-Nr 50/00; FamRZ 2000, 1307
Vergütung: Voraussetzungen für den Anspruch auf den Stundensatz von 60 DM; Ermittlung des erforderlichen Zeitaufwandes nach den Umständen des konkreten Falles, Herabsetzung auf den durchschnittlich erforderlichen Zeitaufwand nicht möglich

OLG Köln, Beschluss v. 13.10.1999, 10 UF 177/99
FamRZ 2000, 1109
Erforderlichkeit der Bestellung eines Verfahrenspflegers bei erheblichem Interessengegensatz

Anhang

OLG Köln, Beschluss v. 23.8.1999, 14 WF 78/99
FF 1999, 146 f.
Überprüfung der Tätigkeit des Verfahrenspflegers im Beschwerdeverfahren lediglich hinsichtlich äußerer Umstände wie z.B. Zeitaufwand oder Umfang und Häufigkeit der Kontakte zu den Verfahrensbeteiligten

OLG Köln, Beschluss v. 23.8.1999, 14 WF 76/99
FF 1999, 145 f.; OLGR Köln 2000, 110–112, FuR 2000, 298–300; NJW-RR 2001, 76 f.; FamRZ 2000, 487; Kind-Prax 2000, 131
Beschwerderecht der Eltern gegen und Begründungserfordernis für die Bestellung eines Verfahrenspflegers

OLG Köln, Beschluss v. 30.11.1998, 14 Wx 25/98
FF 1999, 27 f.; FamRZ 1999, 314
Begründungspflicht für die Nichtbestellung eines Verfahrenspflegers in Fällen des § 1632 Abs. 4 BGB

– OLG München

OLG München, Beschluss v. 10.3.2000, 12 WF 650/00
OLGR München 2000, 136 f.
Vergütung: Voraussetzungen für den Anspruch auf den Stundensatz von 60 DM bei besonderer Qualifikation ohne Hochschulabschluss

OLG München, Beschluss v. 11.2.2000, 16 WF 1616/99
OLGR München 2000, 304
Aufgabenstellung des Verfahrenspflegers umfasst Einbringen des Kindeswillens in das Verfahren („Sprachrohrfunktion"), Kontakt mit dem Kind, Sammeln von Informationen durch Gespräche mit Bezugspersonen und beteiligten Institutionen; keine weitere Beschwerde gegen die Festsetzung der Vergütung

OLG München, Beschluss v. 29.9.1998, 12 WF 1122/98
OLGR München 1998, 388 f.; EzFamR aktuell 1999, 4 f.; FamRZ 1999, 667; FuR 1999, 232 f.
Beschwerderecht der Eltern gegen die Bestellung eines Verfahrenspflegers; Voraussetzungen für die Bestellung

– OLG Naumburg

OLG Naumburg, Beschluss v. 19.6.2001, 14 WF 75/01
Noch unveröffentlicht
Vergütung: Anspruch nur für Tätigkeiten, die im Einzelfall notwendig und angemessen waren

OLG Naumburg, Beschluss v. 12.7.2000, 8 UF 106/00
NJW-RR 2000, 1532 f.; MDR 2000, 1322 f.; NJ 2001, 46 f.; FamRZ 2001, 170 f.; JAmt 2001, 147–149; EzFamR aktuell 2000, 382
Keine selbständige Anfechtbarkeit der Bestellung eines Verfahrenspflegers; keine Begründung für die Bestellung erforderlich

OLG Naumburg, Beschluss v. 10.3.1999, 8 WF 69/99
DAVorm 1999, 713; JMBl ST 1999, 121 f.
Aufhebung der Bestellung des Jugendamtes zum Verfahrenspfleger wegen Interessenkollision

– **OLG Rostock**

OLG Rostock, Beschluss v. 12.1.2000, 8 UF 402/99
FamRZ 2000, 695 f.; EzFamR aktuell 2000, 169
Bestellung eines Verfahrenspflegers im Verfahren zur Ersetzung der Einwilligung zur Namenserteilung

OLG Rostock, Beschluss v. 15.4.1999, 8 WF 90/99
ZfJ 1999, 307
Bestellung eines Verfahrenspflegers im Umgangsrechtsverfahren (§ 50 Abs. 2 Ziff. 1 FGG)

– **OLG Saarbrücken**

OLG Saarbrücken, Beschluss v. 8.5.2000, 9 UF 105/99
DAVorm 2000, 689–691
Bestellung eines Verfahrenspflegers in Kindesschutzverfahren gemäß §§ 1666, 1666a BGB

OLG Saarbrücken, Beschluss v. 9.11.1999, 6 UF 124/99
OLGR Saarbrücken 2000, 166 f.
Bestellung eines Verfahrenspflegers im Verfahren über die Herausgabe des Kindes (§ 50 Abs. 2 Ziff. 1 FGG); Begründungspflicht für die Nichtbestellung in Fällen des § 1632 BGB

– **OLG Schleswig**

OLG Schleswig, Beschluss v. 2.7.2001, 15 WF 84/00
Noch unveröffentlicht
Umfang der Vergütung: Die Tätigkeiten bewegen sich im Rahmen des Aufgabenbereichs des Verfahrenspflegers. Der abgerechnete Zeitaufwand war nicht zu beanstanden.

OLG Schleswig, Beschluss v. 25.6.2001, 15 WF 114/99
Noch unveröffentlicht
Umfang der Vergütung: Die Tätigkeiten bewegen sich im Rahmen des Aufgabenbereichs des Verfahrenspflegers. Der abgerechnete Zeitaufwand war nicht zu beanstanden.

OLG Schleswig, Beschluss v. 14.6.2001, 15 WF 76/00
Noch unveröffentlicht
Umfang der Vergütung: Aufgabenstellung des Verfahrenspflegers umfasst nicht die Antragstellung auf Einrichtung einer Betreuung für die Mutter der Kinder. Der darüber hinaus abgerechnete Zeitaufwand war nicht zu beanstanden.

Anhang

OLG Schleswig, Beschluss v. 13.9.2000, 15 WF 140/99
OLGR Schleswig 2000, 428 f.; Kind-Prax 2001, 31 f.
Umfang der Vergütung: Aufgabenstellung des Verfahrenspflegers umfasst keine Ermittlungstätigkeit im familiären Umfeld des Kindes; Anspruch auf Vertrauensschutz hinsichtlich der Vergütung für auf Bitten des Gerichts übernommene Tätigkeiten

OLG Schleswig, Beschluss v. 28.1.2000, 15 WF 101/99
OLGR Schleswig 2000, 177–179; SchlHA 2000, 138
Anspruch auf Vergütung des erforderlichen Zeitaufwandes; Aufgabenstellung umfasst die Begleitung des Kindes und Vertretung seiner Interessen im Verfahren, aber keine darüber hinausgehenden Ermittlungen und Vermittlungsversuche

– OLG Stuttgart

OLG Stuttgart; Beschluss v. 29.11.2000, 17 WF 378/00
OLGR Stuttgart 2001, 88 f.; Kind-Prax 2001, 94
Keine selbständige Anfechtbarkeit der Bestellung eines Verfahrenspflegers

OLG Stuttgart; Beschluss v. 21.5.2001, 11 WF 111/01
OLGR Stuttgart 2001, 305
Kein Beschwerderecht des Kindes gegen die Bestellung eines Verfahrenspflegers

– OLG Zweibrücken

OLG Zweibrücken, Beschluss v. 7.5.2001, 6 WF 51/01
Noch unveröffentlicht
Umfang des zu vergütenden Zeitaufwandes: Dem Verfahrenspfleger ist ein Ermessensspielraum einzuräumen, der ihm die pflichtgemäße Wahrnehmung seiner Aufgabe überhaupt erst ermöglicht.

OLG Zweibrücken, Beschluss v. 14.2.2000, 6 WF 13/00
OLGR Zweibrücken 2000, 514 f.; FamRZ 2001, 170
Keine selbständige Anfechtbarkeit der Bestellung eines Verfahrenspflegers

III. Amtsgerichte

– AG Mönchengladbach-Rheydt

AG Mönchengladbach-Rheydt, Beschluss v. 10.9.2001, 16 F 221/98
Noch unveröffentlicht
Umfang der Vergütung: Zur für die Interessenvertretung des Kindes notwendigen Tätigkeit gehören alle Maßnahmen, die ein verständiger und allein am Kindeswohl orientierter Verfahrenspfleger für nötig erachtet (Gespräche mit den Eltern zur Sensibilisierung für die Belange des Kindes, Vor- und Nachbereitung von Anhörungsterminen).

D Verzeichnis der Rechtsprechung zu § 50 FGG

– AG Pankow-Weißensee

AG Pankow-Weißensee, Beschluss v. 28.6.2000, 15 F 3146/00
DAVorm 2000, 1160–1163
Bestellung eines Verfahrenspflegers im Rückführungsverfahren wegen Interessenkonflikts bei internationaler Kindesentführung

– AG Zossen

AG Zossen, Beschluss v. 19.11.1998, 6 F 188/98
DAVorm 1999, 143
Bestellung eines Verfahrenspflegers im Umgangsrechtsverfahren

E Übersicht: Anzahl der Verfahrenspflegerbestellungen gem. § 50 FGG

I. Gesamtübersicht

	Deutschland	Früheres Bundesgebiet	Neue Länder
1999[1]	2.544	1.977	567
2000[2]	3.757	2.921	836

II. Bestellungen im Einzelnen

	OLG Bezirk	1999	2000
Baden-Württemberg	Karlsruhe	117	194
	Stuttgart	277	338
		394	**532**
Bayern	München	243	258
	Nürnberg	120	95
	Bamberg	84	66
		447	**419**
Berlin		**138**	**354**
Brandenburg		**129**	**176**
Bremen		**71**	**152**
Hamburg		**117**	**40**
Hessen		**289**	**435**
Mecklenburg-Vorpommern		**16**	**113**
Niedersachsen	Braunschweig	37	56
	Celle	127	223
	Oldenburg	43	76
		207	**355**
Nordrhein-Westfalen	Düsseldorf	1	108
	Hamm	29	162
	Köln	15	46
		45	**316**

---

1. Vor dem AG 1999 erledigte Familiensachen nach OLG-Bezirken, Statistisches Bundesamt: Arbeitsunterlage Familiengerichte 1999, S. 22, Summe aus Reihe Nr. 11 und 18.
2. Vor dem AG 2000 erledigte Familiensachen nach OLG-Bezirken, Statistisches Bundesamt: Arbeitsunterlage Familiengerichte 2000, S. 22, Summe aus Reihe Nr. 11 und 18.

E Übersicht: Anzahl der Verfahrenspflegerbestellungen gem. § 50 FGG

	OLG Bezirk	1999	2000
Rheinland-Pfalz	Koblenz	70	102
	Zweibrücken	30	32
		100	**134**
Saarland		**70**	**69**
Sachsen		**219**	**255**
Sachsen-Anhalt		**129**	**195**
Schleswig-Holstein		**99**	**115**
Thüringen		**74**	**97**
Gesamt		**2.544**	**3.757**

Anhang

F Literaturverzeichnis

Adler, B./Gräbner, E./Götz, U.: Verfahrenspflegschaften im Landkreis Kitzingen, JAmt 2001, 399–402.
Aguilera, D.C./Messik, J.M.: Grundlagen der Krisenintervention. Freiburg im Breisgau 1977.
Ainsworth, M.D./Belhar, M./Waters, E./Wall, S.: Patterns of attachement: A psychological study of the strange situation. Hillsdale 1978.
Albrecht, P.-A./Stern, S.: Buchbesprechung – Verteidigung in Jugendstrafsachen, StV 1988, 410–414.
AOK-Business-Manager, CD-ROM, 2000.
Arbeitskreis OPD (Hrsg.): Operationalisierte Psychodynamische Diagnostik. Bern 1996.
Astington, J.: Wie Kinder das Denken entdecken. München 2000.

Baar, A. van: Children of drug-addicted parents. In: Steinhausen, H.-C./Verhulst, F.C., S. 68–84.
Bach, W.: Probleme bei der Entschädigung und Vergütung von Betreuungspersonen, BtPrax 1993, 182–185.
Bach, W.: Kostenregelung für Berufsbetreuer. Köln 1996.
Bach, A./Gildenast, B.: Internationale Kindesentführung. Bielefeld 1999.
Baer, I./Marx, A.: Das Europäische Übereinkommen über die Ausübung von Kinderrechten – Innovationsschub für den familienrechtlichen Prozess? FamRZ 1997, 1185–1187.
Balint, M.: Trauma und Objektbeziehung. Psyche (Heft 5) 1970, 346–358.
Balloff, R.: Trennung und Scheidungsberatung, DAVorm 1995, 813–818.
Balloff, R.: Verfahrenspfleger als „Anwalt des Kindes", FPR 1999, 221–226.
Balloff, R.: Allgemeine Kommunikationsregeln sowie Gesprächstechniken mit Kindern und Jugendlichen bei strafrechtlich relevantem Hintergrund, FPR 2000, 140–144.
Balloff, R./Stötzel, M.: Verfahrenspflegschaft nach § 50 FGG aus der Perspektive des Kindes – eine wissenschaftliche Erhebung, Praxis der Rechtspsychologie (Heft 2) 2001.
Bassenge, P./Herbst, G.: FGG/RPflG. 8. Aufl. Heidelberg 1999.
Bauer, A.: Bundespensenkonferenz gefährdet die Ziele des Betreuungsgesetzes, BtPrax 1994, 56–57.
Bauer, A.: Was macht den guten Anwalt des Kindes aus? In: Ev. Akademie Bad Boll (Hrsg.): Anwalt des Kindes – Interessenvertretung für Kinder und Jugendliche in familiengerichtlichen Verfahren als Chance für Kinder, Entscheidungshilfe für Gerichte, Entlastung für Jugendämter. Fachtagung 13.–14.12.1999, Protokolldienst Nr. 4, 2000, S. 72–75.
Bauer, A.: Neue Gesichtspunkte zum Thema Freiheitsentzug und geschlossene Unterbringung in der Jugendhilfe, Evangelische Jugendhilfe (Heft 2) 2001, S. 80–90.
Bauer, A./Klie, T./Rink, J.: Heidelberger Kommentar zum Betreuungs- und Unterbringungsrecht. Loseblattwerk, Stand: 28. Ergänzungslieferung November 2001. Heidelberg (Zitierweise: HK-BUR-Bearbeiter).
Bauer, A./Rink, J.: Kritik des Entwurfs eines Gesetzes zur Änderung des Betreuungsrechts sowie weiterer Vorschriften (Betreuungsrechtsänderungsgesetz – BtÄndg – Stand 7. Februar 1996), BtPrax 1996, 158–161.
Bauer, A./Schaus, G.: Der Anwalt des Kindes im vormundschaftsgerichtlichen Verfahren – Ein Erfahrungsbericht aus der Frankfurter Gerichtspraxis, Betrifft Justiz 1997, 162–169 und in epd-Dokumentation: Interessenvertretung für Kinder und Jugendliche in Krisenfällen. Nr. 19, 1998, S. 24–34.
Bauer, J./Schimke, H.-J./Dohmel, W.: Recht und Familie. Neuwied 2001.
Baumeister, W./Fehmel, H.-W. u.a.: Familiengerichtsbarkeit. Berlin 1992.
Bäumel, D. u.a.: Familienrechtsreformkommentar. Bielefeld 1998 (Zitierweise: FamRefK-Bearbeiter).

Bayrisches Landesjugendamt (Hrsg): Sozialpädagogische Diagnose. Arbeitshilfe zur Feststellung des erzieherischen Bedarfs. München 2001.

Beauchamp, T.L./Childress, J.F.: Principles of Biomedical Ethics. 1. Aufl. New York, Oxford: Oxford University Press 1977.

Beauchamp, T.L./Childress, J.F.: Principles of Biomedical Ethics. 4. Aufl. New York, Oxford: Oxford University Press 1994.

Becker, P.N.: Welche Qualität haben Hilfepläne? Frankfurt am Main (Eigenverlag Deutscher Verein für öffentliche und private Fürsorge), o.J. (1999).

Bender, D./Lösel, F.: Risiko- und Schutzfaktoren in der Genese und der Bewältigung von Misshandlung und Vernachlässigung. In: Egle, U.T./Hoffmann, S.O./Joraschky, P., 1. Aufl. 1997, S. 35–53; 2. Aufl. 2000, S. 40–58.

Bergmann/Ferid: Internationales Ehe- und Kindschaftsrecht, Loseblattsammlung, Stand Juli 2001, Frankfurt am Main.

Bericht der Bundesrepublik Deutschland an die Vereinten Nationen gemäß Artikel 44 Abs. 1 Buchstabe b des Übereinkommens über die Rechte des Kindes, Bundesministerium für Familie, Senioren, Frauen und Jugend (Hrsg.): BR-Drucks. 373/01 (Zitierweise: 2. Staatenbericht).

Bernet, W. (1993): False statements and the differential diagnosis of abuse allegations. Journal of the American Academy of Child and Adolescent Psychiatry 32(5), 1993, S. 903–910.

Bienwald, W.: Betreuungsrecht. Kommentar zum BtG/BtBG. 3. Aufl. Bielefeld 1999.

Blandow, J./Frauenknecht, B.: Dauerpflege, Adoption und Tagesbetreuung. Trends der sozialen und rechtlichen Entwicklung. Materialien zum Fünften Jugendbericht 1980. München 1980.

Blasi, A.: Die Entwicklung der Identität und ihre Folgen für moralisches Handeln. In: Edelstein u.a., S. 119–147.

Bloch, D.A./Silber, E./Perry, S.E.: Some factors in the emotional reaction of children to disaster. American Journal of Psychiatry 113, 1965, S. 416–422.

Bonn, H./Rohsmanith, K. (Hrsg.): Eltern-Kind-Beziehung. Darmstadt 1977.

Boogaart, H. van den u.a. (Hrsg.): Rechte von Kindern und Jugendlichen, Wege zu ihrer Verwirklichung. Beiträge zum Frankfurter Rechte-Kongress 1995. Münster 1996.

Borth, H.: Erwartungen der Familienrichter an den Verfahrenspfleger, Kind-Prax 2000, 48–52.

Boszormenyi-Nagy, I./Spark, G.: Unsichtbare Bindungen – Die Dynamik familiärer Systeme. Stuttgart 1981.

Bowlby, J.: Verlust, Trauer und Depression. Frankfurt am Main 1983.

Brandstätter, O.: Mehrwertsteuer für den Berufsbetreuer, BtPrax 1993, 53–54.

Brehm, W.: Freiwillige Gerichtsbarkeit. 2. Aufl. Stuttgart 1993.

Bringewat, P.: „Tod eines Kindes". Soziale Arbeit und strafrechtliche Risiken. Baden-Baden 1997.

Brisch, K.H.: Bindungsstörungen. Stuttgart 1999.

Bumiller, U./Winkler, K.: Freiwillige Gerichtsbarkeit. 7. Aufl. München 1999.

Bundesarbeitsgemeinschaft Verfahrenspflegschaft für Kinder und Jugendliche e.V. (BAG): Standards für VerfahrenspflegerInnen – Die Interessenvertretung für Kinder und Jugendliche in Verfahren der Familien- und Vormundschaftsgerichte gemäß § 50 FGG. Votum Service Recht. Münster 2001.

Bundesministerium für Jugend, Familie und Gesundheit -BMJFG- (Hrsg.): Kindesmisshandlung. Erkennen und Helfen. Eine praktische Anleitung. Bonn 1982.

Bussmann, K.-D.: Changes in Family Sanctioning Styles and the Impact of Abolishing Corporal Punishment. In: Frehsee, D. u.a., S. 39–62.

Cantwell, H.B.: The Neglect of Child Neglect. In: Helfer, M.E./Kempe, R.S./Krugman, R.D., S. 347–373.

Anhang

Carl, E.: Möglichkeiten der Verringerung von Konflikten in HKÜ-Verfahren – Undertakings, safe harbour orders und mirror orders in internationalen Kindesentführungsverfahren, FPR 2001, 211–215.

Ceci, S.J.: Cognitive and Social Factors in Children's Testimony. Master Lecture presented at APA, August 20, 1993. Toronto 1993.

Ceci, S.J./Ross, D.F./Toglia, M.P.: Suggestibility of children's memory: Psycholegal implications. Journal of Experimental Psychology: General 116. 1987, S. 38–49.

Ceci, S.J./Toglia, M.P./Ross, D.F. (Hrsg.): Children's eyewitness memory. New York 1987.

Clawar, S.S./Riflin, B.V.: Children Held Hostage: Dealing with Programmed and Brainwashed Children. American Bar Association, Division of Family Law. Chicago, IL 1991.

Coester, M.: Das Kindeswohl als Rechtsbegriff. Frankfurt am Main 1983.

Coester, M.: Kindeswohl: Juristischer Begriff und multidisziplinäre Dimensionen. In: Ev. Akademie Bad Boll (Hrsg.): Der Anwalt des Kindes – Als Konsequenz heutigen Verständnisses von Kindeswohl – Denkanstöße zu einer Neuorientierung. Fachtagung 15.–17.04.1983, Protokolldienst Nr. 14, 1983, S. 60–72.

Cole, P.M.: Childrens' spontaneous expressive control of facial Expression. Child Development No. 57, 1986, S. 1309–1321.

Crittenden, P.M.: Quality of attachement in the preeschool years. Development and Psychopathology No. 4, 1992, S. 409–441.

Damrau, J./Zimmermann, W: Betreuung und Vormundschaft. 2. Aufl. Stuttgart, Berlin, Köln 1995.

Davies, D.D./Templer, D.I.: Neurobehavioral function in children exposed to narcotics in utero. Addictive-behaviors 13 (3), 1998, S. 275–283.

Deaton, W./Long, S./Magaña, H.A./Robbins, J.: The Child Sexual Abuse Custody Dispute Annotated Bibliography. Oxford 1995.

Deberding, E./Klosinski, G.: Analyse von Familienrechtsgutachten mit gleichzeitigem Vorwurf des sexuellen Missbrauchs. Kindheit und Entwicklung (Heft 4) 1995, S. 212–217.

Deinert, H.: Aufwendungsersatz und Vergütung für den Berufsbetreuer – Eine Zwischenbilanz nach 18 Monaten neuen Betreuungsrechts unter Einbeziehung der aktuellen Rechtsprechung und Literaturmeinung, JurBüro 1993, 513–518.

Deinert, H.: Zur Änderung des Betreuungs- und Vormundschaftsrechtes, ZfJ 1998, 232–237 und 420 (Nachtrag).

Department of Health: Framework for the Assessment of Children in Need and their Families: Assessment Recording Forms. Published by The Stationery Office (PO Box 29, Norwich NR3 1 GN).

Deutsche Liga für das Kind in Familie und Gesellschaft (Hrsg.): Neue Erkenntnisse der Bindungsforschung. Dokumentation des Symposiums am 2. und 3. Juni 1996. Berlin 1996.

Deutscher Familiengerichtstag e.V. (Hrsg.): Ansprachen und Referate, Berichte und Ergebnisse der Arbeitskreise – Zwölfter Deutscher Familiengerichtstag vom 24. bis 27. September 1997 in Brühl. Bielefeld 1998.

Deutscher Familiengerichtstag e.V. (Hrsg.): Ansprachen und Referate, Berichte und Ergebnisse der Arbeitskreise – Dreizehnter Deutscher Familiengerichtstag vom 22. bis 25. September 1999 in Brühl. Bielefeld 2000.

Deutscher Juristentag e.V. (Hrsg.): Verhandlungen des 54. Deutschen Juristentages: Soll die Rechtsstellung der Pflegekinder unter besonderer Berücksichtigung des Familien-, Sozial- und Jugendrechts neu geregelt werden? Nürnberg 1982.

Deutscher Kinderschutzbund, Landesverband NRW e.V./Institut für soziale Arbeit e.V. (Hrsg.): Kindesvernachlässigung. Erkennen – Beurteilen – Handeln. Münster 2000 (Die Broschüre kann kostenlos über die Herausgeber bezogen werden).

Deutscher Verein für öffentliche und private Fürsorge (DV): Empfehlungen des Deutschen Vereins zur Umsetzung der Kindschaftsrechtsreform in die Praxis der Kinder- und Jugendhilfe, DV 15/1999, S. 27.
Deutscher Verein für öffentliche und private Fürsorge (Hrsg.): Wächteramt und Jugendhilfe. Dokumentation einer Fachtagung. Frankfurt am Main 2001.
Deutsches Institut für Vormundschaftswesen e.V.: DIV-Gutachten: Verfahrenspfleger – Bestellung eines Verfahrenspflegers für das Kind gemäß § 50 FGG: Zur Frage der Eignung des Jugendamtes als Verfahrenspfleger, DAVorm 1999, 39–43.
Dickmeis, F.: Keine Schweigepflicht der Ärzteschaft bei Gewalttaten an Frauen und Kindern, ZfJ 1995, 474–480.
Döbert, R./Habermas, J./Nunner-Winkler, G.: Entwicklung des Ichs. Königstein/Taunus 1980.
Dolto, F./Dolto-Tolitch, C./Percheminier, C.: Von den Schwierigkeiten, erwachsen zu werden. 6. Aufl. Stuttgart 1999.
Doris, J.: The Suggestibility of Children's Recollections. Implications for Eyewitness Testimony. American Psychological Association. Washington DC 1991.
Dornes, M.: Der kompetente Säugling. Die präverbale Entwicklung des Menschen. Frankfurt am Main 1993.
Dornes, M.: Die frühe Kindheit. Entwicklungspsychologie der ersten Lebensjahre. Frankfurt am Main 1997.
Dornes, M.: Risiko- und Schutzfaktoren für die Neurosenentstehung. Forum der Psychoanalyse 13, 1997, S. 119–138.
Dornes, M.: Vernachlässigung und Misshandlung aus der Sicht der Bindungstheorie. In: Egle U.T./Hoffmann, S.O./Joraschky, P., 2. Aufl. 2000, S. 70–83.
Dornes, M.: Die emotionale Welt des Kindes. Frankfurt am Main 2000.
Dunne, J./Hedrick, M.: The Parental Alienation Syndrome: An Analysis of Sixteen Selected Cases. Journal of Divorce & Remarriage 21. 1994, S. 21–38.

Edelstein, W./Nunner-Winkler, G./Noam, G. (Hrsg.): Moral und Person. Frankfurt am Main 1993.
EGBGB/IPR, Kindschaftsrechtliche Übereinkommen; Art.19 EGBGB, 13. Bearbeitung Berlin 1994.
Egle, U.T./Hoffmann, S.O./Joraschky, P. (Hrsg.): Sexueller Missbrauch, Misshandlung, Vernachlässigung. Erkennung und Behandlung psychischer und psychosomatischer Folgen früher Traumatisierungen. 1. Aufl. Stuttgart 1997 / 2. Aufl. Stuttgart 2000.
Egle, U.T./Hoffmann, S.O.: Pathogene und protektive Entwicklungsfaktoren in Kindheit und Jugend. In: Egle, U.T./Hoffmann, S.O./Joraschky, P., 1. Aufl. 1997, S. 3–20 / 2. Aufl. 2000, S. 3–22.
Ehlert, M./Lorke, B.: Zur Psychodynamik der traumatischen Reaktion. Psyche (Heft 6) 1988, S. 502–532.
Erman: Handkommentar zum Bürgerlichen Gesetzbuch. 10. Aufl. Köln 2000.
Eisenberg, N./Fabes, R.A. (Eds.): Emotion and its regulation in early development. Child Development No. 55, 1992.
Eisenberg, N./Fabes, R.A./Carlo, G./Karbon, M.: Emotional responsivity to others: behavoral correlates and sozialisation antecendets. Child Development No. 55, 1992, S. 57–73.
Ekman, P.: Gesichtsausdruck und Gefühl. Paderborn 1988.
Elkind, D.: Egocentrism in adolescence. Child Development No. 38, 1967, S. 1025–1035.
Elpers, M./Lenz, K./Eichholz, S./Fegert, J.M.: Sexueller Missbrauch und Kindesmisshandlungen als Ursache für Behandlungsabbrüche. Eine statistische Risikoanalyse unter besonderer Berücksichtigung psychosozialer Belastungsfaktoren (Liefe Events). Kindheit und Entwicklung (Heft 4) 1995, S. 227–230.
Els, H. van: Das Kind im einstweiligen Rechtsschutz im Familienrecht. Bielefeld 2000.

Anhang

Engelhardt, H.: Offene Fragen zum Verfahrenspfleger für das Kind (§ 50 FGG), FamRZ 2001, 525–529.

Engfer, A.: Kindesmisshandlung und Vernachlässigung. In: Oerter, R./Montada, L., S. 960–966.

Erikson, E.H.: Kindheit und Gesellschaft. Stuttgart 1961.

Erikson, E.H.: Jugend und Krise. München 1988.

Ertmer, H.: Begleitung und Beratung traumatisierter Pflegekinder oder ein Plädoyer für die rückhaltlose Annahme von vernachlässigten, missbrauchten und misshandelten Kindern in Ersatzfamilien. In: Stiftung „Zum Wohl des Pflegekindes", 1. Jahrbuch 1998, S. 125–145.

Existenzgründung. Informationsbroschüre der Bundesanstalt für Arbeit (Hrsg.), Nürnberg – jeweils aktuelle Auflage.

Fagerström, G./Hansson, G.: Peter, Ida und Minimum. Familie Lindström bekommt ein Baby. Ravensburg 1987.

Faller, K.-C.: The Parental Alienation Syndrome: What is it and what data support it? Child-Maltreatment: Journal of the American Professional Society on the Abuse of Children 3 (4). 1998, S. 312–313.

Familienrechtsreformkommentar: s. Bäumel u.a.

Fastie, F.: Zeuginnen der Anklage: Die Situation sexuell missbrauchter Mädchen und junger Frauen vor Gericht. Berlin 1994.

Fegert, J.M.: Sexueller Missbrauch von Kindern. Praxis der Kinderpsychologie und Kinderpsychiatrie 36, 1987, S. 164–170.

Fegert, J.M.: Sexuell missbrauchte Kinder und das Recht. Ein Handbuch zu Fragen der kinder- und jugendpsychiatrischen und psychologischen Untersuchung und Begutachtung. Band 2. Köln 1993.

Fegert, J.M.: Das Kind verstehen aus kinder- und jugendpsychiatrischer Sicht. In: Salgo, L.: Vom Umgang der Justiz mit Minderjährigen. 1995, S. 291–318.

Fegert, J.M.: Sozialpädiatrisch relevante gesetzliche Bestimmungen und Begutachtung. In: Schlack, H.G., 1995, S. 307–327.

Fegert, J.M.: Basic needs als ärztliche und psychotherapeutische Einschätzungskriterien in Familien in Krisen. Kinder in Not (Materialien und Beiträge zum ISA-Kongress 28.–30.4.1997 in Düsseldorf). Münster 1997.

Fegert, J.M.: Die Bedeutung des Vorwurfs des sexuellen Missbrauchs im Sorgerechtsverfahren. In: Warnke, A./Trott, G.-E./Remschmidt, H., 1997, S. 70–81.

Fegert, J.M.: Interventionsmöglichkeiten bei sexuellem Missbrauch an Kindern. Sexuologie (Heft 2) 1997, S. 108–123.

Fegert, J.M.: Beratung heißt das Zauberwort. Die Kindschaftsrechtsreform aus kinder- und jugendpsychiatrischer und psychotherapeutischer Sicht. Jugendhilfe 1998, 145–152.

Fegert, J.M.: Die Auswirkungen traumatischer Erfahrungen in der Vorgeschichte von Pflegekindern. In: Stiftung „Zum Wohl des Pflegekindes", 1. Jahrbuch 1998, S. 20–31.

Fegert, J.M. (Hrsg.): Kinder in Scheidungsverfahren nach der Kindschaftsrechtsreform. Kooperation im Interesse des Kindes. Neuwied 1999.

Fegert, J. M.: Kommunikation mit Kindern und Konstrukte, die unser Verständnis von Kindern in der professionellen Wahrnehmung erleichtern. epd-Dokumentation: „Anwälte des Kindes" vor Gericht und bei Behörden. Nr. 20, 1999, S. 1–11.

Fegert, J.M.: Kooperation im Interesse des Kindes. In: Fegert, J.M.: Kinder in Scheidungsverfahren. 1999, S. 8–17.

Fegert, J.M.: Was ist seelische Behinderung? Anspruchsgrundlage und kooperative Umsetzung von Hilfen nach § 35a KJHG. 3. Aufl. Münster 1999.

Fegert, J.M.: Welches Wissen erleichtert dem Verfahrenspfleger die Kommunikation mit Kindern? FPR 1999, 321–327.

F Literaturverzeichnis

Fegert, J.M.: Kindeswohl – Definitionsdomäne der Juristen oder der Psychologen? In: Deutscher Familiengerichtstag, 2000, S. 33–58.

Fegert, J.M.: Parental Alienation oder Parental Accusation Syndrome? Die Frage der Suggestibilität, Beeinflussung und Induktion in Umgangsrechtsgutachten, Kind-Prax 2001, S. 6–7 (Teil 1) und S. 39–42 (Teil 2).

Fegert, J.M. (Hrsg.): Qualität der Begutachtung sexuell missbrauchter Kinder. Fachliche Standards in juristischen Verfahren. Neuwied 2001.

Fegert, J.M./Berger, Ch./Klopfer, U./Lehmkuhl, U./Lehmkuhl, G.: Umgang mit sexuellem Missbrauch. Institutionelle und individuelle Reaktionen. Forschungsbericht. Münster 2001.

Fegert, J.M./Gerwert, U.: Qualitative Forschungsansätze im praxisnahen Einsatz in der Kinder- und Jugendpsychiatrie. Praxis der Kinderpsychologie und Kinderpsychiatrie 42, 1993, 293–298.

Fegert, J.M./Haasemann, J.: Emotionale Entwicklung von Kindern. Gesundheitswesen 59, 1997, 1–9.

Fegert, J.M./Häßler, F./Rothärmel, S.: Atypische Neuroleptika in der Jugendpsychiatrie. Stuttgart 1999.

Fegert, J.M./Klopfer, U./Berger, Ch. u.a. (1999): Die Wirkung rechtlicher Bestimmungen auf den individuellen und institutionellen Umgang mit sexuellem Missbrauch an Kindern. In: Wirkungsforschung zum Recht. 1. Wirkungen und Erfolgsbedingungen von Gesetzen. 1. Aufl. 1999 (Interdisziplinäre Studien zu Recht und Staat, Bd. 10); Hof, H./Lübbe-Wolf, G. (Hrsg.). Baden-Baden.

Fegert, J.M./Späth, K./Salgo, L. (Hrsg.): Freiheitsentziehende Maßnahmen in der Jugendhilfe und Kinder- und Jugendpsychiatrie. Münster 2001.

Fegert, J.M.: Basic needs als ärztliche und psychotherapeutische Einschätzungskriterien, in: Institut für soziale Arbeit e.V. (Hrsg.), Familien in Krisen – Kinder in Not, 1997 Leitlinien der Deutschen Gesellschaft für Kinder- und Jugendpsychiatrie und -psychotherapie: Vernachlässigung, Misshandlung, sexueller Missbrauch, 1999 (AWMF online: www.uni-duesseldorf.de).

Feldman, K.W.: Evaluation of Physical Abuse. In: Helfer, M.E./Kempe, R.S./Krugman, R.D., S. 175–220.

Ferenczi, S.: Die Anpassung der Familie an das Kind (1928). In: Schriften zur Psychoanalyse, Band II, Frankfurt am Main 1982, S. 212–226.

Ferenczi, S.: Sprachverwirrung zwischen den Erwachsenen und dem Kind (1933). In: Schriften zur Psychoanalyse, Band II, Frankfurt am Main 1982, S. 303–313.

Fieseler, G.: Rechtsgrundlagen sozialer Arbeit. Stuttgart 1977.

Fieseler, G.: Das Kindesinteresse wird oft verfehlt. Kindschaftsrechtsreform: Gesetz, Rechtsprechung und Jugendhilfepraxis, Sozialextra (Heft 4) 1999, S. 4–9.

Fieseler, G.: Staatliches Wächteramt und Garantenstellung von Mitarbeitern der Jugendhilfe. Bemerkungen zum Kindeswohl, Sozialextra (Heft 7–8) 2000, S. 14–23.

Fieseler, G./Herborth, R.: Recht der Familie und Jugendhilfe. Arbeitsplatz Jugendamt/Sozialer Dienst. 5. Aufl. Neuwied 2001.

Fieseler, G./Schleicher, H. (Hrsg.): Kinder- und Jugendhilferecht. Gemeinschaftskommentar zum SGB VIII. Neuwied ab 1998 – Stand Dezember 2001 (Zitierweise: GK-SGB VIII).

Freeman, M./Veermann, P. (Ed.): The Ideologies of Children's Rights. Dordrecht; Boston, London 1992.

Frehsee, D. u.a. (Hrsg.): Family Violence Against Children. Berlin 1996.

Freud, A./Burlingham, D.: Heimatlose Kinder. Frankfurt am Main 1982.

Freud, A.: Anmerkungen zum psychischen Trauma (1967[1954]). In: Die Schriften der Anna Freud, Band VI. Frankfurt am Main 1987, S. 1819–1838.

Freud, A.: Das Ich und die Abwehrmechanismen (1936). In: Die Schriften der Anna Freud, Band I. Frankfurt am Main 1987, S. 193–355.

Freud, S.: Jenseits des Lustprinzips (1920). Ges. W. Bd. XIII.

Fricke, A.: Sozialarbeiter als Verfahrenspfleger gem. § 50 FGG? ZfJ 1999, 51–58.

Gardner, R.A.: The Parental Alienation Syndrome – A Guide for Mental Health and Legal Professionals. 2nd edition. Creative Therapeutics Inc. Creskill, New Jersey 1992.

Gardner, R.A.: The Parental Alienation Syndrome: What is it and what data support it?: Comment. Child-Maltreatment: Journal of the American Professional Society on the Abuse of Children 3 (4). 1998, S. 309–312.

Garz, D./Oser, F./Althof, W. (Hrsg.): Moralisches Urteil und Handeln. Frankfurt am Main 1999.

Gauly, B./Knobbe, W.: Beratung im Spannungsfeld zwischen Herkunfts- und Pflegefamilie. In: Textor, M.R./Warndorf, P.K., S. 191–201.

Gemeinschaftskommentar zum SGB VIII: s. Fieseler, G./Schleicher, H.

Gernhuber, J.: Neues Familienrecht. Tübingen 1977.

Gernhuber, J.: Lehrbuch des Familienrechts. 3. Aufl. München 1980.

Gerstein, H.: Kinderrechte im Spannungsfeld zwischen elterlicher Sorge und staatlichem Schutz, Kind-Prax 1998, 106–110.

Gerth, U.: Das Leben ist komplizierter. Kind-Prax 1998, 171–172.

Gheorghiu, V.A.: The development of research in suggestibility: Critical considerations. In: Gheorghiu, V.A./Netter, P./Eysenck, H.J./Rosenthal, R., S. 3–55.

Gheorghiu, V.A./Netter, P./Eysenck, H.J./Rosenthal, R. (Eds.): Suggestion and Suggestibility: Theory and Research. New York 1989.

Gießler, H.: Vorläufiger Rechtsschutz in Ehe-, Familien- und Kindschaftssachen. 3. Aufl. München 2000.

Gintzel, U. (Hrsg.): Erziehung in Pflegefamilien. Auf der Suche nach einer Zukunft. Münster 1996.

Girmes, R.: Sich zeigen und die Welt zeigen – Bildung und Erziehung in posttraditionalen Gesellschaften. Opladen 1997.

Glaser, D./Prior, V.: Ist der Begriff „Kinderschutz" auf emotionale Misshandlung anwendbar? Kindesmisshandlung und -vernachlässigung 1998, 32–66.

Gläss, H.: Verfahrenspflegschaften – Erfahrungen, Beobachtungen, Schlussfolgerungen, JAmt 2001, 163–165.

Gloger-Tippelt, G. (Hrsg.): Bindung im Erwachsenenalter. Bern 2000.

Golan, N.: Krisenintervention. Strategien psychosozialer Hilfen. Freiburg im Breisgau 1983.

Goldstein, J./Freud, A./Solnit, A.J.: Diesseits des Kindeswohls. Frankfurt am Main 1979.

Goldstein, J./Freud, A./Solnit, A.J.: Jenseits des Kindeswohls: Weitere Bemerkungen zur Anwendung des Standards der am wenigsten schädlichen Alternative. Frankfurt am Main 1973 / 2. Aufl. 1991.

Goldstein, J./Freud, A./Solnit, A.J./Goldstein, S.: Das Wohl des Kindes: Grenzen professionellen Handelns. Frankfurt am Main 1988.

Gollwitzer, K./Rüth, U.: § 1631b BGB – Die geschlossene Unterbringung Minderjähriger aus kinder- und jugendpsychiatrischer Sicht, FamRZ 1996, 1388–1391.

Goor-Lambo, G. van/Orley, J./Poustka, F./Rutter, M.: Classification of abnormal psychosocial situations: Preliminary report of a revision of a WHO scheme. Journal of Child Psychology and Psychiatry 31, 1990, 229–241.

Goor-Lambo, G. van/Orley, J./Poustka, F./Rutter, M.: Multiaxial classification of psychiatric disorders in children and adolescents. Axis five: Associated abnormal psychsocial situations. Preliminary results of a WHO and German multicenter study. European Child and Adolescent Psychiatry 3, 1994, 229–241.

Graham, Ph./Turk, J./Verhulst, F.: Child Psychiatry. A developmental approach. Oxford University Press. 3rd edition Oxford 1999.

Gravenhorst, L.: Einleitung der Tagungsdokumentation: Gewaltfreies Erziehen in Familien – Schritte zur Veränderung. In: Bundesministerium Familie, Senioren, Frauen und Jugend -BMFSFJ- (Hrsg.), Materialien zur Familienpolitik Nr. 8, Berlin 2000, S. 8.
Greese, D.: Trennungen und Gemeinsamkeiten. Gespräch über Stand und Ziele im Pflegekinderwesen. In: Hamburger Pflegekinderkongress „Mut zur Vielfalt", S. 25–48.
Gregersen, A./Deinert, H.: Die Vergütung des Betreuers. 3. Aufl. Köln 2002.
Gregersen, A./Lindemann, V.: Anm. zu LG Stralsund, RPfleger 1997, 526–527.
Grossmann, K.E./Grossmann, K.: Eltern-Kind-Bindung als Aspekt des Kindeswohls. In: Deutscher Familiengerichtstag, 1998, S. 76–89.
Grossmann, K.E./Grossmann, K.: Die Bedeutung sprachlicher Diskurse für die Entwicklung interner Arbeitsmodelle von Bindung. In: Gloger-Tippelt, G., 2000, S. 75–101.
Güthoff, F.: Die Perspektive der Pflegeeltern – Ergebnisse einer Pflegeelternbefragung. In: Gintzel, U., S. 39–55.

Hamburger Pflegekinderkongress „Mut zur Vielfalt". Dokumentation. Red.: Güthoff, F./Jordan, E./Steege, G., Münster 1990.
Hammen, C.: Children of affectively ill parents. In: Steinhausen, H.-C./Verhulst, F.C., S. 38–53.
Harnach-Beck, V.: Ohne Prozessqualität keine Ergebnisqualität. Sorgfältige Diagnostik als Voraussetzung für erfolgreiche Hilfe zur Erziehung. In: Peters, F., 1999, S. 27–48.
Harnach-Beck, V.: Psychosoziale Diagnostik in der Jugendhilfe, 3. Aufl. Weinheim 2000.
Harris, P.L.: Children and emotion. The development of psychological understanding. Oxford 1989.
Hassenstein, B.: Verhaltensbiologie des Kindes. 5. Aufl. Heidelberg 2001.
Hauck, K. (Hrsg.): Kinder- und Jugendhilfe. Kommentar. Berlin (Stand 1. August 2000).
Hechler, D.: The battle and the backlash. The child abuse war. Lexington, Massachusetts, Toronto 1988.
Heidelberger Kommentar zum Betreuungs- und Unterbringungsrecht: s. Bauer, A. u.a.
Heilmann, S.: Die Dauer kindschaftsrechtlicher Verfahren, ZfJ 1998, 317–324.
Heilmann, S.: Kindliches Zeitempfinden und Verfahrensrecht. Neuwied 1998.
Heilmann, S.: Die Verfahrenspflegschaft in den Fällen des § 1666 BGB, Kind-Prax 2000, 79–83.
Heilmann, S./Salgo, L.: Kindesmisshandlung und Recht – Bestandsaufnahme und Perspektiven. In: Stiftung „Zum Wohl des Pflegekindes", 1. Jahrbuch 1998, S. 179–196.
Helfer, M.E./Kempe, R.S./Krugman, R.D. (Eds.): The Battered Child. 5th edition. The University of Chicago Press. Chicago, London 1997.
Helfer, R./Kempe, H. (Hrsg.): Das geschlagene Kind, 1. Aufl. (engl. 1968) 1978.
Herbert, S.E./Panarites, H.: Children of Homosexual Parents. In: Nosphitz, J.D., S. 147–162.
Herborth, R.: Der Hilfeplan: Neue Fachlichkeit in der Kinder- und Jugendhilfe? – Über die Beteiligung Betroffener im Prozess der Hilfeplanung gemäß § 36 SGB VIII. Dissertation. Universität Gesamthochschule Kassel 1998.
Herman, J.L.: Die Narben der Gewalt. Traumatische Erfahrungen verstehen und überwinden. München 1993 / München 1994.
Hetherington, E.M. (Ed.): Handbook of Child Psychology. Vol. 4: Socialisation, Personality, and Social Development. 4. Aufl. Wiley, New York 1983.
Hildeschmidt, A.: Schulversagen. In: Oerter, R./Montada, L., S. 990–1105.
Hirsch, M.: Realer Inzest. Psychodynamik des sexuellen Missbrauchs in der Familie. 2. Aufl. Berlin 1987.
Hirsch, M.: Schuld und Schuldgefühl. Zur Psychoanalyse von Trauma und Introjekt. Göttingen 1997.

Hoffmann, S.O./Egle, U.T./Joraschky, P.: Bedeutung von Traumatisierungen in Kindheit und Jugend für die Entstehung psychischer und psychosomatischer Erkrankungen – Versuch einer Bilanz. In: Egle, U.T./Hoffmann, S.O./Joraschky, P., 2. Aufl. 2000, S. 513–518.
Hohmann-Dennhardt, Ch.: Grundgedanken zu einer eigenständigen Vertretung von Kindern und Jugendlichen im familiengerichtlichen Verfahren, ZfJ 2001, 77–83.
Holden, G.W./Geffner, R./Jouriles, E.N. (Hrsg.): Children Exposed to Marital Violence. Washington DC 1998.

Jans/Happe/Saurbier (Hrsg.): Kinder- und Jugendhilferecht. Kommentar, Stuttgart (Stand Juni 2000).
Janus, L.: Wie die Seele entsteht. Unser psychisches Leben vor und nach der Geburt. Hamburg 1991.
Jochum, G.: Die Vergütung des § 1836 Abs. 2 BGB beinhaltet zusätzlichen Ersatz der Mehrwertsteuer für den Berufsbetreuer, BtPrax 1993, 54–56.
Johannsen, K.H./Henrich, D./Brudermüller, G.: Eherecht: Scheidung, Trennung, Folgen. Kommentar. 3. Aufl. München 1998.
Johns, I.: Gewaltfreie Erziehung – geht das überhaupt? Zeitschrift frühe Kindheit (Heft 4) 1999, S. 20–25.
Jopt, U./Behrend, K.: Das Parental Alienation Syndrom (PAS) – Ein Zwei-Phasen-Modell, ZfJ 2000, 223–231 und 258–271.
Jürgens, A.: Betreuungsrecht. Kommentar zum materiellen Betreuungsrecht, zum Verfahrensrecht und zum Betreuungsbehördengesetz. München 1995.
Jungjohann, E.: Das Dilemma des misshandelten Kindes. Frankfurt am Main 1996.

Kaltenborn, K.-F.: Die Interessenlage und -vertretung von Kindern in der Reformdiskussion des Rechts der elterlichen Sorge. (Manuskript) Marburg 1997.
Kaminer, Y./Tarter, R.E. (1999): Substance use disorder. In: Steinhausen, H.-Ch./Verhulst, F., S. 193–209.
Kegel, G./Schurig, K.: Internationales Privatrecht. 8. Aufl. München 2000.
Keidel, T./Kuntze, J./Winkler, K.: Freiwillige Gerichtsbarkeit. 14. Aufl. München 2000.
Keough, W.J.: Child Representation in Family Law. Pyrmont 2000.
Kesselring, T.: Jean Piaget. München 1999.
Kiehl, W.H./Salgo, L.: Zum Bericht der Bundesrepublik Deutschland vom August 1994 an die Vereinten Nationen gemäß Artikel 44 des Übereinkommens über die Rechte des Kindes, RdJB 1995, 196–203.
Kinderschutz-Zentrum Berlin e.V. (Hrsg.): Kindesmisshandlung. Erkennen und Helfen. 8. Aufl. Berlin 2000 (Die Broschüre kann kostenlos über das Bundesministerium für Familie, Senioren, Frauen und Jugend bezogen werden).
Klatetzki, T. (Hrsg.): Flexible Erziehungshilfen – Ein Organisationskonzept in der Diskussion. Münster 1995.
Kleine, R.: Verfahrenspfleger für Minderjährige in familien- und vormundschaftsgerichtlichen Verfahren, FPR 1996, 236–239.
Klenner, W.: Rituale der Umgangsvereitelung bei getrenntlebenden oder geschiedenen Eltern – Eine psychologische Studie zur elterlichen Verantwortung, FamRZ 1995, 1529–1535.
Klosinski, G. (Hrsg.): Macht, Machtmissbrauch und Machtverzicht im Umgang mit Kindern und Jugendlichen. Bern, Göttingen, Toronto, Seattle 1995.
Klosinski, G.: Begutachtung in Verfahren zum Umgangs- und Sorgerecht: Brennpunkte für den Gutachter und die Familie. In: Warnke, A./Trott, G.-E./Remschmidt, H., 1997, S. 34–43.
Klosinski, G.: Kinderpsychiatrische Begutachtung im Rahmen des HKÜ – zur Frage einer rückführungsbedingten „schwerwiegenden Gefahr" eines körperlichen oder seelischen Schadens für das Kind –, FuR 2000, 408–416.

Klosinski, G.: Internationale Kindesentführung aus der Sicht des Kindes – Versuch einer Annäherung aus kinderpsychiatrischer Sicht, FPR 2001, 206–210.
Knieper, J.: Geschäfte von Geschäftsunfähigen. Baden-Baden 1999.
Knittel, B.: Betreuungsgesetz (BtG), Starnberg-Percha 1992.
Koch, G./Lambach, R.: Familienerhaltung als Programm – Forschungsergebnisse. Münster 2000.
Köckeritz, Ch.: „Was wird denn nun aus mir?" – Interessenvertretung als Fürsprache für Kinder in Grenzsituationen. epd-Dokumentation: Interessenvertretung für Kinder und Jugendliche in Krisenfällen. Nr. 19, 1998, S. 12–23.
Kodjoe, U./Koeppel, P.: Früherkennung von PAS – Möglichkeiten psychologischer und rechtlicher Interventionen, Kind-Prax 1998, 138–144.
Kodjoe, U./Koeppel, P.: The Parental Alienation Syndrome (PAS), DAVorm 1998, 9–140.
Köhnken, G.: Sprechverhalten und Glaubwürdigkeit: eine experimentelle Studie zur extralinguistischen und textstilistischen Aussageanalyse. Dissertation Universität Kiel 1982.
Köhnken, G.: Methodik der Glaubwürdigkeitsbegutachtung. In: Fegert, J.M. (Hrsg.): Qualität der Begutachtung sexuell missbrauchter Kinder. 2001, S. 29–51.
Koh Peters, J.: Representing Children in Child Protective Proceedings: Ethical and Practical Dimensions. Charlottesville 1997.
Kohl, H./Landau, H. (Hrsg): Frankfurter Tage der Rechtspolitik 2000. Gewalt in sozialen Nahbeziehungen. Neuwied 2001.
KOM DAT. Kommentierte Daten der Kinder- und Jugendhilfe. Informationsdienst der Arbeitsstelle für Kinder- und Jugendhilfestatistik (AKJ STAT). Universität Dortmund (www.akj-stat.fb12.uni-dortmund.de).
Kopp, C.: Emotional distress and controll in young children. In: Eisenberg, N./Fabes, R.A., S. 41–56.
Korintenberg, W./Lappe, F./Bengel, M./Reimann, W.: Kostenordnung. 12. Aufl. München 1991.
Kötter, S.: Besuchskontakte in der Pflegefamilie. 2. Aufl. Regensburg 1997.
Köttgen, Ch.: Pro und Contra Diagnostik – aus Sicht einer Kinder- und Jugendpsychiaterin im Feld der Jugendhilfe. In: Peters, F., S. 253–275.
Krebs, D./Denton, K.: Die Beziehungen zwischen der Struktur des moralischen Urteilens und dem moralischen Handeln. In: Garz u. a., S. 220–263.
Kreft, D./Mielenz, I. (Hrsg.): Wörterbuch der sozialen Arbeit. 4. vollst. überarb. und erw. Aufl. Weinheim 1996.
Kunkel, P.-Ch.: Lehr- und Praxiskommentar (LPK-SGB VIII). Baden-Baden 1998.

Lanzerath, G./Schimke, H.-J.: Finanzierungsleitfaden für Betreuer und Verfahrenspfleger. Köln 1994.
Lehmann, K.-H. (Hrsg.): Recht sozial. Rechtsfragen der Sozialen Arbeit. Hannover 2000.
Leitfaden für Kinderarztpraxen des Berufsverbandes der Ärzte für Kinderheilkunde und Jugendmedizin, Landesverband Bayern. München 1998.
Leitlinie der AWMF zur Diagnostik und Behandlung von Misshandlung, Vernachlässigung und sexuellem Missbrauch. www.awmf-leitlinien.de
Lempp, R.: Lernerfolg und Schulversagen. Eine Kinder- und Jugendpsychiatrie für Pädagogen. 2. erg. Aufl. München 1973.
Lempp, R.: Kinderpsychologischer und kinderpsychiatrischer Aspekt des Themas. In: Deutscher Juristentag, 1982, S. I 53–60.
Lempp, R. u.a.: Die Anhörung des Kindes gemäß § 50b FGG. Köln 1987.
Lenzen, D. (Hrsg.): Pädagogische Grundbegriffe. Reinbek bei Hamburg 1989.
Leu, R.H./Krappmann, L. (Hrsg.): Zwischen Autonomie und Verbundenheit. Bedingungen und Formen der Behauptung von Subjektivität. Frankfurt am Main 1999.

Limbach, J.: Der Anwalt des Kindes aus juristischer Sicht. In: Der Anwalt des Kindes – Als Konsequenz heutigen Verständnisses von Kindeswohl – Denkanstöße zu einer Neuorientierung. Ev. Akademie Bad Boll, 15.–17.4.1983, Protokolldienst Nr. 14, 1983, S. 12–23 sowie Nachdruck in epd-Dokumentation: „Anwälte des Kindes" vor Gericht und bei Behörden. Nr. 20, 1999, S. 53–60.

Lyons-Ruth, K.: Broadening our conceptual framework: Can we reintroduce relational strategies and implicit representational systems to the study of psychopathology? Developmental Psychology 31, 1995, S. 432–436.

Maas, U.: Soziale Arbeit als Verwaltungshandeln. 2. Aufl. Weinheim 1996.

Maas, U.: Hilfe zur Erziehung zwischen unbestimmtem Rechtsbegriff und Ermessen. RsDE (39) 1998, S. 1–16.

Maas, U.: Lehr- und Praxissoftware LPS-KJHG. Baden-Baden 2000.

Maccoby, E./Marty, E.J.: Socialisation in the context of the family: Parent-child interaction. In: Hetherington, E.M. (Ed.): Handbook of Child Psychology. Vol. 4: Socialisation, Personality, and Social Development. 4. Aufl. Wiley, New York 1983.

Mach-Hour, E./Pfeiffer-Pandey, D./Saage-Fain, K.: Trennung und Scheidung bei binationalen Paaren und Kindern, Verband binationaler Familien und Partnerschaften (iaf), Frankfurt 1998.

Margulies, P.: The Lawyer as Caregiver: Child Client's Competence in Context, Fordham Law Review 64, 1966, S. 1473–1504.

Marquardt, C.: Anmerkung zu OLG Naumburg – MDR 2000, 1322 – MDR 2000, 1323–1324.

Marquardt, C./Lossen, J.: Sexuell missbrauchte Kinder in Gerichtsverfahren. Juristische Möglichkeiten zum Schutz sexuell missbrauchter Mädchen und Jungen. Münster 1999.

Martin, B.: Trennungen und Gemeinsamkeiten. Gespräch über Stand und Ziele im Pflegekinderwesen. In: Hamburger Pflegekinderkongress „Mut zur Vielfalt", S. 25–48.

Martinius, J./Frank, R. (Hrsg.): Vernachlässigung, Missbrauch und Misshandlung von Kindern: Erkennen, Bewusstmachen, Helfen. Bern, Stuttgart, Toronto 1990.

Maslow, A.H.: Motivation und Persönlichkeit. 2. überarb. Aufl. Freiburg im Breisgau 1978.

Maurer, H.: Das Verfahren der Familiengerichte. In: Schwab, D.: Handbuch des Scheidungsrechts.

Mauz, G.: Die Justiz vor Gericht. München 1990.

Maywald, J.: Zwischen Trauma und Chance. Trennungen von Kindern im Familienkonflikt. Freiburg im Breisgau 1997.

Melton, G./Limber, S.: What Children's Rights Mean to Children's own Views. In: Freeman, M./Veermann, P., S. 167–187.

Mertens, W.: Psychoanalytische Grundbegriffe. Ein Kompendium. 2. überarb. Aufl. Weinheim 1998.

Meyer, P./Höver, A./Bach, W.: Gesetz über Entschädigung von Zeugen und Sachverständigen. Köln 2000.

Meysen, T.: Verfahrenspfleger zwischen Mediator und Anwalt des Kindes, JAmt 2001, 381.

Mills, M./Puckering, C./Pound, A./Cox, A.: What is it about depressed mothers that influences their children's functioning? In: Stevenson, J., S. 11–17.

Mollenhauer, K.: Erziehung. In: Kreft, D./Mielenz, I., S. 171–172.

Moritz, H.P.: Die (zivil-)rechtliche Stellung der Minderjährigen und Heranwachsenden innerhalb und außerhalb der Familie. Berlin 1989.

Mörsberger, Th./Restemeier, J. (Hrsg): Helfen mit Risiko. Zur Pflichtstellung des Jugendamtes bei Kindesvernachlässigung. Dokumentation eines Strafverfahrens gegen eine Sozialarbeiterin in Osnabrück. Neuwied 1997.

Motzer, S.: Die gerichtliche Praxis der Sorgerechtsentscheidung seit der Neufassung von § 1671 BGB, FamRZ 1999, 1101–1106.

Motzer, S.: Die neueste Entwicklung von Gesetzgebung und Rechtsprechung auf dem Gebiet von Sorgerecht und Umgangsrecht, FamRZ 2001, 1034–1044.
Motzer, S.: Elterliche Sorge. In: Schwab, D.: Handbuch des Scheidungsrechts.
Motzkau, E.: Hinweise auf und diagnostisches Vorgehen bei Misshandlung und Missbrauch. In: Egle, U.T./Hoffmann, S.O./Joraschky, P., 2. Aufl. 2000, S. 59–69.
Münchener Kommentar zum Bürgerlichen Gesetzbuch. Band 8, Familienrecht II. Hg. von Rebmann, K./Säcker, F.J., 3. Aufl. München 1992 (Zitierweise: MünchKomm-Bearbeiter).
Münder, J.: Die Entwicklung autonomen kindschaftsrechtlichen Denkens, ZfJ 1988, 10–17.
Münder, J.: Probleme des Sorgerechts – bei psychisch kranken und geistig behinderten Eltern – exemplarisch für den Kinderschutz bei Kindeswohlgefährdung, FuR 1995, 89–98.
Münder, J.: Familien- und Jugendhilferecht. Eine sozialwissenschaftlich orientierte Einführung. Bd. I: Familienrecht. 4. völlig überarb. Aufl. Neuwied 1999.
Münder, J.: Familien- und Jugendhilferecht. Eine sozialwissenschaftlich orientierte Einführung. Band II: Kinder- und Jugendhilferecht. 4. Aufl. Neuwied 2000.
Münder, J./Muthke, B./Schone, R.: Kindeswohl zwischen Jugendhilfe und Justiz: professionelles Handeln in Kindeswohlverfahren. Münster 2000.
Münder, J. u.a.: Frankfurter Lehr- und Praxiskommentar zum KJHG/SGB VIII. 3. Aufl. Münster 1998.
Murch, M. u.a.: The Representation of the Child in Civil Proceedings, Research Project. Bristol 1990.
Musielak, H.-J. (Hrsg.): Kommentar zur Zivilprozessordnung. 2. Aufl. München 2000.

National Coalition (Hrsg.): Die Rechte von Kindern und Jugendlichen bei Freiheitsentzug. Bonn 2001.
Nielsen, H.: Beendigung von Pflegeverhältnissen und die Folgen für die Betroffenen. In: Hamburger Pflegekinderkongress „Mut zur Vielfalt", S. 211–216.
Niemeyer, G.: Bedarf es einer Änderung des Art. 1 Abs. 1 GG? FuR 1992, 145–148.
Nienstedt, M.: Zur Verarbeitung traumatischer Erfahrungen: Einfühlendes Verstehen im Umgang mit Anpassung, Übertragung und Regression. In: Stiftung „Zum Wohl des Pflegekindes", 1. Jahrbuch 1998, S. 52–65.
Nienstedt, M./Westermann, A.: Pflegekinder. Psychologische Beiträge zur Sozialisation von Kindern in Ersatzfamilien. Münster 1990.
Niestroj, H.: Erfahrungsbericht einer Verfahrenspflegerin. In: Salgo, L.: Der Anwalt des Kindes, 1996, S. 503–540.
Niestroj, H.: Die Vertretung von Kindesinteressen am Beispiel Sabine – Erfahrungsbericht einer Verfahrenspflegerin. In: Stiftung „Zum Wohl des Pflegekindes", Dokumentation 1998, S. 43–53.
Nosphitz, J.D. (Ed.): Handbook of Child and Adolescent Psychiatry. Volume 4. New York 1997.
Nucci, L./Lee, J.: Moral und personale Autonomie. In: Edelstein u.a., S. 69–103.
Nunner-Winkler, G.: Die Entwicklung moralischer Motivation. In: Edelstein u.a., S. 278–303.
Nunner-Winkler, G.: Moralische Motivation und moralische Identität. Zur Kluft zwischen Urteil und Handeln. In: Garz u.a., S. 314–339.

Oelkers, H.: Sorge- und Umgangsrecht in der Praxis. Bonn 2000.
Oerter, R./Dreher, E.: Jugendalter. In: Oerter, R./Montada, L., S. 310–395.
Oerter, R./Montada, L. (Hrsg.): Entwicklungspsychologie. Ein Lehrbuch. 3. vollst. überarb. und erw. Aufl. Weinheim 1995.

Paetzold, U.: Die Ergebnisse einer Untersuchung zu freiheitsentziehenden Maßnahmen nach § 1631b BGB in Brandenburg. In: Fegert, J.M./Späth, K./Salgo, L., S. 193–203.
Palandt, O.: Kommentar zum BGB. 60. Aufl. München 2001 (Zitierweise: Palandt-Bearbeiter).

Anhang

Papousek, M.: Frühe Störungen der Eltern-Kind-Beziehungen im Säuglingsalter: ein präventiver Ansatz zur Früherkennung und Behandlung. In: Deutsche Liga für das Kind, 1996, S. 26–51.

Papousek, M.: Seelische Gesundheit in der frühen Kindheit: Klinische Befunde und präventive Strategien. Kindesmisshandlung und -vernachlässigung (Heft 1) 1999, S. 2–14.

Peters, F. (Hrsg): Diagnosen – Gutachten – hermeneutisches Fallverstehen: rekonstruktive Verfahren zur Qualifizierung individueller Hilfeplanung. Frankfurt am Main 1999.

Peters, J./Schimke, H.-J.: Die Verfahrenspflegschaft nach § 50 FGG – erste Erfahrungen und Konsequenzen, Kind-Prax 1999, 143–149.

Piaget, J.: Das moralische Urteil beim Kinde. Frankfurt am Main 1973.

Piaget, J.: Das symbolische Denken und das Denken des Kindes., In: Volkmann-Raue, S. 83–146.

Piaget, J.: Das Weltbild des Kindes. München 1988.

Piaget, J.: Theorien und Methoden der modernen Erziehung. Frankfurt am Main 1990.

Plutchik, R.: A general psychoevolutionary theory of emotion. In: Plutchik, R./Kellerman, N., S. 3–33.

Plutchik, R./Kellerman, N. (Eds.): Theories of emotion. Academic Press, New York 1980.

Pohl, K.-Th.: Verfahrenspflegschaft I, BtPrax 1992, 19–26.

Polansky, N./Chalmers, M./Buttonweiser, E./Williams, D.: Damaged Parents: An Anatomy of Child Neglect. University of Chicago Press. Chicago 1981.

Poustka, F.: Elterninterview zur Achse V des multiaxialen Klassifikationsschemas für psychiatrische Erkrankungen im Kindes- und Jugendalter / Parant interview schedule. Division of Mental Health WHO. Genf 1990.

Poustka, F.: Kinderinterview zur Achse V / Interview schedule for children. Division of Mental Health WHO. Genf 1991.

Poustka, F. unter Mitarbeit von B. Burk/M. Bästlein/S. Denner/G. van Goor-Lambo/D. Schermer: Assoziierte Aktuelle Abnorme Umstände. Achse Fünf des Multiaxialen Klassifikationsschemas für psychiatrische Erkrankungen im Kindes- und Jugendalter (ICD-10). Glossar der WHO in deutscher Übersetzung mit Interview für Eltern (Life-Time-Fassung) und Kindern. Frankfurt am Main 1994.

Poustka, F./Goor-Lambo, G. van: Fallbuch Kinder- und Jugendpsychiatrie. Bern 2000.

Proksch, R.: Begleitforschung zur Umsetzung der Neuregelung der Reform des Kindschaftsrechts. 1. Zwischenbericht (Mai 2000). Nürnberg 2000.

Pschyrembel: Klinisches Wörterbuch. 259. Aufl. Berlin 2002.

Rauh, H. (Hrsg.): Themenheft „Bindung". Psychologie in Erziehung und Unterricht, 2000, Bd. 1, 47, 2; Bd. 2, 47, 3.

Raskin, D.C. (Ed.): Psychological methods in criminal investigation and evidence. New York 1989.

Remschmidt, H./Schmidt, M.H. (Hrsg.): Kinder- und Jugendpsychiatrie in Klinik und Praxis. Stuttgart 1985.

Remschmidt, H./Schmidt, M.H./Poustka, F. (Hrsg.): Multiaxiales Klassifikationsschema für psychische Störungen des Kindes und Jugendalters nach ICD-10 der WHO, 4. Aufl. Bern 2001.

Robertson, J. und J.: Reaktionen kleiner Kinder auf kurzfristige Trennungen von der Mutter im Lichte neuer Beobachtungen. Psyche 1975, S. 626–665.

Röchling, W.: Vormundschaftsgerichtliches Eingriffsrecht und KJHG. Neuwied 1997.

Roos, J.: Die Entwicklung der Zuschreibung komplexer Emotionen am Beispiel der Emotion Peinlichkeit. Frankfurt am Main 1988.

Roos, J./Brandstädter, J.: Strukturelle und ontogenetische Bedingungen der Zuschreibung von Peinlichkeitsgefühlen. Sprache & Kognition 2, 1988, 84–98.

Roos, J.: Regel«verletzungen» und «peinigende» Gefühle. Psychomed 4, 1992, 86–90.
Rutter, M./Quinton, D.: Cycles of disadvantage. London 1984.
Saage, E./Göppinger, H.: Freiheitsentziehung und Unterbringung. 3. Aufl. München 1994.
Saarni, C.: An observational study of childrens' attempts to monitor their expressive emotions. In: Child Development No. 55, 1984, S. 1504–1513.
Salgo, L.: Pflegekindschaft und Staatsintervention. Frankfurt am Main 1987.
Salgo, L. (Hrsg.): Vom Umgang der Justiz mit Minderjährigen. Frankfurter Tage der Rechtspolitik 1994. Tagungsdokumentation. Neuwied 1995.
Salgo, L.: Der Anwalt des Kindes. Die Vertretung von Kindern in zivilrechtlichen Kindesschutzverfahren. Eine vergleichende Studie. Frankfurt am Main 1996.
Salgo, L.: Kinder- und Jugendrechte im internationalen Vergleich. In: Boogaart, H. van den u.a., 1996, S. 41–61.
Salgo, L.: Einige Anmerkungen zum Verfahrenspfleger im Kindschaftsrechtsreformgesetz, FPR 1998, 91–94.
Salgo, L.: 10 Jahre UN-Übereinkommen über die Rechte des Kindes – Auswirkungen am Beispiel von Art. 12 –, Kind-Prax 1999, 179–183.
Salgo, L.: Die Implementierung der Verfahrenspflegschaft (§ 50 FGG), FPR 1999, 313–321.
Salgo, Ludwig: Gesetzliche Grundlagen der Verfahrenspflegschaft im Kindschaftsrechtsreformgesetz. epd-Dokumentation: „Anwälte des Kindes" vor Gericht und bei Behörden. Nr. 20, 1999, S. 12–21 [= Die Implementierung der Verfahrenspflegschaft (§ 50 FGG), FPR 1999, S. 313–321].
Salgo, L.: Jugendliche und ihre Rechte. In: Dolto, F./Dolto-Tolitch, C./Percheminier, C., 1999, S. 183–227.
Salgo, L.: „Helfen mit Risikominimierung" für das Kind. In: Deutscher Verein für öffentliche und private Fürsorge, 2001, S. 17–22.
Salgo, L.: Vom langsamen Sterben des elterlichen Züchtigungsrechts. In: Kohl, H./Landau, H., 2001, S. 55–69.
Salzgeber, J.: Der psychologische Sachverständige im Familiengerichtsverfahren. 3. Aufl. München 2001.
Salzgeber, J./Stadler, M.: Beziehung contra Erziehung – Kritische Anmerkungen zur aktuellen Rezeption von PAS. Ein Plädoyer für Komplexität, Kind-Prax 1998, 167–171.
Salzgeber, J./Stadler, M.: Verfahrenspfleger und Psychologischer Sachverständiger, JAmt 2001, 382–389.
Schellhorn, W. (Hrsg.): SGB VIII/KJHG. Sozialgesetzbuch Achtes Buch Kinder- und Jugendhilfe. 2. Aufl. Neuwied 2000.
Scheuerer-Englisch, H.: Auswirkungen traumatischer Erfahrungen auf das Bindungs- und Beziehungsverhalten. In: Stiftung „Zum Wohl des Pflegekindes", 1. Jahrbuch 1998, S. 66–84.
Schlack, H.G. (Hrsg.): Sozialpädiatrie. Gesundheit-Krankheit-Lebenswelten. Stuttgart, Jena, New York 1995.
Schmidtchen, S.: Kinderpsychotherapie – Grundlagen, Ziele, Methoden. Stuttgart 1989.
Schneewind, K.A./Ruppert, S./Schmid, U. u.a.: Kontrollüberzeugungen im Kontext von Autonomie und Verbundenheit. Befunde einer 16 jährigen Langzeitstudie. In: Leu, R.H./Krappmann, L., S. 357–391.
Schneewind, K.A.: Familienentwicklung. In: Oerter, R./Montada, L., S. 128–166.
Schone, R.: Was braucht ein Kind? Kriterien der Basisfürsorge und Folgen der Vernachlässigung von Kindern. In: Institut für soziale Arbeit e.V. (Hrsg.): Familien in Krisen, Kinder in Not. Materialien und Beiträge zum ISA-Kongress 28.–30.04.1997 in Düsseldorf. Münster 1997, S. 74–88.

Schone, R./Gintzel, U./Jordan, E./Kaltscheuer, M./Münder, J.: Kinder in Not. Vernachlässigung im frühen Kindesalter und Perspektiven sozialer Arbeit. Münster 1997.

Schroeder-Printzen, G. u. a.: Sozialgesetzbuch. Verwaltungsverfahren-SGB X. München 1996.

Schuhmacher, S.: Der Regierungsentwurf eines Gesetzes zur Verbesserung des zivilgerichtlichen Schutzes bei Gewalttaten und Nachstellungen sowie zur Erleichterung der Überlassung der Ehewohnung bei Trennung, FamRZ 2001, 953–958.

Schumacher, U.: Hypertrophie der Verfahrensgarantien im Betreuungsgesetz-Entwurf? ZRP 1989, S. 7–10.

Schwab, D.: Mündigkeit und Minderjährigenschutz, AcP 172 (1972), 266–290.

Schwab, D.: Das neue Betreuungsrecht, FamRZ 1990, 681–693.

Schwab, D. (Hrsg.): Handbuch des Scheidungsrechts. 4. Aufl. München 2000.

Schwenk, B.: Bildung. In: Lenzen, D., S. 208–221.

Schweppe, K.: Das HKÜ und die Interessen der betroffenen Kinder – Anmerkungen zu Konzeption und Anwendung des „Haager Übereinkommen über die zivilrechtlichen Aspekte internationaler Kindesentführungen vom 25.10.1980" –, ZfJ 2001, 169–178.

Schweppe, K.: Die Beteiligung des Kindes am Rückführungsverfahren nach dem HKÜ, FPR 2001, 203–206.

Schweppe, K.: Kindesentführungen und Kindesinteressen – Die Praxis des Haager Übereinkommens in England und Deutschland – Münster 2001.

Seidenstücker, B.: Zur Umsetzung des neuen Kindschaftsrechts in der Arbeit der Jugendämter, ZfJ 2001, 88–97.

Seitz, W.: Ansprüche von Berufsbetreuern auf Vergütung und Aufwendungsentschädigung, BtPrax 1982, 82–87.

Selman, R.L./Byrne, D.F.: Stufen der Rollenübernahme in der mittleren Kindheit – eine entwicklungslogische Analyse. In: Döbert u. a., S. 109–114.

Simitis, S. Familienrecht. In: Simon, D., S. 390–448.

Simitis, S./Rosenkötter, L./Vogel, R./Boos-Muss, B./Frommann, M./Hopp, J./Koch, H./Zenz, G.: Kindeswohl. Eine interdisziplinäre Untersuchung über seine Verwirklichung in der vormundschaftsgerichtlichen Praxis. Frankfurt am Main 1979.

Simon, D. (Hrsg.): Rechtswissenschaft in der Bonner Republik. Studien zur Wissenschaftsgeschichte der Jurisprudenz. Frankfurt am Main 1994.

Soest, G. v.: Bedingungen und Möglichkeiten von Bürgerbeteiligung im Rahmen von Jugendhilfeverfahren. Dissertation Universität Gesamthochschule Kassel 1998.

Soest, G. v.: Der Hilfeplan im Rahmen einer partizipativen Jugendhilfe. Hohengehren 2000.

Söpper, S.: Kinder und häusliche Gewalt aus dem Blickwinkel der Verfahrenspflegschaft, FPR 2001, 269–274.

Späth, K.: Die Partizipation Minderjähriger in gerichtlichen Verfahren zur Genehmigung oder Anordnung freiheitsentziehender Maßnahmen unter besonderer Berücksichtigung der Rolle und Aufgabenstellung von Verfahrenspflegern. In: Fegert, J.M./Späth, K./Salgo, L., S. 59–72.

Spangler, G.: Bindung: Stand der Forschung, aktuelle Themen, offene Fragen. In: Deutsche Liga für das Kind, 1996, S. 52.

Spangler, G./Zimmermann, P. (Hrsg.): Die Bindungstheorie. Grundlagen. Forschung und Anwendung. Stuttgart 1995.

Spies, A.: „Wer war ich eigentlich?" Erinnerung und Verarbeitung sexueller Gewalt. Frankfurt am Main 2000.

Spitz, R.: Vom Säugling zum Kleinkind. Stuttgart 1976.

Sroufe, L.A./Rutter, M.: The domain of developmental psychopathology. Child Development No. 55, 1984, S. 17–29.

Stadler, M./Salzgeber, J.: Berufsethischer Kodex und Arbeitsprinzipien für die Vertretung von Kindern und Jugendlichen – Sprachrohr und/oder Interessenvertreter? FPR 1999, 329–338.

Statistisches Bundesamt: Familiengerichte 1999. Arbeitsunterlage. Wiesbaden 2000.
Statistisches Bundesamt: Familiengerichte 2000. Arbeitsunterlage. Wiesbaden 2001.
Staudinger, J. v.: Kommentar zum Bürgerlichen Gesetzbuch, Viertes Buch. Familienrecht, §§ 1638–1683, 12. Bearbeitung Berlin 1992 / 13. Bearbeitung Berlin 2000.
Steck, D.: Die Vertretung des Kindes (Art. 146 f. ZGB) – erste praktische Erfahrungen, ZVW 1–2/2001, Sonderausgabe, S. 102–110.
Steele, B.F. (1997): Psychodynamic and Biological Factors in Child Maltreatment. In: Helfer, M.E./Kempe, R.S./Krugman, R.D., S. 73–103.
Steinberg, L./Silverberg, S.B.: The vicissitudes of autonomy in early adolescence. Child Development No. 57, 1986, S. 841–851.
Steindorff-Classen, C.: Das subjektive Recht des Kindes auf seinen Anwalt. Neuwied 1998.
Steinhausen, H.-Ch.: Psychosomatische Störungen und Krankheiten bei Kindern und Jugendlichen. Stuttgart 1981.
Steinhausen, H.-Ch.: Psychophysiologische (psychosomatische) Krankheiten. In: Remschmidt, H./Schmidt, M.H.
Steinhausen, H.-Ch.: Children of alcoholic parents. In: Steinhausen, H.-Ch./Verhulst, F., S. 54–67.
Steinhausen, H.-C./Verhulst, F.C.: Risks and Outcomes in Developmental Psychopathology. Oxford University Press. Oxford 1999.
Steller, M.: Commentary: Rehabilation of the Child Witness. In: Doris, J., S. 106–109.
Steller, M./Köhnken, G.: Statement analysis: Credibility assessment of children's testimonies in sexual abuse cases. In: Raskin, D.C., S. 217–245.
Stern, D.N.: Die Lebenserfahrung des Säuglings. Stuttgart 1992.
Stern, W. (1904): Die Aussage als geistige Leistung und als Verhörsprodukt. Experimentelle Schüleruntersuchungen. In: Stern, W. (Hrsg.): Beiträge zur Psychologie der Aussage. Leipzig. Heft 3. S. 269–326.
Stevenson, J. (Ed.): Recent research in developmental psychopathology. Oxford 1984.
Stiftung „Zum Wohl des Pflegekindes" (Hrsg.): 5 Jahre KJHG aus der Sicht des Pflegekinderwesens. Idstein 1996.
Stiftung „Zum Wohl des Pflegekindes" (Hrsg.): Dokumentation vom 10. Tag des Kindeswohls: „Pflegekinder in familiengerichtlichen Verfahren". Holzminden 1998.
Stiftung „Zum Wohl des Pflegekindes" (Hrsg.): 1. Jahrbuch des Pflegekinderwesens, Idstein 1998.
Stiftung „Zum Wohl des Pflegekindes" (Hrsg.): 2. Jahrbuch des Pflegekinderwesens, Idstein 2001.
Stoffer, R.: Jahresbericht 1998. Pflegekinderhilfe und Adoption der Stadt Frankfurt am Main, 1999.
Stone, O. M.: The Child's Voice in the Court of Law. Toronto 1982.
Stötzel, M.: Die Verfahrenspflegschaft nach § 50 FGG – Eine erste Studie – mit einer begrenzten Anzahl von Fällen – zur Bewertung der neuen Institution aus der Sicht des vertretenen Kindes. Freie Universität Berlin, Fachbereich Erziehungswissenschaften, Psychologie und Sportwissenschaft. Berlin 2000 (unveröffentlichte Diplomarbeit).
Suess, G.J./Pfeifer, W.-K.P. (Hrsg.): Frühe Hilfen. Die Anwendung von Bindungs- und Kleinkindforschung in Erziehung, Beratung, Therapie und Vorbeugung. Gießen 1999.
Suess, G.J./Fegert, J.M.: Das Wohl des Kindes in der Beratung aus entwicklungspsychologischer Sicht, FPR 1999, 157–164.

Tenhumberg, A./Michelbrink, M.: Vermittlung traumatisierter Kinder in Pflegefamilien. In: Stiftung „Zum Wohl des Pflegekindes", 1. Jahrbuch 1998, S. 106–124.
Tenorth, H.-E.: Geschichte der Erziehung. Einführung in die Grundzüge ihrer neuzeitlichen Entwicklung. 2. durchgesehene Aufl. Weinheim 1992.

Textor, M.R.: Forschungsergebnisse zur Familienpflege. In: Textor, M.R./Warndorf, P.K., S. 43–66.
Textor, M.R./Warndorf, P.K. (Hrsg.): Familienpflege. Forschung, Vermittlung, Beratung. Freiburg 1995.
Thomas, H./Putzo, H.: ZPO. 22. Aufl. München 1999.
Thurn, C./Wils, E.: Therapie sexuell missbrauchter Kinder. Berlin Forschung Bd. 32. Berlin 1998.
Tress, W.: Das Rätsel der seelischen Gesundheit. Traumatische Kindheit und früher Schutz gegen psychogene Störungen, eine retrospektive epidemologische Studie an Risikopersonen. Göttingen 1986.
Trube-Becker, E.: Gewalt gegen das Kind – Vernachlässigung, Misshandlung, sexueller Missbrauch und Tötung von Kindern. Heidelberg 1982.

van Goor-Lambo, G. u.a.: s. Goor-Lambo, G. van u.a.
Viorst, J.: Necessary Losses. New York 1986 (Mut zur Trennung. Hamburg 1988).
Vismann, C.: Akten. Frankfurt am Main 2000.
Volbert, R.: Suggestionseffekte in Kinderaussagen. In: Warnke, A./Trott, G.-E./Remschmidt, H., 1997, S. 150–159.
Volbert, R./Pieters, V.: Zur Situation kindlicher Zeugen vor Gericht. Empirische Befunde zu Belastungen durch Strafverfahren und zu möglichen Reformmaßnahmen. Bonn 1993.
Volkmann-Raue, S. (Hrsg.): Jean Piaget. Drei frühe Schriften zur Psychoanalyse. Freiburg 1993.

Wagenitz, T./Engers, M.: Betreuung – Rechtliche Betreuung – Sozial(rechtlich)e Betreuung, FamRZ 1999, 1273–1280.
Wallerstein, J.S./Blakeslee, S./Lewis, J.M.: The Unexpected Legacy of Divorce. New York 2000 (Die unerwarteten Folgen der Scheidung für die Kinder – Eine Langzeitstudie über 25 Jahre. Münster 2002).
Wallerstein, J.S./Kelly, J.B.: Surviving the Breakup: How Children and Parents Cope with Divorce. New York 1980.
Wallerstein, J.S./Lewis, J.: Langzeitwirkungen der elterlichen Ehescheidung auf Kinder, FamRZ 2001, S. 65–72.
Walter, C.: Die Stellung Minderjähriger im Verfassungsbeschwerdeverfahren – Überlegungen zur Auflösung einer möglichen Konkurrenz zwischen Verfahrens- und Ergänzungspflegschaft –, FamRZ 2001, 1–7.
Walter, E.: Berufsbild: Anwalt des Kindes – Abgrenzungen. In: Ev. Akademie Bad Boll (Hrsg.): Anwalt des Kindes. Eine Tagung zu § 50 FGG für Fachleute aus Interessenvertretung für Kinder und Jugendliche (Verfahrens- & Umgangspflegschaft), Familiengerichten, Rechtsanwaltskanzleien, Jugendämtern, verwandten Tätigkeitsbereichen, 9.–11.2.2000, Protokolldienst Nr. 7, 2000, S. 116–137.
Warnke, A./Trott, G.-E./Remschmidt, H. (Hrsg.): Forensische Kinder- und Jugendpsychiatrie. Ein Handbuch für Klinik und Praxis. Bern, Göttingen, Toronto, Seattle 1997.
Watzlawik, P. u.a.: Menschliche Kommunikation. Bern 1969.
Weber, C.: Grundsätze für die Durchführung von Verfahrenspflegschaften für Kinder und Jugendliche, Kind-Prax 2001, 66.
Weber, C./Zitelmann, M.: Standards für VerfahrenspflegerInnen – Die Interessenvertretung für Kinder und Jugendliche in Verfahren der Familien- und Vormundschaftsgerichte gemäß § 50 FGG. Luchterhand spezial. Neuwied 1998.
Westermann, A.: Trennungen und Gemeinsamkeiten. Gespräch über Stand und Ziele im Pflegekinderwesen. In: Hamburger Pflegekinderkongress „Mut zur Vielfalt", S. 25–48.

Westermann, A.: Zur psychologischen Diagnostik der Kindesmisshandlung: Über die Todesangst des misshandelten Kindes. In: Stiftung „Zum Wohl des Pflegekindes", 1. Jahrbuch 1998, S. 32–51.
Wetzels, P.: Zur Epidemiologie physischer und sexueller Gewalterfahrungen in der Kindheit. Forschungsbericht Nr. 59 des Kriminologischen Forschungsinstituts Niedersachsen. Hannover 1997.
Wetzels, P.: Gewalterfahrungen in der Kindheit. Sexueller Missbrauch, körperliche Misshandlung und deren langfristige Konsequenzen. Baden-Baden 1997.
Weychardt, D.W.: Die familiengerichtliche Regelung der elterlichen Verantwortung, ZfJ 1999, 268–277 und 326–335.
Weychardt, D.W.: Anmerkung zu OLG Frankfurt am Main – FamRZ 1999, 1293–1294 – FamRZ 2000, 844.
Wiesner, R.: Ein gutes Gesetz unter sich verschlechternden Umsetzungsbedingungen. In: Stiftung „Zum Wohl des Pflegekindes" (Hrsg.): 5 Jahre KJHG aus der Sicht des Pflegekinderwesens, 1996, S. 46–57.
Wiesner, R. u. a. (Hrsg.): SGB VIII. Kinder- und Jugendhilfe. 2. Aufl. München 2000.
Wille, J.: Freiheitsentziehung bei Kindern und Jugendlichen nach § 1631b BGB in der familiengerichtlichen Praxis, DAVorm 2000, 449–456.
Willutzki, S.: Güte und Vergütung. Zur – nicht nur finanziellen – Lage der Verfahrenspflegschaft, Kind-Prax 2001, 107–111.
Willutzki, S.: Neues Kindschaftsrecht – Anforderungen an das familiengerichtliche Verfahren und die Kooperation mit der Jugendhilfe; die Bedeutung des Anwaltes des Kindes im familiengerichtlichen Verfahren. In: Verein für Kommunalwissenschaften e.V. (Hrsg.): Die Beratung im Kontext von Scheidungs-, Sorgerechts- und Umgangsrechtsverfahren. Anforderungen an Strukturen und Formen der Kooperation von Familiengericht, Jugendhilfe und Anwaltschaft. Berlin 1999.
Winnicott, D.: Vom Spiel zur Kreativität. Stuttgart 1974.
Wolf, P.: Was wissen Kinder und Jugendliche über Gerichtsverhandlungen? Eine empirische Untersuchung. Regensburg 1997 (zugl. Diss.).

Yarrow, L.J.: Trennung von den Eltern während der frühen Kindheit. In: Bonn, H./Rohsmanith, K., S. 111–178.

Zaragoza, M.S.: Memory, suggestibility, and eyewitness testimony in children and adults. In: Ceci, S.J./Toglia, M.P./Ross, D.F., 1987, S. 53–78.
Zaragoza, M.S.: Preschool Children's Susceptibility to Memory Impairment. In: Doris, J., 1991, S. 27–39.
Zehnter Kinder- und Jugendbericht, BT-Drucks. 13/11368.
Zenz, G.: Kindesmisshandlung und Kindesrechte. Erfahrungswissen, Normstruktur, Entscheidungsrationalität. Frankfurt am Main 1979 und 1981.
Zenz, G.: Aspekte der Familienpflege und Konsequenzen für die Jugendhilfe. Gutachten A. In: Deutscher Juristentag, 1982, S. A 7–61.
Zenz, G.: Sekundärtraumatisierung von misshandelten und missbrauchten Kindern im gerichtlichen Verfahren. In: Klosinski, 1995, S. 91–108.
Zenz, G.: Rechtsgrundlagen für Eingriffe in das Sorgerecht bei festgestellter Alkoholabhängigkeit der Eltern, FPR 1998, S. 17–23.
Ziegenhain, U.: Sichere mentale Bindungsmodelle. In: Gloger-Tippelt, G., 2000, S. 154–173.
Zimmermann, W.: Probleme des neuen Betreuervergütungsrecht, FamRZ 1999, 630–637.
Zitelmann, M.: Vom „Anwalt des Kindes" zum Verfahrenspfleger? Die Interessenvertretung für Kinder in sorgerechtlichen Verfahren, Kind-Prax 1998, 131–135.

Anhang

Zitelmann, M.: Kindeswohl und Kindeswille im Spannungsfeld von Pädagogik und Recht. Münster 2001.
Zöller, R.: Zivilprozessordnung. 22. Aufl. Köln 2001.

Verzeichnis der Autorinnen und Autoren

Bauer, Axel, Richter am Amtsgericht Frankfurt am Main, seit 1987 Vormundschaftsrichter, seit 1998 Vormundschafts- und Familienrichter. Referent und Mitglied der Prüfungskommission der Weiterbildung für Verfahrenspfleger/innen der Paritätischen Akademie. Veröffentlichungen zu den Themen Sorgerecht, Verfahrenspfleger für Minderjährige, Freiheitsentzug bei Minderjährigen. Mitkommentator des Heidelberger Kommentars zum Betreuungs- und Unterbringungsrecht. Leiter der Fortbildung der Hessischen Vormundschaftsrichter im Betreuungs- und Unterbringungsrecht. Lehrbeauftragter der J. W. Goethe-Universität Frankfurt am Main.
Bearbeiter von Rn 76–180; 181–230; 1060–1062; 1251–1341.

Ehrtmann, Sabine, Diplom-Sozialpädagogin (FH), Verfahrenspflegerin. Mitglied des Vorstandes der Bundesarbeitsgemeinschaft Verfahrenspflegschaft für Kinder und Jugendliche e.V. (BAG). Arbeitsschwerpunkt: Selbständige Tätigkeit als Verfahrenspflegerin für Kinder und Jugendliche im Bereich Trennung und Scheidung sowie bei freiheitsentziehender Unterbringung Minderjähriger.
Bearbeiterin von Rn 1201–1250.

Fegert, Jörg Michael, Professor Dr. med. habil., Arzt für Kinder- und Jugendpsychiatrie/Psychotherapie, Arzt für Psychotherapeutische Medizin/Psychotherapie. Ärztlicher Direktor der Klinik und Poliklinik für Kinder- und Jugendpsychiatrie/Psychotherapie des Universitätsklinikums Ulm. Arbeitsschwerpunkte: Vernachlässigung, Misshandlung, sexueller Missbrauch, psychosomatische Erkrankungen im Kindes- und Jugendalter, Patientenaufklärung und Patientenrechte, ärztliche Fragestellungen im Zusammenhang mit sozialrechtlichen, familienrechtlichen und forensischen Themen, Entwicklungspsychopharmakologie, Impulssteuerungsstörungen.
Bearbeiter von Rn 244–271; 297–307; 324–370; 424–447; 486–529; 571–615; 711–744; 1181–1200.

Fieseler, Gerhard, Professor Dr. jur., Hochschullehrer an der Universität Gesamthochschule Kassel. Arbeitsschwerpunkte in Aus- und Fortbildung: Familien- und Jugendrecht, Recht der Sozialen Arbeit – Veröffentlichungen (Auswahl): Kinder- und Jugendhilferecht. Gemeinschaftskommentar zum SGB VIII (Herausgeber zusammen mit Prof. Hans Schleicher, München); Fieseler/Herborth, Recht der Familie und Jugendhilfe, 5. Auflage Neuwied 2001.
Bearbeiter von Rn 961–1050.

Heilmann, Stefan, Dr. jur., Richter, z. Zt. wissenschaftlicher Mitarbeiter am Bundesverfassungsgericht in Karlsruhe und dort insbesondere zuständig für Kindschaftsrecht. Seit 1998 Referent in der Weiterbildung für Verfahrenspfleger/innen verschiedener Träger.
Bearbeiter von Rn 771–891.

Maywald, Jörg, Dr. phil., Diplom-Soziologe, Geschäftsführer der Deutschen Liga für das Kind, stellv. Sprecher der National Coalition für die Umsetzung der UN-Kinderrechtskonvention in Deutschland. Arbeitsschwerpunkte: Kinderrechte, Kinder- und Familienpolitik. Referent in der Weiterbildung für Verfahrenspfleger/innen.
Bearbeiter von Rn 308–323; 462–485; 616–645; 1131–1160.

Verzeichnis der Autorinnen und Autoren

Niestroj, Hildegard, Diplompädagogin, Diplom-Sozialpädagogin, Kindergärtnerin. Kindertherapeutische Arbeit mit Kindern in priv. Praxis; Fortbildungsseminare für Pflegeeltern zum Umgang mit traumatisierten Kindern; Verfahrenspflegerin; Referentin in der Weiterbildung von und Fallsupervision für Verfahrenspfleger/innen. Praxiserfahrungen in der Kinder- und Jugendhilfe: Kindergärten, Horte, Heime; Nachbarschaftszentren für sozialkulturelle Arbeit und Gemeinwesenarbeit; Erziehungsberatung mit Schwerpunkt Kindertherapie und Elternberatung.
Bearbeiterin von Rn 1078–1130.

Rogalla, Catharina A., seit 1988 als Rechtsanwältin in Hamburg tätig. Verfahrenspflegerin für Kinder und Jugendliche. Mitglied des Vorstandes des Vormundschaftsgerichtstages e.V.; Referentin bei Fachtagungen zur Verfahrenspflegschaft für Kinder und Jugendliche. Arbeitsschwerpunkte: Kindschafts- und Betreuungsrecht.
Bearbeiterin von Rn 1063–1077.

Salgo, Ludwig, Professor Dr. jur., mehrjährige Tätigkeit als Rechtsanwalt mit Schwerpunkten im Familien- und Sozialrecht. Walter Kolb-Preis der Stadt Frankfurt am Main (1988). Professor an der Fachhochschule für Sozialwesen Esslingen (1988) und seit 1992 an der Fachhochschule Frankfurt am Main. Wissenschaftliches Mitglied (Fellow) am Collegium Budapest – Institut for Advanced Study (1996). Außerplanmäßiger Professor am Fachbereich Rechtswissenschaften der J. W. Goethe-Universität Frankfurt am Main. Arbeitsschwerpunkte im Bereich Eltern-Kind-Staat. Referent in der Weiterbildung für Verfahrenspfleger/innen.
Bearbeiter von Rn 1–75.

Schön, Anja Silja, Diplom-Sozialpädagogin (FH), Verfahrenspflegerin für Kinder und Jugendliche. Arbeitsschwerpunkt: Betreuung von Kindern während der Inobhutnahme. Referentin bei Fachtagungen zur Verfahrenspflegschaft für Kinder und Jugendliche.
Bearbeiterin von Rn 1161–1180.

Schweppe, Katja, Dr. jur., Studium der Rechtswissenschaften in Frankfurt am Main und Leicester (England). Walter Kolb-Preis der Stadt Frankfurt am Main (2001). Wissenschaftliche Mitarbeiterin an den Fachbereichen Erziehungswissenschaften und Rechtswissenschaften der J. W. Goethe-Universität Frankfurt am Main. Arbeitsschwerpunkte: Internationales Kindschaftsrecht und Vormundschaft.
Bearbeiterin von Rn 892–960.

Spies, Anke, Dr. phil., wissenschaftliche Mitarbeiterin am Seminar Pädagogik der Universität Koblenz-Landau, Campus Koblenz. Arbeitsschwerpunkte: Biografisches Fallverstehen; Gewalt in der Familie; Gewaltbereite Jugendliche; (Interkulturelle) Jugendarbeit; Geschlechtsbezogene Soziale Arbeit; Hilfen zur Erziehung; Erlebnispädagogik; Armut; Drogenhilfe; Theorie und Geschichte der Sozialen Arbeit; Projektstudium.
Bearbeiterin von Rn 448–461.

Weber, Corina, Diplom-Sozialpädagogin (FH) und Juristin. Arbeitsschwerpunkte: Kindschaftsrechtsreform, Kinderrechte. Entwicklung der Konzeption der Weiterbildung „Anwalt des Kindes" der Paritätischen Akademie; seit 1998 Referentin in der Fort- und Weiterbildung für Verfahrenspfleger/innen verschiedener Träger. Geschäftsführerin der Bundesarbeitsgemeinschaft Verfahrenspflegschaft für Kinder und Jugendliche e.V. (BAG).
Bearbeiterin von Rn 1052 sowie des Rechtsprechungsverzeichnisses (Anhang D).

Zenz, Gisela, Professor Dr. jur., Psychoanalytikerin und Professorin für Familien-, Jugendhilfe- und Sozialrecht an der J. W. Goethe-Universität Frankfurt am Main. Arbeitsschwerpunkte: Kindschaftsrecht (Kindesmisshandlung, Pflegekindschaft, Vormundschaft) und Rechte alter sowie psychisch kranker Menschen.
Bearbeiterin von Rn 530–570; 646–710.

Ziegenhain, Ute, Dr. phil.,
Studium der Diplom-Pädagogik, Promotion in Entwicklungspsychologie. Leitende Pädagogin der Klinik für Kinder- und Jugendpsychiatrie/Psychotherapie des Universitätsklinikums Ulm, (Co-)Leitung mehrerer Forschungsprojekte im Bereich Bindungsforschung und Sozialpädagogik.
Bearbeiterin von Rn 272–296; 371–423.

Zitelmann, Maud, Dr. phil., Diplom-Pädagogin, Erzieherin. Wissenschaftliche Mitarbeiterin am Fachbereich Erziehungswissenschaften der J. W. Goethe-Universität Frankfurt am Main. Arbeitsschwerpunkte: Theorie und Praxis der Sozialpädagogik; Erziehung in Institutionen; interdisziplinäre Aspekte des Familien- und Jugendhilferechts; Kinderschutz; Verfahrenspflegschaft und Vormundschaft; Referentin in Weiterbildungskursen für Verfahrenspfleger/innen.
Bearbeiterin von Rn 231–243; 244–271; 448–461; 745–770; 1052.

Sachverzeichnis

Die Ziffern beziehen sich auf die **Randnummern des Handbuchs.**

Abänderung der gerichtlichen Anordnung 1060
Abänderungsverfahren 829
Abgrenzung von Eltern 1079 f., 1087, 1091 ff., 1103 ff., 1109, 1120
Abhängigkeitssyndrom 588
Abrechnung 1238 (s. a. Aufwendungsersatz, Entschädigung, Vergütung)
Abrechnung, Barauslagen 1304
Abstumpfung 640
Abwarten im Verfahren 1075
Abwehrmechanismen 1098 ff., 1113
Adoptionsbeschluss 838
Adoptivfamilie 247, 317
Advokatorische Interessenvertretung 40 (s. a. Vertretungskonzepte)
Aggression 318, 453, 661
Agieren 1118
Akten des Gerichts 137
Akten des Jugendamts 123
Akteneinsicht 33, 123, 138 ff., 999 f., 1027, 1060, 1066
Aktenvermerk 808 f.
Alkoholprobleme 574, 598, 689
Alleinerziehende 429
Ambiguität, konzeptionelle 40
Ambivalenzen der Gesetzgebung 3 ff., 20
Ambivalenzkonflikte 661
Ambulante Hilfen 679, 681 f.
Amtsermittlung 19, 34, 64, 130, 776
Amtsermittlungspflicht 130, 170
Amtsverfahren 789, 798
Amtsvormund 106
Anforderungsprofil 12
Angst 1082 f., 1088, 1092, 1107, 1116, 1119 ff.
Angstanfälle 661
Angsterkrankungen 572
Angststörungen 594
Anhörung 110, 197, 213, 804 (s. a. Kindesanhörung)
– der Eltern 804, 825
– der Pflegeeltern 804
– des Jugendamtes 805, 825
– Gestaltung 878 f., 885 f.
– Verzicht 825
– von Kindern und Jugendlichen 756, 804, 825, 832, 871 ff., 985, 998, 1208
Anordnung
– persönliches Erscheinen 832
– Sachverständigengutachten 832
Anorexia nervosa 602
Anpassungsleistungen 288
Anpassungsstörungen 596
Anregung
– an das Gericht 34, 454, 778, 790
– des Minderjährigen 1061
Anspruchsinhaber auf Hilfen zur Erziehung 974 f., 1007
Antrag 790
– Berechtigung ab 15 Jahren 1008, 1015
– des Minderjährigen 1061
Antragsverfahren 789, 823
Anwaltliches Vertretungsmodell 39, 65
Anwaltsentschädigung 1287
Anwaltszwang 851, 854
Anwesenheit des Verfahrenspflegers 28, 33, 112, 157 f., 881 f.
Artikulationsfähigkeit 60
Ärztliches Zeugnis 205
Attention deficit disorder (ADD) 605
Aufgaben des Verfahrenspflegers 12, 39, 43, 210 ff., 216
Aufmerksamkeitsdefizithyperaktivitätssyndrom (ADHS) 605
Aufmerksamkeitsdefizitsyndrom (ADS) 605
Aufschiebende Wirkung 834, 859 ff.
Aufsicht des Gerichts 24, 92 f.
Aufwendungsersatz 56, 1251, 1253, 1302 ff.
Augenschein 811
Ausbildungsabschluss 1280
Ausgangsbeschränkungen, altersinadäquate 189
Aushandlungsprozess 54, 540, 983 f., 1026 f.
Ausland, Verbringen des Kindes in das 914 f.
Ausländische Erfahrungen 19
Ausschlussfrist 1320
Äußerungen des Kindes 55
Aussetzung
– der Vollstreckung 861
– der Vollziehung 861
– des Verfahrens 801

Sachverzeichnis

Aussetzungsbeschluss 821
Authentizität der Willensäußerungen 99, 239 ff., 294
Autonomiebedürfnisse 442

BAG Verfahrenspflegschaft 6, 237, 1051 ff., 1202 ff.
Bagatellisierung 1080, 1093, 1101, 1117
Basisbedürfnisse 431 (s. a. Grund-/Bedürfnisse des Kindes)
Basisfürsorgekriterien 268
Bedürfnispyramide 269
Bedürfnisse des Kindes 440, 1082, 1089, 1093, 1105, 1116 f.
Befangenheit, Ablehnung des Richters 842 f.
Begleiteter Umgang 354, 698
Begleitforschung 4
Beistandschaft 32
Belastung(en) des Kindes 124, 749 ff., 783, 1084, 1097, 1113
Belastungen, schwere 596
Belastungsreaktionen, akute 597
Belastungsstörungen, posttraumatische 597
Beratung des Kindes 750 ff., 1056
Berufsethik 231 ff., 1051 ff., 1209
Berufshaftpflicht 1217
Berufsmäßigkeit, Feststellung der 1264 f., 1267 ff.
Berufung 831, 836, 852
Beschleunigungsfunktion 787
Beschwer der Eltern 35
Beschwerde 136, 831 ff., 1060, 1331
– befristete 831, 836, 850, 852
– Begründung 852 f.
– Berechtigung 847
– einfache 831 f., 835, 837, 849, 853, 875
– sofortige 831, 837, 849 ff., 852 f.
– unbefristete 27, 831, 849
– Untätigkeit 841
Beschwerdegericht 849
Beschwerderecht
– der Eltern 13, 36
– des Kindes 108
Bestellpraxis 4, 17 f.
Besuchskontakte 660 ff., 697 ff.
Beteiligte
– Begriff 799
– im Verwaltungsverfahren 1001 ff.
Beteiligtenstellung, formell/materiell 78
Beteiligtenvernehmung 811
Betreuungsgesetz/-recht 3, 22 ff.

Bettnässen 596, 661
Beweis 810 ff.
Beweisantrag 777 ff.
Beweisbeschluss 810, 821
Beweismittel 779, 811
Beziehungskontinuität 551 f.
Bildung 450 ff.
Bindung(en) 99, 312, 550, 1082, 1089, 1107, 1112 ff.
– ältere Kinder 395 ff.
– Autonomie 374
– Begriff 372 ff.
– Eltern-Kind 650 ff., 696 ff.
– Feinfühligkeit der Eltern 382 ff.
– hochunsichere 413 ff.
– Intensität 629
– Kontinuität 402 ff.
– Qualität 373, 550, 683
– Risiken 413 ff.
– sichere 381, 386 ff., 397 ff.
– unsichere 381, 386 ff., 392, 397 ff.
Bindungsangebot 627
Bindungsstörungen, reaktive 444
Bindungstheorie 372, 650 ff.
Blutgerinnungsstörungen 496
Blutungen, innere 500
Body-Mass-Index 602
Bulimia nervosa 604
Bundesarbeitsgemeinschaft Verfahrenspflegschaft (s. BAG)
Bundesgerichtshof 857
Bundesländer 4, 21
Bundesministerium der Justiz 20
Bundesrat 26, 34
Bundesrechtsanwaltsgebührenordnung (BRAGO) 57, 1287 ff.
Bundesregierung 7 f., 26, 30
Bundesverband der Berufsbetreuer 1202
Bundesverfassungsgericht 6, 15, 57, 858
Burnout 724
Büroorganisation 1234

Case management 751
Children Act (1989) 265
Computertomographie 487

Datenschutz 169 ff.
Dauerpflege 695 ff. (s. a. Pflegefamilie)
Delinquenz 453
Depressionen 572, 640
Diagnoseschlüssel 512

Sachverzeichnis

Diagnostik 264 ff., 459 ff., 487, 535 ff., 1019
Dienstaufsichtsbeschwerde 844
Dienstreisen 1312
Distanz 1097, 1117, 1120
Distanzlosigkeit 453
Dokumentation 509, 535, 1058
Dolmetscherkosten 1318
Double Bind 320
Drogen 576, 586 ff., 598
Drogensucht der Eltern 576, 689, 1187
DSM-IV 357

Ehrenamtliche Verfahrenspfleger 1261 f..
Eidesstattliche Versicherung 812
Eignung, fachliche und persönliche 133, 1055
Eilverfahren 793, 822, 835
Einfühlungsvermögen 382 ff., 410, 1081, 1102
Einführungsphase 4
Eingliederungshilfe 975, 1008
Einkoten 611
Einnässen 611
Einsichtsfähigkeit 52
Einstellung der Richterschaft 16
Einstweilige Anordnung 822, 835
Einvernehmliche Konfliktlösung 62 ff., 798 f.
Elterliche Eigeninteressen 1095 ff., 1101 f., 1117
Elterliche Sorge 1094 f., 1113
- Entzug 1009, 1018
Elterliche Verantwortung 1096 f.
Eltern, Verhältnis des Verfahrenspflegers zu 1058, 1078 f.
Elterngespräch 1091 ff., 1100 f., 1108, 1117, 1120
Eltern-Kind-Beziehung 651, 1089, 1099, 1103, 1116
Elternorientiertheit des Kinder- und Jugendhilfegesetzes 1007
Elternrecht 26 ff., 32, 1081, 1083, 1101
Elternzentrierte Fragestellungen 1104 ff..
Emotionale Kindesentwicklung 273 ff.
Emotionen, negative 275
Empathie (s. Einfühlungsvermögen)
Endentscheidung 821
Entlastung des Kindes 745 ff., 1096 f.
Entschädigung
- Anspruch 187, 1251 f.
- Festsetzung 1327 ff.
- Verfahren 1327 ff.

Entscheidung 821, 876
- Bekanntmachung 870
Entscheidungsreife 781
Entscheidungsvorschlag 805, 1123
Entwicklung des Kindes 264 ff., 272 ff., 442, 1083, 1112
Entwicklungsstörungen 613
Entwicklungsverzögerung 434
Entziehung der gesetzlichen Vertretung 28
  (s. a. gesetzliche Vertretung)
Entzug der elterlichen Sorge 1009, 1018
Erfahrungen der Gerichte 14
Erfahrungen des Kindes 745 ff., 1085, 1087 f., 1111 f.
Erfahrungsberichte 4, 1063 ff.
Ergänzungspfleger 27, 29, 31, 36, 91,102, 978, 993, 1003, 1008, 1018 f.
Ergänzungspflegschaft 85 ff., 104 f.., 171
Erkrankungen
- bipolare affektive 593
- depressive 593
- manische 593
Erlöschensfristen 1320 ff.
- Aufwendungsersatzanspruch 1325 f.
Ermessen 11
Ermessensentscheidung 991, 1000, 1015, 1026
Ermittlungen 58 f., 130
- eigene des Verfahrenspflegers 148 ff., 1060
Ermittlungsfunktion 1103, 1122
Ernährung 433
Ersatzbeziehungen 630
Erziehung 449 ff., 453 ff., 462
Erziehungsberatungsstelle 1215
Essensverweigerung 661
Essstörungen 602
Essverhalten 434
Europäisches Sorgerechtsübereinkommen 774
Europäisches Übereinkommen über die Ausübung von Kinderrechten 7, 30, 48, 902
Evaluation 4, 1203
Existenzgründung 1209, 1212, 1231

Fachliteratur 1319
Fachpolitische Stellungnahmen 4, 236 f., 1210
Fahrtkosten 1304, 1306 ff.
Faktische Präjudizierung 783

Sachverzeichnis

Fallbeispiele 1064 ff., 1069 ff., 1073 ff., 1079, 1086 ff., 1106 f.
Falldynamik 1081, 1093 ff., 1100 f.
Fallkonstellationen 8 f., 1021 ff.
Fallübernahme 1080, 1116 f.
Falschaussagen 334
Familiale Traumatisierung 1099, 1115
Familie 1091, 1111, 1118
Familienaktivierende Hilfe 681, 1013
Familiengericht 794
- Anordnungskompetenz gegenüber dem Jugendamt 1020
Familiengerichtstag 236
Familiengewalt 530 ff.
Familienpflege 679
Familienunterstützende Maßnahmen 545, 1105
Festsetzung der Entschädigung 1327 ff.
Feststellung der Berufsmäßigkeit 1264 f., 1267 ff.
Feuer, offenes 437
Fieber 441
Flashback-Erinnerungen 305, 597
Flyer 1212
Fortbildung 1209
Fotokopien 137, 812
Fotokopien, Kosten 1304, 1315 f.
Frakturen 499
Freiberufler 1217
Freibeweis 810
Freie Träger, Mitwirkung bei den Hilfen zur Erziehung 1015
Freiheitsentziehende Unterbringung 3, 22, 26, 181, 183 ff., 188 f., 238, 1187, 1208
Freiheitsentzug 1187
- Alternativen 205
- Genehmigung 190
Freiwilligkeitserklärung des Minderjährigen 206 ff.
Freizeit, Recht des Kindes auf 448
Freundschaften 457
Frist
- Beschwerde 846
- für die Stellungnahme des Jugendamtes 806
Früher erster Termin 800
Früherfahrungen, negative 626, 653 ff.
Frühförderung 460, 1169
Funktelefon 1313
Funktionsbeschreibung 40
Furcht 275

Gebot der Kindeswohlzentrierung 244 ff., 678 ff., 803
Gebot der Verfahrensbeschleunigung 778, 782, 814
Geburtshäuser 1165
Geduld 725
Gefahr im Verzug 875
Gefährdung, psychosoziale 427
Gefühle 239, 272, 748 f., 757
- gemischte 290 ff., 741 ff.
- selbstwertrelevante 284
- verborgene 293 ff.
Geheimnisse 240 f., 726, 753
Gehilfe des Richters 165
Gehirnwäsche 324
Gehör, rechtliches 116
Genehmigungsbeschluss 221
Generalklauseln 50, 244 ff.
Gerichtsakten 137
Geschwister 409 ff., 1057
Gesetzesbindung der Verwaltung 989
Gesetzliche Vertretung 31
- Entziehung 28
Gesichtsausdruck 274 f.
Gesprächseinheiten 1313
Gestaltungsspielraum 777
Gesundheitsfürsorge 441
Gewalt 65 f., 533 ff., 1082, 1092, 1111, 1113
- in der Erziehung 462 ff.
- miterlebte 533
Gewaltanwendung
- gegen das Kind 533 ff., 864
- geistige 463 ff., 466
- körperliche 463 ff., 466
- sexuelle 463 ff., 466
Gewaltfreie Erziehung 462
Gewichtsverlust 635
Gewöhnlicher Aufenthalt 897
Gilles de la Tourette-Syndrom 610
Glaubhaftmachung 812, 824
Gleichaltrige 457
Gleichgeschlechtliche (Pflege- und Adoptiv-)Eltern 247
Grenzziehungen 439
Grundbedürfnisse 264 ff., 268 ff., 431, 448 (s. a. Basisbedürfnisse)
Grundrechte 858
- des Minderjährigen 198, 1208
Grundrechtliche Position 94
Grundrechtssicherung durch Verfahren 12

Sachverzeichnis

Gutachten 128, 214, 1181 ff. (s.a. Sachverständige)

Haager Kindesentführungsübereinkommen 774, 913 ff., 1197
Haager Kindesschutzübereinkommen 909
Haager Minderjährigenschutzabkommen 774, 903 ff.
Hämatome 495
Handakte 137
Handlungsbedarf 1074 f.
Hauptsachenentscheidung 28
Hautwunden 495
Heilversuch 592
Heim 240, 1178, 1187 ff.
Herabsetzung, persönliche 476, 519
Herausgabe des Kindes 674 ff., 826, 1074
Herkunftsfamilie 671 ff., 688 f., 695 ff.
Hilfen zur Erziehung 52, 453, 460 ff., 681 ff., 992 f., 1006 ff.
- Antragserfordernis 992
- bedarfsgerechte 460 f., 993, 1014
- fachlich indizierte Hilfe 693, 993, 1012 f.
- Fremdunterbringung 686 ff., 1006, 1187 ff.
- ohne bzw. gegen den elterlichen Willen 1018
- Rechtsfragen 1011 ff.
- Selbstbeschaffung 993, 1015
Hilfeplan 805
Hilfeplangespräch 58, 122, 1147, 1208
Hilfeplanverfahren 455, 969, 972, 973, 985 f., 1006, 1185
- Beteiligung (auch) nichtsorgeberechtigter Eltern 1019
- Mitwirkung von Kindern und Jugendlichen 986
Hort 240, 453, 456, 1171 f.
Hospitalismus 635 f.
Hygiene 436
Hyperaktivität 640

ICD-10 357, 420, 583
Ichfunktionen 1096, 1099, 1118
Identität 288, 699
Impfschutz 441
Implementationsforschung 4
Imprägnierung 266
Information des Kindes 98, 750 ff., 1056
Informationen 1079, 1103, 1108, 1122
Informationsbeschaffung 60, 62

Informationsgewinnung, eigenständige 1058
Infrastruktur 21
Inobhutnahme 543, 975, 1180
Instrumentalisierungstendenzen 165
Intelligenz 452
Interaktion 439
Interessen des Kindes
- objektive/wohlverstandene 20 ff., 24, 107, 234, 236, 242, 244 ff., 1061, 1112 f., 1123, 1208
- subjektive 240 f., 1061 (s.a. Kindeswille)
Interessengegensatz 85, 94
Interessenkollision 1081, 1084, 1098, 1117, 1120
Interessenkonflikt 1215
Interessenschuldner 1339
Interessenvertretung 231
- unabhängige 131
Internationaler Sozialdienst 949
Interpretieren, angemessenes 348, 382
Intervention 530 ff.
Intoxikationen 501
Isolieren 476

Joint attention 276
Jugendalter 287
Jugendamt 19, 35, 97, 119, 121, 212, 805 f., 1058, 1131, 1208, 1215
- „Allparteilichkeit"/„Mehrparteilichkeit" 964, 968, 1009
- Anhörung durch Familien-/Vormundschaftsgericht 1139
- Anrufung des Familiengerichts 995
- Aufgaben im familien- und vormundschaftsgerichtlichen Verfahren 1137 f.
- Beratung von Kindern ohne Kenntnis ihrer Eltern 985
- Beschwerdeberechtigung 848
- Beteiligung von Kindern und Jugendlichen 970 ff., 983 ff., 1001, 1009
- Beurteilungsspielraum 1016
- Entscheidungsverantwortung 984
- Ermittlungen 1025
- Kooperation mit den Eltern 996
- Neutralität 1009
- Stellung gegenüber Kind und Eltern 1132
- Stellungnahme 1140 ff.
- Verwaltungsverfahren, siehe dort
- Zusammenarbeit mit Verfahrenspfleger 1143 ff.

Sachverzeichnis

Jugendamtsmitarbeiter, ehemalige, als Verfahrenspfleger 1152
Jugendhilfe 1133
- Adressaten 1133
- Ambivalenz 1134
- Leistungen 1134
- Ziele 1133
Jugendhilferechtliches Verfahren 965 f., 968 ff., 982, 1004 ff. (s. a. Verwaltungsverfahren)
Jugendliche 399
JURIS 4

Kilometerpauschale 1308
Kind(es) 1084 ff.
- als eigenständige Person 1082, 1090, 1104 f., 1116
- Beratung des 750 ff., 1056
- Grundbedürfnisse des 264 ff., 268 ff., 431, 448
- Perspektive des 271, 745, 749, 751 ff., 1084 ff., 1090, 1108 ff. 751
Kinder- und Jugendpsychiatrie 3, 214
Kindergarten 240, 1058
Kindergartenkind 389
Kinderheim (s. Heim)
Kinderrechte 7 ff., 974 ff., 984, 1030 ff.
Kindesanhörung 7, 15, 17, 33, 35, 60, 161, 756 ff., 804, 825, 832, 871 ff., 1208 (s. a. Anhörung)
- Anwesenheit des Verfahrenspflegers 157 f., 881 f.
- Anwesenheit von Verfahrensbeteiligten 880 ff.
- Ort 884
- Protokollierung 887 f.
Kindesentführung 912 ff.
Kindesentführungsübereinkommen 774, 913 ff.
Kindesinteressen 1080, 1092 f., 1102, 1107 ff., 1116 f., 1123 (s. a. Interessen)
- unabhängige Vertretung im Jugendhilfeverfahren 961 ff.
Kindesmisshandlung 462, 530 ff. (s.a. Misshandlung)
Kindesschutzübereinkommen 909
Kindesschutzverfahren 44, 50, 745 ff.
Kindesvernachlässigung 268, 473, 530 ff. (s.a. Vernachlässigung)
Kindeswille 41 ff., 47, 68, 99, 110, 210, 231 ff., 234 ff., 239 ff., 323, 343, 1056, 1059

- Jugendalter 287 ff.
- Kindergartenalter 278 ff.
- Kriterien/Beachtlichkeit 254 ff.
- Säugling 273 ff.
- Schulalter 284 ff.
- Schuldgefühle 286
- verschiedene Altersgruppen 273 ff.
Kindeswohl 41 ff., 47, 59, 68, 94, 99, 210, 242 ff., 250 ff., 678 f., 778, 799, 889, 1078 ff., 1105, 1109
- Grundprinzip jeder familiengerichtlichen Entscheidung 1009
- Kriterien 250, 264 ff.
Kindeswohlgefährdung 679, 784, 826, 992, 995, 1004 f., 1020, 1093, 1096, 1100 f., 1105, 1208
Kindeswohlzentrierung 244 ff., 678 ff., 780, 803, 889 f.
Kindeswünsche 41 ff., 53, 107, 239, 1061
Kindlicher Trauerprozess 637 f.
Kindliches Zeitempfinden 152, 659, 750, 783, 1061
Kind-Prax 1210
Kindschaftsrechtliche Verfahren 772, 780
Kindschaftsrechtsreform 1, 700
Kindzentrierte Gestaltung des Verfahrens 100, 245, 988, 1061
Kleidung 436
Kleinkind 388
Knochenbrüche 472
Kognitive Kindesentwicklung 273 ff.
Kollegiale Beratung 1212, 1217
Kommunikation 440, 522
- mit Kindern 719 ff., 750 ff.
Kommunikationsfähigkeit 60
Konfliktfähigkeit 1217
Konfliktlage 1105, 1113
Konfliktlösung, einverständliche 63
Kontakt zum Kind 149, 1056, 1067 ff.
Kontaktverweigerung (Hospitalismus) 635
- des Kindes 1069
Kontrolle des Gerichts 92, 148
Kontrollfunktion des Verfahrenspflegers 168
Körperliche Züchtigung 66, 465
Körperpflege 634
Kosten
- Akteneinsicht 144 ff.
- Büromaterial 1314
- Fotokopien 1304, 1315 f.
- Porto 1304, 1313
- Reise 1304, 1306 ff.

- Schreibauslagen 1314
- Schreibpapier 1304
- Telefax 1304
- Telefon 1304, 1313

Kostenregress der Staatskasse 1336 ff.
Kostenschuldner 7
Krankenbehandlung 1185
Kuscheltier 633

Lächeln 274
Ladung 821
Landgericht 795, 849
Leiderfahrung des Kindes 453 ff., 1080, 1091 ff., 1117
Leistung 454
Leistungsmotivation 452
Lernfähigkeit 452
Lese-Rechtschreib-Störung 614
Leugnung 1093, 1099, 1101, 1112, 1117
Loyalität 308 ff.
Loyalitätsempfinden 319
Loyalitätskonflikte 302, 316 ff., 349, 660 ff., 695, 728
Loyalitätsprinzip 310
Loyalitätsverband 311
Loyalitätsverpflichtung 322
Lügen 334

Magersucht 602
Magnetresonanztomographie 487
Mandatsverhältnis, fehlendes 107
Marasmus 636
Maßnahmenwahl, richterliche 455
Medikamenteneinnahme 441
Menschenwürde 1083
Minderjährigenschutzabkommen 774, 903 ff.
Minderjährigkeit 67
Minderwuchs, psychosozialer 434
Missbrauch, sexueller 342, 462, 474, 490 ff., 503 ff., 520, 1164, 1172
Missbrauchsvorwurf im Umgangsrechtsverfahren 342
Misshandelte Kinder 280, 539 ff.
Misshandlung 280, 342, 378, 490 ff., 1164, 1172 (s.a. Kindesmisshandlung)
- Definition 467 ff.
- emotionale 476
- Formen 470 f.
- körperliche 472
- psychische 476 f.

- Risikofaktoren 480
- Ursachen 479

Mitleid mit Eltern 1100 f.
Mitwirkung von Minderjährigen im Verfahren 211, 745 ff.
Mitwirkungspflicht der Leistungsberechtigten 997
Motivationslage 730
Münchhausen-Syndrom by proxi 471, 478
Mündigkeit 44, 242, 449
Mutismus 612
Mutter-Kind-Heim 1165

Neue Bundesländer 1256, 1285
Neugeborenenperiode 274
Neuroleptika 592
Neutralität 129, 1078, 1080
Notaufnahmeheime 1174
Notbereitschaftspflegestellen 1174
Nurturance 438

Oberlandesgericht 4, 83, 136, 795, 849
Objektkonstanz 658
Objektpermanenz 275
Öffentliche Sicherheit 185
Öffentliche Verkehrsmittel 1309
Öffentlichkeitsarbeit 1209
Offizialmaxime 789
Opferentschädigungsgesetz 1184
Ordnungsmittel 860
Organisation 1217
Organisationsstruktur 1214

Pädagogisch-psychologische Begutachtung 214 (s.a. Sachverständige)
Panikattacken 597
Panikstörungen 594
Parental Alienation Syndrome (PAS) 324 f., 336 ff.
Parierverletzungen 495
Parteigutachten 1191
Parteinahme 233
Parteivertreter 56
Partizipation (s. Anhörung, Kindeswille, Mitwirkung)
Passivität 640
Peinlichkeit 741
Personenpermanenz 275
Personensorgeberechtigte, Vornahme von Verfahrenshandlungen für ihre Kinder 103

Sachverzeichnis

Persönlicher Kontakt 1061
Persönlichkeitsstörungen 572
Perspektive
- der Eltern 671 ff., 1091 ff., 1104 ff.
- der Pflegeeltern 673 ff.
- des Kindes 271, 751 ff., 1084 ff., 1090, 1108 ff.
- des Verfahrenspflegers 1084, 1090, 1109, 1117
Perspektivenübernahme 410, 1085
Perspektivenwechsel 1084, 1103 ff., 1109
Pflegeeltern 670 ff. 1078, 1088, 1115
- Beschwerdeberechtigung 847
Pflegefamilie 247, 317, 553, 646 ff., 1078 f., 1086 ff., 1112, 1115, 1178 ff.
Pflegekinder 646 ff.
Pflegemaßnahmen 441
Pfleger eigener Art 24, 40, 57, 90
Pflichten des Verfahrenspflegers 81, 231 ff., 1060 ff. (s. a. Verfahrenspfleger)
Phantasiegeschichten 304
Phantasien 297
Phobien 594
Polydipsie 434
Polygraph 810
Portokosten 1304, 1313
Präjudizierung, faktische 783
Prellungen 472
Problembewältigung 1081, 1094, 1100 f., 1116
Problemlösemöglichkeiten 452
Prognose 262, 452, 486 ff., 665, 711, 1019
Programmierung 324
Protektive Faktoren 266 ff., 452, 551, 667
Protokoll 163 f.
- Beanstandungen 809
- der Anhörung 808 f.
- der Geschäftsstelle 849 ff.
Prozesskostenhilfe, Antrag 211
Prüfung
- der Fallübernahme 134
- des Bestellungsbeschlusses 133
Pseudodebilität 641
Pseudologia phantastica 303
Psychische Belastungen des Kindes 533, 783
Psychosomatischen Beschwerden 318
Psychosoziale Diagnose (s. Diagnostik)

Qualifikation 6, 1055, 1204, 1214, 1272 (s. a. Weiterbildung)

Qualitätsentwicklung 6, 1203
Qualitätsmerkmale 1213
Qualitätssicherung 1208

Reagieren, promptes 382
Reaktionen auf Trennung/Scheidung der Eltern 642 ff.
Realität 1096, 1100, 1107, 1118
Realitätsgerechte Wahrnehmung 1096, 1101, 1114
Realitätsprüfung 1123
Rechenstörung 614
Rechte des Verfahrenspflegers 81, 1060 ff. (s. a. Verfahrenspfleger)
Rechtliches Gehör 42, 156, 791
Rechtsanwalt 39, 59, 1254, 1273
- Beauftragung 223
- Teilnahme am Elterngespräch 1120
Rechtsanwalt-Mandanten-Modell 40, 67
Rechtsanwaltsspezifische Tätigkeiten 1258
Rechtsbeschwerde 857
Rechtsbeschwerdeverfahren 83, 186
Rechtskraft 82
Rechtsmittel 26, 33, 100, 108, 135 f., 211, 219 f., 224, 780, 795, 830 ff., 1060, 1335
- gegen Festsetzung der Entschädigung 1331 ff.
Rechtsmittelinstanz 17
Rechtspfleger 1332
Rechtsprechung 58
Rechtsschutz, effektiver 199
Rechtsschutzversicherung 1217
Rechtsstaatlich geordnetes Verfahren 987, 1027
Rechtsstellung des Verfahrenspflegers 156
Rechtstatsachenforschung 15
Rechtzeitige Bestellung 802
Regierungsamtliche Begründung 20
Regierungsentwurf des KindRG 7
Regionalgruppen 1212
Reisekosten 1304, 1306 ff.
Resilience 266
Risikofaktoren 266, 452, 535
Rolle des Verfahrenspflegers 39, 40, 43 f. (s. a. Verfahrenspfleger)
Rolle, eigenständige 120
Rollenkonflikte 166
Rollenumkehr 1097 f.
Rollenvermischung 120
Röntgen 487

Sachverzeichnis

Rückführungsverfahren 915 ff.
Rückkehroption 686 ff., 692
Ruhe 448

Sachkunde des Verfahrenspflegers 12
Sachverhaltsermittlungen 147
Sachverständigengutachten 124, 127, 204 ff., 800, 811, 813 ff., 818, 1181 ff.
- Abweichen 819
- Anordnung 832
- Erläuterung 818
- Frist zur Erstattung 817
Sachverständiger 813 ff., 1058
- Ablehnung 832
- Auswahl 815
- Befangenheit 816
Satzergänzungstests 307
Satzung, BAG Verfahrenspflegschaft 1204
Säugling 390
Schädelbruch 472
Schädigung des Kindes 539 ff., 1087, 1096 f., 1101, 1103, 1112 ff.
Scham 284, 741
Scheidung 250, 324 ff., 327, 642 ff., 1064 ff.
Scheidungsverbund 836
Schizophrenie 572, 591
Schlaflosigkeit 635
Schlafstörungen 597
Schlaf-Wach-Rhythmus 434 f..
Schreibauslagen 1314
Schreibpapier, Kosten 1304
Schreien 635
Schuld 741, 1095 ff.
Schuldeingeständnis von Eltern 1096
Schulderfahrung von Eltern 1095, 1098
Schuldgefühle
- des Kindes 284 ff., 758, 1097, 1116
- des Verfahrenspflegers 1093
Schuldübernahme durch das Kind 1114
Schule 452 f., 456, 458 ff., 1058, 1173
Schulpsychologischer Dienst 460
Schulverweigerung 318, 453
Schütteltrauma 488, 498
Schutz des Schwächeren als Rechtsstandard 1010
Schutzbedürfnis des Kindes 437, 452 ff., 1083, 1087, 1100 f., 1115, 1117
Schutzfaktoren 266, 452, 551, 667
Schutzsystem 375
Schweigen 241, 333

Schweigepflicht 1060
- ärztliche 102 f., 171
Schweiz 19
Selbst-Anderen-Unterscheidung 276
Selbständige Tätigkeit 1217 ff.
Selbstbeschaffung von Leistungen 994, 1015
Selbstbestimmung 50 ff., 242
Selbsthilfegruppen 1170
Selbstkontrolle 786
Selbstregulation, emotionale 737
Selbstverwahrlosung 640
Selbstverwirklichung 448
Selbstwahrnehmung 279
Selbstwirksamkeit 755 ff.
Sexueller Missbrauch 342, 462, 474, 490 ff., 503 ff., 520, 1164, 1172
Sofortige Beschwerde 1333
Sofortige Erinnerung 1332
Sorgerechtsbeschränkung 31
Sorgerechtsentzug 113, 1003
Sorgerechtsstreitigkeiten 327, 784
Sozialpädagogische Familienhilfe 681 f.
Sozialpädagogische Kompetenz des Verfahrenspflegers 264 ff., 1013 f., 1019
Sozialpädiatrische Zentren 1168
Spiel 454
Spielmaterialien 439
Sprachrohr 53
Staatenbericht 10
Staatliches Wächteramt 43, 776, 889
Staatskasse 1252, 1336
Standards für Verfahrenspfleger/innen 6, 12, 237, 1051 ff., 1202, 1207
Statistisches Bundesamt 3
Stellungnahme des Jugendamtes 805 f.
Stellungnahme des Verfahrenspflegers 34, 1058 f.
Stirnrunzeln 274
Stolz 284, 741
Störungen
- affektive 593
- des Sozialverhaltens 607
- dissoziative 601
- emotionale 594
- hyperkinetische 605
Strafanzeige 92
Strafverfahren 346 ff., 745, 753, 1058, 1184
Strategien, informelle 839
Strengbeweis 810
Stress 399, 472

Sachverzeichnis

Stundensatz des Verfahrenspflegers 1255, 1257, 1280
Subjektstellung des Kindes 45, 988, 1002, 1051 ff.
Suchterkrankungen 521, 571
Suggestion 328 ff.
Suggestionseffekte 508
Suizidalität 453, 640
Supervision 1057, 1065, 1212, 1238
Szintigraphie 487

Tageseinrichtungen für Kinder 453, 1171
Tagungsberichte 4
Telefax, Kosten 1304
Telefonauskünfte 812
Telefonkosten 1304, 1313
Terminsbestimmung 821
Terminvereinbarung 723
Terrorisieren 476
Therapieerfolg 546 f.
Tic-Störungen 610
Trauerprozess 637 f.
Trauma 1099, 1117
- Begriff 631 f.
- Bewältigung 626 ff.
Traumatisierung 533, 677 ff., 696, 1086, 1099, 1107, 1112, 1115
Trennung(en) 372, 378, 380, 616 ff., 650 ff., 669 f.
- Vorgeschichte 630
Trennungs- und Verlustsituationen 616 ff., 650 ff., 747
Trennungsangst 594
Trennungsempfindlichkeit 628, 652 ff.
Trennungsreaktionen 639 ff., 748 f.

Überbrückungsgeld des Arbeitsamtes 1230
Übergangsobjekte 633
Überraschung 274
Umgang 101, 165, 327, 554 ff.
- begleiteter 354, 698
- Beratung und Unterstützung 976
- mit Herkunftsfamilie 679
Umgangsrecht(e) 101, 647, 695 ff., 967, 975
- Ausschluss 555, 826
Umgangsrechtsverfahren 784
Umgewöhnung 664
Umsatzsteuer 1303
Unabhängigkeit des Verfahrenspflegers 24, 97, 131, 1055, 1065, 1208
Unbestimmter Rechtsbegriff 11, 244 ff.

UN-Konvention über die Rechte des Kindes 10, 46 ff., 268, 448, 463, 899 ff., 979, 981, 1027, 1033
Untätigkeit
- Beschwerde gegen 841
- des Gerichts 839 ff.
Unterbringung
- altersadäquate 217 f.
- Anordnung 184
- Antrag, Rücknahme 225
- Befristung 221
- freiheitsentziehende 3, 22, 26, 181, 183 ff., 188 f., 238, 1187, 1208
- Genehmigung 181, 191
- Verfahren 182, 185, 193 ff., 813, 837, 869 f., 1071
- vorläufige 197
Urkunde 811

Verabschiedung vom Kind 34, 1059, 1076, 1238
Verantwortung 1081, 1096 f., 1100 f., 1209 ff.
Verbleibensanordnung 646 ff., 784
Verbrennungen 497
Verbrühungen 497
Verbundverfahren 836
Verdienstausfall 1317
Vereinte Nationen 45
Verfahren
- behördliches 2, 961 ff. (s. a. Verwaltungsverfahren)
- Beteiligung des Verfahrenspflegers 33 f., 155 f.
- case management 751
- familiengerichtliches 754, 771 ff.
- vormundschaftsgerichtliches 83, 754, 771 ff.
- Wissen von Kindern über 751 ff.
Verfahrensablauf 891
Verfahrensbeschleunigung 778, 782, 814
Verfahrensdauer 747, 1057
- Präjudizierung durch 783
Verfahrensfähigkeit 211, 867
Verfahrensgarantien 197, 1061
Verfahrensgestaltung 234, 245, 1057
Verfahrenshandlungen 1003
Verfahrenspfleger
- Anwesenheit 112
- Aufgaben 210 ff., 231 f., 236, 1051 ff.
- Auswahl 116, 200 ff.
- Berufseinsteiger 1264

- Bestellung 198, 821, 833, 1236
- Beziehungserwartungen des Kindes 117, 1053 ff.
- Funktion 96
- im Unterbringungsverfahren 210
- Pflichten 81, 231 ff., 1051 ff., 1060 ff.
- Rechte 81, 1051 ff., 1060 ff.
- Zugang zum Kind 111 ff., 1056 ff., 1061, 1069

Verfahrenspflegschaft
- (Kein) Eingriff in das Elternrecht, 26 ff., 1031
- Beendigung der 225, 1059
- berufsmäßig geführte 1263 ff., 1276 ff.
- Erfahrungen seit 1998 4, 14
- gesetzliche Verankerung im Jugendhilfeverfahren 1023 f.
- im jugendhilferechtlichen Verfahren 961 ff., 1025 ff.

Verfahrensrechtszug, familien- und vormundschaftsgerichtlicher 83, 836 ff., 856, 891
Verfahrensverstoß bei Nichtbestellung 17
Verfahrensverzögerungen 26, 36
Verfassungsbeschwerde 34, 858
Vergewaltigung 474
Vergütung 12, 13, 56, 1059, 1251, 1280, 1285 f. (s. a. Abrechnung)
Vergütungsanspruch, Erlöschensfristen 1320 ff.
Vergütungsfähiger Zeitaufwand 1280 ff.
Vergütungspauschale 1259, 1293 ff.
Vergütungspraxis 1217
Vergütungsrecht 1208
Verhalten
- bemühtes und angepasstes 418
- hochunsicher-fürsorgliches 417
- hochunsicher-kontrollierendes 416

Verhältnismäßigkeitsgrundsatz 889
Verhandlung, mündliche 161
Verlust 618 ff., 655 ff.
Vermittlungskompetenzen 62
Vermittlungsverfahren 865
Vernachlässigung 342, 378, 418 f., 424, 473, 502, 530 ff., 1164, 1172, 1185
- emotionale 424
- körperliche 424

Vernetzung 1203, 1211
Verpflegungsmehraufwendungen 1312
Vertrauen 1081, 1089 f., 1099
Vertreter, gesetzlicher 91, 94, 95, 107, 121
Vertretung mehrerer Kinder 133
Vertretungskonzepte 39 ff., 45, 231 ff.
Vertretungsmacht der gesetzlichen Vertreter 31
Verwaltungsgerichtliche Überprüfung von Jugendamtsentscheidungen 1016 f.
Verwaltungsverfahren 982 ff., 1004 ff.
- Einleitung und Durchführung 991 ff., 1006
- Grundsätze 987 ff.
- Kinder und Jugendliche als Beteiligte 1001 ff.
- Rechtsgrundlagen 982 ff.
- Sicht des Kindes 977

Völkerrecht 7, 899 ff.
Vollstreckung 859 ff.
Vollzeitpflege 681 ff., 686
Vollziehung 859 ff.
- Aussetzung der 861

Vorbereitung
- des Falles 58
- des Minderjährigen 215 f., 750 (s. a. Information)

Vorbilder für die Verfahrenspflegschaft 22
Vorläufige Anordnung 822, 835
Vormund 91, 102
Vormundschaft 85 ff.
Vormundschaftliche Interessenvertretung 40 (s. a. Vertretungskonzepte)
Vormundschaftsgericht 794, 837
Vorschuss, Anspruch auf 1260

Wahrnehmen 382
Weglaufen 453
Weinerlichkeit 635
Weisungen 97, 131
Weisungsunabhängigkeit 109 (s. a. Unabhängigkeit)
Weiterbildung 1204, 1213 (s. a. Qualifikation)
Weitere Beschwerde 856
Welfare Checklist 265
Wertschätzung 448
Wiedereinsetzung in den vorigen Stand 846
Wiedervereinigung mit den Eltern 619 f.
Wille des Kindes 231 ff., 234, 240 f., 1056, 1059 (s. a. Kindeswille)
Willensbekundungen 272
Willensbildung, kindliche 323 (s. a. Kindeswille)
Willensvertretung 39, 53
Wohl des Kindes (s. Kindeswohl)

Sachverzeichnis

Wohlverstandene Interessen (s. Interessen des Kindes)
Wohnsitz 796
Wohnung 437
Wünsche des Minderjährigen 41 ff., 53, 107, 239, 1061
Wunschproben 307

Zeitabstände, angemessene 1060
Zeitaufwand 1283 f.
Zeitaufwand, erforderlicher 1281 f.
Zeitempfinden des Kindes
– Berücksichtigung im Verfahren 990
– kindliches 152, 659, 750, 783, 1061
Zeiterleben des Kindes 250, 379, 1101, 1112, 1117, 1123
Zeitlimitierung 1283, 1293, 1297
Zeitlimitierung, Nichtanwendbarkeit 1298

Zeitplan 800
Zeitpunkt der Bestellung 38, 802
Zeitstruktur 1120, 1123
Zentrale Behörde 918
Zeuge 811
Zuckungen 610
Zugang des Verfahrenspflegers zum Kind 111 ff., 1056 ff., 1061, 1069
Zukunftsperspektive 1083, 1107, 1112
Zurückgezogenheit 453
Zuständigkeit 794 ff.
– funktionelle 796
– örtliche 796
Zwangsgeld 862
Zwangshaft 860, 863
Zwangsmittel 860
Zwangsstörungen 595
Zwischenentscheidung 821, 832 ff., 875 f.

ISBN 3-89817-130-2
3., aktualisierte
Auflage 2001,
344 Seiten, 16,5 x 24,4 cm,
kartoniert, 30,– €

*inkl. MwSt.,
zzgl. Versandkosten,
unverbindliche
Preisempfehlung*

3., aktualisierte Auflage 2001

Zu beziehen über
den Buchhandel oder
direkt beim Verlag.

Deinert · Lütgens

Die Vergütung des Betreuers

Ein Leitfaden auch für Vormünder und Pfleger zu den neuen Vergütungs- und Aufwendungsregelungen

• •

Wieviel bekomme ich für welche Leistung vergütet? Wie setze ich die gesetzlichen Vorgaben konkret und gemäß der Vergütungsordnung um? Diese und andere Fragen werden übersichtlich und leicht verständlich in der komplett aktualisierten 3. Auflage der Vergütung des Betreuers beantwortet. Zur Veranschaulichung werden praxisrelevante Fragen angesprochen und die anfallenden Kosten anhand konkreter Rechenbeispiele berechnet. Auch die relevanten Kriterien zur Feststellung der Mittellosigkeit werden hier ausgewiesen. Als zusätzliche Arbeitshilfe enthält der Titel Musteranträge sowie die maßgeblichen Rechtstexte.

Die 3. Auflage wurde hinsichtlich der aktuellen Rechtsprechung sowie der Umstellung auf Euro überarbeitet. Die Themen des Werkes wurden vertieft und neue, praxisrelevante Problembereiche aufgenommen. Der Textanhang enthält nun alle landesrechtlichen Ausführungs- und Prüfungsbestimmungen zum BVormG.

• •

 Bundesanzeiger Verlag
Postfach 10 05 34 · 50445 Köln

http://www.bundesanzeiger.de

Testen Sie die Kind-Prax!

Die Fachzeitschrift für die praktische Anwendung und Umsetzung des Kindschaftsrechts

Testen Sie die Qualität der **Kind-Prax**: Bestellen Sie jetzt Ihr Probeheft!

Was bietet Kind-Prax?

Kind-Prax – die Zeitschrift für die praktische Anwendung und Umsetzung des Kindschaftsrechts vermittelt praxisgerechte Informationen über Entwicklungen und Änderungen im Kindschaftsrecht. Für alle beteiligten Berufsgruppen, d. h. für Mitarbeiter im Jugendamt, für Erziehungsberater und Mediatoren, Verfahrenspfleger und Psychologen, Anwälte und Familienrichter ist **Kind-Prax** ein zuverlässiger Partner im Labyrinth der verschiedenen Reformbereiche.

Aktuelle Themen und Meinungen!

Welche Themen bewegen zur Zeit die Experten im Kindschaftsrecht? Unsere Rubrik *Beiträge • Aufsätze • Berichte* ist das praxisorientierte Informations- und Diskussionsforum dafür. Aktuelle Fragen, Probleme und Meinungen werden hier diskutiert und interpretiert.

Rechtsprechung im Klartext!

Oft sind die praktischen Auswirkungen von Urteilen und Beschlüssen für Nichtjuristen unklar. Im **Kind-Prax-***RechtsprechungsReport* wird die einschlägige Rechtsprechung ausgewertet, auf das Wesentliche konzentriert und deren Auswirkungen auf die Praxis allgemein verständlich wiedergegeben.

Bestellen Sie Ihr Probeheft der **Kind-Prax** telefonisch bei Frau Cremer unter **(02 21) 9 76 68-229** oder per Fax **(02 21) 9 76 68-288**

Sie können die **Kind-Prax** auch ganz bequem über den Buchhandel abonnieren.

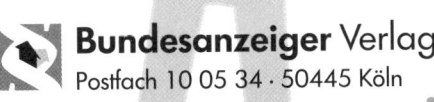

Bundesanzeiger Verlag
Postfach 10 05 34 · 50445 Köln

www.bundesanzeiger.de